사도세자의 죽음과 그 후의 기억

『현고기(玄皐記)』 번역(飜譯)과 주해(註解)

서울대학교 규장각한국학연구원 한국학자료총서 21

사도세자의 죽음과 그 후의 기억

『현고기(玄皐記)』 번역(飜譯)과 주해(註解)

초판 1쇄 인쇄 2015년 11월 15일
초판 1쇄 발행 2015년 11월 20일

역주자　김용흠 원재린 김정신 정두영 최성환
펴낸곳　서울대학교출판문화원
펴낸이　성낙인

책임편집　정미경
디자인　장혜원

출판등록 제15-3호

주소　(08826) 서울 관악구 관악로 1
대표전화　02-880-5252　팩스　02-888-4148
마케팅팀(주문상담)　02-889-4424, 02-880-7995
이메일　snubook@snu.ac.kr
홈페이지　www.snupress.com

ISBN 978-89-521-1701-4　94910
　　978-89-521-1026-8(세트)

서울대학교 규장각한국학연구원 한국학자료총서 21

사도세자의 죽음과 그 후의 기억

『현고기(玄皐記)』 번역(飜譯)과 주해(註解)

김용흠
원재린
김정신
정두영
최성환

서울대학교출판문화원

Sadoseja's Death and Later Memories:

The translation and annotation of *Hyungogi*

Translated and Annotated by

Kim Yong Heum

Won Jae Rin

Kim Jung Shin

Jeong Du Young

Choe Seong Hwan

Seoul National University Press

머리말

조선왕조 국가가 멸망한 뒤, 당쟁 때문에 나라가 망했다는 당쟁망국론이 횡행하였다. 당쟁망국론은 일제강점기에 당파성 이론으로 확대·재생산되어 식민사관의 중요한 구성 요소가 되었다. 해방 이후 역사학계에서 식민사관을 비판하고, 그것을 극복하기 위해 노력하여 상당한 성과를 거둔 것도 사실이었다. 그렇지만 당쟁망국론은 아직도 지식인들 사이에 상식으로 통용되고 있고, 교과서에서도 그 기조를 유지하고 있다.

예를 들면 조선후기에는 경제, 사회, 문화는 발전하였지만 정치는 당쟁과 같은 무의미한 권력투쟁만을 반복하였을 뿐, 이러한 사회변동을 제도로 수렴하지 못하여 결국 조선왕조 국가는 식민지로 전락하였다는 구도가 그것이다. 당쟁은 당시 지배층이 사리사욕만을 추구한 결과였으며, 그 결과 정치는 당리당략에 의해 좌우되었을 뿐이라는 인식이다. 이러한 사고는 오늘날 정치에 대한 불신과 무관심으로 연결된다.

조선후기 당쟁은 17·18세기에 가장 격렬하게 전개되었는데, 조선왕조는 그 뒤에도 1백여 년이 넘는 기간 유지되었다. 그렇다면 조선후기 2백 년이 넘는 기간 동안 당쟁만 벌였는데, 어떻게 나라가 망하지 않을 수 있었는가라는 초보적 의문이 든다. 이러한 당쟁망국론적 사고는 조선후기에 이루어진 대동법, 균역법과 같은 제도 개혁은 물론이고, 『속대전』, 『대전통편』과 같은 법전을 비롯한 각종 편찬 사업의 성과를 모두 부정하는 것이다. 말하자면 아이를 목욕시키고 나서 목욕물이 더럽다고 버리면서 목욕시키던 아이까지 같이 버리는 잘못을 범하고 있는 것이다.

조선후기에 당쟁이 정치의 주된 부분이었던 것은 엄연한 사실이다. 당시에 권력자들, 또는 권력을 추구하는 자들이 사적인 이익과 권력욕을 추구하는 과정에서 모략과 음모가 난무했던 것도 사실이다. 그렇지만 그것이 조선시대 정치의 전부는 아니었다. 그 가운데는 국가의 위기를 직시하고 봉건사회의 모순을 해소하려고 노력하는 관인(官人)·유자(儒者)들 또한 존재하였다. 이들 가운데는 양반 지주 출신이면서도, 양반·지주의 특권을 제거 내지 약화시키려는 제도 개혁을 주장하면서 이에 반대하는 세력에 끈질기게 맞서서 관철시켰던 정론가들도 있었다. 이 때문에 우리가 역사에서 대동법과 균역법을 공부하고 있는 것이다. 조선후기 정치, 즉 당쟁에는 이처럼 국가와 국민의 입장에서 정치를 바라보는 사람들이 고투한 흔적도 담겨 있다.

동서고금을 막론하고 정치는 본래 권력을 둘러싼 암투를 동반한다. 조선의 정치만 그러했던 것은 아니었다. 중국이나 일본의 정치적 대립·갈등은 조선보다 훨씬 대규모로 격렬하게 전개되었을 뿐만 아니라 오늘날 선진국으로 칭해지는 영국·프랑스 역시 학살을 동반한 처절한 정치적 대립을 피할 수 없었다. 동시대 비슷한 사례를 찾을 수 없을 정도로 정치 언론이 고도로 발달되었던 조선에서는 16세기 이후 당파가 형성되어 당론 대결을 벌이고 있었다. 그동안 조선 정치의 암울한 면으로 이해되던 당쟁은 현대의 정당 정치에 못지않게 활성화된 언론 환경을 그 배경으로 한다. 오늘날에도 그렇지만 당론 가운데는 국가·사회에 도움이 되는 훌륭한 주장도 있고 그렇지 않고 특권층의 사욕만 내세우는 저열한 잡설도 있다.

대동법이나 균역법에 대하여 현대 역사학은 대체로 부정적인 평가가 좀 더 우세해 보인다. 개설서에서 그 의미보다는 그 한계를 지적하기에 급급한 현실은 그러한 경향이 반영된 것이다. 그것이 나오게 된 지난했던 정치 과정에 대해서는 거의 관심을 두지 않고, 오늘날 연구자 개인의 주관적 기준에 의해 법제 자체만을 떼어내어 평가한 결과다. 그러니 그 과정에서 빚어진 예송(禮訟)이나 환국(換局), 처분(處分) 등이 이러한 개혁 법안과 어떤 관련이 있는지를 따져보지 않는다. 이러한 정치사 인식은 정책과 정치적 쟁점의 관계에 대하여 무지(無知)와 무식(無識)을 고백하거나 아니면 잘 몰라서 무시(無視)한 것으로밖에는 볼 수 없다. 조선후기 정치사에 대한 이러한 인식은 오늘날 정치적 무관심과 허무주의에 빠져서 맹목적으로 정치인을 비난하는 것과 너무도 닮아 있지 않은가?

영조는 천인(賤人) 출신 어머니에게서 태어나, 우여곡절을 거쳐 이복형 경종으로부터 왕위를 물려받은 뒤, 52년 가까이 재위하였다. 그런데 자신이 후계자로 지명한 세자를 8일 동안이나 뒤주에 가두어놓고 굶겨 죽였다. 사도세자의 죽음, 이것은 조선후기 정치적 갈등이 가장 극단적으로 표출된 사건이 아닐 수 없다. 상식적으로만 본다면 일어날 수도 없고, 일어나서도 안 되는 일이었다. 도대체 왜 이런 일이 일어났을까?

여기에 대해서는 사도세자의 부인이자 정조의 모친인 혜경궁 홍씨가 쓴 『한중록(閑中錄)』과 정조가 작성한 『현륭원지문(顯隆園誌文)』을 비롯하여 다양한 입장의 당론서가 존재한다. 여기에 번역한 『현고기(玄皐記)』는 사도세자의 죽음이 정치적 음모의 소산이라는 입장의 당론서다. 그 작성자로 알려진 박함원(朴涵源)·박종겸(朴宗謙) 부자는 소론 준론(峻論) 계열의 관인이었다. 숙종대 서인과 남인이 교대로 집권한 환국의 와중에서 서인이 노론과 소론으로 분열되었는데, 소론은 탕평론(蕩平論)을 제창한 당파였다. 경종·영조대 소론 준론은 숙종대 제창된 탕평론을 가장 원론적으로 실천하려는 입장을 취하였다. 그런데 소론 준론에 대한 반대 세력이 노론은 물론 소론 내에도 광범위하게 존재하였다. 이들의 갈등은 결국 사도세자와 영조의 갈등으로 전이되어, 사도세자의 죽음에까지 이르렀던 것이다.

따라서 사도세자의 죽음은 단순한 사건이 아니었다. 영조의 즉위 과정에 얽힌 정통성 문제가 걸려 있었고, 당시 국정 운영의 원칙이었던 탕평책에 대한 찬반과도 밀접하게 연관되어 있었다. 당연히 영조가 탕평책과 함께 추진한 균역법 등 사회경제적 개혁 법안과 각종 편찬 사업과도 관계가 없을 수 없었다. 그렇지만 본서에서는 표면상 탕평책이나 여타 정책의 측면에 대한 언급은 나와 있지 않다. 이 부분이 정치사 연구자들의 연구가 요구되는 부분이다.

정조는 즉위와 함께 사도세자의 아들임을 표방하였다. 이것은 유교 윤리의 가장 기본적 덕목인 효(孝)로 치장되었지만 개인 윤리의 차원에 멈출 수 없는 것은 물론이었다. 정조는 자연인임과 동시에 국왕이었기 때문이다. 정조는 자신의 친부인 사도세자의 죽음에 얽힌 역학 관계가 조선왕조 국가의 행로와 밀접하게 관련되어 있다는 것을 가장 정확하게 파악한 정치인이었다. 본인이 스스로 사도세자의 아들임을 표방하였으면서도 즉위 초에 사도세자를 신원하자고 주장하는 사람들을 역모로 몰아서 처형한 것은 그런 맥락에서만 이해할 수 있다. 그러다가 다시 사도세자를 신원하는 작업을 추진한 것에 정조 정치술의 요체가 있었다. 정조야말로 사도세자의 죽음에 얽힌 세력 관계를 탕평책 추진의 지렛대로 활용한 '기억의 정치'의 달인이었던 것이다. 이것은 물론 당시 조선왕조 국가의 경영 방향에 대한 나름대로의 확고한 비전이 있었기 때문에 가능하였다고 보아야 할 것이다.

이러한 정조의 입장을 반영한 것이 『현륭원지문』이었다면 본서를 편찬한 소론 준론은 그러한 정조의 정치술에 불만이 없을 수 없었다. 정조와 소론 준론은 당시의 국가적 위기를 타개하기 위해서는 탕평책을 추진해야 한다는 동일한 입장에 있었지만, 사도세자의 죽음과 관련된 문제에서는 입장이 다를 수밖에 없었다. 이것을 구분하여 분명하게 제시하는 것 또한 연구자의 몫이 아닐 수 없다.

본서는 이상 서술한 바와 같이 소론 준론의 입장을 반영한 '당론서(黨論書)'다. '당론서'란 조선후기 붕당정치의 산물이다. 잘 알려진 것처럼 조선후기는 붕당 간 대립·갈등이 격렬하게 전개된 시기였으므로, 이와 관련된 자료가 방대한 규모로 존재한다. 『조선왕조실록』 등과 같은 연대기를 비롯하여 『추안급국안(推案及鞫案)』과 같은 관찬(官撰) 사료가 있는가 하면, 개인 문집을 비롯한 사찬(私撰) 역사서와 야사류 역시 상당한 규모에 달한다. 그렇지만 조선후기 당쟁 관계 자료를 모두 당론서로 볼 수는 없다. 관찬 사료는 물론이고, 정치인 개인의 행적이나 정치적 사건에 대한 단순한 보고서 형태의 자료는 당론서로 간주할 수 없다. '당론서'는 각 붕당의 '당론(黨論)', 즉 각 붕당의 주장을 내세우고 그것의 정당성을 입증하기 위한 저술을 말한다.

조선후기 정치사는 표면상 붕당의 이합집산으로 표출되었으므로, 각 당파의 당론을 정확하게 파악하지 않고는 올바르게 이해할 수 없다. 사실 정치사 전공자가 아니라면 당론서를 직접 보고 당시의 정치적 맥락에서 독해하는 일이 쉬운 일은 아니다. 여기에 당론서 번역의 의의가 있다고 생각한다. 사도세자의 죽음과 관련해서는 본서 이외에도 노론 시파·벽파 입장의 당론서가 존재한다. 이들 당론서를 앞서 언급한 혜경궁 홍씨와 정조의 입장과 함께 연구해야만 사도세자 죽음의 실상에 접근할 수 있을 것이다. 그렇지만 연구 여건상 우선 본서를 번역하여 그 출발점으로 삼고자 한다.

본서의 번역에 참여한 전문연구원들은 당론서 번역 사업을 여러 차례에 걸쳐 추진해왔다. 2006~2007년에는 한국연구재단의 지원을 받고 『아아록(我我錄)』, 『갑을록(甲乙錄)』, 『동소만록(桐巢漫錄)』을 번역하였고, 2011년에는 한국역사연구회 주관 아래 관련 학술대회를 개최하기도 하였다. 그에 이어서 서울대 규장각한국학연구원의 지원을 받고 2013년에는 본서를, 2014년에는 『정변록(定辨錄)』을 번역하였다. 그간의 번역사업 가운데 본서가 공식적으로 출판되어 독자 여러분 앞에 선보이는 첫 번째 성과물이어서 매우 감회가 깊다. 아무쪼록 본서가 조선후기 정치사에 대한 올바른 이해를 통해서 당쟁망국론을 극복하고, 정치에 대한 불신과 무관심을 벗어나는 데 도움이 되기를 바랄 뿐이다.

끝으로 신규장각 자료구축사업의 일환으로 연구비를 지원해주신 서울대학교 규장각한국학연구원 김인걸 원장님과 관계 선생님들께 고개 숙여 감사드리며, 난삽한 원고를 보기 좋게 편집·교정해주신 서울대학교출판문화원 관계자 여러분께도 고마운 마음을 전한다.

2015년 10월

대표집필 김용흠

차례

일러두기

1. 번역 대본은 규장각(奎章閣) 소장본[奎7801]을 활용하였다.
2. 번역문은 가능한 한 현대 우리말로 풀어쓰는 것을 원칙으로 하였다. 그러나 당대에 상용한 용어에 대해서는 처음 나왔을 때 괄호 안에 한자를 병기하고, 그 개념을 해설한 다음 그대로 사용하였다. 이는 지나치게 풀어쓰는 경우 오히려 본문의 내용에 대한 이해를 해칠 우려가 있다는 판단에 따른 것이다.
3. 번역문에서 한자(漢字)는 필요한 경우 처음 나올 때 ( )로 묶어 한글과 병기하였다.
4. 번역문에서 표현이 바뀌어 원문의 한자 표기를 밝힐 필요가 있을 때에는 [ ] 안에 병기하였다.
5. 숫자는 특별한 경우가 아니면 아라비아 숫자로 표기하는 것을 원칙으로 하였다.
6. 『현고기』의 판본이 여러 가지인 경우, 그 원문이 다르면, 판본 검토를 통하여 가장 적합하다고 판단되는 원문을 확정하여 번역과 주해에 임하였다. 현재 규장각에는 본서 외에 세 종의 판본이 전하는데, 『현구기사(玄駒記事)』(奎11669), 『현구기문(玄駒記聞)』(古4250-27), 『현구기원편(玄駒記原編)』(一蓑古951.053-B148h)이 그것이다. 이번 번역에서는 이들 자료를 참고하며 번역 대본과의 동이점을 살피고 빠진 내용은 보완하였다.
7. 주해는 각종 사전류와 고전 번역을 참고하여 작성하였으며, 이것을 대학교 학부 강의에서 활용할 수 있도록 그 수준을 조절하였다.
8. 원문에서 줄을 바꾸어 표기된 문단을 기준으로 하여 편의상 권별로 각각 일련번호를 부여하였다. 번역문은 동일한 번호 안에서 독자들이 읽기 편하게 문단을 나누고, 뒤에 붙인 원문도 이에 따라 문단을 나누는 것을 원칙으로 삼았다.
9. 권별 제목과 소제목은 독자의 편의를 위해 번역자가 파악한 내용을 감안하여 임의로 붙인 것이고, 원문에도 그대로 달아서 독자가 쉽게 찾아볼 수 있게 하였다.
10. 원문에서 작은 글씨로 기록된 세주는 본서의 번역문과 원문에 모두 [ ]로 묶어서 작은 글씨로 표시하였다.

『현고기』 해제

최성환(수원시정연구원 연구위원)

『현고기』(玄皐記)는 임오화변(壬午禍變, 1762)이라 불리는 사도세자(思悼世子) 피화의 전말, 그리고 사도세자 추왕(追王)을 둘러싼 쟁론 및 그 경과 등을 적은 기록이다. 이 책은 본래 「원편(原編)」과 「속편(續編)」으로 구성된 『현구기문(玄駒紀聞)』으로 저술되었는데, 후대의 필사 과정에서 임오화변이나 시·벽 당쟁에 관련된 기록 등 『현구기문』과는 직접 관련이 없는 기록들이 임의로 부가되기도 하였다. 『현구기문』의 저자 박종겸(朴宗謙, 1744~1799)은 본관이 반남(潘南)이고, 자(字)는 군실(君實)이며, 조부는 박사순(朴師順), 부친은 박함원(朴涵源)이다. 1785년(정조 9) 정시(庭試) 문과(文科)에 급제하여 정조 년간 정언(正言)을 지냈으며 소론(少論) 준론(峻論)의 일원으로 활동하였다.

현재 규장각에는 네 종의 판본이 전하는데, 『현고기(玄皐記)』(奎7801), 『현구기사(玄駒記事)』(奎11669), 『현구기문(玄駒記聞)』(古4250－27), 『현구기원편(玄駒記原編)』(一蓑古951.053－B148h)이 그것이다. 서명은 현고(玄皐)와 현구(玄駒)를 기본으로 약간의 변형이 있다. 사도세자가 부왕인 영조에 의해 죽임을 당한 임오화변은 임오년 윤5월에 일어났는데, 임(壬)은 고갑자로 현익(玄黓)이고 오(午)는 띠로 말[馬]을 가리키며 고(皐)는 5월에 해당한다. 조선후기에는 임오화변을 모년(某年)의 일이라 기휘(忌諱)하였는데, 저자는 이러한 서명을 통하여 아비가 망아지 같은 어린 아들을 죽인 사건을 빗댄 것으로 추정된다.

기존의 규장각 해제에서는 「원편」은 박종겸, 「속편」은 후대인들이 덧붙인 것으로 설명하였다. 그러나 최근의 새로운 해제에서는 『현구기문』(古4250－27)의 2책 첫머리에 수록된, 박종겸이 1795년(정조 19)에 지은 「현구기문서(玄駒記聞序)」를 근거로 원편과 속편 모두 박종겸의 저술이라고 단정하였다. 본 해제도 이 새로운 해제의 설명에 대체로 동의한다. 다만, 『현구기문』이 박종겸의 친필인지 아닌지는 단정할 수 없다. 「현구기문서」에 따르면 박종겸의 부친인 박함원은 임오년의 대화변(大禍變)에 대하여 당시에는 차마 기록하지 못하였고 오늘에도 감히 말하지 못할 것이 있으나 그렇다고 끝내 밝히지 않는다면 진실이 사라지고 거짓만 전할 것이므로 이를 막기 위하여 전문(傳聞)에 의거하여 『현구기문』이라는 기록을 남겼다고 한다. 박종겸은 부친이 1777년(정조 1)에 돌아가자 『현구기문』 초본을 바탕으로 부친의 생전에 미처 알지 못했던 일들을 덧붙여 기록하여 「원편」을 만들었고, 정조 즉위 후 20여 년의 일들을 가지고 「속편」을 지었다고 하였다.

「원편」과 「속편」을 함께 수록한 채 현전하는 『현구기문』(古4250-27)은 '기문(紀聞)'이라는 한자를 써서 부친이 지었다는 '기문(記聞)'과 다른데, 이는 체제의 차이에 따른 구별인지 단순히 표기상의 차이인지는 확언하기 어렵다. 다만 부친의 저술이 단순히 들은 바를 기술한[기문(記聞)] 데에 치중하였다면, 박종겸은 이를 바탕으로 자신이 들은 내용까지 덧붙이면서 적절히 분류하여 재편집하였기 때문에 '기문(紀聞)'이라 하지 않았나 추정해본다. 「원편」에는 박함원의 기록 이외에 박종겸이 쓴 것이 분명한 내용도 있기 때문이다.

어쨌든 『현구기문』은 박함원과 박종겸의 공동 저작인 셈이며, 이를 본문으로 하되 약간의 두주(頭註)와 부록을 덧붙인 몇몇 필사본이 현재까지 전해지고 있는 것이다. 이 책의 원래 명칭은 『현구기문』이지만, 본 번역에서는 현재 통용되고 있는 『현고기』라는 서명을 택하였다. 『현고기』는 임오화변을 다룬 당론서 가운데 가장 명성이 높아서 여러 사람이 필사하였고 이 과정에서 다른 사람의 기록도 부가되었기 때문에, 규장각뿐 아니라 여타의 도서관에도 다양한 형식의 필사본이 확인되고 있다. 이들 필사본을 일일이 확인하지는 못하였지만, 원작자가 쓴 원본이 완성된 형태로 유포되었기 때문에 편집상의 소소한 차이만 있을 뿐 내용상의 차이는 없을 것으로 판단된다. 본 번역 과정에서는 규장각 소장의 4본을 검토하였는데, 이것들은 크게 두 계통으로 분류할 수 있다.

우선, 『현구기원편』과 『현구기사』는 1책의 도서로 1728년(영조 4) 진종(眞宗), 곧 효장세자(孝章世子)의 상(喪)부터 임오화변 전후의 사정을 거쳐 1775년(영조 51) 영조가 세손(世孫, 정조)의 대리청정을 명하는 데까지 기록되어 있으니, 「원편」에 해당하는 내용만 수록된 것이다. 이 두 책은 부록으로 임오화변 당시 주서(注書)로서 현장에 끝까지 남아 있던 이광현(李光鉉)의 일기가 「소기(小記)」라는 제목으로 첨부되어 있는 것까지 완전히 동일한 내용이다. 다만, 두 필사본에는 본문을 이해하는 데 참고가 될 만한 두주가 간헐적으로 달려 있는데 그 내용은 완전히 다르다. 후대의 소장자가 달아놓은 것으로 추정된다.

다음으로, 『현구기문』과 『현고기』에는 「원편」과 「속편」이 모두 수록되어 있다. 특히 『현구기문』에는 박종겸이 1795년(정조 19)에 쓴 「서문」이 실려 있는데 이는 다른 필사본에는 없을 뿐 아니라, 본문의 배치나 편집 체제 역시 「서문」에서 설명한 것과 일치하기 때문에 원본에 가장 가깝다. 『현구기문』은 「원편」과 「속편」으로만 구성되어 있을 뿐 다른 사람의 기록은 일절 덧붙여 있지 않다. 다만, 곳곳에 있는 두주에는 본문을 이해하는 데 필요한 자료가 기재되어 있는데, 이것이 원저자의 것인지 필사 과정에서 후대인이 붙인 것인지는 확신할 수 없다. 반면 『현고기』에는 「원편」과 「속편」이 두주 없이 합편되어 있고, 이광현의 일기 대신 「오회연설(五晦筵說)」과 「시벽본말(時僻本末)」 등 훨씬 후대의 기록들까지 부록되어 있다. 현재로서는 일단 『현구기문』이 가장 원형에 가깝다고 판단된다.

이로 보건대 현전하는 다양한 『현고기』는 박함원과 박종겸 부자가 편찬한 「원편」과 「속편」, 이를 이해하는 데 도움이 되는 두주, 화변 당시의 현장이나 정조대 이후의 역사적 사실을 설명한 부록류를 기본 구성으로 하여 필사자의 관심에 따라 적절히 가감되어 있다고 할 수 있다. 각 편과 부록의 주제를 간략히 소개하면 다음과 같다.

「원편」에서는 진종의 서거와 사도세자의 출생, 궁중의 암투와 사도세자의 행적, 세자 보호세력과 반(反)세자세력의 동정과 갈등 양상, 영조대 후반부의 정국 동향, 세손의 대리청정, 영조의 승하 직전 전위(傳位)의 전교 등을 연대순으로 기재하였다. 「속편」에서는 정조의 즉위와 즉위 이후 내려진 여러 처분, 김구주(金龜柱) 등에 대한 유배, 시파와 벽파의 동정과 갈등 양상, 현륭원 조성의 과정, 정조의 원행(園行), 영남 유생 1만 명의 선세자 신원 상소 등 정조 때의 여러 사실을 수록하였다.

부록류 가운데 『현고기』에 실려 있는 것이 주목된다. 이 필사본에는 1800년(정조 24) 정조가 승하하기 직전 연신(筵臣)들에게 자신의 임오의리를 설명한 '오회연설(五晦筵說)', 1855년(철종 6)에 사도세자의 추존(追尊)을 청하는 '영남유생 만인소', 1899년(광무 3)에 사도세자의 묘호(廟號)를 결국 장조(莊祖)로 추왕(追王)한 것 등 정조 승하 이후 전개된 사도세자 관련 사안, 세자 보호세력인 홍봉한에 대한 대처를 둘러싸고 노론이 시파와 벽파로 분열하게 된 과정과, 시파·벽파 인사들의 동향을 설명한 「시벽본말」 등이 덧붙여 있다. 이는 『현구기문』의 원본과는 직접적인 관련이 없는 기록들이지만, 임오화변과 관련된 정치세력과 역사적 추이를 이해하는 데 중요한 참고자료가 된다. 그 밖에도 몇몇 필사본에 부록되어 있는 이광현의 일기도 임오화변 당시 현장의 상황을 기록하고 있어서 참고할 만하다. 다만, 이광현의 일기는 세자궁의 설서(說書)였던 권정침(權正忱)이 남긴 일기, 즉 『서연일기(書筵日記)』(국사편찬위원회 B6B-138)에 비하면 상세함이 떨어진다. 권정침의 일기는 임오화변 현장에 대해 가장 상세한 기록이지만, 『현고기』의 본문 중에서 일부가 인용되었을 뿐 『현고기』의 여러 필사본에서 그 내용이 부록된 경우는 없기 때문에 별도로 참고해야 한다.

『현고기』에서 거론된 내용은 왕실과 연결되어 있는 노·소론 핵심 가문의 내밀한 기문(記聞)을 출처로 한 경우가 많아서 근거를 명확히 밝힐 수는 없지만, 상당수가 정권 핵심과 연계된 고급 정보들이라고 판단된다. 이는 박함원과 박종겸이라는 인물의 내력이 특별하기 때문에 가능한 일이었다. 박함원과 박종겸 부자는 영조대 이래 사도세자 보호에 앞장섰던 준소(峻少) 가문 출신의 인사다. 박종겸이 족부(族父)라고 지칭한 금성위(錦城尉) 박명원(朴明源)은 노론이지만, 왕실에서 사도세자를 보호한 세력의 대표이므로 박함원 부자와 긴밀히 연계된 것으로 판단된다. 그뿐만 아니라 박종겸은 중부(仲父)인 박호원(朴浩源)을 매개로 하여 영조대 노론 반(反)세자세력과도 인척관계로 연결되어 있었다. 즉 박함원과 박종겸은 준소이지만 왕실과 노·소론을 넘나들며 세자 보호세력과 반세자세력의 동향에 접할 수 있었던 것이다.

이 때문에 『현고기』에는 연대기 자료에서는 잘 파악되지 않는 임오화변 관련 속사정 특히 영조를 포함한 궁중 인사들과 사도세자의 호오(好惡) 관계, 이와 관련된 중요한 일화, 노론 시파·벽파의 분열, 소론 준론과 노론 및 남인의 연대 등 임오화변의 전말을 이해하는 데 매우 귀중한 자료들이 기록되어 있다. 『현고기』의 서술 기조를 이해하기 위해서는 임오화변에 대한 세자 보호론자와 반세자세력의 인식을 알아둘 필요가 있다.

보호론 계열은 임오화변의 원인으로 이광좌 등 준소 계열 처분을 둘러싼 영조와 세자의 견해 차이를 배경으로, 위해세력이 세자를 무함하여 양자의 갈등을 조장했고, 여기에 세자의 질병과 영조의 과도한 성격까지 가세하여, 끝내는 돌이킬 수 없는 사태에 이르게 되었다고 설명한다. 따라서 양자의 갈등을 무마하려고 한 노론 동당, 소론 준론, 남인 청론 계열 신하들을 충신으로, 세자의 신임의리관이나 사소한 잘못을 과장하고 무함하며 갈등을 증폭시키려고 한 노론 남당과 소론 탕평당의 신하들을 역적으로 간주했다.

반(反)세자론 계열은 세자의 자질이 높지 않았던데다가 질병까지 있었으므로 보좌하는 신하들의 역할이 중요한데, 세자 보호를 명목으로 아첨하는 신하들이 직언은 하지 않고 사실을 감추며 잘못 보도함으로써 세자가 의리상의 잘못과 비행을 저질러 덕을 잃게 된 것이 임오화변의 근본 이유라고 생각하였다. 이들은 영조가 세자를 교도하기 위해 애썼지만 끝내 실패했기 때문에 종사를 위해 정당한 처분을 내린 것으로 본다. 세자는 자신의 비행과 과실을 뉘우치지 않아 폐위된 것이므로 이를 무함이라 하는 것은 잘못된 인식이며, 세자에게 직언했던 비판 언론을 역적으로 몰아서는 안 된다는 것이다.

『현고기』에 기술된 내용은 영·정조대 준소계가 견지한 세자 보호론의 시각을 뚜렷하게 대변한다. 소론 보호론의 특징은 영조의 신임의리가 일관되지 않게 변경되면서 경종에게 충성했던 준소계 신하들을 핍박하였다거나, 사도세자가 신임의리 때문에 노론 측 일각을 싫어하는 기색을 보여 노론 측이 꺼렸다고 하는 등, 임오화변의 근저에는 신임의리에 대한 영조–세자의 이견(異見)이 자리하고 있다고 파악한다는 점이다. 임오화변의 원인으로 세자보다는 영조의 잘못을 거론하고 그 연장선에서 임오화변 후 영조의 후회 사실을 특별히 강조하기도 하였다.

이러한 견지에서 『현고기』에서는 노론 본연의 당론에 충실했던 노론 남당계와 그에 부화(附和)했던 소론 완론(緩論)의 탕평대신들을 반(反)세자세력으로 규정하였다. 특히 김한구·김구주에 대해서는 임오화변을 촉발시킨 장본인으로 단정하고 있는 점이 특징이다. 비록 반세자세력에 의해 부자 갈등이 조성되었지만, 세자를 폐위한 후 새로운 후사(後嗣)의 외가가 될 작정으로 임오화변을 배후 조종한 것은 김한구·김구주라는 것이다. 반면 홍봉한에 대해서는, 비록 실패하기는 하였지만 세자를 보호하려고 노력했으며, 화변 후에도 어쩔 수 없이 세손을 보호하기 위해 나서야 했다고 평가하는 등 상당히 우호적이었다. 또한 세자 보호론은 억울하게 폐위되어 사망한 선세자를 추왕하는 것에도 우호적이어서, 『현고기』에서는 추왕이 영조의 뜻에 어긋나지 않는다는 영남 인사의 견해가 상세하게 소개되어 있다.

참고로, 이상에서 설명한 『현고기』의 서술 기조를 염두에 두고, 『현고기』에서 임오화변 관련 주요 현안에 대하여 어떻게 설명하고 있는지를 일별해보면 다음과 같다.

임오화변 관련 주요 현안에 대한 『현고기』의 서술

세자의 자질	세자의 뛰어난 자질(3, 7쪽)과 효성 및 애민(7~8쪽).
부자 갈등의 계기	이광좌 등 준소 계열 처분을 둘러싼 부자간 의견 차(3쪽), 세자가 신임의리를 번복할 것이라고 무함(3쪽), 위해세력이 영조의 의심을 이용하여 참언으로 갈등 조장(4쪽).
세자의 신임의리관	세자는 신임의리 때문에 노론 측을 싫어하는 기색을 드러냄(3쪽).
대리청정 시 행적	세자는 위동 세력에게는 엄했으나, 비판언론도 수용했고, 백성에게도 인자했음(5~9쪽).
홍봉한의 행적 및 평가	홍봉한은 세자를 보호하려다 실패한 후, 어쩔 수 없이 임오화변의 책임을 감수하며 수습하고 세손 보호에 주력함(28쪽).
김구주의 행적 및 평가	임오화변의 괴수는 김한구라고 했다는 정조의 말을 인용(57쪽). 김구주가 정휘량·신만과 결탁하여 화변을 조장(61쪽). 김구주 주도의 살홍(殺洪) 시도는 선세자 자손의 제거를 위해 그 보호자를 죽이려는 것(31~32쪽). 김구주는 세손에 대한 무함도 조종함(33쪽).
세자 위해·간언 여부	세자 위해세력의 이간책 및 무함상서(誣陷上書)와 보호세력의 충성을 대비하여 서술.
충신·역적의 범위	충신: 이천보·유척기·이종성·이이장·채제공 등 대신, 임성·임덕제·권정침 등 궁료. 역적: 김상로·홍계희·구선복·홍인한·홍낙순·정휘량·신광수 등 대신 및 척신, 나경언·문성국·문녀 등 궁인, 세자의 과실을 과장하여 전파하기 위해 상서(上書)한 신하들.
영조의 후회 여부	영조가 선세자의 자질을 찬미하며 통한과 후회의 뜻을 자주 드러냄(30, 32쪽).
추왕에 대한 견해	「금등」을 채제공에게 맡긴 이유를 설명한 영남인의 견해를 소개하며 추왕은 영조의 언외(言外)의 뜻이라 함(72쪽). 남인 이휘병(李彙炳), 노론 서상조(徐相祖)의 추왕론 소개(77~78쪽).

『현고기』, 『조선당쟁관계자료집』 12, 여강출판사 영인본에 의거함.

『현고기』는 저술 직후부터 당파를 불문하고 임오화변과 관련된 여러 당론서나 야사(野史) 등에서 다양한 방식으로 그 내용이 인용되거나 거론되고 있었다. 준소계는 『현고기』의 임오화변 인식에 동의하였기 때문에 『현고기』의 내용을 그대로 인용하고 좀 더 상세한 자료를 덧붙이거나 단순히 내용을 축약한 경우도 많았다.

임오화변과 관련된 또 하나의 준소계 당론서로 유명한 박하원(朴夏源)의 『대천록(待闡錄)』은 『현고기』의 증보판이라고 보아도 좋을 정도로 『현고기』의 인식에 기반하여 관련 자료를 집대성한 경우다. 반면 노론 벽파(僻派) 계열의 저술들에서는 『현고기』의 임오화변 인식이 잘못되었고 신빙성도 없다고 보았기 때문에 이를 부정하기 위한 자료들을 제시하였으니, 『공거지남(公車指南)』(奎 古5120-48)이 그 대표적인 저술이다. 『현고기』는 저술된 직후부터 이미 문제작이었던 셈이다.

이상에서 보았듯 『현고기』는 준소계의 인식이 뚜렷이 반영된 당론서이기 때문에 임오화변을 이해하는 하나의 통로에 불과하다. 게다가 사도세자의 아들이자 임오화변이라는 과거사 정리의 주체인 정조의 인식은 『현고기』와도 분명히 다르다. 이는 정조의 견해가 뚜렷이 반영된 『현륭원지문(顯隆園誌文)』과 비교해보면 어느 정도 짐작할 수 있다. 『현고기』의 임오화변 인식이 노론들의 그것과 상반됨은 두말할 필요가 없다. 필자는 이러한 여러 시선의 충실한 종합이야말로 역사가의 임무가 아닐까 생각한다. 충실한 종합이 되기 위해서는 무엇보다도 공정한 안목이 중요하다는 것 또한 저명한 역사가들이 누차 강조한 바이기도 하다.

이런 점에서 당론서 읽기는 한편으로 매우 흥미로우면서도 동시에 매우 피로한 일이기도 하다. 한쪽의 당론에 따라 충역과 선악이 분명하게 나뉘다가도, 또 다른 당론을 접하게 되면 충역과 선악의 경계가 흐릿해지거나 때로는 뒤바뀌기도 하기 때문이다. 임오화변에 대한 현대의 설명 역시 이러한 수준을 크게 벗어났다고 생각하지는 않는다. 그것이야 어찌되었든 오늘날까지도 여러 논란이 재생산되고 있는 임오화변을 온전히 이해하기 위해서는 『현고기』를 읽는 것에서부터 출발해야 하는 것은 분명하다. 이 번역본이 『현고기』의 일독에 도움이 됨으로써 임오화변에 대한 풍부한 인식에 기여하기를 기대한다.

권1. 원편(原編) 상(上): 고조되는 사도세자의 위기

효장세자의 죽음과 사도세자 출생 이전 상황

1. 무신년(1728, 영조 4) 진종(眞宗)[1] 상(喪)을 당하자 참판(參判) 조명교(曺命敎)[2]가 영의정 이광좌(李光佐)[3] 공을 찾아가서 뵙고 말하기를,

"국사(國事)가 막막해졌습니다"라고 말하였다. 이 공이 손을 내저으며 말리고 말하기를,

"이것은 국가가 어떻게 될지 모를 일이지만, 나는 영의정의 자리에 있으니, 사사로운 자리에서 말할 수 없는 것이 있다"라고 하였다.

조 공은 그 신중하고 면밀함에 감탄하였는데, 그 후 과연 군소배들 사이에서 사특한 의논[4]이 분분히 일어났으니, 그 선견(先見)에 탄복한 것이었다.

---

1. 진종(眞宗, 1719~1728): 영조의 맏아들. 이름은 행(縡), 자 성경(聖敬). 어머니는 정빈(靖嬪) 이씨(李氏)이고, 사도세자(思悼世子)의 형이다. 영조 즉위년(1724) 경의군(敬義君)에 봉해졌고, 이듬해 왕세자에 책봉되었으나 즉위하기 전 10세에 죽었다. 양자인 정조가 즉위하자 진종으로 추존되었다. 능은 영릉(永陵)이며, 시호는 효장(孝章)이다.
2. 조명교(曺命敎, 1687~1753): 본관 창녕(昌寧), 자 이보(彝甫), 호 담운(澹雲). 1727년 경종의 질병을 해명하라고 상소하고, 소론을 논척하는 데 앞장섰다.
3. 이광좌(李光佐, 1674~1740): 본관 경주(慶州), 자 상보(尙輔), 호 운곡(雲谷). 1721년(경종 1) 세제 연잉군(延礽君, 영조)의 대리청정을 적극 반대하고 경종 보호에 적극적으로 나섰다. 1725년(영조 1) 노론이 집권하면서 파직되었다가 1728년에 정미환국으로 소론 정권이 등장하자 다시 영의정에 올랐다. 1730년 노론 민진원(閔鎭遠)과 제휴하여, 노론과 소론의 연립정권을 세웠다. 1740년 영의정으로 재임 중 박동준(朴東俊) 등이 중심이 되어 삼사의 합계(合啓, 사헌부·사간원·홍문관의 삼사가 함께 연명하여 올린 상소)로 호역(護逆, 역적을 비호함)의 죄를 들어 탄핵하자 울분 끝에 단식하다가 죽었다. 1755년 나주벽서 사건으로 소론이 탄압을 받을 때 관작이 추탈되었다. 저서로 『운곡실기(雲谷實紀)』가 있다.
4. 사특한 의논: 사도세자가 태어나기 전에 있었던 세자를 세우자는 논의를 가리킨다.

2. 진종 상(喪)을 마친 후, 정승 민진원(閔鎭遠)[5]이 세자를 세우는 의논을 가장 먼저 발의하였는데, 주상이 들어주지 않았으나 힘써 청하기를 그치지 않았다. 혹자는 말하기를,

"민진원이 대궐에서 (집으로) 돌아가는 길에 여선군(驪善君) 이학(李壆)[6]의 집을 방문하였다"라고 한다. [여선군은 선조[宣廟]의 왕자 경창군(慶昌君) 주(珘)[7]의 5세손이다.] 영성군(靈城君) 박문수(朴文秀)[8]가 나아가 말하기를,

"전하의 춘추(春秋)가 한창이시고, 인자함과 효성을 타고나셨으며 인자하고 두터운 혜택이 백성과 만물에 넉넉하게 퍼졌으니 절대로 끝내 세자가 없을 리가 없습니다"라고 하였다. 그 후 (박문수가) 또 나아가 말하기를,

"항간에서는 간혹 관왕묘(關王廟)[9]에 기도하여 효험을 본 자가 있다고 합니다. 전하께서 후사(後嗣)를 구하려면 마땅히 모든 방도를 다해야 하니 청컨대 시험 삼아 그렇게 해 보시지요"라고 하였다.

갑인년(1734, 영조 10) (박문수가) 청나라에 사신으로 갈 때, 한쪽 편 사람들[10] 사이에서 세자를 세우자는 의논이 더욱 크게 일어났다. 영성군이 사행(使行)을 떠나기에 앞서 나아가 말하기를,

"신이 오늘 만 리 길 사행을 떠나니, 장차 사악한 의논이 반드시 더욱 심해질 것입

---

5. 민진원(閔鎭遠, 1664~1736): 본관 여흥(驪興), 자 성유(聖猷), 호 단암(丹巖)·세심(洗心). 숙종비 인현왕후(仁顯王后)의 오빠, 우참찬 진후(鎭厚)의 동생. 송시열(宋時烈)의 문인. 1721년(경종 1) 세제(世弟, 영조)의 대리청정을 건의해 실현하게 하였다. 이듬해 신임옥사로 노론이 실각하여 유배되었다가, 1724년 영조의 즉위와 더불어 노론이 집권하자 풀려나 우의정에 올랐다. 1725년(영조 1) 영조의 탕평책에 따라 소론의 영수인 좌의정 유봉휘(柳鳳輝)를 신임옥사를 일으킨 주동자로 탄핵하여 유배시켰으며, 송시열의 증직(贈職)을 상소하고 그해에 좌의정이 되었다. 1727년 정미환국 당시 유배되었다가 풀려났다. 끝까지 소론과 타협하지 않고 소론을 배격하는 노론의 선봉장으로 활약하였다. 저서로 『단암주의(丹巖奏議)』, 『단암만록(丹巖漫錄)』, 『민문충공주의(閔文忠公奏議)』 등이 있다.
6. 여선군(驪善君) 이학(李壆, ?~1755): 여천군(驪川君) 이증(李增, ?~1752)의 아우. 1725년(영조 1) 종부시(宗簿寺)에서 고강(考講)할 적에 잇달아 다섯 번 으뜸을 차지한 사람에게 전례에 따라 가자(加資, 품계를 올려줌)하였다. 1734년(영조 10) 사헌부에서 작폐한 종신으로 탄핵받고 종중추고되었다. 1736년 정사로 청나라에 다녀왔다.
7. 경창군(慶昌君) 이주(李珘, 1604~1654): 선조(宣祖)의 아들, 어머니는 정빈 홍씨(貞嬪洪氏). 8세 때 봉군되었는데, 광해군 때 인성군(仁城君) 공(珙), 경평군(慶平君) 늑(玏) 등과 함께 여러 종친을 거느리고 인목대비(仁穆大妃)를 폐할 것을 청하였다. 인조반정 후 종부시 도제조·종친부 유사 당상 등을 역임하였다.
8. 영성군(靈城君) 박문수(朴文秀, 1691~1756): 본관 고령(高靈), 자 성보(成甫), 호 기은(耆隱). 도승지·병조판서 등을 역임. 정치적으로 소론에 속하였으며, 영조가 탕평책(蕩平策)을 실시할 때 명문 벌열(名門閥閱) 중심의 인사 정책에서 벗어날 것을 주장하였다.
9. 관왕묘(關王廟): 관우(關羽)를 신앙하기 위하여 건립된 묘당(廟堂). 관성묘(關聖廟)라고도 한다. 중국에서는 명나라 초부터 관왕묘를 건립하여 일반 서민에게까지도 그 신앙이 전파되었다. 우리나라에서는 임진·정유의 왜란 때에 명나라 군사들에 의해 처음 건립되었다.
10. 한쪽 편 사람들: 여기서는 노론을 가리킨다.

니다만 동요하지 마십시오"라고 하였다.

을묘년(1735, 영조 11)에 과연 나라에 사도세자(思悼世子)[11]가 태어나는 경사가 있었다.

3. 당초 갑진년(1724, 영조 원년)간에 민진원이 들어와서 정승 이광좌의 죄를 논하자, 진종이 주상의 무릎 위에 앉아 있다가 민진원을 가리키며 말하기를,

"(이광좌가) 너의 아비를 죽인 원수냐? 늘 이광좌를 죽이라고 청하는 이유가 무엇이냐?"라고 하였다. 주상이 그 입을 막으며 내시에게 안고 들어가라고 명하였다.

무신년(1728, 영조 4)에 진종이 서거하자 죽은 정승 풍원군(豊原君) 조현명(趙顯命)[12]이 울면서 이 일을 말하였다. 경진년(1760, 영조 36) 사이에는 정승 조재호(趙載浩)[13]가 또한 이 일을 말하면서,

"오늘날의 상황이 불행하게도 이에 가깝다"라고 하였다.

---

11. 사도세자(思悼世子, 1735~1762): 영조의 둘째아들. 이름은 선(愃), 자 윤관(允寬), 호 의재(毅齋). 어머니는 영빈 이씨(暎嬪李氏), 부인은 홍봉한(洪鳳漢)의 딸 혜경궁(惠慶宮) 홍씨. 이복형인 효장세자(孝章世子)가 일찍 죽자 2세 때 왕세자로 책봉되었다. 어려서부터 총명해 10세 때 신임옥사에 대해서 노론을 비판하여 갈등을 빚었다. 1749년(영조 25) 대리청정을 시작하면서 노론과의 갈등이 심해졌다. 세자의 서정(庶政)으로 장인인 영의정 홍봉한(洪鳳漢) 등의 세력이 커지자 노론과 계비 김씨, 숙의 문씨 등은 세자에 대한 무고를 계속했으며, 김씨의 아버지 김한구(金漢耉)와 그 일파인 윤급(尹汲) 등은 세자의 폐위를 꾀했다. 이들의 사주를 받은 나경언(羅景彦)이 세자의 비행 10여 조를 적은 상소를 올리자 영조는 나경언을 사형에 처하는 한편, 세자에게도 자결을 명했으나, 세자가 이를 듣지 않자 뒤주에 가두어 8일 만에 굶어 죽게 했다. 영조는 곧 후회, 위호(位號)를 복귀시키고 사도(思悼)라는 시호를 내렸다. 정조는 즉위 후 아버지인 사도세자를 장헌세자라고 개칭했으며 고종 때 장조(莊祖)로 추존되었다. 장헌세자의 죽음은 비행이나 악질에 걸려 광란 행위를 했기 때문이라기보다는 당쟁의 과정에서 희생되었다고 보는 것이 본서의 입장이다. 장헌세자를 둘러싼 조정 내부의 대립은 시파·벽파의 대립을 발생시켜 당쟁을 더욱 치열한 양상으로 새롭게 변모시켰다.
12. 풍원군(豊原君) 조현명(趙顯命, 1690~1752): 본관 풍양(豊壤), 자 치회(稚晦), 호 귀록(歸鹿)·녹옹(鹿翁). 1721년(경종 1) 소론의 핍박으로 곤경에 처해 있던 세제 연잉군(영조) 보호에 힘썼다. 1750년(영조 26) 영의정에 올라 균역법의 제정을 총괄하고 감필(減匹)에 따른 대책 마련에 부심하였다. 대사간 민백상(閔百祥)의 탄핵을 받아 영돈녕부사로 물러났다. 조문명(趙文命)·송인명(宋寅明)과 함께 영조대 전반기 완론 탕평(緩論 蕩平, 소론 온건파가 주도한 온건한 입장의 탕평책)의 주역으로 활동하였다. 김재로(金在魯)·박문수(朴文秀) 등과도 교유하였다. 저서로 『귀록집(歸鹿集)』이 있다.
13. 조재호(趙載浩, 1702~1762): 본관 풍양(豊壤), 자 경대(景大), 호 손재(損齋). 좌의정 문명(文命)의 아들, 영의정 현명(顯命)의 조카, 효순왕후(孝純王后)의 오빠. 우의정 등을 역임. 1739년(영조 15) 송인명(宋寅明)의 천거로 세자 시강원에 등용되었다. 1752년(영조 28) 이광좌를 탄핵하여 소론의 배척을 받았다. 1755년 『천의소감(闡義昭鑑)』 편찬의 도제조(都提調)가 되었다. 1759년(영조 35) 계비(繼妃)의 책립을 반대한 죄로 임천으로 귀양갔다가 이듬해 풀려나 춘천에 은거하였다. 1762년 사도세자가 화를 입게 되자 구원하기 위해 서울로 올라왔다가, 도리어 홍봉한 등의 무고로 종성으로 유배·사사되었다. 1775년(영조 51) 신원되었다. 저서로 『손재집(損齋集)』이 있다.

사도세자의 출생과 어린 시절

4. 기유년(1789, 정조 13) 영우원(永祐園)[14]을 옮길 때의 일이다. 주상이 일찍이 울면서 다음과 같이 하교하였다.

"갑진년(1724) 선대왕(先大王)이 등극하던 날, 대왕대비전에 나아가 대보(大寶)[15]를 청할 때, 나인 필정(必貞)과 내시 박상검(朴尙儉)[16]의 남은 무리가 가까이에 많이 있었다. 이들이 불손한 말을 하면서 대보를 들어서 땅에 내던져서 그 모서리가 떨어져 나가기에 이르렀다. 하지만 선대왕은 죄를 주지 않고, 단지 그들을 물리쳐서 집으로 돌아가라고만 명하였다.

을묘년(1735, 영조 11)에 선세자(先世子, 사도세자)가 태어나자 선대왕은 크게 기뻐하시며, 이전에 배척하여 내쫓았던 궁첩(宮妾)[17]들을 사면하여 죄를 모두 씻어 주고 궁중에 들어오게 하여 보모(保姆)[18]로 일하게 하였다.

선세자는 어렸을 때부터 지덕(智德)이 뛰어나고 성품이 또한 엄정하였다. 어렸을 때부터 신축년과 임인년의 일[19]을 많이 듣고 한쪽 편 사람들의 소행을 통렬하게 미

---

14. 영우원(永祐園): 정조의 아버지 사도세자의 묘호다. 1776년 정조는 즉위하자 사도세자의 존호(尊號)를 장헌(莊憲)이라고 바꾸면서 당시 양주(楊州)에 있던 그의 무덤의 봉호(封號)를 수은묘(垂恩墓)에서 영우원으로 고쳤다. 그리고 1789년(정조 13) 화성(華城)으로 이장한 후에는 현륭원(顯隆園)으로 이름을 바꾸었다. 1899년(광무 3)에는 장조의황제(莊祖懿皇帝)로 추존(追尊)되면서 '융릉(隆陵)'이라 일컬었다.
15. 대보(大寶): 임금의 도장을 뜻하는데, 왕위와 같은 말이다. 대보를 받는 것은 왕위 계승 절차가 마무리되었음을 의미한다.
16. 박상검(朴尙儉, 1702~1722): 평안도 영변 출신 환관. 당시 김일경(金一鏡)과 박필몽(朴弼夢)을 필두로 한 소론 측은 연잉군(영조)이 세제(世弟)로 책봉되는 것을 저지하려다 실패하자, 그를 이용해 세제를 제거하려 하였다. 먼저 그는 은화 수천 냥을 이용해 환관과 궁녀들을 매수하였다. 그리고 1722년 1월 궁안에 돌아다니는 여우를 잡는다는 구실로 청휘문(淸暉門)에 덫을 놓고 함정을 파놓아 세제가 경종에게 문안을 드리거나 시선(視膳, 세제나 세자가 왕의 수라상을 살피는 일)하러 가는 길을 가로막아 경종과 세제 사이에 불화를 조성하였다. 또한 대전(大殿)의 궁녀들로 하여금 세제를 헐뜯는 말을 하도록 해 세제를 제거하려 하였다. 이에 세제가 그날 밤 입직 궁관(立直宮官)과 익위사관(翊衛司官)을 불러모아 놓고 '환관 한두 명이 나를 제거하려 하니 그들의 독수(毒手)를 피하기 위해 사위(辭位)하겠다'는 뜻을 밝혔다. 이튿날 아침 대신들의 주청으로 주모자를 국문하라는 경종의 명이 내려져 국문이 시작되었다. 이때 세제로부터 지목받은 그와 환관 문유도(文有道)는 곧 주륙(誅戮)되었고, 나인 석렬(石烈)과 필정(必貞)은 자살해 전모가 채 밝혀지기도 전에 사건이 마무리되었다.
17. 궁첩(宮妾): 궁궐 안에서 임금, 왕비, 왕세자를 모시고, 궁중의 일을 보던 여자를 통틀어 이르는 말. 나인[內人]과 같은 말이다.
18. 보모(保姆): 궁중에서 왕세자의 양육을 담당하던 궁인(宮人). 세자의 경우 양육과 교도(敎導)를 담당하던 궁인은 약 10명인데, 이 가운데 보모는 보모 상궁과 부보모 상궁 2명이 있어 격일제로 근무하였다.
19. 신축년과 임인년의 일: 신축년(1721, 경종 1) 환국과 임인년(1722, 경종 2) 옥사를 가리킨다. 노론 측에서 경종의 질병을 구실로 연잉군(영조)을 세제(世弟)로 책봉하고, 대리청정을 추진하자 소론이 반발하여 경종의 후원을 입고 집권한 것이 신축년 환국이다. 이후 남인 목호룡의 고변으로 노론 4대신을 사사(賜死)하고 노론 당인 다수를 처벌한 사건이 임인년 옥사다.

워하여 간혹 말이나 얼굴빛에 그 감정이 비치기도 하였다. 이로 인해 한쪽 편 사람들에게 크게 미움을 받아서 어렸을 때부터 이미 시끄러운 말들이 이루 말할 수 없을 정도였다.

이때는 풍원군 조현명과 같은 정승이 있어서 마음을 바쳐서 보호하였다. 풍원군이 죽자 정승인 오천(梧川)[20] 이종성(李宗城)[21]이 이어서 그 책임을 맡아서 (사도세자의 지위가) 흔들리지 않을 수 있었다. 정승 이종성이 죽고 나서는 드디어 믿을 만한 사람이 없자 의지한 사람은 조재호 한 사람뿐이었는데, 조재호는 사람이 형편없어서 (선세자가) 끝내 차마 말할 수 없는 지경에까지 이르고 말았다."

5. 세자가 처음 태어났을 때 판돈녕부사 박태항(朴泰恒)[22]이 상소하여

'새 솜으로 지은 옷을 입히지 말라'고 청하고, '신의 나이 90인데, 세자를 위해서 제 나이를 바치겠습니다'라고 하였다.

세손(世孫, 정조)이 탄생하자 이를 경축하는 과거를 베풀었다. 이때 공의 아들인 박필간(朴弼幹)[23]이 승지로 입시(入侍)하자 주상이 돌아보고 말하기를,

"경의 아비가 나이를 바쳐서 축수[獻年]한 아이가 다시 아이를 낳아서 이렇게 되었다"라고 하였다.

6. 세자가 어렸을 때, 대조(大朝, 영조)[24]를 따라서 궁궐 밖으로 나왔다. 어린 나이에 문을 나서니 뭇 사람들이 우러러보았으므로 의당 좌우를 둘러볼 만도 하였다. 그러나 엄숙하고 단정하게 앉아서 시선을 돌리지 않으니, 진정 덕(德) 있는 사람의 기상(氣象)이었다.

7. 11세 때 (세자가) 시를 지었는데,

---

20. 오천(梧川): 이종성(李宗城, 1692~1759)의 호다.
21. 이종성(李宗城, 1692~1759): 본관 경주(慶州), 자 자고(子固), 호 오천(梧川). 영의정 등을 역임. 1728년(영조 4) 박문수와 함께 붕당 2백 년의 폐를 논하였다. 1752년(영조 28) 세자의 처벌에 적극적이던 김상로(金尙魯) 등과 대립하여 영의정에서 물러났다. 1758년 영중추부사가 되어 사도세자 보호에 앞장섰다.
22. 박태항(朴泰恒, 1647~1737): 본관 반남(潘南), 자 사심(士心). 예조·형조 참판 등을 역임. 소론의 입장에서 세제(영조) 책봉을 주장하는 노론을 적극 탄핵하였다. 영조가 즉위하자 삭탈관직되었다가 1727년 정미환국으로 다시 기용되었다.
23. 박필간(朴弼幹, 1683~?): 본관 반남(潘南), 자 계직(季直), 호 정헌(靜軒). 태항(泰恒)의 아들. 정언·승지 겸 총관 등을 역임하였다.
24. 대조(大朝): 동궁(東宮)이 섭정(攝政)하고 있을 때에 임금을 일컫는 말.

"아침 해가 청명하여 독서할 만하구나. 천금(千金)은 귀하지 않지만 독서는 귀하다네"라고 하였다. 궁관(宮官)[25]이 주상을 위해 낭송하니, 주상이 말하기를,

"이 아이는 허언(虛言)을 잘하는구나. 어찌 그렇게 할 수 있겠는가"라고 하였다. 이것은 매우 기뻐하면서도 농담으로 하는 말이었다.

8. 주상이 일찍이 세자를 위해서 친히 제술(製述)하여 상훈(常訓)[26]·귀감(龜鑑)[27] 등의 책을 편찬하였는데, '사물을 당하여 바로 가르치려는[遇物則誨]'[28] 뜻을 담았다. 세자가 태어난 뒤로는 채 10살이 되지 않았는데도, 주상이 몹시 괴로운 일이 있을 때마다 문득 왕위에서 물러나겠다는 말을 하였다.

이런 일이 반복되자 좌의정 송인명(宋寅明)[29]이 일찍이 말하기를,

"주상이 동궁(東宮, 사도세자)이 있고부터는 매사를 믿고 의지하면서 마음대로 하시니, 진실로 따르기가 어렵다"고 하였다.

신임의리를 둘러싼 갈등과 음해

9. 주상이 일찍이 유봉휘(劉鳳輝)[30]와 조태구(趙泰耈)[31] 등의 일[32]을 신료들에게 언급

---

25. 궁관(宮官): 동궁(東宮)에 소속되어 있던 관리.
26. 상훈(常訓): 군주로서 갖추어야 할 덕목의 내용과 방법에 대해 영조가 정리하여 만든 책자로 『어제상훈(御製常訓)』이라고도 한다. 탕평 이념을 제시할 목적으로 1745년(영조 21)에 반포하였으며, 경천(敬天)·법조(法祖)·애민(愛民)·돈친(敦親)·조제(調劑)·숭검(崇儉)·여정(勵精)·근학(勤學)의 8조목으로 되어 있다.
27. 귀감(龜鑑): 『어제귀감(御製龜鑑)』 또는 『어제고금역대귀감(御製古今歷代龜鑑)』이라고도 한다. 1757년(영조 33) 영조가 후대의 군왕들을 위해 역대 전적에서 치국에 필요한 내용을 발췌하여 정리한 교훈서다. 서문은 없으나 영조가 쓴 발문이 있다. 발문에 의하면 나라를 위해 고심한 결과, 종사(宗社)를 위한 공적(公的)인 마음으로 쓴 것이므로 후대의 왕들과 전·현직 대신들은 깊이 명심하라고 저술 취지를 설명하고 있다. 영조의 유교적인 정치윤리를 단적으로 나타내주는 자료다.
28. 사물을 당하여 바로 가르치려는[遇物則誨]: 당나라 태종이 세자를 가르치던 방법. 『자치통감(資治通鑑)』 권197, 정관(貞觀) 17년 계묘년(643) 윤월(閏月), 신해(辛亥)에 보인다.
29. 송인명(宋寅明, 1689~1746): 본관 여산(礪山), 자 성빈(聖賓), 호 장밀헌(藏密軒). 이조 판서·좌의정 등을 역임. 1725년(영조 1) 동부승지(同副承旨) 재직 시 붕당(朋黨)을 금지하라고 건의하면서 국왕의 탕평책에 적극 협조하였다. 1729년 영조의 명으로 박사수(朴師洙)와 함께 무신란(戊申亂)의 전말을 기록한 『감란록(勘亂錄)』을 편찬·간행하였다. 1731년 노·소론을 막론하고 온건한 인물들을 두루 등용하여 당론을 조정·완화하는 일에 힘썼다.
30. 유봉휘(劉鳳輝, 1659~1727): 본관 문화(文化), 자 계창(季昌), 호 만암(晩菴). 1721년(경종 1) 노론이 왕의 아우인 연잉군을 세제로 책봉하려 할 때 강력히 반대하였다. 그 뒤 세제의 대리청정을 철회시키고 노론을 실각시켰다. 1725년 영조가 즉위한 뒤 소론 4대신의 한 사람으로 좌의정에 올랐으나 신임옥사를 일으킨 주동자라는 노론의 집요한 공격을 받고 이듬해 면직되었다. 이어서 민진원 등의 논척으로 경흥에 안치되어 유배지에서 죽었다.

하면서 말하기를,

"내가 비록 (이들을) 죄주지 않더라도 (사도)세자의 세상이 오면 아비의 원수를 갚지 않겠는가"라고 하였다. 조태구와 유봉휘는 대역(大逆)으로 처단된 것은 아니었다.

10. 한쪽 편 사람들[33]은 주상에게 신축년(1721, 경종 1)과 임인년(1722) 옥사에 관련된 여러 신하의 죄를 바로잡아서 크게 주토(誅討)를 행할 것을 권하였는데, 주상이 듣지 않았다. 또 신축년과 임인년에 죄 받은 사람들의 죄를 모조리 씻어버릴 것을 청하였지만 또 (주상이) 따르지 않았다.

이 무리들은 『대훈(大訓)』[34] 등의 책이 세자에게 그릇된 영향을 주고 있다고 하여 불만스럽게 생각하는 점이 많았다. 그리하여 신축년과 임인년에 (연잉군에게) 대리청정(代理聽政)을 하게 한 것이 올바른 일이어서 후세에 마땅히 본받아야 한다고 말하면서 주상에게 (세자의 대리청정을) 힘써 권하자 드디어 세자에게 대리청정하라는 명이 있었다. 이에 신축년과 임인년의 역적들을 토벌하라고 세자에게 날마다 진달하였다.

"주상의 입장에서는 자기 자신이 관련된 일이므로 흔쾌히 하려고 하지 않습니다. 저하(邸下)[35]의 입장에서는 일이 아비의 원수에 관계되니 통렬하게 징토(懲討)하여 원수를 갚고 치욕을 씻어버리는 의리를 다하지 않을 수 없습니다."

협박하면서 유혹하는 말이 이르지 않는 곳이 없었지만 세자가 허락할 뜻이 없었다. 이때 을해옥사(乙亥獄事)[36]가 일어나자 문득 신축년과 임인년의 일을 번안(飜案)[37]

---

31. 조태구(趙泰耉, 1660~1723): 본관 양주(楊州), 자 덕수(德叟), 호 소헌(素軒)·하곡(霞谷). 우의정·영의정 등을 역임. 신임옥사로 노론 4대신을 사사(賜死)하고, 영의정에 올랐다. 이어 소론 정권을 수립, 최석항·김일경 등과 국론을 주도하였다. 이후 소론은 과격파와 온건파로 분열되었는데, 그는 윤순(尹淳)과 함께 온건파의 주장이 되었다. 1725년(영조 1) 신임옥사를 주도한 혐의로 탄핵을 받고 관작이 추탈되었다.
32. 유봉휘(劉鳳輝)와 조태구(趙泰耉) 등의 일: 경종이 당시 세제(世弟)였던 영조에게 대리청정을 명하였는데, 이를 철회하게 한 일을 가리킨다.
33. 한쪽 편 사람들: 여기서는 노론을 가리킨다.
34. 대훈(大訓): 영조가 당쟁의 폐해를 일소하고 신임옥사의 주모자를 처벌하기 위하여 내린 훈유문(訓諭文)으로서, 1741년(영조 17) 교서관에 명하여 처음 간행되었다. 이후 1755년(영조 31)과 1769년(영조 45) 두 차례에 걸쳐 수정·반포되었다.
35. 저하(邸下): 왕세자의 존칭.
36. 을해옥사(乙亥獄事): 1755년(영조 31) 소론(少論)이 관련된 일련의 사건을 역모로 몰아서 소론을 제거한 사건. 나주 괘서 사건으로 소론을 처벌하고 나서 열린 토역(討逆) 경과(慶科)에서의 시권(試券) 사건, 그리고 익명의 투서 사건이 연이어 일어나서 약 6개월 사이에 170여 명이 형을 받았고, 그 가운데 120여 명이 처형되었다. 이로 인해 소론 준론이 대거 처벌받고, 노론이 정국을 주도하였으며, 그 전말을 기록한 『천의소감(闡義昭鑑)』이 반포되었다.
37. 번안(飜案): 원래의 내용을 고쳐서 새롭게 만든다는 뜻인데, 여기서는 신임옥사의 옥안(獄案)을 고치는

하라는 말로 임금의 귀를 어지럽혔다.

경진년(1760, 영조 36)에 영남 사람 조진도(趙進道)[38]가 과거에 합격하자, 사헌부에서 상소하여 그 합격을 취소하라고 청하였다. 조진도의 조부 조덕린(趙德鄰)[39]이 갑진년(1724)간에 상소하였다가 죄를 입었는데, 내용이 신축·임인년의 일에 관련되어 있었기 때문이었다. 세자가 윤허하지 않자 흉악한 무리가 그것을 가지고 욕하면서, "장차 국시(國是)를 뒤집어 혼란시킬 것이다"라고 하였다. 주상이 진노하여 비답을 고쳐서 (조진도의 합격을 취소하라는 청을) 허락하라고 명하였다. 이에 헐뜯어 거짓을 날조하는 것이 나날이 급해져서 마침내 큰 화를 이루고 말았다. [무신년(1788, 정조 12)에 조덕린은 복관(復官)되고, 조진도는 복과(復科)[40]되었다.]

11. 세자가 아직 장년(壯年)이 되기 전에 처음으로 한 궁속(宮屬)을 죽이자 주상이 노하여 심하게 질책하였다. 여러 신하가 한(漢)나라 경제(景帝)[41]가 오(吳) 태자를 죽인 일[42]로써 우러러 진달하면서 말하기를,

"궁속 한 명을 죽인 것이 무슨 심각한 잘못이 되겠습니까"라고 하였다.

12. 경신년(1740, 영조 16) 무렵, 장헌세자(莊獻世子)[43]의 나이 겨우 6, 7세에 이미 (세자의) 과실(過失)이 한쪽 편 사람들[44]에게 널리 퍼졌다.

것을 가리킨다. 이는 앞서 언급한 『대훈』의 작성과 수정 과정에서 볼 수 있듯이, 영조대 전반기 정국에서 핵심 쟁점이 되었다.

38. 조진도(趙進道, 1724~1788): 본관 한양(漢陽), 자 성여(聖與), 호 마암(磨巖). 조부 조덕린(趙德隣)이 1736년(영조 12)에 노론의 탄핵을 받고 유배된 일이 있었다. 노론이 조부가 아직 복관이 되지 않았는데 그 손자가 과거에 합격한 것은 부당하다고 탄핵하여 합격이 취소되었다. 1788년(정조 12) 조부의 복관(復官)과 함께 낙제시킨 것을 다시 합격시켰다.

39. 조덕린(趙德鄰, 1658~1737): 본관 한양(漢陽), 자 택인(宅仁), 호 옥천(玉川). 1725년(영조 1) 당쟁의 폐해를 논하는 10여 조의 소를 올렸다가, 노론의 공격을 받고 종성에 유배되었다. 1727년 소론이 집권하자 유배에서 풀려났다. 1728년 3월 이인좌의 난이 일어나자 영남호소사(嶺南號召使)가 되어 의용병을 규합한 공로를 세웠다. 1736년 서원의 남설을 반대하는 소를 올리자, 1725년의 소와 연관되어 노론의 탄핵을 받고 제주로 유배 가던 중 강진에서 죽었다.

40. 복과(復科): 과거 급제자의 성명을 방에서 지워 낙제시켰던 것을 다시 합격시키는 것.

41. 경제(景帝, B.C. 188~B.C. 141): 전한(前漢) 황제. 문제(文帝)의 아들, 어머니는 두 황후(竇皇后)다. 경제는 오(吳)·초(楚) 등 7국의 반란을 진압한 뒤, 고조(高祖) 이래의 군국제(郡國制)를 고쳐서 무제(武帝) 이후의 중앙집권적 군현제도 확립의 기초를 닦았다.

42. 한(漢)나라 경제(景帝)가 …… 일: 문제(文帝) 때 오 태자가 후일 경제가 된 황태자(皇太子)와 술을 마시며 장기를 두었다. 오 태자는 본래 교만하고 건방졌는데, 장기의 길을 다투다가 공손치 못하자, 황태자는 장기판으로 오 태자를 때려죽였다고 한다.

43. 장헌세자(莊獻世子, 1735~1762): 사도세자다. 정조는 즉위 후 아버지인 사도세자를 장헌세자라고 개칭했으며 고종 때 장조(莊祖)로 추존되었다.

중부(仲父) 학생공(學生公)[45]이 입후한 집안의 조모(祖母)는 바로 판서(判書) 권혁(權爀)[46]의 고모였다. (학생공 박호원의) 고모 이숙인(李淑人)[47]은 권혁과 내외종 사이여서 (학생공이) 때때로 그 (권혁의) 집에 가서 며칠씩 머물렀는데,

(그곳에서) "(세자가) 아무 날 하인 아무개를 죽였다", "아무 날 무슨 일이 일어났다" 등등의 이상한 소문을 들었다. 손님이 돌아가고 나면 권혁이 안으로 들어와 늘 길게 탄식하면서 말하기를,

"(세자가) 죽어 버렸으면 좋겠다"고 했다 한다.

권혁은 음흉하게 남을 무함하는[48] 사람이 아니었지만 그와 더불어 왕래하는 사람들은 모두 당대의 권력자[49]들이었다. (이들이) 그러한 주장을 꾸며낸 것이 하루 이틀의 일이 아니었던 것이다.

1749년 대리청정 이후 고조되는 부자간 갈등

13. 무진년(1748, 영조 24)에서 기사년(1749, 영조 25) 사이에 이미 헐뜯는 말이 날조되어 유행하였다. 대리청정[50] 이후 세자 시강원[春坊][51]에 근무하던 이위보(李渭輔)[52]가

---

44. 한쪽 편 사람들: 여기서는 노론 특히 나중에 노론 벽파로 결집한 세력을 뜻한다.
45. 중부(仲父) 학생공(學生公): 박종겸의 중부는 박호원(朴浩源)이다. 박호원은 박사담(朴師聃)에게 입후하였고, 박사담의 아버지는 박필규(朴弼揆), 어머니는 권격(權格)의 딸이다.
46. 권혁(權爀, 1694~1759): 본관 안동(安東), 자 자장(子章). 이조 판서 상유(尙游)의 아들. 대사헌·이조 판서 등을 역임. 송시열의 적전(嫡傳) 제자 권상하(權尙夏)의 조카로서 이광좌(李光佐)를 논척한 일이 있으며, 노론 남당의 영수인 김종수(金鍾秀)가 신도비명(神道碑銘)을 작성할 정도로 노론 의리에 투철한 인물이었다. 1748년(영조 24) 평안도 관찰사로 있을 때 암행어사 김치인(金致仁)의 탄핵으로 파직되었다. 이듬해 우의정 정우량(鄭羽良)의 천거로 대사헌에 재등용되기도 했다.
47. 이숙인(李淑人): 『현구기원편』(一蓑 古951.053B148h)에 의하면 이숙인은 현감 이형(李衡)의 처로 박필규(朴弼揆)의 딸이다. 따라서 박씨지만 이형의 처이므로 이숙인이라고 한 것 같다. 권상하가 작성한 기록[『한수재집(寒水齋集)』 권28, 「황고집의부군묘갈추기(皇考執義府君墓碣追記)」]에 의하면, 권혁의 조부 권격(權格)의 둘째딸, 즉 권혁의 고모가 박필규에게 시집가서 박사담과 이숙인을 낳았다. 그러므로 이숙인은 권혁과 내외종 사이가 된다. 박종겸의 중부 박호원은 박사담에게 양자로 들어갔기 때문에 이숙인은 박호원의 고모가 된다. 즉 박종겸 가문은 준소(峻少)지만 박호원[학생공]의 인맥으로 노론 핵심인 권상하 가문과 연결되기에 이르렀다고 볼 수 있다.
48. 남을 무함하는: 원문 '기괄(機括)'이란 쇠뇌의 시위를 거는 곳[弩牙]과 화살의 시위를 메우는 부분[箭括]을 말한다. 곧 사물의 매우 중요한 부분, 또는 시기에 맞추어 남에게 폐해를 끼침을 이른다.
49. 당대의 권력자: 원문 '시인(時人)'이란 당시 권력을 장악한 세력, 즉 여기서는 노론, 특히 나중에 노론 벽파로 결집한 세력을 가리킨다.
50. 대리청정: 사도세자는 1749년(영조 25)에 대리청정을 시작하였다.
51. 시강원[春坊]: 왕세자 교육 담당 관청.
52. 이위보(李渭輔, 1694~?): 본관 연안(延安), 자 조수(釣叟). 하신(夏臣)의 아들. 1741년(영조 17) 당시 권세가였던 김취로(金取魯)의 아들인 사복시 주부 치량(致良)의 간음한 행동을 논박하다가 죄를 얻어 문외

홀기(笏記)[53]를 올려 예람(睿覽)[54]에 대비하였다. 그런데 동궁이 답하지 않았는데, 그 기색이 너무 엄하고 사나워 이위보가 소매 속에 도로 넣어 가져갔다. 그 후 주상이 묻기를,

"궁관(宮官)[55]이 홀기를 써서 올린 일이 있다고 하는데, 무슨 말이었는가?"라고 물었다. 세자가 답하기를,

"본 적이 없습니다. 도로 가지고 가버려서 무슨 말인지 모릅니다"라고 하자, 주상이 기뻐하지 않았다.

14. 신미년(1751, 영조 27) 사이에 널리 퍼지기를, 한쪽 편 사람들이

"동궁이 나날이 경종[景廟][56]을 닮아간다"고 하면서 불손한 말을 많이 했다고 한다. 처음 동궁이 탄생하던 날, 정승 이광좌가,

"경종이 다시 세상에 나오는 꿈을 꾸었다"는 말을 하였다. 한쪽 편 사람들이 이를 빌미로

"(동궁이) 경종의 후신이다"고 말했다고 한다.

15. 임신년(1752, 영조 28)에 주상이 크게 화를 내고, 잠저(潛邸)[57]로 행차하여 며칠 동안 정사를 돌보지 않은 일이 있었다. 이때 하교하기를,

"장차 왕위에서 물러날 것이다" 하고 동궁을 물리치고 나아가 뵙는 것을 허락하지 않았는데, 성교(聖敎)가 매우 엄격하였다.

이에 동궁이 궁료(宮僚)[58]들과 더불어 나아가 뵙는 것이 좋을지를 의논하였다. 여러 신하 가운데 다수가 말하기를,

"성교가 매우 엄하니 나아가 뵙는 것은 안 됩니다"라고 하였다. 그런데 한 사람이

출송(門外黜送)된 일이 있다.

53. 홀기(笏記): 관리들이 임금에게 보고할 사항이나 건의할 사항을 적어둔 기록이다.
54. 예람(睿覽): 임금이나 왕세자(王世子)가 물건이나 의식(儀式) 따위를 살펴보는 일, 또는 그들의 견해나 생각에 대한 높임말이다.
55. 궁관(宮官): 동궁(東宮)에 딸린 관리. 여기서는 이위보를 가리킨다.
56. 경종(景宗, 1688~1724): 숙종의 아들, 어머니는 희빈 장씨. 재위 동안은 노·소론 당쟁의 절정기였다. 자식이 없고 병약하여 이복동생인 연잉군을 세제로 책봉한 뒤, 노론의 압박으로 대리청정시키고 물러날 위기에 몰리기도 하였으나, 소론의 지지로 다시 친정하면서, 김창집 등 노론 세력을 숙청하였다. 1724년 건강이 갑자기 나빠지기 시작하여 자리에 누운 지 며칠 만에 급서하였다.
57. 잠저(潛邸): 나라를 처음으로 세운 임금이나 종실(宗室)에서 들어와 된 임금으로서 아직 왕위에 오르기 전이나 또는 그동안에 살던 집이다. 여기서는 영조의 잠저인 창의궁(彰義宮)을 가리킨다.
58. 궁료(宮僚): 동궁 소속의 관료들이나 시강원(侍講院) 보덕(輔德) 이하의 벼슬아치를 통틀어 이르던 말.

말하기를,

“성교가 비록 이와 같더라도 저하의 도리로는 나아가 뵙는 것이 마땅합니다. 그렇지만 다수의 의견이 저와 같으니 또한 다수의 의견을 따르는 것도 괜찮을 것입니다”라고 하였다. 세자가 말하기를,

“다수의 의견을 따르라고 말하는 것을 어찌 올바르다고 말할 수 있겠는가”라고 하면서 드디어 나아가 뵈었다.

이때 주상이 세자를 매우 싫어하였는데, 사람들이 그 이유를 알지 못하였다. 소문에 의하면 영빈(暎嬪)[59]의 투기 때문이라고 하는데, 또한 알 수 없는 일이었다.

16. 문 소의(文昭儀)[60]가 총애를 입자 후궁(後宮)들을 업신여겼다. 하루는 문녀(文女)가 영빈(暎嬪)과 더불어 사소하게 다툰 일이 있었는데 불손한 말을 많이 하였다. 대비(大妃) 인원왕후(仁元王后)[61]가 문녀를 불러 앞에 꿇어앉히고 엄하게 책망하면서

“세자의 얼굴을 보아서라도 어찌 감히 이와 같이 하느냐”라는 하교까지 하였다. 그리고 소조(小朝, 사도세자)[62]를 불러서 세워 두고, 문녀를 회초리로 때리며 꾸짖었다.

그다음 날 주상이 갑자기 송현궁(松峴宮)[63]으로 행차하여, 하교하기를,

“나는 이제 왕위에서 물러날 것이다”고 하여 조정이 들끓었다. 이후로 문녀의 표독스러움이 나날이 심해졌다고 한다.

---

59. 영빈(暎嬪): 영조의 빈(嬪) 이씨(李氏, 1696~1764)로 사도세자의 친모. 전의(全義) 이씨 유번(榆蕃)의 딸이다. 6살에 입궁하여 1남 6녀를 낳았다. 1726년 숙의(淑儀)에 봉해지고, 귀인(貴人)을 거쳐 1730년 영빈(暎嬪)이 되었다. 작호는 선희궁(宣禧宮)이다.
60. 문 소의(文昭儀, ?~1776): 영조의 후궁 숙의 문씨(淑儀文氏). 궁인(宮人)의 신분으로 영조의 후궁이 되어 화길옹주(和吉翁主)와 화령옹주(和寧翁主)를 낳았다. 첫딸 화길옹주를 낳은 다음해인 1753년 ‘소원(昭媛)’ 작위(爵位)를 얻었고 1771년 ‘숙의(淑儀)’로 승격되었다. 1749년부터 사도세자가 연로한 영조를 보좌하며 대리청정을 시작하자 숙의 문씨는 자신의 입지가 좁아질 것을 우려하였다. 이에 김상로와 오빠 문성국(文聖國) 등 노론 세력과 결탁, 사도세자를 모략하여 죽음에 이르게 하는 일에 일조하였다. 정조가 즉위하자 곧 폐해져 사가(私家)에 안치되었다. 숙의 문씨는 작위를 박탈당한 후에는 실록에 ‘문녀’라 하여 격하된 호칭으로 기록되었다.
61. 인원왕후(仁元王后, 1687~1757): 숙종의 계비(繼妃). 본관 경주(慶州). 성 김(金). 존호(尊號) 혜순자경(惠順慈敬), 휘호(徽號) 정의장목(定懿章穆), 전호(殿號) 효소(孝昭). 경은 부원군(慶恩府院君) 주신(柱臣)의 딸. 1702년(숙종 28) 왕비에 책봉되었으며, 소생은 없다. 능은 고양(高陽)의 명릉(明陵)이다.
62. 소조(小朝): 대리청정하는 왕세자를 이른다. 왕세자가 대리청정할 때의 임금은 대조(大朝)라고 한다. 여기서는 사도세자를 가리킨다.
63. 송현궁(松峴宮): 선조(宣祖)의 후궁 인빈 김씨(仁嬪金氏)의 위패를 봉안한 사당인 저경궁(儲慶宮)의 다른 명칭.

사도세자 보호세력의 동향

17. 정승 이종성이 파직되었는데, 승지 윤광소(尹光紹)[64] 상가에 문상을 갔다.[65] 윤광소가 조용히 묻기를,

"정승에서 파직되었는데, 어찌하여 도성을 즉시 나가지 않고 망설이십니까?"라고 하자, 이종성이 말하기를,

"영리하다고 하는 자네도 역시 알지 못한단 말인가. 총애하는 궁녀가 아이를 낳을 때가 되었다는 소문이 있네. 만약 왕자를 낳아서 혹 정해진 제도를 넘어서는 일이 있다면[66] 그 책임은 대신에게 있네. 대신은 국가와 더불어 기쁨과 슬픔을 함께해야 하니, 마땅히 기미를 살펴서 확대되는 것을 막아야 할 것이네. 그런데 지금 둘러보면 내가 아니면 할 수 있는 사람이 없어서, 망설이며 기다리고 있다네. 만약 여아를 낳으면 내일이라도 당장 떠날 것이네"라고 하였다.

얼마 뒤 이 정승이 교외로 나갔는데, 과연 (문녀가) 딸을 낳은 날이었다. 윤광소가 일찍이 그 친구에게 이 일을 말하였다. 당시 총애를 받은 문녀가 임신하였는데, 주상이 늘 동궁이 부족하다는 생각을 하고 있었으므로 이종성이 이와 같이 말한 것이다.

18. 계유년(1753, 영조 29) 봄에 문녀가 임신하여 출산이 임박하였는데, 이때 정승 이종성이 영의정으로 있었다. 김상로(金尙魯)[67]는 문녀가 해산하는 것을 기다려서 축하하는 의절을 올리려고 하였는데, 정승 이종성이 영의정으로 있어서 그 계획을 실행할 수 없자, 정승 이종성을 미워하여 사서(司書)[68] 이유수(李惟秀)[69]를 사주하여 논

---

64. 윤광소(尹光紹, 1708~1786): 본관 파평(坡平), 자 치승(稚繩), 호 소곡(素谷). 1744년(영조 20) 홍문관 수찬으로서 이조 판서 이종성과 함께 『속오례의(續五禮儀)』를 편찬하였다. 1755년 윤지(尹志)와 관련되어 을해옥사 때 투옥되었고, 1776년(정조 즉위)에는 정후겸(鄭厚謙)의 일파로 몰려 유배되기도 하였다. 그때마다 무고함이 밝혀져 복직되었다. 저서로 『소곡유고(素谷遺稿)』 등이 있다.
65. 문상을 갔다: 1752년 윤광소의 생모 이씨 부인의 상을 말하는 것 같다. 이종성은 1752년 10월 홍준해(洪準海)의 무함을 받고 영의정에서 사직하였다가 1753년 김상로 등이 사도세자를 해치려 하자 용산(龍山)에 머물러 있었는데, 숙의 문씨가 화령옹주(和寧翁主, 1753~1821)를 출산하자 상서(上書)하고 하향하였다.
66. 정해진 …… 있다면: 사도세자를 폐하는 일을 가리킨다.
67. 김상로(金尙魯, 1702~1766): 본관 청풍(淸風), 자 경일(景一), 호 하계(霞溪)·만하(晩霞). 징(澄)의 손자, 유(楺)의 아들, 약로(若魯)의 아우. 좌의정·영의정 등을 역임. 1762년(영조 38) 사도세자의 처벌에 적극 참여해 영조의 동조를 얻었으나 왕이 이를 후회하자 청주로 귀양갔으며 특명으로 풀려난 뒤 봉조하가 되었다. 죽은 뒤에 정조가 즉위하자 관작이 삭탈되었다가 고종 때 다시 신원되었다.
68. 사서(司書): 세자 시강원(世子侍講院)의 정6품 관직.
69. 이유수(李惟秀, 1721~1771): 본관 전주(全州), 자 심원(深遠), 호 완이(莞爾). 형조 판서 등을 역임. 영조대 이종성 등을 탄핵하고 영남으로 귀양갔다. 뒤에 동궁관(東宮官)에 복직되었다가 왕의 뜻에 거슬려 관작

박하게 하였다. 세자 시강원은 본래 사람을 논박하는 직책이 아닌데, 배척하여 몰아내는 것에 급급하여 그것을 살필 틈도 없었다.

종전에는 정승 이종성이 (물러날) 마음이 있으면 반드시 바로 장단(長湍)으로 내려갔었다. 그런데 이때는 서호(西湖, 마포에서 서강 일대) 안류정(安流亭)을 빌려서 병을 핑계대고 머물러 있었다. 이때 홍봉한(洪鳳漢)[70]이 개인적으로 집안사람에게 말하기를,

"이 정승 병의 경중(輕重)은 비록 알 수 없지만, 탄핵을 받은 뒤에 아직도 강가에 머물고 있으니 진실로 의아스럽다"고 하였다.

문녀가 딸을 낳자 정승 이종성이 그날로 장단으로 돌아갔는데, 홍봉한이 이를 듣고 무릎을 치면서 말하기를,

"고인(高人)[71]과 같은 처신이다"고 하였다.

19. 갑술년(1754, 영조 30) 겨울에 전적(典籍)[72] 유동빈(柳東賓)[73]이 주서(注書)로서 입시(入侍)하였다. 주상이 소조에게 온당치 못한 하교(下敎)를 내리는 일이 많았고, 그중에는 차마 들을 수 없는 것도 있었다.

유동빈이 붓을 잡고 일을 기록하다가 온당치 못한 하교가 있을 때마다 붓을 땅에 던지고 쓰지 않았다. 이때 소조께서는 눈물·콧물을 줄줄 흘리며 몸 둘 곳을 몰라했는데, 김상로의 무리는 옆에 모시고 있으면서도 태연하게 있으면서 한 마디도 위로하고 깨우치는 말을 올리지 않았다.

경연이 끝날 때가 되자 주상이 주서(注書)가 누군지를 묻고 특별히 6품으로 승진시키라고 명하였는데, 소조를 위해서 붓을 멈춘 것을 살펴서 이러한 명이 있었다고 한다.

이 삭탈되고 도성 밖으로 쫓겨났다. 그러나 왕이 그의 충의(忠義)를 알고 통정대부(通政大夫)의 위계에 올리고 승지에 임명하였다.

70. 홍봉한(洪鳳漢, 1713~1778): 본관 풍산(豊山), 자 익여(翼汝), 호 익익재(翼翼齋). 홍인한(洪麟漢)의 이복형. 사도세자의 장인이며, 세손[정조]의 외할아버지. 좌의정·영의정 등을 역임. 영조 계비 정순왕후의 친정 인물인 김구주(金龜柱) 중심의 남당(南黨)에 대립했던 북당(北黨)의 중심인물로 평가되었다. 1762년 사도세자가 죽임을 당할 때에 방관적인 태도를 보여 후일 정적들로부터 많은 공격을 받았다. 정조 연간에는 그의 행적에 대한 시비를 둘러싸고 벽파(僻派)와 시파(時派)의 구분이 생겼다. 저서로 『어정홍익정공주고(御定洪翼靖公奏藁)』, 『정사휘감(正史彙鑑)』, 『익익재만록(翼翼齋漫錄)』 등이 있다.

71. 고인(高人): 벼슬을 사양하고 물욕에 뜻을 두지 아니하는 고상한 사람.

72. 전적(典籍): 성균관의 정6품 관직.

73. 유동빈(柳東賓, 1720~?): 본관 문화(文化), 자 인백(寅伯). 1754년(영조 30) 증광 문과에 합격하였다.

20. 병자년(1756, 영조 32) 세자가 천연두에서 회복되자, 주상이 크게 기뻐하여 숙종 때의 일을 참고하여 의관(醫官)에게 시상(施賞)하였다.

21. 정축년(1757, 영조 33) 세자가 주상의 책망을 이기지 못하고 스스로 우물 속으로 뛰어들었는데, 조보(朝報)[74]에는 단지 낙상(落傷)하였다고만 말하였다. 이때 주상이 세자를 몹시 책망하자, 세자가 대답하기를,

"화완옹주(和緩翁主)[75]가 출궁한 후 신이 비로소 죄를 얻었습니다"라고 하였다. 주상이 노하여 다시 책망하며 말하기를,

"너는 다시는 동기간에 우애할 수 없단 말이냐"고 하였다. [이해 정월, 정치달(鄭致達)[76]이 죽었다. 그래서 화완 옹주가 비로소 궁을 나갔다.]

사도세자 음해세력의 준동

22. 무진년(1748, 영조 24) 6월에 화평옹주(和平翁主)[77]가 세상을 떠났다. 주상이 하루걸러 곡을 하였는데, 곡을 할 때마다 슬퍼하는 것이 지나쳤지만, 궁중에서 아무도 감히 말리지 못하였다.

하루는 정치달의 처[78]가 (영조의) 뒤를 따라가서 말리며 말하기를,

"화평(和平)이 여기 있는데, 전하는 왜 그렇게 지나치게 슬퍼하십니까"라고 하였다. 주상이 즉시 곡을 그치고 바라보니 바로 정처(鄭妻, 화완옹주)였다. 이에 손을 잡고 돌아와서 특별히 크게 사랑하였다.

정처는 4, 5세부터 애교가 보통이 아니었으며, 점차 자라면서 주상의 뜻을 잘 엿보아 먼저 주상의 뜻을 받들었다. 그래서 주상의 총애가 나날이 더해 갔다. 정치달에게

---

74. 조보(朝報): 승정원(承政院)에서 매일 아침 그 전날 조정에서 처리된 일들을 적어 돌리는 일종의 관보(官報).

75. 화완옹주(和緩翁主, 1737~1808): 영조의 아홉째 딸. 영빈 이씨의 소생. 1749년 정치달과 혼인하였다. 딸이 하나 있었으나 2세 때 죽었고 남편도 요절하여 23세에 과부가 되어 남편의 먼 일가인 정후겸을 양자로 들였다. 영조는 화평옹주를 잃고 당시 10여 세였던 화완옹주를 애지중지했다고 한다.

76. 정치달(鄭致達, ?~1757): 본관 연일(延日). 이조 판서 우량(羽良)의 아들, 영조의 부마. 1749년(영조 25) 3월 영빈 이씨(暎嬪李氏) 소생의 화완옹주와 정혼하여 일성위(日城尉)가 되었다. 1757년 후사 없이 요절하였다.

77. 화평옹주(和平翁主, 1727~1748): 영조의 셋째딸. 영빈 이씨 소생. 1738년 박명원과 혼인하였다. 영조의 총애를 받아 출가한 후에도 궁중에 계속 머물렀으나 1748년 22세의 나이로 요절하였다.

78. 정치달의 처: 영조의 아홉째 딸 화완옹주다. 영빈 이씨 소생으로 1749년 정치달에게 시집갔다. 그래서 정처(鄭妻)라고도 불렀다.

시집간 후로는 국정(國政)에 간섭하기 시작하여 장상(將相)이 그 손에서 나오는 경우가 많았고, 그들의 생사가 그녀의 말 한마디에 결정되니, 대궐 내의 권력이 한결같이 정처에게 돌아갔다.

비록 인원왕후와 정성왕후(貞聖王后)[79]라도 조절하지 못하였는데, 소조가 엄하게 더욱 경계하고 타일러서 그녀가 마음대로 하지 못하게 하니 미워하며 이기려는 마음이 이미 여기서 생겨났다. 그러나 양전(兩殿)[80]이 마음을 다해 (사도세자를) 보호하였으므로, (정처가) 계책을 쓰지 못하였다.

주상이 늘 정치달을 궁중에 머물게 하고, 동궁에 보내어 (사도세자와) 어울려 놀게 하였다. 정치달은 나이가 어려 군신의 예의를 알지 못하였으므로, 하는 짓이 게으르고 방자한 말이 많았지만, 소조가 처음에는 검속하여 바로잡지 못하였다. 14, 5세가 되어도 오만한 습성이 예전과 같자 소조가 명하여 출입하는 문을 잠가버리게 하니 정처의 독기가 배가되었다. 이에 문녀와 힘을 합하여 (사도세자를) 헐뜯고 음해하는 것이 끝이 없었다.

정축년(1757, 영조 33) 국상(國喪, 인원왕후와 정성왕후의 국상)이 일어나자 두 여자는 더욱 거리끼는 것이 없었다. 낙선당(樂善堂)[81]에 불이 난 이후 문녀는 이것을 '동궁이 한 짓'이라고까지 말하였다. 이에 (영조의) 차마 들을 수 없는 하교가 날마다 내려졌다고 한다.

23. 정축년(1757, 영조 33) 겨울에 주상이 효소전(孝昭殿, 인원왕후 혼전)에 제사드리는 일을 마친 후 한 데 있게[露坐] 되자 계주문(戒酒文)을 지었다. 거기에 이르기를,

"궁중에도 또한 술이 없는 줄을 어찌 알겠는가"라는 말이 있었는데, 대개 지목하는 곳이 있었다. 여러 신하가 모두 말하기를,

"반드시 그렇지 않을 것이니, 바라건대 이 구절을 빼버리십시오"라고 청하였다. 주상이 말하기를,

"반드시 있을 것이다"고 하였지만, 여러 신하가 또한 청하여 빼버렸다. 주상이 말

---

79. 정성왕후(貞聖王后, 1692~1757): 영조의 원비(元妃). 달성부원군(達城府院君) 서종제(徐宗悌)의 딸. 1704년(숙종 30) 숙종의 제4왕자인 연잉군과 가례를 올려 달성군부인에 봉해지고, 1721년(경종 1) 경종이 몸이 약하고 후사가 없어, 연잉군이 세제로 책봉되자 동시에 세제빈에 봉해졌으며, 1724년 영조의 즉위에 따라 왕비에 진봉되었다. 사도세자의 법모(法母)로서 세자를 보호하였다.
80. 양전(兩殿): 여기서는 인원왕후와 정성왕후를 가리킨다.
81. 낙선당(樂善堂): 왕세자가 거처하던 정당(正堂).

하기를,

“내가 일찍이 대궐 안에 술이 있는지를 좌우에 물었다. 내시 하나가 나와서 말하기를 ‘신이 가서 가져오겠습니다’라고 청하였는데, 한번 가더니 지금까지 돌아오지 않았다. 미쳐서 도망친 것인지, 죽은 것인지 모르겠으니, 어찌 이상한 일이 아닌가”라고 하였다. [병자년(1756, 영조 32)에 처음 금주령을 내리고, 종묘에서도 또한 술을 쓰지 않았다. 무언가 자극받은 일이 있기 때문이라고 한다.]

이날 세자를 불러서 앞에 꿇어 앉혀놓고 꾸짖었는데, (세자는) 이때부터 새벽까지 그렇게 엎드려 있었다. 주상이 또 책망하여 말하기를,

“술이 만약 다시 나오면 조선은 반드시 망할 것이다”라고 하였으니, 또한 지목하는 곳이 있었다고 한다.

일찍이 한 근시(近侍)가 있었는데, 주상이 세자를 책망하는 것을 보고 나와서 다른 사람에게 말하기를,

“순(舜)임금이 아니면 감당할 수 없다”고 말하였다고 한다.

24. 무인년(1758, 영조 34)에 판서 조영국(趙榮國)[82]이 입시하였는데 말이 세자에게 미치자, 아뢰어 말하기를,

“동궁은 마땅히 모든 죄를 자신이 떠맡아야 합니다”[83]라고 하였다. 주상이 화를 내면서 말하기를,

“(너는 세자가) 모든 죄를 자신이 떠맡았다고 말하는 것이냐?”라고 하였다. 주상이 노한 것은 그것이 (자신을 순임금의 아비에게) 비유하여 나온 말이었기 때문이다.

25. 시강원(侍講院) 서리(書吏)가 다음과 같이 말한 일이 있다.

“동궁이 일찍이 평상복을 입고 대궐 후원을 거닐고 있었다. 주상도 또한 평상복으로 거닐다가 갑자기 만나서 서로 마주치니, 주상과 동궁이 모두 놀라고 당황하여, 폐

---

82. 조영국(趙榮國, 1698~1760): 본관 양주(楊州), 자 군경(君慶), 호 월호(月湖). 형조·이조 판서 등을 역임. 1755년(영조 31) 찬집당상으로 『천의소감(闡義昭鑑)』 편찬에 참여하였다. 1756년 강화부 유수를 거쳐 세자시강원 우빈객·예조 판서, 1759년 세손 사부, 1760년 수어사가 되었다. 저서로 『농사총론(農事總論)』이 있다.

83. 동궁은 …… 합니다: 원문 ‘부죄인특(負罪引慝)’은 순(舜)이 임금이 되기 전에 일찍이 역산(歷山)에서 밭을 갈며 농사를 지었는데 아버지 고수(瞽瞍)가 완악(頑惡)하였다. 순임금은 늘 그에게 기쁨을 주지 못하는 것을 한탄하며 모든 죄를 자신이 짊어지고 나쁜 짓은 자신에게로 끌어 붙였다는 고사(故事)에 나온 말이다.

좌(廢坐)[84]된 것을 깨닫지 못하였다."

26. 주상이 늘 여러 가지 측면에서 세자를 부족하게 생각하여 책망하고 용서하지 않았으며, 여러 신하에게 늘 그의 잘못을 과장하여 말하였다. 오천 이종성이 전직[原任] 대신으로서 힘써 구호하면서 말하기를,

"전하께서 아들이 얼마 없는데 이 분이 계시어 의지하여 동요하지 않게 되었습니다"라고 하였다. 이종성이 죽자 세자가 부의(賻儀) 물품을 보냈다.

여러 신하가 혹 세자의 지위가 불안한 것을 근심하면, 이종성이 말하기를,

"이러한 근심을 없애려면 마땅히 (영조가) 정무(政務)에 복귀해야 한다"고 하였다.

또한 세자가 대리청정할 때 풍원군(豊原君, 조현명)이 '구할 수 없다'고 말하면서 선처(善處)하지 못한 것을 허물하였다. 대리청정을 명할 때, 주상이 여러 신하의 주장을 거부하면서 말하기를,

"감히 대리에 대해 말하는 자는 역률(逆律)로 논하겠다"고 하였었다.

그러니 비록 그것(대리청정)이 불가하다는 것을 알았더라도 누가 감히 다시 말하겠는가? 풍원군은 진실로 책망하기 어렵다. [대리청정하는 일에는 김재로(金在魯)[85]가 찬성하였다.]

27. 무인년(1758, 영조 34)에 정승 이종성이 입시하였다. 주상이 정승 이종성에게 손바닥에 한 글자를 써서 보여주었다. 정승 이종성이 임금의 손을 받들고, 눈물을 흘리며 아뢰기를,

"우리 임금의 아들은 오직 한 분이 있을 뿐입니다"라고 하였다. 그리고 비 오듯이 눈물을 흘렸지만, 울음소리를 삼켜서 들리지 않았다. 주상이 얼버무리면서 위로하고 타일러서 그치게 하였다.

그 후 경연 석상에서 나온 말을 실마리 삼아서 정승 이종성이 아뢰어 말하기를,

"신이 일찍이 참소하는 말을 미워한다는 말로써 실마리를 연 일이 있는데, 그 말을 다 마치지 못하였습니다"라고 하였다. 주상이 말하기를,

---

84. 폐좌(廢坐): 사무를 일시 정지함.

85. 김재로(金在魯, 1682~1759): 본관 청풍(淸風), 자 중례(仲禮), 호 청사(淸沙)·허주재(虛舟齋). 징(澄)의 손자, 우의정 구(構)의 아들. 1731년(영조 7) 병조 판서로 있으면서 신임옥사로 죽은 노론의 김창집(金昌集)·이이명(李頤命)의 복관(復官)을 상소해 이를 실현시켰다. 1740년 영의정에 올라 1758년 관직을 떠나기까지 네 차례에 걸쳐 10여 년간 영의정을 지냈다. 노론의 권력 기반을 확고히 하는 데 일익을 담당하였다.

“경은 지금 삭직(削職)되었으니, 물러가라”고 하였다.

28. 기묘년(1759, 영조 35)간 주상이 일찍이 휘령전(徽寧殿)[86]을 참배한 적이 있었다. 김상로가 탑전(榻前)에서 머리를 조아리고 아뢰어 말하기를,

“나라가 장차 망할 것입니다. 나라가 장차 망할 것입니다”라고 하였다. 그때 신진(新進)으로서 조정 상황을 몰랐는데, 지금 와서 생각해보니, 그것은 바로 경모궁(景慕宮)[87]의 일이었다. 어찌 통탄스럽지 않은가. [그때 주서(注書)가 몸소 보고 개인적으로 기록한 것이다.]

29. 기묘년(1759, 영조 35) 정월 12일, 정승 이종성이 갑자기 가벼운 감기 기운이 있자, 사람을 보내 모관(某官) 서지수(徐志修)[88] · 윤동도(尹東度)[89] · 이이장(李彜章)[90] 등을 불러오게 하였다. 서지수와 윤동도는 차대(次對)[91]의 명이 있어서 가지 못하고, 이이장 공만 홀로 갔다.

정승 이종성이 말하기를,

“앞으로 국가에 큰일이 있을 것인데, 신하 된 사람으로서 어찌 좌시(坐視)하면서 구하지 않을 수 있겠는가. 흉한 무리를 설복(說伏)하여 중용의 도리에 따라 화를 제거하는 것은 상책이다. 극단적인 말로 절실하게 간쟁하여 주상을 깨우치는 것이 그 다음이다. 난국을 당해서 죽음으로써 대의(大義)를 부식(扶植)하는 것이 또 그다음이

---

86. 휘령전(徽寧殿): 정성왕후의 혼전.
87. 경모궁(景慕宮): 사도세자와 그의 비 헌경왕후(獻敬王后)의 사당. 경모전(景慕殿)이라고도 한다. 원래는 1764년(영조 40) 봄 북부 순화방(順化坊)에 사도세자의 사당을 건축하였다가 여름에 동부 숭교방(崇敎坊)으로 건물을 옮겨 수은묘(垂恩廟)라 한 것을 1776년 정조가 즉위하면서 비명에 간 부친 사도세자에게 장헌(莊獻)이라는 시호를 올리고 사당도 다시 지어 경모궁이라 하였다.
88. 서지수(徐志修, 1714~1768): 본관 달성(達城), 자 일지(一之), 호 송옹(松翁) · 졸옹(拙翁). 영의정 등을 역임. 영의정 종태(宗泰)의 손자로 좌의정 명균(命均)에 이어 3대째 정승이 되었다. 대사헌으로 있을 때 사도세자의 비행을 조작하여 영조에게 허위 보고한 김상로 · 홍계희 등을 탄핵하였으며, 시강원(侍講院)의 빈객(賓客)으로 사도세자를 교도하여 그 보호에 힘썼다. 사도세자가 죽고 정조가 동궁에 있을 때 정경(正卿)의 직위에 있으면서 동궁의 신하로 소속되어 보좌하였다. 정조 즉위에 공헌하였다.
89. 윤동도(尹東度, 1707~1768): 본관 파평(坡平), 자 경중(敬仲), 호 남애(南厓) · 유당(柳塘). 장령 순거(舜擧)의 증손, 진(搢)의 손자, 판서 혜교(惠敎)의 아들. 1764년(영조 40)에 좌의정, 1766년에 영의정이 되었다. 그 뒤 한 달 사이에 해직과 복직을 거듭하였고, 1768년 영중추부사로서 죽었다.
90. 이이장(李彜章, 1708~1764): 본관 한산(韓山), 자 군칙(君則), 호 수남(水南). 1762년 5월 나경언의 무함으로 영조가 사도세자를 폐위하고 뒤주에 가두어 죽이려 하자, 세자를 구하려 온힘을 다하였으나 뜻을 이루지 못하였다. 이조 판서에 추증되었다.
91. 차대(次對): 의정부 당상(堂上) · 대간(臺諫) · 옥당(玉堂)들이 매월 여섯 차례 입시하여 중요한 정무를 아뢰던 일.

다. 이것은 한 사람이 감당할 수 있는 일이 아니다. 나는 지금 병들어서 다시 일어날 수 없으니, 슬프구나"라고 하였다. 이이장 공이 말하기를,

"삼가 명을 받들겠습니다"라고 말했다. 정승 이종성이 말하기를,

"나는 죽어서 눈을 감을 수 있겠소"라고 하였는데, 다음날 갑자기 서거하였다.

이이장 공이 윤동도를 만나서 정승 이종성의 말을 모두 전하고 말하기를,

"나는 죽음으로써 임무를 다할 것이다"라고 하였다.

윤동도가 한참 동안 묵묵히 생각하다가 말하기를,

"세 가지 모두 내가 할 수 있는 일이 아니다"고 하였다. 이에 서지수를 찾아가서 (흉한 무리를) 설복하는 계책을 권면하였다.

서지수가 탄식하며 말하기를,

"세 가지 계책 중에서 이 공이 말한 것이 비교적 쉽습니다. 제가 어찌 저들을 설복할 수 있겠습니까. 저들 또한 어찌 설복당하겠습니까"라고 하였다.

서지수는 김치인(金致仁)[92]과 내외종 사이였다. 그래서 윤동도는 혹시 (설복하는) 계책이 가능할지 모른다고 생각했다.

모년(某年)[93]이 되자 이이장 공은 도승지로서 앞장서서 눈물을 흘리며 간하였다. 심지어 말하기를,

"전하는 조정의 모든 신하를 강충(江充)[94]이 되게 만들었으니, 이것이 또한 어찌 차마 할 수 있는 일이겠습니까"라고까지 하였다.

이이장 공이 일찍이 어떤 사람에게 말하기를,

"내가 죽지 않고 산다면 적흑자(翟黑子)를 저버리는 일[95]이 될 것이네"라고 하였다. [무신년(1788, 정조 12)에 정승 이종성의 시호를 문충(文忠)으로 고치고, 주상이 친히 제문을 지어 제사하였다.]

---

92. 김치인(金致仁, 1716~1790): 본관 청풍(淸風), 자 공서(公恕), 호 고정(古亭). 징(澄)의 증손, 우의정 구(構)의 손자, 영의정 재로(在魯)의 아들. 좌의정·영의정 등을 역임. 1772년(영조 48) 당파를 조성했다는 죄로 유배되었다. 정조대 『명의록(明義錄)』 편찬을 주관하고, 1785년(정조 9)에는 『대전통편(大典通編)』의 편찬을 주관하였다.
93. 모년(某年): 사도세자가 죽은 해(1762)를 휘(諱)하여 '모년'이라고 하였다.
94. 강충(江充): 한나라 무제(武帝) 때 '무고(巫蠱) 사건'으로 황태자인 여태자(戾太子)를 죽이게 한 자다.
95. 적흑자(翟黑子) …… 일: 위나라 태무제(太武帝) 때 요동공(遼東公) 적흑자가 포(布) 천 필을 뇌물로 받았다가 발각되었다. 고윤(高允)이 주상을 속이지 말라고 했지만 사실대로 고하지 않아서 죽고 말았다. 그 뒤 고윤이 사초(史草)에 관한 일로 죽게 되었을 때 태자(太子)가 거짓으로 고하기를 권했지만 사실대로 자백하여 오히려 정직하다는 칭찬을 받고 죽음을 면하였다. 그 뒤 어떤 이에게 말하기를 '내가 태자의 지도를 따르지 않은 것은 적흑자를 저버리게 될까 염려해서였다'고 말하였다.

30. 영조는 대리청정 이후 오랫동안 경연(經筵)을 폐지했다. 흉한 무리는 (영조를) 나아가 뵙는 것이 제한되어 (세자와) 이간하기가 어려워졌다. 이에 무인년(1758, 영조 34)에 힘써 청하여 (경연을) 복설하였다. 이로부터 참소(讒訴)와 무고(誣告)가 다투어 일어나 경연이 재앙을 부르는 길이 되어버렸다. 정조[正宗]가 말하기를,

"너무도 애통하여, 임금이 된 뒤에도 차마 설행(設行)하지 못하였다"고 하였다. 유성한(柳星漢)[96]이 이른바 '목이 멘다고 식사를 폐하는 것과 같다'고 한 것은 바로 이것을 가리킨 것이었다. [유성한의 일은 아래 보인다.[97]]

31. 동궁이 미행(微行)[98]할 때, 장단(長湍)의 정승 이종성 집을 지나면, 산에 올라 통곡하고 그 옆에 머물렀다고 한다.

32. 주상이 일찍이 동궁에 대해서 기분 나쁜 일이 있으면 승지 조재호에게 명하여 효장세자(孝章世子)[99]의 묘에 제사지내게 하였다. 조재호는 현빈(賢嬪)[100]의 동생이다.

33. 박희천(朴希天)[101]이 젊었을 때 사도세자 때의 일을 말하였다.

"항간에 이른바 '세자가 사람을 많이 죽였다'는 말을 나는 감히 믿을 수 없다. 같은 마을에 검공(劍工)[102]이 살고 있었는데, 동궁의 부름을 받고 (동궁전으로) 들어갔다. 조금 있다가 어떤 사람이 사람의 머리와 시체를 가지고 와서, 검공의 집에 보내면서

---

96. 유성한(柳星漢, 1750~1794): 본관 진주(晉州). 김원행(金元行)의 문인. 1792년(정조 16) 사간원 정언으로서 상소하여 제왕의 학문을 논하고 임금의 과실을 지적하였다. 이 상소 가운데 사도세자에게 저촉되는 말이 있다 하여 성균관 유생들과 사간원으로부터 성토를 당하였다. 또한 좌의정 채재공(蔡濟恭)을 역적으로 몰아 국문(鞫問)하기를 청하기도 했다.

97. 유성한의 일: 경연 복설[復講]을 주장한 일이다. 1758년(영조 34) 경연이 복설된 뒤 사도세자에 대한 참소(讒訴)와 무고(誣告)가 일어나 경연이 재앙을 부르는 길이 되어버렸다. 이에 정조는 경연을 열지 않았는데, 유성한이 다시 열 것을 주장하였다. 이때 사도세자를 연상시키는 발언으로 성토의 대상이 되었다. 본서 속편 하(33~39)에 그에 대한 논란이 수록되어 있다.

98. 미행(微行): 자신의 신분이 드러나지 않게 남루한 옷차림을 하고 주변을 몰래 살피며 다니는 것.

99. 효장세자(孝章世子, 1719~1728): 영조의 맏아들. 이름은 행(緈), 자 성경(聖敬). 어머니는 정빈(靖嬪) 이씨(李氏)이고, 사도세자의 형이다. 영조 즉위년(1724) 경의군(敬義君)에 봉해지고, 이듬해 왕세자에 책봉되었으나 즉위하기 전 10세에 죽었다. 양자인 정조가 즉위하자 진종(眞宗)으로 추존되었다. 능은 영릉(永陵)이며, 시호는 효장(孝章)이다.

100. 현빈(賢嬪, 1714~1751): 풍릉 부원군(豊陵府院君) 조문명(趙文命)의 딸. 1727년(영조 3) 세자빈으로 책봉되었다가 1735년(영조 11) 현빈(賢嬪)으로 봉해졌으며 1751년(영조 27) 37세의 나이로 죽었다.

101. 박희천(朴希天, 1711~1791): 본관 반남(潘南), 자 부여(溥如). 1740년(영조 16)에 증광 문과에 급제한 뒤 1790년(정조 14)에 노인 우대의 은혜를 입어 통정대부 반열의 첨지중추부사(僉知中樞府事)가 되었다.

102. 검공(劍工): 쇠붙이를 불려 검을 만드는 사람.

말하기를,

'만든 칼이 마음에 들지 않아서 그 머리를 잘랐다'고 하였다. 검공의 집안에서는 그 시체를 매장하고 곡하였다. 그런데 그 검공이 밤이면 때때로 몰래 자기 집에 왔다 갔고, 몇 개월 뒤, 내 집과도 왕래하였으니, '사람을 많이 죽이는 것을 보았다' 운운하는 말을 어찌 믿을 수 있겠는가?"

34. 용동궁(龍洞宮)[103]은 바로 동궁전에 소속된 궁방이었다. 궁례(宮隸, 궁방 소속 하인)가 돌아다니다가 준모(駿帽)[104]를 뺏어가면서 '동궁의 명령이다'고 말했다. 이로 인해 사람들이 나갈 때 모자를 벗었다.

서지수가 대사헌일 때 궁방 소속 하인을 불러서 말하기를,

"이것은 모두 너희가 (동궁의 명령을) 핑계 대고 한 말이다. 만약 다시 이런 말을 하면 내가 장차 다스릴 것이다"고 하였다.

이로부터 (이런 일이) 점차로 없어졌다. 준모를 빼앗아서 어디에 썼는지 알 수 없다. 어떤 사람은 말하기를,

"가져다 찢어버리면서 그 소리 듣기를 좋아했다"고 한다.

35. 이때 흉도(凶徒)들이 백방으로 계책을 만들었다. 이따금 궁례로 가장하고 나가서, 소조의 명령을 사칭하면서 방방곡곡을 두루 돌아다녔다. 겨울이면 털로 만든 휘항(揮項)[105]을 빼앗고, 여름이면 준모를 빼앗았다. 또 (하인을) 가장하고 나가서 물색(物色)을 혼란스럽게 했다. 거짓으로 소조의 미행이라 하고 어색(漁色)[106]을 일삼으므로 성 안의 시내가 웅성거리고 밤에 감히 불을 밝히지 못하였다. 주상의 귀[天聽]를 미혹되게 하고 인심을 동요하게 하는 일이라면 못하는 짓이 없었다.

---

103. 용동궁(龍洞宮): 명종의 순회세자(順懷世子)가 1557년(명종 12) 세자로 책봉되어 살았던 궁이다. 세자가 12세에 요절하자 이 궁은 왕후의 소유로 되었다. 본래는 서부 황화방에 있었는데, 뒤에 중부 수진방에 옮겨 지어 1908년(융희 2)까지 남아 있었다. 명례궁(明禮宮)·어의궁(於義宮)·수진궁(壽進宮)과 함께 4궁이라 하였다.

104. 준모(駿帽): 무관이 전립 밑에 쓴 모자로 탕건의 역할을 하였다.

105. 휘항(揮項): 남자들이 쓰던 방한모의 하나. 머리 윗부분인 정수리 부분은 트여 있으며 뒤는 길다. 작은 것은 뒤통수와 목을 두르고, 큰 것은 어깨와 등도 덮을 수 있다. 볼끼를 달아 목덜미와 뺨을 싸고 좌우에 끈을 달아 목에 맨다. 귀인은 담비 가죽으로 천인은 족제비 가죽으로 만든다.

106. 어색(漁色): 여색을 지나치게 탐하다.

1759년 세자에게 충고하는 상소들

36. 기묘년(1759, 영조 35) 7월에 지사(知事) 박치원(朴致遠)[107]이 동궁에게 상서(上書)하여 세자의 잘못을 지극하게 진달하였는데, 세자가 부드럽게 비답(批答)하면서 아름답게 받아들였다. 전일 가지고 놀던 도구들은 모두 버리고, 궁례를 빙자하여 민간에서 문제를 일으킨 자들은 담당 관원[有司]에게 맡겨서 그 죄를 바로잡았다. 이에 여리(閭里)와 시정(市井)에 탈이 없자 세자의 덕을 칭송하였다.

37. 박치원 상소는 대략 다음과 같다.

"근일 원근에 전파되어 수많은 사람들 사이에서 떠들썩한 것이 한두 가지가 아닙니다만, 누가 감히 '저하에게 진실로 이런 일이 있다'고 말하겠습니까? 풍문으로 듣건대, '여항(閭巷)과 시전(市廛)을 침탈하고 공명첩(空名帖)을 팔아서 마련한 비용을 횡령하는 등 수많은 계책을 썼다'고 합니다. 잡스러운 패물이나 준모는 무슨 쓸모가 있다고 도로에서 빼앗으며, 칼과 활은 무슨 즐길 일이 있다고 모아서 금직(禁直)[108]에 둔단 말입니까. 운운.

선왕(先王)의 법복(法服)을 버리고 무부(武夫)의 차림새를 답습하였으며, 소인의 무리를 가까이하면서 밤낮으로 유희(遊戲)를 하였습니다. 운운.

액례(掖隷)[109]의 무리가 폭력을 행사하고 치고받으며 제멋대로 거리를 휩쓸고 다니면서, 관복을 벗고 무리지어 악공을 끼고 연희(演戲)를 펼치니, 이것은 감히 성명(聖明)께서 학문을 힘쓰는 곳에서 춤추며 제멋대로 날뛰고 있는 것입니다. 심지어 많은 선비와 서로 다투면서 (세자의) 명령이나 지시를 핑계대고 있습니다. 운운.

세도(世道)가 경박하여 국언(國言)이 비등합니다. 심한 자들은 말하기를,

'엄숙해야 할 궁중에서 문 열쇠를 엄격하게 관리하지 않아서 깊은 밤에 몰래 광대들이 잡다하게 들어오니, 이것이 어찌 이웃 나라에 들리게 할 수 있는 일이겠는가'라고 합니다. 운운.

---

107. 박치원(朴致遠, 1680~1764): 본관 밀양(密陽), 자 사이(士邇), 호 읍건재(泣愆齋)·설계(雪溪)·손재(巽齋). 지중추부사(知中樞府事) 등을 역임. 1721년(경종 1) 어유룡(魚有龍)·이중협(李重協) 등과 함께 세제의 대리청정을 주장하다가 소론의 반대로 실패하고, 신임옥사로 유배되었다. 영조 즉위 후 종부시정(宗簿寺正)에 기용되었으나 소론 일파의 극형을 주장하다 1728년에 갑산(甲山)에 유배되기도 했다.
108. 금직(禁直): 궁중의 당직, 또는 그 장소를 가리킨다.
109. 액례(掖隷): 액정서에 딸린 하례.

환관이나 비첩 같은 천한 것들은 청소하고 문을 지키는 소임을 맡은 것에 불과합니다. 만약 죄를 범하였다면 담당 관원에게 보내서 그에 합당한 형벌[典刑]을 밝게 시행하면 되는데, 지금은 그렇게 하지 않습니다. 죄가 있는지 없는지를 묻지 않고 자신의 뜻과 다른 사람을 형살(刑殺)한 것이 낭자하여, 원근에 소문이 퍼져서 스스로를 보존하지 못할 것만 같습니다. 모두 '저하는 살인을 좋아하여 멈추지 않는다'고 말합니다. 운운.

지난번에 홍문관[玉署]의 장관이 상서하여 궁속을 다스릴 것을 청하였는데, 무엇이 눈에 거슬렸는지 승정원[喉院]의 신하가 상서의 본문을 잘라내버려서 경계를 아뢴 말이 위로 올라가지 못하였습니다. '엄하게 밝히라'는 밝은 비답과 '끝까지 조사하라'는 명령은 즉각 환납(還納)하여 끝내 거행하지 않았습니다. 운운."

38. 지난달에 부제학 김시찬(金時粲)[110]이 상서하였는데, (동궁을) 핍박하는 말이 매우 많았다. 동궁이 비답을 내렸지만 (상소문은) 궁중 안에 두고[留中] 내리지 않았다.

그 뒤 주상이 듣고, 올리라고 명하였다. 여기에는 말할 수 없는 일이 있었는데, 승지 구윤옥(具允鈺)[111]이 그 (동궁을) 핍박하는 말을 잘라내고 올려서 무사할 수 있었다. 그 말은 박치원이 상서하여 운운한 말들이었다.

39. 지평(持平) 강필리(姜必履)[112]가 상서하였는데, 대략 다음과 같다.

"일전에 지사(知事) 박치원이 상서하였는데, 금령이 내려서 그 상소문 전체를 보지 못하였습니다. 하지만, 대략 큰 줄거리를 들으니 말마다 절실하고, 글자마다 충직하여 우리 저하를 지극히 착하고 허물이 없는 지경에 들어가도록 하려고 한 것으로서, 대개 정성스럽고 참된 마음에서 나온 것이었습니다.

---

110. 김시찬(金時粲, 1700~1767): 본관 안동(安東), 자 치명(穉明), 호 초천(苕川). 대사간 등을 역임. 노론으로서 조태구 등 소론 일파의 처벌을 청하였다가 흑산도로 유배되었다. 1759년 부제학(副提學)을 제수받고 이를 사양하는 글을 바쳤으나, 그 글에 불경스러운 구절이 있다 하여 다시 흑산도에 유배되어 1764년 풀려나왔다. 저서로 『초천집(苕川集)』이 있다.

111. 구윤옥(具允鈺, 1720~1792): 본관 능성(綾城), 자 성집(聖集). 한성부 판윤 택규(宅奎)의 아들. 영조의 총애를 받아 1761년(영조 37) 승지가 되었으며, 이듬해 도승지가 되었다. 1763년 예조 판서가 된 뒤 병조·호조 판서를 차례로 역임하였다.

112. 강필리(姜必履, 1713~1767): 본관 진주(晉州), 자 석여(錫余). 1762년(영조 38) 지평으로 사도세자를 옹호하다가 삭직되었다. 그러나 곧 복직되어 도당록(都堂錄)에 뽑히고, 영조의 신임을 받았다. 1764년부터 동래부사(東萊府使)로 재직하면서 고구마 재배를 권장하여 성과를 거두자, 저술을 통하여 재배법을 보급하였다. 저서로 『감저보(甘藷譜)』가 있다.

그런데 엎드려 듣건대, 추후 명령을 내려 원래의 상소문을 궁중에 머물러두고 비지(批旨)[113]를 조보에 내지 못하게 하였다고 하니 의아스러움을 이길 수 없습니다. 실로 저하의 밝은 뜻이 어디에 있는지를 모르겠습니다.

오늘날 홀(笏)을 꽂고 띠를 늘어뜨린 채 저하의 조정에 가득 차 있는 자들은 모두 충성을 다하려는 신하들입니다. 또한 앞으로 박치원처럼 차례로 상소하려는 자들이 얼마나 될지 모릅니다. 그런데 저하께서는 장차 하나하나 모두 궁중 안에 머물러두고 덮어버려서 온 나라의 신민(臣民)이 끝내 밝게 알지 못하게 할 것입니까.

엎드려 바라건대 저하께서는 궁중 안에 둔 박치원의 상서와 이미 내린 비답을 빨리 승정원에 내려서 중외에 반포하시며, 친히 스스로를 책망하는 글을 지어서 기왕의 잘못을 깊이 반성하고 이러한 뜻을 위로 대조에 아뢰고, 아래로 신민[臣庶]들에게 포고하소서. 운운."

40. 8월에 용안 현감(龍安縣監) 이정(李瀞)[114]이 동궁에게 상서하고, 스스로 목을 찔렀지만, 죽지 못하고 물러났다. 그 상소문에서 말하기를,

"저하께서는 대조의 인정을 받지 못하였으니, 화변(禍變)이 장차 어디에서 일어날지 알 수 없습니다"고 운운하였다. 또 말하기를,

"신이 죽지 않으면, 반드시 헛된 말이라고 생각할 것입니다"고 운운하였다. 끝에서는 말하기를,

"삼가 스스로 죽음으로써 아뢥니다"고 하였다.

상소문을 올릴 때, 승정원 하인에게 주고는 무릎을 꿇고 앉아서 칼로 목을 찌르고, 승지가 상소문을 받들기를 기다렸는데, (승지가) 상소문의 말이 위험한 것을 보고 즉시 되돌려주었다. 칼이 목구멍에 닿지 않아서 죽지 않았다.

이때 대궐 안이 소란스럽자 세자가 듣고 그 상소문을 가져다 보고는 내주었다. 여러 신하가 화가 미칠 것을 두려워하여 모두 말하기를,

"이정은 본래 심질(心疾)이 있는데, 이 상소문 역시 심질에서 나온 것입니다"라고 하였다.

이정이 나간 후 시골로 내려가서 살았는데, 죽은 사람으로 자처했다고 한다. 모년이 지난 후, 주상이 비로소 듣고서 통정(通政)의 품계를 가자(加資)하여 표창하였다.

---

113. 비지(批旨): 신하가 올린 상소에 대하여 임금이 내리는 하답.
114. 이정(李瀞, 1701~?): 본관 덕수(德水), 자 지중(止仲). 지중추부사 등을 역임. 이노춘(李魯春)의 조부다.

아, 이정이 의리에 대처한 것은 이치에 합당한 것은 아니었던 것 같다. 신하 된 자의 의리는 이와 같아서는 안 된다. 이정이 진실로 간쟁하려고 하였다면 궁료(宮僚)에게 면대를 요청하여, 머리를 조아리고 눈물을 흘리며 간절하게 반복하여 진계(陳戒)[115]하고 나서 칼로 찔러서 죽었다면 불가할 것이 없다. 또한 다른 사람의 부자(父子) 사이를 논하면서 성의를 가지고 화평한 말로 개도(開導)하지 않고, 바로 죽음으로 간하는 것은 마치 협박하는 것과 같은 점이 있으니, 사람의 도리가 결코 아니다.

41. 이정의 상서는 다음과 같다.

"삼가 신이 하읍(下邑)에서 대죄(待罪)하고 있는데,[116] 가만히 들으니, 경외(京外)에 전해지는 말이 매우 자자(藉藉)하였습니다.

'우리 저하께서 대조의 인정을 받지 못해서 장차 어떤 화변(禍變)이 어디에서 일어날지 모른다'고 운운합니다. 이렇게 낭자한 말을 오직 저하께만 고하지 않아서 저하는 모르십니다. 신이 저하를 위해서 한마디 하고 죽어서 저하께서 알게 하려고 합니다. 엎드려 원하건대, 저하께서는 빨리 경계하시고, 크게 징계하시어, 두려움으로 스스로를 다스려서 공손히 아들로서의 직분을 닦으소서.

사람이 죽는 것은 또한 중대한 일이니, 반드시 백 가지 이익에 대해서도 침묵하고, 뭇 욕망을 모두 정화(淨化)한 연후에야 한 번 죽음을 결단할 수 있는데, 지금 신이 그러합니다. 그렇지만 죽음에 임해서 드는 한 가지 생각은 오히려 신의 아들에 관한 것입니다. 이로써 미루어보면 대조의 저하에 대한 사랑이 어찌 이와 다르겠습니까. 오직 저하께서 우러러 본받을 줄 모르니 도대체 무엇 때문입니까.

신이 한 번 죽는 것은 하루아침의 만용이 아닙니다. (저하에 관해) 전해지는 말을 들은 이래 조용히 생각해온 세월이 이미 오래되었습니다. 전해지는 말은 나날이 더욱 자자해지는데, (저하에게) 경계를 고하는 사람은 한 사람도 없었습니다.

돌아보면 신은 두 번이나 세자 익위사[桂坊][117]에 근무하면서 여러 차례 서연(書筵)에 배석(陪席)하였습니다. (그때마다) 우리 저하의 모습을 우러러보면, 제왕이 될 상[天日之表]이었고, 엄숙하고 공손한 모습이 진정 하늘이 낸 인물이었습니다. 단지 보도(輔導)를 잘못하여 밝은 덕에 작은 흠결이 생겨서 이러한 말들이 있게 된 것이니,

---

115. 진계(陳戒): 신하가 임금에게 이변(異變)에 대하여 경계하고 두려워하는 뜻으로 상소를 올리는 것.
116. 하읍(下邑) …… 있는데: 용안 현감(龍安縣監)으로 근무하고 있는 것을 말한다.
117. 세자 익위사[桂坊]: 세자 호위 담당 관청.

신은 실로 애통합니다.

신은 이전의 궁료(宮僚)로서, 저하를 위해 죽지 않는다면 누구를 위해 죽겠습니까. 만약 신이 한 번 죽음을 결단하지 않는다면 아마도 저하께서는 (제가 드리는 말씀을) 공언(空言)이라고 생각하시어 반드시 빨리 경계하시고, 크게 징계하시지 않을 것입니다. 그래서 신은 죽음으로 우러러 권면하고자 한 것입니다.

신은 돌아가서 신의 조부와 부친에게, 저하께서는 여러 (잘못된) 태도를 고치고 (측근의 간언을) 귀 기울여 들을 가망이 있다고 말하겠습니다.

(죽어서 지하에서) 나라 사람들이 모두 칭송하기를,

'우리 저하께서 모든 죄를 자신이 짊어지고 나쁜 짓은 자신에게 끌어 붙여서 행동을 고치고 본래의 좋은 성품을 다 드러내었으니, 진실로 우리 저하께서는 효자입니다'고 말하는 것을 듣게 된다면, 신은 신의 조부 부친과 함께 지하에서 백 번 절하고 춤추면서 스스로의 죽음을 슬퍼하지 않을 것입니다. 신은 감정이 격해지는 것을 이기지 못하겠습니다. 간절하게 기도드리며 삼가 죽음으로써 말씀드립니다."

영특하고 총명한 세자가 점점 병들다

42. 하루는 세자 익위사 세마(洗馬) 조유진(趙維鎭)[118]이 정승 조재호를 뵈었는데, 얼굴에 근심하는 빛이 있으니 정승 조재호가 그 이유를 물었다. 조유진이 말하기를,

"어제 야대(夜對)[119]에서 (뵌) 소조의 얼굴에 매우 슬퍼하는 기색이 있었고, 또 눈물을 흘린 흔적이 있었습니다. 한참 있다가 하교하시기를,

'마음이 바람에 나부끼는 깃발처럼 흔들려서 스스로 안정하지 못한다'고 하였습니다. 제가 대답하기를,

'반드시 마음을 다잡는 공부가 있은 연후에야 만사(萬事)에 응할 수 있습니다. 엎드려 바라건대, 너무 근심하지 마시고, 깊게 억제하는 도리를 다하십시오'라고 하였습니다. 이에 불현듯이 편안한 얼굴로 하교하기를,

'너의 말이 옳다. 내가 마땅히 유념하겠다'고 하였습니다. 제가 일어나 절하고 축하드렸습니다"라고 하였다. 또 말하기를,

---

118. 조유진(趙維鎭, 1721~1762): 본관 풍양(豊壤), 자 지경(持卿). 재건(載健)의 아들, 재호(載浩)의 조카다.
119. 야대(夜對): 임금이 밤중에 신하를 불러서 경연(經筵)을 베풀어 경사(經史)의 고금(古今) 치란(治亂)에 대하여 강(講)하던 일.

"집에 돌아가 밤새도록 애처로운 마음을 이길 수 없었습니다"라고 하였다.

43. 경진년(1760, 영조 36)에 주상이 소령원(昭寧園)[120]을 참배하였다. 돌아올 때, 어떤 사람이 어가(御駕) 앞에서 대성통곡하였다. 그 이유를 물으니, 대답하기를,

"가의(賈誼)[121] 또한 통곡했는데,[122] 오늘날 국사(國事)는 통곡할 일이 많아 울었습니다"라고 했다. 혹자는 말하기를,

"동궁이 대조의 인정을 받지 못하기 때문이다"라고 하였다.

포박하여 담당 관원에게 넘겨서, 광망(狂妄)한 죄로 남해(南海)에 영원히 정배하였다. 이 사람은 바로 호조 서리(戶曹書吏) 김덕문(金德文)의 아들이다.

44. 세자는 늘 궁료를 대할 때마다 언어가 정성스럽고 친절하였으며, 문장의 뜻을 강론하는 것은 사람들의 의도를 넘을 정도로 뛰어났고, 몸가짐이나 행동거지에 허물이 있었던 적이 없었던 것은 어렸을 때부터 그러하였다. 문장도 역시 익숙해지고 발전하여 주상이 이미 매우 사랑하였고, 신민(臣民)이 목을 빼고 기다리는 정성이 또한 돈독하였다.

그런데 정성왕후가 승하한 이후 훌륭한 명성이 점점 쇠퇴하였다. 이에 민간에서 사람들이 말하기를,

"을해년(1755, 영조 31) 큰 옥사(獄事)가 있은 후에 비로소 질병이 생겼다. 어떤 귀신에게 홀려서 대궐 안에서 자주 야제(野祭)[123]나 불공(佛供) 등과 같은 신사(神事)를 거행하여 재앙을 물리치기를 바랐다"고 하였다.

45. 정축년(1757, 영조 33) 홍릉(弘陵)[124]으로 발인(發靷)할 때, 세자가 모화관(慕華

---

120. 소령원(昭寧園): 소령원은 영조의 생모인 숙빈(淑嬪) 최씨(崔氏)의 무덤으로 경기도 파주시(坡州市) 광탄면(廣灘面) 영장리(靈場里)에 있다. 숙빈 최씨는 1670년(현종 11) 11월 최효원(崔孝元)의 딸로 태어나, 7세에 궁에 들어가 숙원(淑媛)·숙의(淑儀)·귀인(貴人)을 거쳐 숙빈에 봉해지고, 1694년(숙종 20) 영조를 낳았다. 1718년(숙종 44) 3월 49세로 죽어 서울 궁정동 칠궁 안에 사당을 짓고 그 묘호(廟號)를 육상궁(毓祥宮), 묘호(墓號)를 소령원이라 하고, 묘비는 1744년(영조 20) 영조가 친히 썼다.

121. 가의(賈誼, B.C. 200~B.C. 168): 전한(前漢)의 학자. 문제(文帝)의 총애를 받아 약관의 나이로 최연소 박사가 되었다. 율령(律令)과 관제(官制), 예악 등의 제도를 개정하고 전한의 관제를 정비하기 위한 많은 의견을 올렸다.

122. 가의(賈誼) …… 통곡했는데: 가의(賈誼)가 한나라 문제(文帝) 6년에 올린 상소에서, 통곡할 만한 것이 하나이고 눈물을 흘릴 만한 것이 둘이며 길이 크게 한숨 쉴 만한 것이 여섯이라고 하면서, 당시의 시대 상황에 대해서 조목별로 치세(治世)의 방책을 아뢰었다.

123. 야제(野祭): 한식(寒食)에 길가나 들에서 지내는, 잡신(雜神)에게 올리는 제사.

館)[125]에 도착하자 (대열에서) 뒤처져서 손으로 연은문(延恩門)[126] 쇠사슬을 붙잡고 서쪽을 향하여 통곡하였다. 눈이 짓무를 정도여서 좌우에서 보는 사람들이 감동하여 눈물을 흘리지 않는 사람이 없었다.

46. 세자가 일찍이 궁료에게 명하여 『한서(漢書)』에 주(注)를 달고, 구두(句讀)를 띠게 하였다. 위청(衛靑)[127]에 이르러, '다른 사람의 노비로 태어났으니, 매를 면하면 족하다[人奴之生, 免笞足矣]'는 구절을 '생(生)' 자 아래에서 끊어 읽었다.

세자가 세자 익위사에 내보내면서 말하기를,

"이 구두는 틀린 것 같다. 다시 끊어서 들이라"고 하였다.

이때 시직(侍直)[128] 한건(韓謇)[129]이 직소에 있다가 '지(之)' 자 아래에 (구두를 끊어서) 응하니, 드디어 다시 내리지 않았다고 한다.[130]

47. 설서(說書)[131] 모(某)가 있었는데, 시강(侍講)하면서 '군자와 소인은 마땅히 밝게 가려야 한다'고 아뢰었다. 세자가 묻기를,

"우(牛)·이(李)의 당[132]은 누가 군자이고 누가 소인인가?"라고 하였다. 이에 대답하지 못하고, 나와서 다른 사람에게

"이른바 우·이는 어떤 사람이냐?"라고 물었다고 한다.

---

124. 홍릉(弘陵): 영조의 원비 정성왕후 서씨(1692~1757)의 능. 여기서는 1757년(영조 33) 정성왕후가 승하하여 발인할 때를 말한다.

125. 모화관(慕華館): 사신을 영접하던 객관.

126. 연은문(延恩門): 중국의 사신(使臣)을 맞아들이던 모화관(慕華館) 앞에 세웠던 일각문(一脚門). 처음 건립된 것은 1537년(중종 32)으로 본래 모화관의 앞에는 홍살문이 있었는데, 중종 때에 들어와 홍살문 대신 좀 더 격식을 갖춘 건축 형식으로 이 문을 만들게 되었다.

127. 위청(衛靑, ?~B.C. 106): 전한(前漢)시대 하동(河東)의 관리. 아버지 정계(鄭季)와 평양후(平陽侯)의 가첩(家妾) 위온(衛媼) 사이에서 태어났는데, 어머니의 성을 따랐다. 처음에 평양 공주(平陽公主)의 가노(家奴)로 있었는데, 누이 위자부(衛子夫, 衛皇后)가 무제의 총희(寵姬)여서 관직에 진출해 태중대부(太中大夫)가 되었다.

128. 시직(侍直): 세자 익위사(世子翊衛司) 정8품 관직.

129. 한건(韓謇, 1723~?): 본관 청주(淸州), 자 자직(子直).

130. '지(之)' 자 …… 한다: 문제의 구절은 『한서(漢書)』 권55, 「위청곽거병전(衛靑霍去病傳)」을 말한다. 사도세자가 볼 때 위청의 아비는 노비가 아니므로 '人奴之生, 免笞足矣'는 잘못이라고 본 것이다. 현재 중국에서 통용되는 『한서』는 이 부분 구두가 모두 이와 같다. 한건이 고쳐 올린 구두는 '人奴之, 生免笞足矣'로서, '다른 사람의 노비가 되었으니, 살면서 매를 면하면 족하다'고 번역할 수 있다.

131. 설서(說書): 세자시강원(世子侍講院) 정8품 관직.

132. 우(牛)·이(李)의 당: 당나라 목종(穆宗)에서 무종(武宗) 때까지 우승유(牛僧孺)와 이덕유(李德裕)가 대립하여 우승유·이종민(李宗閔)의 당과 이길보(李吉甫)·이덕유 부자의 당으로 갈라져서 40년간 대립하였다. 당시 이를 일러 '우·이의 당[牛李之黨]'이라 불렀다.

48. 주상이 유선(諭善)[133] 박성원(朴聖源)[134]에게 명하여 고서(古書)에서 민사(民事)에 관련된 내용을 뽑아서 세손(世孫)에게 올려서 보게 하였다. 박성원이 『서경(書經)』 「대우모(大禹謨)」에서 '두려운 것은 백성 아닌가'와 '백성은 임금이 없다면 누구를 떠받들겠는가' 등의 구절을 뽑았다.[135] 『시경(詩經)』에서는 「빈풍(邠風)」, 「칠월(七月)」 등에서 여러 장을 뽑았다.

세자가 보고 말하기를,

"'친애하는 것은 임금이 아니냐?'와 '임금은 백성이 없다면 누구와 나라를 지킬 것인가?'를 취하지 않았으니, 임금과 백성이 서로 의지하는 뜻이 없다. 「칠월」편은 긴요한 말이 아닌 것이 없으니, 무엇을 취하고 버리겠는가"라고 하였다. 세마(洗馬) 한건이 운운한 것이다.

49. 일찍이 (세자가) 궁료들과 함께 책을 읽을 때, 문학(文學) 박기채(朴起采)[136]에게 명하여 양절(陽節) 반영(潘榮)[137]이 저술한 『통감총론(通鑑總論)』을 읽게 하였는데, 구두가 틀린 곳이 많았다.

세자가 그 잘못된 곳 몇 행을 지적하였는데, 이후에는 더욱 구두를 제대로 떼지 못하였다. 세자가 읽는 것을 그치게 하고, 다시 세자 익위사의 이운영(李運永)[138]에게 명하여 읽게 하고 학습을 시켰다. 그 후 그와 함께 『주자봉사(朱子封事)』[139]를 읽었는데, 박기채에 대해서는 다시는 세자 시강원에 추천하지 말라고 명하였다. (세자가 묻

133. 유선(諭善): 세손강서원(世孫講書院)의 관직. 왕세손의 교육을 담당하였다.
134. 박성원(朴聖源, 1697~1757): 본관 밀양(密陽), 자 사수(士洙), 호 겸재(謙齋). 이재(李縡)의 문인. 사헌부 감찰(監察) 등을 역임. 세손강서원 유선(諭善)이 되어 세손인 정조를 보도(輔導)하였으며, 참판을 끝으로 관직에서 물러나 봉조하(奉朝賀)가 되었다. 저서로 『돈효록(敦孝錄)』, 『보민록(保民錄)』, 『겸재집(謙齋集)』 등이 있다.
135. 『서경(書經)』 …… 뽑았다: 원문은 다음과 같다. 『서경(書經)』, 「대우모(大禹謨)」, "친애하는 것은 임금이 아니며 두려운 것은 백성이 아닌가? 백성은 임금이 없다면 누구를 떠받들며, 임금은 백성이 없다면 누구와 나라를 지킬 것인가?[可愛非君, 可畏非民. 衆非元后, 何戴, 后非衆, 罔與守邦]."
136. 박기채(朴起采, 1711~?): 본관 밀양(密陽), 자 흥숙(興叔). 승지 · 대사간 등을 역임하였다.
137. 반영(潘榮): 원나라 때 학자. 『통감총론(通鑑總論)』을 저술하였다.
138. 이운영(李運永, 1722~1794): 본관 한산(韓山), 자 건지(健之), 호 옥국재(玉局齋). 형조 정랑 · 금산 군수 등을 역임. 정조가 세손으로 있을 때 극진하게 시종한 공로를 인정받아 돈령부 도정(敦寧府都正)이 되었다. 그 뒤에도 침착하게 일을 처리해 신임을 얻어 계속 승진해 동지중추부사에 이르렀다.
139. 주자봉사(朱子封事): 17세기 중반 조선사회에서 간행되었던 책으로, 남송대 주자가 관료로 재직 중 군주에게 올렸던 봉사(封事) · 주차(奏箚) · 차자(箚子) 등의 글을 묶은 작은 책자. 모두 33편, 4권이다. 이 책의 여러 상소문은 주자가 그가 살았던 남송의 현실을 파악하고 이해하는 방식, 그리고 현실 문제를 진단하고 해결책을 제시하는 모습을 풍부하게 보여준다. 17세기 중반 조선사회에서 간행되어 널리 전파되었다.

기를)

"반고(班固)[140]는 어느 시대 사람인가?"라고 하자 대답하기를,

"서한(西漢) 말에서 동한(東漢) 초 사람입니다"라고 하였다.

다른 날 또 묻기를,

"'법으로 바로잡는다'는 것은 무엇을 말하는 것인가?"라 하니, 대답하기를,

"노끈으로 결박하는 것과 같습니다"라고 하였다.

이 두 차례 질문[下詢]할 때, 세자 시강원 소속 신하들이 모두 있었지만, 한 사람도 그 잘못을 바로잡지 못하였다. 대개 이때 한쪽 편 사람들은 모두 세자 시강원을 꺼리고 피해서, 다시 가려서 임명하지 못하고, 잡류(雜流)를 많이 임용하였기 때문이었다.

50. 세자가 일찍이 궁료와 더불어 조용히 대화하였다. 말하기를,

"내가 어렸을 때는 성격이 자못 너그러웠고, 대조께서도 또한 그렇게 말씀하셨다. 그런데 근래에는 노여움이 다시 격해지니 어떻게 다스려야 하겠는가?"라고 하였다. 세자 시강원 신료 모(某)가 대답하기를,

"절대로 참아야 합니다"라고 하였다. 세자가 말하기를,

"이런 말을 들으니 마음이 매우 우울하다. 노여움이 일어나면 무엇이 무엇인지를 구별하지 못하는데, 어떻게 해야 참을성이 생기겠는가?"라고 하였다.

세자 익위사의 신하들을 둘러보면서 말하자, 시직(侍直) 한건이 말하기를,

"참는 것은 진실로 어렵습니다. 그러나 인주(人主)의 분노는 필부나 서인(庶人)과 달라서 다치게 하는 것이 반드시 많을 것이니, 분노가 비록 일어날 때라도 반드시 자애하는 마음을 보존하는 것이 좋습니다"라고 하였다.

51. 세자는 일찍이 울화증을 많이 앓았다. 안정을 취하며 조섭(調攝)하고 있을 때 홍계희(洪啓禧)[141]와 김상로 등 여러 적(賊)이 음으로 수의(首醫)[142] 김 아무개를 끼고,

---

140. 반고(班固, 32~92): 후한대 역사가. 『한서』 편집 중, 국사를 개작한다는 중상모략으로 투옥되기도 하였으나, 20여 년이나 걸려 완성하였다.

141. 홍계희(洪啓禧, 1703~1771): 본관 남양(南陽), 자 순보(純甫), 호 담와(淡窩). 참판 홍우전(洪禹傳)의 아들. 이재(李縡)의 문인. 이조·예조 판서 등을 역임. 영의정 김상로, 형조 판서 윤급(尹汲), 참판 이기경(李基敬) 등과 교유하면서 정순왕후 부친 김한구와 긴밀히 연계하였다. 1762년 경기도 관찰사로서 김한구 등과 짜고 나경언의 상변(上變)사건을 일으켜 사도세자의 죽음을 초래하였다. 1777년(정조 1)에 아들 술해(述海)와 손자 상간(相簡)이 대역죄로 사형을 받자 그의 관작도 추탈당하였다. 저서로 『삼운성휘(三韻聲彙)』 등이 있다.

음이 허(虛)하고[143] 기가 올라온다고 하여, 계피(桂皮)와 부자(附子) 등의 열제(熱劑)[144]를 거듭 썼다. 6, 7년간 여러 근을 썼지만 기(氣)는 내려가지 않고 화(火)는 더욱 치성하여 마침내 어떻게 할 수 없는 지경에 이르렀다. 흉역(凶逆)이 쓴 계책이 참혹하고 독한 것이 이와 같았다고 한다.

1760년 세자의 온천 행차

52. 경진년(1760, 영조 36) 7월에 동궁이 온천에서 목욕했다. 18일에 출발하기로 일정을 잡았는데, 10일 밤부터 큰비가 내리기 시작해서 17일 새벽에는 비가 마치 물을 퍼붓는 듯이 내렸다. 하천이 모두 범람하여 인가(人家)가 떠내려가고 익사한 사람이 많았다.

강물이 몹시 불어서 넘치자 사람들이 무신년(1728, 영조 4)의 홍수에 비교하였다. 무신년의 홍수는 경기 지역에서 일찍이 볼 수 없었던 일이었다. 모두 동궁이 위태로울까봐 근심하였지만, 누구도 감히 진언(進言)하여 깨우쳐 주는 사람이 없었다.

53. 당초에 세자가 온천에 목욕하러 가려고 하자 대조가 허락하지 않았다. 이에 궁료에게 부은 다리를 내보였는데, 습종(濕腫)[145]이 제법 있었다. 이 때문에 (목욕하러 간다는) 요청이 허락을 받아서 간 것이다.

54. 사포서(司圃署)[146]와 내농포(內農圃)[147]에서는 날마다 단 수박을 올렸다. 사옹원[廚院]에서 액례들이 품질을 검사하고 받았다. 그런데 좋은 수박을 고른다고 핑계대고 무수히 잘라냈다. 올리는 수박이 한두 개면 잘라낸 것이 2, 300개에 달하여, 모두

---

142. 수의(首醫): 내의원(內醫院) 소속 의관. 당상(堂上) 의관인 어의(御醫) 중 최고 책임자. 당하 의관은 내의(內醫)라고 하였으며, 통상 내의를 거쳐 수의로 승급하였다.
143. 음이 허(虛)하고: 원문은 '음허(陰虛)'. 한의학에서 음(陰)에 속하는 정액이나 진액(津液)이 부족해지는 병을 음허(陰虛)라고 한다. 음허가 되면 몸에 열이 나고 식은땀과 천식이 생긴다고 한다.
144. 열제(熱劑): 계피와 부자 등 열을 내는 약제로 조제하는 것.
145. 습종(濕腫): 습으로 생긴 부종. 습지에 오래 있어 수습(水濕)의 운행이 나빠서 생긴다. 전신이 붓고 누르면 자국이 남으며, 특히 하반신이 더욱 심하다. 소변이 적고, 대변이 묽기도 하며, 때로 호흡이 급하기도 하다.
146. 사포서(司圃署): 왕실 소유의 원포(園圃)와 채소 재배 등을 관장하기 위하여 설치한 관서.
147. 내농포(內農圃): 환관들이 궁중 납품을 목적으로 채소를 재배하던 밭, 또는 그 관서. 창덕궁 돈화문 밖 동편에 있었다.

하례(下隸)들이 사사로이 먹는 것으로 돌아가니, 결국 뇌물로 돈을 토색(討索)하는 수단이 되었다. 그래서 한 차례 올리는데 4, 5민(緡)에 이를 정도의 뇌물을 쓰는 것이 이미 항례(恒例)가 되었다.

동궁이 온천으로 행차할 때 수행할 사람들을 기록하여 올렸는데, 수박을 올린 자도 역시 들어 있었다. 세자가 묻기를,

"이 사람이 어찌하여 가는가?"라고 하니, 대답하기를,

"일공(日供, 매일 바치는 공물)을 담당합니다"라고 하였다. 세자가 말하기를,

"(공물을) 싣고 갈 수는 없는가?"라고 하니, 대답하기를,

"(과일에) 흠이 생길까 두렵습니다"라고 하였다. 세자가 말하기를,

"안 먹으면 또 어떤가? 또 흠이 있으면 먹을 수 없는가? 너희가 뇌물을 요구하는 길을 늘리려고 이런 사람을 데리고 가는 것이다" 하고, 빨리 싣고 가라고 명하고, 수박을 올리는 사람에게 미리 약속하여 날마다 2민(緡)을 지급하도록 하라고 했다.

이에 동궁의 지시를 받들어 하례들을 감히 데리고 가지 못하고, 뇌물로 돈을 바치는 일도 없게 되자, 농민들이 마치 천금(千金)을 받은 것처럼 기뻐하였다.

55. 세자가 온양 행궁[溫宮]에 이르러, 백성에게 폐를 끼칠 것을 염려하여 충청 감사에게 운반해온 모든 물건을 기록하여 올리라고 명하고, 날마다 보고 없앨 수 있는 것은 없애게 하였다. 이에 즉시 종관(從官)에게 명하여 꼴을 사서 말을 먹이게 하니, 감사가 말하기를,

"그 비용은 많지 않고, 또 이미 (꼴을) 가지고 와서 말을 먹이는 자가 있으니, 없앨 필요가 없습니다"라고 하였다. 세자가 하교하기를

"법령은 동일하지 않으면 안 되니, 이미 싣고 온 자에게는 가격을 지급하도록 하라"고 하였다.

그런데 반감(飯監)[148]이 땔감 2속(束)을 추가로 취하자 (세자가) 담당 늙은 환관을 잡아오게 하여, 책망하여 말하기를,

"내가 너를 믿는 것이 어떠하냐. 내 한몸이 너에게 의지하고 있는데, 너는 나를 어찌 이와 같이 저버리는가. 내가 너에게 매를 치고 싶지만, 일단 참는다. 너는 즉시

---

148. 반감(飯監): 사옹원(司饔院)에 소속된 관직. 잡직(雜職)의 하나로 궁궐 내 각 전(殿), 각 궁(宮)의 음식조리 책임자로서 그 아래 별사옹(別司饔) · 적색(炙色) · 반공(飯工) · 주색(酒色) · 병공(餠工) 등을 지휘하여 요리를 준비하였다.

돌아가서, 나타나지 마라"고 하였다. 늙은 환관이 울면서 애걸하기를,

"매를 맞더라도 남아서 모시고, 같이 돌아가고 싶습니다"라고 하였다. 세자가 종신(從臣)을 돌아보고 말하기를,

"저 요악(妖惡)한 환관의 하는 짓이 이와 같구나"라고 하였다. 이어서 묻기를,

"환관들이 올 때 태복시(太僕寺)[149]의 변마(邊馬)[150]를 타고 왔느냐?"라고 하니, 답하기를,

"그렇습니다"라고 하였다. (세자가) 하교하기를,

"다시는 (환관에게) 말을 내주지 마라. (저 환관은) 당일로 온양의 경내를 떠나게 하여 가마를 수행하지 못하게 하고, 즉시 이와 같이 말하여주어라"고 하였다.

위솔(衛率)의 말이 백성의 오이를 짓밟자, 쌀로 보상해주라고 명하니, 백성이 모두 크게 기뻐하면서 그 어진 덕을 칭송하였다. 당시 경성(京城)의 민서(民庶)들은 동궁의 실덕(失德)을 많이 지적하며 원망했다. 그런데 충청도 백성은 (동궁이) 매우 열성적으로 백성을 아끼고 구휼하는 것을 보고, 경성의 민서들이 없는 일을 거짓으로 꾸며 말하는 것으로 여기게 되었다.

56. 온천에 행차할 때, 가마를 따르는 군병에게 민폐를 끼치지 말라고 엄하게 신칙(申飭)하였다. 마병(馬兵) 한 명이 수원(水原)의 역참(驛站)에서 민가의 술지게미를 가져다 말에게 먹이자, 조사하여 엄하게 다스리니, 연로(沿路)가 편안해져, 길옆의 곡식이 한 줄기도 손상되지 않았다.

(세자의 행차를) 구경하는 민인들도 금하지 못하게 하자, 민인들이 혹은 가마를 붙잡고 (세자의) 얼굴을 우러러보기도 하고, 혹은 곤룡포[袞袍]를 어루만지기도 하였다. 소조가 하교하기를,

"가까이 앞에서 바라보는 것은 좋지만 의복을 어루만지는 것은 중죄(重罪)다"라고 조용히 깨우치니, (민인들이 세자를) 소중하게 받들면서 모두 칭송해 마지않았다.

---

149. 태복시(太僕寺): 고려시대 궁중의 승여(乘輿)·마필(馬匹)·목장 등의 일을 관장하던 관청. 1371년(공민왕 21) 사복시로 되어 조선시대로 이어졌다.

150. 변마(邊馬): 어승마(御乘馬) 다음가는 등급의 크고 건실한 말. 어승마로 쓰기도 하고 내농포(內農圃)의 짐말로 쓰기도 하였다. 여러 궁가(宮家)에 물건을 실어나르는 데 쓰기도 하고, 세제(世弟)의 좌마(坐馬)와 세자의 좌마로 올려 쓰기도 하였으며, 장번 중관(長番中官)이 탔다. 어승마가 늙으면 변마로 등급을 내렸다.

57. 동궁이 일찍이 개인적으로 말 한 마리를 키웠는데, (그 말이) 비록 작았지만 잘 달렸다. 온천에 행차할 때, 태복시에서 원래 타야 할 말을 조련시키고 나서, 이 말을 추가로 훈련시켰다. 이때 (세자가) 가마를 타지 않고, 어마(御馬)를 타고 빨리 달려서, 종관(從官)과 위졸(衛卒)이 모두 좇아오지 못하였다. 태복시에서 말과 마부를 잡아다가 (말에) 재갈을 물리고 (세자에게) 아뢰기를,

"말이 넘어지면 예체(睿體, 세자)를 어쩌려고 그리하셨습니까?"라고 하였다.

이것이야말로 참으로 집예(執藝)의 간쟁[151]이었으니, 따르는 관원들이 많이 부끄러워했다.

58. 국전(國典)에 '목욕(沐浴) 걸가(乞暇)'라는 명칭이 있었는데,[152] 신하를 우대하고 질병을 치료하게 하려는 것이었다. 그런데 휴가를 구걸한 자가 그것을 핑계로 방자하게 놀러다녀서 또한 여러 고을의 폐단이 되었다. 그런데 경진년(1760, 영조 36)부터 그 법이 없어졌는데, 자극받은 일이 있었기 때문이라고 한다.

59. 경진년 8월에 주상이 여러 신하에게 세자의 병에 대해서 말하면서

"빨리 의약청(議藥廳)[153]을 설치해야 한다. (의약청을) 설치하지 않으면 조선이 반드시 망할 것이다"라고 하니, 여러 신하가 감히 어떻게 대응할지를 몰랐다. 대신 이천보(李天輔)[154]가 나아가 말하기를,

"의약청을 설치하지 않아도 조선은 오히려 망하지 않습니다. 만약 설치할 경우, 아침에 설치하면 저녁에 나라가 망할 것입니다. 의약청은 임금의 병세가 위독해져서

---

151. 집예(執藝)의 간쟁: 『서경』「윤정(胤征)」에 "관원이나 스승은 서로 규계(規戒)하고, 온갖 장인들은 하는 일을 가지고 간한다[官師相規, 工執藝事以諫]"고 하였다.

152. 국전(國典)에 …… 있었는데: '국전'은 『경국대전(經國大典)』을 가리키는 것으로 보이는데, 『경국대전』 이전(吏典) 「급가(給暇)」조에는 "대체로 사고가 있는 사람에게는 임금에게 보고하고 휴가를 준다"고만 말했을 뿐, '목욕(沐浴) 걸가(乞暇)'라는 구체적인 규정은 없다. 그런데 조선 초기부터 관리들이 신병(身病)이 있을 경우 목욕(沐浴)을 칭탁하고 휴가를 청하는 관례가 있었다.

153. 의약청(議藥廳): 국왕 등의 병이 중환(重患)일 때 두었던 임시 의료기관. 왕실의 진료를 맡은 전의감(典醫監), 왕실의 의약(醫藥)을 전담한 내의원(內醫院) 등이 있었으나 왕과 왕비 등의 환후가 중태이거나 병세가 오래 계속될 경우 내의원에 임시로 의약청 또는 시약청(侍藥廳)을 특설하여 내의원 소속 이외의 의관(醫官)이나 의방(醫方)에 능통한 중신(重臣)들을 함께 참여시켜 증세와 치료 방법 등을 상의하였다. 이 제도는 잠정적 특설기관이지만, 그 중요성에 따라 많은 의관·약제관(藥劑官)과 함께 중신인 제조(提調)들이 함께 참여하였다.

154. 이천보(李天輔, 1698~1761): 본관 연안(延安), 자 의숙(宜叔), 호 진암(晋庵). 1752년(영조 28) 우의정에 승진하고, 같은 해 좌의정에 올랐다. 1761년 영의정으로 재직할 때 사도세자의 평양 원유사건(遠遊事件)을 책임지고 음독 자결하였다. 저서로 『진암집(晋庵集)』 등이 있다.

어떻게 해볼 수 없을 때 설치하는 것입니다"라고 하였다.

주상이 하고자 하는 바가 있었는데, 이 정승이 의연하게 거절한 것이 이와 같았다고 한다.

사도세자와 음해세력의 갈등

60. 당초에 김상로가 영의정이었을 때, 주상은 동궁이 (왕위를 계승하기에) 부족한 점이 있다고 생각하였다. 조정 신하들의 논의는 좌우(左右)로 갈라졌는데, (세자를) 보호해야 한다고 주장하는 측은 '보호'라 부르고, (세자를) 흔드는 측에서는 '종사(宗社)'를 핑계 댔다.

주상이 일찍이 '동(桐)' 자 한 글자를 써서 김상로에게 주었다. [혹은 김상로가 스스로 동(桐) 자를 써서 올렸다고 한다.] 그 후 이종성과 이천보 두 정승이 보호론을 강력하게 주장하였다. 김상로도 또한 스스로 두려워하여 점점 그 뜻을 바꾸었다. 이미 주상의 뜻을 받들었다가 또 동궁 쪽에 붙었던 것이다. 동궁은 도리어 (김상로에게) 의지하면서, 스스로 (김상로의) 화상찬(畫像讚)[155]을 짓기까지 하였다. 주상은 (김상로가) 뜻을 바꾼 것을 암암리에 알아채고 드디어 (영의정에서) 파직(罷職)하였다. 그리고 '(몸을) 잘 보전하라'고 하교하면서, 억지로 치사(致仕)를 명하였다.

모년에 이르러 궁중 문서를 찾다가 그 화상찬을 보고, 주상이 크게 노하여 (김상로를) 청주(淸州)로 귀양 보내어, 오래 지나서야 석방될 수 있었다. '동(桐)'이란 '동궁(桐宮)'의 의미[156]라고 한다.

61. 홍술해(洪述海)[157]가 일찍이 궁료(宮僚)로서 입직(入直)하니, 세자가 성기(省記)[158]

---

155. 화상찬(畫像讚): 초상화에 덧붙여 쓴 찬사.

156. 동궁(桐宮)의 의미: 상(商)나라 이윤(伊尹)이 무도한 태갑(太甲)을 동궁(桐宮)에 3년 동안 방치하였다. 태갑이 개과천선하자 정권을 돌려주었고, 태갑은 덕을 닦아 백성이 편히 살게 되었다 한다.

157. 홍술해(洪述海, 1722~1777): 본관 남양(南陽), 자 중선(仲善). 계희의 아들. 대사성 등을 역임. 1776년(정조 즉위)에 황해도 관찰사로 재직 중 장전(贓錢) 4만 냥, 조(租) 2,500석, 송목(松木) 260주(株)를 사취한 사실이 드러나 흑산도에 위리안치되었다. 이듬해 아들 상범(相範)이 아버지의 치죄에 불만을 품고 홍인한(洪麟漢)·정후겸(鄭厚謙) 등 벽파(僻派)와 제휴, 정조를 시해하고 은전군(恩全君) 찬(禶)을 추대하려는 역모를 꾀하였다. 그러나 발각되어 형제 필해(弼海)·지해(趾海)·찬해(纘海) 및 조카 상간(相簡) 등과 함께 주살당하였다.

158. 성기(省記): 궁궐과 중요 관청의 야간 당직자·경비원·순찰자들의 명단을 기록한 문서. 오늘날의 당직 명령부를 기록하는 것과 비슷하다.

를 보고 노하여 말하기를,

"홍계희의 자식이 어찌 감히 나를 시중들려 하는가"라고 하였다. 이 때문에 홍씨 부자는 크게 근심하고 두려워하였다.

이보다 앞서 정축년(1757, 영조 33)에 세자가 우물에 빠진 일이 있었다. 홍계희가 명나라 사람이 의문태자(懿文太子)[159]가 우물에 뛰어든 일에 대하여 한 말을 인용하여 주상에게 말하기를,

"명나라 태조는 태자의 죽음 때문에 그 (황제의) 성스러움에 해가 되지 않았습니다. 명나라 사람이 사호(四皓)[160]를 논한 것 가운데 '세자가 진실로 어질지 못하면 폐하는 것이 마땅하다'고 한 것이 있습니다"라고 하였다.

모년에 어떤 사람이 홍계희를 만나니, 그가 이 논의를 손으로 가리키며 스스로 읽고,

"잘 지었다"고 말하였다. 손님과 더불어 보고 말하기를,

"이 논의가 어떠한가?"라고 하니, 그 사람이 시비를 가리는 것을 어려워하면서 말하기를,

"소동파(蘇東坡) 이후 이와는 다른 논의가 많았다"라고 하였다. 홍계희는 그가 '불가하다'고 말했다 생각하고,

"(지금은) 쓸 수 없는 논의다"라고 하였다.

62. 동궁의 액례가 일찍이 사사로이 여러 재상(宰相)을 논하여 말하기를,

"오직 판서 홍계희만이 재주가 많아서 조금 쓸 만하다"고 하였다. 동궁이 은밀히 이것을 듣고, 노하여 책망하기를,

"너희가 홍계희를 칭찬하느냐"라고 하면서 드디어 매를 쳐서 죽였다. 홍계희가 듣고 더욱 두려워하였다. 홍지해(洪趾海)[161]가 일찍이 사람들이 많이 모여 있는 가운데 말하기를,

---

159. 의문태자(懿文太子): 명나라 태조 주원장(朱元璋)의 장남 주표(朱標, 1355~1392). 황태자로서 성정이 유순하고 병약하여 일찍 사망하였다.

160. 사호(四皓): 진(秦)나라 때 상산(商山)에 은거하던 동원공(東園公)·하황공(夏黃公)·녹리선생(甪里先生)·기리계(綺里季) 네 노인을 말한다. 한나라 고조(高祖)가 태자(太子) 영(盈)을 폐하고 척 부인(戚夫人)의 아들 조왕(趙王) 여의(如意)를 세우려 하자, 여후(呂后)가 사호(四皓)를 불러와 태자를 보좌하게 하였다. 이에 태자를 폐하지 못했다.

161. 홍지해(洪趾海, 1720~1777): 본관 남양(南陽), 자 백미(伯美). 대사성 등을 역임. 노론 벽파(老論僻派)에 속했던 그는 1776년 홍인한·정후겸 등과 더불어 정조의 즉위를 반대하였다가 이듬해 정조가 즉위하자 북도(北道)를 거쳐 추자도로 이배되었다. 이때 아들 상간(相簡)과 두 아우 술해(述海)·찬해(纘海)가 대역죄로 처형됨에 그 또한 주살되었다.

"동궁이 우리 집안을 미워한다"고 했다고 한다.

63. 신사년(1761, 영조 37)간에 참언(讒言)이 나날이 심해져서 장차 아침저녁으로 화가 닥치려 하였다. 소조가 덕성각(德成閣)[162]에 나아가, 홍계희를 입대하라고 명하고, 효유(曉諭)하기를,

"너는 어떤 사람을 세우려고 하느냐? 삼종혈맥(三宗血脈)[163]은 나 한 사람인데, 장차 나를 버리고 누구를 추대하려고 하는가"라고 하였다.

물러가라고 명하였다가 다시 들어오게 하기를 아홉 번이나 하였지만, 홍계희가 조금도 두려워하지 않고 현저하게 분개하는 기색을 드러내자, 소조가 분노를 이기지 못하고 차마 들을 수 없는 하교를 많이 하였다. 세자 시강원의 이창임(李昌任)[164]이 나아가 말하기를,

"저하께서는 이렇게 할 필요가 없습니다"라고 하였다. 소조가 더욱 진노(震怒)하여 말하기를,

"너는 적(賊)이냐? 소인(小人)이냐? 홍계희를 편드는 이유가 무엇이냐?"라고 하니, 이창임이 말하기를,

"감히 그렇게 못합니다. 지금 저하를 보필하는 무리가 있으니, 저하는 걱정하지 마십시오"라고 하였다. (세자가) 하교하기를,

"누구냐?"라고 하니, (이창임이) 대답하기를,

"조재호입니다"라고 하였다. 또 세자가 하교하기를,

"네가 가서 불러오너라"라고 하였다.

이에 이창임이 세자 익위사의 조유진을 보내는 것이 좋겠다고 아뢰니, 조유진이 드디어 춘천으로 출발하여 조재호를 재촉하여 와서 (세자를) 보호하게 했다.

64. 세자가 일찍이 세자 시강원 변득양(邊得讓)[165][치명(致明)[166] 아들이다]과 더불어 『시

---

162. 덕성각(德成閣): 세자가 머물던 저승전(儲承殿) 안에 있는 전각(殿閣). 신하들을 소대(召對, 임금이 아무 때나 신하들을 불러 경전에 대해 물어보거나 의견을 듣는 일)할 때 사용하였다.
163. 삼종혈맥(三宗血脈): 효종·현종·숙종의 혈육임을 지칭하는 말이다. 경종(景宗)이 후사 없이 죽자 삼종의 맥을 잇고 있는 연잉군이 왕위를 계승하는 것이 순리임을 주장하기 위해 만들어진 말이다.
164. 이창임(李昌任, 1730~?): 본관 전주(全州), 자 성윤(聖尹). 세종의 아들 영해군(寧海君) 왕당(王瑭)의 후손. 형조 판서 춘제(春躋)의 아들. 교리·대사간 등을 역임하였다.
165. 변득양(邊得讓, 1723~1801): 본관 황주(黃州), 자 사겸(士謙). 공조 판서, 상호군(上護軍) 등을 역임하였다.
166. 변치명(邊致明, 1693~1775): 본관 황주(黃州), 자 성보(誠甫), 호 묵포(墨逋). 세자 시강원 보덕(輔德), 한

경(詩經)』을 강(講)하였다. 신대(新臺)[167]편에 이르러, 땀을 흘리며 말하기를,

"대조께서 이와 같은 일들로 나를 의심하니, 어찌 마음 아픈 일이 아니겠는가"라고 하였다.

65. 세손(世孫) 빈(嬪)을 간택(揀擇)할 때, 홍봉한이 아뢰어 말하기를,

"마땅히 세자도 같이 보아야 합니다"라고 하였다. 주상이 노하여 말하기를,

"경(卿)은 어찌 궁중의 일에 모두 참여하여 알려고 하는가"라고 하였다.

삼간일(三揀日)에 비로소 세자를 부르니, 세자가 나아가 경희궁(慶熙宮)[168]에 이르러 바야흐로 계단을 오르려 하는데, 주상이 세자가 착용한 권자(圈子)[169]가 옥(玉)으로 만든 것임을 보고, 크게 노하여 말하기를,

"내가 내린 금권(金圈)을 쓰지 않고 특별히 큰 옥을 달았으니, 어찌 된 일이냐?"라고 하면서 배척하여 물리치고, 간(諫)하여 멈추게 하지 못하였다고 궁료들을 모두 죄주었다.

삼간(三揀)[170]이 끝나고 돌아갈 때, 세자를 불러들여 (세손빈으로 간택된 처자들을) 보게 하였다.

사도세자에 관한 날조된 소문들

66. 승지 이영휘(李永暉)[171]에게 첩이 둘 있었다. 하루는 액례가 와서 동궁의 뜻이라고 하면서 그중의 한 사람을 달라고 했다. 이영휘가 대답하여 말하기를,

---

성부 우윤, 승정원 승지 등을 역임. 저서로 『묵포집(墨逋集)』이 있다.

167. 신대(新臺): 『시경(詩經)』 패풍(邶風)의 편명으로 아들의 처를 가로챈 위(衛)나라 선공(宣公)을 비난하는 시. 영조는 『시경(詩經)』의 신대(新臺)와 장유자(墻有茨) 편(篇) 같은 것은 음란한 풍속의 시(詩)이므로 경연에서 강해서는 안 된다고 하여 강첨(講籤)에서 빼버리라고 명한 적이 있다. 1764년(영조 40) 10월 1일(기묘) 실록기사 참조.

168. 경희궁(慶熙宮): 1617년(광해군 9)에 창건된 궁궐. 광해군이 창덕궁을 흉궁(凶宮)이라고 꺼려 길지에 새 궁을 세우고자 했는데, 정원군(定遠君)의 옛집에 왕기가 서렸다는 술사의 말을 듣고 그 자리에 궁을 세우고 경덕궁(慶德宮)이라 하였다. 1760년(영조 36)에 원종(元宗)의 시호가 경덕(敬德)이므로 음이 같은 것을 피하기 위해서 궁명을 경희궁으로 고쳤다.

169. 권자(圈子): 망건(網巾)의 뒤쪽, 양편에 달아 망건 끈을 걸어 매는 고리로서 양쪽 귀 위에 있었다. 관원의 권자(圈子)는 벼슬의 품계에 따라 그 재료가 다르다.

170. 삼간(三揀): 삼간택(三揀擇). 임금이나 세자·세손(世孫)의 배우자를 세 번에 걸쳐 고르는 일을 말한다.

171. 이영휘(李永暉, 1710~?): 본관 미상, 자 사보(士報). 1755년 영조가 특별히 승지에 임명하였다. 권집(權緝)의 생질이다.

"내 첩이 좀 예쁘기는 하지만, 내가 하대부(下大夫)의 반열에 있는데, 어찌 여색으로 주군을 섬기겠는가"라고 하였다. 대개 그의 두 첩이 서로 질투하여 액례와 친척간인 첩이 액례에게 부탁하여 동궁이 요구한다고 핑계 대고 (다른 첩을) 제거하려 한 것이다.

이때 교리(校理) 원의손(元義孫)[172] 역시 첩을 잃었는데, 동궁이 빼앗아 들였다고 했다. 당시 여염집 부녀들이 모두 두려워하여 깊은 곳으로 피하였다. 액례의 무리가 감히 제멋대로 단속하면서 간사한 일을 저지르고는, 이영휘의 첩처럼 동궁에게 그 허물을 떠넘겼기 때문에 그런 일이 일어난 것은 아닌지, 어찌 알겠는가. 통탄할 일이다.

67. 안(安)·박(朴)·이(李) 세 사람이 밤에 같이 가서 다른 사람의 첩을 위협하여 업고 갔다. 그 어미가 (그녀와) 함께 자다가, 따라나오니 한 사람이 그녀도 보쌈해 갔다. 이웃 사람이 그 의란(疑亂)하는 말을 의식해서[173] 감히 어미를 보쌈해 간 자를 지목하지 못하였다. (범인들이) 나졸을 만나자, 이에 풀어 주었는데, 드디어 그 뒤를 쫓아가 나포하였다.

포도청에서 형조(刑曹)로 이송하였는데, 그들이 모두 출신(出身)[174]으로서 입사(入仕)하였으므로, 의금부(義禁府)로 옮겨서 가두어 두었다. 오랫동안 심리(審理)를 하지 않았는데, 당상관들이 그 사건을 담당하려고 하지 않았기 때문이었다.

세 사람은 자신들이 벼슬을 하고 있을 뿐만 아니라 또한 이름 있는 무장(武將)의 자식들이었는데도 감히 스스로를 막중한 지위에 있는 것처럼 말하였다. (이들은) 유부녀를 겁탈하였으므로 용서 없이 죽여야 했다. 그런데 이씨는 삼수(三水)로 유배하였다가 3년 후에 석방하여 서용(敍用)하였고, 두 사람은 무죄로 석방하였다고 한다.

이때 여염집 부녀자들이 혹은 강간당하고 혹은 겁탈당하는 일이 흔히 있었다. 민간에서 일어난 (이러한 종류의) 난리는 대개 이 무리가 한 일이었는데, (발각되면) 문득 감히 말할 수 없는 지위에 있는 사람이 한 것처럼[175] 처신하였다. 그래서 사람들이 그 허실을 알지 못하고 (세자를) 원망하는 말을 많이 하였다.

---

172. 원의손(元義孫, 1726~1793): 본관 원주(原州), 자 자방(子方). 경하(景夏)의 아들, 우의정 인손(仁孫)의 동생, 계손(繼孫)의 형.
173. 이웃 …… 의식해서: 사도세자가 부녀자를 납치해 간다는 소문을 가리킨다.
174. 출신(出身): 문과(文科, 大科)·무과(武科)·잡과(雜科) 등의 시험에 합격한 사람을 일컫는 말.
175. 감히 …… 것처럼: 사도세자 또는 동궁전에서 나온 것처럼 처신하였다는 말이다.

68. 모년 봄에 주상이 왕릉을 참배할 때 민간에 근거 없는 말이 떠돌았는데, 동궁이 장차 기회를 틈타서 궁녀를 모집한다는 것이었다. 이에 민간에 있는 한때의 미녀들[176]이 모두 (성을) 나갔는데, 한참 있다가 진정되었다.

69. 신사년(1761, 영조 37) 정월 4일에 영돈녕부사(領敦寧府事) 이천보가 죽었고, 2월 14일에 우의정 민백상(閔百祥)[177]이 죽었고, 3월 4일에 좌의정 이후(李𤨒[178]가 죽었다.

궁중의 정원에 효종이 심은 소나무 세 그루가 있었는데, 자라서 서로 잇달아서 한 곳에 늘어서 있었으므로, 명하여 재상 소나무로 봉하였다. 혹자는 말하기를,

"동궁이 (이 소나무들을) 베어 버렸기 때문에 세 정승이 일시에 모두 죽었다"고 하였다.

70. 동궁이 간간이 미행하였는데, 처음에는 성중(城中)으로부터 점차 교외에 이르렀다. 성중의 무뢰배들이 왕왕 밤에 부녀자를 겁탈하고는 (동궁에) 가탁하여 말하였는데, 사람들이 그 허실을 알지 못하고 모두 '동궁이 실제로 그렇게 하였다'고 말하면서, 여염집에서는 일찍 문을 닫고 늦게 열었다.

(세자가) 온천에 행차할 때 민사(民事)를 침해하는 것을 일체 금지하였으므로 충청도[湖西] 백성이 크게 기뻐하였다. 이로부터 (세자가) 비록 외방에 출입하더라도 민간의 소민(小民)들이 괴로워하지 않았다. 또한 (세자가) 역졸(驛卒)에게 후사(厚賜)하였는데, 혹은 지나치게 많이 줄 때도 있었다.

평양(平壤) 행차 때 (세자는) 작은 가마를 탔으며, 시종한 환관과 액례는 수십 명이었다. 먼저 노문(路文)[179]을 보냈는데, 단지 '행차'라고만 말하였다고 한다. 평양에 이르러서는 공관(公館)에 거처하지 않았다. 바야흐로 풍악을 울릴 때, (세자가) 홀연히

---

176. 미녀들: 원문은 '경성(傾城)'. 나라를 무너뜨릴 정도의 미녀를 가리킨다.

177. 민백상(閔百祥, 1711~1761): 본관 여흥(驪興), 자 이지(履之), 여양 부원군(驪陽府院君) 유중(維重)의 증손, 좌의정 진원(鎭遠)의 손자, 관찰사 형수(亨洙)의 아들. 1751년(영조 27) 대사간 재임 시 신임옥사에서 화를 입은 인물의 신원을 주장하고, 소론 일파의 처벌을 극론하다가 유배되었다. 1760년 우의정이 되었으나 다음해에 죽었는데, 사도세자의 평양 행차 사건을 책임지고 영의정 이천보(李天輔), 좌의정 이후(李𤨒 등과 함께 자살하였다고 한다.

178. 이후(李𤨒, 1694~1761): 본관 연안(延安), 자 후옥(厚玉), 호 구옹(癯翁). 연안 부원군(延安府院君) 시백(時白)의 5대손. 좌의정 등을 역임. 사도세자의 평양 행차 사건을 비롯하여 유언비어가 심한 데 대하여 영조의 추궁을 받자, 그에 책임을 느낀 나머지 이천보·민백상 등과 음독자살하였다.

179. 노문(路文): 지방으로 나가는 관원에게 발급한 문서. 관리의 인적 사항, 여행 목적, 목적지, 일정 등을 기록하였다.

한숨을 쉬면서 좌우에 말하기를,

"너희는 틀림없이 내가 세자 자리를 즐거워한다고 생각할 것이지만, 나는 실제로는 가련한 인생이다"라고 하였다 한다. (평양에) 6일 동안 머물렀다.

71. 동궁이 비록 간혹 미행하기도 하였지만, 그때는 (세자를 무함하려는 자들이) 사람을 시켜서 거짓으로 할 때가 많았는데, 결국 이것이 이목(耳目)을 어지럽히고 나쁜 소문을 증폭시켰다. 참판 심이지(沈履之)[180]의 아들이 사람들에게 말하기를,

"사도세자도 또한 원통한 비방을 받았다. 가군(家君)께서 일찍이 광주(廣州)에 근무할 때, 세자가 모소(某所)에 이르렀다는 말을 듣고 사람을 시켜서 가서 뵙게 하였는데, 거짓으로 꾸며서 온 자였다. 이를 따르는 자가 1백여 명이었는데, 모두 경사(京司)의 서리(書吏)들이었다. 이에 사람을 보내서 쫓아버렸다"고 하였다.

심이지의 아들은 이들을 꾸며서 보낸 자가 누구인지 알고 있었지만, 기꺼이 말하려고 하지 않았다고 한다.

72. 문녀와 정처(鄭妻, 화완옹주) 두 여자는 영조와 사도세자가 거처하는 궁이 같은 대궐 안에 있어서 참소하는 말을 날조할 수 없자 반드시 분궁(分宮)하고자 하였다. 그래서 밤낮으로 위험하고 두려운 말로 중전(中殿)[181]을 선동하였다.

중전은 여염에서 태어나 궁에 들어온 지 얼마 되지 않았는데, 안에서는 정처와 문녀가, 밖에서는 김구주(金龜柱)[182] 부자가 서로 교대로 매우 시끄럽게 떠들었다. 경진

---

180. 심이지(沈履之, 1720~1780): 본관 청송, 자 덕기(德器). 영조 말년부터 빚어진 왕실 외척 홍봉한과 김한구를 중심으로 한 대립에서 중립을 표방하였다고 평가되기도 하였지만, 1777년(정조 2) 정조를 해치려 한 홍인한(洪麟漢)의 무리로 지목받아 귀양 가서 유배지에서 죽었다.

181. 중전(中殿): 영조의 계비 정순왕후(貞純王后, 1745~1805). 본관 경주(慶州). 성 김(金)씨. 오흥 부원군(鰲興府院君) 한구(漢耉)의 딸. 1759년(영조 35) 15세로 51세 연상인 영조와 결혼하여 왕비로 책봉되었다. 친정이 노론의 중심가문이었음에 비해 사도세자는 노론에 비판적이어서, 1762년 영조가 사도세자를 뒤주에 가두어 죽이는 데 적지 않은 역할을 했다고 전해진다. 오빠 김구주가 이끄는 세력이 영조 말년에 사도세자의 장인인 홍봉한 중심세력과 맞서고, 친정인물들을 중심으로 하는 벽파(僻派)가 정조대에 시파(時派)와 대립하는 중요한 정치적 배경이 되었다.

182. 김구주(金龜柱, 1740~1786): 본관 경주. 영조의 장인 한구(金漢耉)의 아들. 영조의 계비 정순왕후의 오빠. 홍양해(洪量海)의 문인이다. 1772년(영조 48) 공조 참판으로 있을 때, 청의(淸議)와 명절(名節)을 우선하는 정치적 결사인 청명류(淸名流)가 발각되어 영조의 탕평책을 배신한 것으로 지목당하였다. 그는 이를 당시 홍봉한의 외척 정치 탓으로 돌려, 사촌동생 관주(觀柱)와 함께 홍봉한을 제거하는 것이 의리라고 상소하였다. 당시 홍봉한은 왕세손이던 정조의 외가였으므로, 이 상소는 왕세손의 위치를 위협하는 행위로 간주되어 정조 즉위년에 역적으로 지목되었다. 또, 영조의 딸인 화완옹주의 양자인 정후겸 및 홍인한·정이환 등과 결탁해 정조를 해치려 한 사실이 드러나 흑산도에 유배되었다. 1784년에 왕세자 책봉을 계기로 감등되어 나주에 이배되었다가 다음해 죽었다.

년(1760, 영조 36) 마침내 분궁(分宮)하였는데,[183] 비로소 세자가 대궐을 나가서 놀러 다닌다는 말이 있었다.

사도세자의 평양 행차의 실상

73. 동궁이 평양에 행차할 때 따르는 하인이 약 5, 60여 명이었는데, 접대하는 의절(儀節)은 모두 균일하여 상하의 차이가 없었다. 인원수는 정해져 있었지만, 밥상을 토색하는 것은 한이 없었다. 유숙한 공관(公館) 문내(門內)의 허실(虛實)은 물을 수 없었으며, (토색을) 버티기가 지극히 곤란하였다.

서윤(庶尹)[184] 정극순(鄭克淳)[185]이 문지기를 잡아다 중곤(重棍)[186]을 치고 말하기를,

"정해진 이외의 토색이 다시 있으면 장차 죽여버리겠다"고 하였다. 이에 감사(監司) 정휘량(鄭翬良)[187]이 크게 두려워하며 말하기를,

"내가 감당하겠다"고 하였다. 이로부터 다시는 지나친 토색이 없었다고 한다.

이때 궁례의 무리가 배고픈 것을 근심하지 않았는데, 절도 없이 먹을 것을 구했을 리가 어찌 있겠는가? 서쪽 지역 무뢰배의 자제들이 몰래 궁례와 결탁해서 지공(支供)하는 것을 먹은 것이 많았기 때문이었다. 문지기를 단속하니 그 폐단이 저절로 없어진 것은 형세가 그러하였기 때문이었다.

평양 사람 이갑(李甲)이 용력(勇力)이 있었는데, 환관을 통해서 동궁을 모시게 되었다. (그가) 일찍이 말하기를,

---

183. 마침내 분궁하였는데: 영조가 창덕궁에서 경희궁으로 옮긴 일을 말한다. 1760년(영조 36) 7월 8일(경술) 실록기사에 따르면, "이에 앞서 하교하기를, '밤중에 감흥이 있어서 내전(內殿)과 더불어 경희궁에 나아가서 두어 달을 머물다가 오겠다' 하였는데, 이에 이르러 이어(移御)하니 중외(中外)에서 이를 근심하였다"고 되어 있다.

184. 서윤(庶尹): 한성부(漢城府)·평양부(平壤府)에 두었던 종4품(從四品) 관직.

185. 정극순(鄭克淳, 1709~1767): 본관 동래(東萊), 자 경인(景仁), 호 연뢰(淵雷). 조태구(趙泰耉)의 사위. 저서로 『서윤공유고(庶尹公遺稿)』가 있다.

186. 중곤(重棍): 죄인의 볼기를 치는 데 쓰던 곤장의 하나. 가장 큰 곤장으로서, 죽을죄를 범한 자에게만 사용하였다. 길이는 5자 8치, 너비는 5치, 두께는 8푼이었다.

187. 정휘량(鄭翬良, 1706~1762): 본관 연일(延日), 자 자우(子羽)·사서(士瑞), 호 남애(南崖). 우의정 우량(羽良)의 동생. 치달(致達)의 숙부. 우의정·좌의정 등을 역임. 1755년(영조 31) 을해옥사 때 정휘량을 비롯한 소론계 온건파 대부분이 조태구·유봉휘 등의 죄를 탄핵하여, 조태구·유봉휘는 노적(奴籍)으로 떨어뜨리고 이광좌·최석항도 추탈(追奪)되게 하였다. 이후 사도세자의 평양 행차 사건을 수습하며 자청해서 정승의 직위를 내려놓고 판중추부사(判中樞府事)로 전직하였다. 정치달의 숙부로서 치달의 처인 화완옹주의 도움이 많았으며, 은밀히 김상로·홍계희 일당과 통하여 무인(1758, 영조 34)·기묘(1759)연간에 사도세자를 모함하였다. 저서로 『남애집(南崖集)』, 『견사록(見思錄)』 등이 있다.

"동궁이 어떤 사람과 즐겁게 대화를 하다가 갑자기 심화(心火)가 치밀어오르자, 철편(鐵鞭)을 휘둘러 그 옆에 있던 사람이 맞아 죽었다. 애증을 분간하지 못한 것이 마치 날씨가 갠 날에 밝았다가 어두운 구름이 갑자기 가리는 것과 같았다. 시전(市廛)의 물화(物貨)를 거두어들이고, 인명을 살상하는 각궁(角弓)을 빼앗은 것 등은 모두 궁례의 무리가 일찍이 한 번 토색한 것으로 인해서 드디어 제멋대로 널리 거두어들여 강탈해서 스스로 이익을 취하고 나쁜 소문은 동궁에게 돌아가게 한 것이다"고 운운하였다.

74. 동궁이 서쪽으로 행차할 때,[188] 저쪽 편 무리가 장차 가마가 돌아오기를 기다려서 백관(百官)이 모화관 앞에서 마중하자고 의논하였는데, 결국 실행되지 못하였다. 온천에 행차할 때는 미행이 아니었는데도 마중 나가자는 의논이 없었는데, 이제 이러한 의논을 한 것은 공손한 뜻에서 나온 것이 아니었다.

75. (세자가) 서쪽으로 행차할 때, 정휘량이 평안도 관찰사로서 독교(獨轎)[189]를 갖추어 보냈다. 정처가 궁 안에서 출행을 힘써 권하였다. 문녀 또한 와서 때때로 놀이 행차를 떠나서 남모르는 근심을 풀기를 권하였다. 당시 소조는 아직 문녀와 정처가 서로 무함을 꾸미는 실정을 깊이 헤아리지 못하고, 그 말을 그대로 믿었다.

서쪽으로 행차하는 가마가 출발한 뒤, 뭇 흉도들이 한 사람을 물색하여 세자에게 상서하였는데, 이에 중관(中官)이 대신 비답을 내린 일이 있었다. 또한 가마가 돌아오는 시기를 염탐하여 교영(郊迎)할 것을 모의하고 진신(搢紳)에게 통문을 전하기를,

"모일(某日)에 서쪽 교외로 출영하여 소조를 맞이해야 하니, 윤경유(尹景孺)의 집에서 모입시다"라고 하였다. 경유(景孺)는 윤급(尹汲)[190]의 자(字)다. 판서 서지수가 홀로 말하기를,

"교영은 신하의 분수로 마땅히 해야 할 일이니, 각자 나가면 되지 하필 경유의 집

---

188. 서쪽으로 행차할 때: 사도세자가 평양으로 행차한 일을 가리킨다.
189. 독교(獨轎): 말 한 마리가 끄는 가마.
190. 윤급(尹汲, 1697~1770): 본관 해평(海平), 자 경유(景孺), 호 근암(近庵). 영의정 두수(斗壽)의 5대손, 면지(勉之)의 증손, 계(堦)의 손자. 이재(李縡)·박필주(朴弼周)의 문인. 이조 판서 등을 역임. 1734년(영조 10) 이조 좌랑으로 있을 때 인사권을 독점해 불법을 자행한다고 이조 판서 송인명(宋寅明)을 비난하다 파직되었다. 1749년 정우량이 그의 당(黨)인 이창수(李昌壽)를 이조 참의로 삼으려는 것을 반대하다 홍원 현감으로 좌천되었다. 1763년 영의정 신만(申晩)의 아들 광집(光輯)의 초사(初仕) 문제로 왕의 노여움을 사 파직되기도 했다. 저서로 『근암집(近庵集)』 등이 있다.

에 모일 필요가 있는가?"라고 하였다.

판서 한광회(韓光會)[191]와 참판 한광조(韓光肇)[192] 역시 응하지 않았다.

소조가 그 바르지 못한 저의를 먼저 알고 여러 날 말을 달려 북한산 서문 밖에 이르러 말하기를,

"내가 오랫동안 우울한 마음을 한 번 풀어보려고 하였으나 실패하였다. 문녀와 정처, 두 여자와 정휘량 때문에 잘못을 저질러 이 지경에 이르렀다"고 하면서 눈물을 흘리니, 눈물이 옷깃을 적셨다. 드디어 대성문(大成門)으로부터 환궁하였다.

정휘량은 정치달(鄭致達)의 숙부로서, 안으로 정처의 지원을 받고 암암리에 김상로·홍계희의 무리에 붙었다.

무인년(1758, 영조 34)과 기묘년(1759) 사이에 사설(辭說)이 자자(藉藉)하였다.[193] 판서 원경하(元景夏)[194]는 정휘량과 남매 사이인데, 일찍이 비변사에서 바싹 다가앉아서 큰 소리로 말하기를,

"대감은 어찌해서 동궁을 동요시킵니까?"라고 하니, 정휘량이 크게 위축되었다.

이때 집안에 손님이 한 사람도 없었는데, 최익남(崔益男)[195]이 인척의 연분이 있어서 서로 친하여 홀로 이불을 들고 가서 묵으면서 말하기를,

"내가 장차 이 아저씨의 난포(欒布)[196]가 되겠다"고 했다 한다.

---

191. 한광회(韓光會, 1715~?): 본관 청주(淸州), 자 문숙(文淑). 대사헌·형조 판서 등을 역임. 영조의 탕평책에 적극 호응하여 국왕의 신임을 받았다.
192. 한광조(韓光肇, 1715~1768): 본관 청주(淸州), 자 자시(子始). 승지·대사헌 등을 역임. 1762년 영조가 사도세자를 죽이려 하자 이를 강력히 반대하다가 제주도에 위리안치되었으며, 곧 홍산(鴻山)으로 이배되었다. 1768년 그가 죽자 영조는 지난 일을 탄식하는 내용의 제문을 내려 애도하였다.
193. 사설(辭說)이 자자(藉藉)하였다: 정휘량이 세자에게 죄를 얻은 후 세자의 과실(過失)을 퍼뜨린 일을 가리킨다.
194. 원경하(元景夏, 1698~1761): 본관 원주(原州), 자 화백(華伯), 호 창하(蒼霞)·비와(肥窩). 1739년에 영조의 뜻을 받들어 붕당이 나라를 그르치는 화근이라고 주장하고 탕평책을 건의하였다. 그는 임정(任珽)·정우량·오광운(吳光運)·윤유(尹游) 등과 함께 노론·소론만의 탕평인 소탕평(小蕩平)을 넘어, 동서·남북을 다 포함한 대탕평(大蕩平)을 창도하였으나 조정의 지지를 받지 못하였다. 저서로 『창하집(蒼霞集)』이 있다.
195. 최익남(崔益男, 1724~1770): 본관 전주(全州), 자 사겸(士謙). 1770년(영조 46) 이조낭관으로서 당시 영의정 김치인이 사도세자의 죽음에 죄가 큼을 논하고, 세손으로 하여금 사도세자의 묘사(墓祠)에 참배하게 할 것을 청하였다가 대신들의 맹렬한 탄핵을 받았다. 여기에 영조의 노여움까지 사서 영구히 서인(庶人)으로 강등되어 대정현에 유배되었고, 계속되는 고문으로 죽었다.
196. 난포(欒布): 진나라 말 양(梁)나라 사람. 양왕 팽월은 평민이었을 때 난포와 교유하였다. 난포가 위기에 처했을 때 팽월이 그를 구하여 양나라 대부로 삼았는데, 팽월이 유방에게 죽자 유방의 금령에도 불구하고 난포가 그를 제사지냈다.

76. 동궁이 서쪽 지방에서 돌아와 탕춘대(蕩春臺)[197]에 머물면서 아직 입궐하지 않았을 때, 성균관 유생이 동궁에게 상서하였다. 주상이 여러 유생을 인견하고, 승지 이영휘에게 명하여 여러 유생을 거느리고 들어가 동궁을 뵙고 친히 비답을 받아 오게 하였다. 이때 여러 유생이 경희궁(慶熙宮)으로부터 걸어서 창덕궁(昌德宮)에 이르렀는데, 밤이 이미 2경(二更, 오후 10시 전후)을 지났지만, 다시 궁문을 열고 들어갔다.

주상으로부터 입시하여 비답을 받은 여부를 보고하라고 재촉하는 명령이 내려지자, 승정원의 하례(下隷)들이 급하게 달려 뒤섞여서 이르기를 끊이지 않고 이어지니, 궁문을 활짝 열고 다시 닫을 수 없었다. 4경(四更, 새벽 2시 전후)이 되어서야 비로소 여러 유생을 들어오게 하여 비답을 내렸다. 세자가 앉은 자리에는 휘장이 쳐졌으며, 이영휘는 (세자의) 비답을 받고 돌아와 아뢰었다. 주상이 말하기를,

"정말 세자를 보았느냐?"라고 하니, 대답하기를,

"정말 보았습니다"고 하였다. 이때 조정의 신료들과 온 백성이 동궁이 서쪽으로 행차한 사실을 알고 있었는데, 유생 상서에서는 마치 모르는 것처럼 하였다. 주상은 실제로 알지 못하고, 단지 친히 정무를 보지 않는다고만 생각하였던 것이다. 여러 신하의 간쟁하는 상서를 올리게 한 뒤 비로소 알았다. 모년 이후에야 이영휘가 주상을 속인 죄를 뒤늦게 바로잡았다.

77. 여러 유생이 동궁전에 입시하였을 때, 동궁은 아직 탕춘대에 있었으므로, 궁중 사람들이 당황하여 안에서 급히 탕춘대로 통문을 보냈다. 동궁이 급히 돌아온 연후에 비로소 여러 유생을 들어오라고 명하였다. 이때 주상이 하교하여 매우 재촉하였지만 지연되었다가 4경이 되기 전에 이르러서야 내의원[藥房]에서 입진(入診)하였고, 공사(公事)가 장막 안에서 이전과 같이 회복되었다. 이영휘는 비록 친히 동궁의 얼굴을 보지는 못하였지만, 실제로 동궁의 비답을 받았다고 한다.

평양 행차를 비판하는 상소들

78. 관학(館學) 유생(儒生) 안형(安衡) 등이 상서하였는데, 대략 다음과 같다.

---

197. 탕춘대(蕩春臺): 연산군이 세검정 근처에 마련한 정자. 1751년(영조 27) 영조는 탕춘대에 거둥하여 활쏘기로 무사를 뽑고, 1753년에 탕춘중성(蕩春中城)을 새로 쌓고, 이듬해 탕춘대를 고쳐 '연융대(鍊戎臺)' 석 자를 새기게 하였다.

"효친(孝親)의 도리는 양지(養志)가 큰일입니다. 제왕의 가법(家法)은 필부(匹夫)·서민(庶民)과 같지 않아서, 비록 잠자리에 문안드리고 음식을 살피는 예절을 대조께서 허락하지 않아서 마음대로 시행할 수는 없습니다만 인정(人情)에 절실한 것은 천심(天心)도 반드시 따르는 것이 이치니, 지극한 효도에 감동하면, 인자한 아비는 금하지 않는 도리가 있는 것입니다. 오늘날 저하께 주상을 나아가 뵙는 것 한 가지 일보다 급한 일이 무엇이 있겠습니까?

저하께서 서연(書筵)을 멈춘 지도 이미 오래되었습니다. 궁료를 접하지 않은 것도 또한 이미 오래되었습니다. 늘 좌우에서 모시는 자들은 오직 환관과 액속(掖屬)들뿐입니다. 만약 조섭(調攝)할 때 혹시라도 이러한 무리와 친근하여, 더불어 수작(酬酌)한다면, 반드시 말 달리고 사냥하며, 재화의 이문이나 음악과 여색을 탐하고, 두루 돌아다니면서 구경하고 놀기나 하는 일 등으로 인도하기 마련입니다. 청명한 세상에서도 바깥에서 유혹하고 간섭하는데, 또한 뜬구름 같은 낡은 솜으로 허공을 가릴 수 없음을 어찌 알겠습니까." [이보다 앞서 세자가 서명응(徐命膺)[198]이 성균관 대사성[泮職]에 임명되었다는 말을 듣고, '서명응이 뛰어나오니, 내 마음이 부서지는 것 같다[命膺躍出, 予心如碎]'는 여덟 자를 써서 내렸다. 서명응이 드디어 성균관 유생을 불러모으니, 불령한 무리가 유생의 상소를 가탁하여 (일을 꾸몄는데,) 얼마 되지 않아 변고가 일어났다.]

사헌부 신하 이보관(李普觀)[199]이 상서하여, 멀리 동궁[銅闈][200]을 떠난 일을 언급하였다. 사학(四學) 유생 및 대사성(大司成) 서명응도 서로 이어서 상서하였다. 서명응 상서에서도 서쪽으로 행차한 일을 언급하고, 그것을 종용(慫慂)한 무리와 (세자를 대신하여) 비답을 내린 환관을 담당 관원에게 회부하여 죄를 바로잡으라고 청하였다. 동궁이 모두 너그럽게 비답하였다. 부제학 서지수가 입대(入對)하여 극언(極言)하니 또한 너그럽게 비답하였다.

---

198. 서명응(徐命膺, 1716~1787): 본관 달성(達成), 자 군수(君受). 보만재(保晩齋)라는 호를 정조로부터 내려받았다. 이조 판서 종옥(宗玉)의 아들, 영의정 명선(命善)의 형. 이조 판서·대제학 등을 거쳐 정승이 되었다. 정조가 동궁에 있을 때 빈객(賓客)으로 초치되어 학문 수련에 큰 도움을 주었다. 정조 즉위 직후 규장각 제학(提學)에 임명되었으며, 운영에 깊이 관여하였다. 박학강기(博學強記)로 이름났으며 역학(易學)에도 조예가 깊었다. 그의 학문정신은 아들 호수(浩修), 손자 유구(有榘)에게 이어져 가학(家學)으로 확립되었다. 저서로 『보만재총서(保晩齋叢書)』 등이 있다.

199. 이보관(李普觀, 1709~?): 본관 용인(龍仁), 자 광중(光仲). 유악(維岳)의 증손, 의득(宜得)의 아들. 장령 재임 시 사도세자에게 학업정진을 권하는 상소를 올렸다.

200. 동궁[銅闈]: 원문은 '동위(銅闈)'. 한나라 태자의 궁문을 동룡문(銅龍門)이라 하였는데, 동으로 만든 용이 있었기 때문이다.

79. 이보관의 상서는 대략 다음과 같다.

"엎드려 듣건대, 근래 저하께서 자주 구경하고 놀러다니면서 동궁[震邸]을 떠난 일을 만 사람이 하나같이 입으로 전하여 귀가 있는 사람이면 모두 들었으니, 소란스럽게 떠드는 말을 이루다 할 수 없습니다.

신은 진실로 감히 행행(行幸)하셨다고 말할 수 없습니다만 '모두 (그렇게) 믿고 있다'고 말하니, 또한 감히 모두 원인이 없는 일로 돌릴 수도 없게 되었습니다."

80. 사학(四學) 유생 황재석(黃載錫) 등이 상서하였는데 대략 다음과 같다.

"엎드려보건대 저하께서 성균관[賢關] 유생의 상서에 내린 비답은 말뜻이 간절하였습니다. 절실하다고 칭찬하시고, 유념하겠다고 인정하시었으니, 신들은 엄숙하게 칭송하고 감탄하였습니다. 저하께서 간쟁을 따른 성대한 뜻을 우러러보니, 평상시의 생각이 흘러넘쳐 나온 것이어서, 머리를 모아 기원하고 목을 늘어뜨리고 감축하였습니다.

그런데 오늘날까지 많은 날이 지나갔지만, 세자의 행차를 깨우쳐 경계하는 말은 들리지 않고, 주상께 문안드렸다는 소리도 들리지 않으니, 서연(書筵)과 차대(次對)를 거행하였는지는 따지지 않더라도 오직 이 한 가지 일만으로도 이미 저하의 방종하는 기색을 볼 수 있습니다. 저하께서 진정 나아가 뵐 뜻이 있다면 장차 가마를 기다리지 않고 진현하였을 것입니다. 무슨 어려움이 있다고 행하지 않으십니까."

81. 서명응의 상서는 대략 다음과 같다.

"신이 듣건대, 저하께서는 홍문관[玉署]의 장[201]에 명하여 말하기를,

'대신(臺臣)에 대한 비답은 뉘우치고 깨달았음을 분명히 보인 것이다'고 하셨습니다. 신이 생각하건대, '뉘우치고 깨달았음을 분명히 보였다'는 것은 마땅히 뉘우치고 깨달은 마음을 보이고, 또한 뉘우치고 깨달은 흔적을 보여야 하는 것이지 말만 하고 그만둘 일이 아닙니다.

왜냐하면, 무릇 뉘우치고 깨닫는 도리란 어제는 잘못이지만 오늘을 옳다고 두 길을 분명하게 구분하고, 조금이라도 이전의 일을 가리거나 이후의 행동을 덮으려는 계교가 있어서는 안 됩니다. 그러한 연후에야 전일과 같은 잘못을 다시 반복하여 후

---

201. 홍문관[玉署]의 장: 홍문관 부제학을 지칭한다. 여기서는 서지수를 가리킨다.

일에 얻을 이득을 의심하고 혼란스럽게 하지 않습니다.

초(楚)나라 장왕(莊王)[202]이 종고(鐘鼓)의 끈을 끊어버리고,[203] 한나라 무제(武帝)가 「추풍사(秋風辭)」를 노래한 것[204]과 같은 일에서 보듯이, (이들이) 어찌 일찍이 전일의 잘못을 없었던 일로 여긴 적이 있었습니까. 바로 (이전의) 자신을 미쳤다고 생각하고 숨기지 않은 것입니다.

신이 삼가 듣건대, 저하께서 근래 뉘우치고 깨달은 후, 여러 신하가 오히려 감히 서쪽으로 행차하신 일[205]을 장주(章奏)에 올리지 못한다고 합니다. 아아, 지나친 일입니다. 오늘날 저하께서는 깊은 궁중에 계시면서 땅강아지나 개미 같은 미물도 밟지 않고 다니는 데 대하여 바깥사람들이 감격하여 우러러보았지만, 몸소 희극(戲劇)과도 같은 잘못을 범하신 뒤로는 바깥사람들이 미워하며 얼굴을 찌푸리지 않는 사람이 없으니, 사람의 마음은 신령하여 속일 수 없으므로 진실로 두려워할 만합니다.

하물며 서쪽으로 행차하신 일은 역참과 읍의 이서(吏胥)들이 접대하는 실무를 담당하였으니 역참과 읍의 이서들이 알고 있습니다. 감영의 하인들이 분주하였으니 감영의 하인들이 알고 있습니다. 조정의 신하들이 교외에 마중 나갈 일을 의논하였으니, 조정의 신하들이 알고 있습니다.

누추한 선비들과 남루한 백성이 길옆에 살면서 저하의 일거일동을 보았으니, 누추한 선비와 남루한 백성 또한 알고 있습니다. 나라 사람들이 모두 함께 알고 있는데 저하만 홀로 이전의 잘못을 덮으려 하고 뒤에 감추려 하시니, 이것이 어찌 아름다운 소문과 훌륭한 명예에 보탬이 있겠습니까.

저하께서 한번 뉘우치며 깨달은 후 전날의 잘못을 보기를 진실로 태공(太公)이 뜬구름을 보듯이 하면서 반드시 스스로 말하기를 '가소로운 일이다'고 하여, 나라 사람들로 하여금 저하의 옆에서 날마다 이 일을 칭송하면서 경계하도록 한다면 더욱 뉘우치며 깨달은 진실함과 간절함이 나타날 것입니다. 이른바 '뉘우치며 깨달은 마음'

---

202. 장왕(莊王, ?~B.C. 591): 춘추시대 초나라의 왕. 즉위 후 내정을 다져 부국강병을 이루어 춘추시대를 대표하는 다섯 패자(覇者) 중 하나가 되었다.

203. 종고(鐘鼓)의 …… 끊어버리고: 초나라 장왕(莊王)이 3년 동안 정사를 돌보지 않았다. 이에 소종(蘇從)이 간하자 왕은 손수 종고(鍾鼓)의 끈을 끊어버리고 정사에 전념하여 부국강병을 이루었다고 한다. 『사기(史記)』 권40, 「초 세가(楚世家)」 참조.

204. 한나라 무제(武帝)가 …… 노래한 것: 무제가 분하(汾河)에서 배를 띄우고 놀면서 가을바람을 만나 「추풍사(秋風辭)」를 지었다. 그 가운데 "퉁소와 북이 울리는데, 돛대 노래 일어난다. 젊음이 몇 대이냐, 늙음을 어이하리" 등 인생의 무상함을 슬퍼하는 구절이 많이 들어 있었다.

205. 서쪽으로 행차하신 일: 사도세자가 평양으로 행차한 일을 가리킨다.

이란 이런 것입니다.

저하께서는 천 리를 갔다가 돌아온 몸으로 아직도 지척에 계신 주상께 나아가 뵙는 예를 행하지 않았으며, 새벽부터 밤늦게까지 말을 달린 건강으로도 아직도 내의원[藥院]에서 기거(起居)하는 의절을 철폐하지 못하시니, 사람들이 모두 저하께서 뉘우치고 깨달았다는 것을 의심하는 것입니다. 신이 비록 저하를 위해서 그렇지 않다고 밝히더라도 어찌 그러한 의혹을 풀 수 있겠습니까.

하물며 저하께서 서쪽으로 행차하실 때 반드시 측근에서 종용하고 미혹하게 한 자들이 있을 것입니다. 그리고 저하께서 서쪽으로 행차하신 후 궁중에서 대신 비답을 내린 환관이 반드시 있을 것입니다. 저 왜소하고 추한 환관[刑餘][206]은 단지 청소는 할 수 있지만, 저들이 감히 스스로 한 번 죽는 것을 아까워하여 세자[睿志]를 현혹하고 국가의 정치에 관여한 것은 그 죄가 구사량(仇士良)[207]보다도 지나친 점이 있습니다.

저하께서 이미 뉘우치고 깨달은 사실이 있고, 종사(宗社)의 억만년 기틀을 영원히 공고하게 하시고자 하는데, 어찌하여 이 무리를 아깝게 여기십니까. 신의 생각으로는 마땅히 (이들을) 담당 관원에게 회부하여 그 죄를 밝게 바로잡은 연후에 내의원에서 문후(問候)하는 일을 폐지하게 하고, 직접 나아가 뵙는 예를 항상 행한다면, 당당하고 빛나서 원근에서 모두 우러러보게 될 것입니다. 이른바 뉘우치고 깨달은 흔적을 보이는 것이란 바로 이것을 말하는 것입니다. 신은 명륜당에 앉아 있겠습니다. 운운." [서명응이 세자에게 상서하기 위해 말에 오르려고 할 때, 사학 유생 이이상(李頤祥)[208]이 등자(鐙子)를 잡고 전송하며 말하기를, "선생의 마부[209]가 되고 싶습니다"라고 운운하였다.]

82. 서지수가 입대(入對)하였을 때, 누누이 경계하는 말을 하여 거의 천백 마디나 되었다. 소조께서 모두 감격하여 듣고 흔쾌히 받아들였다. 그런데 서지수가 물러나

---

206. 환관[刑餘]: 원문은 '형여(刑餘)'. 형을 받아 불구가 된 자를 가리킨다. 환관은 반드시 궁형(宮刑)을 받은 자를 썼다.
207. 구사량(仇士良, 781~843): 당나라 순종(純宗) 때 환관. 20여 년 동안 갖은 탐학을 저지르면서 두 명의 왕과 한 명의 왕비, 네 명의 재상을 살해했다.
208. 이이상(李頤祥, 1732~?): 본관 연안(延安). 순좌(舜佐)의 아들. 대사간·충청도 관찰사 등을 역임. 정조가 즉위하자 척신(戚臣) 김구주를 토죄하라는 대사간 유당(柳戇)의 상소를 비난하는 소를 올렸다가 파직당하였다. 1782년(정조 6)에는 김종수를 논핵했다는 이유로 파직당하였다.
209. 마부: 원문은 '집편지사(執鞭之士)'. 『논어(論語)』「술이(述而)」편에 "부가 만약 인위적으로 구할 수 있는 것이라면 말채찍을 잡는 천한 일이라도 내가 또한 하겠다마는, 만약 인위적으로 구할 수 없는 것이라면 나는 내가 좋아하는 일에 종사하겠다[富而可求也, 雖執鞭之士, 吾亦爲之, 如不可求, 從吾所好]"라는 공자의 말이 나온다.

서 문을 나서자, (세자가) 사관(史官)을 보고 말하기를,

"오늘 서연(書筵)에서 한 말은 한 자도 쓰지 말아야 할 것이다"고 하였다 한다.

1761년 5월 8일 유신(儒臣)·대신(臺臣) 청대(請對)

83. 5월 8일에 유신(儒臣)과 대신(臺臣)이 뵙기를 청하여 입시하였다. 여러 신하가 근일의 일로 경계를 진달하였다. 김종정(金鐘正)[210]이 말하기를,

"예로부터 미행은 한(漢)·당(唐)의 중주(中主)[211]들도 하지 않았으니, 반드시 망국의 군주나 하는 일입니다. 그리고 세자의 위치에서 이런 일을 한 사람은 역사에 있은 적이 없습니다"고 운운하였다.

세자가 말하기를,

"내가 잘못하였으니, 후회스럽기 짝이 없다"고 하였다.

김종정이 천명(天命)과 인심(人心)의 거취와 향배의 기미를 들어서 누누이 경계를 진달하였다. 또 진(秦)나라 목공(穆公)[212]과 당나라 태종(太宗)의 일처럼 죄를 스스로에게 돌리는[213] 영을 내리기를 청하였다. 세자가 말하기를,

"내가 이것을 아끼는 것이 아니라 걱정되는 점이 있다. 단지 말로만 한다면 그 실상이 없어서, 또 형식이 되고 만다. 나는 마땅히 실심(實心)으로 고치겠다"라고 하였다. 김종정이 그다음에 말하기를,

"아직도 가로막고 비호하는 뜻이 있습니다"라고 운운하였다. (세자가) 웃으며 답하기를,

"나는 가로막고 비호하는 인물이 아니다"라고 하였다. 김종정이 또 말하기를,

"어진 사대부는 나날이 멀어져 소원해지고, 좌우의 측근들은 나날이 가깝고 친해집니다. 또 무식한 무뢰배가 종용한 일이 있는데, 이러한 무리는 마땅히 배척하여 멀리해야 합니다"라고 하였다. 세자가 말하기를,

---

210. 김종정(金鐘正, 1722~1787): 본관 청풍(淸風), 자 백강(伯剛), 호 운계(雲溪). 대사간 치후(致垕)의 아들. 도승지·이조 판서 등을 역임. 1777년(정조 1) 한성부 판윤에 임명되었으나 홍국영에게 밀려났다가, 그가 실각하자 1782년에 복관되었다. 저서로 『운계집』, 『사례집요(四禮輯要)』 등이 있다.
211. 중주(中主): 평범한 임금.
212. 목공(穆公, ?~B.C. 621): 진(秦)나라 제9대 왕. 백리해(百里奚) 등을 등용해서 국정을 정비하고 국세를 신장하여 패자(覇者)가 되었다.
213. 죄를 …… 돌리는: 원문은 '죄기(罪己)'. 『춘추좌씨전』 장공(莊公) 11년 조에, "우·탕(禹湯)은 모든 것을 자기의 죄로 돌렸기 때문에 나라가 흥성하였다"라고 하였다.

"내가 그 종용을 받은 것은 아니지만, 말은 옳다. 마땅히 각별히 명심하겠다"라고 하였다. 김종정이 또 말하기를,

"인군(人君)의 정치는 명령을 내려서 시행하게 하는 일에 불과합니다. 이러한 일이 한번 다른 사람에게 넘어가면 국가는 반드시 망합니다. 저하께서는 단지 눈앞의 놀러가는 행차에 빠져서 미봉(彌縫)하려고 합니다. 그래서 그 사이에 정령(政令)이 혹 이러한 무리에게 맡겼는데도 홀로 깊고 멀리 염려하지 않으십니다.

이러한 길이 한번 열리면 장차 그 폐단을 어떻게 막으려고 하십니까. 한나라의 십상시(十常侍),[214] 당나라의 감로(甘露)의 변,[215] 명나라[皇朝]의 유근(劉瑾)[216]·왕진(王振)[217]의 일이 모두 이로 말미암아 일어났으니, 이것이 어찌 깊이 염려하고 엄격하게 대처하지 않을 수 있는 일이겠습니까"라고 하였다. 세자가 말하기를,

"과연 그렇다. 이러한 점을 생각하지 못하였는데, 나중에 생각해보니 진실로 그대가 말한 것과 같다"라고 하였다.

정언(正言) 이진형(李鎭衡)[218]이 (환관들을) 담당 관원에게 회부하여 밝게 형벌을 바로잡을 것을 청하였다. 세자가 말하기를,

"대간의 체통은 진실로 이와 같아야 하지만, 모두 작질(爵秩)[219]이 있으므로 구애되는 점이 많다. 내가 아까워서 못하는 것이 아니다"라고 하였다. 김종정이 말하기를,

"저하께서 이 지경에 이른 것은 신들이 말하지 않은 죄가 아닌 것이 없으니, 만번 죽어도 속죄할 수 없습니다. 지난날 여러 재상이 입대하였을 때는 이미 잘못된 거조가 있은 후 처음 만난 것인데, 13인의 비국(備局) 당상(堂上)들이 묵묵히 한 마디

---

214. 십상시(十常侍): 한나라 영제(靈帝) 때 환관(宦官)인 장양(張讓)·조충(趙忠)·하운(夏惲)·곽승(郭勝)·손장(孫璋)·필남(畢嵐)·율숭(栗嵩)·단규(段珪)·고망(高望)·장공(張恭)·한리(韓悝) 등 10명을 가리킨다. 국정을 농단하다가 황건적(黃巾賊)의 난을 초래하였고, 난이 평정된 뒤 모두 열후(列侯)에 봉해졌다. 조조(曹操) 등에 의해 살해되었다.

215. 감로(甘露)의 변: 당나라 문종 때인 835년(태화 9)에 발생한 관료와 환관의 다툼. 관료파 재상 이훈(李訓)은 환관의 전횡을 미워하여, 절도사(節度使) 정주(鄭注)와 더불어 환관 세력을 일소하려다가, 사전에 발각되어 오히려 환관의 군사들에게 주살되었다.

216. 유근(劉瑾, ?~1510): 명나라 환관. 원래는 담씨(談氏)였으나 중궁(中宮) 유씨(劉氏)에게 빌붙어 성을 바꾸었다. 무종(武宗) 때 응견(鷹犬)·가무(歌舞)·각저(角觝) 등 잡기로 황제의 신임을 얻었으나, 뒤에 반역을 꾀하다가 복주(伏誅)되었다.

217. 왕진(王振, ?~1449): 명나라 환관. 영종(英宗)의 마음을 사로잡아 사례감 태감(司禮監太監)이 되어 내외의 장주(章奏)와 주비(朱批)를 장악한 뒤 전횡을 일삼았다. 정통(正統) 14년(1449) 야선(也先)이 침입했을 때 영종을 따라갔다가 토목(土木) 전투에서 패해 영종은 포로가 되고 자신은 전사했다.

218. 이진형(李鎭衡, 1723~1781): 본관 전주(全州), 자 평중(平仲), 호 남곡(南谷). 1753년(영조 19) 세자의 궁료(宮僚)로 뽑혀 부지런히 강마(講磨)하였다. 정조의 총애를 받았으며, 죽은 뒤에 정조가 제문을 친히 지어 제사하게 하고 예조 판서로 추증하였다.

219. 작질(爵秩): 작위(爵位)와 녹봉(祿俸)을 아울러 이르는 말.

도 없이 물러갔으니, 어찌 나라에 사람이 있다고 할 수 있겠습니까"라고 하였다. 세자가 말하기를,

"지난날 비국 당상들 또한 전혀 말이 없었던 것은 아니다. 몸소 유념해야 할 말이 많았고, 진달한 것은 모두 옳았다"라고 하였다. 김종정이 말하기를,

"삼도(三道)의 수신(守臣)[220]과 사도(四都)[221]에 거류하는 신하들은 고인(古人)이 칼을 빼서 잘라버린 일[222]을 본받지 못하고, 아는 듯 모르는 듯 모호하게 승봉(承奉)하여 구차하게 미봉하였으니 분수와 의리가 모두 훼손되어 신은 통탄스럽습니다"라고 하였다. 세자가 말하기를,

"서쪽으로 행차할 때, 내가 (세자로서) 간다고 말하지 않았으니, 관찰사들을 어찌 허물할 수 있겠는가"라고 하였다.

대신(臺臣)이 또 민간에서 시끄럽게 떠도는 이야기를 우러러 진달하였다. 또 말하기를,

"들으니, 서쪽 지방에서 은화(銀貨)를 가지고 왔다는 말이 있는데, 그렇습니까?"라고 하였다. 세자가 말하기를,

"과연 (그런 일이) 있지만, 나는 재물을 아끼는 사람이 아니다. 단지 연로(沿路)의 백성에게 베푸는 일에 쓰려고 한 것이다. 그렇지만 이미 이런 일이 있었으니, 소문이 괴이할 것이 없다"라고 하였다.

(대신이) 또 민간의 무뢰배가 (세자를) 빙자해서 작폐한 일을 우러러 진달하였다. 세자가 말하기를,

"이것은 진실로 괴이할 것은 없으나, 매우 우려할 만하다. 장차 어떻게 금지할 수 있겠는가"라고 하였다. 여러 신하가 말하기를,

"이것은 모두 저하께서 확실하게 고쳐서, 중외로 하여금 분명하게 알게 한다면 자연히 이러한 폐단이 없어질 것입니다"라고 하였다.

또 활을 쏘면서 말을 탄 일, 평상복을 입고 미행한 일 등을 나열하면서 진달하니, 모두 가리고 은폐하려는 하교는 없었다. 여러 신하가 주상에게 나아가 뵙는 것 한 가지 일을 반복하여 진계(陳戒)하고 마쳤다.

---

220. 삼도(三道)의 수신(守臣): 여기서는 경기도, 황해도, 평안도 관찰사를 가리킨다.
221. 사도(四都): 경관직(京官職) 유수(留守)가 주재하던 개성(開城) · 광주(廣州) · 수원(水原) · 강화(江華)다.
222. 칼을 …… 일: 춘추시대 초나라 사람 백아(伯牙)는 거문고 타는 솜씨가 좋았다. 친구 종자기(鍾子期)가 그 소리에 담긴 의미를 알아주었다. 종자기가 죽자, 백아는 다시는 자신의 거문고 소리를 들어줄 사람이 없다고 여겨 거문고를 부수고 줄을 끊어버렸다고 한다.

(5월 8일 청대에서 나온 말은) 그 대략이 이와 같은데, 중간에 위아래에서 오고간 말을 모두 기록하지 못하였다. 그중 세자가 내린 명령 가운데,

"이후 대궐 문을 한 발짝이라도 나간다면 뉘우치고 깨달은 뜻이 아니다"라고 한 것도 있다. 또 말하기를,

"한나라 무제와 진나라 목공, 당나라 태종은 모두 게으른 군주였다. 내가 자신을 자랑하려는 것이 아니라, 잘못을 고치는 것에 인색하지 않으니, 또한 어찌 어렵겠는가. 이런 일들을 고치는 것은 머리털을 뽑는 것보다 쉽다"라고 하였다. 또 말하기를,

"여러 신하가 입대(入對)하여 말한 것은 진실로 옳으나, 써서 상소를 올리면 내 마음이 어떠하겠는가"라고 하였다. 김종정이 말하기를,

"문자로 적는 것은 편하지 못한 점이 있습니다. 그래서 신들은 지금 마침 입대한 기회에 스스로 말로 논한 것입니다. 글로 쓰든 입대하여 말한 것이든, 정성스럽게 충성하고 사랑하는 마음은 한 가지입니다"라고 하였다. 세자가 말하기를,

"그 말은 옳다만, 그 일은 다른 점이 있으니[223] 나는 안타깝게 여긴다"라고 하였다.

84. 5월 17일에 세자가 나아가 경희궁에서 대조를 알현하였다. 대개 전년 7월 온천에 행차한 이후 한 번도 나아가 뵙지 못하였다. 이때 이르러 대조가 비로소 허락하여 세자의 가마가 대궐로 올라가니, 신민들이 크게 기뻐하면서 길을 가득 채우고 발돋움을 하여 바라보았다.

사도세자의 행적을 비판하는 상소문

85. (나아가 뵙기) 이틀 전에 장령(掌令) 윤재겸(尹在謙)[224]이 상서하여 극진히 말하자, (세자가) 처음에는 '유념하겠다'는 비답을 내렸다. 조금 있다가 비답을 내리기를,

"그 힘써서 진달한 것이 말마다 매우 절실하니, 마음속 깊이 받아들이지 않을 수 있겠는가. 주상을 나아가 뵈라는 청은 내가 이미 행하였다. 대신(大臣)이 전후로 입대

---

223. 그 일은 …… 있으니: 세자 앞에서 아뢰는 것과 글로 써서 상서(上書)하는 것이 다르다는 것을 지적한 말이다. 상서는 영조가 보게 되므로 결국 영조에게 세자의 잘못을 고자질하는 것이 된다는 것이다.
224. 윤재겸(尹在謙, 1701~?): 본관 파평(坡平), 자 사익(士益). 사헌부 지평·장령 등을 역임. 1756년(영조 32) 대리청정을 하고 있던 사도세자에게 학문 정진과 정사에의 근면 및 시강원 관원들의 기강 확립을 여러 차례 상소하였다. 그 뒤 1792년(정조 16)에 사간 유성한(柳星漢)이 왕에게 학문 정진과 간언을 상소한 내용 가운데 사도세자에게 저촉된 사건이 일어나 유생들과 대간들의 탄핵을 받자 그도 당시 세자를 비난하였다는 비판을 받았다.

하여 정성스런 마음으로 피를 흘리듯이 힘써 진달하여 내가 더욱 반성하고 깨달아서 고친 것이 많다. 엄하게 주살하라는 청은 흔쾌히 시행하여 이미 안에서 엄한 처분이 있었다.

삼도의 관찰사와 수신(守臣), 이영휘 등의 궁료(宮僚), 그리고 여러 신하의 죄를 논하라는 청은 저번에 삼사가 입대하였을 때 이미 나의 간절한 마음을 모두 밝혀서 분명하게 유시(諭示)하였다. 이것은 모두 나의 잘못인데, 내가 여러 신하를 허물할 일이 무엇이 있겠는가.

내가 이미 후회하고 있다는 것은 결코 거짓말이 아니다. 건물을 철거하라는 청에 대해서는[225] 내가 이미 철거하라고 명하였다. 또한 저번에 답서에서 단지 유념하겠다고만 비답하였는데, 내가 깊이 다시 생각해보니, 대각(臺閣)의 깨우치는 말을 받아들이는 도리가 아닌 것 같다. 즉시 이전의 비답을 들이게 하고, 다시 (새롭게 비답을) 내리라"고 운운하였다.

86. 윤재겸의 상서는 대략 다음과 같다.

"삼가 근일 길에서 떠도는 말을 들으니, (세자가) 조섭(調攝)을 할 수 없을 뿐만 아니라 도리어 놀러다니는 것을 일삼는다고 합니다. (세자의) 동정(動靜)과 말하고 행동하는 것이 귀신을 좇아서 예를 어기고 상식에 반한다고, 사람들이 떠들썩하게 말하여 민심은 놀라며 의혹하고 있습니다. 오늘 들은 것이 어제보다 심하고, 내일 전해지는 것이 또한 오늘보다 심하여 위태롭고 두려워한 지가 이미 여러 날이 되었습니다.

저하께서는 이미 간언을 수용하는 아량이 있어서, 허물을 들으면 기뻐하고 허물을 알면 후회하시었으니, 또한 반드시 허물을 고친 실질이 있을 것입니다. 그런데 옆에서 들으니, 허물을 후회하는 하교는 있는데, 허물을 고친 흔적은 아직도 드러난 것이 없으니, 도대체 무슨 뜻입니까?

비지(批旨)를 내려서 늘 말씀하시기를, '더욱 힘쓰겠다', '유의하겠다'고 합니다. 그런데 저하께서 더욱 힘쓴 것은 무슨 일이며, 유의한 것은 무슨 일인지 알 수 없습니다.

저하께서 비록 스스로 더욱 힘쓰고 유의하겠다고 말씀하시더라도, 만약 보이는 흔적이 없고 볼 수 있는 효과가 없다면, 이른바 더욱 힘쓰고 유의하겠다고 말한 것은 임시로 미봉하여 귀에 거슬리는 말을 막으려는 말에 불과합니다. 성인(聖人) 공자(孔

---

225. 건물을 …… 대해서는: 관련된 내용이 뒤에(86번 끝부분) 나온다.

子)가 이른바

'기뻐하기만 하고 실마리를 찾지 않으며, 따르기만 하고 고치지 않는다'[226]는 것에 가깝지 않습니까.

지난번 성균관에서 상서하자 대조께서 승선(承宣)에게 명하기를, '관학 유생들을 이끌고 입대하여 비답을 받으라'고 하시었습니다. 성의(聖意)가 진실로 우연이 아닌데, 그때 승지 이영휘는 도리어 몇 년 전 구윤옥이 상서의 원본을 고쳐서 아첨하는 습성을 답습하여[227] 절절히 거짓을 꾸미고, 말마다 면전에서 속이는 것이었습니다. 그 간사하고 아첨하여 막아서 가린 것을 살펴보면 모두 구윤옥이 거짓을 꾸민 것으로부터 나온 것이니, 오늘날 망국의 조짐이 되고 있습니다.

신은 모두 '대불경(大不敬)'[228]의 율로써 무겁게 처벌해야 마땅하다고 생각합니다. 심지어 환관이 궁 안에서 비답을 대신 내려서 호응하고, 정령(政令)과 동정을 측근들이 종용하였습니다. 아첨하는 것은 극악한 일이고 죄가 커서 하늘 아래 용납할 수 없습니다.

저 경기도 관찰사와 서쪽 삼도(三道)의 관찰사, 송도(松都)의 수신(守臣)과 재외의 유수(留守)들은 다른 직임(職任)과 구별되는데, 이미 여분(旅賁)의 규계(規戒)[229]를 하지 못하였으므로, 오직 마땅히 지역의 경계에서 영송(迎送)하는 예절을 성대히 거행하여 세자의 행차에 걸맞은 위의(威儀)를 갖추어야 했습니다.

그런데 감히 평상시처럼 접응(接應)하여, 늘 있는 사신을 접대하는 것과 같이하였으니, 과연 어떤 분수와 의리입니까? 하물며 재화와 음악, 그리고 여색으로 아첨하여 승순(承順)한 자들도 있으니, 이들은 특별히 엄하게 처벌하여 (세자를) 현혹한 죄를 바로잡아야 할 것입니다.

세자 시강원의 요속(僚屬)들은 여타의 신료들과 다릅니다. 설사 저하의 동정이 법

---

226. 기뻐하기만 …… 않는다: 『논어(論語)』「자한(子罕)」편에, "공자께서 말씀하시기를, '바르게 해주는 말을 따르지 않을 수 있겠는가. 잘못을 고치는 것이 중요하다. 완곡하게 해주는 말을 기뻐하지 않을 수 있겠는가. 그 실마리를 찾는 것이 중요하다. 기뻐하기만 하고 실마리를 찾지 않으며 따르기만 하고 잘못을 고치지 않는다면, 나는 어찌할 수가 없다' 하였다[子曰, 法語之言, 能無從乎. 改之爲貴. 巽與之言, 能無說乎. 繹之爲貴. 說而不繹, 從而不改, 吾末如之何也已矣]"라고 하였다.

227. 구윤옥이 …… 답습하여: 1759년 김시찬 상소를 구윤옥이 고친 일을 말한다. 본편 38번에 관련된 내용이 있다. 이에 대한 구윤옥의 변명이 1761년(영조 37) 6월 6일(계유) 실록기사에 보인다.

228. 대불경(大不敬): 『대명률(大明律)』에 정한 열 가지 큰 죄의 하나. 모반(謀反) · 모대역(謀大逆) · 모반(謀叛) · 악역(惡逆) · 부도(不道) · 대불경(大不敬) · 불효(不孝) · 불목(不睦) · 불의(不義) · 내란(內亂) 등이다.

229. 여분(旅賁)의 규계(規戒): 여분(旅賁)은 창과 방패를 가지고 왕의 수레를 호위하는 신하로, 『국어(國語)』 초어 상(楚語上)에, "수레에서는 여분의 규계가 있다"고 하였다.

을 어긴 것이고, 출입이 무상(無常)하더라도, 마땅히 옷자락을 붙잡고 울면서 말리고, 말고삐를 붙잡고 간(諫)해야 하며, 간했는데도 들어주지 않으면 모시고 따라갈 것을 청해야만 합니다.

그런데 드러누워 쉬면서 직차(職次)를 핑계로 모르는 척하고, 도리어 구차하게 회피하면서 자신의 가계(家計)만을 이롭게 하였습니다. 아, 애통합니다. 이것이 무슨 일입니까. 신은 저하께서 동궁을 떠날 때의 입직(入直) 궁관(宮官)들을 모두 찾아내어 엄하게 처벌해야 한다고 생각합니다. 운운."

이른바 '동쪽 교외에 거처를 마련하였다'는 것은, 동궁이 일찍이 동쪽 교외에 있는 환관 마을의 뒤편에 건물 하나를 지은 일을 말한다. 내가[230] 일찍이 그 앞을 지나면서 길옆에 살고 있는 사람에게 물어보고 나서 비로소 알았다. 또한 그 건물 지붕이 짚으로 덮여 있고 기와를 얹지 않은 것을 보았는데, 장차 동궁이 다시 오기를 기다렸기 때문이라고 한다. 얼마 안 있어 여러 신하의 상서로 철거하였다.

87. 동궁이 여러 신하의 상서에 내린 비답에,

'허물을 고쳤다는 말은 거짓이 아니다'라고 하교하였는데, 이에 심이지(沈履之)가 다시 상서하여 말하기를,

"이후 동정(動靜)과 말 그리고 행동은 반드시 날마다 대조께 아뢰겠습니다"라고 운운하였다.

88. 심이지의 상서는 대략 다음과 같다.

"저하의 잘못에서 후회할 만한 것이 비록 많지만, 그 병근(病根) 가운데 가장 중요하고 급한 것은 동정과 말 그리고 행동을 감히 대조에게 알리지 못한다는 것, 이것입니다. 어찌 저하의 현명한 덕과 초월적 식견으로 이런 일이 있을 수 있다고 생각하겠습니까.

이것은 거의 모두 저하께서 지나치게 두려워하기 때문에 생긴 일입니다. 또한 날마다 생활하고 행동하는 것이 천 리에 합하고 인심을 따르지 못하여, 혹 대조께 알려

230. 내가: 박종겸(朴宗謙, 1744~1799)을 가리킨다. 박종겸의 본관 반남(潘南), 자 군실(君實). 조부는 박사순(朴師順), 부친은 박함원(朴涵源). 1785년(정조 9) 정시 문과(庭試文科)에 병과(丙科)로 급제하여 정조 연간 정언(正言)을 지냈으며 소론 준론(峻論)의 일원으로 활동하였다. 본서인『현고기(玄皐記)』의 편찬자 중 한 사람이다.

지면 갑자기 지나치게 화를 내실까 염려하기 때문입니다.

작은 잘못이나 미세한 실수를 만일 한번 가리고 덮어서 점점 익숙한 습관이 되면 마침내 일마다 가리고 감추게 됩니다. 그러면 저하께서는 이미 스스로 자신의 죄를 논열하여 변명할 수 없게 되니, 어렵게 고생하면서 미봉합니다. 그래서 온 세상을 속이고 가리는 죄과에 빠지게 하여, 이해(利害)를 좇아서 피하는 길은 나날이 밝아지지만, 군신의 윤리와 의리는 나날이 추락합니다.

아, 임금을 속이는 것은 인신(人臣)의 지극한 악(惡)이니, 여러 신하에게 이러한 습속이 있으면 저하께서는 진실로 마땅히 분연히 진노하여 형벌[典刑]을 밝게 바로잡아야 할 것인데, 어찌 참고 따르면서 본받는단 말입니까. 지금 저하께서는 스스로 '분명하게 깨달았다'고 말씀하시지만, 분명하게 깨달은 두뇌가 바르지 않고, 질병의 근저에 아직 고질(痼疾)이 있어서, 부질없이 예절의 끝자락을 움켜쥐고 다른 사람의 이목을 어지럽히고 있으니, 어디에 그 분명하게 깨달아서 날마다 새로워진 실상이 있단 말입니까. 운운."

89. 여러 신하의 상서는 기묘년(1759, 영조 35) 여름 김시찬으로부터 시작하여, 신사년(1761, 영조 37) 여름 심이지에서 끝났다. 이해 가을에 여러 신하의 상서는 이현중(李顯重)[231]을 통해서 대조에게 전달되었다. 대개 이들 상서는 겉으로 볼 때 어쨌든 직언과 극진한 간언이 아닌 것이 없었다.

그러나 그 귀결은 대조에게 상달(上達)되는 것에 있었을 뿐이니, 마치 한(漢)나라 곡영(谷永)[232]과 두흠(杜欽)[233]처럼, 악을 드러내어 곧음을 팔았을 뿐만이 아니었다. 인신(人臣)이 진언하면 마땅히 그 마음 씀씀이가 어떠한가를 보아야 한다. 아, 애석하구나.

세자를 비판하는 상소문을 본 영조의 처분

90. 소조가 일찍이 건강이 좋지 않은 일이 있었는데, 신만(申晩)[234]이 내의원 도제조

---

231. 이현중(李顯重, 1708~?): 본관 한산(韓山), 자 현도(顯道). 1743년(영조 19) 문과에 급제하였다. 1751년에는 겸사서(兼司書)와 수찬(修撰)의 직책을 수행하면서 영조의 언로 차단을 비판하였다.
232. 곡영(谷永): 한나라 성제(成帝) 때 관리. 외척 출신 대장군 왕봉(王鳳)에게 아부하기 위하여 상소를 올렸다. 이 소(疏)에서 은연중 임금의 잘못을 들추어 왕봉을 두둔하였다.
233. 두흠(杜欽): 한나라 성제(成帝) 때 관리. 외척 출신 대장군 왕봉에게 아첨하는 대표적 신하로 지목되었다.
234. 신만(申晩, 1703~1765): 본관 평산(平山), 자 여성(汝成)·성백(成伯). 영중추부사 사철(思喆)의 아들. 좌의정·영의정 등을 역임. 동생 회(晦)와 함께 형제가 정승에 올랐다. 1755년(영조 31) 찬수당상(纂修堂

[藥院都提調]로서 주상의 명령을 받들고 건강을 살피러 왔다.

그런데 소조가 즉시 인접(引接)하지 않자 신만이 벌컥 화를 내면서 돌아가려고 하니, 세자 시강원의 임성(任珹)[235]이 그 소매를 붙잡고 조금만 기다려달라고 청하였다. 신만이 불쾌한 얼굴로 말하기를,

"이미 (나를) 보려고 하지 않는데, 내가 보고 무엇을 하겠는가"라고 하면서 소매를 뿌리치고 가버렸다.

91. 정승 홍봉한이 동궁이 외롭고 위태로운 것을 근심하여 정승 조재호에게 말을 넣어서 함께 (동궁을) 구제하자는 뜻을 보였다. 또 평안도 관찰사 정휘량에게 편지를 보내, 조 정승에게 조정에 나올 것을 권하자고 의논하였다. (정휘량이) 답하여 말하기를,

"모 정승의 사람됨이 특출하지만 오만하여, 늦추는 것은 좋지만 서둘러서는 안 되니, 우선 그가 조정에 돌아오기를 기다리자"라고 운운하였다. 이것은 조재호가 오는 것을 싫어한다는 뜻이었다.

92. 9월 22일에 주상이 4월 이후 여러 신하의 상소를 들이라고 명하였다. (그것을 보고) 환관 박문흥(朴文興)이 한 짓이 더욱 형편없어서 세자에게 누를 끼쳤다는 것을 알고, 선인문(宣仁門)[236]으로 나아가, '빨리 나라의 형벌[邦刑]을 바로잡으라'고 명하였다. 그래서 이미 공거문(公車文)[237]에 실렸는데, 문득 이 명을 취소하고, 3차에 걸쳐 형문(刑問)한 뒤, 흑산도에 기한을 제한하지 않고 정배하였다. 다른 환관 한 사람은 제주에 정배하였고, 여타 액례들은 연해 지역으로 유배된 자들이 많았다. 이 무리가 (세자를) 종용하여 세자의 덕에 누를 끼쳤는데, 주상이 비로소 알게 되어, 이러한 처

上)으로 『천의소감(闡義昭鑑)』을 편찬하였다. 1762년 영의정으로 재임하면서 사도세자가 뒤주에 갇힐 때 간하지 않았다고 하여 파직되었다. 사도세자를 보호하기보다는 세자를 위해하려는 세력에 가담하여 임오화변을 방조하였다는 평을 받았다.

235. 임성(任珹, 1713~?): 본관 풍천(豊川), 자 성진(聖眞), 호 수암(羞庵). 사도세자가 대리청정하게 되자 보필하였다. 1762년 나경언이 세자의 비행을 상주하자 영조가 크게 노하여 세자를 죽이고자 하므로 극력 그 잘못을 빌었으나 뜻을 이루지 못하고, 세자가 죽은 뒤 보필을 소홀히 하였다는 이유로 파직당하였다.

236. 선인문(宣仁門): 창경궁의 정문인 홍화문의 남쪽에 있는 문.

237. 공거문(公車文): 각종 상소문을 모아놓은 책. 정조 때부터 각종 상소를 분류·편집하여 '공거문'이란 명칭을 붙이기 시작했다. '공거'란 중국 한대(漢代)에 상서(上書)와 징소(徵召)를 관장하던 관서 이름인데, 공거문이란 용어는 여기서 유래한 것으로 생각된다.

분이 있었다. [박문흥은 힘이 장사여서, 세 차례나 형신을 받고, 이틀 길을 하루에 걸어서 배소(配所)에 도착하였다. 살점이 모두 떨어져 나가고 썩어 문드러졌는데도 일어나 걸어가면서 태연자약하였다.]

93. 이해 여름, 승지 정하언(鄭夏彦)[238]이 교외에서 승지(承旨)에 특제(特除)되어 입시하였다. 주상이 묻기를,

"근일 어떤 장주(章奏)[239]가 있었는가?"라고 하였다. (정하언이) 대답하기를,

"신은 교외에서 새로 와서, 조정에서 어떤 일이 있는지 모르므로, 장주가 있는지 없는지도 또한 알지 못합니다"라고 하였다.

이때 심이지가 홍문관에 있으면서, 같이 경연 석상에 입시하였다. 정하언이 심이지를 돌아보고 말하기를,

"공은 알고 있지요?"라고 하였다. 심이지가 엉겁결에 답하기를,

"없었습니다"라고 하였다.

경연을 마치고 나가자, 동료들이 크게 책망하여 말하기를,

"이런 좋은 기회를 만나서 왜 여러 상서를 두루 지적하여 아뢰지 않았는가?"라고 하면서 비난하는 의논이 무리지어 일어났다. 심이지가 몹시 분하게 여기면서 말하기를,

"간사한 늙은이에게 팔려서 이렇게 될 줄 몰랐다"고 하였다. 이에 주상이 말하기를,

"대조에 아뢰는 상소문은 이제 주서(注書) 심집(沈鏶)[240]에게 관장하게 하라"고 하여, (심집이) 승정원일기에 있는 여러 상서를 모두 뽑아내어 접어 두었다.

이때 이르러 승지 이현중(李顯重)이 상서한 것을 모두 올리고 나서, 두 손 모아 애걸하여 말하기를,

"살려 주십시오"라고 하였다.[241] 주상이 그 정태(情態)를 싫어하여 하교하기를,

"나라를 열고 집안을 이으면서 소인은 쓰지 말아야 한다"라고 하면서 배척하여 (직임을) 갈아버렸다.

94. 바야흐로 주상이 박문흥(朴文興)을 국문(鞫問)하자, 세자는 석고대죄(席藁待

---

238. 정하언(鄭夏彦, 1702~1769): 본관 영일(迎日), 자 미중(美仲), 호 지당(止堂)·옥호자(玉壺子). 병조 참의·대사간 등을 역임. 1744년(영조 20) 조정에서 『속대전』을 찬수할 때 왕의 특명으로 찬집랑(纂輯郎)에 보임되어 이의 편찬에 참여하였다. 저서로 『지당집(止堂集)』이 있다.
239. 장주(章奏): 신하가 임금에게 시정(時政) 등에 대해 글로써 아뢰는 것.
240. 심집(沈鏶, 1724~?): 본관 청송(青松), 자 성집(聖緝). 1759년(영조 35) 별시 병과에 급제하였다.
241. 두 손 …… 하였다: 「원편(原篇)」하 29번에 자세한 내용이 나온다.

罪)[242]하였고, 세손도 나와서 그 뒤에 엎드렸다. 박문흥 사건이 끝난 후, 장사(長史)[243] 이양원(李養源)[244]과 모관 윤면헌(尹勉憲)[245]이 세손에게 입대하였다.

윤면헌의 말이 (세자를) 끌어들인 일과 (세손이) 나와서 엎드린 모습에 미치자, 이양원이 말하기를,

"지금 양궁(兩宮, 영조와 사도세자)이 다시 화락해졌으니 전일과 같은 일은 다시 없을 것입니다. 만약 그런 일이 있다면 저하께서 마땅히 스스로 발벗고 나설 것이니, 어찌 요속(僚屬)들이 권하기를 기다리겠습니까"라고 하였다. 세손이 즐겨 들으며 말하기를,

"그렇다"고 하였다.

95. 9월 20일 이후, 주상이 특별히 군문(軍門)과 포도청을 신칙하여 순찰을 지극히 엄하게 하였다. 유생과 군교는 붙잡히면 정배되었으므로, 직제학(直提學) 이하는 밤에 다닐 수 없었다.

국가의 법령이 본래 이와 같았는데, 해이해진 것이 이미 오래되어 액례와 군문 각사 가운데 지체 높은 기관의 하례배들은 거리낌 없이 돌아다녔다. 선비들은 등을 밝히고 이웃 마을을 왕래하였고, 병이 있으면 의원을 찾는 것 또한 장애가 없었다. 그런데 지금 이와 같이 갑자기 엄해진 것은 자극받은 곳이 있었기 때문이라고 한다.

1761년 10월 9일 세자의 영조 알현

96. 10월 9일에 세자가 다시 대조를 알현하기를 청하니 사람들이 또한 기뻐하였다. 이때 동궁이 알현을 청할 때마다 주상은 늘 허락하지 않았다. 이보다 앞서 5월에 나아가 알현하였을 때, 주상을 자극하여 성나게 하는 일이 많았으므로 소조는 그날로 환궁하였다. 그 후로는 다시 (알현을) 시도하지 못하였다.

이때에 이르러 문학(文學) 이창임이 나아가 알현할 것을 청하자 소조는 이전과 같

---

242. 석고대죄(席藁待罪): 거적을 깔고 엎드려서 임금의 처분이나 명령을 기다리는 것.
243. 장사(長史): 1751년(영조 27)에 설치된 세손위종사(世孫衛從司)의 종6품 관직.
244. 이양원(李養源, 1708~1764): 본관 경주(慶州), 자 호연(浩然), 호 도계(陶溪)·도곡(陶谷). 윤동원(尹東源)의 문인. 화순 현감(和順縣監)·사헌부 장령 등을 역임. 경학(經學)에 전념하여 경전에 정통하였으며, 예학(禮學)에도 깊은 조예가 있었다. 저서로 『도곡유고(陶谷遺稿)』 등이 있다.
245. 윤면헌(尹勉憲, 1725~?): 본관 파평(坡平), 자 사장(士章). 1751년(영조 27) 정시(庭試) 병과에 급제하였다.

이 되는 것을 두려워하여, 이창임에게 나아가 청하게 하면서 말하기를,

"만약 주상을 자극하여 성나게 한다면 장차 어떻게 한단 말이냐?"라고 하였다. 이창임이 말하기를,

"신이 승정원에 가서 아뢰기를 청합니다. 만약 이와 같은 일이 있으면 신은 죽음으로써 감당하겠습니다"라고 하였다. 세자가 말하기를,

"좋다. 잘하거라"라고 하였다.

이창임이 달려가서 (세자의) 알현을 (허락해줄 것을) 청하니, 주상이 즉시 윤허하여, 이창임이 돌아와 이를 (세자에게) 보고하였다. 주상이 또 어찰(御札)을 내려서 대견스럽게 생각하고 기뻐한다는 뜻을 보였다. 소조가 기쁨을 이기지 못하면서 말하기를,

"(알현할 때) 어떤 옷을 입는 것이 좋을까?"라고 하였다. 이창임이 말하기를,

"이것은 궁관(宮官)이 감히 결정할 일이 아니니, 대신들에게 질문하는 것이 좋겠습니다"라고 하였다.

소조가 동궁 안에서 정승 홍봉한에게 자세히 물으니, 홍 정승이 말하기를,

"양궁(兩宮)이 기뻐하니 오늘의 일은 진실로 성대한 일입니다. 마땅히 법복(法服)[246]을 입고, 법가(法駕)[247]를 타고 가야 합니다"라고 하였다. 소조가 이창임을 바라보자, 이창임이 말하기를,

"저의 생각은 그렇지 않습니다. 오늘의 일은 왕의 처분을 기다리는 것과 같으니, 천으로 만든 갓을 쓰고 흰색 도포를 입으며 작은 가마를 타고 나아가는 것이 합당할 듯합니다"라고 하였다. 소조가 이에 따르고, 또한 어찰을 품고 나아갔다.

세자의 가마가 나가려 할 때, 주상이 사람을 보내서 (세자 행차의) 의주(儀注)[248]와 어찰을 받들고 오는지를 염탐하여 오게 하였다. 사자(使者)가 돌아와 사실대로 고하니, 주상이 크게 기뻐하면서 말하기를,

"나의 세자이니 어찌 어질지 않겠는가"라고 하였다.

(세자의) 가마가 구궁(舊宮) 앞길에 이르자 (세자가) 가마에서 내려서 걸어서 시어소(時御所)[249]에 도착하여 자리를 깔고 명을 기다렸다. 주상이 또 질문하니 사자가 사실대로 고하자, 주상이 더욱 감탄하고 칭찬하여 말하기를,

---

246. 법복(法服): 왕과 왕비·왕세자·세자빈의 예복.
247. 법가(法駕): 임금이 거둥할 때 사용되던 수레. 대가(大駕)보다 한 단계 낮은 법식의 수레다.
248. 의주(儀注): 여러 가지 의식(儀式)의 상세한 절차, 또는 이를 기록한 서첩(書牒).
249. 시어소(時御所): 임시 거처.

"나에게는 세자가 있구나"라고 하며 시신(侍臣)들에게 명하여 함께 들어오게 하였다. 소조가 사양하고 들어가지 않기를 여러 차례에 이르자 주상이 책상을 치면서 말하기를,

"나의 아들이 어찌 어질지 않겠는가"라고 하면서 대신들에게 나가서 같이 들어오라고 명하자, (대신들이 나와서 세자에게 말하기를)

"지금은 마땅히 들어가야 할 것 같습니다"라고 하였다. 소조가 비로소 나아가 알현하니 주상이 기쁨을 이기지 못하여 웃음이 새로워졌다. 이어서 술을 내리고, 물러가서 궁관에게 나누어주라고 특별히 명령하였다. 세자가 말하기를,

"오늘의 일은 궁관의 공이다"라고 하였다. 그런데 세자가 돌아가기도 전에 이창임은 부친이 병이 났다는 급보를 듣고 황급히 나가서 겨우 임종을 지켜보았다[250]고 한다.

97. 홍씨 성을 가진 판서(判書)[251]가 종가(鍾街)를 지나가자, 시장 사람 가운데 대놓고 욕하는 사람이 있었는데, 말하기를,

"임금의 녹(祿)을 먹고도 한 마디도 올리지 않고, 입만 열면 돈만 밝힐 뿐이다"라고 하였다.

98. 판서 윤급(尹汲)이 친구 집을 지나가자, 그 친구가 (자신을) 욕하는 말을 전하였다. 윤급이 말하기를,

"최근에 시장 사람들의 욕이 무서워 감히 나다니지 못한다"고 하였다.

대개 이때 말할 만한 일이 많았는데도 모두 침묵을 지키며 회피하려 들었다. 그래서 하민(下民)들이 모두 조정 신하들이 말하지 않는 것을 허물하였다.

99. 감사(監司) 윤동승(尹東昇)[252]이 수원 부사(水原府使)로 있을 때, 서울에 와서 친구들에게 돈을 구해서 음악을 듣는 자리를 마련하였다. 이때 판서 서지수가 마침 이르러 말하기를,

"지금 이때 신하로서 어찌 음식을 차려놓고 풍악을 울릴 때이겠는가?" 하고는, 드

---

250. 임종을 지켜보았다: 원문은 '속광(屬纊)'. 임종 무렵 고운 솜을 코나 입에 대어 호흡(呼吸)의 기운(氣運)을 검사(檢査)했던 데서 나온 말로, 임종(臨終)을 달리 이르는 말이다.

251. 홍씨 …… 판서: 홍계희를 가리키는 것으로 보인다.

252. 윤동승(尹東昇, 1718~1773): 본관 파평(坡平), 자 유문(幼文). 충청도 관찰사 등 역임. 국기(國忌) 중에 연악(宴樂)을 개최하다 사헌부의 탄핵을 받았으나, 왕의 비호로 무사하였다.

디어 일어나서 가버렸다.

서지수가 그 일로 여러 차례 입대하여 아뢰었는데, 그 말이 조용하면서도 절실하여 세자가 즐겨 듣고 거스르지 않았다.

1762년 나경언 고변 사건과 세자의 고뇌

100. 임오년(1762, 영조 38) 5월 ○일에 동궁 액례 나경언(羅景彥)[253]이 고변서를 올렸는데, '세자'라고 운운하고, '궁을 나가서 성 밖에 있었다'고 운운하였다. [모두 감히 써서는 안 되는 말이었다.] 주상이 매우 놀라서 급히 성문을 닫고 병사를 징발하여 궁궐을 호위하게 하였다. 그리고 나경언을 문초하고는 급하게 죽였다. 세자가 임금이 계신 곳에 나아가 땅에 엎드려 명령을 기다리다가, (나경언을) 죽인 뒤 물러 나왔다.

나경언을 죽일 때, 그를 사주한 자를 찾아냈어야 했는데, 여러 신하 가운데 한 사람도 우러러 청하는 사람이 없었다. 세자가 물러날 때, 여러 신하가 궁전의 뜰에 늘어서서 세자를 전송하였다. 세자가 서서 여러 신하를 바라보고 말하기를,

"(옛 성현의) 말씀에 '대신을 공경하라'고 하였으니 내가 대신에 대해서는 말하지 않겠다. 여러 신하 가운데 한 사람도 사주한 사람을 찾아내자고 청하는 자가 없으니, 이들은 모두 역적이다"라고 하였다.

세자가 평상시에는 눈을 크게 뜬 적이 없었는데, 이때는 매우 분노하여 노기가 뻗쳐 나오고 소리를 크게 지르면서 눈을 부라리고 바라보니, 여러 신하마다 두려워 떨지 않는 사람이 없었다. 모관 정원달(鄭遠達)[254]은 평소에 심질(心疾)이 있었는데, 크게 두려워한 나머지 폐좌(廢坐)한 것을 깨닫지 못하였다. 이로 인해 영원히 미쳐서 제정신을 잃었다고 한다.

이때 사헌부 신하가 나경언을 노적(孥籍)[255]에 처할 것을 청하였지만 주상이 윤허

---

253. 나경언(羅景彥, ?~1762): 형조 판서 윤급의 청지기. 영조의 계비 정순왕후의 아버지인 김한구, 경기도 관찰사 홍계희, 영부사(領府事) 김상로, 윤급 등의 사주를 받아 1762년(영조 38)에 사도세자를 무고하였다. 영조가 친국(親鞫)하는 자리에서 사도세자의 허물 10여 가지를 무함하는 흉서를 올리고, 참형에 처해졌다. 나경언의 고변은 영조가 사도세자를 서인(庶人)으로 강등하고 뒤주에 가두어 죽게 한 결정적 계기가 되었다.

254. 정원달(鄭遠達): 본관 연일(延日), 자 원장(元帳). 우의정 우량(羽良)의 아들이며, 일성위(日城尉) 치달(致達)과는 사촌간이다.

255. 노적(孥籍): 모역(謀逆)이나 반역 등을 범한 국사범(國事犯)에 대해 극형에 처한 뒤, 그 처자식을 연좌시켜 노비의 적에 올리고 그들의 재산까지 몰수하는 처벌을 가리킨다.

하지 않으면서 말하기를,

"의심되는 점이 있기 때문이다"라고 하였다. 정승 홍봉한이 명을 받들자 홍문관에서 또한 노적하라는 주장을 올렸는데, 주상이 책상을 치면서 큰 소리로 말하기를,

"옥당만이 나를 반대한 적이 없는데, 오늘은 반대하였다. 빨리 연해의 변지에 유배하라"고 하였다. 얼마 안 있어 13일의 일[256]이 있었다. 혹자는 말하기를,

"여러 신하 가운데 판서 한익모(韓翼謨)[257]만이 사주한 자를 찾아낼 것을 청하였지만 허락하지 않았다"고 한다.

나경언이 스스로 부원군(府院君)[258] 및 홍계희·윤급 등의 사주를 받고 이런 일을 하였다고 말하였다. 이때 급히 내보내서 참수하였다고 한다.

101. 나경언은 본래 윤급의 겸종(傔從)[259]이었다. (나경언의) 급서(急書)가 올라오자, 소조가 궐 밖에 있는 대신들에게 명령을 내려서 (주상에게) 잘 아뢰어서 처리하는 방도를 물었다. 정승 홍봉한은 옆에서 눈물을 흘렸지만, 신만은 말과 얼굴빛이 편안하였는데, 고개를 돌리고 굳이 말하기를,

"당신이 모두 잘못하고서 대신들에게 미봉하라 하니 나 또한 어떻게 하겠는가"라고 하였다.

환궁할 때가 되자 날이 이미 저물었는데, 시위(侍衛)하는 군사는 갖추어지지 않고, 횃불도 밝혀지지 않자, 소조가 분개하면서 큰 소리로 말하기를,

"너희 멋대로 하지만, 나에게는 세손이 있다"고 하였다. 이때 이 하교를 들은 자들은 비록 천한 하인들이라도 눈물을 뿌리며 분개하지 않는 사람이 없었다.

길가의 마을과 시장의 여러 백성이 혹은 횃불을 밝히고 혹은 등을 밝혀서 다투어 앞길을 인도하고, 경재(卿宰)를 꾸짖어 욕하는 소리가 길에 가득 찼으니, 인심이 향하는 곳을 볼 수 있다.

---

256. 13일의 일: 사도세자를 뒤주에 가둔 일을 가리킨다.
257. 한익모(韓翼謨, 1703~?): 본관 청주(淸州), 자 경보(敬甫), 호 정견(靜見). 대사헌 현모(顯謨)의 동생. 좌의정·영의정 등을 역임. 1762년 판의금부사로 나경언의 사도세자에 대한 고변이 있자 이를 사주한 배후를 철저히 가릴 것을 적극 주청하였다. 이어 대제학으로서 사도세자가 죽은 경위를 밝히는 교서의 작성을 끝내 거절하여 삭탈관직되었다. 정조가 즉위하여 사도세자의 처벌을 주장한 홍인한 등을 국문할 때, 불참한 죄로 삭직되고 이어 유배되었다.
258. 부원군(府院君): 김한구(金漢耈, 1723~1769)를 가리킨다. 본관 경주(慶州). 1759년(영조 35) 딸이 영조의 계비(繼妃)로 뽑혀 정순왕후가 되자, 오흥 부원군(鰲興府院君)에 봉해졌다. 1763년 어영 대장이 되었으나, 이듬해 아들 구주(龜柱)가 척신으로서 당론에 관여했다 하여 파직될 때 함께 그만두었다.
259. 겸종(傔從): 청지기. 양반집의 수청방에 있으면서 잡일을 맡아보고 시중을 드는 사람을 이르던 말이다.

102. 대개 죄인을 붙잡아올 때, 허리띠와 버선 같은 것은 모두 벗겨 버리고, 소매 속 주머니도 모두 수색하는 것이 이때 마땅히 행해야 할 절차였다. 또한 대리청정 이후에는 크고 작은 공사(公事)는 반드시 먼저 소조에게 보고하였는데, 나경언의 흉서는 형조로 제출되어, 참의(參議) 이해중(李海重)[260]이 바로 대조에게 아뢰었다.

(대조가) 직접 역적 나경언을 국문할 때, 역적 나경언이 봉함한 흉서(凶書) 하나를 소매 속에서 꺼내 바쳤는데, 동궁에 대한 부도(不道)한 말이 아닌 것이 없었다. 주상이 그 흉서를 보고 불살라 버리라고 명하였다. 그때 금오랑이 바로 조덕장(趙德章)[261]이었다.

103. 5월 22일, 역적 나경언의 국청을 열었을 때, 소조는 창덕궁에 있었다. 국문하라는 명령이 비록 내려졌지만, 소조는 전혀 그 연유를 알지 못하였고, 무슨 일로 국청을 열었는지도 몰랐다.

영의정 홍봉한이 명을 받고 와 아뢰려고, 세자 시강원에 근무하는 필선(弼善) 이만회(李萬恢),[262] 사서(司書) 임성(任珹)과 함께 입대(入對)하였다.

정승 홍봉한이 소매 속에서 종이 한 장을 꺼냈는데, 역적 나경언이 품속에서 꺼내 국청에 제출한 것이었다. (세자를) 날조하여 무함하는 말이 형조에 바친 것보다 배는 더 심하였다. 그래서 대조가 홍 정승을 보내어 소조에게 조목조목 하문(下問)하게 하였다. 그 말이 모두 허황하고 근거가 없다는 것을 소조가 일일이 말하였다.

정승 홍봉한이 소조가 답변한 것을 돌아가서 대조에게 아뢰고, 세자를 거짓으로 무함한 죄로 역적 나경언의 결안(結案)을 작성하였다. (영조가) 형신(刑訊)을 명하여 한 차례 형(刑)을 가한 뒤, 당일로 사형[正刑]에 처하였다.

판의금부사(判義禁府事) 한익모가 아뢰어 말하였다.

"나경언은 한갓 여염집의 상놈인데도 이처럼 흉악하고 부도(不道)한 짓을 하여 반드시 국본(國本)을 위협하려고 도모하였습니다. 여기에는 반드시 사주한 사람이 있을 것이니 가볍게 사형에 처할 수 없습니다. 청컨대 엄하게 조사하여 사실을 밝힌

---

260. 이해중(李海重, 1727~?): 본관 한산(韓山), 자 자함(子涵). 형조 참의 등을 역임. 나경언이 사도세자의 허물 10여 조를 낱낱이 들어 형조에 보고하는 사건이 발생하자 즉시 영조에게 뵙기를 청하여 이를 알렸다. 1772년(영조 48) 대사간으로서 김치인(金致仁)이 붕당(朋黨)을 조성하고 사사로움을 이루었다고 상소하여 그를 유배시켰다.

261. 조덕장(趙德章): 역적 나경언이 세자를 무함할 당시 죄인의 옷 속에 남몰래 흉서(凶書)를 감추는 일에 연관된 인물로 지목되었다. 1792년(정조 16) 윤4월 19일(정해) 실록기사 참조.

262. 이만회(李萬恢, 1708~?): 본관 연안(延安), 자 자용(子容). 장령 등을 역임하였다.

후, 반드시 사주한 자를 찾아내야 합니다"고 운운하였다. 주상이 (한익모를) 문외출송(門外出送)하라고 명하고,[263] 나경언은 단지 그 자신만을 죽이라고 하였다.

삼사(三司)가 노적(孥籍)의 형전(刑典)을 시행할 것을 청하자 주상이 을해년(1755, 영조 31)에 (이것을 금하는) 수교(受敎)를 내린 일이 있다고 하면서 따르지 않고, 영남의 연해 지역에 유배 보내는 형벌을 시행하라고 명하였다가 다음날 거두어들였다.

이날 소조가 입직(入直)한 세자 시강원의 관원들을 데리고 상궐(上闕)[264]의 홍마목(紅馬木)[265] 월대(月臺)[266]에서 명을 기다렸다. 주상이 이 보고를 듣고 말을 달려 들어갔다. 이때 동궁전 액례들이 길가에 줄지어 서 있으니 (영조가) 문학(文學)이 몇 명이나 들어왔는지를 묻고서 바로 장막 안으로 들어갔다. 소조가 명하여 말하기를,

"적신(賊臣) 나경언이 고변하여 이처럼 주상에게까지 알려졌으니, 마음이 답답하고 놀라서 스스로 안정할 수가 없다"라고 하였다.

이에 임성 등에게 함께 대궐 안으로 들어가서, 장막 근처에서 국청의 사정을 탐문하여 들은 대로 아뢰게 하였는데, 이와 같이 하기를 몇 번이나 했는지 모른다고 한다. 소조가 (주상의 명을) 기다리는 이유를 아뢸 방법이 없어서 승지 이유수(李惟秀)를 찾아가서 만나, 그로 하여금 우러러 아뢰게 하였다. 비로소 장막 앞에서 입시하라는 명이 있어 세자 시강원의 관원들이 따라서 들어갔는데, 이미 자정(子正)이 지났다. 이때의 황망한 모습은 모두 기록할 수 없다.

날이 밝자 비로소 환궁하라고 명령하여, 소조는 궐문 밖으로 나갔다. 주상이 종친부(宗親府) 문안청(問安廳)으로 나아가 즉시 내전으로 돌아가지 않았다. 소조 또한 금청교(禁淸橋) 위에서 엎드려 있었는데, 한참 지나서야 주상이 비로소 내전으로 돌아갔다. 그렇지만 소조는 가마를 탈 수 없었다.

이때 홍봉한과 정승 윤동도가 와서 가마 앞에 섰는데, 소조가 화를 내면서 명하여 말하기를,

"조정에 가득 찬 신하들이 나에게는 모두 적신(賊臣)이고 역신(逆臣)이다"라고 하였다. [이날 대신 이하 신하들이 역적 나경언이 무함하는 것을 눈앞에서 보고도 한 사람도 사주한 자를 찾아내라고 청하는 사람이 없었다. 그래서 이러한 말이 있었다.]

---

263. 주상이 …… 명하고: 1762년(영조 38) 5월 22일(을묘) 실록기사에는 단지 파직한 것으로 되어 있다.
264. 상궐(上闕): 영조가 거처하고 있던 경희궁을 가리킨다.
265. 홍마목(紅馬木): 가마나 연(輦), 상여 등을 올려놓을 때 사용하기 위하여 홍색 칠을 한 나무로 만든 받침틀.
266. 월대(月臺): 궁궐의 정전(正殿), 묘단, 향교 등 주요 건물 앞에 설치하는 넓은 기단 형식의 대(臺).

정승 홍봉한은 묵묵히 한 마디도 우러러 대답하지 않았고, 정승 윤동도도 말하기를, "어찌 이런 하교를 하십니까?"라고 운운하는 데 불과하였다. 변득양이 아뢰기를, "원컨대 빨리 환궁하시기를 청합니다. 대조께서 만약 즉시 환궁하지 않은 것을 아시면 더욱 황공합니다"라고 하였다. 소조가 비로소 가마에 올랐다.

판서 신회(申晦)[267]는 신만의 동생인데, 이때 갑자기 대명소(待命所)에 와서 몸을 숨기고 앉아 있는 것이 마치 소조의 동정을 몰래 염탐하는 것 같았다. 그렇게 왕래하기를 서너 차례나 하였으니, 그 마음을 헤아릴 수 없다.

소조가 환궁한 후, 연이어 시민당(時敏堂, 창경궁 소재) 월대(月臺)에서 명을 기다렸다. 영의정 신만이 와서 입대(入對)할 것을 청하였지만 소조는 끝내 인견(引見)을 허락하지 않았으므로, 신만이 얼굴에 화난 기색을 드러냈다. 간간이 입대한 사람으로는 홍봉한 한 사람이 있었을 뿐인데, 그가 문득 독대(獨對)를 요구한 것은 사친(私親)을 만나는 전례에 의거한 것이었다.

이처럼 위급한 때를 당해서 이른바 세자 시강원 관원들은 벙어리와 소경이 되었으니 세도(世道)와 인심이 더욱 통탄스럽다. [판돈령부사(判敦寧府事) 변득양의 『임오별록(壬午別錄)』]

104. 신사년(1761, 영조 37) 여름에 나아가 뵐 때 세자 시강원의 이택진(李宅鎭)[268]이 따라들어왔다. 대조가 소환(小宦)에게 명하여, 소조가 부복(俯伏)하고 있는 곳에 가서 입고 있는 옷을 살피고 오게 하였는데, 이때 소조는 곤룡포 안에 남색(藍色) 명주로 지은 창의(氅衣)[269]를 입고 있었다.

주상이 화려하고 사치스런 복장이라고 하교하였는데, 말투가 칼로 자르듯 엄격하였다. 이 때문에 배척하여 물리치니, 소조가 황송함을 이기지 못하여 하루 동안 명을 기다리다가 비로소 돌아왔다.

105. 앞서 5월 20일 무렵 윤씨 성을 가진 세자 익위사[이때 세자 익위사에는 윤득홍(尹得弘)과 윤면원(尹勉遠)이 있었는데, 어떤 윤씨를 말하는지 모르겠다]가 출입을 감독하려고 동룡문(銅龍

---

267. 신회(申晦, 1706~?): 본관 평산(平山), 자 여근(汝根). 좌의정·영의정 등을 역임. 이른바 '세자 위해(世子危害)' 세력의 편에 서서 임오화변에 적극 동조하였다. 이 일로 정조 즉위 직후 유배되었다.
268. 이택진(李宅鎭, 1731~?): 본관 덕수(德水), 자 희능(熙能). 부제조·대사간 등을 역임. 1776년(정조 즉위년) 정조가 즉위하자 홍인한 등과 세손의 대리청정을 극력 반대하고, 세손을 모해하려고 했던 정후겸이 유배·사사(賜死)되자 이에 연좌되어 평소에 정후겸을 아비처럼 따르고 섬겼다는 탄핵을 받고 명천부(明川府)에 유배되었다.
269. 창의(氅衣): 벼슬아치가 평소에 입는 웃옷. 소매가 넓고 뒤 솔기가 갈라져 있다.

門)[270] 밖 두 그루 소나무 아래에 이르니, 팔인교(八人轎) 하나가 동룡문을 통해서 세자 익위사를 나왔다. 두 소나무 사이에 몸을 숨기고 주의 깊게 살펴보니, 소조가 평상복 차림으로 친히 가마 뒤 깃대를 붙잡고 전송하여 문밖에 이르자 두 눈에서 눈물이 흘러내려 옷자락이 모두 젖었다.

(소조가) 우두커니 서서 가마를 바라보다가 (가마가) 금위영(禁衛營)의 닫힌 문 앞을 지나자 소조가 슬픔을 이기지 못하고 실성(失聲)하기에 이르렀다. (소조가) 두 소나무 사이를 둘러보다가 관복을 입은 자를 보고 즉시 익위사 안으로 돌아갔다. (윤씨 성을 가진) 익위사가 돌아와 (자기가 본 것을) 시강원에 말하니, 그 말을 들은 시강원 관원들이 놀라고 의혹되어 잠을 이루지 못하였다.

다음날 갑자기 세자 시강원에 입대하라는 명이 내려졌다. 이때 아직 기침(起寢)하지 않았는데, 베개 주변이 흘린 눈물로 흥건하였고, 눈은 퉁퉁 부어 있었다. 이윽고 (소조가) 명하여 말하기를,

"한 보름쯤 전에 사친(私親)이 와서 궁중에 머물렀다. 그런데 어제 대조께서 돌아갈 것을 재촉하여 돌아가셨는데, 이것은 진실로 살아서 이별한 것이지만 사별(死別)이 될 것이다. 문에서 절하며 전송하니 흐르는 눈물을 금하기 어려웠다. 마침 출입을 감독하는 익위사 관원이 이것을 보았으니, 반드시 너희가 의아스러웠을 것이다. 그래서 지금 불러서 말하는 것이다. 나는 오래 살지 못할 사람이다"라고 하고는 또 눈물을 흘렸다. 세자 시강원의 관원이 그 이유를 물었다. 소조가 말하기를,

"차마 말할 수 없다. 너희가 알아도 조금도 보탬이 될 것이 없고 오직 죽음이 있을 뿐이다"라고 하였다.

106. 영성위(永城尉) 신광수(申光綏)[271]가 사옹원 제거(司饔院提擧)로서 생선을 감수(監受)하였다. 세자가 생선을 올리지 않았다고 담당 이서를 죄 주려 하자, 이서가 말하기를,

"(생선을) 감수하여 올리는 관원이 따로 있고, 신은 모르는 일입니다"라고 하였다.

세자가 신광수를 부르라고 명하자, 신광수가 도망가서 남문루(南門樓)[혹은 동문루(東

---

270. 동룡문(銅龍門): 동궁의 궁문. 한나라 때 태자의 궁문(宮門) 위에는 동으로 만든 용이 있었으므로 이렇게 칭한다. 창경궁에 있다.

271. 신광수(申光綏, 1731~1775): 본관 평산(平山). 신만(申晩)의 아들. 영조의 일곱째 딸 화협옹주와 결혼하여 영성위(永城尉)에 봉해졌다.

門樓)라고도 하였다]에 숨었다. 수일 뒤 13일의 일이 일어났다고 한다. [신광수는 신만의 둘째 아들인데, 영조의 딸 화협옹주(和協翁主)[272]에게 장가갔다.]

272. 화협옹주(和協翁主, 1733~1752): 영조의 딸. 영빈 이씨 소생. 1743년(영조 19) 영성위 신광수와 결혼하였다. 신광수는 영의정 신만(申晩)의 아들이다.

권2. 원편(原編) 하(下):
사도세자의 비극적 죽음과 세손 시절의 정조

세자를 폐하는 반교문(頒敎文)

1. 임오년(1762, 영조 38) 윤5월 13일에 주상이 세자를 폐하여 서인(庶人)으로 삼고 궁 안에 엄중히 가두었다. 당시 주상은 기우(祈雨)를 빌미로 경희궁(慶熙宮)에서 창덕궁(昌德宮)으로 왔다.

영의정 신만(申晩),[1] 좌의정 홍봉한(洪鳳漢)[2][당시 동교(東郊, 동대문 밖 교외)에 있었는데 정승에 임명되어 황급히 들어왔다], 판부사 정휘량(鄭翬良)[3]이 수행하였다. 세자를 폐하는 반교

---

1. 신만(申晩, 1703~1765): 본관 평산(平山), 자 여성(汝成)·성백(成伯). 영중추부사 사철(思喆)의 아들. 좌의정·영의정 등을 역임. 동생 회(晦)와 함께 형제가 정승직에 올랐다. 1755년(영조 31) 찬수당상(纂修堂上)으로 『천의소감(闡義昭鑑)』을 편찬하였다. 1762년 영의정으로 재임하면서 사도세자가 뒤주에 갇힐 때 간하지 않았다고 하여 파직되었다. 세자를 보호하기보다는 세자를 위해하려는 세력에 가담하여 임오화변을 방조하였다는 평을 받았다.
2. 홍봉한(洪鳳漢, 1713~1778): 본관 풍산(豊山), 자 익여(翼汝), 호 익익재(翼翼齋). 홍인한(洪麟漢)의 이복형. 사도세자의 장인이며, 세손[정조]의 외할아버지. 좌의정·영의정 등을 역임. 영조 계비 정순왕후의 친정 인물인 김구주(金龜柱) 중심의 남당(南黨)에 대립했던 북당(北黨)의 중심인물로 평가되었다. 1762년 사도세자가 죽임을 당할 때에 방관적인 태도를 보여 후일 정적들로부터 많은 공격을 받았다. 정조 연간에는 그의 행적에 대한 시비를 둘러싸고 벽파(僻派)와 시파(時派)의 구분이 생겼다. 저서로 『어정홍익정공주고(御定洪翼靖公奏藁)』, 『정사휘감(正史彙鑑)』, 『익익재만록(翼翼齋漫錄)』 등이 있다.
3. 정휘량(鄭翬良, 1706~1762): 본관 연일(延日), 자 자우(子羽)·사서(士瑞), 호 남애(南崖). 우의정 우량(羽良)의 동생. 치달(致達)의 숙부. 우의정·좌의정 등을 역임. 1755년(영조 31) 발생한 을해옥사(乙亥獄事) 때 정휘량을 비롯한 소론계 온건파 대부분이 조태구·유봉휘 등의 죄를 탄핵하여, 조태구·유봉휘는 노적(奴籍)으로 떨어뜨리고 이광좌·최석항도 추탈되게 하였다. 이후 사도세자의 평양 행차 사건을 수습하며 자청해서 정승의 직위를 내려놓고 판중추부사로 전직하였다. 정치달(鄭致達)의 숙부로서 치달의 처인 화완옹주의 도움을 많이 받았으며, 은밀히 김상로·홍계희 일당과 통하여 사도세자를 모함하였다. 저서로 『남애집(南崖集)』, 『견사록(見思錄)』 등이 있다.

문(頒教文)에서 왕의 뜻을 다음과 같이 전하였다.

"왕은 이르노라. 세자의 광패(狂悖)[4]함이 전에 없던 일이라 종사(宗社)를 위하여 어찌 한번 깨우쳐주려 하지 않았겠는가. 그리고 지금까지 여전히 노심초사하는 것은 내가 세자를 자애하는 뜻이다. 지금 만고에 없는 윤상(倫常)의 변고를 당하여 오늘 휘령전(徽寧殿)[정성왕후(貞聖王后)[5]의 사당]에 이미 패악한 아들 모(某)를 우선 안에 엄중히 가두고 세자의 직위를 폐하여 서인으로 삼는다는 전교를 아뢰었다. 그 본래의 일이야 중외(中外)에서 어찌 알겠는가. 한 건의 글을 내려 널리 반포하노라."

또 말하였다.

"아, 모(某, 세자)가 광패하여 밤낮으로 종사와 백성을 위해 노심초사하였다. 나와는 부자의 윤리가 있으니 생각해보면 어찌하다 이 지경에 이르렀는가. 지금 영빈(暎嬪)[6][세자의 생모다.]이 눈물을 흘리며 나에게 말하기를,

'세자가 환관, 나인, 노비 등을 죽인 것이 거의 1백여 명이며, 그들에게 불로 지지는 형벌[烙刑]을 가하는 등 참혹한 형상이 이루 말할 수 없습니다. 그 형구(刑具)는 모두 내수사 등에 있는 것으로, 수없이 가져다 썼습니다. 또 장번하는 내관[長番中官][7]을 내쫓고 어린 환관, 별감들과 밤낮으로 함께 어울리며 궁중의 물품을 두루 나누어주었습니다. 이 무리는 기생, 승려들과 밤낮으로 음란한 짓을 일삼았으며, 제 시종[侍人]들을 불러 가두기도 하였습니다. 근자에는 도리에 어긋나는 일을 꾸미는 것이 심해져 한 번 아뢰고자 하였으나 모자간의 은정 때문에 차마 아뢰지 못하였습니다.

요즘 궁궐 후원에 무덤을 만들고, 「감히 말할 수 없는 분」[8]을 묻고자 하였습니다. 그리하여 시중드는 사람에게 머리를 풀고 날카로운 칼을 옆에 두게 하여 예측할 수 없는 일을 행하려 하였습니다. 지난번 창덕궁에 갔을 때 거의 죽을 뻔하였다가 가까스로 모면하였습니다. 제 한몸이야 비록 돌아볼 것이 없다 해도 우러러 생각건대 주상의 옥체야 어찌 소중하지 않겠습니까.

---

4. 광패(狂悖): 미친 사람처럼 말과 행동이 막됨을 말한다.
5. 정성왕후(貞聖王后, 1692~1757): 영조의 원비(元妃). 달성 부원군(達城府院君) 서종제(徐宗悌)의 딸. 1704년(숙종 30) 숙종의 제4왕자인 연잉군과 가례를 올려 달성군부인에 봉해지고, 1721년(경종 1) 경종이 몸이 약하고 후사가 없어, 연잉군이 세제로 책봉되자 동시에 세제빈에 봉해졌으며, 1724년 영조의 즉위에 따라 왕비에 진봉되었다. 사도세자의 법모(法母)로서 세자를 보호하였다.
6. 영빈(暎嬪): 영조의 빈(嬪) 이씨(李氏, 1696~1764)이며, 사도세자의 생모. 작호는 선희궁(宣禧宮)이다.
7. 장번 하는 내관[長番中官]: 장번은 궁중에서 입출번(入出番)의 교대 없이 장기간 유숙하며 계속 근무하던 제도다. 장번 중관은 장번의 임무(任務)를 띤 내관을 가리킨다.
8. 감히 말할 수 없는 분: 지존(至尊)의 자리에 있는 임금, 즉 영조를 가리킨다.

이러한 이유로 지난번 어문(御門)의 노상에서 기우제(祈雨祭)를 지낼 때 마음속으로 기원하기를,

「주상의 옥체가 평안하다면 3일 안에 비가 내릴 것이고, 패악한 아들이 뜻을 얻게 되면 비가 내리지 않을 것이다」라고 하였습니다. 이에 과연 비가 내리니, 이로부터 마음이 조금 안정되었습니다. 그런데 지금 옥체의 위기가 경각에 달렸으니, 어찌 사사로운 감정에 이끌려 아뢰지 않겠으며, 이러한 때 어찌 화평한 모습으로 올 수 있겠습니까'라고 하였다.

영빈은 말을 마치고 비 오듯 눈물을 흘렸다. 아, 저 푸른 하늘이 나로 하여금 모면하게 하고자 이러한 거둥이 있게 하였고 이러한 말을 듣게 되었는데, 오늘 행차함에 일의 기미[事機]가 먼저 새어나갔다. 아, 말로 하기 어려운 변고가 있어서 기우제를 핑계하고 이곳에 오게 된 일을 휘령전에 이미 상세하게 아뢰었다. 아, 백발의 늙은이가 말년에 지난 역사에 없던 일을 만났으니, 무슨 얼굴로 절을 하겠는가. 비록 미쳤다고 하나 종사와 백성을 위해 어찌 처분을 내리지 않으리오. 내가 친히 반교문을 쓰고 눈물로 적삼을 적시며 휘령전으로 온 것은 이 처분을 또한 정성왕후와 함께한다는 뜻이다.

아, 이미 내린 처분은 일종의 호령(號令)의 일[9]이다. 여러 신하는 낙선당의 일[10]을 보지 않았는가. 이 때문에 세자를 안에 엄히 가두게 한 것이다. 생각이 엄중한 곳에 미치니 온몸이 얼어붙는 듯하다. 아, 대리청정 14년 만에 부득이하게 정사에 복귀[11]하며 초심(初心)을 돌아보니 눈물을 삼키며 탄식하게 된다. 그러나 대리청정을 명하였을 때 널리 알리지 않아 지금 다시 알리지 않을 수 없으니 일체의 내용을 온 나라에 널리 알려 모두 알게 하라."

역모죄로 추궁당하는 사도세자

2. 세자를 폐하였을 때 도승지 이이장(李彝章)[12]공(公)이 힘써 간쟁하였다.[13] 사관(史

---

9. 호령(號令)의 일: 세자에 대한 처분이 군사를 동원하여 대궐을 호위하게 하는 긴박한 상황에서 이루어지는 일임을 가리킨다. 이로써 영조의 처사가 세자의 역모를 전제로 하는 것임을 엿볼 수 있다.
10. 낙선당의 일: 병자년(1756, 영조 32)에 발생한 낙선당(樂善堂) 화재를 가리킨다.
11. 정사에 복귀: 원문은 '복정(復政)'. 대리청정을 거두고 임금이 친정(親政)하는 것을 말한다.
12. 이이장(李彝章, 1708~1764): 본관 한산(韓山), 자 군칙(君則), 호 수남(水南). 1762년(영조 38) 5월 나경언(羅景彦)의 무함으로, 영조가 사도세자를 폐위하고 뒤주에 가두어 죽이려 하자, 세자를 구하려 온힘을 다하였으나 뜻을 이루지 못하였다. 이조 판서에 추증되었다.

官) 임덕제(林德蹐)[14]와 윤숙(尹塾)[15]은 큰 소리로 울부짖으며 대신들을 꾸짖었다. 세자 시강원[春坊]의 변득양(邊得讓)[16]과 임성(任珹)[17]은 좌우에서 세자를 감싸며 비호하였다.

세자를 폐한다는 전교를 반포할 때 승지 이익원(李翼元)[18]은 눈물을 흘리며 울었고, 내의원 분제조[藥房分提調] 한광조(韓光肇)[19]는 조정의 하례에 참여하지 않았다.

충정공(忠正公) 이이장에게는 처음에 신속히 처형하라는 명을 내렸으나 곧 철회하였다. 임덕제와 윤숙에게는 처음에 유배 후 위리안치(圍籬安置)[20]를 명하였다가 곧 멀리 유배 보내는 것에 그쳤다. 변득양과 임성에게는 멀리 귀양보낼 것을 명하였다가 다시 신속히 처형하라 명하였는데 곧 철회하고 파직만 시켰다. 이익원은 부처(付處)[21]하고 한광조는 외딴 섬에 유배 보냈다.

일전에 액례(掖隷)[22] 나경언(羅景彦)[23]의 일이 있었는데 지금에 이르러 이러한 처분

---

13. 이이장 공이 힘써 간쟁하였다: 당시 이이장은 도승지로 있으면서 영조가 중전이던 정성왕후와 사도세자의 생모인 영빈의 계시가 있다 하며 사도세자를 뒤주에 가두려 하자 한낱 여인의 계시를 믿고 세자를 죽이려 하느냐고 큰 소리를 지르면서 이를 막으려 하였다.
14. 임덕제(林德蹐, 1722~1774): 본관 평택(平澤), 자 성일(聖日)·사경(士徑), 호 삼호(三好). 승지 광필(光弼)의 아들. 임오화변 당시 사도세자를 구하려 노력하였다. 당시 영조는 세자 시강원의 시신(侍臣)들을 모두 몰아내었으나 임덕제만 혼자 동궁 뒤에 엎드려 모시다가, 마침내 별군직(別軍職)으로 몰려나왔는데, 윤숙(尹塾)과 함께 여러 대신을 향하여 세자를 구하지 못한 것을 책망하였다. 이로 인해 유배되었다.
15. 윤숙(尹塾, 1734~1797): 본관 파평(坡平), 자 여수(汝受). 대사간·병조 판서 등을 역임. 1762년(영조 38) 영조가 사도세자를 친국하자, 임덕제 등과 함께 세자를 구명하려고 했다. 이에 영조의 노여움을 사서 강진으로 유배당하였다. 정조가 즉위하자 다시 중용되었으나 김종수의 논척을 받아 황해 병사(黃海兵使)로 나갔다가 과음하고 실명(失明)하였다.
16. 변득양(邊得讓, 1723~1801): 본관 황주(黃州), 자 사겸(士謙). 공조 판서·상호군(上護軍) 등을 역임하였다.
17. 임성(任珹, 1713~?): 본관 풍천(豊川), 자 성진(聖眞), 호 수암(羞庵). 사도세자가 대리청정하게 되자 보필하였으며, 1762년 나경언이 세자의 비행을 상주하자 영조가 크게 노하여 세자를 죽이고자 하므로 극력 그 잘못을 빌었으나 뜻을 이루지 못하고, 세자가 죽은 뒤 보필을 소홀히 하였다는 이유로 파직당하였다.
18. 이익원(李翼元, 1711~1776): 본관 부평(富平), 자 성휴(聖休), 호 학음(鶴陰). 대사헌·병조 판서 등을 역임하였다.
19. 한광조(韓光肇, 1715~1768): 본관 청주(淸州), 자 자시(子始). 승지·대사헌 등을 역임. 1762년 영조가 사도세자를 죽이려 하자 이를 강력히 반대하다가 제주도에 위리안치되었으며, 곧 홍산(鴻山)으로 이배되었다. 1768년 그가 죽자 영조는 지난 일을 탄식하는 내용의 제문을 내려 애도하였다.
20. 위리안치(圍籬安置): 원문은 '천극(荐棘)'. 중죄인이 유배된 집 둘레에 가시 울타리를 쳐서 밖으로 나가지 못하게 하던 형벌이다.
21. 부처(付處): 유형(流刑)의 일종으로, 특정 지역으로 거주를 제한하는 형벌.
22. 액례(掖隷): 액정서(掖庭署)에 딸린 하례(下隷). 액정서는 왕명의 전달 및 안내, 궁궐 관리 따위를 맡아보던 내시부 소속 관아다.
23. 나경언(羅景彦, ?~1762): 형조 판서 윤급(尹汲)의 청지기였던 나경언은 영조의 계비 정순왕후의 아버지인 김한구(金漢耉), 경기도 관찰사 홍계희(洪啓禧), 영부사(領府事) 김상로(金尙魯), 윤급 등의 사주를 받아 1762년(영조 38)에 사도세자를 무고하였다. 영조가 친국(親鞫)하는 자리에서 사도세자의 허물 10여 가지를 무함하는 흉서를 올리고, 참형에 처해졌다. 나경언의 고변으로 영조는 사도세자를 서인(庶人)으로 강등하고 뒤주에 가두어 죽게 하였다. 본서 「원편」 상, 100~103번 기사에 보인다.

이 있게 되었다. 빈궁 이하 세손과 왕손은 좌의정의 집에 나가 있도록 하였다. 앞서 흑산도에 유배되었던 환관 박문흥(朴文興)[24]과 그와 함께 유배되었던 자들은 모두 용서해 주었다가 곧 주살하였다. 동궁에게 죽임을 당한 자들에게는 모두 치제(致祭)하였다.

동문(東門) 밖 비구니 한 명과 창기(娼妓) 세 명은 특별히 죽임을 면해주고 방면하였다가 곧 주살하도록 명하였다. 동궁전에서 명목 없이 함부로 가져다 쓴 내수사의 물품은 모두 탕감하였다. 일찍이 (세자가) 발광하는 모습을 수차례 겪었던 환관 이모(李某)는 품계를 올려주었다. [조보(朝報)[25]에 모두 나와 있다.]

이날 저녁 지진이 일어났는데 천둥 같은 소리가 들렸다. 이보다 앞서 8일에는 땅이 크게 흔들렸고, 8월 4일에는 지진은 경미하였으나 큰 소리가 들렸다.

3. 세자를 폐하고 나서, 세자가 가지고 놀던 잡다한 도구들을 선인문 밖에서 모두 불살랐다. 그 수가 수레에 가득하였는데, 크고 작은 북들이 뒤섞여 있었다. 작은 것은 사발만한 것도 있었다.

4. 세자가 갇힌 지 9일 만에 죽었다[卒]. 죽은 뒤 곧 위호(位號)를 회복시켜주었고 '사도(思悼)'라는 시호를 더하였다. 궁관(宮官)에게 상복을 입도록 하였고 빈궁과 세손을 다시 입궁하게 하였다. 세자가 대리청정하던 것을 거두고 주상이 정사에 복귀하였는데 나라의 경사라 칭하며 진하(陳賀)[26]하였다.

7월 23일에 장례를 지냈다. 주상이 친히 제문을 지어 제사를 지냈다. 처음에는 장례 도구를 간소하고 소박하게 하라고 명하였으나 이내 다시 후하게 지내라고 명하였다. 관을 내릴 때 주상이 왕림하여 지켜보았고, 신주를 친히 쓰며 말하기를,

"내 마땅히 해야 할 일을 모두 한 것이니, 너는 슬퍼하지 마라"고 하니, 좌우가 모두 비통해 하였다.

여러 신하의 노고에 대해 규례에 따라 모두 상전(賞典)을 베풀었다. 묘호(墓號)를 '수은(垂恩)'이라 내렸다. 세손의 의장(儀仗)은 졸곡(卒哭)[27] 후 모두 동궁의 의장을 따

---

24. 흑산도에 …… 박문흥(朴文興): 1761년(영조 37) 9월 22일(정사) 실록기사에 의하면 왕세자의 평안도 행차와 관련하여 박문흥을 형추(刑推)하고 흑산도에 유배하였다. 본서, 「원편」 상, 92번 기사에 관련 내용이 보인다.
25. 조보(朝報): 승정원(承政院)에서 매일 아침 그 전날 조정에서 처리된 일들을 적어 돌리는 일종의 관보(官報).
26. 진하(陳賀): 나라에 경사가 있을 때 신하들이 조정에 모여 임금에게 축하를 올리던 일.

르게 하고 동궁이라 부르게 하였다. 빈궁에게는 '혜빈(惠嬪)'이라는 호(號)를 내렸다.

이보다 앞서 정묘년(1746, 영조 22)에 정승 조현명(趙顯命)[28]이 상차(上箚)하여 진계(陳戒)하기를,

"세자가 자질이 엄정하고 빼어난 중에도 자기 멋대로 하여 제어하기 어려운 기운이 있습니다"라고 운운한 일이 있었다. 당시 그의 말이 너무 지나치다고 말하는 사람이 있었는데, 조현명이 개의치 않고 말하기를, "이는 화복(禍福)이나 이해(利害)를 위한 것이 아니다"라고 하였다. 이때 세자의 나이 막 13세가 되었을 때였다. 모관(某官) 송영중(宋瑩中)[29]이 국본(國本)을 동요시킨다 하여 조현명의 죄를 청하였다.

주상이 창덕궁에 와서 휘령전에서 비를 빌겠다고 하며 문을 닫고 호각을 불어 대궐문에 군사를 집결시켰다. 정오부터 저녁때까지 성문을 폐쇄하고 진을 쳤다. 거리의 사람들이 모두 무슨 일인지 알지 못하여 놀라 두려워하며 우왕좌왕하였다. 세자를 가두고 난 뒤에도 호각 소리는 그치지 않았다.

세자를 불러 죄를 추궁하였다. 이때 주상은 교상(交牀)[30]에 앉아 보도(寶刀)를 움켜쥐고 칼코등이로 땅을 두드렸다. 평상시에는 시위하는 군사들이 줄지어 배열하여 넓게 펼쳐 섰으나 이때에는 모두 (주상을) 에워싸며 시위하였고, 여러 신하와 계단에 늘어선 군졸들 모두 칼을 빼어 들고 있었다.

또한 별군직(別軍職)의 역사(力士) 한 명에게 명하여 칼을 들고 주상과 세자 사이에서 있도록 하였다. 세자 옆에 있던 군사들은 모두 세자를 가깝게 둘러싸 포위하고 있었는데, 세자가 잠시 신하들을 따라나가자 시위하는 군졸들이 급히 치달아 문로(門路)의 신하들을 막았다. 그중에는 지니고 있던 칼을 몰래 풀어놓는 사람도 있었다고 한다.

---

27. 졸곡(卒哭): 상례(喪禮)에서 삼우(三虞)가 지난 뒤 3개월 안에 강일(剛日)에 지내는 제사.
28. 조현명(趙顯命, 1690~1752): 본관 풍양(豐壤), 자 치회(稚晦), 호 귀록(歸鹿)·녹옹(鹿翁). 1721년(경종 1) 소론의 핍박으로 곤경에 처해 있던 왕세제 연잉군(영조) 보호에 힘썼다. 1750년(영조 26) 영의정에 올라 균역법의 제정을 총괄하고 감필(減匹)에 따른 대책 마련에 부심하였다. 대사간 민백상(閔百祥)의 탄핵을 받아 영돈녕부사로 물러났다. 조문명(趙文命)·송인명(宋寅明)과 함께 영조대 전반기 완론 탕평을 주도하였다. 김재로(金在魯)·박문수(朴文秀) 등과도 교유하였다. 저서로 『귀록집(歸鹿集)』이 있다.
29. 송영중(宋瑩中, 1721~1786): 본관 여산(礪山), 자 군옥(君玉). 대사헌·호조 참판 등을 역임. 1775년 벽파였던 좌의정 홍인한(洪麟漢)이 세손의 왕위 계승을 반대하자, 서명선(徐命善)이 이를 비난하는 소를 올려 조야에 논란이 일어났다. 이때 그는 대사헌으로서 홍인한을 비호하는 소를 올렸다가 탄핵을 받고 삭출되었다. 1776년 정조가 즉위하자 유배되었고, 10년 뒤 병들어 죽었다. 조현명이 국본을 동요시킨다 하여 죄를 청하였던 것은 송영중이 사간원 정원으로 재임하였을 때의 일이다.
30. 교상(交牀): 좌차(座次)에 따라 사용되는 좌구(坐具)로서 왕, 고위 관리 등이 사용하는 접이식 의자를 말한다.

5. 세자가 뜰에 엎드려 있을 때 주상이 창을 들고 계단에 배열하여 호위하던 군사에게 은밀히 전교를 내렸다. 군사들이 처음에는 무슨 일인지 알지 못하다가 이윽고 모두 무기를 내려놓고 엎드려 통곡하였다. 주상이 크게 노하여 이르기를,

"이 무리는 모두 죽여야 마땅하다"고 하였으나 끝내 죽이지는 않았다. 평상시 임금의 용안은 온화하였는데, 이때는 살기가 등등하고 쏘아보듯이 하여 올려다보기가 매우 두려웠다고 한다.

6. 세자가 전각 앞뜰에 엎드려 있을 때 주상의 노여움이 거듭 진동하여 세자를 추궁하는 전교가 지엄하였다. 세자가 핍박하며 추궁하는 것을 이기지 못해 일어나 나가니, 시직(侍直) 한건(韓謇)[31]이 세자를 좇아 궁궐의 내문으로 나갔다. 세자가 다급히 한건의 손을 잡고,

"장차 어찌해야 하겠나? 장차 어찌해야 하겠나?"라고 물었다. 한건이 말하기를,

"저하께서는 어찌하여 나오셨습니까?"라고 하였다. 세자가 말하기를,

"대조(大朝, 영조)[32]께서 꾸짖는 전교가 신하 된 사람으로서는 차마 들을 수 없을 정도로 각박하게 추궁하는 내용이라 잠시 나왔네"라고 하였다. 한건이 대답하기를,

"신 또한 저하의 뒤에서 엄한 전교를 들었는데 진실로 너무도 황망하였습니다. 그러나 이런 때일수록 저하께서는 더욱 공경과 효성을 다하여, 천심이 감동하여 돌이켜지기를 바라야 합니다. 지금 이렇게 나오시면 그 행동은 비록 신자로서 차마 들을 수 없는 마음에서 나온 것이지만 주상의 노여움을 더욱 격하게 하기 쉽습니다. 게다가 저하께서 나오신 사이에 일의 기미가 변할지도 모르지 않습니까"라고 하였다. 세자가 깨닫고 말하기를,

"그렇구나. 내 장차 어찌하면 좋겠나?"라고 하였다. 한건이 말하기를,

"속히 들어가서 용서를 비신다면 혹 도움이 될지도 모르겠습니다"라고 하였다.

세자가 돌아서 들어가려 하는데 이미 승지가 나와 임금의 하교를 전하였고, 철갑으로 무장한 기병대가 궁성을 둘러싸 호위하고 있었다. 세자가 나온 것은 본래 그 뜻이 이러한 것이었는데도, 간흉배들이 그 틈을 타 말을 지어내어 은연중에 변명할 수 없는 죄로 몰아넣었다.

---

31. 한건(韓謇, 1723~?): 본관 청주(淸州), 자 자직(子直).
32. 대조(大朝): 동궁(東宮)이 섭정(攝政)하고 있을 때에 임금을 일컫는 말.

7. 주상이 세자의 죄를 나열하며 책망할 때 궁료(宮僚)[33]들은 모두 그 뒤에 엎드려 있었는데, 조금 거리가 있었기 때문에 주상의 전교가 잘 들리지 않았다. 세자가 갑자기 의관(衣冠)을 벗자 신료들이 놀라 연유를 물으니 돌아보며 말하기를,

"내가 군부(君父)를 시해하려 하였다고 하교하셨다"라고 하였다. 세자가 또한 아뢰기를,

"모년(某年)에 [간지(干支)는 잊어버렸다] 신은 거의 검에 베인 혼[劍頭魂]이 될 뻔하였습니다. 지금 다시 죽으라 명하시니 신은 마땅히 죽겠습니다"라고 하였다.

그리고는 마침내 강사포(絳紗袍)[34]를 찢어 스스로 목을 매었다. 궁료 윤면헌(尹勉憲)[35]과 시직 한건이 나아가 목에 맨 줄을 풀었다.

일찍이 세자 시강원의 관료로 있던 사람이 모년에 입직하였다. 밤이 되어 자려고 하는데 갑자기 동궁으로부터 급한 부름을 받고 서둘러 가보니, 동궁이 홑적삼과 잠방이 차림으로 계단 아래에 서 있었다. 놀라 무슨 일인가 물으니 동궁이 말하기를,

"막 잠자리에 드는데 갑자기 주상이 창 밖에 오셔서 '있느냐?'라고 말씀하시기에 대답하기를, '있습니다'라고 하였다. 장차 무슨 일이 생기면 내 도망이라도 치려 한다"라고 하였다.

갑자기 영의정에게 입시하라는 하교가 내렸고, 세자는 앉아서 기다리고 있었다. 얼마 후 영의정 김상로(金尙魯)[36]가 앞을 지나가자 세자가 맞아들여 그 연유를 말해 주며 말하기를,

"모름지기 답변을 잘해야 할 것이오"라고 하였다. 잠시 후 영의정이 물러나와 아뢰기를,

"잘 아뢰었습니다"라고 하였다.

세자가 말한 '검에 베인 혼'이라 함은 아마도 이 일을 가리켰을 것이다. 세자가 또한 일찍이 궁료에게 말하기를,

"춘휘당(春暉堂)의 문지방에는 아직도 검의 흔적이 남아 있다"라고 하였다 한다.

---

33. 궁료(宮僚): 동궁 소속의 관료들이나 시강원(侍講院) 보덕(輔德) 이하의 벼슬아치를 통틀어 이르던 말.
34. 강사포(絳紗袍): 임금이 입는 붉은색의 조복(朝服).
35. 윤면헌(尹勉憲, 1725~?): 본관 파평(坡平), 자 사장(士章). 1751년(영조 27) 정시(庭試) 병과에 급제하였다.
36. 김상로(金尙魯, 1702~1766): 본관 청풍(淸風), 자 경일(景一), 호 하계(霞溪)·만하(晩霞). 징(澄)의 손자, 유(楺)의 아들, 약로(若魯)의 아우. 좌의정·영의정 등을 역임. 1762년(영조 38) 사도세자의 처벌에 적극 참여해 영조의 동조를 얻었으나 왕이 이를 후회하자 청주로 귀양갔으며 특명으로 풀려난 뒤 봉조하가 되었다. 죽은 뒤에 정조가 즉위하자 관작이 삭탈되었다가 고종 때 다시 신원되었다.

8. 죄를 추궁할 때 주상이 하문하기를,

"너는 무슨 생각으로 상복과 상주가 짚는 대지팡이[苴杖][37]를 토굴에 두었느냐?"라고 하였다. 대개 참소하는 자들이 세자가 이러한 물건을 만들어 토굴 속 방에 넣어 두고, 복을 입고 곡을 하며 주상을 저주하였다고 말하였기 때문이다. 세자가 대답하기를,

"정성왕후의 상례 후 슬퍼하는 마음이 가시지 않아 차마 일거에 상복을 버리지 못하였습니다. 그러나 상복을 보이는 곳에 둘 수도 없기에 토굴에 보관해둔 것입니다. 지금 사람을 보내 조사해보시면 알 수 있을 것입니다"라고 하였다.

주상이 주서(注書)[38] 홍경안(洪景顔)을 보내 가서 살펴보게 하니 과연 지난 상복과 오동나무 지팡이[桐杖]가 있었다. 주상의 전교에서 이른바 여산(驪山)[39]이라 한 것은 곧 토굴을 지목한 것이었다. 당초 세자가 대궐 후원에 토굴을 만들어 유희하는 곳으로 삼아 문을 가리고 그 자취를 찾기 어렵게 만들었다.

이에 이르러 주상의 전교에 여산의 무덤이라 하였으니, 이는 대개 토굴을 '감히 말할 수 없는 분'의 무덤으로 여긴 것이다. 환관 하나를 잡아들여 추국하였는데 그가 대답하여 말하기를,

"이곳은 유희(遊戱)하던 곳입니다. 지금 세자께서 이 지경에 이르렀으니 신이 만약 거짓으로 아뢰면 저는 살게 될 것입니다. 그러나 아닌 것을 알면서도 무고하는 일은 감히 할 수 없습니다"라고 하였다.

환관은 마침내 자복하지 않고 형장을 맞고 죽었다고 한다.

뒤주 속에 갇힌 세자의 죽음

9. 세자가 심하게 추궁을 당하자 위축되어 쫓겨나는 궁료를 따라나갔다. 주상이 처음에는 알지 못하다가 이내 세자가 나갔음을 알고 군졸에게 잡아들이라고 소리쳤다. 이이장 공이 나와 말하기를,

---

37. 대지팡이[苴杖]: 아버지에 대한 상례인 참최상(斬縗喪)에 짚는 상장(喪杖)을 저장(苴杖)이라 하는데 대나무로 만들고, 어머니에 대한 상례인 자최상(齊衰喪)에 짚는 상장을 동장(桐杖), 혹은 삭장(削杖)이라고 하는데 오동나무로 만든다. 영조는 사도세자가 토굴 속에 감추어둔 상장이 아버지에 대한 상례에서 짚는 저장임을 추궁하며, 세자의 역모를 의심하고 있다. 이에 대해 세자는 자신이 토굴에 보관해둔 것은 어머니인 정성왕후의 상례에 썼던 상구(喪具)라고 항변하였다.
38. 주서(注書): 승정원 정7품 관직.
39. 여산(驪山): 진(秦)나라 서울 함양(咸陽) 동쪽에 있는 산. 진나라 시황의 무덤이 여산 아래에 있다. 영조는 세자가 토굴을 조성하여 영조 자신의 죽음을 빌었다고 보고, 이를 여산에 비유한 것이다.

“저군(儲君)을 군졸에게 잡아오라고 해서는 안 됩니다. 신이 수행하여 데리고 들어오는 것이 마땅합니다”라고 하고는 나아가 타이르니, 세자가 다시 들어왔다.

당초 세자가 한 궁료의 어깨에 기대어 나갔는데 가쁜 숨을 몰아쉬며 말하기를,

“주상께서 나를 죽이려 하시니, 백관은 나를 살려다오”라고 하였다. 궁료가 말하기를,

“주상의 노여움이 거두어지지 않았는데, 저하께서 나오시면 어찌합니까”라고 하였다. 세자가 황망하여 어찌할 바를 몰라하다가 이윽고 말하기를,

“다시 들어가는 것이 옳겠다”라고 하였다.

10. 세자가 잠시 나가자 주상이 시위 군사에게 영을 내려 나아가 잡아오도록 하였다. 익위(翊衛) 윤희복(尹熙復)이 손을 휘두르며 시위 군사를 꾸짖어 멈추게 하자, 시위 군사가 위엄에 눌려 감히 앞으로 나아가지 못하였다고 한다.

모물(某物)[40]이 들어온 후에 주상이 세자에게 그 속으로 들어가라고 명하였다. 이때 궁관과 환관들이 좌우에서 세자를 부축하여 잡고 들어가지 못하게 하였다. 주상이 진노한 목소리로 말하기를,

“시강원과 세자 익위사의 관원들을 모두 신속히 처형하라”고 하였다.

엄한 하교가 이에 이르렀는데도 이들은 끝내 세자에게서 떨어지지 않았다. 주상이 금군(禁軍)[41]을 불러 관모를 벗고 흰옷을 입은 자들을 쫓아내게 하자, 금군이 각자 한 사람씩 잡아 끌어내었다. 이때 세자 또한 흰옷을 입고 있었기 때문에 금군이 경황없는 중에 혼동하여 세자를 끌고 나갔다. 잠시 후 주상이 이를 깨닫고 매우 놀라 금군에게 세자를 다시 잡아들이도록 하였다. 승지 이이장이 아뢰기를,

“세자를 불러들이는 일에 금군의 하인을 시켜서는 안 됩니다”라고 하였다. 주상이 묻기를,

“누구를 시키면 되겠는가?”라고 하자 대답하기를,

“승지를 보냄이 마땅할 듯합니다”라고 하였다. 주상이 말하기를,

“경이 가라”고 하였다.

이 공이 급히 뛰어나갔는데, 계단을 다 내려오기도 전에 멀리서 세자가 설서(說書) 권정침(權正忱)[42]의 손을 잡고 들어오는 것을 보고 즉시 돌아와 아뢰기를,

---

40. 모물(某物): 사도세자를 가두어 죽일 때 사용된 뒤주를 가리킨다.
41. 금군(禁軍): 궁중을 지키고 임금을 호위 경비하던 군대.
42. 권정침(權正忱, 1710~1767): 본관 안동, 자 자성(子誠), 호 평암(平庵). 권벌(權橃)의 7세손. 젊어서 늙은

"세자가 불러오라는 명을 받기도 전에 이미 들어오고 있었습니다"라고 하였다.

11. 죄를 조목조목 밝힐 때와 세자를 감금할 때에도 세자를 폐하여 서인으로 삼는다는 전교는 명확하게 내려지지 않았다. 다만 하교하여 이르기를,

"네가 죽는 것이 낫겠느냐, 내가 죽는 것이 낫겠느냐?"라고 하였을 뿐이다.

이윽고 가두고 나서야 비로소 승지 조중회(趙重晦)[43]에게 명하여 전교를 읽게 했는데, 조중회가 따르지 않자 홍문관 관원 윤득맹(尹得孟)[44]에게 명하여 읽게 하였다. 세자를 폐한다는 전지를 승지 이이장이 쓰지 않고 나가자 주상이 친히 쓰고, 이를 승지 조중회에게 반포하게 하였는데 조중회가 명을 받들지 않았다. 이에 정순검(鄭純儉)[45]에게 반포하게 하였는데, 정순검 또한 전교를 받들지 않았다. 결국 마지막으로 이익원이 반포하고 돌아갔는데, 그의 형인 봉조하(奉朝賀) 이섭원(李燮元)[46]이 그 일을 크게 질책하였다. 15일 반교(頒敎)할 때, 이익원이 눈물을 흘려 이로 인해 죄를 입자, 사람들이 추후에 속죄(贖罪)한 것이라 여겼다고 한다.

세자가 갇힌 지 오랜 시간이 흐르자 오줌을 받아 마셨는데, 궁료들이 넣어 준 부채를 반으로 접어 오줌을 받는 용기로 삼았다고 한다. 이러한 일은 21일 후에 알게 된 일이다.

12. 세자가 갇혔을 때 생각하기를,

"주상의 뜻은 다만 잠시 나를 고생스럽게 하고자 할 뿐이다"라고 하였다. 시간이 좀 흐른 뒤에는 스스로 빌기를,

"이 정도에서 멈추시고 용서해주소서"라고 하였다. 또한 말하기를,

"내가 비록 여기에 있으나 나를 구하려는 이들이 틀림없이 올 것이다"라고 하였다. 세자가 기대했던 사람은 조재호(趙載浩)[47]를 가리킨 것이 분명했지만 끝내 세자를 구

(訥隱) 이광정(李光庭)과 입재(立齋) 강재항(姜再恒)에게서 학문을 배웠다. 임오화변 당시 임성·임덕제 등과 함께 끝까지 세자의 무죄함을 역설하였다. 귀향한 후 문을 닫고 음식을 전폐하다가 사망하였다. 저서로 1878년(고종 15) 현손인 권영하(權泳夏)가 간행한 『평암집(平庵集)』이 있다.

43. 조중회(趙重晦, 1711~1781): 본관 함안(咸安), 자 익장(益章). 이재(李縡)의 문인. 임오화변 당시 부당함을 간쟁하다가 무장(茂長)으로 유배되었다.

44. 윤득맹(尹得孟, 1715~?): 본관 해평(海平), 자 성여(聖輿). 1761년 홍문관 수찬, 1766년 병조 참지, 1767년 대사간 등을 역임하였다.

45. 정순검(鄭純儉, 1710~1767): 본관 동래(東萊), 자 성종(聖從). 1735년(영조 11) 문과에 급제하였다.

46. 이섭원(李燮元, 1701~?): 본관 부평(富平), 자 성화(聖和). 1736년(영조 12) 문과 급제, 호조 참의·도승지 등을 역임하였다.

하려는 말은 한마디도 없었다.

처음에는 동궁의 궁료들이 가까이 오는 것을 금하지 않았다. 때문에 세자 익위사의 한건, 김이곤(金履坤),[48] 윤득홍(尹得弘)·윤면원(尹勉遠)이 내내 곁을 지켰는데, 번번이 와서 살피고 가는 사람이 있었다. 한건이 세자에게 다가가자 가느다랗게 기침하며 하문하기를,

"누구냐?"라고 하였다. 한건이 대답하기를,

"신 아무개입니다"라고 하자, 하교하기를,

"무엇 때문에 이곳에 왔느냐?"라고 하였다. 대답하기를,

"신이 멀지 않은 곳에 있사온데, 어떤 사람이 번번이 살피는 것을 보고 적간(摘奸)[49]인 듯하여 와서 고합니다"라고 하였다. 세자가 매우 놀라며 말하기를,

"그러하냐? 내 이미 알고 있으니 그대는 다시 오지 마라"고 하였다. 한건이 틈을 보아 다시 세자에게 나아가니, 세자가 하교하기를,

"해(害)가 미칠 수도 있으니 다시 오지 마라"고 하였다. 잠시 후 한건이 또 가니, 세자가 하교하기를,

"내가 다시 오지 말라고 명한 것은 그대에게 해가 미칠까 해서가 아니라 나에게 해가 미칠까 걱정해서다. 어찌 일을 깊이 헤아리지 못하고 이리도 자주 오는가"라고 하였다.

이날 밤 세자를 따라 들어온 궁료들을 유배 보내라는 명이 있었는데, 대개 염탐하는 이들에게 발각되었기 때문이다. 얼마 후 유배 보내라는 명이 철회되고 파직하는 것에 그쳤다.

13. 주상이 포도대장 구선복(具善復),[50] 홍문관 관원 홍낙순(洪樂純)[51]에게 세자가 있

---

47. 조재호(趙載浩, 1702~1762): 본관 풍양(豊壤), 자 경대(景大), 호 손재(損齋). 좌의정 문명(文命)의 아들, 영의정 현명(顯命)의 조카, 효순왕후(孝純王后)의 오빠. 우의정 등을 역임. 1739년(영조 15) 송인명의 천거로 세자 시강원에 등용되었다. 1752년(영조 28) 이광좌를 탄핵하여 소론의 배척을 받았다. 1755년 『천의소감(闡義昭鑑)』 편찬의 도제조(都提調)가 되었다. 1759년(영조 35) 계비(繼妃)의 책립을 반대한 죄로 임천으로 귀양갔다가 이듬해 풀려나 춘천에 은거하였다. 1762년 사도세자가 화를 입게 되자 구원하기 위해 서울로 올라왔다가, 도리어 홍봉한 등의 무고로 종성으로 유배, 사사되었다. 1775년(영조 51) 신원되었다. 저서로 『손재집(損齋集)』이 있다.
48. 김이곤(金履坤, 1712~1774): 본관 안동(安東), 자 후재(厚哉), 호 봉록(鳳麓). 1762년 사도세자가 화를 당하자 궐내로 달려가 통곡한 죄로 파직되었다. 이후 시가와 독서로 소일하다가 말년인 1774년에 신계현령(新溪縣令)에 제수되었다. 저서로 『봉록집(鳳麓集)』이 있다.
49. 적간(摘奸): 난잡한 행동이나 부정한 사실이 있는지 없는지를 밝히기 위하여 캐어 살핌.
50. 구선복(具善復, ?~1786): 본관 능성(綾城), 자 사초(士初). 병조 판서·의금부 판사 등을 역임. 1786년(정

는 곳을 지킬 것을 명하였다. 구선복이 주상의 명을 받들어 모물을 두드려보았는데, 이때 세자가 묻기를,

"누구냐?"라고 하였다. 구선복이 대답하기를,

"구선복입니다"라고 하자, 세자가 꾸짖어 말하기를,

"네 어찌 감히 직함을 갖추어 아뢰지 않는가?"라고 하였다. 이에 구선복이 갖추어 대답하였다. 또한 그는 세자의 옆에서 마음대로 먹고 마셨다. (세자를) 지키던 군졸이 종종 말하기를,

"떡을 드시고 싶으면 떡을 올리리까? 술을 마시고 싶으면 술을 올리리까?"라고 하였다. 감히 모욕하고 조롱함이 이와 같이 극에 이르렀다. 당시 그 자리에 있었던 상번(上番)[52] 향졸(鄕卒)이 분하게 여겨 욕하지 않음이 없었으며 이 사실을 돌아와 말하였다고 한다.

14. 처음에 모물을 선인문(宣仁門) 안뜰 안에 두었는데 맹렬한 폭염이 오랫동안 계속되었다. 여기에 풀더미까지 덮어 찌는 듯한 기운이 더해지자 세자가 죽었다. 군졸 백 명에게 감시하도록 한 것이 무릇 아흐레 동안이었다.

7일째 되는 날 주상이 경희궁으로 환궁하였는데 돌아가는 길에 개선가를 연주하게 하였다. 21일 비로소 모물의 뚜껑을 열어 염습하였는데 시신은 쭈그리고 누운 채로 있었으며 한쪽 무릎은 끝내 펴지지 않았다. 여름의 폭염에 그대로 방치되어 있었으나 시신은 부패함이 없었다고 염습을 담당한 관리가 전하였다고 한다.

세자가 갇혀 있으면서 정승 홍봉한이 풀더미를 덮어 찌는 듯이 무덥게 하였음을 알고는 혼자 말하기를,

"네가 차마 이러한 짓을 하다니, 반드시 네 자손에게 재앙이 미치리라"고 하였다. 당시 지키고 있던 군졸이 듣고 돌아와 전하였다고 한다.

15. 사도세자의 기신일(忌辰日, 제삿날)은 윤5월 21일로 정해졌지만 실제 운명한 날

조 10) 문효세자가 죽자 상계군(常溪君) 담(湛)을 추대하려다 적발되어 조카 명겸(明謙)과 같이 죽임을 당하였다.

51. 홍낙순(洪樂純, 1723~?): 본관 풍산(豊山), 자 백효(伯孝), 호 대릉(大陵). 홍국영(洪國榮)이 정권을 쥐고 세도정치를 하자 그의 큰아버지로서 대제학·강화유수 등을 거쳐, 1779년 좌의정에 이르렀으나 이듬해 홍국영의 실각과 함께 파직되었다. 저서로 『대릉집(大陵集)』이 있다.

52. 상번(上番): 지방의 군인이 일정 기간 서울로 번(番)을 들기 위해 상경하는 것을 말한다.

은 20일 신시(申時, 오후 4시 전후)였다.

처음에 세자를 가두었을 때 그 동정을 살피고자 모물의 밑을 돌로 받쳐 지탱하게 하면서 그 한쪽을 빼어 흔들어보게 하였는데, 세자가 번번이 "누구냐?"라고 물었다. 7일째 되는 날 가쁘게 내쉬는 숨소리가 밖에까지 들리다가 점차 잦아들자 다시 흔들어 보았다. 이에 세자가 가느다란 소리로 말하기를,

"흔들지 마라. 어지러워 못 견디겠다"라고 하였다.

8일째 되는 날 신시에 마침내 아무 소리도 들리지 않아 주상에게 아뢰었다. 주상이 자세히 살피지 못한 때문이 아닌가 염려하여 구멍을 뚫고 살펴보라 명하였는데 과연 세자의 움직임이 없었다. 이에 다시 크게 구멍을 뚫고 손을 넣어 살을 만져보고 그 온기를 살펴보라 명하였는데 몸이 차갑게 식어 있었다.

이에 모물을 세자 시강원이 있는 건물로 옮겼다. 주상이 두 번 구멍을 뚫어 살펴보았다는 보고를 받고 모물을 옮겨 못을 뽑고 묶었던 밧줄을 풀어 시신을 내어다 평상에 안치하게 하였다. 이와 같이 하는 와중에 시간이 많이 흘러 초혼[皐復][53] 의식을 치르고 나자 다음날 새벽이 되었다. 초혼 의식을 치른 날을 따라 21일을 기신일로 삼았다.

변고가 발생한 날 공경대부와 여러 재상이 뱃놀이를 핑계 삼아 모두 도성 밖에 나가 있었고, 조정에는 홍계희(洪啓禧)[54]의 무리만 있었다고 한다. 이것이 이른바 '삼포장범(三浦張帆)'[55]이다.

16. 장성(長城) 사람 정지호(鄭志浩)가 윤5월 11일에 세자 익위사의 숙직을 마치고 나왔는데, 그 이틀 후 화변이 발생하였다. 정지호가 항상 말하기를,

"11일 입대하였을 때 소조(小朝, 사도세자)[56]의 기색에 시름이 매우 깊어 보였고 의

---

53. 초혼[皐復]: 죽은 사람의 넋을 부르는 것. 사람이 죽었을 때, 그 사람이 생시에 입던 저고리를 왼손에 들고 오른손은 허리에 대어 지붕에 올라서거나 마당에서 북쪽을 향해 '아무 동네 아무개 복(復)'이라고 세 번 부르는 일을 말한다.

54. 홍계희(洪啓禧, 1703~1771): 본관 남양(南陽), 자 순보(純甫), 호 담와(淡窩). 참판 홍우전(洪禹傳)의 아들, 이재(李縡)의 문인. 이조·예조 판서 등을 역임. 영의정 김상로, 형조 판서 윤급, 참판 이기경 등과 교유하면서 정순왕후 부친 김한구와 긴밀히 연계하였다. 1762년 경기도 관찰사로서 김한구 등과 짜고 나경언의 상변 사건을 일으켜 사도세자의 죽음을 초래하였다. 1777년(정조 1)에 아들 술해(述海)와 손자 상간(相簡)이 대역죄로 사형을 받자 그의 관작도 추탈당하였다. 저서로『삼운성휘(三韻聲彙)』등이 있다.

55. 삼포장범(三浦張帆): 세자가 뒤주에 갇혀 있는 동안 정휘량·신만·홍인한·신회 등 대신급 조정 신료들이 병조 판서 김양택(金陽澤)의 주선으로 한강의 삼포(三浦)에서 뱃놀이[張帆]를 하며 폐세자(廢世子) 성사를 자축한 일을 가리킨다.

56. 소조(小朝): 대리청정하는 왕세자를 이름. 왕세자가 대리청정할 때의 임금을 대조(大朝)라고 한다.

심과 불안으로 심히 답답해하셨다. 잠시 후 소조가 영을 내리기를,

'내가 입시하지 못한 지 오래되었다. 오늘은 무사히 지나간다 해도 내일이면 어찌 될지 알 수 없고, 내일 무사히 지나간다 해도 모레 어찌 될지 알 수 없다. 이러한 때 어찌 서연을 열 수 있겠는가'라고 하셨다. 이는 화변의 기미가 이미 임박해 있음을 아셨던 것이다"라고 하였다.

이후 혹독한 가뭄으로 크게 흉년이 들었다. 이때 충청도[湖中] 사람들이 모두 말하기를,

"목이 말라 죽은 사람이 누구인데, 우리 같은 사람이 말라 죽지 않을 수 있겠는가" 라고 하였다고 한다.

세자를 보호하려는 신료들의 충정

17. 이이장은 세자가 폐위되었을 때 도승지(都承旨)였다. 당시 주상이 경희궁에서 창덕궁으로 왔는데 거둥하는 어가를 서두르며 재촉하자 도승지 조영진(趙榮進)[57]이 세자가 병으로 어가를 맞이할 수 없다고 아뢰었다가 파직되었다.

이이장을 도승지에 제수하고 패초(牌招)[58]하였을 때, 갑자기 천아성(天鵝聲)[59]이 대궐 문에서 들려왔다. 이이장이 무슨 일이 일어났는지 알지 못한 채 허둥지둥 대궐로 들어가 보니 주상이 휘령전에 납시었고, 액례들이 삼문(三門)에 줄지어 늘어서 있었다. 대신 이하의 사람들은 대궐 출입이 허락되지 않았는데 이이장은 사관(史官)을 불러 들어갈 수 있었다. 이윽고 대궐로 들어가 일의 불가함을 심히 다투었는데 그 목소리가 밖에까지 들릴 정도였다.

주상이 세자를 폐하여 서인으로 삼는다는 전지(傳旨)를 쓰라 명하였는데 이이장이 전교를 받들지 않고 말하기를,

"양궁(兩宮, 영조와 사도세자)의 사이에 틈이 벌어져 있었는데 그 사이로 전해진 말 중에 어찌 잘못된 것이 없다 하겠습니까. 전하께서는 어찌 일개 부인[一婦人][60]의

---

57. 조영진(趙榮進, 1703~1775): 본관 양주(楊州). 자 여읍(汝揖). 아버지는 부사 규빈(奎彬)이며, 어머니는 민진후(閔鎭厚)의 딸이다. 1762년 도승지로서 사도세자의 처형을 강력히 반대하다가 영조의 노여움을 사서 한때 파직되었으나 다시 대사헌으로 기용되었다.

58. 패초(牌招): 임금이 비상사태나 야간에 급히 만나야 할 신하가 있을 경우 승정원에 명하여 패를 써서 입궐하게 하던 제도다.

59. 천아성(天鵝聲): 비상시를 알리는 나발소리. 나발을 불면 모든 백관은 각 조방(朝房)에 집합했고, 각 영(各營)의 군사는 정해진 자기 구역을 호위했다.

말만 듣고 이렇듯 큰일을 행하신단 말입니까"라고 하였다. 주상이 진노하여 세자를 폐하는 전교를 쓰도록 재촉하였으나 끝내 쓰지 않자 주상이 스스로 써서 내렸다.

처음에 주상이 세자에게 자진할 것을 명하자, 세자가 옷소매를 찢어 목을 매니, 궁료들이 끈을 풀었으나 세자는 기절하였다. 이이장이 의관 방태여(方泰輿)에게 세자를 진맥하고 약을 올리라 명하였는데 의관이 주저하자 이이장이 노하여 꾸짖으며 의관의 손을 잡아끌어 진맥하게 하였다. 의관이 청심원(淸心元)을 올려야 한다고 하자 올리도록 명하였다.

이때 주상이 잠시 휘령전에 갔다가 돌아와 이 광경을 보고 의관의 머리를 베라 명하였다. 선전관(宣傳官)[61]이 의관을 끌고 나가려 하자 이이장이 나와 말하기를,

"신이 내의원 부제조[藥房副提調]이므로, 그렇게 하라 지시하였습니다. 의관의 죄가 아니니, 신의 머리를 베소서"라고 하였다. 이에 주상이 신속히 처형하라 명하자 이이장은 끌려나가 형이 집행되기를 기다리고 있었다.

이때 아랫사람들이 당황하여 어쩔 줄 몰라 하고 있었으므로, 주상이 처형하라는 명을 내려도 전지를 봉행하는 사람이 없었다. 이 때문에 이이장이 참형을 모면할 수 있었다. 때는 이미 저녁 식사 때를 지나 있었다. 이이장의 집안사람이 저녁밥을 들이려 대궐 문에 이르렀는데, 군졸이 너의 집주인이 이미 참형에 처했다고 말해주었다. 이이장의 집에서는 너무도 놀라 어쩔 줄을 몰랐다.

세자는 이미 감금되었고 이이장은 나아가 임금의 부름을 기다리다 결국 들어가지 못하고 대신을 찾아갔다. 좌의정 홍봉한이 노하여 말하기를,

"양궁 사이에서 말을 전한다고 하였다는데, 이는 나를 가리킨 것이오?"라고 하였다. 이이장이 말하기를,

"아닙니다"라고 하며 자신이 말한 본뜻을 설명하였다. 좌의정이 그의 말뜻을 이해하자 이이장이 말하기를,

"지금 세자가 감금되었으니 이미 죽은 목숨이라 해야 할 것입니다. 세자가 죽은 뒤에는 다만 세 가지 일을 시급히 시행해야 하니, 다만 저를 죽이고 말 일이 아닙니다"라고 하였다. 좌의정이 그 일이 무엇이냐고 묻자, 이이장이 말하기를,

"위호(位號)를 다시 회복해야 하고, 아름다운 시호를 더해야 하며, 장례를 후하게

---

60. 일개 부인[一婦人]: 사도세자의 생모인 영빈을 가리킨다.
61. 선전관(宣傳官): 형명(刑名)·시위(侍衛)·전명(傳命) 및 부신(符信) 등에 대한 왕명 출납의 임무를 수행하던 선전관청의 관원. 정3품부터 종9품까지 있었다.

치러야 합니다"라고 하니, 좌의정이 맞는 말이라 여겼다.

이이장이 죽은 뒤 혜빈이 부의를 전했고 세손에게 그를 추장(推奬)하라 명하였다고 한다. [정조가 이조 판서를 추증하고 충정(忠正)이라는 시호를 내렸다.]

18. 이이장 공이 금호문(金虎門)[62] 밖에서 명을 기다리다가 조정에서 변고 후의 장례와 상례를 서인(庶人)의 예에 따라 지내는 것으로 논의한다는 말을 듣고 곧바로 여러 재상이 모여 있는 곳으로 들어갔다. 김양택(金陽澤)[63]이 방석을 내어주며 앉으라 하였으나, 공이 앉으려 하지 않고 선 채로 말하였다.

"지금이 어느 때입니까. 고인(古人)이 말하기를,

'일찍이 이간(夷簡)[64]이 말한 것이 없다고 하지 말라'고 하였습니다." 그리고 이어서 그 불가한 정상을 통렬하게 설명하였다.

김양택의 무리가 크게 놀라 마침내 그 논의를 멈추었다.

공이 이 일을 일기에 매우 상세하게 기록해두었는데, 집안사람이 서호수(徐浩修)[65]의 꼬임에 빠져 보여주었다가 유실되었다고 한다. 서호수는 서명응(徐命膺)[66]의 아들

---

62. 금호문(金虎門): 창덕궁 서쪽 행랑 문.
63. 김양택(金陽澤, 1712~1777): 본관 광산(光山), 자 사서(士舒), 호 건암(健庵). 장생(長生)의 5세손, 숙종의 장인 만기(萬基)의 손자, 예조 판서 진규(鎭圭)의 아들. 우의정·영의정 등을 역임. 할아버지와 아버지에 이어 3대가 대제학을 역임, 당대에 이름을 떨쳤다. 그러나 임오화변 당시 삼포장범을 주선하였으며, 정조 때 아들 하재(夏材)가 역신(逆臣)으로 몰려 벼슬을 추탈당했다가 뒤에 다시 복관되었다. 저서로 『건암집(健庵集)』이 있다.
64. 이간(夷簡): 송나라 인종(仁宗) 때의 재상 여이간(呂夷簡, 909~1044). 송나라 수주(壽州) 태생으로 자는 탄부(坦夫)이고 허국공(許國公)에 봉해졌으며 시호는 문정(文靖)이다. 인종(仁宗) 때 동평장사(同平章事)와 소문전 태학사(昭文殿太學士)로서 10여 년 동안 국정을 총괄하다시피 하였다. 인종의 생모인 이 신비(李宸妃)는 진종(眞宗) 비(妃)인 장헌태후(章獻太后)의 시아(侍兒) 출신으로 어린 인종을 장헌태후에게 빼앗기고 불우하게 살다가 비명(非命)에 죽었다. 이때 태후가 궁인(宮人)의 예로 장례를 치르려고 하자, 여이간이 "황태후(皇太后)의 예로써 장례를 치러야 마땅하다"고 주장, 관(棺) 속에 수은(水銀)을 채우고 시신에 황태후의 예복을 입혀 장례를 치러 뒷날의 사단을 미리 막았다. 『송사(宋史)』 권242, 「이신비열전(李宸妃列傳)」 권311, 「여이간열전(呂夷簡列傳)」 참조. 이 글에서 이이장은 사도세자의 장례를 서인의 예에 따라 지내는 것에 반대하기 위해, 인종의 생모인 이신비의 장례를 궁인의 예가 아닌 황태후의 예로 치르도록 한 여이간의 처사를 인용하고 있다.
65. 서호수(徐浩修, 1736~1799): 본관 달성(達城), 자 양직(養直). 호조 판서 종옥(宗玉)의 손자, 판중추부사 명응(命膺)의 아들. 이조 판서 등을 역임. 1776년 정조가 즉위하자 도승지에 임명되어 왕의 측근이 되었다. 그 뒤 대사헌 등 청관직(淸官職)을 거쳤으나 끝내 삼상(三相)에는 오르지 못하였지만, 규장각의 각종 편찬사업에 중추적인 역할을 하였다. 대체로 서명응의 후손들은 이른바 '영조의 임오의리'를 강조하였는데, 그 이유는 서명응이 사도세자의 비행을 공론화한 인물로 성토 대상이 되었기 때문이다. 서호수가 세자 보호에 힘썼던 장인 이이장의 임오화변 일기를 없애버렸던 것은 이 때문으로 보인다. 서명응과 세자의 관계에 대해서는 본서 「원편」 상, 78·81번 기사 참조.
66. 서명응(徐命膺, 1716~1787): 본관 달성(達成), 자 군수(君受). 보만재(保晩齋)라는 호를 정조에게서 하사받았다. 이조 판서 종옥(宗玉)의 아들, 영의정 명선(命善)의 형. 이조 판서·대제학 등을 거쳐 정승이

이자 이이장의 사위다.

19. 간재(艮齋) 최규서(崔奎瑞)[67] 공(公)이 일찍부터 이이장 공에게 깊이 기대함이 있었다. 최 공이 다른 사람에게 말하였다.

"내가 자못 심중하다 하나 이 모(李某)의 심중함은 나보다 훨씬 더하다. 비유하자면 차가운 물속 깊은 바닥에 천 년 동안 잠겨 있는 수마석(水磨石)[68]과 같다 할 것이니 종신토록 경거망동하는 날이 없을 것이다."

20. 한림(翰林)[69] 임덕제가 하번(下番)[70]으로서 창덕궁에 있었는데, 이날 대가(大駕)가 창덕궁에 와 경위(警衛)하라는 명을 내리고 마침내 대리청정을 파하였으며, 시위(侍衛)하는 여러 신하는 모두 쫓겨나갔다. 임덕제가 눈을 부릅뜨고 말하기를,

"나는 사관(史官)이다. 유연(鍮硯)[71]이 내 손에 있거늘 어찌 감히 이와 같이 하는가"라고 하며 그대로 소조 옆에 엎드렸다. 주상이 묻기를,

"누구인가?" 하자 대답하기를,

"한림 임덕제입니다"라고 하였다. 주상이 액례에게 쫓아내라 명하자 액례가 그를 끌고 나가려 하였다. 임덕제가 이를 꾸짖으며 말하기를,

"이러한 때 사관이 어찌 잠시라도 자리를 비울 수 있단 말이냐"라고 하였다. 액례와 임덕제가 서로 실랑이를 벌이고 있을 때 주상이 다시 시위 군졸에게 힘으로 쫓아내라고 명하였다. 이때 소조가 임덕제의 옷을 힘껏 움켜쥐고 말하기를,

"나를 두고 가면 어찌한단 말인가. 나를 두고 가면 어찌한단 말인가"라고 하자, 임덕제가 말하기를,

"신의 힘으로는 막을 수 없습니다"라고 하며 목놓아 울부짖었다. 이윽고 밖으로 쫓

되었다. 정조가 동궁에 있을 때 빈객(賓客)으로 초치되어 학문 수련에 큰 도움을 주었다. 정조 즉위 직후 규장각 제학(提學)에 임명되었으며, 운영에 깊이 관여하였다. 박학강기(博學强記)로 이름났으며 역학(易學)에도 조예가 깊었다. 그의 학문정신은 아들 호수(浩修), 손자 유구(有榘)에게 이어져 가학(家學)으로 확립되었다. 저서로 『보만재총서(保晩齋叢書)』 등이 있다.

67. 최규서(崔奎瑞, 1650~1735): 본관 해주(海州), 자 문숙(文叔), 호 간재(艮齋)·소릉(少陵)·파릉(巴陵). 우의정·영의정 등을 역임. 서인이 노·소론으로 갈라질 때 나량좌(羅良佐)를 옹호하는 등 소론에 가담하였다. 노론이 연잉군의 대리청정 등을 추진할 때 이에 맞섰으나 소론 강경파 김일경 등이 신임옥사를 일으킬 때는 완소(緩少)로 온건하게 대처하였다.

68. 수마석(水磨石): 흐르는 물에 씻겨 날카로운 모서리가 닳아 없어지고 매끄럽게 된 돌.

69. 한림(翰林): 조선시대 예문관 검열(檢閱)의 별칭(別稱).

70. 하번(下番): 근무를 교대함에 있어, 그 순서가 뒤쪽에 있는 사람.

71. 유연(鍮硯): 먹물을 담는 놋쇠 그릇.

겨났으나 틈을 보아 다시 들어왔다. 일의 기미가 점차 급박해지자 소조가 대신을 찾아가 청해보라 명하였다. 임덕제가 곧장 나와 신만(申晩)을 찾아가 소조의 영지(令旨)[72]를 전하였다. 이에 신만이 말하기를,

"군사가 사방에서 지키고 있는데 어떻게 들어갈 수 있단 말인가"라고 하였다. 이에 임덕제가 말하기를,

"저 또한 그 속에서 나왔는데 공이 어찌 들어갈 수 없단 말입니까. 제가 사관의 직책을 내세워 앞장서서 인도하겠습니다"라고 하였다. 신만이 말하기를,

"대조께 아뢴 후에 들어감이 마땅하다"라고 하며 우물쭈물하다 자리를 피하였다.

임덕제가 대신에게 청하는 일이 불가함을 알고 이윽고 들어가 소조에게 아뢰자 소조가 다시 명하기를 세손을 불러오라 하였다. 임덕제가 세손을 데려오기 위해 힘써 달려가다가 마침 대신들이 앉아 있는 곳을 지나게 되어 세손을 데려오라는 소조의 영지를 고하자 대신이 말하기를,

"세손이 그곳에 어찌 들어갈 수 있단 말인가"라고 하였다. 임덕제가 분노하여 곧바로 지나쳐 가며 말하기를,

"대신들에게는 아버지도 없단 말입니까?" 하고는 곧장 세손의 거처를 찾아가 소조의 영지를 고하였다.

세손 위종사(世孫衛從司)[73]의 사관 이복영(李復永)이 세손을 업고 임덕제가 뒤에서 부축하여 소조가 있는 곳으로 들어갔다. 시직 한건이 나와 세손의 손을 잡고 고하기를,

"일이 급박하게 돌아가고 있습니다. 원컨대 진심 어린 효심을 극진히 아룀으로써 천심(天心)을 감동시켜 돌이키도록 하십시오"라고 하자, 세손이 고개를 끄덕였다. 이때 홍술해(洪述海)[74]가 한건을 밀쳐내며 말하기를,

"세손께서 놀라 두려워하실 것입니다"라고 하였는데, 한건이 여러 차례 엎어지고 넘어지며 겨우 세손을 데리고 들어가 주상을 나아가 뵙게 하였다. 주상이 크게 놀라 하교하기를,

"누가 세손을 이곳에 데려왔느냐?"라고 하자, 임덕제가 말하기를,

---

72. 영지(令旨): 왕세자가 대리청정할 때 내리던 명령, 또는 명령서.
73. 세손 위종사(世孫衛從司): 세손(世孫)을 모시고 호위하는 임무를 맡았던 관청.
74. 홍술해(洪述海, 1722~1777): 본관 남양(南陽), 자 중선(仲善). 계희의 아들. 대사성 등을 역임. 1776년(정조 즉위년)에 황해도 관찰사로 재임 중 장전(贓錢) 4만 냥, 조(租) 2,500석, 송목(松木) 260주(株)를 사취한 사실이 드러나 흑산도에 위리안치되었다. 이듬해 아들 상범(相範)이 아버지의 치죄에 불만을 품고 홍인한·정후겸 등과 제휴, 정조를 시해하고 은전군 찬(恩全君禶)을 추대하려는 역모를 꾀하였다가 발각되어 형제 필해(弼海)·지해(趾海)·찬해(纘海) 및 조카 상간(相簡) 등과 함께 주살당하였다.

"소신이 모시고 왔습니다"라고 하였다.

이에 주상이 즉시 엄한 전교를 내려 임덕제를 쫓아내라 하고 마침내 제주 정의현(旌義縣)에 유배하라 명하였다.

21. 임덕제 공이 유배지로 떠날 때 그의 형 임덕항(林德恒)에게 들러 하직 인사를 하였는데, 임덕항이 울며 말하기를,

"나는 네가 죽은 후에야 얼굴을 볼 수 있겠다고 생각하였다"라고 하였다. 임 공이 형을 마주하고 울며 말하기를,

"죽지 않고 살아 있으니, 나라에는 불충이고 집에는 불효입니다. 비록 형님 앞이라 해도 얼굴을 들지 못하겠습니다"라며 흐느껴 울었다. 임덕항이 말하기를,

"그 일에 대해 대략이라도 말해 보거라"고 하자 임 공이 대답하였다.

"비록 산 얼굴로 돌아와 형님께 인사를 올리고 있지만, 어찌 감히 산 사람으로 자처하며 차마 그 일을 입에 담을 수 있겠습니까" 이에 임덕항도 차마 강권하지 못하였다.

판서 윤숙이 일찍이 말하였다.

"한림 임덕제가 쫓겨날 때 소조가 임의 옷소매를 움켜쥐자 시위하는 군졸이 그를 급하게 끌어내었다고 한다. 이에 임 한림이 울며 말하기를,

'잠시 소신을 놓아 주소서'라고 하자 소조가 말하기를,

'내 팔을 자른다 해도 이 소매는 놓을 수 없다'라고 하였다." 판서 윤숙은 한림 임덕제에게 이 말을 친히 들었다고 한다.

당시 내의원 분제조 한광조가 경계와 시위가 삼엄하던 때에 분을 참지 못하고 문을 밀치며 들어가자 시위 군사 등이 창을 들어 가로막았다. 한광조가 꾸짖으며 말하기를,

"나는 재상이며 또한 내의원 제조이거늘, 네 어찌 감히 막아선단 말이냐"라 하고는 마침내 들어가 계단 아래에 이르렀다. 주상이 묻기를,

"누구냐?"라고 하자 한광조가 관모를 벗고 눈물을 흘리며 대답하기를,

"분제조 신 아무개입니다. 이 무슨 일이며 어찌하여 이러한 처분을 내리시는 것입니까?"라고 하였다. 주상이 말하기를,

"너의 관직을 파(罷)하니, 속히 이곳에서 나가라"고 하자, 한광조가 말하기를,

"이러한 때 어찌 한 마디 말도 없을 수 있겠습니까. 신은 나라의 두터운 은혜를

받아왔고 동궁을 섬긴 지도 14년이 되었으니, 신이 지금 죽을 자리를 얻었습니다"라고 하였다. 주상이 진노하여 끌어내라 명하자 한광조가 통곡하며 나갔다.

그 후 한광조가 (대리청정을 파하고) 정사에 복귀[復政]한 것을 하례하는 자리에 참여하지 않자, 대간 임해(任瑎)가 탄핵하여 말하기를,

"온 천지가 기뻐하는 날에 홀로 하례를 올리는 반열에 참여하지 않았으니 무슨 마음을 품고 있는지 헤아릴 수 없습니다"라고 하였다. 이에 마침내 제주 대정현에 유배되었다.

22. 승지 이익원이 대궐에서 돌아왔다. 그의 형인 모관 이섭원(李燮元)이 그 일을 듣고 탄식하며 말하기를,

"너는 어찌하여 죽지 않고 살아 돌아왔느냐?"라고 하였다.

이익원은 세자를 폐한다는 교지를 반포할 때 눈물을 흘렸다는 이유로 면천(沔川)[75]에 부처(付處)되었다. [후에 주상이 이 일을 기억하고 그를 병조 판서에 탁용하였다.][76]

23. 세자가 뜰에 엎드려 주상의 엄한 전교를 들었다. 뜨거운 볕이 내정(內庭)의 박석을 뜨겁게 달구자, 여러 사람이 에워싸고 보호하였으나 세자는 혼미해져 두 번이나 기절하였다.

처음에는 충정공 이이장이 의관 방태여에게 명하여 청심원을 올리게 하자 소생하였다. 두 번째에는 시직 한건이 나가 내의원 서원(書員)을 불러 청심환을 지어 들여오게 하여 올렸다. 주상이 볼까 두려워 설서 권정침에게 세자의 앞에 서서 그 광경을 가리게 하였다. 세자가 감금된 후에 세손이 두 번 왔는데 모두 걸어서 왔다. 한건이 세손을 안고 들어갔다.

모물이 들어오자 한건이 좌의정에게 말하기를,

"지금 모물을 들였으니 일은 더욱 급박해졌습니다. 좌의정께서는 어찌 일이 늦추어지도록 청하지 않으십니까?"라고 하였다. 한건이 일찍이 말하기를,

"죽은 이가 다시 일어난다 해도 산 사람은 부끄러움이 없어야 한다. 사도세자께서 다시 살아온다 해도 나는 한 점 부끄러움이 없다"라고 하였다.

---

75. 면천(沔川): 충청남도 당진 지역의 옛 지명.
76. 이익원이 병조 판서에 제수된 일은 1771년(영조 47) 4월 25일(을미) 실록기사에 보인다.

24. 이광현(李光鉉)[77]이 가주서(假注書)로서 창덕궁에 입직하였을 때, 갑작스레 주상의 어가가 이르러 세자에게 나와 공손히 맞이할 것을 명하였다. 이보다 앞서의 행차에서는 매번 세자의 마중을 허락하지 않았는데 지금 처음으로 맞이하라고 명한 것이다.

이광현이 함께 입직한 궁료 임성, 변득양과 함께 합문(閤門) 밖으로 나가 세자가 나오기를 기다렸다. 처음에는 세자가 병이 있어 나갈 수 없다고 말하였는데 주상의 연(輦)[78]이 멈추어 선 채 세 번이나 재촉하여 명하자 세자가 나왔다. 이광현이 세자를 수행하여 함께 들어갔는데, 군병이 호위하는 가운데 이윽고 세자가 면복(冕服)[79]을 벗었다.

일이 점차 급박하게 되어가자 세자가 신료들을 돌아보며 말하기를,

"대신들은 혹여 나를 구할 수 있지 않겠는가"라고 하였다. 이광현이 작문(作門)[80] 밖으로 나가 대신들이 있는 곳으로 갔다.

이때 영의정 신만, 좌의정 홍봉한, 전직 대신 정휘량이 함께 모여 있었는데, 이광현이 세자의 뜻을 전하자 영의정은 가타부타 말이 없었고, 정승 홍봉한은 말하기를,

"시위 군졸이 들어가지 못하도록 막고 있으니 어찌하겠는가"라고 하였다. 이에 이광현이 말하기를,

"진실로 들어가기 어려운 것이 걱정이시라면 제가 앞장서겠습니다"라고 하였다.

세 대신이 어쩔 수 없이 이광현의 뒤를 따라 작문 밖에 이르렀는데 문을 지키는 군졸이 막아서자 대신들이 주저하며 들어가려 하지 않았다. 이광현이 앞장서서 들어가 안에서 영의정의 팔을 잡아끌어 들어오게 하니, 여러 대신이 마침내 들어와 겨우 전각 위에 올라갔다가 곧 물러 나와 바로 나갔다. 이광현이 쫓아가 물으니, 대신들이 대답하기를,

"어찌할 방법이 없다"라고 하였다.

세자가 다시 세손을 불러와 간청하게 하고자 하여 '모(某)[길(吉) 자 아래 고(古) 자가 있다]를 불러오라'고 하였다. 모(某) 자는 아마도 세손의 아명(兒名)인 듯하다. 궁료가 강서원(講書院)[81]에 가서 청하자, 강서원의 궁료 홍술해가 이 뜻을 세손에게 전하지 않

---

77. 이광현(李光鉉, 1732~?): 본관 광주(廣州), 자 백겸(伯謙). 1762년 사도세자가 창덕궁 선인문(宣仁門) 안뜰에서 영조의 친국을 받고 뒤주에 갇힐 때에 가주서(假注書)로서 배종하여 의관(醫官)을 불러들이고 세손[정조]을 몰래 세자와 대면시키는 등 설서 권정침(權正忱), 한림 임덕제(任德躋), 사서 임성(任珹)과 함께 세자의 구명에 힘썼다.
78. 연(輦): 임금이 타는 가마로 좌우와 앞에 주렴이 있고 헝겊을 비늘 모양으로 만들어 장식하였다.
79. 면복(冕服): 임금의 정복(正服). 곧 면류관(冕旒冠)과 곤룡포(袞龍袍)를 말한다.
80. 작문(作門): 파수병을 두어 함부로 드나들지 못하게 경계하기 위하여 임시로 설치한 문을 가리킨다.

고 대신들에게 상의하도록 하였다. 대신들이 핑계대기를 세손은 어리니 매우 놀랄 것이라 하며 세자의 뜻을 받아들이지 않았다. 한림 임덕제가 말하기를,

"이러한 때 아버지를 사랑하는 마음은 세손이나 대신이나 같을 것인데, 대신들은 홀로 아버지가 없습니까?"라고 하였다. 세손이 들어와 손을 모아 빌며 청하자 주상이 보고 크게 놀라 말하기를,

"누가 세손을 데리고 들어왔느냐?"라 하고, 전각을 내려와 세손을 일으켜 김시묵(金時默)[82]에게 건네주며 호위하게 하여 내보냈다.

세자가 또한 신료들을 보며 말하기를,

"서궁(西宮)에 아뢴다면 행여 방도가 있을 것이다"라고 하였다. 서궁은 중전(中殿)[83]을 가리킨 것이었다. 이광현이 다시 나가 대신에게 말하니, 대신이 멀리 남산(南山)을 바라보며 대답하기를,

"무슨 방법으로 중전께 연통하겠는가"라고 할 뿐이었다. 계속해서 궁료 임성이 나와 말하자 대신이 달가워하지 않으며 말하기를,

"중전께 통하는 길이 있다면 그대가 스스로 통해보시게"라고 하였다.

마침내 세자의 궁료들이 모두 들어가자, 주상이 궁료가 세자를 보익(輔翼)하는 것을 보고 노하여 질책하기를,

"너희에게 모두 정배(定配)를 명한다. 정배 죄인들은 속히 이곳에서 나가라"고 하였다. 여전히 아무도 물러가려 하지 않자 주상이 시위 군졸에게 명하여 쫓아내도록 하였다. 군졸들이 한 손으로는 검을 들고 한 손으로는 옷깃을 잡아 끌어내자 한건이 꾸짖어 말하기를,

"이와 같이 해서는 안 된다"라고 하자, 잡았던 옷깃을 놓아 주었지만 몰아서 쫓아냈다. 이광현이 홀로 사관이라 하며 나가지 않았는데 세자가 더는 의지할 바가 없게 되자 이광현의 손을 꼭 움켜쥐었다.

얼마 후 이광현 또한 참형에 처하라는 명이 내리자 이광현이 나가 명을 기다렸으나 결국 죽음은 면하였다고 한다.

---

81. 강서원(講書院): 세손의 교육을 담당하였던 관청.
82. 김시묵(金時默, 1722~1772): 정조의 장인, 효의왕후의 아버지.
83. 중전(中殿): 영조의 계비 정순왕후(貞純王后, 1745~1805)를 가리킨다. 김한구의 딸. 1759년(영조 35) 15세로 51세 연상인 영조와 결혼하여 왕비로 책봉되었다. 1762년 영조가 사도세자를 뒤주에 가두어 죽이는 데 적지 않은 역할을 했다고 전해진다. 오빠 김구주가 이끄는 세력이 영조 말년에 사도세자의 장인인 홍봉한 세력과 맞서고, 친정인물들을 중심으로 하는 벽파(僻派)가 정조대에 시파(時派)와 대립하는 중요한 정치적 배경이 되었다.

25. 처음 세자가 갇혔을 때 시위 군졸들에게 명하여 덮개를 닫게 하였다. 군졸들이 덮개를 닫으려 하자 부솔(副率) 김이곤(金履坤)이 꾸짖어 말하기를,

"비록 대군(大君)[84]의 명이 있었다 하더라도 너희가 어찌 감히 소군(小君)[85]을 가둘 수 있단 말이냐" 하니, 군졸들이 하던 일을 멈추었다. 주상이 직접 내려와 덮개를 들자 군졸이 이를 도왔다. 김이곤이 주상에게,

"이후로 다시는 잘못하지 않겠습니다. 지금 후회하고 있습니다"라는 세자의 말을 아뢰니, 주상이 돌아보고 꾸짖어 말하기를,

"이 자는 누구냐?"라고 하였다.

이윽고 세자가 들어갔다가 한 겹으로 된 판자를 걷어차서 열어젖히자 홍인한(洪麟漢)[86]이 별운검(別雲劍)[87]으로서 시위하고 있다가 주상에게 고하였다. 이에 주상이 내려와 보고는 두꺼운 판자를 가져다 대고 대못을 박게 하였으며 큰 밧줄로 판자를 칭칭 동여매게 하였다. 판자는 3중으로 둘렀고 밧줄은 4중으로 동여맸다. 21일 열어보니 못이 모두 깊이 박혀 있어서 (시신이) 남김 없이 접혀 구부려져 있었다고 한다.

26. 홍화보(洪和輔)[88]는 서생(書生)으로서 무천(武薦)으로 선전관(宣傳官)이 되었다. 13일 주상이 세자를 핍박하여 자진하도록 명하자 의관 방태여에게 약을 올리게 하였다. 주상이 곧바로 선전관에게 명하여 방태여의 머리를 베라고 하자 선전관이 방태여를 끌고 나가 베려 하였다. 이때 홍화보가 말하기를,

"사람의 목숨은 지극히 중요하네. 주상께서는 머리를 자르라 명하셨지 목을 자르라 명하지는 않으셨네. 머리와 머리카락은 일컫는 바가 다르지 않으니 상투를 잘라 바침이 마땅할 것이네"라고 하였다.

명을 받든 사람이 처음에는 홍화보의 말을 따르려 하지 않았는데, 홍화보가 말하

---

84. 대군(大君): 여기에서는 대조(大朝)와 같은 말로, 영조를 가리킨다.
85. 소군(小君): 여기에서는 소조(小朝)와 같은 말로, 사도세자를 가리킨다.
86. 홍인한(洪麟漢, 1722~1776): 본관 풍산(豊山), 자 정여(定汝). 중기(重箕)의 손자, 판서 현보(鉉輔)의 아들, 봉한(鳳漢)의 동생. 우의정·좌의정 등을 역임. 세손[정조]의 외종조부로서 안으로 정후겸(鄭厚謙) 모자, 밖으로 윤양후(尹養厚)·홍지해(洪趾海) 등과 결탁하여 위세를 부렸다. 세손과 사이가 나빠지자 풍산 홍씨들이 시파에 가담하여 세손을 보호하였으나 그는 벽파에 가담하여 세손의 즉위를 반대하였다. 1776년 정조가 즉위하자 유배되었다가 곧 사사되었다.
87. 별운검(別雲劍): 운검(雲劍)을 차고 임금의 좌우에 서서 호위하는 임시 벼슬아치. 큰 잔치나 회합에서 임금이 거둥할 때 유능한 무장(武將)이나 신뢰할 수 있는 신하들을 골라 임명하였다.
88. 홍화보(洪和輔, 1726~1791): 본관 풍산(豊山), 자 경협(景協). 홍중후(洪重厚)의 아들이고, 사위가 다산(茶山) 정약용(丁若鏞)이다. 승지(承旨)·황해도 병마절도사(黃海道兵馬節度使) 등을 역임하였다.

기를,

"만약 죄를 받게 되면 홍화보가 시켰다고 아뢰면 될 것이네. 그리되면 내가 혼자 그 죄를 감당하겠네"라고 하였다. 이에 그 사람이 홍화보의 말을 따르되 방태여의 상투를 남김 없이 자르려 하였다. 홍화보가 말하기를,

"설령 살아남는다 해도 이 무슨 꼴이란 말인가. 남김 없이 베는 것과 대충 자르는 것은 경중(輕重)의 차이가 없다네"라고 하니, 그 사람이 대충 잘라 갔다. 주상이 상투만 자른 것을 보고 연유를 묻자, 그 사람이 홍화보가 일러준 말로 대답하였다. 주상이 홍화보를 불러 힐문하자 화보가 대답하기를,

"사람의 목숨은 지극히 소중한 것입니다. 머리를 베라 명하심에 머리와 머리카락은 같은 것을 이름이라, 이 때문에 머리카락만 베게 하고 기다리고 있었을 뿐입니다"라고 하였다. 마침내 주상이 그냥 내버려두었다. 대개 속언(俗言)에 머리와 머리카락은 일컫는 바가 같기 때문에 홍화보가 이를 핑계 삼아 주상의 명을 중지하게 한 것이다.

세자가 모물의 안에 갇혔다가 한 겹짜리 널빤지를 걷어차 열었을 때, 궁료들은 군문 밖으로 모두 쫓겨나 있었다. 때문에 문 안의 소식을 들을 수 없었는데 홍화보가 몰래 나와 궁료 임성에게 말하여 마실 것을 가지고 와 올리게 하였다. 세자가 입고 있던 두꺼운 바지를 홑겹 바지로 바꾸어 입고 싶어 하자, 임성이 입고 있던 바지를 벗어 바쳤다. 또한 쥐고 있던 부채를 바치며 하직인사를 올리기를,

"신들은 모두 유배의 명을 받은지라, 날이 밝으면 떠나야 합니다"라고 하자 세자가 위로하였다. 얼마 후 주상이 사람들이 왕래하는 것을 보고 직접 와보는 바람에 궁료들이 낭패하여 허둥지둥 황급히 나갔다. 혹자가 말하기를 부채를 바친 사람은 홍화보였다고 한다.

27. 윤5월 13일에 주상이 마침내 하궐(下闕)[89]에 이르러 진전(眞殿)[90]에 절하고 휘령전에서 예를 행하였다. 동궁에게 들어와 참여할 것을 명하자 온 조정이 두려워하였고 시강원과 익위사 관원들은 모두 모였다가 일의 급박함을 보고 도망간 자가 두 사람 있었다.

사서(司書) 임성은 동궁을 수행하여 휘령전에 나아갔다. 예를 마치자 동궁이 홀연

89. 하궐(下闕): 세자가 머무르던 대궐로, 창덕궁을 가리킨다.
90. 진전(眞殿): 태조 이하 역대 임금과 왕후의 영정을 봉안한 선원전(璿源殿)을 가리킨다.

판위(板位)로 내려가 맨몸으로 엎드렸다. 임성도 엎드려 옆에서 동궁을 모셨는데 뜨거운 햇볕이 맹렬하여 정신이 혼미해져 주상의 전교를 명확히 알아들을 수 없었다. 전상(殿上)을 올려다보니 병조 판서가 분주히 달려가고 선전관이 허둥지둥 들고나는 것이 보일 뿐이었다.

잠시 후 시위 병사들이 모두 칼을 빼어 들고 에워싸 섰는데, 주상의 음성이 한번 울리자 동궁이 일어나 면복을 벗었다. 임성이 황급히 손으로 만류하자, 동궁이 임성의 손을 물리치고 옥대를 풀어 던진 후 머리를 땅에 부딪치니 피가 흘렀다. 임성이 두 손으로 동궁의 이마를 받치며 말하기를,

"이 무슨 일이십니까?" 하자, 동궁이 말하기를,

"차마 들을 수 없는 전교[91]가 있었다. 죽고자 하나 그럴 수도 없구나"라고 하였다. 임성이 전각 계단으로 달려가 관모를 벗고 머리를 땅에 조아리며 말하기를,

"신들이 말하지 못한 죄를 먼저 바로잡으시고, 저하에게는 스스로 일신(一新)할 수 있는 길을 열어 주소서"라고 하였다. 눈물을 흘리며 울부짖으니, 주상이 눈물을 흘리며 말하기를,

"너희는 모두 물러가라"고 하였다. 임성이 다시 문학 변득양과 함께 나와 대신들을 보고 말하기를,

"어찌하여 힘써 간쟁하지 않습니까?"라고 하니, 대신들이 마지못해 들어갔다가 주상의 엄한 하교를 한번 듣고는 곧 물러나왔다. 주상이 다시 동궁을 꾸짖는 전교를 내리자 동궁이 대답하기를,

"명을 따르겠습니다"라 하고는 손으로 용포를 찢어 자진하려 하였다. 임성이 만류하였으나 뿌리치고 따르지 않다가 마침내 혼절하였다. 임성이 손으로 옷의 매듭을 풀고 약을 지어 올리게 하였다. 세자가 오랜 후에 비로소 깨어나 임성의 무릎을 끌어다 베고 당부하여 말하기를,

"주상의 진노가 풀리지 않으시니, 나의 목숨은 내전(內殿, 정순왕후)에 즉시 연통하여 만에 하나라도 살 수 있는 길을 바라는 데 달려 있다"라고 하였다. 임성이 나가 대신에게 이 말을 고하였지만 대신이 이를 시행하려 하지 않았다.

주상이 시강원의 관원들을 동궁의 우익(羽翼)이라 여겨 모두 육진(六鎭)의 변방으로 쫓아내라 명하니, 마침내 쫓겨나갔다. 잠시 후 동궁을 엄히 가두라는 처분이 있었

---

91. 차마 들을 수 없는 전교: 세자의 역모를 추궁하는 영조의 전교를 이른다.

는데, 밤에 환관 한 명이 나와 궁료를 불러 말하기를,

"동궁께서 갈증을 풀고 싶어 하십니다"라고 하였다. 임성이 말하기를,

"물은 있으나 어떻게 올린단 말인가"라고 하자, 그 환관이 말하기를,

"조그만 틈이 있어 통할 만합니다"라고 하였다.

임성이 소매 속에 물 두 그릇을 넣어 들어가니, 동궁이 틈 사이로 그를 보고 기뻐하며 말하기를,

"사서(司書)는 어디에서 들어왔는가? 목이 말라 견디기 어려우니 물 한 잔만 얻어 오라"고 하였다. 임성이 소매 속에서 제호탕(醍醐湯)[92]을 꺼내 바치니, 동궁이 단숨에 마시고 말하기를,

"시원하다"고 하였다. 임성이 또한 청심원을 탄 물을 올리니 동궁이 반을 마시고 임성에게 내려주며 말하기를,

"사서가 마시라"고 하였다. 임성이,

"신은 괘념치 마소서"라고 말하며 사양하고 다시 올렸다.

동궁이 또한 입고 있던 편복(便服, 평상복)을 벗어 임성에게 바꾸어 오라고 하였다. 임성이 다시 나갔다 들어와 눈물을 흘리며 아뢰기를,

"신은 멀리 유배를 떠나야 하는 죄인이 되었습니다. 지금 한 번 문을 나가면 북쪽 길로 떠나야 하니 영원히 이별해야 할 것입니다"라고 하였다. 동궁이 유배지가 어디냐고 물음에 종성(鐘城)이라고 대답하자 하교하기를,

"잘 가라" 하였다. 말을 미처 마치기도 전에 주상이 계단에서 내려와 임성을 보고 말하기를,

"이놈이 다시 왔구나"라고 하였다. 임성이 마침내 쫓겨나가 다시 들어갈 수 없었다고 한다. [이 내용은 엄린(嚴璘)이 지은 임성의 묘지문에 나온다. 정조가 임성에게 이조 판서를 추증하고 충의(忠懿)라는 시호를 내렸다.]

28. 윤5월 13일에 주상이 창덕궁으로 와 진전(眞殿)에 절하고 또 휘령전에도 참배하였는데, 소조에게 같이 와 참여할 것을 명하였다. 진시(辰時, 오전 8시 전후)에 행례(行禮)를 비로소 마치고 전상(殿上)을 바라보니 시위 군졸이 모두 다급하게 분주하였고 선전관은 허둥지둥 왕래하였다. 상황이 놀랍고 두려워 무슨 일이 일어났는지 몰

92. 제호탕(醍醐湯): 오매육(烏梅肉) · 사인(砂仁) · 백단향(白檀香) · 초과(草果) 따위를 곱게 가루로 만들어 꿀에 재워 끓였다가 찬물에 타서 마시는 청량제.

랐는데, 주상의 하교가 너무도 망극하여 소조가 즉시 판위(板位)[93] 아래로 내려가 엎드렸다.

주상이 연이어 차마 들을 수 없는 하교를 내리자 소조가 전정(殿庭)의 남쪽으로 가 전상(殿上)을 향하여 엎드렸다. 뜨거운 햇볕이 맹렬히 내리쬐는데 곤룡포와 면류관을 벗고 박석에 머리를 조아렸다. 변득양과 시강원의 여러 관원 또한 관(冠)을 벗고 손바닥을 세자가 머리를 조아리는 박석 위에 대어 소조가 다치지 않기를 바랐다. 이어 궁료들을 거느리고 주상의 앞으로 달려가 머리를 찧으며 아뢰기를,

"전하, 어찌 차마 이러한 일을 하십니까. 먼저 신하들이 잘못 보도(輔導)한 죄를 바르게 다스리시고, 우리 저군(儲君)에게는 스스로 일신(一新)할 수 있는 길을 열어 주시어 종사(宗社)를 평안하게 하십시오"라고 하였다. 오랫동안 다급한 목소리로 울부짖었으나 주상은 받아들이지 않았다. 다시 나아가 말하기를,

"전하 어찌 차마 이리하실 수 있습니까. 설령 저군에게 과오가 있다 해도 어찌 차마 이리하십니까. 먼저 신들을 다스리시고 우리 저군은 용서해주소서"라고 하였다. 머리를 찧고 손을 모아 빌며 울며 애걸하기를 되풀이하였으나 주상의 하교는 더욱 엄해졌다.

이에 소조의 앞으로 와 엎드리고 옆에서 부축하며 보호하다가, 다시 주상의 앞으로 가 온갖 말로 호소하였다. 나아가려 하고 물러나게 함이 위아래로 이와 같이 분주하였는데, 아침부터 저녁까지 몇 차례인지 셀 수 없었다. 주상이 시강원 관원 모두를 북쪽 변방에 멀리 유배하라 명하였다. 비록 엄한 질책을 받았으나 한결같이 눈물로 호소하며 차마 물러나지 못하였다. 그러자 주상이 금군에게 허리를 잡아 끌어내라 명하였다.

얼마 후 소조가 혼절했다는 소식을 듣자 문을 열어젖히고 곧장 들어갔다. 다급하게 내의원을 불러 청심환을 가져오게 하자, 마침내 수의(首醫) 방태여가 약그릇을 들고 함께 문 안으로 들어왔다. 주상이 큰 소리로 꾸짖으며 쫓아내었고, 이어서 수의를 참형에 처하라고 명하였다.

변득양이 약그릇을 받아 사서(司書) 임성과 함께 소조의 입에 수저로 흘려넣고 손발을 주물렀다. 한 식경이 지나자 조금 차도가 있었는데, 소조가 힘없이 변득양을 돌아보며 말하기를,

93. 판위(板位): 신주를 모셔두지 아니한 빈 신위(神位).

“왜 나를 살렸느냐?”라고 하였다. 이러한 하교를 듣자 어쩔 줄 모르며 눈물을 흘릴 뿐이었다.

잠시 후 소조가 다시 전처럼 엎드려 대죄(待罪)하였다. 세자 시강원 관원들이 상의하기를,

“만약 세손이 와서 애원한다면 주상의 마음을 되돌릴 방도가 있을 것이다”라고 하였다. 강서원 관원 한 명에게 수행해 오게 하여 겨우 전정(殿庭)에 들어왔다. 주상이 멀리서 그 광경을 보고 다시 데리고 돌아갈 것을 급히 명하였다. 변득양이 전정의 계단으로 나아가 울며 아뢰기를,

“전하, 모름지기 세손을 보아서라도 어찌 차마 이리하십니까”라고 하며 앞서와 같이 머리를 찧으며 울부짖었으나 주상의 하교는 더욱 엄중해졌다. 소조가 변득양을 돌아보며,

“나의 장인은? 나의 장인은?”이라고 두 번 말하였다. 이때 정승 홍봉한이 감히 들어와 소조를 구하지 못하고 있었으므로, 그를 들어오게 하면 만에 하나라도 효험이 있을까 하는 바람으로 이러한 하교를 내렸던 것이다.

이와 같은 때, 주상이 다시 세자 시강원 관원들을 신속히 처형하라고 명하였다. 비록 엄명(嚴命)이 내려졌으나, 이때의 거조는 모두 뒤죽박죽 어그러져 주상의 전지를 받드는 사람이 없었기 때문에 처형하라는 명은 시행되지 않았다.

주상이 금군에게 세자 시강원 관원들을 끌고 나가라고 명한 뒤, 이들이 다시 문을 밀고 들어왔을 때에는 신문(神門) 밖에서부터 전정까지 좌우의 금군과 시위 군졸들이 모두 빙 둘러선 채 칼을 빼어 맞대고 있는 것이 몇 겹인지 모를 정도였다. 그러나 세자 시강원은 다른 관부와 다르기 때문에 애걸하기도 하고 성을 내기도 하여 겨우 말이 통할 수 있었다. 이에 곧장 주상의 앞으로 나아가 한결같이 간청하고 애원하였으나 주상의 진노는 더욱 격심해져 이들을 쫓아내라는 명을 다시 내렸다.

이보다 앞서 밖에서 들어갔을 때 제호탕 한 그릇을 가지고 들어가 올렸다. 소조가 다 마시지 않고 나머지를 변득양에게 주며 말하기를,

“문학(文學)이 마시게”라고 하자, 눈물을 닦으며 공손히 받았다. 이때 금군이 갑작스레 나와 변득양의 허리를 잡고 신문 밖 층계 아래로 던져버리자, 숨이 막혀 정신을 잃었다.

잠시 후 비로소 숨을 쉴 수 있게 되자 홍봉한이 앉아 있는 곳을 찾아갔다. 홍봉한이 영의정 신만과 함께 어깨를 나란히 하고 광정문(光政門)[94] 계단 위에 앉아 있었는

데 조금도 걱정하거나 두려워하는 빛이 없었다. 변득양이 손으로 돌계단을 두드리며 말하기를,

"지금이 어떠한 때인데 대신들이 팔짱을 끼고 편안히 앉아 있습니까. 대감께서 어찌 이리하실 수 있단 말입니까"라고 하였다. 홍봉한이 대답하기를,

"나의 허물이오"라고 하자, 변득양이 말하기를,

"대감의 허물을 말하는 것이 아닙니다. 어찌하여 소조를 구하지 않으십니까"라고 하였다. 이어 그를 찾아오라는 소조의 영지를 전하자, 홍봉한은 다른 곳을 보며 대답하지 않았다.

변득양이 고개를 숙이고 앉아 거듭 통곡하다가 신문 밖으로 돌아와 세자시강원 궁료들과 얼싸안고 가슴을 치며 울었다. 이때 정승 홍봉한이 갑자기 어디로부터인가 와서 변득양의 옆에 앉아 주먹으로 자리를 치며 말하기를,

"나 또한 어찌하겠는가. 나 또한 어찌하겠는가"라고 하였다. 변득양이 말하기를,

"대감이 어찌할 수 없다고 말하면 다시 누구를 믿는단 말입니까"라고 하자, 홍봉한이 곧 일어나 가버렸다.

이날 가물고 찌는 듯한 더위가 다른 날보다 심하였다. 밤이 다하도록 어찌할 바를 모르고 종일토록 원통하고 답답해하던 끝에 정신이 혼미해져 쓰러졌다. 그러나 주상의 진노는 격심하였고 위기는 점차 급박해져 밤이 깊어질수록 더욱 어쩔 줄 몰랐다.

이때 갑자기 소조가 문밖으로 나왔다. 놀라고 걱정이 되어 문의 왼쪽으로 달려가 나온 이유를 물으니, 잠시 소변을 누기 위해서였다. 급히 제호탕 한 그릇을 가지고 와 그 틈에 올렸는데 승지와 사관이 문의 안팎으로 늘어서서 시강원 관원은 소조를 데리고 들어오라는 말을 소리쳐 전하였다.

다급한 재촉이 계속 이어지자 소조가 변득양의 어깨 뒤에 숨으며 말하기를,

"장차 어찌해야 하는가, 장차 어찌해야 하는가"라고 하였다. 변득양이 아뢰기를,

"어진 하늘은 하루 종일 우레를 울리지 않는다고 하였습니다. 대조는 하늘인데, 어찌 차마 이 지경까지 이르렀습니까"라고 하였다.

울먹이며 아뢰고 있을 때, 도승지 이이장이 급히 나와 말하기를,

"대조께서 시위 군졸을 시켜 저하를 잡아들이라고 하시기에, 신이 모시고 들어오겠다고 아뢰고 나왔습니다"라고 하였다.

---

94. 광정문(光政門): 창경궁 명정전(明政殿) 남쪽 회랑 중간에 있는 남문.

소조가 임성과 변득양의 손을 잡고 간신히 문의 계단에 오르자, 시위 군졸들이 몰려들어 가로막으며 궁관이 따라 들어가지 못하게 하였다. 마침내 소조가 궁관들의 손을 놓고 홀로 되돌아갔다. 금군들이 궁관들을 계단 아래로 밀치니 구르고 넘어져 움직이지 못하였는데, 마침내 천지가 무너지는 듯한 소식을 듣게 되었다.

변득양과 임성, 권정침이 신문 밖 계단 아래에 서서 들어가려 해도 들어갈 수 없게 되자 다만 목놓아 통곡할 뿐이었는데, 그 소리가 전(殿) 안에까지 들렸다. 밤이 깊어져 전정이 조금 진정되자, 선전관 홍화보가 나와 은밀히 통할 수 있는 길을 알려 주었다. 임성과 함께 포위를 뚫고 숨어들어가 울면서 하직하며 아뢰기를,

"신들은 처벌을 받았습니다"라고 하였다. 황망하고 망극한 그 형상은 차마 글로 형용할 수 없다.

우연히 손이 들어갈 만한 틈이 있음을 발견하여 제호탕 한 그릇을 올리고, 임성과 상의하여 홑겹 소의(小衣)[95] 하나를 가져와 틈으로 밀어 넣었다. 가슴을 치며 말을 진달하지 못하자 소조가 하교하기를,

"문학과 사서(司書) 모두 잘 있고 잘 가라"고 하였는데 미처 알아듣지 못하였다.

세자의 죽음을 방조한 사람들

29. 주상이 칼을 차고 친히 전정(殿庭)을 순시하며 말하기를,

"이놈들이 다시 들어왔는가?"라고 하였다. 그리고는 시위 군졸들에게 경계를 더욱 삼엄히 하도록 명하고 이들이 다시 출입하지 못하게 하였다. 이에 몰래 물러 나와 정승 홍봉한에게 가서 말하기를,

"세자 시강원에서는 이제 어떻게 대처해야 하겠습니까? 이미 형전(刑典)을 내린 자들을 속히 처결하라 하셨답니다"라고 하였다. 정승 홍봉한이 조용히 대답하기를,

"이제 빈궁(嬪宮)이 사가로 나갈 터이니, 그 뒤를 따라나가는 것이 좋겠소"라고 하였다.

잠시 후 과연 빈궁이 궁문을 나가자 궁녀들이 모두 통곡하며 따랐다. 임성 등이 손을 잡고 통곡하며 가마의 뒤를 따라 돈화문(敦化門)을 나갔다.

온 조정의 대소 신료들이 홍마목(紅馬木)[96] 안에 모였다. 간혹 손을 잡고 변고에 대

95. 소의(小衣): 사대부들이 집에서 평상복으로 입거나 외출 시 도포나 대창의 등 겉옷의 밑받침 옷으로 입은 포(袍)다. 소창의(小氅衣)라고도 한다.

해 묻거나 눈물을 흘리며 말을 끝내지 못하다가, 바로 대명소(待命所)로 나아가 공손히 전지(傳旨)를 기다렸다.

(변고가 발생한 지) 7일 만인 20일에 대조가 비로소 환궁하여 조참(朝叅)[97]을 다시 열고 삼군(三軍)의 노고를 위로하며 치하하였다. 이에 이르러 주상이 정승 홍봉한에게 전교하기를,

"세자가 위급할 때 세자 시강원이 신하의 직분을 다하는 것은 당연하다. 생각해보면 어찌 죄를 물을 수 있겠는가. 지금까지의 전교는 모두 철회하고 파직만 함이 마땅하다"라고 하였다. 홍봉한이 대답하기를,

"지당하십니다"라고 하였고, 마침내 파직만 하라는 명이 내려졌다.

그러나 사관(史官) 윤숙, 임덕제는 전정에서 대신을 욕보였다고 대신들이 연달아 상주하는 바람에 결국 찬배(竄配)되었다.

아! 그날, 관각(館閣)[98]의 소임을 겸하였던 이들은 모두 들어오지 않았다. 보덕(輔德) 이덕해(李德海)는 시강원 액례가 연통하여 들어오라 청하였는데도 편안히 집에 있었다. 세자 익위사 사람 중에는

'들어왔으나, 앞서 들어온 사람들이 간 곳을 몰라 종일 한 사람도 만나지 못했다'라고 말하는 이도 있었다.

그중에 이규명(李奎明) · 송재경(宋載經) · 정지호(鄭志浩)는 처음부터 들어오지 않았는데, 이들은 당시 기맥(氣脈)이 서로 통하는 무리로 미리 기미를 알고 도피한 자들이었다. 후에 대궐문의 호위가 너무도 삼엄하여 들어올 수 없었다고 말하였는데 이 어찌 말이 되는가. 날이 저문 후 밖에서 들어온 자도 있었고, 더욱이 호위의 명이 휘령전 참배 후에 내려졌는데 그 전에 어찌 들어오지 않았는가.

김상로, 홍계희의 무리가 참화의 기미를 양성한 것은 무진년(1748, 영조 24), 기사년(1749, 영조 25)에 시작되었다. 기사년은 세자의 대리청정이 시작된 해다. 이때는 실로 우리 선대왕의 지극히 인자하신 은덕에 힘입어 감히 그 간사한 흉계를 시행하지 못하였다. 또한 죽은 상신(相臣) 이종성(李宗城),[99] 이천보(李天輔)[100] 등이 세자를

---

96. 홍마목(紅馬木): 궁문(宮門) 밖 좌우에 있던 네발 달린 나무 받침틀을 이르던 말. 가마 등을 올려놓을 때 쓰였다.
97. 조참(朝叅): 왕이 정전(正殿)에 친림(親臨)한 가운데 모든 조신(朝臣)이 나아가 정무를 아뢰는 것. 매달 5일, 11일, 21일, 25일 네 차례에 걸쳐 행하는 것이 원칙이었다.
98. 관각(館閣): 홍문관(弘文館)과 예문관(藝文館)을 통틀어 이르는 말.
99. 이종성(李宗城, 1692~1759): 본관 경주(慶州), 자 자고(子固). 호 오천(梧川). 영의정 등을 역임. 1728년(영조 4) 박문수와 함께 붕당 2백 년의 폐를 논하였다. 1752년(영조 28) 세자의 처벌에 적극적이던 김상로

지성으로 보익하였고, 세자를 보호하는 두 성모(聖母)[101]의 은혜가 지극하였다.

그러나 정축년(1757, 영조 33)에 이르러 성모(聖母, 정성왕후)가 승하하고, 무인년(1758, 영조 34), 기묘년(1759, 영조 35) 즈음에 흉악한 무리의 역모가 날로 심해져, 경연을 다시 열 것을 요청[102]하기에 이르렀다. 이즈음 문녀(文女)[103]가 안에서 음모를 꾸미고 홍계희와 김상로가 밖에서 선동하여 흉언을 만들어내는 것이 끝이 없었다. 정휘량과 신만 또한 나라의 인척으로서 음모를 만들어내어, 양쪽의 적들이 안팎으로 합류하였다. 정처(鄭妻)[104]가 홍계희의 부탁을 받아 흉서(凶書)를 만들었고, 김상로의 형세에 기대어 차마 하지 못할 말을 아뢰었으며 널리 퍼뜨린 패악한 흉설을 소매에 감추고 화응함이 극에 달하였다.

신사년(1761, 영조 37), 임오년(1762, 영조 38) 흉적의 음모가 더욱 급박해져 망령되이 해악을 끼친 늙은이 박치원(朴致遠)[105]을 뽑아 흉소(凶疏)를 올리게 하였다. 흉소의 말은 천박하고 패악하여 그 부도(不道)함을 헤아릴 수 없었다.

또한 현감 이정(李瀞)은 합관요(蓋寬饒)[106]라 자칭하며 스스로 목을 찌르고 소를 올

등과 대립하여 영의정에서 물러났다. 1758년 영중추부사가 되어 사도세자 보호에 앞장섰다.

100. 이천보(李天輔, 1698~1761): 본관 연안(延安), 자 의숙(宜叔), 호 진암(晋庵). 영의정 등을 역임. 1752년(영조 28) 우의정에 승진하고, 같은해 좌의정에 올랐다. 1761년 영의정 재임 시 사도세자의 평양 행차 사건을 인책, 음독 자결하였다. 저서로『진암집(晋庵集)』등이 있다.

101. 두 성모(聖母): 인원왕후(숙종 계비)와 정성왕후(영조의 원비)를 가리킨다.

102. 경연을 다시 열 것을 요청: 영조는 세자 대리청정 이후 오랫동안 중단하였던 경연을 1758년(영조 34) 7월 이후 재개하였다. 1758년(영조 34) 7월 6일(경인) 실록기사 참조. 정조와 세자 보호론자들의 설명에 따르면 이렇게 재개된 경연은 세자 반대 세력이 영조에게 세자를 무함하는 자리로 활용되었다고 한다. 1792년(정조 16) 윤4월 4일(임신) 실록기사 참조.

103. 문녀(文女, ?~1776): 영조의 후궁(後宮) 숙의 문씨(淑儀文氏). 궁인(宮人)의 신분으로 영조의 후궁이 되어 화길옹주(和吉翁主)와 화령옹주(和寧翁主)를 낳았다. 첫딸 화길옹주를 낳은 다음해인 1753년 '소원(昭媛)' 작위(爵位)를 얻었고 1771년 '숙의(淑儀)'로 승격되었다. 1749년부터 사도세자가 연로한 영조를 보좌하며 대리청정을 시작하자 숙의 문씨는 자신의 입지가 좁아질 것을 우려하였다. 이에 김상로와 오빠 문성국(文聖國) 등 노론 세력과 결탁, 사도세자를 모략하여 죽음에 이르게 하는 것에 일조하였다. 정조가 즉위하자 곧 폐해지고 사가(私家)에 안치되었다. 숙의 문씨는 작위를 박탈당한 후에는 실록에 '문녀'라 하여 격하된 호칭으로 기록되었다.

104. 정처(鄭妻): 영조의 아홉째 딸인 화완옹주(和緩翁主, 1737~1808). 영빈 이씨의 소생으로, 1749년 일성위 정치달에게 시집갔다. 딸이 하나 있었으나 2세 때 죽었고 남편도 요절하여 남편의 먼 일가인 정후겸을 양자로 들였다. 영조는 화평옹주를 잃은 뒤 당시 10여 세였던 화완옹주를 애지중지했다고 한다.

105. 박치원(朴致遠, 1680~1767): 본관 밀양(密陽), 자 사이(士邇), 호 읍건재(泣愆齋)·설계(雪溪)·손재(巽齋). 지중추부사(知中樞府事) 등을 역임. 1721년(경종 1) 어유룡(魚有龍)·이중협(李重協) 등과 함께 세제의 대리청정을 주장하다가 소론의 반대로 실패하고, 신임옥사로 유배되었다. 영조 즉위 후 종부시정(宗簿寺正)에 기용되었으나 소론 일파의 극형을 주장하다 1728년에 갑산(甲山)에 유배되기도 했다.

106. 합관요(蓋寬饒): 전한(前漢) 선제(宣帝) 때의 명신으로 자는 차공(次公)이며 위군(魏郡) 출신이다. 성품이 강직하고 기개가 높아 주변 사람들과 자주 마찰을 일으켰고, "천하를 자기 집으로 삼지 마라"는 상소를 올려 대역부도(大逆不道)로 하옥되자 차고 있던 칼을 꺼내어 자결하였다.

렸다. 연영문(延英門) 앞에서 그 독기를 뻗쳤는데 끝내 죽지는 않았다. 그러면서 또한 투소의 내용을 널리 포고하라 청하였는데, 이는 세자의 실덕(失德)을 널리 알려 밖의 사람들로 하여금 모두 알게 하고자 하는 뜻이었다.

대사성(大司成) 서명응은 성균관에서 사흘 동안 유숙하며 성균관에서 소를 올려야 한다는 뜻으로 유생들을 설득하였다. 유생 중에 충직하고 사려 깊은 자들은 모두 가담하지 않고 돌아갔다. 그러나 진사 안형(安衡)은 80세의 노회하고 패악한 인물로서 음모에 가담하여 소두(疏頭)[107]가 되었다. 상소의 내용은 한결같이 박치원·강필리(姜必履)[108]의 상소를 그대로 따른 것이었다.

서명응이 또한 유생들을 모아 상소 한 통을 완성하였는데, 상소의 끝에 이어서 말하기를,

"신은 명륜당에 앉아 있겠습니다. 운운"하였다.[109] 곧이어 윤재겸(尹在謙)[110]이 장령(掌令)으로서 상소를 올렸는데, 감히 '태갑이 개과천선하였다[太甲改過]'[111]는 말을 인용하였다.[112]

대개 전후의 흉소는 세자의 잘못을 바로잡는다는 것을 핑계 삼아 세자를 음해하고 이간질하는 흉악한 모의였다. 또한 경연을 다시 연 후 글의 뜻을 핑계 삼아 올린 참소의 말들은 일일이 다 기록하기도 어렵다.

어느 해 봄, 심이지(沈履之)[113]가 홍문관 관원으로서 경연에 입시하였는데,

---

107. 소두(疏頭): 임금에게 보내는 연명 상소(聯名上疏)에서 맨 먼저 이름을 올린 우두머리를 일컫는 말.
108. 강필리(姜必履, 1713~1767): 본관 진주(晉州), 자 석여(錫余). 1762년(영조 38) 지평으로 사도세자를 옹호하다가 삭직되었다. 그러나 곧 복직되어 도당록(都堂錄)에 뽑히고, 영조의 신임을 받았다. 1764년부터 동래부사(東萊府使)로 재직하면서 고구마 재배를 권장하여 성과를 거두자, 저술을 통하여 재배법을 보급하였다. 저서로 『감저보(甘藷譜)』가 있다.
109. 서명응이 …… 하였다: 서명응 상소는 본서 「원편」 상, 81번에 보인다.
110. 윤재겸(尹在謙, 1701~?): 본관 파평(坡平), 자 사익(士益). 사헌부 지평·장령 등을 역임. 1756년(영조 32) 대리청정을 하고 있던 사도세자에게 학문 정진과 정사에의 근면 및 시강원 관원들의 기강 확립을 여러 차례 상소하였다. 그 뒤 1792년(정조 16)에 사간 유성한(柳星漢)이 왕에게 학문 정진과 간언을 상소한 내용 가운데 사도세자에게 저촉된 사건이 일어나 유생들과 대간들의 탄핵을 받자 그도 당시 세자를 비난하였다는 비판을 받았다.
111. 태갑이 개과천선하였다[太甲改過]: 태갑은 상(商)나라 제3대 임금인 태종(太宗)의 이름. 성탕(成湯)의 손자고, 태정(太丁)의 아들이다. 중임(仲壬)을 이어 즉위했다. 즉위한 뒤 법을 어기고 방탕 포악하게 생활하여 이윤(伊尹)에 의해 쫓겨났다. 3년 뒤 자신의 잘못을 반성하자 이윤이 맞아 복위시켰다. 복위한 뒤 정치에 힘써 제후들이 상나라로 귀의했고, 백성도 안정을 되찾았다. 12년 동안 재위했다.
112. 윤재겸이 …… 인용하였다: 윤재겸 상소는 본서 「원편」 상, 86번에 보이는데, 문제의 '태갑'에 대한 언급은 없다.
113. 심이지(沈履之, 1720~1780): 본관 청송, 자 덕기(德器). 영조 말년부터 빚어진 왕실 외척 홍봉한과 김한구를 중심으로 한 대립에서 중립을 표방하였다고 평가되기도 하였지만, 1777년(정조 2) 정조를 해치려 했다는 홍인한(洪麟漢)의 무리로 지목받아 귀양 가서 유배지에서 죽었다.

"소조에게 올라온 근래의 상소에 충언이 많이 있으나 가리어 숨겨두고 있는데, 대조께서는 이를 알지 못하고 계십니다"라는 등의 말을 글 뜻을 핑계 삼아 아뢰었다. 이현중(李顯重)은 승지로서 경연에서 아뢰기를,

"근래 소조에게 충언직설(忠言直說)이 많이 올라오고 있습니다. 승정원일기를 들이게 하여 살펴보시면 조정에 충직한 신하들이 있음을 아시게 될 것입니다"라고 하였다.

주상이 처음에는 허락하지 않다가 재차 아뢰자, 비로소 일기를 들이라 명하였다. 당시 승정원일기에는 여러 흉서(凶書), 흉소(凶疏)들이 차마 실리지 못하였는데, 주상이 주서(注書) 심집(沈鏶)[114]에게 일기를 들이라 독촉하며, 하루 이틀 안에 흉소들을 모두 수록하고 각 상소 위에 표지를 붙여 올리라 명하였다. 이윽고 일기를 올리자 이현중이 주상에게 아뢰기를,

"일기를 들인 일은 실로 국가의 흥망과 관련되어 있으니, 이 사실을 동궁이 아시게 된다면 신은 죽은 목숨입니다"라며 손을 모으고 슬피 애원하였다.

흉소를 들인 후에 흉적 나경언이 형조에 상소를 올려 고변하였다. 그 흉패한 언설은 앞서의 흉소들을 그대로 답습하면서도 도리어 더 심함이 있었다.

20일 만에 화변이 발발한 후, 주상이 하교하여 말하기를,

"지난번에 승지 한 사람이 손을 모아 나에게 애원하여 말하기를,

'이는 국가의 흥망과 관계된 일이니, 이 일을 동궁이 알게 해서는 안 됩니다'라고 하였다. 나라를 개창하고 가문을 계승한 이래 소인은 등용하지 말라 했으니 전 승지 이현중을 변방으로 유배하라"고 하였다.

그 후 현중은 강릉(江陵)의 수령이 되었다가 갑자기 죽었다고 한다. [판돈녕(判敦寧) 변득양의 『임오별록(壬午別錄)』에 나온다.]

세자의 죽음 후 세자 궁료 및 민심의 동향

30. 13일 일이 벌어졌을 때 한익건(韓翼謇)은 제학(提學)[115]으로서 세자를 폐하는 반교문을 작성하지 않았고, 또한 (영조가) 정사에 복귀한 것을 하례하는 자리에도 참여하지 않아 이 때문에 파직되었다. 이것은 그 동배 중 한 사람이 말한 것이다.

---

114. 심집(沈鏶, 1724~?): 본관 청송(靑松). 자 성집(聖緝). 1759년(영조 35) 문과에 급제하였다.
115. 제학(提學): 예문관과 홍문관에 딸린 종2품 관직.

31. 궁료(宮僚)와 사관(史官) 등이 모두 벌을 받고 나갈 때 세손에게 작별 인사를 올리고자 하였다. 대신들이 놀라 동요하며 이를 막고, 여러 가지 일로 책망하였다. 이에 사관들이 대신들의 말을 막으며 이르기를,

"대신들은 평안무사하겠지만, 우리는 무사하지 못할 것입니다"라고 하였다. 그리고는 세손에게 나아가 작별을 고하고 궁을 나갔다.

이때 세자 익위사의 이득복(李得福)은 직소로 물러나 한가로이 누워 부채를 부치고 있었다고 한다.

32. 주상이 세자를 가두었을 때 근시 외의 신하들은 모두 궁궐 밖 숙직방[直房][116]에 머물러 있었고, 문을 지키는 자들은 검을 빼들고 서서 출입을 허용하지 않았다. 이 때문에 안과 밖이 통할 수 없었다. 훈련대장, 총융사[摠使] 등도 무슨 일이 벌어지는지 알지 못하였다. 이에 훈련대장이 말하기를,

"국가의 일에 훈련대장이 모르는 일이 어찌 있을 수 있단 말인가"라고 하였다.

대신과 중신들은 들어가겠다고 말하면서도, 문에 이르러서는 들어가길 주저하였다. 그러면서 문을 지키는 자들이 검을 빼들고 있어서 들어갈 수 없다고 거짓으로 말하고는 한편에서는 도리어 지키는 자들이 직책을 잘 수행하고 있다고 칭찬하며, "마땅히 이래야 한다"고 하였다.

군대를 집결시킬 때 선전관(宣傳官) 최 모(崔某)가 단봉문(丹鳳門, 창덕궁 동쪽 담장문)에서 지휘하고 있었는데, 입에는 담뱃대를 물고 황망하거나 당황한 기색이 없이 여유로웠다. 여러 신하가 이를 보고 안심하여 비로소 성상의 몸에는 우환이 없음을 알았다. 그러다가 중신 한 사람이 대궐에서 나오자, 궐 안에서 벌어진 일에 대해 조금 들을 수 있게 되었다고 한다.

33. 세자가 죽자 서명응의 부인 이씨[117]가 여러 날 동안 소식(素食)[118]을 하였다고 한다. 이보다 앞서 세자가 관서(關西)를 다녀온 일에 대해 서명응이 상소하였는데 세자의 허물을 드러내는 말이 많았다. 사람들은 서명응의 상서에 세자를 동요하려는

---

116. 숙직방[直房]: 조신(朝臣)들이 조회(朝會) 시각을 기다릴 때 각 사(各司)별로 머물러 대기하는 곳. 대궐 문 옆에 있었다.
117. 서명응의 부인 이씨: 전주(全州) 이씨로 정섭(廷燮, 1688~1744)의 딸이다. 이정섭은 선조(宣祖) 맏아들 임해군(臨海君)의 후손이다.
118. 소식(素食): 고기나 생선을 갖추지 않은 음식, 즉 채식 위주의 소박한 음식을 말한다.

뜻이 있으므로 장차 예측할 수 없는 일이 벌어지고야 말 것이라고 생각하였다. 이에 오랜 친구들이 서둘러 절교하는가 하면 혼인을 약속한 이들이 취소하기도 하였다. 조정에서는 어울리려 하는 이가 없었고, 문에는 찾아오는 빈객이 없었으며, 황해도 관찰사에 제수되었을 때는 교유문(教諭文)을 지으려는 사람이 없었을 정도로 사람들이 그를 위태롭게 여겼다. 이와 같았는데도 이씨가 소식을 행하였으니, 진실로 사람으로서 지녀야 할 떳떳한 마음을 가졌다고 하겠다.

34. 세자가 서인이 되어 갇혔을 때 세자를 폐하는 반교문이 반포되었다. 공주(公州)의 향인(鄕人) 신오성(愼吾省)이란 사람이 분노하며 말하기를,

"이는 반드시 흉패한 무리가 음모를 꾸며 음해하였기 때문이다. 내가 죽음을 각오하고 소를 올려 간쟁하고자 한다"고 하였다.

그리고 드디어 길을 떠났는데 그의 늙은 형이 뒤를 좇아가 일족(一族)의 안위를 들어 만류하자 돌아왔다고 한다.

35. 세자가 죽은 뒤 장령(掌令) 박치륭(朴致隆)[119]이 상소하여 신만·홍봉한·정휘량 등 세 정승의 죄를 탄핵하였다. 대개 세자를 잘 보도하지 못한 책임을 물은 것이다. 박치륭은 이로 인하여 흑산도로 귀양 가 그곳에서 죽었다. 상소에는 아울러 조재호에게 노적(孥籍)[120]의 형벌을 시행하라 청하는 내용도 있었다.

36. 충청도[湖西]의 선비가 호남(湖南)에 갔는데 길에서 우연히 거사(巨師) 한 명을 만났다. 거사는 여러 장사치와 함께 쉬고 있었는데, 선비가 그의 어깨와 등을 보니 우뚝하게 곧은 장대한 모습이 일반 사람과 달라 기이하게 생각하였다. 이에 길을 떠나는 거사의 뒤를 좇아 함께 객관에서 머물며 대화를 나누었는데 과연 평범한 사람이 아니었다.

그는 주역(周易)의 이치를 논하며 새로운 말을 많이 하였고, 또한 내년에는 나라에 큰일이 있을 것이나 그 폐해가 백성에게 미치지는 않을 것이라고도 하였다. 무슨 일

---

119. 박치륭(朴致隆, 1692~1766): 본관 반남(潘南), 자 여승(汝升), 호 유곡(楡谷). 사간원 헌납·장령 등을 역임하였다.

120. 노적(孥籍): 역적 등 중죄를 지은 죄인의 처와 자녀를 노비로 삼고 죄인의 재산을 몰수하는 것으로, 처자위노(妻子爲奴)와 재산적몰(財産籍沒), 또는 수노(收孥)와 적산(籍産)을 합쳐서 이르는 말이다.

인지 물었으나 대답하지 않고 말하기를,

"그때가 되면 자연히 알게 될 것이다"라고 하였다. 이른바 내년이란 곧 임오년(1762, 영조 38)이었다.

37. 한림(翰林) 윤숙이 전정에서 대신들이 세자를 구하지 않은 것을 비난하였다고 하여 유배되었다. 이때 어떤 사람이 세자의 일이 무엇 때문에 일어났는지 물었다. 윤숙이 답하기를,

"병이 있었을 뿐입니다"라고 하였다. 당시 주상이 만고에 없을 변고[121]가 있어 세자를 폐한다고 하였고, 조정의 신료들 또한 대부분 그렇게 여겼다. 윤숙에게 질문한 사람은 그 주변의 사람이었다. 그 사람이 돌아간 후, 함께 유배된 사람이 말하기를,

"젊은 사람이 어찌 그리 경솔하게 말하는가"라고 하였다. 윤숙이 발끈하여 말하기를,

"그렇다면 병이 있는 사람을 두고 저 무리를 두려워하여 만고에 없을 변고가 정말 있었다고 말해야 했단 말인가"라고 하였다.

윤숙이 일찍이 어떤 이에게 말하기를,

"모(某)는 모시(某時)에 아직 연소한 중에 창졸간에 변고를 만나니 어찌할 바를 몰랐다. 그런데 장인[122]이 의(義)에 따라 행동함을 보고 활연히 깨닫는 바가 있어 스스로 다짐하기를,

'신하 된 자의 섬김은 마땅히 이와 같아야 한다'라고 하였다. 이에 마음이 안정되고 죽음이 두렵지 않게 되어 전정에서 대신들을 꾸짖게 되었다"라고 하였다 한다.

어떤 사람이 윤숙에게 묻기를,

"나는 향리에 있느라 당시의 일을 직접 볼 수 없었다. 대신들의 행동이 어떠했는가?"라고 하였다. 윤숙이 답하기를,

"당시 정승 홍봉한은 황망하고 두려움에 가득 차 연이어 말하기를,

'신은 다만 전하의 마음을 알 뿐입니다'라고 하였고, 다른 재상들은 편안하고 태연하여 특별히 놀라거나 당황하는 기색이 없었다. 홍봉한이 (변고가 일어날 것을) 알고 있었다는 사실은 피하지 못할 것이나[123] 다만 화가 미칠까 두려워하였기 때문에 이

121. 만고에 없을 변고: 영조가 사도세자를 죽음으로 몰며 그 이유를 세자의 역모 때문이라고 하였는데, 여기에서 만고에 없을 변고는 세자의 역모를 가리킨다.

122. 장인: 이이장을 가리킨다.

123. 홍봉한이 …… 것이나: 박하원(朴夏源)의 『대천록(待闡錄)』에서는 이 부분에 대하여 "洪相則未有先知者, 自懼禍及, 故如是云"(장서각 소장본 원문 47b)이라고 하였는데, 이는 윤숙의 말을 빌려 홍봉한이 임오년의

와 같이 하였을 뿐이다"라고 하였다 한다.

38. 설서(說書) 권정침은 영남(嶺南) 사람으로 모년에 궁료였다. 13일 변고 후에 파직되어 돌아가자 그 숙부가 맞이하여 권정침이 힘껏 간쟁하지 못한 것을 개탄하며,

"내가 지금 너를 맞이하는 것은 너의 상여를 맞이하는 것만 못하다"라고 하였다. 세자 시강원과 익위사의 관원들을 파직하라는 명이 내린 후, 권정침은 대명소에서 관모(冠帽)와 허리띠를 내려놓고 곧장 형이 있는 연풍(延豐) 임소로 가 손을 잡고 함께 안동의 본향으로 돌아갔다.

향리의 사우(士友)들이 일제히 모여 그 변고에 대해 묻자 권정침이 사실대로 대답하였다. 좌중에 모인 이들이 한 마디도 하지 않고 흩어져 돌아갔다가 다음날 홀연히 큰 동아줄 하나씩을 지니고 와 권정침의 집을 잡아당겨 무너뜨리며 책망하기를,

"어찌 차마 살아 돌아올 수 있는가. 우리는 의리상 자네와 같은 향리(鄕里)에서 지낼 수 없네"라며 교제를 끊었다.

권정침이 향리에서 쫓겨나 상주에 이르러 우거하였는데, 상주 사람들 또한 안동과 같아, 어쩔 수 없이 조령(鳥嶺)을 넘어 충청도에 거주하며 종신토록 문밖으로 나가지 않았다고 한다.

13일의 변고 후 권정침이 시직 한건에게 말하기를,

"근래 동궁을 뵈었는데 눈물을 쏟으며 말씀하시기를,

'영빈께서 나에게 들러 잠시 머물다 가셨다. 필부도 자기 부모는 봉양할 수 있는데 나만 홀로 그렇게 할 수 없구나'라고 하셨다. 나는 다만 그 효성이 이와 같음을 보았을 뿐이다"라고 하였다고 한다.

세자 보호를 자처했던 조재호의 몰락

39. 세자가 일찍이 위기에 처해 있음을 감지하고 세자 익위사 관원 조유진(趙維鎭)[124] 에게 사사로이 명을 내려 정승 조재호에게 '서둘러 올라와 나를 보호하라'는 말을 전하게 하였다.

화변이 발생할 것을 미리 알고 있었다고 주장한 『현고기』의 견해와는 상반된 내용이다. 『현구기문』도 '洪相則未知'라고 되어 있어 『대천록』과 같으나, 『현구기사』를 비롯한 다른 판본은 모두 본문과 같다.

124. 조유진(趙維鎭, 1721~1762): 본관 풍양(豊壤), 자 지경(持卿). 재건(載健)의 아들, 재호의 조카다.

당시 조재호는 춘천에 물러나 있었는데 조유진이 가서 세자의 전지를 알리니, 정승 조재호가 대답하기를,

"대신의 거취가 경솔하면 안 되니 급하게 나아갈 수 없다. 그러나 세자를 위험에 빠뜨리려 음모를 꾸미는 자들은 내 마땅히 토벌하여 바로잡겠다"라고 하였다.

조유진이 두 번 찾아가 말하였는데 그때마다 조재호가 모두 사사로운 이유를 핑계대고 올라오려 하지 않기에, 조속히 올라와 세자를 부호(扶護)하라 더욱 권하였다. 그런데도 정승 조재호가 따르지 않다가 세자가 폐위되고 조씨 가문에 화가 미칠 기미가 임박하자 비로소 서둘러 올라왔다.

정승 조재호가 동교(東郊)에 머무르며 조유진을 부르자, 유진이 사양하며 말하기를,

"공은 마땅히 와야 할 때 오지 않았습니다. 일이 이미 어찌할 수 없는 지경이 되고 나서야 비로소 올라와 나를 찾으면 무엇하겠습니까" 하고, 찾아가지 않았다.

40. 이때 사헌부에서 계를 올려 조재호에게 죄줄 것을 청하였다. 조재호가 궐에 나와 주상을 뵙기를 청하려는데 정승 홍봉한이 사람을 시켜 못하게 막았다. 조재호는 물러났다가 북쪽 변경지대에 유배되었다. 그와 친하게 지내던 문객들을 모두 붙잡아다 국문한 뒤 처형하였으며, 조재호도 곧 사사되었다.

조유진도 '동궁의 전교를 거짓 칭탁하였다[假托東宮之敎]'는 죄목으로 잡혀 와 국문을 받았다. 주상이 기필코 자복을 받고자 하여, 처음에 '거짓 칭탁하였다'는 것으로 자복하게 하였는데 조유진이 승복하지 않았다. 다시 '중요한 지위의 사람[125]을 의지하였다[倚重]'로써 자복하라 명하니 조유진이 오랫동안 생각하고 말하기를,

"이 또한 따를 수 없습니다"라고 하였다. 그러나 그 스스로 설을 만들어 말하기를,

"'(동궁의) 예지(睿旨)를 받들고 갔다[承睿旨而往]'라고 한다면, 이는 진실로 '중요한 지위의 사람에게 의지하였다[倚乎重]'가 되니, 이로써 자복하라면 따르겠습니다"라고 하였다. 주상이 그 굳건한 인내심을 보고 신하들을 돌아보며 말하기를,

"'중요한 지위의 사람을 의지하였다'는 것이 어찌 죽을죄가 되겠는가?"라 하고, 작처(酌處)[126]하라 명하였다.

그러나 곧바로 사헌부에서 (탄핵하는) 계사가 나와 미처 옥에서 나오지 못하였다. 조유진은 정강이에 곤장을 맞고 살점이 떨어져 나갔으며 갈비뼈는 부러지고 이빨은

125. 중요한 지위의 사람: 여기에서는 사도세자를 가리킨다.
126. 작처(酌處): 죄의 가볍고 무거움을 참작하여 처분하다.

모두 빠져 거의 살아 있는 기운이 없었다. 그런데도 주상이 질문하면 반드시 온화한 안색으로 대답하였다. 또한 노모가 있어 억지로라도 먹고살고자 했는데 음식이 오지 않고 모친의 부음이 전해지자 곧 죽었다.

정승 조재호가 죽은 후 수교(受教)를 모아 『봉교엄변록(奉教嚴辨錄)』[127]을 만들어 후세에 보이도록 하였다. 조유진이 일찍이 낙매시(落梅詩)를 지었는데, 이 시에 말하기를,

"뼈가 가루가 되도록 군주의 은혜에 보답하였는데, 살아 있는 듯 죽은 얼굴로 조각난 시신 되어 돌아왔네"라고 하였다. 그 후 조유진이 죽었을 때 정강이뼈가 모두 부서졌으나 안색은 살아 있는 듯하니, 사람들이 '시참(詩讖)'[128]이라 했다고 한다.

41. 윤5월 17일 정승 조재호가 춘천에서 와서 대죄(待罪)하였다. 주상이 대죄하지 말고 즉시 입궐하라고 효유하였다. 조재호가 입궐하려 할 때 이조 판서 김상복(金相福)[129]이 먼저 와서 말하기를,

"대감은 지방에서 지금 막 올라와 궐내의 상황을 알지 못할 테니, 대략이나마 말씀드리겠습니다"라고 하였다. 그리고 쓸데없이 장황한 말을 꺼내어 지체하게 하였다. 정승 조재호가 말하기를,

"내가 지금 입궐하여 주상을 뵈려 하니 어서 좌의정에게 가 나의 뜻을 말해 주시오. '지금 조정에 말을 하는 사람이 한 사람도 없으니 심히 통탄할 만합니다. 내 뒤를 따라 곧장 몸을 일으켜 들어와야 할 것입니다'라고 전하시오"라고 하였다. 김상복이 돌아보며 말하기를,

---

127. 봉교엄변록(奉教嚴辨錄): '세자보호'를 표방한 소론 조재호에 대한 고변과 처벌에 대한 의리를 밝힌 책. 『천의소감(闡義昭鑑)』의 예에 의거하여 작성되었으며, 처음 명칭은 『수의편(垂義編)』이다. 『봉교엄변록』은 임오화변과 관련하여 조재호의 '세자 보호설'을 부정함으로써, 보호설에서 전제하는 '세자 위해(危害)' 세력의 존재를 인정하지 않았다. 영조는 『봉교엄변록』의 편찬에 홍봉한·신만 등 노론 북당, 홍계희·윤급 등 노론 남당, 강필리 등 소론 완론, 이재간·김노진 등 소론 준론 인사들을 두루 참여시켰다. 이는 신료들이 영조 자신이 확정했던 '대의리(大義理)'를 인정하고, '보호(保護)', '불리(不利)' 등의 의리를 자작(自作)하는 조재호와 같은 자들을 배척한다면, '세자 보호'나 '세자 위해' 세력을 막론하고 수용될 수 있음을 의미하는 것이기도 했다.

128. 시참(詩讖): 무심히 지은 시가 우연히 뒷일과 꼭 들어맞는 일을 가리킨다.

129. 김상복(金相福, 1714~1782): 본관 광산(光山), 자 중수(仲受), 호 직하(稷下)·자연(自然). 장생(長生)의 후손, 승지 만균(萬均)의 증손. 우의정·영의정 등을 역임. 홍봉한과 정치적 동지로서 이른바 북당(北黨)에 속해 평소 김구주를 배척하는 데 힘썼다. 1775년 영조로부터 홍인한·정후겸 등이 세손의 대리청정을 막아 세손을 해치려 한다는 서명선의 소를 평가해보라는 지적을 받고 모호한 답변을 해 정조 즉위 직후 유배되었다. 저서로 『통색문답(通塞問答)』 등이 있다.

"여기에서 조금만 기다려주십시오. 좌의정에게 다녀오는 것이 좋겠습니다"라고 하였다. 조재호가 그 말을 믿고 서서 기다렸는데, 얼마 후 갑자기 그의 벼슬을 삭직한다는 전지가 내려오자 당황하여 성 밖으로 나갔다고 한다.

조재호는 옛 정승 풍릉군(豐陵君) 조문명(趙文命)[130]의 아들이자 효순왕후(孝純王后)[131]의 오빠다. 일찍이 탕평론의 주인이 되어, 자기를 따르지 않으며 준론(峻論)을 주장하는 자들을 원수 보듯이 하였다. 또한 궁금(宮禁)과 가까운 지위로 인해 주상의 뜻을 헤아려 을해년(1755, 영조 31)의 화(禍)[132]를 만들어 냈다.

일찍이 매를 그린 그림에 화제(畫題)를 쓰기를,

'천추의 사악한 일족 모두 베기 어려우니, 하늘 향해 날아가 끝내 돌아오지 않으리라[千秋惡族誅難盡, 飛欲衝霄遂不還]'고 하였다.

심악(沈鑵)[133]이 잡혀왔을 때, 조재호가 나아가 말하기를,

"이제야 비로소 씨를 뽑아내었습니다"라고 하였다. 이에 신임년의 사람들[134]에게 추율(追律)하고 이를 준론(峻論) 일대로 확대·적용하여 거의 모든 이들을 제거하였는데 모두 조재호의 뜻이었다.

---

130. 조문명(趙文命, 1680~1732): 본관 풍양(豊壤), 자 숙장(叔章), 호 학암(鶴巖). 경종대에 세제로 책봉된 연잉군의 보호에 힘쓰면서 김일경 중심의 소론 과격파[峻少]와 대립하였다. 1727년(영조 3) 정미환국으로 소론이 재진출하면서 이조 참의에 특별히 임명되었다. 그해 딸이 왕세자[孝章世子]의 빈(嬪)이 되었다. 이듬해 이인좌(李麟佐)의 난을 진압한 공로로 풍릉군(豐陵君)에 책봉되었다. 당쟁의 폐단을 걱정하여 붕당의 타파와 탕평의 실현을 주장하였으며, 이를 위해 억강부약(抑强扶弱)과 시비절충(是非折衷)·쌍거호대(雙擧互對)를 그 실천 방안으로 제시하였다. 영조대 좌의정까지 역임하였고, 저서로 『학암집(鶴巖集)』이 있다.

131. 효순왕후(孝純王后, 1715~1751): 조선 진종(眞宗: 追尊王 孝章世子)의 비(妃). 아버지는 풍양 조씨(豊壤趙氏)로 좌의정 문명(文命)이다. 1727년(영조 3) 세자빈에 간택되어 효장세자와 가례(嘉禮)를 올리고, 1735년 현빈(賢嬪)에 봉해졌다. 소생은 없었으나 죽은 뒤 1752년 효순(孝純)이라는 시호를 받았다. 1764년(영조 40) 2월 영조가 정조로 하여금 효장세자의 계통을 잇도록 하여, 정조 즉위 후 왕후로 추존되었다. 능호는 영릉(永陵)으로 경기도 파주에 있다.

132. 을해년의 화(禍): 1755년(영조 31) 소론(少論)이 관련된 일련의 사건을 역모로 몰아서 소론을 제거한 사건. 나주 괘서 사건으로 소론을 처벌하고 나서 열린 토역(討逆) 경과(慶科)에서 시권(試券) 사건, 그리고 익명의 투서 사건이 연이어 일어나서 약 6개월 사이에 170여 명이 형을 받았고, 그 가운데 120여 명이 처형되었다. 이로 인해 소론 준론이 대거 처벌받고, 노론이 정국을 주도하였으며, 그 전말을 기록한 『천의소감(闡義昭鑑)』이 반포되었다.

133. 심악(沈鑵, 1702~1750): 본관 청송(靑松). 자 언로(彦魯). 영조대 영의정을 지낸 수현(壽賢)의 아들. 이른바 '준소(急少)'로 분류되는 인사로서, 심정연(沈鼎衍)의 흉서 사건에 관련되어 사형에 처해졌다. 심정연 흉서 사건이란 1755년 5월 나주 괘서 사건을 수습하고 나서 치러진 토역 정시에 준소 계열인 심정연이 응시하여 영조의 준소 세력에 대한 처우의 부당함을 알리는 내용을 답안 대신 제출해 벌어진 옥사를 말한다.

134. 신임년의 사람들: 소론 5대신(조태구·유봉휘·이광좌·조태억·최석항)을 비롯하여 그와 관련된 소론계의 인사들을 가리킨다.

처음 조재호가 생각하기로는 옛 준소의 세력이 이미 기울었으니 세력을 잃은 잔당들이 저절로 자기를 따르리라 여겼다. 이에 앉아서 그 이익을 거두어들이고 일세를 장악할 수 있으리라 생각했다. 그러나 뭇사람들의 생각은 그렇지 않아서 차라리 노론이 될지언정 탕평당은 되지 않으리라 하면서 한쪽 편 사람들[135]에게 붙어버렸고, 이로 인해 도리어 그는 고립되었다. 그가 분하게 여기는 것이 더욱 심해졌고, 다시 노론의 허물을 캐어 세력을 모으는 데 이용하고자 하였다.

당시는 바야흐로 『천의소감(闡義昭鑑)』[136]을 편찬하여 신임의리(辛壬義理)[137]를 밝히려 하였는데, 그 찬술하는 용어가 경종[景廟]을 욕되게 하는 것이 많았다. 이에 조재호는 판서 원경하(元景夏)[138] 등과 함께 주상을 뵙기를 청하여 극론하였으나 그 계책이 행해지지 못했다. 급기야 조재호는 병을 이유로 사퇴하고 춘천에 물러나 거주하면서, 다시 의론을 높여 준론으로 자처하였다.

흉악한 무리가 방자히 무함하여 세자의 지위가 불안하게 되자 마침내 조재호가 '세자 보호'라는 의론을 빙자하였으나 그러면서도 서둘러 올라와 세자를 보호하지는 않았다. 다만 세자를 위해(危害)하려는 무리를 토벌하겠다거나 주살하겠다는 말만 앞세워 깊고 험한 산골에서 으르렁거렸을 뿐이다. 당시 (조재호의 시구(詩句) 중에),

'가슴 속 불평은 아무리 애써도 없어지지 않으니, 백발의 몸으로 여전히 용천검(龍泉劍)[139]을 어루만지네[胸裏不平磨不得, 白頭猶自撫龍泉]'라는 구절이 있었는데, 그 소문이 크게 퍼져나가 화기(禍機)가 더욱 급박하게 되었고, 마침내 13일의 화변을 재촉하게 되었다.

아, 애통하다. 조재호는 동궁이 이미 갇히고 자기 집안에 화가 닥치려 하자 비로소

---

135. 한쪽 편 사람들: 여기서는 노론을 가리킨다.
136. 천의소감(闡義昭鑑): 1721년 영조가 세제로 책봉된 이후 1755년(영조 31) 을해옥사까지 여러 차례 역모 사건이 일어났다. 이에 영조는 그 원인이 세제 책봉을 둘러싼 분규 때문이라고 인식하고, 세제 책봉이 정당한 처사였음을 밝혀 그 경위를 후세에 전하려는 목적으로 편찬하였다. 편찬 책임자는 영중추부사 김재로(金在魯), 영의정 이천보(李天輔) 등이다.
137. 신임의리(辛壬義理): 신축년(1721, 경종 1) 환국과 임인년(1722, 경종 2) 옥사에 대한 의리를 말한다. 당시 경종의 병세를 이유로 노론이 연잉군을 세제로 세우고 대리청정을 건의하였으나 소론이 집권하여 노론을 역모로 몰아 처벌한 사건이다. 신임의리란 이때 노론이 정당하였는데 소론에게 억울하게 처벌받았다는 노론 측 주장을 가리킨다.
138. 원경하(元景夏, 1698~1761): 본관 원주(原州). 자 화백(華伯), 호 창하(蒼霞)·비와(肥窩). 1739년에 영조의 뜻을 받들어 붕당이 나라를 그르치는 화근임과 탕평책을 진언하였다. 그는 정우량(鄭羽良)·오광운(吳光運)·윤유(尹游) 등과 함께 노론·소론만의 탕평인 소탕평(小蕩平)을 넘어, 동서·남북을 다 포함한 대탕평(大蕩平)을 창도하였으나 조정의 지지를 받지 못하였다. 저서로 『창하집(蒼霞集)』이 있다.
139. 용천검(龍泉劍): 춘추시대 간장(干將), 막야(莫邪) 두 부부가 제작했다는 보검(寶劍)의 이름.

어쩔 수 없이 황망하게 서울에 이르렀다. 그러나 또한 대궐 문을 곧바로 밀고 들어가 궁궐 계단에 머리를 찧으려 하지 않고 다시 이리저리 지체하며 사람들에게 속았고, 급기야 한마디 말도 하지 못하고 물러나고 말았다. 대개 그의 마음은 오로지 화(禍)를 즐기고 권력을 탐하는 데 있었지 측은하게 여기거나 애달파하는 마음은 조금도 없었다. 때문에 하늘이 그의 넋을 빼앗고 낭패하여 죽게 한 것이니, 그의 죄는 진실로 주살에 처한다 해도 용서받지 못할 것이다. 그에게 사약을 내릴 때 주상의 전교 중에,

"일찍이 심악을 씨앗이라 하더니, 지금은 그대가 도리어 역적들의 씨앗이 되었다. 운운"하는 내용이 있었다. 을해년으로부터 8년 후에 그 말을 기억해 내어 도리어 그 사람을 벌주었으니, 천도(天道)의 호환(好還)[140]을 또한 볼 수 있다.

세자의 죽음이 몰고온 정치적 파장

42. 이봉환(李鳳煥)[141]은 서얼이었는데, 문장에 능하였고 권력자와 널리 교유하며 친하게 지내는 문객이 되었다. 세자가 죽은 뒤에 다른 사람에게 말하기를,

"그때 재상들은 근심하거나 두려워하며 어떤 이들은 도망가려 하였고 어떤 이들은 일거에 사면령이 내릴 것을 두려워하였다"라고 하였다 한다.

43. 최익남(崔益男)[142]이 일찍이 다른 사람에게 말하기를,

"사도(思悼)가 이러저러하여 벌을 받은 것은 실로 원통한 일이다. 그러나 지금의 처분은 요임금, 순임금, 탕왕, 무왕의 처분과 같다"라고 하였다.

최익남은 정휘량의 친한 문객이었으므로, 말하는 것이 이와 같았다.

44. 임오년(1762, 영조 38) 가을에 남병사(南兵使)[143] 윤구연(尹九淵)[144]이 금주령을

---

140. 천도(天道)의 호환(好還): 일의 응보(應報)가 자기에게 돌아오게 마련임을 나타낸다.

141. 이봉환(李鳳煥, 1710~1770): 본관 전주(全州), 자 성장(聖章), 호 우념재(雨念齋). 영조조에 사마시에 합격하였고, 1748년(영조 24), 통신사행의 서기로서 일본에 다녀왔다. 1770년(영조 46) 경인옥(庚寅獄)에 연루되어 옥사하였다. 저서로 『우념재시고(雨念齋詩藁』가 있다.

142. 최익남(崔益男, 1724~1770): 본관 전주(全州), 자 사겸(士謙). 1770년 이조 낭관으로서 당시 영의정 김치인(金致仁)이 사도세자의 죽음에 죄가 큼을 논하고, 세손으로 하여금 사도세자의 묘사(墓祠)에 참배하게 할 것을 청하였다가 대신들의 맹렬한 탄핵을 받았다. 여기에 영조의 노여움까지 사서 영구히 서인(庶人)으로 강등되어 대정현에 유배되었고, 계속되는 고문으로 장하(杖下)에서 죽었다.

어겨 장차 참형에 처해지게 되자 여러 아랫사람이 다투어 탄원하였다. 주상이 화를 내며 말하기를,

"모일(某日)의 처분이 내려졌을 때에는 한 사람도 말을 하는 자가 없더니, 지금 윤구연의 일에는 어찌하여 앞다투어 만류하는가"라고 하였다. 이에 여러 신하가 감히 다시 말을 하지 못하였다.

45. 세자가 죽은 뒤 청나라에 세자가 병으로 죽었다고 보고하였다. 칙사 부헌(富憲)이 조문을 위해 조선에 왔는데, 우리나라의 의주(儀注)[145]를 두고 오류가 많다고 빈번하게 질책하였다.

세자의 영위(靈位)[146]에 제사를 지낼 때 주상이 나오지 않았고 세손 또한 나와 조문을 받지 않았다. 이에 부헌이 예를 행하려 하지 않으며 말하기를,

"나는 황제의 명을 받들어 조문하기 위해 왔는데 주인이 자리하지 않음은 어째서인가?"라고 하였다. 통역관이 조정 사신에게 알리니,

"국왕은 늙어 병들었고, 세손은 어리고 유약하여 나올 수 없습니다"라고 대답하였다. 부헌이 말하기를,

"그렇다면 대신이라도 나와 대신하여 조문을 받아야 마땅할 것인데, 어찌하여 나오지 않는 것인가?"라고 하였다.

이에 영의정 홍봉한이 허둥지둥 들어와 예를 행하였다. 당시 역관에게 많은 뇌물을 써서 사태를 미봉하게 하였다. 칙사가 말하기를,

"평소에 조선은 예의의 나라라고 일컬어졌는데 지금 와서 보니 매우 그렇지 않다"라고 하였다.

혹자는 말하기를,

---

143. 남병사(南兵使): 남도병마절도사(南道兵馬節度使). 함경도의 북청(北靑) 남병영(南兵營)에 주재하였다.
144. 윤구연(尹九淵, ?~1762): 본관 함안(咸安). 1750년(영조 26) 전라우수사(全羅右水使)에 임명되었고, 이후에는 충청병사(忠淸兵使)·남병사(南兵使) 등의 직책을 맡았다. 1762년(영조 38)에 대사헌(大司憲) 남태회(南泰會)가 윤구연(尹九淵)이 금주령을 어기고 매일 술을 마신다는 이유로 파직을 청하는 상소를 올렸고, 영조는 상소의 내용이 사실이라면 사형으로 다스려야 할 것이라는 비답을 내렸다. 진상을 조사하기 위해 파견된 선전관(宣傳官) 조성(趙峸)이 술 냄새가 나는 항아리를 발견했고, 영조는 크게 노하여 직접 숭례문에 나아가 윤구연을 참수하였다. 술 항아리가 금주령이 내려지기 전부터 있던 것이었기 때문에 윤구연의 참수를 두고 세간에서 억울하게 여겼다. 이후 1774년(영조 50) 영조는 윤구연에게 다시 직첩(職牒)을 지급하라는 명을 내렸다.
145. 의주(儀注): 여러 가지 의식(儀式)의 상세한 절차, 또는 이를 기록한 서첩(書牒).
146. 영위(靈位): 상가에서 모시는 혼백의 신위(神位).

"칙사는 세자가 죽은 연유를 모두 알고 있었다고 한다. 당시 평안 감사 정홍순(鄭弘淳)[147]이 칙사를 대하는 이들에게 감히 망령된 말을 해서는 안 된다고 엄히 경계하긴 하였으나, 엿보기를 잘하는 저들이 천 리 길을 오며 어찌 알지 못하였겠는가"라고 하였다. 혹자가 전하는 말이 매우 믿을 만하다.

46. 세자의 3년상을 모두 마치자 궁의 서쪽에 사당을 세우라 명하고, 호조 판서를 불러 원래의 의제(儀制)보다 낮추고 축소하라 명하였다. 이윽고 사당이 세워졌는데, 자못 규모가 컸다. 주상이 거둥하여 세워진 사당을 보고 그 규모를 축소하라 명하고 남은 흔적을 지우게 하였다. 이윽고 사당을 축소하여 다시 지었는데 주상이 또 사당을 동쪽으로 옮기도록 하교하였다.

이때 궤연(几筵)[148]을 철거할 날이 매우 임박하였으므로 공사의 감독을 재촉하여 간신히 기일에 맞추고 신위를 봉안할 수 있었다. 그러나 요여(要轝), 채여(采轝)가 중문을 통과하지 못하여 수레의 가로 멜대를 제거하고 나서야 들어갈 수 있었다고 한다.

혹자는 말하기를,

"호조 판서가 주상의 전교를 받들고 나서 물러 나왔는데 동궁과 혜빈궁에서 묘도(廟圖)를 내려주었다고 한다. 이에 담당하는 관리가 훗날을 염려하여 처음에는 사당을 크고 웅장하게 짓는 데 힘썼다고 한다"라고 하였다.

사당이 완성되자 '수은(垂恩)'이라는 묘호가 내려졌다.

47. 복정과(復政科)[149] 당시 거의 모든 유생이 과장(科場)에 나아갔으나 그중의 많은 이들은 마지못해 응시한 것이었다. 그리하여 지은 글을 스스로 바치지 않고 하인에게 주어 바치게 하였고, 혹 합격하였어도 강경(講經)에 응하지 않거나 강경에 응하였어도 회시에 과권(科劵)을 내지 않기도 하였다.

---

147. 정홍순(鄭弘淳, 1720~1784): 본관 동래(東萊). 자 의중(毅仲), 호 호동(瓠東). 영의정 정태화(鄭太和)의 후손이며, 아버지는 참판 정석삼(鄭錫三)이다. 1745년(영조 21) 정시문과에 급제한 뒤, 이조참판 등을 거쳐 평안도 관찰사가 되었다. 1762년 호조 판서로서 예조 판서를 겸해 장헌세자의 상(喪)에 장의(葬儀)를 주관하면서, 장헌세자의 의복과 금침에서부터 악모대리(幄帽帶履) 등 미세한 것까지 그때의 문부(文簿)와 함께 보관하였다. 그 공로를 인정받아 정조대 우의정이 되었다.

148. 궤연(几筵): 제사에 사용되는 제사 도구. 궤(几)는 제사 또는 연향(燕饗)에 사용하는 제사 도구로, 죽은 사람의 혼백이 깃드는 영궤(靈几)를 가리킨다. 또한 연(筵)은 그 밑에 까는 자리로, 죽은 사람의 혼백이나 신주(神主)를 모셔두는 곳을 가리킨다.

149. 복정과(復政科): 사도세자의 대리청정을 거두고 영조의 친정(親政)으로 복귀하는 것을 기려 실시한 과거(科擧)다.

복정과에 합격한 사람이 세손에게 사은(謝恩)하고자 하여 단자(單子)를 올린 지 오래되었는데도 세손은 유중불하(留中不下)[150]하다가 이후 여러 차례 단자를 올리고 나서야 빈말로 답하였다. 마침내 이를 계기로 갑작스레 숙배하고 물러 나왔는데, 실상인즉 이때에도 세손은 유중불하하였다고 한다.

한림(翰林) 한후락(韓後樂)이 세손에게 입대하였는데 세손이 출사하게 된 과거의 명칭을 묻자 '복정과'라 대답하였다. 이에 세손이 말하기를,

"복정과로 관직에 오른 사람이 나를 보필하겠단 말인가"라고 하였다. 결국 한후락은 관직을 영원히 사퇴하고 돌아갔다.

48. 처음에 주상이 세자를 폐하였을 때 영빈(暎嬪)이 아뢴 말을 증좌로 삼았다. 영빈이 죽은 뒤, 을유년(1765, 영조 41)에 이르러 민간에서는 다음과 같은 말이 자자하게 떠돌았다. 즉 영빈이 스스로 세자를 폐하도록 진언한 후 미처 주상을 뵙지 못한 것이 오래였는데, 주상이 영빈을 부르자 영빈이 울며 말하기를,

"전하께서는 어찌 차마 어미로서 자식의 죄를 고하게 하셨습니까"라고 하였다. 이에 주상이 좋은 말로 위로하며,

"지금 와서 어찌하겠는가"라고 하였다. 영빈은 항상 슬퍼하고 원통한 마음에 죽고 싶어 하여, 등에 종기가 났는데도 죽음에 이를 때까지도 말하지 않았다.

하루는 화완옹주가 와서 병이 있느냐 물어도 대답하지 않다가, 화완 옹주가 주상에게 가 아뢰어 주상이 와 물으니, 이에 영빈이 스스로 얼마 남지 않았다고 생각하여 등을 가리켰다. 주상이 옷을 걷어 올리고 보니 종기가 너무 커서 손쓸 방법이 없었다. 결국 이날 저녁 영빈이 죽었다고 한다. 영빈은 여염집에서 태어나 그 친척이 모두 일반 백성이었는데 그 전하는 내용이 이와 같았다.

화완옹주와 세자는 어머니가 같았다. 영빈이 모년의 일에 화완옹주가 힘을 보탠 것을 알고 화완옹주를 다시는 자식으로 여기지 않았다. 때문에 화완옹주가 병이 있느냐 물어도 대답하지 않았다고 한다. 하루는 중전과 화완옹주가 영빈의 처소에 들러 한창 대화를 나누었다. 그 사이 한 궁인이 서찰 한 통을 영빈에게 가져와 바쳤는데, 영빈이 이를 펴보고 자기도 모르게 까무러쳤다. 그 서찰은 동궁이 쓴 것으로, 그때 그 자리에 있던 이들이 모두 그 모습을 보았다. 영빈이 그 서찰을 가지고 가 주상

150. 유중불하(留中不下): 상소의 내용이 마음에 맞지 않을 때 비답을 내리지 않기 위하여 소장(疏章)을 궁중에 머물러 두고 관계 기관에 회부하지 않던 일을 말한다.

에게 바치니, 이에 13일의 처분이 있게 되었다고 한다.

아, 참혹하다. 만약 동궁이 영빈에게 사사로이 편지를 전하고자 했다면 어찌 편지를 전할 겨를이 없어 하필이면 궁녀를 시켜 많은 사람이 모여 있는 와중에 편지를 전하였겠는가. 이른바 손으로 쓴 편지는 진(晉)나라 민회 태자(愍懷太子)[151]의 일처럼 믿을 수 없는 것이라는 말은 이를 가리키는 것이다. 원통하도다.

49. 의열묘(義烈廟)[152]는 영빈의 사당이다. 영빈이 죽었을 때 주상이 이르기를, "영빈은 큰 공이 있으니 특별히 사당을 세우라" 하고 '의열(義烈)'이라는 묘호를 내렸다. 또한 그 묘(墓)를 원(園)으로 봉한다는 뜻을 종묘에 고하였다.

영빈의 장례를 치를 때 세손이 망곡례를 행하지 않았는데 주상이 이를 매우 꾸짖었다. 이에 세손이 의주(儀注)에 이러한 예가 없기 때문에 그리하였다고 대답하였다. 영빈의 대상(大祥)[153]이 되자 주상이 세손과 혜빈을 데리고 갔다. 전후로 주상의 거둥이 여러 차례 있었지만 모두 다른 일 때문에 거둥하였다가 들른 것이었다.

십수일 전은 영빈의 생일이었다. 주상이 '양휴(養閑)'라는 당호를 본가에 내리라 전교하고 직접 거둥하였다. 이처럼 특별히 거둥한 것은 이때가 처음이었는데, 여러 신하가 감히 간언하여 만류하지 못할 것을 알았기 때문이다.

모년의 일이 있었을 때 정승 윤동도(尹東度)[154]는 우의정이었는데 마침 밖에 나가 있었던 관계로 그 자리에 참여하지 못하였다. 일이 마무리된 후 몇 년이 흐르자 후일 죄를 논하게 될 것이라는 설이 나돌았는데, 윤동도가 정죄(正罪)를 담당할 사람이라 하였다. 이에 한쪽 편 사람들 가운데 스스로를 변명하고자 하는 이들이 종종 윤동도를 찾아가 친분을 쌓고자 하였다고 한다.

---

151. 진(晉)나라 민회 태자(愍懷太子): 사마휼(司馬遹, 278~300). 사마휼은 효혜제(孝惠帝)의 장자(長子)인데, 가후(賈后)의 무고로 태자의 자리에서 폐위되었다. 가후는 태자를 불러 억지로 술을 먹여 취하게 한 뒤 황문 시랑(黃門侍郎) 반악(潘岳)을 시켜 효혜제와 가후에게 반역하는 내용의 초안을 만들게 하여 이 초안을 술에 취한 태자로 하여금 직접 베껴 쓰도록 하였다. 태자가 직접 쓴 글을 본 효혜제는 사사(賜死)하려 하였으나 장화(張華) 등의 반대로 폐서인(廢庶人)에 그쳤다. 민회 태자는 이후 가후에 의해 살해되었다.
152. 의열묘(義烈廟): 1764년에 영빈 이씨가 사망하자 시호를 의열(義烈)이라 추증하고, 묘의 이름을 의열묘(義烈廟)라고 하였다가 1788년(정조 12)에 선희궁으로 고쳐 격을 높였다.
153. 대상(大祥): 사망한 날로부터 만 2년이 되는 두 번째 기일(忌日)에 지내는 상례의 한 절차. 3년상을 마치고 탈상하는 제사다.
154. 윤동도(尹東度, 1707~1768): 본관 파평(坡平), 자 경중(敬仲), 호 남애(南厓)·유당(柳塘). 장령 순거(舜擧)의 증손, 진(搢)의 손자, 판서 혜교(惠教)의 아들. 1761년에 우의정, 1764년에 좌의정, 1766년에 영의정이 되었다. 그 뒤 한 달 사이에 해직과 복직을 거듭하였고, 1768년 영중추부사로서 죽었다.

임오의리(壬午義理), '애통은 애통이요, 의리는 의리다'

50. 세자가 죽은 뒤 정승 홍봉한이 스스로를 변명하려고 수차(袖箚)[155]를 올려 말하기를,

"전하께서는 눈물을 흘리시며 그 일을 행하셨고, 신은 눈물을 흘리며 따랐습니다" 라고 운운하였다. 이윽고 비지(批旨)[156]가 내렸으나 따뜻하게 우대하는 말이 없었다. 홍봉한이 조보(朝報)에 싣지 말라 명하고 입시하여 비지를 다시 내려달라 요청하였다. 혹자는 홍봉한의 차자는 정승 신만에게 속임을 당하여 올린 것이라고도 하였다.

51. 홍봉한이 올린 수차는 다음과 같다.

"아, 13일의 일을 어떻게 말로 할 수 있겠습니까. 무신년(1728, 영조 4) 이후 국본인 세자의 자리가 오랫동안 비어 온 나라가 의지할 바가 없더니 을묘년(1735, 영조 11) 봄에 사도세자께서 탄생하셨습니다. 천품이 뛰어나시고 덕과 기량이 관후하여 성상께서도 걱정이 없으시고 신명과 사람들의 기대를 받았습니다.

혼례가 이루어지고 나서 전하께서는 '나에게 뛰어난 아들이 있다'고 말씀하셨고, 신이 사모하고 받드는 정성도 다른 사람들보다 특별하였습니다. 정무(政務)를 대리함에 미쳐서는 전하께서 '나에게 훌륭한 아들이 있다'고 말씀하셨고, 신이 크게 축원하는 마음 또한 남보다 갑절은 되었습니다. 온 나라 신민들 중 어느 누가 목을 늘이고 세자를 위하여 죽기를 원하는 정성이 없었겠습니까.

그런데 근래 10여 년간 세자께서는 불행하게도 질병을 앓았습니다. 집어낼 만한 증세가 없고 또한 지적할 만한 형상도 없어, 병인 것 같기도 하고 아닌 것 같기도 한데, 덜했다 더했다 일정하지 않았습니다. 조정에 임하여 정신을 차리면 거동에 실수가 없기도 하였으나, 내전에 거처하며 마음대로 하게 두면 실로 숨겨진 근심이 많았습니다. 성상께서 몇 번이나 삼가라는 가르침을 내려도 깨우칠 희망이 없고, 조정 신하들이 틈틈이 경계의 말씀을 드려도 거절하고 받아들이지 않았습니다. 이는 모두 그렇게 하지 않으려 해도 그리된 것이니, 어찌 세자의 본성이 그러한 것이겠습니까. 운운.

---

155. 수차(袖箚): 임금을 직접 뵙고 올리는 차자(箚子). 『영조실록』에 의하면 홍봉한의 수차는 1762년(영조 38) 8월 26일에 올려졌다.
156. 비지(批旨): 신하가 올린 상소에 대하여 임금이 내리는 하답.

아, 그날 성상께서 눈물을 흘리시며 신에게 다음과 같이 유시하셨습니다.

'세자가 이 지경에 이른 것을 온 세상이 단지 병 때문이라고 생각하고 있다. 그러나 병도 기운이며 기운 또한 병이니, 병의 기운 때문에 정상 상태를 완전히 잃고 온갖 변고를 일으켜 오늘에 이르게 되었다.

내 몸에 말하기 어려운 위험이 경각에 닥쳤으니 진실로 두렵다. 내 몸이야 근심할 것이 없다 해도 종묘사직은 어찌하며 백성은 어찌한단 말인가. 혹여 지극한 정리에 구애되어 참고 참다가 결정을 내리지 못하고 차마 말하기 어려운 변란이 일어나도록 버려둔다면 동방의 신민들이 「병의 기운 때문이니 용납하겠다」고 하겠는가. 이미 용납하지 못한다면 사리(事理)로 논할 때 장차 그 뒤의 일이 어찌 되겠는가. 그렇게 된다면 삼종혈맥(三宗血脈)[157]은 보전하지 못할 것이니, 4백 년 종사는 또한 누구에게 맡길 것인가?

이러한 사세를 돌아보건대, 조금이라도 곡진히 보전할 수 있는 방법이 있는데도 그렇게 하지 않는다면, 떳떳한 정리(情理)상 어찌 이럴 수 있겠는가. 또 비록 곡진히 보전할 수 없다 하더라도 조금이나마 선처(善處)할 도리가 있는데 선처하지 않는다면, 지극한 도리상 어찌 그리할 수 있겠는가. 변란의 기미가 이미 급박하고 위태로운 염려가 극에 달했으니 부득이 만고에 없던 일을 시행할 수밖에 없다.

이와 같이 하지 않으면 변고에 대처함이 늦어 위험을 구제할 수 없을 것이니, 어찌 내가 자애롭지 않아서 이리하겠는가. 진실로 종사를 위하고 백성을 위하기 때문이다. 내 몸이 평안하게 되고 종사가 안전하게 될 것이며, 뒷날 나를 이어 국가를 다스릴 사람은 곧 그의 자손이 될 것이다. 설령 가버린 사람이 자신을 위해 따져보더라도, 살아서 저와 같이 될 바에는 차라리 죽어서 이와 같이 되는 것이 낫지 않겠느냐.

또 고유한 본심으로 논하더라도 오직 내 몸에 우환이 없음을 다행으로 여기고 종사를 의탁할 곳이 있음을 기뻐해야 할 것이니, 어찌 그 한몸의 불행을 한하겠느냐. 비록 그 자손일지라도 차마 말하기 어려운 이 위기를 가만히 생각해 보고 부득이한 이 고심(苦心)을 깊이 유념해보면 속으로야 애통하겠지만, 도리로써 헤아려볼 때 오늘의 처분을 감히 비난하지 못할 것이다. 이 어찌 아버지는 아버지답고 자식은 자식다우며 임금은 임금답고 신하는 신하다운 하늘의 법도와 땅의 올바름을 만세토록 정하는 일이 아니겠느냐'

---

157. 삼종혈맥(三宗血脈): 효종·현종·숙종의 혈육임을 지칭하는 말. 경종의 후사가 없으므로 삼종의 맥을 잇고 있는 연잉군이 왕위를 계승하는 것이 순리임을 주장하기 위해 만들어진 용어다.

아, 왕의 말씀이시여, 정녕하고 간곡하여 경도(經道)와 권도(權道)가 중용을 얻고 의리가 바름을 얻었습니다. 신은 창황하고 두려운 가운데서도 눈물을 흘리며 말씀을 받들어 듣고 지금도 엄숙히 외고 있습니다. 운운.

아, 성상의 이번 거조는 진실로 부득이한 것이었고 그날의 교시(敎示) 또한 부득이 한 것이었습니다. 신이 비록 우매하나 오히려 성상의 뜻이 어디에 있는지 알 수 있었고, 조정의 여러 신하도 같은 마음이었으며, 온 나라의 백성들 또한 조정의 신하들과 같은 마음이었을 것입니다.

무릇 오늘 눈으로 보고 귀로 들은 자라면 또한 어찌 털끝만큼이라도 다른 뜻이 있겠습니까. 그러나 세상의 변화는 무궁하고 인심은 예측하기 어렵습니다. 만약 시간이 흐르고 일이 지나간 후에, 뜻을 잃고 나라를 원망하는 무리가 기회를 틈타는 데 급급하고 화를 전가하는 데 교묘하여 오늘의 사실을 가리고 다른 의론을 만들어 내어 감히 성상의 처분을 들추어내 뒷사람의 귀를 현혹시킨다면 우리 종사와 국가는 여지없이 무너질 것입니다. 이와 같이 하는 자들은 무진년(1688, 숙종 14), 기사년(1689)의 남은 흉적[158]이 아니면 곧 무신년(1728, 영조 4)의 여당(餘黨)[159]들이니 그 흉악한 역심은 진실로 논할 나위도 없습니다.

이치를 보고도 밝게 알지 못하고 일에 따라 흔들리는 자의 경우, 혹시라도 성상의 조치가 부득이했다 해도 유감이 없을 수 없으며, 여러 신하가 뜻을 받든 것도 어쩔 수 없었다 해도 책임이 없을 수 없다고 생각할까 봐 염려됩니다. 인정(人情)이나 천리(天理)의 밖에서 그릇된 견해를 고집하고, 위로는 아첨하고 아래로는 협박하는 사이에 멋대로 논의를 주창하면서 곧바로 '생부(生父, 사도세자)를 위하여 마땅히 밝혀내야 한다'는 말로써 부추기고 현혹한다면 그 추세를 막기 어려울 것이고 그 말에 쉽게 기울 것입니다. 그리되면 오늘날 전하의 신하들은 일망타진되지 않는 자가 없을 것입니다. 운운.

---

158. 무진년, 기사년의 남은 흉적: 무진년은 숙종이 동평군 항을 혜민서 제조로 특제한 것에 반대한다고 하여 영의정 남구만, 우의정 여성제를 비롯한 서인을 다수 처벌한 사건을 말하고, 기사년은 숙종이 장희빈의 아들을 원자로 정호한 것을 송시열이 반대하자 이를 계기로 서인이 처벌받고 남인이 집권한 기사환국을 가리킨다. 이 글에서는 숙종대 서인과 정치적으로 대립하였던 남인 세력을 지칭하는 것으로 보인다.

159. 무신년의 여당(餘黨): 1728년(영조 4) 반란을 일으켰던 이인좌의 난에 참여한 이들, 특히 준소(峻少) 일파를 가리킨다. 준소 세력은 경종 연간에 왕위 계승을 둘러싼 노론과의 대립에서 일단 승리하였으나 노론이 지지한 영조가 즉위하자 위협을 느끼게 되었다. 이에 이인좌·정희량(鄭希亮)·박필현(朴弼顯) 등 준소 일파가 영조가 경종의 죽음에 관계되었다고 주장하면서 영조와 노론을 제거하고 밀풍군(密豐君) 이탄(李坦)을 왕으로 추대하고자 난을 일으켰다.

그날 처분하던 때에 전하의 마음을 알고 전하의 명을 받든 것은 신입니다. 운운. 신은 대의(大義)가 있는 곳에 다만 성상께서 계시다는 것을 알 뿐입니다. 성상께서는 눈물을 흘리며 결단하셨고 신은 울면서 따랐습니다. 운운.

다시 생각건대 신은 외신(外臣)[160]이니 족히 말할 바가 못 됩니다만, 또한 안으로 말미암아 바깥을 깨우칠 수도 있습니다. 아, 영빈은 사도세자의 친어머니이십니다. 자식을 사랑하는 마음이야 사람이라면 모두 같지만 부인은 더욱 심합니다. 사도세자를 낳아 길러 동궁의 지위에 올랐으며 또 뒷일을 맡길 다른 아들도 없었으니 그 자애하고 보살핌이 과연 어떠했겠습니까. 그러나 사세가 말하기 어려운 지경에 이르자 부득불 전하를 위하여 울면서 고하였습니다. 대의를 위하여 사사로운 은혜를 끊는 것은 남자도 하기 어려운 것인데 부인의 몸으로 이러한 일을 해낸 것입니다. 성상을 보호하고 종묘사직을 평안케 한 그 지극한 정성과 통달한 식견은 진실로 후세에까지 기리는 말이 있을 것입니다.

더구나 혜빈과 세손 이하 모두가 온전히 편안할 수 있었던 것은 실로 우리 성상의 지극한 덕에 힘입은 것인데, 성상의 덕을 우러러 본받아 옆에서 묵묵히 감싸준 것은 또한 누구의 힘입니까. 영빈이 마땅히 끊어야 할 때는 끊고 사랑해야 할 때는 사랑하여 양쪽으로 그 의리를 다하였으니 사람들이 그 사이를 이간질할 수 없을 것입니다. 그러나 훗날 불령(不逞)한 무리가 있어 스스로 사도세자를 위한답시고 온갖 방도로 오늘날의 잘못을 찾는다 해도 차마 사도세자를 낳은 이에게까지 배척하는 말을 할 수 있겠습니까.

아, 그때를 당하여 신은 명을 받들고 혜빈을 뵈었는데 혜빈이 세손의 머리를 쓰다듬으며 눈물을 흘리며 말하기를,

'나는 아내로서 이런 지경을 당하고, 너는 자식으로 이런 지경을 만났으니 다만 스스로 운명을 슬퍼할 뿐, 누구를 원망하며 누구를 허물하겠느냐. 또 나와 네가 지금 보전할 수 있는 것은 오직 성상 때문이며 우러러 의지하고 목숨을 맡길 분도 오직 성상뿐이다. 내가 너에게 바라는 것은 정성껏 성상의 뜻을 받들어 스스로 힘쓰기를 통렬히 함으로써 현인(賢人)이 되고 성인(聖人)이 되는 것이다. 이야말로 성은에 만분의 일이라도 보답하는 것이며, 어버이에게 효도하는 도리도 바로 여기에 있을 뿐이

---

160. 외신(外臣): 외신은 원래 한 나라의 신하가 다른 나라의 임금을 대하여 자신을 가리키는 자칭(自稱)의 용어이나, 여기에서는 문맥상 임금의 친족과 대궐 안의 내시 및 궁첩(宮妾)과 대비하여 대궐 밖에 거처하는 신하를 가리키는 용어로 보인다.

다'라고 하였습니다.

말이 슬프고 애절하여 곁에서 듣기에도 애처로웠는데, 털끝만큼도 원망하는 기미가 없었습니다. 운운.

오늘 혜빈의 마음이 이와 같으니 훗날 세손의 마음을 가히 알 수 있습니다. 그리고 전하의 신하와 전하 신하의 자손들 또한 그 사이에 한마디 다른 말도 용납하지 않을 것입니다. 이러한 의리는 단지 한쪽 모퉁이에 있는 우리나라에 밝게 보일 뿐만 아니라, 장차 천지에 세워도 어그러짐이 없을 것입니다.

아, 전하께서 이런 처분을 내리셨으나 애통해하는 마음이 있었고, 영빈이 차마 숨기지 못했으나 애통해하는 마음이 있었습니다. 동방의 백성으로서 그 누가 군신 상하 모두 애통해하지 않음이 없다는 것을 모르겠습니까. 그러나 애통은 애통이요, 의리는 의리니 사사로운 애통함으로 공적인 의리를 가릴 수 없다는 것은 분명합니다. 비록 성인이 다시 살아난다 해도 또한 이 말은 바꿀 수 없을 것입니다. 운운.

이에 감히 속에 있는 생각을 털어놓고, 목욕재계하고 차자(箚子)를 지어 눈물을 흘리며 올립니다. 이는 대개 오늘날 성지(聖旨)를 밝히고 뒷날 화란의 근원을 막고자 하는 것이니, 신을 아는 것도 여기에 있고 신을 죄주는 것도 여기에 있습니다. 운운."

52. 홍계희의 무리가 흉계를 펼쳤을 때 이를 '십면매복(十面埋伏)'[161]의 형세라고 칭하였다. 홍봉한이 주변에서 분주히 힘써 말하기를,

"소조는 실로 이와 같지 않다"라고 하였고, 또한 말하기를,

"원손(元孫)이 영명하니 보호한다면 다른 우환이 없을 것이다"라고 하였다. 이에 홍계희가 홍봉한의 마음을 움직일 수 없음을 알게 되어, 비로소 홍봉한을 죽여야 한다는 논의가 생기게 되었고, 홍봉한을 죽이려는 18학사[162]가 나오기에 이르렀다.

모년에 이르러 일이 더는 어찌할 수 없게 된 이후 홍봉한이 비로소 그들을 따라 논의를 함께하였다.[163] 모년 후에는 또한 당시 그 일의 책임을 모두 홍봉한에게 돌려

---

161. 십면매복(十面埋伏): 열 군데에 군사가 매복한 자세인 십면매복세(十面埋伏勢)를 가리킨다. 『기효신서(紀效新書)』나 『무예보통지(武藝圖譜通志)』에서는 창법(槍法)의 하나로 소개되어 있다.

162. 홍봉한을 죽이려는 18학사: 김구주의 후원을 받으며 '살홍론(殺洪論)'에 적극 호응한 인물들로, 주로 심환지(沈煥之) 등을 비롯한 노론 남당(南黨)의 인사들이었다. '십학사(十學士)' 혹은 '동원 13학사(東園十三學士)'로 지칭되기도 하였다.

163. 모년에 …… 하였다: 임오화변 후 홍봉한은 세손 보호가 급선무라 판단하여 선세자를 옹호하기보다는 영조의 뜻을 적극 받들며 세손에게 승계되도록 노력했다. 그는 영조가 말한 대로 10여 년 이래로 세자의 질병과 이에 따른 실덕 및 변란의 위협이 있었음을 인정하면서, 임오년의 처분은 영빈의 아룀에

마치 홍봉한이 앞장서서 도모하고 의론을 주장한 사람처럼 만들었는데,[164] 그들은 이를 공공연히 '스스로 벗어나는[自脫]' 계책[165]으로 삼았다고 한다.

갑신처분(甲申處分), 사도세자의 아들에서 효장세자의 아들로

53. 갑신년(1764, 영조 40) 2월에 주상이 세손으로 하여금 효장세자(孝章世子)[166]의 계통을 잇도록 하였다. 이를 종묘에 고하고 반사(頒赦)[167]하였으며 경과(慶科) 정시(庭試)를 열어 강경(講經)을 시험하고 합격자에게 특지를 내려 벼슬을 제수하였다.[168]

이미 계통(繼統)을 정한 후 주상이 세손을 거느리고 종묘에 나아갔다. 그리고 세손으로 하여금 '사도세자 운운[차마 쓰기 어려운 전교다]하니, 이 때문에 종통을 옮겨 잇게 한다'는 뜻을 소리 내어 종묘에 고하게 하였다. 세손이 명을 듣고 눈물을 줄줄 흘리자 주상이 갑자기 손으로 가슴을 쳤다. 이에 세손이 눈물을 거두고 명에 따라 소리 내어 고하였다고 한다.

54. 2월 21일 오시(午時, 오후 12시 전후)에 전교하였다.

"오늘 생각한 바가 있어 창덕궁에 나아가 예를 행하려 하니 동궁은 어가를 수행하라." 주상이 진전[眞殿, 선원전(璿源殿)]의 월대에 나가자 예방 승지(禮房承旨)가 입시하였다. 주상이 말하기를,

"내가 동궁을 데리고 이곳에 온 것은 생각한 바가 있어서다"라고 하였다.

따라 임금께서 종사를 위한 대의로써 단행한 것이자 자신이 임금의 뜻을 받들어 행한 것이라는 입장을 명확히 하였다. 애통은 애통이고 의리는 의리며 사통(私痛)으로 공의를 가려서는 안 되기에 혹시라도 세자를 위한다는 사정을 끼고 임오년 처분의 의리를 변경하는 일은 없을 것이라고 다짐한 홍봉한의 수차는 그의 이러한 견해를 잘 보여준다.

164. 모년 …… 만들었는데: 김구주·심의지의 사주를 받아 1771년(영조 47) 8월에 한유(韓鍮)가 올린 상소가 대표적인 사례다. 한유는 이 상소에서 홍봉한이 뒤주[一物]를 들인 장본인이므로, 그 죄를 물어 참(斬)해야 한다고 주장하였다.

165. 스스로 벗어나는[自脫] 계책: 김한기·김구주가 이끄는 노론 남당이 임오년 사도세자의 죽음을 모두 홍봉한의 책임으로 떠넘김으로써 자신들의 세자 위해(世子危害) 전력을 덮어버리고자 했음을 가리킨다.

166. 효장세자(孝章世子, 1719~1728): 영조의 맏아들. 이름은 행(縡), 자 성경(聖敬). 어머니는 정빈(靖嬪) 이씨(李氏)이고, 사도세자의 형이다. 영조 즉위년(1724) 경의군(敬義君)에 봉해지고, 이듬해 왕세자에 책봉되었으나 즉위하기 전 10세에 죽었다. 양자인 정조가 즉위하자 진종(眞宗)으로 추존되었다. 능은 영릉(永陵)이며, 시호는 효장(孝章)이다.

167. 반사(頒赦): 나라에 경사가 있을 때 사유문(赦宥文)을 반포하여 중죄(重罪) 이외의 죄인을 용서해주던 일.

168. 경과 …… 제수하였다: 1764년(영조 40) 2월 23일(을사) 실록기사에는 종통(宗統)을 바르게 한 경과(慶科)를 4월 1일에 근정전(勤政殿) 옛터에서 설행하라는 명이 보인다.

같은 날 초경(初更, 오후 8시 전후)에 주상이 진전 재전(齋殿)의 퇴청(退廳)에 나아가 엎드렸고, 동궁이 시좌(侍坐)하였다. 현직 및 전직 대신 2품 이상과 승지들이 입시하였다. 신하들이 나아가 엎드리자 주상이 말하였다.

"내가 종국(宗國)을 위하여 처분할 일이 있어 이미 진전에 아뢰었다."

주상이 곧이어 아뢴 글을 앞에 놓고 여러 신하에게 그 내용을 호유(呼諭)하였다.

"소신이 밤낮으로 품고 있는 자그마한 정성은 바로 추모하는 마음입니다. 근래에 더욱 간절하던 차에 천만뜻밖으로 또 금년을 맞게 되니, 멀리 서쪽 구름을 바라보고 단지 용어(龍馭)[169]를 따르고 싶은 생각만 있을 뿐입니다. 그래도 신색(神色)과 용모가 이만한 것은 재작년 음력 5월 이후로 종국을 위하여 마음을 졸이던 것이 조금은 풀렸기 때문입니다. 그러나 아직도 마음속에 응어리가 맺혀 있는 것이 오래되었습니다.

세상일은 헤아리기 어렵고 관계된 바도 지극히 중한데 이렇게 어물어물 세월만 보내다가 뒤늦게 후회한들 어찌하겠습니까? 또 꿈속에서 하교를 받들었던 일을 기억하고 종국의 중함을 생각하다가, 저도 모르게 벌떡 일어나 수레를 재촉하여 이곳에 달려오게 되었습니다. 신이 감히 조목조목 말씀드리겠습니다. 운운.

재작년 신이 동궁으로 하여금 효장세자의 뒤를 잇게 하려다가 뜻을 이루지 못하였습니다. 청컨대 이에 대해 신이 아뢰고자 합니다. 지금 동궁의 명칭은 바로 명나라 건문황제(建文皇帝)의 고사(故事)[170]를 따른 것이었으나, 그 후에 생각하니 성조 문황제(成祖文皇帝)가 승통(承統)한 뒤로 소목(昭穆)[171]이 바르게 되어 태조 고황제(太祖高皇帝) 이후 대대로 승계함에 문제 삼을 일이 없었습니다.

지금 신에게는 (사도)세자가 있는데, 효장이 비록 형이라 해도 사도(思悼)가 무고하였더라면 효장은 순회세자(順懷世子)[172]나 소현세자(昭顯世子)[173]와 같은 처지에 지

---

169. 용어(龍馭): 임금이 승하함.
170. 건문황제(建文皇帝)의 고사(故事): 건문은 명나라 태조(太祖)의 장자인 의문태자(懿文太子)의 아들 혜제(惠帝)의 연호(年號). 태조 다음에 혜제가 손자로서 장통(長統)을 이었는데, 숙부인 연왕(燕王) 체[棣, 성조 영락제(成祖永樂帝)]에게 왕위를 빼앗기고 승려가 되어 방랑하였다.
171. 소목(昭穆): 사당에 조상의 신주(神主)를 모시는 차서(次序)로서 계통(繼統)의 순차적 승계를 의미한다. 왼쪽 줄을 소(昭), 오른쪽 줄을 목(穆)이라 하는데, 1세(世)를 가운데 모시고 2·4·6세를 소에, 3·5·7세를 목에 모신다.
172. 순회세자(順懷世子, 1551~1563): 명종의 장자. 1559년(명종 14) 호군(護軍) 윤옥(尹玉)의 딸과 가례를 올렸으나, 그로부터 얼마 후 후사를 잇지 못한 채 1563년 13세의 어린 나이로 죽었다.
173. 소현세자(昭顯世子, 1612~1645): 인조의 장자. 1625년(인조 2) 세자로 책봉되었다. 부인은 강석기의 딸인 민회빈(愍懷嬪) 강씨(姜氏)다. 1636년 병자호란이 일어나 삼전도에서 청나라에 항복한 이후, 청나라에 인질로 끌려갔다 돌아와 갑자기 죽었다.

나지 않았을 것입니다. 그러나 이제는 사세가 이러하니 세손[沖子, 정조]으로 하여금 효장을 이어 장통(長統)을 순승(順承)하게 하는 것이 의리에 당연합니다. 사도는 위호(位號)를 회복하고 묘우(廟宇)를 설치한다면 곡진(曲盡)하다 할 것이니, 어찌 감히 딴 의논이 있을 수 있으며, 또한 무슨 편치 못할 사단이 있겠습니까. 또 이 일은 지금 근본을 바로잡지 않았다가 이후 다시 사특한 괴설(怪說)로 나라를 어지럽히는 일이 있게 된다면 세신(世臣)의 도리로 어떻게 하겠습니까. 운운. 이러한 까닭으로 사도의 장례일에 신이 특별히 그 신주(神主)를 직접 써서 신하들로 하여금 감히 다른 의론을 일으키지 못하게 하였습니다. 운운.

아, 3백 년 종국의 승통이 신의 몸에 이르러 중단되게 된단 말입니까. 신이 지금 하지 않는다면 장차 반드시 해괴한 일이 있을 터이니, 그렇게 된다면 열성(列聖)의 마음은 어떠하겠으며, 소자 또한 무슨 낯으로 열성을 뵙겠습니까. 생각이 이에 미치니 신은 먼저 죽고 싶을 뿐입니다. 운운.

아, 소신의 심기(心氣)가 지금 이러한데도 아뢰지 않는다면 나랏일이 어찌 되겠습니까. 나랏일이 어찌 되겠습니까. 또 꿈속에서 받든 하교를 입을 다물고 말하지 않는다면 이 또한 불효인지라, 이에 소자가 벌떡 일어나 달려와서 아뢴 것입니다. 이는 아랫사람에게 물을 것도 아니며, 옛 전례를 널리 찾아볼 것도 아닙니다. 이에 동궁과 함께 예를 행하고 특별히 2품 이상의 대신과 삼사의 관원을 진전(眞殿) 문밖으로 불러 이 뜻을 선유하는 것입니다. 세손 휘(諱)[174]를 효장세자의 후사로 삼아 『선원보략(璿源譜略)』[175]에다 효장과 세손에게 연달아 사(嗣)자를 썼으니, 지금부터는 종통이 중간에 끊어지는 일이 없게 될 것입니다.

신은 지금 동궁을 데리고 휘령전에 가서 이 뜻을 알리고 함께 육상궁(毓祥宮)[176]에 가서 행례한 다음 효장궁에 가서 세손으로 하여금 사당에 절하게 하고 자식의 도리를 행하게 할 것입니다. 그리고 소신 또한 친히 글을 지어 대신을 보내서 종묘와 사직에 고유(告由)하겠습니다. 지금부터는 종통이 중간에 끊어졌다는 탄식이 없게 되고 해동(海東)에는 반석과 같은 견고함이 자리하게 될 것입니다. 또한 세손으로 하여

---

174. 휘(諱): 천자나 제후 등이 생전에 쓰던 이름. 원래는 죽은 사람의 생전 이름을 삼가 부르지 않는다는 뜻에서 나온 말인데, 후에는 생전의 이름 그 자체를 휘라 일컫게 되었다. 세손, 즉 훗날 정조의 이름[諱]은 산(祘)인데, 음을 '성'이라고도 하였다.
175. 선원보략(璿源譜略): 왕실의 족보. 1681년(숙종 7)에 처음 간행되어 중교(重校) · 보간(補刊)되었던 것을 1897년(고종 34)에 합간하였다.
176. 육상궁(毓祥宮): 영조의 생모 숙빈 최씨(淑嬪崔氏)의 신주(神主)를 모신 사당. 영조 원년(1725)에 창건되어 숙빈묘라 하였다가 개칭하여 육상묘(毓祥廟)라 하였다. 그 후 1753년(영조 29) 육상궁으로 높였다.

금 사도세자의 사당에 가서 낳아준 부모에 대한 도리를 다하게 한다면 세손도 유감이 없을 것이고 훗날의 폐단을 막아 세신을 보존할 수 있을 것이니, 이 또한 양쪽에 모두 이로움이 있는 것입니다. 운운." [21일 하교에서는 모년의 감히 말할 수 없는 의리를 운운하였는데, (그때의 문자는) 세초(洗草)되었다고 한다.]

55. 23일에 주상이 경현당(景賢堂)에 나와 대신과 비변사 당상을 인견하였다. 주상이 승지에게 명하여 전교를 받아 적도록 하고 말하였다.

"아, 오늘 차대(次對)[177]에는 세손으로 하여금 시좌(侍坐)하게 하였는데, 그 이유는 종통(宗統)을 바르게 한 후 마침 여기에 오게 되어 시좌하게 한 것이 하나요, 또한 이로 인하여 세손을 권면하고 경계하고자 하는 뜻이 하나다."

그 대략은 다음과 같다.

"지금 나는 너를 효장세자의 후사로 삼았다. 아, 몇 년이나 끊어졌던 종통(宗統)이 다시 이어졌다. 아, 막중한 3백 년 종통에 나는 자식의 자리가 없었고 너에게는 아비의 자리가 없었으니, 이것을 중절(中絕)이라고 하는 것이다. 이로 인해 이후 혹 사악한 논의나 괴이한 언사가 일어난다면 이는 한갓 우리 종통을 어지럽히는 것에 그치는 것이 아니니, 내가 무슨 낯으로 열성조를 뵙는단 말이냐.

훗날 혹시라도 박치륭 같은 자가 나와서 너를 현혹한다면 이는 비단 나에게 불충한 일일 뿐만 아니라, 너의 아비에게도 도리어 욕을 끼치는 일이 될 것이다.[178] 아, 매양 「태갑(太甲)」편을 외우게 하였는데, 너의 아비로 하여금 전후에 기술된 글들을 체득하게 했더라면 어찌 오늘이 있었겠느냐. 운운.

아, 위호(位號)를 회복하고 묘우(廟宇)를 세웠으니 너의 아비에게는 더없이 곡진(曲盡)하다 하겠다. 이 뒤에 만약 그 일을 다시 들추어내는 자가 있다면 이는 아비도 없고 임금도 없는 역신(逆臣)인 것이다. 네가 혹 그러한 말에 동요되면 이 또한 아비를 잊고 할아비를 잊은 불효가 된다. 나의 이 뜻을 간직한다면 어찌 한갓 물리칠 뿐이겠는가. 무거운 형벌로 처단해야 한다.

---

177. 차대(次對): 정부 당상(政府堂上)·대간(臺諫)·옥당(玉堂)들이 매월 여섯 차례 입시(入侍)하여 중요한 정무(政務)를 상주(上奏)하던 일. 매월 5·10·15·20·25·30일에 비변사(備邊司)의 도제조(都提調) 이하 당상관(堂上官)과 삼사(三司)의 관원 각 1원(員)이 입대(入對)하는데, 본래 매월 세 차례 행하던 것을 숙종의 특명에 의해 여섯 차례로 개정되었다.

178. 박치륭 …… 될 것이다: 박치륭은 사도세자의 죽음 후 세자를 잘 보도하지 못한 책임을 물어 신만·홍봉한·정휘량 등 세 정승의 죄를 탄핵하였다. 그는 이 상소로 인하여 흑산도로 귀양 가 그곳에서 죽었다. 본편, 35번 기사 참조.

아, '무거운 형벌[重律]' 두 글자는 너를 살육으로 인도하려는 것이 아니다. 「전(傳)」에도 '오직 인인(仁人)만이 추방하고 유배하여, 중국에서 함께 지내지 않는다'[179]라고 이르지 않았느냐. 더욱이 이 일이 어찌 인인의 일일 뿐이겠느냐. 너에게는 효와 불효의 대강을 판가름하는 일이 될 것이다. 운운.

아, 진전(眞殿)에는 또한 모두 아뢰었다. 너의 도리는 사도에게 자식의 도리를 다하고 오늘 나의 가르침을 지켜 항상 생각을 이에 두고 종국을 이어가는 것이다. 그리되면 사도의 묘우 또한 앞으로 종묘를 따라 길이 전해질 것이니 이 어찌 너의 효도가 아니겠느냐.

또 사도의 장례일에 내가 친히 신주를 쓴 것도 너의 도리상 어찌 감히 손을 대겠으며 해동(海東)의 신자(臣子)로서 누가 감히 다른 의견을 내겠느냐. 지금부터는 종통이 만세토록 크게 정해졌으니 너를 낳아준 아비의 묘우도 저절로 백세토록 편안하게 될 것이다.

아, 무슨 일이 이보다 더 크다 할 것인가. 만일 사설(邪說)에 흔들려 한 글자라도 더 높여서 받들면 이는 할아비를 잊은 것이고 사도를 부끄럽게 하는 것이다. 어찌 차마 이를 하겠느냐. 어찌 차마 이를 하겠느냐. 아, 세손아 이를 명심하라. 운운.

사관에게 이 내용을 청사(靑史, 역사책)에 쓰게 하고, 또 세자 시강원은 이 내용을 써서 세손궁에 들여 세손이 아침저녁으로 살펴볼 수 있게 하라."

세자의 죽음을 방조한 이들의 두려움

56. 을유년(1765, 영조 41) 겨울에 세손에게 병환이 있어서 양제(涼劑)[180]를 여러 차례 올렸지만 여러 달이 되도록 차도가 없었다. 정승 홍봉한이 세손이 여색을 자주 가까이함을 염려하여 은밀히 주상에게 아뢰기를,

"조심하고 자제하도록 하여 세손으로 하여금 삼가고 절제하게 하소서"라고 하였다. 그리고 물러나 세손에게 가니, 세손이 역정을 내며 말하기를,

"공은 전에도 그러더니 지금도 또한 그렇게 합니까"라고 하였다.

---

179. 오직 인인(仁人)만이 …… 않는다: 이 문구의 출전은 『대학장구(大學章句)』, 전문(傳文) 10장의 "오직 인인(仁人)이어야 이들을 추방하고 유배하여 사방 오랑캐의 땅으로 내쫓아, 더불어 중국에 함께 하지 않는다[唯仁人, 放流之, 迸諸四夷, 不與同中國, 此謂唯仁人, 爲能愛人能惡人]"이다.

180. 양제(涼劑): 몸의 열을 내리는 데 쓰는 성질이 찬 약제.

정승 홍봉한이 황공하고 두려운 마음에 대답하지 못하고 불안한 모습으로 물러 나와 혼자 말하기를, "죽고 싶다"고 하였다 한다.

57. 영의정 신만이 죽었다[死]. 주상이 치제문(致祭文)을 지었는데, 그 내용 중에, "임오년(1762, 영조 38)의 일은 경의 도움으로 이루어질 수 있었다"라는 말이 있었다. 이에 사람들이 비로소 그때의 일이 신만의 조력을 받아 이루어졌음을 훤히 알게 되었다.

신만의 동류 가운데서도 틈틈이 두 마음을 품는 이들이 있게 되었다. 주상이 신만에게 시호를 내리고자 하여 시장(諡狀)[181]을 속히 올리라 재촉하였는데, 그 무리 중 누구도 시장을 기꺼이 찬술하려 하지 않았다. 이에 신만의 집에서 스스로 찬술하고 다른 이의 이름만을 빌리고자 하였는데, 이 또한 성사되지 않았다고 한다.

58. 유생 강수평(姜守平)은 문장에 능하고 기개가 높았으나 늙고 곤궁하였다. 일찍이 산송(山訟)을 벌여 여러 차례 패하고 여러 차례 다투었다. 정승 홍봉한이 경기도 관찰사로 있을 때 그를 매우 바르지 못하다 여겨 형장으로 무릎을 때려죽이려 하였다.

강수평이 분노하여 홍봉한을 노려보며 언성을 높였다. 그때가 한밤중이었는데 홍정승이 큰 빛을 번뜩이며 자기를 쏘아보는 그의 눈빛을 보고, 그가 내뱉는 저주의 말을 마음으로 두려워하여 위축되었다. 이에 형장을 멈추게 하고 강수평을 풀어 주었다. 이 일로 인하여 마침내 강수평과 교분을 맺게 되었는데, 일찍이 그를 등용하고자 하였으나 이루어지지 못했다.

강수평과 정승 신만은 친척이었는데, 강수평이 신만의 문객이었던 일이 있었다. 모년 세자가 엄중히 감금되었던 날에 강수평은 일의 사단이 어디에서 일어난 것인지 알았다. 이에 영성위(永城尉) 신광수(申光綏)[182]에게 이야기하고자 그를 찾아가 말하기를, "오늘의 화변은 신 대감의 집에서 시작되었다는 말이 사람들 사이에 자자합니다. 만약 급히 대책을 도모하지 않는다면 신씨 가문은 반드시 화를 입게 될 것입니다"라고 하였다.

신광수가 자못 두려워하였고, 강수평 또한 스스로 두려워하여 발길을 끊었다.

181. 시장(諡狀): 시호(諡號)를 내리기 위해 대상 되는 사람에 대한 행적과 공적을 적은 행장(行狀).
182. 신광수(申光綏, 1731~1775): 영조의 여섯째딸 화협옹주)의 남편. 정승 신만의 아들이다.

59. 정해년(1767, 영조 43)에 판서 신회(申晦)[183]가 내의원 제조로서 입시하였는데 주상이 신회의 형 신만을 거론하며 그가 모년에 노고가 많았다고 말하였다. 임금이 따뜻한 말씀을 내리실 때 세손이 그 옆에 있었는데, 신회가 두렵고 당황하여 몸 둘 바를 몰라했다.

영조의 후회

60. 사도세자의 위호를 회복시킨 후 명절 때마다 여러 능묘(陵墓)에 친히 향축(香祝)을 전할 때 효장세자의 묘와 의소 세손(懿昭世孫)[184]의 묘에서는 여러 신하가 모두 지영(祗迎)[185]하였으나 수은묘(垂恩墓)[186]에서만은 이 예를 행하지 않았다. 무자(戊子, 1768)년 5월에도 주상이 친히 향축을 전하였는데, 여러 신하가 지영하지 않았다. 그러자 돌연 주상이 노하여 하교하기를,

"14년이나 임금으로 군림한 의리가 있는데도 여러 신하가 지영하지 않았으니 모두 잡아들이라"고 하였다. 병조 판서 이중우(李重祐)와 참판, 참지를 잡아들여 곤장을 치려 하다가 참지 안표(安杓)[187]만을 곤장으로 다스리고 나머지 사람들은 심문하지 않았다.

당시 사람들은 주상의 뜻이 어디에서 연유하는지를 헤아리지 못하였다. 다만 병조 좌랑 심집이 홀로 수은묘에 지영하였는데, 아마도 주상이 이를 보고 감동하여 신하들이 사도세자에게 공경을 다하지 않는 것을 노여워하게 된 것이라고 말하는 이들이 많았다. 이때 주상이 조회에서 통곡하며 여러 신하에게 말하기를,

"임오년(1762, 영조 38)의 일은 내가 알고 있는 일이 다인가?"라고 하였는데, 이 말을 듣고 두려워하는 자들이 많았다고 한다.

---

183. 신회(申晦, 1706~?): 본관 평산(平山), 자 여근(汝根). 좌의정·영의정 등을 역임. 이른바 세자 위해(世子危害) 세력의 편에 서서 임오화변에 적극 동조하였다. 이 일로 정조 즉위 직후 유배되었다.
184. 의소 세손(懿昭世孫, 1750~1752): 사도세자와 혜빈 홍씨(惠嬪 洪氏)의 적장자. 이름은 정(琔)이다. 1750년(영조 26)에 태어나 그해 세손에 책봉되었으나 3세에 죽었다. 시호는 의소(懿昭)다.
185. 지영(祗迎): 임금의 행차를 공경(恭敬)히 맞이함.
186. 수은묘(垂恩墓): 1762년(영조 38)에 사도세자를 경기도 양주군 배봉(拜峯)에 장사지낸 후 묘를 수은묘라 하였다. 1776년(정조 즉위년)에 영우원(永祐園)으로 고쳤고, 1789년(정조 13)에 경기도 화성군 태안읍 안녕리로 옮긴 후 현륭원(顯隆園)으로 고쳤다. 1899년(광무 3) 사도세자를 장조(莊祖)로 추존하면서 융릉(隆陵)으로 개칭하였다.
187. 안표(安杓, 1710~1773): 본관 죽산(竹山). 자 정숙(定叔). 한원진(韓元震)의 문인이지만 당파에 가담하지 않고 엄격하게 처신하였다고 한다.

하루는 주상이 연신(筵臣)[188] 조종현(趙宗鉉)[189]의 손을 잡고 눈물을 흘리며 말하였다.

"내가 항상 너의 장인인 이 판부사[조종현은 이종성(李宗城) 공의 사위다]로 하여금 동궁에게 가서 살피고 오라고 하였는데, 이 판부사가 돌아와 아뢰기를,

'세자의 병환이 매우 위중하여 제가 살펴보지 못하였습니다. 여러 해 동안 병을 앓고 있는데도 한 첩의 약도 쓰지 않고 있으니 어찌 한스럽다 하지 않겠습니까'라고 했었다."

또 신료들에게 말하기를,

"사도세자가 14년 동안 대리청정을 하였는데, 경들은 일찍이 3개월의 상복만을 입었다"라고 하였다. 마침내 조중회(趙重晦)에게 특별히 승지를 제수하며 말하기를,

"임오년에 오직 조중회만이 사도세자의 대리청정에 관해 말하였었다"라고 하였다.

또한 주상이 친히 제문을 지어 효장세자의 사당과 사도세자의 사당에 제사지냈는데, 제문을 감추어두고 밖으로 알리지 않았기 때문에 그 내용을 아는 사람이 없었다. 대개 두려워하는 자들이 제문을 숨긴 것이라고 한다.

61. 주상이 이세연(李世演)[190]을 가리키며 세손에게 눈물을 흘리며 말하기를,

"이 사람은 이이장의 조카다"라고 하였다. 또한 여러 신하에게 말하기를,

"이정(李瀞)은 안금장(安金藏)[191]이다. 여러 신하는 안금장이 어떠한 사람인지 알지 못하느냐"라고 하였다. 사람들이 물러나 두루 상고한 후에야 비로소 안금장에 대해 알게 되었다.

또한 주상이 여러 신하에게 사도세자의 자품이 아름다웠다고 여러 번 말하였다. 전후의 경연 중에 사단(事端)에 따라 사도세자를 추모하고 통렬히 애통해하는 전교가 내린 것이 한두 번이 아니었는데, 번번이 기주(記注)[192]에서 제거하여 상고할 수는 없다. 임진년(1772, 영조 48) 2월 4일에 또한 '어질도다. 내 아들이여'라는 하교가 있었는데, 경연에 참석한 신하들이 직접 듣고 전했다고 한다.

---

188. 연신(筵臣): 경연(經筵)이나 서연(書筵) 등에서 경전(經典) 등을 강론하는 신하를 말한다.
189. 조종현(趙宗鉉, 1731~1800): 본관 양주(楊州). 자 원옥(元玉), 호 천은(天隱). 병조 판서 등을 역임하였다.
190. 이세연(李世演, 1719~1774): 본관 한산(韓山). 자 중현(仲顯). 1753년(영조 29) 진사가 되고, 이듬해 증광문과에 급제하여 한림에 제수된 뒤 정언 등을 거쳐 대사간에 이르렀다.
191. 안금장(安金藏): 당나라 측천무후(則天武后) 때 충신. 태자였던 예종(睿宗)이 모반을 도모했다는 혐의를 받자, 칼로 배를 그어 창자를 꺼내어 보임으로써 예종의 결백을 주장하였다.
192. 기주(記注): 승정원의 주서(注書)나 춘추관의 기주관(記注官)이 임금과 신하의 대화 등을 적은 기록.

62. 이이장 공에게 처분을 내린 후에 주상이 하교하며 이르기를,

"이와 같은 때에 마땅히 이러한 신하가 있어야 하니, 이이장의 일이 이것이로다. 이것이로다"라고 하였다. 또한 일찍이 하교에 이르기를,

"'국난에는 어진 재상을 생각한다'[193]고 하니, 나는 이이장을 생각한다"라고 하였다.

63. 주상이 일찍이 문신의 제술(製述)을 시험하였는데, 재차 '전천추(田千秋)[194]가 모후(某候)에 봉해지자 사례하였다[田千秋謝封某候]'를 주제로 냈다. 대사간 정운유(鄭運維)[195]가 은밀히 주상의 뜻을 헤아리고 입대하여 아뢰기를,

"세손으로 하여금 사도세자의 사당에 가 배알하게 함이 마땅합니다"라고 하였다. 주상은 여러 차례 그의 말이 도를 지나쳤다고 말하였을 뿐 죄를 묻지 않다가 특별히 정운유에게 승지의 벼슬을 제수하였고, 곧이어 다시 대사헌으로 발탁하였다.

그 후 차대(次對)하는 날, 여러 신하가 궁궐 안에서 제회(齊會)하고 있다가 입시하려 하는데, 영의정 홍봉한이 모관 권도(權噵)[196]를 시켜 정운유에게 말을 전하기를,

"이후로는 갑작스럽게 아뢰는 일이 있어서는 안 될 것이오. 만약 아뢰고 싶은 것이 있다면 먼저 나를 거치도록 하시오"라고 하였다.

당시 정운유는 홍봉한을 두려워하여 감히 홍봉한을 거론하지 않았는데, 이후 한유(韓鍮)의 상소[197]로 인해 홍봉한이 실권(失權)하자, 그 일을 거론하지 않은 것을 매우

---

193. 국난에는 어진 재상을 생각한다: 춘추시대 이극(李克)이 위문후(魏文侯)에게 "집이 가난하면 어진 아내를 생각하고 나라가 어지러우면 어진 재상을 생각한다[家貧則思良妻 國亂則思良相]"라고 했던 말로 『사기(史記)』 권44, 「위세가(魏世家)」에 나온다.
194. 전천추(田千秋, ?~B.C. 77): 한나라 무제(武帝) 때 사람. 무제의 장자(長子)인 유거(劉據)가 무제를 무고(巫蠱)로 해치려 한다고 강충(江充)이 무함하자, 유거가 장락궁(長樂宮)의 위졸을 동원하여 강충을 죽이고 이어 자살하였다. 그 후 전천추가 유거의 원통한 정상을 간곡히 주달(奏達)하니, 무제가 뒤에 유거의 억울한 사정을 알고서 사자궁(思子宮)을 짓고 '여(戾)'란 시호(諡號)를 내려주었다. 전천추는 이 일을 계기로 무제의 신임을 받아 뒤에 승상의 자리에 오르고 부민후(富民侯)에 봉해졌다.
195. 정운유(鄭運維, 1704~1772): 본관 해주(海州). 자 지국(持國). 1735년(영조 11) 생원시를 거쳐 1756년 정시문과에 을과로 급제, 장령·승지 등을 거쳐 도승지·대사헌·공조판서 등을 역임하였다.
196. 권도(權噵, 1710~?): 본관 안동(安東), 자 도이(道以). 1757년(영조 33) 정시문과에 병과로 급제, 정언이 되고 이어서 시독관(侍讀官)을 거쳐 세자책봉사(世子册封使) 서장관으로 청나라에 다녀왔다.
197. 한유의 상소: 1770년(영조 46) 3월 21일에 청주(淸州) 사람 한유(韓鍮)가 도끼를 들고 올라와 상소하여 홍봉한의 부자 형제가 권력을 마음대로 휘두른다면서 안국동(安國洞)에 살던 홍봉한을 '망국동의 망정승[亡國洞亡政丞]', '녹마정승[鹿馬相]'이라 비판하며 처형할 것을 청하였다가 흑산도에 정배되었다. 이듬해 유배에서 풀려난 한유가 다시 상소하여 홍봉한을 처벌할 것을 청하였는데, 상소의 내용 중 '일물(一物)'이라는 말이 문제가 되어 처형되었다. '일물'이란 사도세자를 가두어서 죽일 때 사용된 뒤주를 가리키는 것으로, 한유는 이것을 홍봉한이 가져다가 바쳤다고 주장하였다. 그러나 후일 정조는 영조의 말을 인용하여 이 '일물'은 홍봉한이 바친 것이 아닌데, 세상 사람들이 잘 모르기 때문에 그렇게 말한다고 홍봉한을 옹호하였다. 1770년(영조 46) 3월 21일(임신), 22일(계유) 실록기사: 1771년 2월

후회하였다고 한다.

64. 기축년(1769, 영조 45) 겨울 광주(廣州)의 한 선비가 모년의 일을 아뢰고자 상소문을 지니고 대궐 아래 이르렀으나 올리지 못하였다. 정승 홍봉한이 이 일을 듣고 은밀히 포도대장 아무개에게 명을 내려 그를 내쫓게 하였다.

포도대장이 그 유생을 가두고 여러 날 동안 음식을 주지 않았다. 액례(掖隷)가 포도대장에게 와서 말하기를,

"어찌하여 공연히 사람을 가두는 것입니까?" 하고, 또 말하기를,

"나는 동궁의 요속(僚屬)입니다"라고 하였다. 그러자 포도대장이 두려워하며 유생을 풀어주었다고 한다.

65. 모년 홍문록[館錄]을 작성할 때 이세연 공이 빠졌다. 이에 세손이 궁료에게 말하기를,

"이세연은 어찌하여 홍문록에서 누락되었는가?"라고 하였다. 이로 인하여 (이세연이) 도당록(都堂錄)[198]에 들어갈 수 있었다고 한다.

홍봉한을 위기에 빠뜨린 최익남의 상소

66. 경인년(1770, 영조 46) 11월에 전 이조 좌랑 최익남이 상소하여 영의정 김치인(金致仁)[199]의 죄상을 논하였다. 그는 상소 앞머리에서 세손이 마땅히 사도세자의 무덤과 사당에 참배해야 함에도 불구하고 오래도록 행하지 않았다 하고 상에게 유념해줄 것을 청하였다.[200] 또한 상소에는,

---

8일(기묘), 8월 2일(경오), 7일(을해) 실록기사: 1776년(정조 즉위년) 3월 27일(무술) 실록기사 참조. 1796년(정조 20) 이후, 한유의 상소가 충심이 깃든 행위였음을 들어 추증(追贈)하자는 논의가 일어나, 1801년(순조 1) 1월 2일 사헌부 집의(司憲府執義)로 추증되었다.

198. 도당록(都堂錄): 의정부(議政府)에서 홍문관(弘文館)의 교리(校理)·수찬(修撰)을 선임하기 위한 2차의 추천기록. 의정(議政)·참찬(參贊)·이조 판서(吏曹判書)·참의(參議) 등이 모여 홍문록(弘文錄)에 오른 명단에서 적합한 사람의 이름 위에 권점(圈點)을 찍어 그 찬반(贊反)을 보이는데, 이 결과를 임금에게 올리면 득점(得點)의 순위대로 교리·수찬에 임명하였다.

199. 김치인(金致仁, 1716~1790): 본관 청풍(淸風), 자 공서(公恕), 호 고정(古亭). 징(澄)의 증손, 우의정 구(構)의 손자, 영의정 재로(在魯)의 아들. 좌의정·영의정 등을 역임. 1772년(영조 48) 당파를 조성했다는 죄로 유배되었다. 정조대 『명의록(明義錄)』 편찬을 주관하고, 1785년(정조 9)에는 『대전통편(大典通編)』 편찬을 주관하였다.

200. 그는 …… 청하였다: 최익남의 상소를 두고 영조는 홍봉한이 임오화변을 전적으로 군주의 허물로 돌

"동쪽 성(城) 한구석의 사당 모습이 처량하고, 10리 밖의 중포(中浦)에는 무덤가의 나무가 이미 한아름입니다[一隅東城, 廟貌凄凉, 十里中浦, 墓木已拱]"라고 운운하는 말이 있었다. 이어서 김치인이 사부(師傅)로서 주청하여 시행하지 않았으니 죄가 된다고 하였다. 주상이 진노하여 그 상소를 불태워버리게 하였다.

처음에는 대정(大靜)에 찬배하였다가 곧 대간의 논계를 받아들여 가시울타리를 치게 하였다. 다시 사헌부가 붙잡아다 국문할 것을 청하여 이를 받아들였는데, 이때 최익남은 가는 속도를 세 배로 올려 빨리 가도록 하였으므로 이미 바다를 건넌 상황이었다. 잡아다 국문하라는 명이 내렸는데 그를 국문하기 전에 먼저 그 아우와 조카를 국문하였다. 일찍이 최익남과 왕래한 자들을 물어 누구의 사주를 받은 것인지 알아내고자 함이었다.

또한 그 상소를 쓴 자를 참하였고, 금군을 보내 잡아들일 것을 재촉하니 잡혀 오는 자들이 길에서 서로 마주칠 정도로 많았다. 최익남이 잡혀오자 죽음을 면하게 해 주겠다는 말로써 꾀어 사주한 자가 누구인지를 발고하게 하였으나 끝내 말하지 않고 일곱 차례의 형신을 받은 끝에 죽었다.

사헌부 관원 임정원(林鼎遠)[201]이 최익남을 붙잡아다 추국하라는 계에서 말하기를,

"난여(鑾輿)[202]가 움직이지 않는데 동궁이 홀로 행하는 일은 없습니다"라고 하였다. 또한 말하기를,

"최익남이 청한 내용은 3백 년 동안 없었던 일이니, 백대에 이르도록 의심하고 혼란스럽게 만드는 일입니다" 운운하였다. 초탁(超擢)[203] 당상(堂上) 모관 조영진(趙榮進)이 말하기를,

"최익남의 말은 일찍이 정운유(鄭運維)가 계를 올려 청한 것에서 비롯된 것이니, 운유는 곧 익남의 효시입니다. 운유를 남쪽 변방에 유배해야 합니다"라고 하였다.

이봉환(李鳳煥) 또한 공사(供辭)[204]에 관련되어 형장을 맞고 죽었다.

리고 아울러 김치인을 제거하기 위해, 최익남을 시켜 상소한 것이라 의심하였다.

201. 임정원(林鼎遠, 1724~?): 본관 나주(羅州). 자 사수(士受). 1763년(영조 39) 문과 급제.
202. 난여(鑾輿): 난여는 임금이 타는 수레로서, 여기에서는 영조를 가리킨다.
203. 초탁(超擢): 품계의 정상적인 순서를 뛰어넘어 발탁함.
204. 공사(供辭): 죄인이 범죄 사실에 대해 진술한 말. 공초(供招)라고도 한다.

공홍파(攻洪派)의 공격과 홍봉한의 실세(失勢)

67. 신묘년(1771, 영조 47) 2월에 주상이 두 왕손 은언군(恩彦君) 인(䄄)[205]과 은신군(恩信君) 진(禛)[206]의 종노(縱奴)[207]가 시전(市廛)에서 횡포를 부린 일을 이유로 인과 진을 궁벽한 곳에 유배하였다가 제주에 위리안치시켰다. 그리고 이를 모두 홍봉한의 죄라 여기고 그를 청주에 부처(付處)하라고 하교하며 이르기를,

"임오년(1762, 영조 38)의 일은 홍봉한이 양성한 것이다. 어찌 내가 한 일이겠는가. 호랑이나 이리도 자식을 사랑할 줄 안다. 그 일을 있게 한 자는 봉한이다. 내 어찌 어영청(御營廳)에 모물이 있음을 알았겠으며, 그 위에 풀을 덮을 생각을 하였겠는가"라고 하였다. (주상이) 세손을 보며 말하기를,

"너는 그를 외조부라고 여기지 말고, 원수로 대해야 할 것이다"라고 하였다 한다.

두 왕손을 멀리 유배하였을 때 궁성을 호위하도록 영을 내리고, (홍봉한이 왕손을) 추대하려 모의하였다는 전교를 내리기에 이르렀다. 세손이 그 화(禍)를 누그러뜨리고자 아뢰기를,

"어찌 그럴 리가 있겠습니까"라고 하였다. 주상이 말하기를,

"너는 동생을 믿지 마라. 아우라 해서 어찌 형을 찬탈하지 못하겠느냐. 비록 자식이라 해도 또한 그 아버지를 찬탈하려 모의한다"라고 하였다. 세손이 그 말 속에 가리키는 뜻이 있음을 알고 마침내 감히 다시 아뢰지 못하였다고 한다.

처음에 왕손들이 성장하자 사부(師傅)를 두었는데, 후에 전례가 없다 하여 파하였다. 두 왕손이 죄를 얻게 되자 영의정 김치인이 셋째 왕손[三王孫][208] 찬(禶)을 위해 사부를 두자고 아뢰었는데 김치인이 죄를 받기에 이르자 특명으로 다시 혁파하였다.

---

205. 은언군(恩彦君) 인(䄄, 1754~1801): 사도세자의 서자. 어머니는 숙빈 임씨(肅嬪林氏). 1786년(정조 10) 아들인 상계군((常溪君) 담(湛)이 모반죄로 몰려 자살하자 왕명으로 강화에 유배되었다. 1797년 강화에서 탈출하려다 체포되어 그곳에 안치되었다. 1801년(순조 1) 신유박해 때 탄핵을 받고 사사(賜死)되었다. 손자 철종(哲宗)의 즉위로 신원되었다.
206. 은신군(恩信君) 진(禛, 1756~1771): 사도세자의 서자. 어머니는 숙빈 임씨(肅嬪林氏). 정조의 이복동생, 흥선 대원군(興宣大院君)의 할아버지. 1771년 김구주 무리의 무고로 형 은언군 인(䄄)과 함께 관작을 삭탈당하고 제주에 위리안치된 뒤 병사하였다.
207. 종노(縱奴): 겸종(傔從)과 복예(僕隷)을 가리킨다.
208. 셋째 왕손[三王孫]: 은전군(恩全君) 이찬(李禶, 1759~1777). 사도세자와 경빈 박씨의 아들이다. 1777년(정조 1) 홍인한(洪麟漢)·정후겸(鄭厚謙)·홍상범(洪相範) 등이 그를 왕으로 추대하려 한 역모 사건에 휘말려 사사되었다.

68. 홍봉한을 서인(庶人)으로 삼았다. 기축년(1769, 영조 45) 청주 유생 한유가 상소하여 홍봉한이 권력과 재물을 탐하니 참형에 처하라고 하자 영의정 홍봉한에게 치사(致仕)하게 하였다. 신묘년(1771, 영조 47) 봄에 왕손의 일이 일어났을 때 왕손을 추대하려 하였다는 죄목으로 청주에 부처하였다가 특별히 방면하였다. 한유는 흑산도에 유배시켰다. [비록 홍봉한이 치사하였으나 한유 또한 유배되었다.]

이해 가을 한유가 올린 상소에서 모년에 일물(一物)[209]을 바친 일을 홍봉한의 죄라 주장하며 참형에 처할 것을 청하였다. 주상이 모물(某物)의 일을 듣기 싫어하여 한유를 주살하라 하였다. 그리고 이후 이 일을 말하는 사람이 있으면 역률(逆律)로써 논하겠다고 하였다. 삼사(三司)가 잇달아 상소하여 마침내 모년의 일을 가지고 홍봉한을 죄주어야 한다고 성토하자, 그를 삭직하고 우선 중도부처(中道付處)하게 하였다.

주상이 모름지기 하루라도 나라가 존속하려면 이러한 계(啓)가 없을 수 없다고 하며 삼사를 칭찬하였다. 그러나 혜빈을 이유로 정계(停啓)[210]하라 타일렀는데 삼사의 상소는 그치지 않았다. 마침내 홍봉한을 삭출(削黜)하여 서인으로 삼고 하교하기를,

"특별히 관대한 형벌을 내려 남은 생을 마치도록 하라" 하고 정계하도록 하였다.

대개 홍봉한의 죄명이 세 번 변하였는데, 처음에는 '권간(權姦)'[211]이었고, 중간에는 '왕손 추대(推戴)'[212]였고, 마지막에는 '모년의 일'[213]이었다. 이때 주상이 하교하기를,

"나를 만고에 다시 없을 일로 이끌었다"라고 하였는데, 대개 '모물'을 가리킨 것이라 한다.

---

209. 일물(一物): 1762년(영조 38) 임오화변 당시 사도세자를 가두어 죽인 뒤주를 말하는데, 홍봉한이 이를 영조에게 바쳤다는 말이 있었다.

210. 정계(停啓): 계문 올리는 것을 중지함.

211. 권간(權姦): 임오화변 전후 세자 보호의 책임에서 자유로울 수 없는 홍봉한이 근신하지 않고 세손 보호를 내세워 도리어 왕성하게 활동하며 전횡한 것은 또 다른 외척이었던 정순왕후 가문의 반감을 초래하였다. 이에 정순왕후의 오라비인 김구주는 공홍(攻洪)·살홍론(殺洪論)을 주도하여, 홍봉한은 1770년 호서 유생 한유(韓鍮)의 상소를 계기로 실세(失勢)하였다. 한유는 도끼를 들고 궐문 앞에 엎드려 홍봉한 일족의 비리와 권세 남용을 거론하고 홍봉한을 참(斬)해야 한다[殺洪]고 주장했다. 영조는 그 배후를 의심하며 한유를 엄히 처벌했지만, 동시에 홍봉한에게도 책임을 물어 홍봉한을 치사(致仕)하게 하였다.

212. 왕손 추대(推戴): 한유의 상소를 계기로 홍봉한이 실세(失勢)한 후에도 그를 완전히 제거하기 위한 공홍파의 공격은 계속되었는데, 1771년(영조 47) 정후겸·김한기가 홍봉한이 왕손인 은신군(恩信君)을 추대하려는 음모를 꾸몄다고 고변하였다. 이에 영조는 홍봉한을 서인(庶人)으로 강등하고 청주에 부처할 것을 명하였다. 그러나 이 일로 혜빈(惠嬪)이 투신(投身)을 기도하다 낙상하고 세손이 정순왕후에게 해명하며 도움을 요청하자 홍봉한을 삭출하는 것에 그쳤다.

213. 모년의 일: 사도세자를 가두어 죽일 때 사용된 뒤주를 홍봉한이 가져다가 바쳤음을 가리킨다. 1770년(영조 46) 3월 21일, 김구주의 사주를 받아 한유가 올린 상소에서 이 주장이 처음 제기되었다.

69. 홍봉한이 처음 논박을 입었을 때 친한 이가 홍봉한을 방문하였다. 홍봉한이 사람들을 물리치고 조용히 묻기를,

"공은 글을 읽은 사람이니, 모년의 일에 대해 어떻게 생각하시는지 알고 싶습니다"라고 하였다. 그 사람이 대답하기를,

"모년의 일에 대해 묻는다면 어찌 대답해야 할지 모르겠습니다. 사도세자가 과연 그러한 일을 하였습니까?"[214]라고 하였다. 홍봉한이 눈물을 흘리며 말하기를

"다만 병 때문이었습니다. 만약 진실로 그러한 일이 있었다면 내가 어찌 사사롭게 편들 수 있었겠습니까"라고 하였다. 또한 말하기를,

"모년의 일은 내가 감당하고자 하니 어떻게 생각하시는지요?"라고 물었다. 그 사람이 말하기를,

"논의하는 사람들은 공이 그 당시 도성 안에 없었으므로 오히려 공을 용서할 만하다고 하는데, [당시 홍봉한은 교외에 있었고 당일에 들어왔다] 공이 홀로 감당하려 함이 어찌 옳겠습니까?"라고 하였다. 홍봉한이 말하기를,

"그렇게 하지 않으면 우리 중 많은 이들이 죽어야 하니, 이 때문에 차라리 내가 홀로 감당하고자 하는 것입니다"라고 하였다. 또한 말하기를,

"훗날 동궁에게 추숭을 청하여 화(禍)를 누그러뜨리고자 합니다"라고 하였다 한다.

살홍파(殺洪派)의 대두

70. 홍봉한이 세력을 잃고 서인이 되었을 때 정승 김치인이 재신들과 빈청에서 모인 가운데 홍봉한을 죽여야 한다는 상소를 발의하려 하였다. 판서 조돈(趙暾)[215]이 사람들에게 큰 소리로 말하기를,

"내가 홍씨와 사이가 좋지 않은 것은 사람들이 모두 알고 있습니다. 그러나 홍봉한을 죽여서는 안 됩니다. 공은 어찌하여 홍봉한을 죽이고자 하십니까"라고 하였다. 마침내 홍봉한을 죽이려 하는 논의가 저지되었다.

71. 홍봉한의 죄는 수차(袖箚)에 보이니, 그것이야말로 그의 공안(供案)[216]이다. 누

214. 사도세자가 …… 하였습니까: 사도세자가 실제 왕위를 찬탈할 변란을 도모했는가를 묻는 말이다.
215. 조돈(趙暾, 1716~1790): 본관 풍양(豐壤), 자 광서(光瑞), 호 죽석(竹石). 대사간·이조 판서 등을 역임하였다.

구인들 '죽일 만하다'라고 하지 않겠는가. 그러나 당시 홍봉한을 죽이려 하였던 논의에는 다른 연유가 있었다. 대개 모년 이후로 동궁의 처지가 고단하고 위태로워 믿고 의지할 사람은 홍봉한 한 사람뿐이었다.

이에 모년의 일을 양성하였던 흉악한 무리가 훗날의 화를 두려워하여 장헌(莊獻, 사도세자)의 자손들을 기필코 모두 제거하려 하였다. 먼저 두 왕손을 제거하였고, 홍봉한이 동궁의 우익(羽翼)이 됨을 심히 꺼려하여 다시 왕손을 추대하려 한다는 설을 만들어 홍봉한까지 아울러 몰아냈다. 저들은 홍봉한을 죽여야 한다는 설이 공의(公議)에 어긋날까 우려하여 모년의 일을 홍봉한의 죄목으로 만들었는데, 탕평파 가운데 의리를 빙자하는 자들[蕩流之托義理者]도 일어나 서로 호응하였다. 마침내 홍봉한을 죽여야 한다[殺洪]는 논의가 일세에 두루 퍼지게 되었고 동궁의 처지 또한 위태로울 뿐만이 아니어서, 식견 있는 자들이 우려하였다.

72. 홍봉한을 서인으로 삼았다가 얼마 되지 않아 신분을 회복시켜주었다. 세손의 외조부를 어찌 서인으로 만들 수 있느냐 하여 특명으로 그 죄를 없애주고 관작을 회복시켜주었다. 이후 다른 일 때문에 영의정 김치인을 유배하고 위리안치시켰는데, 이에 조정의 상황이 갑자기 급변하였다. 김치인이 유배되었을 때 주상이 세손의 손을 잡고 말하기를,

"내 어찌 너를 보호하지 못하겠느냐"라고 하였다 한다.

73. 임진년(1772, 영조 48) 가을에 김치인의 죄를 논하는 계가 그치지 않았는데 위리안치부터 죄를 참작하여 벌을 감해야 한다는 논의까지 다양하였다. 이보다 앞서 최익남이 김치인의 죄를 논하였는데, 치인은 혐의를 생각하지 않고 익남을 벌줄 것을 청하였다. 이때에 이르러 사헌부의 계사에서 김치인이 인혐(引嫌)[217]하지 않았음을 논죄하는 말이 있었다.

홍봉한을 역적으로 탄핵한 김구주의 상소

74. 홍봉한과 김구주(金龜柱)[218]는 각기 당여(黨與)가 있었는데 서로 헐뜯으며 대립

---

216. 공안(供案): 죄인을 신문(訊問)한 내용을 적은 문서.
217. 인혐(引嫌): 자기 허물에 대한 책임을 지고 사퇴함.

하여 상대방을 죽이고자 하는 데까지 이르렀다. 홍봉한이 패하자 김구주의 세력이 득세하였고, 임진년(1772, 영조 48)에 이르러 홍봉한이 다시 일어나자 김구주가 패하였다. 또한 다른 일로 인하여 김구주와 당여를 이룬 자들이 다수 죄를 얻게 되었을 때 시의(時議)가 매서웠다. 모관(某官) 고몽성(高夢聖)[219][기로소에 들어간 자다]이 상소하였는데 그 내용에,

"당을 결성하여 동궁을 흔들려고 모의하는 자들이 있습니다. 운운" 하는 말이 있었다. 상소가 승정원에 도착하자 승지들이 임금에게 보고하면 큰 문제가 생길까 두려워하여 상소문을 돌려주고 올리지 말도록 설득하였다.

이에 일의 기미가 장차 격렬해지려 하자 국구(國舅)[220]의 아들인 김구주가 급히 상소를 올려 홍봉한의 죄를 거론하였다.[221] 그 죄목은 여러 조항이었는데 모두 불충하고 도리를 잃은 일들이었다. 그중에

"임오년(1762, 영조 38)의 처분은 밝게 결단하여 환히 빛나는 것이 바로 저 해와 같습니다. 그러나 홍봉한은 굳은 절개를 지닌 대신이라 할 수 없습니다. 다만 화가 미칠까 두려워하여 힘써 받들었을 뿐입니다. 운운"이라는 말이 있었다. 또,

"(홍봉한이) 일찍이 동궁에게 진언하기를,

'훗날 (사도세자를) 마땅히 추숭하여 종묘에 들여야 하니, 만약 그렇게 하지 않는다면 이러이러하게 될 것[222]입니다'라고 하였습니다"[이러하다는 것은 임금이 되기 어렵다는

---

218. 김구주(金龜柱, 1740~1786): 본관 경주. 영조의 장인 김한구의 아들. 영조의 계비 정순왕후의 오빠. 홍양해(洪量海)의 문인이다. 1772년(영조 48) 공조 참판으로 있을 때 청명당(淸名黨) 사건으로 영조의 탕평책을 배신한 것으로 지목당하였다. 그는 이를 당시 홍봉한의 외척 정치 탓으로 돌려, 사촌동생 관주(觀柱)와 함께 홍봉한을 제거하는 것이 의리라고 상소하였다. 당시 홍봉한은 왕세손이던 정조의 외가였으므로, 이 상소는 왕세손의 위치를 위협하는 행위로 간주되어 정조 즉위년에 역적으로 지목되었다. 또, 영조의 딸인 화완옹주의 양자인 정후겸 및 홍인한·정이환 등과 결탁해 정조를 해치려 한 사실이 드러나 흑산도에 유배되었다. 1784년에 왕세자 책봉을 계기로 감등되어 나주에 이배되었다가 다음해 죽었다.

219. 고몽성(高夢聖, 1693~?): 본관 제주(濟州). 자 계주(季周). 1756년(영조 32) 문과에 급제하였다.

220. 국구(國舅): 영조의 계비 정순왕후의 아버지 김한구를 가리킨다.

221. 김구주가 …… 거론하였다: 1772년(영조 48) 7월 21일, 김구주는 상소를 올려 홍봉한을 탄핵하였다. 이때의 상소는 흔히 나삼(蘿蔘)과 송다(松茶) 문제를 제기한 것으로 알려져 있지만, 이는 홍봉한의 '영조에 대한 불충(不忠)과 모해(謀害) 시도'를 입증하기 위한 하나의 사례로 제시된 것이며, 더 본질적인 것은 홍봉한이 사도세자 추숭 논의를 세손에게 강요했다고 탄핵한 점이다. 김구주는 홍봉한이 화심(禍心)을 가지고 임오년 처분의 공의(公義)를 전도시키고자 모의하고 있으니 홍봉한을 '역신(逆臣)'으로 참해야 한다고 주장하였다.

222. 이러이러하게 될 것: 홍봉한이 덕종(德宗)의 사례를 들어 세손에게 사도세자의 추숭(追崇)을 권하면서, 자신의 말을 듣지 않으면 소론·남인 일각에서 추대를 거행코자 할 것인데, 이렇게 된다면 어떻게 대처할 것이냐고 세손을 압박했다는 설을 말한다.

것을 말한다]라는 말도 있었다.

75.[223] 주상이 처음에는 전교를 내려 동궁에게 이 일에 대해 묻고자 하였으나 차마 하지 못하였는데 세손이 대죄(待罪)하자 마침내 주상이 물었다. (세손이) 대답하기를,

"홍봉한이 일찍이 말하기를,

'추숭하여 종묘에 들이려는 마음이 싹터서는 안 되니 만약 이러한 마음이 싹튼다면 이는 (의리와) 크게 관계되는 말입니다'라고 하였습니다. 이에 당시 바로 중궁전에 아뢰었습니다"라고 하였다.

주상이 국구(國舅)의 아우 김한기(金漢耆)[224]를 시켜 중전에게 물어보게 하니 아뢰는 말이 또한 세손이 말한 내용과 같았다.[225] 주상이 김구주를 불러 꾸짖고 상소의 내용이 당심(黨心)에서 나온 것임을 자복하게 한 후 관직을 삭탈하고 도성 밖으로 내쫓았다. 겨울 11월에 주상에게 존호를 올린 경사를 계기로 하여 용서하였고, 예전처럼 등용하도록 명하였다.

76. 김구주의 상소가 올라왔을 때, 세손이 궁료에게 말하기를,

"이 상소는 나를 죽이고자 하는 것이다. 지금 내 처지가 신축년(1721, 경종 1), 임인년(1722, 경종 2)의 상황보다도 더 심하다"라고 하였다 한다.

정승 한익모(韓翼謩)[226]가 김구주의 죄를 다스릴 것을 청하였다.

일찍이 세손이 김한기에게 말하기를,

"무슨 이유로 내 외조부를 죽이려 합니까. 부디 죽이지 마십시오"라고 하였다. 김

---

223. 원문에는 74번과 75번이 이어져 있으나 내용상 단락을 나누어 번역하였다.

224. 김한기(金漢耆, 1728~?): 본관 경주, 자 덕수(德壽). 영조의 계비 정순왕후의 숙부. 영조의 장인 한구의 동생. 조카 구주(龜柱)와 함께 벽파에 참여하여 시파 처벌에 관여하였다는 죄로 정조 즉위 뒤 탄핵을 받고 문외출송(門外黜送)되었다.

225. 중전에게 …… 같았다: 원래 중전인 정순왕후는 홍봉한을 제거하려는 김구주의 생각에 동조하고 있었다. 그리하여 정순왕후는 홍봉한이 사도세자 추숭 문제로 세손을 동요시키고 장차 임오의리를 번복할 계략을 꾸몄다는 내용의 봉서(封書)를 작성하였고, 김한기를 시켜 영조에게 수차(袖箚)하게 하려 하였다. 그러나 세손의 만류가 간곡하자 정순왕후는 세손에게 사도세자를 추숭하는 일은 결코 없을 것이라는 다짐을 받고서 사태를 무마한 것으로 판단된다.

226. 한익모(韓翼謩, 1703~1781): 본관 청주(淸州), 자 경보(敬甫), 호 정견(靜見). 대사헌 현모(顯謨)의 동생. 좌의정·영의정 등을 역임. 1762년 판의금부사로 나경언의 사도세자에 대한 고변이 있자 이를 사주한 배후를 철저히 가릴 것을 적극 주청하였다. 이어 대제학으로서 사도세자가 죽은 경위를 밝히는 교서의 작성을 끝내 거절하여 삭탈관직되었다. 정조가 즉위하여 사도세자의 처벌을 주장한 홍인한 등을 국문할 때, 불참한 죄로 삭직되고 이어 유배되었다.

한기가 황공하여 물러 나왔고 곧 상소를 올려 치사(致仕)를 청하였다. 그리고 수어사(守禦使)[227]와 여타 관직에서 모두 물러났다. 김구주는 처음에 이 사실을 알지 못하였으므로 급히 가서 김한기의 상소를 올리지 못하게 하려 하였다. 그러나 상소가 이미 출발한 후라 사람을 보내어 쫓았으나 미치지 못하였다. 대개 김한기는 세손의 전교를 받들고 물러 나온 후 김구주를 설득하여 (홍봉한과) 화평하게 하고자 하였다. 그러나 김구주가 그럴 수 없다고 거절하였으므로 김한기가 치사를 요청하는 상소를 올린 것이라 한다.

사도세자에 대한 영조의 추도 및 세자 보호세력의 신원(伸寃)

77. 주상이 매번 모년의 일을 큰 공업(功業)으로 생각하여, 존호에 '무(武)' 자를 더하고 싶다는 뜻을 여러 차례 신료들에게 비쳤다. 그러나 신하들이 뒷일을 염려하고 꺼려 감히 그 뜻을 받들지 못하고, 도리어 다른 아름다운 글자를 존호에 더하고자 하니 주상이 거듭 노하였다. 정승 홍봉한과 윤동도가 모두 이로 인해 엄한 전교를 들었고, 주상의 지나친 거동 또한 여러 차례 있었다고 한다.

임진년(1772, 영조 48) 겨울에 존호를 올렸는데 '대성광운 개태기영(大成廣運開泰基永)'이었다. 처음 올렸을 때에는 아래 네 글자가 '태화영강(泰和永康)'이었고 옥책(玉册)에도 올렸었다.

대제학 이복원(李福源)[228]이 봉조하 홍봉한에게 나아갔는데, 홍봉한이 말하기를,

"어찌 '영강(永康)'으로 존호를 삼는단 말이오?"라고 하였다. 이복원이 홍봉한에게 왜 그러냐고 묻자 진(晉)나라 혜제(惠帝)가 영강 원년에 태자 휼(遹)을 죽인 일[229]을 짚어 보여 주었다. 이복원이 크게 놀라 두려워하였다. 이에 대신들이 올린 글자에 좋지 않은 것이 있다는 핑계를 대어 다른 글자로 고칠 것을 청하였고, 마침내 지금 올린 글자로 개정하였다. 주상이 그 뜻을 묻자 대답하기를,

"만세의 태평을 열고 백세토록 영원한 사업의 기틀을 마련하였다는 뜻입니다"라고

---

227. 수어사(守禦使): 인조 때 남한산성을 개축하고 이를 수어하기 위해 설치한 수어청(守禦廳)의 종2품직 장관.

228. 이복원(李福源, 1719~1792): 본관 연안(延安). 자 수지(綏之), 호 쌍계(雙溪). 1754년(영조 30) 증광 문과 급제, 대사간 등을 거쳐 1772년 대제학이 되었다. 1775년 형조 판서가 되었고, 정조가 즉위하자 영조의 시책(諡册)을 지어 바쳤다. 우의정까지 지냈으며, 저서로 『천령향함이지락(千齡享含飴之樂)』이 있다.

229. 진(晉)나라 혜제가 …… 태자 휼을 죽인 일: 서진(西晉)의 제2대 황제 혜제(惠帝, 259~306)가 영강(永康) 원년(300)에 황후 가씨(賈氏) 및 풍담(馮紞)의 말을 믿고 태자 휼(遹)을 죽인 일을 가리킨다.

하였다. 주상이 말하기를,

"그 일 또한 그 가운데 있느냐?"라고 하자 대답하기를,

"포함되지 않은 일이 없습니다"라고 하였다.

이보다 앞서 주상이 모년의 일이 중흥(中興)의 일임을 분명히 하고 이를 나타내는 존호를 받고 싶어 했다. 주상이 전교한 '그 일'이란 중흥을 가리킨 것인데 대답하기를 감히 아니라고 하지도 못하고 그렇다고 하지도 못하였다. 애매한 말로 미봉하려고 글자를 고쳤을 뿐이다.

이복원은 이전부터 눈에 병이 있었는데 이때 근심하고 두려워한 것이 병을 악화시켜 마침내 눈이 보이지 않게 되었다. 대개 존호는 대제학이 정하는 것이다.

78. 갑오년(1774, 영조 50) 5월에 주상이 가뭄 때문에 근심하다가 갑자기 세손을 거느리고 수은묘(垂恩墓)에 거둥하였다. 이윽고 묘에 이르러 주상이 몸소 술잔을 올리고 세손이 제사를 지냈다. 술잔을 올린 후 주상이 옆에서 엎드린 채로 오랫동안 일어나지 않자 세손이 내관에게 부축하여 일으키게 하였다. 주상이 일으키려 하는 것을 뿌리치자 세손이 다시 나아가 부축하였으나 또한 뿌리쳤다가 얼마 후 일어났다. 대개 모년부터 지금까지 13년이 지났는데 세손이 그제야 처음으로 찾아가 참배하였다.

79. 참판 한광조가 죽자, 주상이 친히 제문을 써서 제사를 지내주었다. 제문 중에 '한 조각 붉은 충성[一片忠赤]'이라는 구절이 있었는데, 전교하기를,

"이는 장차 시호를 내릴 때 자료가 될 것이다"라고 하였다. 또한 '아, 지나간 일을 생각하니'[230]의 구절도 있었는데, 전교하기를,

"모년에 그의 처신은 진실로 옳았다. 신하의 직분으로 당연히 해야 할 일이었다"라고 하였다.

갑오년(1774, 영조 50)에 이르러 그의 아우 한광계(韓光綮)가 삼제(三製)[231]에 오르자 다시 친히 제문을 지어 제사를 지내주고, 전교하기를,

"내가 만고에 다시 없을 일을 만났을 때 한 모(韓某)를 바닷가 외딴 섬에 유배하였

---

230. 아, 지나간 일을 생각하니: 1768년(영조 44) 11월 26일(경술) 실록기사에는 '아, 지나간 일을 생각하니 아직도 슬프고 애석하다[吁嗟往事, 尙今嗟惜]'라고 소개되어 있다. 임오화변 당시 한광조의 행적에 대해서는 본편 2·21번 기사에 보인다.

231. 삼제(三製): 절일(節日)인 음력 3월 3일에 보이는 과거. 삼일제(三日製)라고도 한다.

다. 지금 생각하면 매번 그 일이 후회된다"라고 하였다.

한광계가 전시(殿試)에 직부(直赴)하였을 때 삼언오십구(三言五十句)를 지어 내렸는데, '아, 임오년(1762, 영조 38)의 일은 지금까지도 후회스럽다[嗟, 壬午尙今悔之]'라는 구절이 있었다. [기유년(1789, 정조 13)에 특별히 이조 판서를 증직하고 충정(忠貞)이라는 시호를 내렸다.]

80. 이해에 임덕제(林德躋)가 죽었다. 주상이 특별히 승정원 좌승지로 증직하였다. 이보다 앞서 갑오년(1774, 영조 50) 5월에 임 공이 한림(翰林)으로서 모현당(慕賢堂)에 입시하였다. 주상이 말하기를,

"임 모(林某)를 보지 못한 지 여러 해다. 모습이 너무 수척한데, 이 어찌 멀리 귀양 갔을 때 먹지 못했기 때문이겠는가. 그 심사가 군부(君父)에게 전해지지 않았기 때문일 것이다"라고 하였다. 영의정 홍봉한이 말하기를,

"성상의 하교가 지당하십니다. 신하 된 자가 군부에게 심사를 아뢰지 못하면 자연히 이와 같이 되는 것입니다"라고 하였다. 공이 은혜로운 전교를 받고 흐느끼며 눈물을 흘렸다. 주상이 또한 전교하여 말하기를,

"내가 그대에게 깊은 은혜나 큰 덕을 베푼 일이 없는데 어찌 이와 같이 감격하여 우는가"라고 하였다.

임 공이 일찍이 말하기를

"내가 죽는 날은 '그날'[232]이 될 것이다"라고 하였다.

갑오년(1774, 영조 50) 5월 13일에 병이 위중해지며 날이 새벽인지 저녁인지, 비가 오는지 안 오는지를 여러 번 물었는데, 결국 이날 죽었다. 평상시 그는 '그날' 죽지 못한 것을 매우 한스럽게 생각하였는데 죽은 날이 마침 이날이었으니 분명 우연이 아니다. 소매를 자른 도포를 염습할 의복으로 삼으라는 유언[233]을 남겼으니 또한 그 마음을 볼 수 있다.

공이 죽은 뒤 6월 11일에 주상이 특별히 증직하라는 명을 내렸다. 그 하루 전 관 위에 흰 글씨로 명정(銘旌)[234]의 글자를 쓰려 했는데 여러 번 써도 글씨가 써지지 않

232. 그날: 임오화변이 시작된 날짜, 즉 5월 13일을 가리킨다.
233. 소매를 …… 유언: 본편 21번 기사에 의하면, 사도세자가 뒤주에 갇히기 직전에 끌려나가는 임덕제의 소매를 붙잡고 놓으려 하지 않았다고 한다. 임덕제는 이 일을 추념하며 이러한 유언을 남긴 것으로 보인다. 이 외에도 본편 2·20·24번 기사에 임덕제 관련 내용이 있다.
234. 명정(銘旌): 장사지낼 때 붉은 천에 흰 글씨로 죽은 사람의 관직이나 성명(姓名) 따위를 적어놓은 조기(弔旗). 장대에 달아 상여 앞에 들고 가서 널 위에 펴고 묻는다.

았다. 이에 비단에 쓰고자 준비하면서 매우 괴이하게 여기던 차에 이날 밤 은명(恩命)이 갑자기 내려왔다. 다음 날 추증된 관작을 관 위에 다시 쓰니 글자마다 모두 잘 써져 사람들이 또한 이상한 일이라 여겼다고 한다. [기유년(1789, 정조 13)에 특별히 이조판서를 추증하고 충헌(忠憲)이라는 시호를 내렸다.]

81. 을미년(1775, 영조 51) 5월에 주상의 건강이 회복된 후 주상이 원통함을 설욕하고자 하는 자들은 빨리 들어와 신문고를 치라고 명하였다. 이로 인하여 을해년(1755, 영조 31)에 죄를 입은 가문들이 다수 원통함을 풀었고, 재상 조재호와 조유진 또한 신원되었다.

세손의 대리청정을 반대하는 홍인한의 삼불필지설(三不必知說)

82. 을미년(1775, 영조 51) 사이에 근거 없이 세손을 비방하는 말들이 성행하여 세손이 기생집에 몰래 드나든다는 말까지 나오게 되었다. 그러나 소문 속의 어느 날 밤은 세자 시강원의 홍국영(洪國榮)[235]이 입시한 날이었다. 국영이 그 무고한 정상을 명확히 알고 동궁에게 바로잡도록 진언하였다. 이에 동궁이 포도대장 장지항(張志恒)[236]에게 잡아들이라 명하여 한 사람을 잡아들였는데, 중전의 액례로서 김구주의 지시를 받은 자였다고 한다. [병신년(1776, 정조 즉위년) 심상운(沈翔雲)[237]을 국문할 때 주상이 전교하기를, "그 당시 순라(巡邏)[238]가 조금 엄해지면 내가 미행(微行)하기 때문이라는 말이 떠돌았다. 그래서 한 사람을 조사하여 캐어 보니 바로 정후겸(鄭厚謙)[239]의 사람이었으므로 노비로 삼는 형벌을 내렸다"라고 하였는데,

---

235. 홍국영(洪國榮, 1748~1781): 본관 풍산(豊山), 자 덕로(德老). 이조 참판·대사헌 등을 역임. 세손 시절 정조를 보호하고, 즉위하자 곧 동부승지로 특진하였다. 1778년(정조 2) 여동생을 원빈(元嬪)으로 삼아 입지를 굳혔으나 그녀가 병으로 죽자 정조의 동생 은언군(恩彦君) 인(裀)의 아들 담(湛)을 원빈의 양자로 삼아 완풍군(完豊君)에 봉하였다. 1780년(정조 4) 효의왕후(孝懿王后) 독살사건에 연루되어 축출당하였다.

236. 장지항(張志恒, 1721~1778): 본관 인동(仁同), 자 월여(月如). 무과에 등과하여 여러 무관직을 역임한 뒤 1776년 금위대장이 되었다. 정조가 즉위하면서 훈련대장이 되고, 이어 한성부판윤·형조판서를 지냈으나 정조가 장헌세자의 능에 갈 때 따라가지 않아 전라도 영암에 유배되었다. 그 뒤 한 달 만에 풀려나와 삼도수군 통제사를 거쳐 어영대장이 되었으나 앞서 영암에 유배 당시 환관들과 음모하여 역모를 꾀하였다는 무고로 국문을 받다가 장살(杖殺)되었다. 뒤에 복관되었다.

237. 심상운(沈翔雲, 1732~1776): 본관 청송(靑松), 자 봉여(鳳汝). 효종의 부마 익현(益顯)의 현손. 정후겸·홍인한 등이 세손의 대리청정을 막으려다 뜻을 이루지 못하게 되자, 이들의 사주를 받고 부사직(副司直)으로서 세손의 사부(師傅)와 빈료(賓僚)를 비난하면서, 세손을 '온실수(溫室樹)'에 비유하는 흉서를 올렸다. 1776년에 정조가 즉위하자 삼사의 상소로 중앙에 붙들려와 정조의 친국을 받은 뒤 주살되었다.

238. 순라(巡邏): 도둑이나 화재 따위를 경계하기 위하여 밤에 궁중과 도성 둘레를 순시하던 일.

아마도 이 일인 듯하다.]

83. 겨울 11월에 주상이 늙고 피곤함을 들어 반드시 환관이 농간하는 폐단이 있을 것이라 하며 세손에게 대리청정을 명하였다. 영의정 한익모가 대답하기를,

"환관은 걱정하지 않으셔도 됩니다"라고 하였고, 좌의정 홍인한은 세손은 세 가지 일에 대해 굳이 알 필요가 없다는 설[世孫三不必知之說][240]을 주장하였다. 주상이 대리청정을 명하는 전지를 쓰라고 명하여 승지 이명빈(李命彬)[241]이 쓰려 하자 홍인한이 손을 내저어 멈추게 하였다.

전 참판 서명선(徐命善)[242]이 상소하여 두 정승을 논박하자, 즉시 그를 탁용하여 두 정승을 탄핵하게 하였다. 이때 홍인한이 말한 '세손은 굳이 알 필요가 없다는 설'을 주서(注書) 박상집(朴相集)[243]이 승정원일기에 기록하지 않았다. 동궁이 일기를 가져다 보고 물리치며 빠뜨린 부분을 다시 채워 넣을 것을 명하였으나 또한 그렇게 하지 않았다. 두 번 세 번 고칠 것을 명하였는데도 끝내 그 내용을 싣지 않았다고 한다.

병신년(1776, 정조 즉위년) 3월에 세손이 등극한 후 홍인한을 여산(礪山)[244]에 유배 보냈다가 고금도(古今島)로 옮겨 사사(賜死)하였다.

84. 11월 21일에 현직 및 전직 대신이 입시하였을 때 주상이 말하였다.

"근래 원기가 날로 떨어져 한 가지 공사(公事)도 실로 수응(酬應)하기 어렵다. 이와

---

239. 정후겸(鄭厚謙, 1749~1776): 본관 연일(延日), 자 백익(伯益). 화완옹주의 양자. 영조의 총애를 바탕으로 홍인한과 더불어 국정을 좌우하였다. 1775년(영조 51) 세손이 대리청정하게 되자 화완옹주·홍인한 등과 이를 극력 반대하였으며, 동궁에 사인(私人)을 비밀리에 보내어 세손의 언동을 살피게 하였다. 또한 한편으로는 유언비어를 퍼뜨려 세손의 비행을 조작하고 심상운을 시켜 세손을 보호하는 홍국영을 탄핵하는 등 세손을 모해하는 데 깊이 간여하였다. 그러나 정조 즉위 직후 유배된 뒤 사사되었다.

240. 세손은 …… 없다는 설[世孫三不必知之說]: 1775년(영조 51) 11월 20일, 영조가 세손에게 대리의 명을 맡기기 위해 이를 반대하는 신하들에게, "세손이 노론을 아는가, 소론을 아는가. 남인을 아는가, 북인을 아는가. 나라의 일을 아는가, 조정의 일은 아는가. 병조 판서를 할 만한 인물이 누구인지를 아는가" 하며 세손의 정치적 능력을 키워야 한다는 견해를 말하자, 좌의정 홍인한이 "동궁은 노론과 소론을 굳이 알 필요가 없고, 이조 판서와 병조 판서를 굳이 알 필요도 없고, 조정의 일은 더욱 알 필요가 없습니다"라고 하였다.

241. 이명빈(李命彬, 1722~?): 본관 연안(延安), 자 사문(士文). 1765년(영조 41) 식년문과에 급제하여 벼슬이 승지(承旨)에 이르렀다.

242. 서명선(徐命善, 1728~1791): 본관 달성(達城), 자 계중(繼仲), 호 귀천(歸泉)·동원(桐源). 이조 판서 종옥(宗玉)의 아들. 좌의정·영의정 등을 역임. 세손의 대리청정을 반대하는 홍인한 일파를 탄핵, 세손의 대리청정을 시행할 수 있도록 노력하였다. 정조 즉위 뒤 중용되었다.

243. 박상집(朴相集, 1753~?): 본관 반남(潘南), 자 대이(大而). 1775년(영조 51) 문과에 급제하였다.

244. 여산(礪山): 전라북도 익산 지역의 옛 지명.

같은데 만 가지 기무(機務)를 살필 수 있겠는가. 나랏일을 생각하면 한밤중에도 잠을 이룰 수가 없게 된 지 오래다. 세손이 노론(老論)·소론(少論)을 알겠는가, 남인(南人)·소북(少北)을 알겠는가, 나랏일을 알겠는가, 조정 일을 알겠는가, 병조 판서에는 누가 괜찮을지, 이조 판서에는 누가 괜찮을지를 알겠는가. 이와 같은데 종묘와 사직을 어떻게 하겠는가. 예전에 우리 황형(皇兄, 경종)께서,

'나랏일을 세제(世弟, 영조)가 함이 옳겠는가, 좌우(左右)가 함이 옳겠는가?'[245]라고 하교하셨는데, 지금은 황형 때보다 더욱 위태롭다. 두 글자[전위(傳位)]의 하교를 하고 싶지만 세손의 마음을 상하게 할까 두렵다. 그러나 대리청정의 일은 본래 국조(國朝)의 고사(故事)가 있으니, 경들의 뜻은 어떠한가?"

좌의정 홍인한이 앞에 나와 대답하였다.

"동궁은 노론·소론을 알 필요가 없고, 이조 판서·병조 판서를 알 필요도 없으며, 조정의 일에 대해서는 더더욱 알 필요가 없습니다."

주상이 오랫동안 흐느끼며 말하기를,

"경들이 나의 뜻을 몰라주니, 장차 국사(國事)를 어찌할 것인가"라고 하였다.

30일 상참(常參)을 행할 때 주상이 삿갓[笠子]을 쓰고 동궁에게 기대어 앉았다가 노창(臚唱)[246]이 끝나기 전에 돌아가 침상(枕上)에 누웠다. 그리고 하교하기를 다음과 같이 하였다.

"예로부터 전례(前例)가 있던 일을 오늘 내가 결단하여 행하고자 한다. 내가 전후로 내린 하교가 어떠한 것인데 경들은 듣고서도 못 들은 체하여 마치 바람이 귓가를 지나가듯 흘려 버리는가. 경들은 82세 된 임금을 보면서 어찌 그리도 박절함이 심한가. 내가 생각한 일이 있어서 먼저 경들에게 알린 것인데, 오늘 다시 머뭇거리며 미루어서야 되겠는가?"

여러 대신이 미처 대답하기도 전에 홍인한이 대신들의 뒤로부터 앞으로 나와 엎드려 '운운'이라고 아뢰었다. 여러 대신이 차례로 아뢰기를 마치자, 홍인한이 또 말하기를,

"오늘 이와 같은 전하의 하교를 받고 합문(閤門) 밖으로 나간다면 신하의 직분을

---

245. 나랏일을 …… 옳겠는가?: 1721년(경종 1) 10월 15일, 대신이 백관을 거느리고 세제에게 대리청정하게 한 명을 거두기를 청하자 이에 대해 경종이 "나랏일을 세제가 하는 것이 옳겠는가, 측근의 신하가 하는 것이 옳겠는가"라고 한 하교를 말한다.

246. 노창(臚唱): 통례원의 종6품관인 인의(引儀)가 의식의 절차를 고저장단에 맞추어 창도(唱導)하는 일.

가지고 있다고 할 수 있겠습니까? 운운"하였다.

주상이 말하기를,

"경들이 하는 일은 기괴하도다"라고 하였다. 주상이 또 하교하기를,

"지금 막 전교(傳敎)를 쓰도록 명하고자 하니, 경들은 물러가지 마라"고 하였다. 주상이 승지에게 앞으로 나와 전교를 쓰라고 명하며 말하였다.

"긴요하지 않은 공사(公事)는 동궁[세손]이 대리하여 결재[達下]하도록 들여보내고 상소에 대한 비답이나 시급한 공사는 내가 세손과 함께 상의하여 처리하겠다. 며칠을 기다려 그 일처리가 능숙해지면 마땅히 여기에 추가되는 하교가 있을 것이다."

이때 홍인한이 승지의 앞을 가로막고 앉아서 받아 적지 못하게 했을 뿐 아니라 주상의 하교가 어떠한 내용인지도 듣지 못하게 하였다. 이에 승지가 붓을 뽑아들고 기다리고 있었는데, 홍인한이 굳이 이와 같이 하교할 필요가 없다는 뜻을 소리 높여 아뢰었다. 주상이 승지에게 하교하기를,

"써놓은 전교를 읽어보라"고 하였다. 주상의 생각에는 조금 전에 부른 전교를 이미 다 썼을 것으로 여겼기 때문이었다. 홍인한이 또 아뢰기를,

"신하 된 자로서 감히 들을 수 없는 전교를 누가 감히 읽겠습니까?"라고 하였다.

이때 세손이 시좌(侍坐)하고 있다가 홍인한에게 말하였다.

"이 일은 내가 참견할 만한 일은 아니지만 사세(事勢)가 급박하게 되었으니 마땅히 상소하여 사피(辭避)해야 합니다. 모름지기 몇 글자라도 탑교(榻敎)[247]를 받아 적게 하여 내가 상소할 수 있는 길을 열어 주시오."

홍인한이 대답하지 않고 승지를 돌아보며 손을 휘저어 받아쓰는 것을 중지하게 하니, 승지 이명빈(李命彬)이 마침내 전교를 쓰지 못하였다.

주상이 또한 말하기를,

"순감군(巡監軍)의 부표(付標)가 모두 내관의 손에 맡겨져 있다. 어찌 순감군의 책임을 모면하려는 폐단이 없다 하겠느냐"라고 하였다. 영의정 한익모가 말하기를,

"성명(聖明)께서 위에 계시니, 그들에 대해서는 근심하지 않으셔도 됩니다"라고 하였다. 주상이 말하기를,

"공사를 처리함에 궐내에서 대신하였던 것은 예로부터 전례가 많이 있는 일이다. 나 또한 일찍이 그렇게 하였으니, 이는 대리청정과는 크게 다르다"라고 하였다. 홍인

247. 탑교(榻敎): 왕이 의정(議政)을 불러서 친히 전하는 명령.

한이 말하기를,

“이미 궐내에서 하도록 하교하셨으니, 이는 신들이 알 수 있는 일이 아닙니다”라고 하였다. 주상이 문을 닫고 이르기를,

“경들은 물러가라” 하고, 승전색(承傳色)[248]에게 전교를 내려 동궁으로 하여금 순감군을 낙점하여 내리게[點下] 하였다.

지난달 20일에 입시하였을 때 박상집이 주서로서 일을 기록하였는데, 박상집이 기록한 승정원일기에는 주상의 하교 중에 거론된 황형의 하교 및 홍인한이 말한 ‘세 가지 일을 굳이 알 필요가 없다’는 말이 모두 기록되어 있지 않았다. 세손이 영(令)을 내려 일기를 들이도록 하여 읽기를 마친 후 사관들 및 기사관(記事官) 성정진(成鼎鎭)에게 하문하였다. 성정진이 말하기를,

“신이 그날 하번(下番)으로서 입시하였습니다. 주상의 하교가 간절하고 자세하였는데, 대신이 ‘(세손은) 세 가지 일을 굳이 알 필요가 없다’는 등의 말을 하는 것을 신 또한 들었습니다”라고 하였다. (세손이) 명하여 이르기를,

“그날 성상의 하교 중에, ‘세제(世弟)가 함이 옳겠는가, 좌우(左右)가 함이 옳겠는가 하신 황형의 하교를 내가 지금까지 고스란히 외우고 있다’라고 말씀하셨을 때, 내가 곁에서 모시고 있으면서 이 하교를 들었으니, 이 내용을 일기에 쓰지 않은 것은 잘못된 것이다”라고 하였다.

이어 고쳐 써서 들이도록 하였으나, 박상집이 자기는 성상의 하교를 듣지 못했다고 핑계를 대며 고치지 않기를 10여 차례나 하였다. 그는 (자기가) 들은 내용은 다만 일기에 쓴 것과 같으므로, 감히 (듣지 못한 내용을) 억지로 써서 올릴 수는 없다고 말하였다.

홍인한을 비판하는 서명선의 상소

85. 12월 모일에 사직 서명선이 상소하였다.

“우리 성상께서는 즉위하신 지 50년을 하루같이 힘쓰시어 백성과 나라에 대한 근심으로 늦은 밤이건 이른 아침이건 부지런하여 자신을 돌아볼 겨를이 없으셨습니다. 기무(機務)의 번거로움이 몸과 마음을 다스리는 데에는 방해가 되기도 하므로 선조

---

248. 승전색(承傳色): 임금의 뜻을 전달하는 내시부(內侍府) 소속 관직.

(先朝)의 고사(故事)를 이어받아 오늘의 하교가 있게 되었습니다. (세손에게) 대신 수고하게 하신 이 일은 진실로 나라를 위하는 뜻에서 나온 것이니, 그 지성스럽고 간절하신 하교는 신명(神明)을 감동시키고 어리석은 미물도 믿고 따르게 할 만하였습니다. 따라서 오늘날의 대신(大臣)들은 실로 그 말씀을 자세히 살피고 일을 신중하게 헤아려 나라의 체모를 더욱 중하게 하고 세손의 마음을 조금이라도 안정시켰어야 할 것입니다.

그런데 지난달 20일 입시했을 때의 일을 신이 들으니, 좌의정 홍인한이 감히 '동궁은 굳이 알 필요가 없다'는 말을 어전(御前)에서 멋대로 진달하였다고 합니다. 저군(儲君)을 보고 '할 수 없으리라'[249]고 하는 자는 어떠한 사람이라 해야겠습니까. 맹자가 임금을 공경하였던 의리를 이러한 사람에게 요구하기는 어렵다 해도 그 무엄하고 방자함이 극에 달하였습니다.

상참(常參) 때 전 영의정 한익모가 '좌우(左右)는 우려할 것이 없다'고 한 말[250]은 또 무슨 망발입니까. 영의정의 지위에 있는 몸으로 내관의 일을 그렇게 단언하여 말하였으니, 옛날의 대신 중에도 이런 경우가 있었습니까. 그때 아뢴 내용 중에 '임금이 안에서 하는 일에 대해 신하들은 다투어 간언하지 않는다'고 하였다 하니 더더욱 놀랍습니다.

성상의 이번 하교는 나라에 있어 얼마나 중대한 일입니까. 그런데도 궁궐 안에서만 은밀히 행하여 만백성이 알지 못하고 팔도가 듣지 못한다면 나라에 사람이 있다고 말할 수 있겠습니까. 아, 전하의 오늘 조처는 명확하고 구애됨이 없으며 만고에 탁월한 것이니, 성심으로 간절히 내리신 뜻이 말씀 가운데 가득 서려 있습니다. 아, 그런데 저 정승의 자리에 있는 자가 헛된 글과 가식을 보고 일삼아 오로지 미봉하기에 급급한 나머지 전하의 고심(苦心)과 지덕(至德)이 드러나지 못하게 하였으니, 어찌 통탄스럽지 않겠습니까.

제갈량이 말하기를 '궁중(宮中)과 부중(府中)은 모두 일체다'라고 하였습니다. 작은 일에서도 오히려 그러한데, 하물며 이렇게 중차대한 일이야 말할 것이 있겠습니까.

---

249. 할 수 없으리라: 맹자가 "내 임금을 보고 '할 수 없으리라' 하는 자를 적(賊)이라 한다"[『맹자(孟子)』「이루(離婁)」상]라고 한 것을 인용한 말이다.

250. 좌우(左右)는 우려할 것이 없다고 한 말: 이해 11월 30일 연석에서, 주상이 순감군(巡監軍) 및 정망(政望)에 부표(付標)할 때에 중관(中官)이 농간하는 일로 하교하시니, 영의정 한익모가 "성명(聖明)이 위에 계신데 저들이 어찌 감히 그렇게 하겠습니까. 더구나 성총(聖聰)이 전과 다름이 없어 조금도 빠뜨리는 일이 없으시니 우려하실 것이 못 됩니다"라고 하였던 것을 말한다.

그 말은 무식함에서 나왔다 해도 그 일은 실로 불충으로 귀결됩니다. 나랏일이 이와 같고 대신이 또 이와 같은데도 여러 날을 귀 기울여 들어봐도 삼사(三司)에서 감히 나서서 말하는 이가 없으니 신은 통곡과 탄식을 이기지 못하겠습니다. 운운."

전교하기를,

"승지는 서명선의 상소를 가지고 입시하고, 아울러 서명선도 함께 들어오라고 하라"고 하였다. 서명선이 상소문을 가지고 입시하여 나아가 엎드렸다. 주상이 서명선에게 상소문을 읽도록 명하였는데, 읽는 중에 자주 말하기를,

"옳도다. 옳도다"라고 하였다. '동궁은 굳이 알게 할 필요가 없다'는 구절을 읽자 주상이 말하기를,

"지난번 이 말을 들었을 때 내 마음에도 또한 어떨까 하였었다"라고 하였다. 상소를 반도 읽기 전에 주상이 말하기를,

"옳구나"라고 하였고 또한 문지방을 두드리며

"그러하다"라고 하였다. 주상이 묻기를,

"'궐내에서 하는 일에 대해 신하들이 다투어 간언하지 않는다'라는 구절은 누구의 말인가?"라고 하자 서명선이 대답하기를,

"홍인한의 말입니다"라고 하였다.

읽기를 마치자 대신과 대간들에게 입시하도록 명하였다. 영중추부사 김상복(金相福)이 말하기를,

"홍인한이 연석에서 아뢰었다는 말을 신은 들은 적이 없으나, 서명선은 반드시 들은 곳이 있을 것입니다"라고 하였다. 주상이 서명선에게 물으니 대답하기를,

"신이 궁료 정민시(鄭民始)[251]의 말을 들으니, 동궁이 이 때문에 진소(陳疏)하고자 하였으나, 미처 올리지 못했다고 하였습니다"라고 하였다. 주상이 세손의 상소를 들이고 읽어 아뢰라고 명하였다. 주상이 말하기를,

"과연 이러한 말이 있었구나"라고 하자, 대사헌 송형중(宋瑩中)[252]이 말하였다.

"'알게 할 필요가 없다'고 했다는 말은 신이 홍문관에 재직하고 있을 때에 '성상께

---

251. 정민시(鄭民始, 1745~1800): 본관 온양(溫陽), 자 회숙(會叔). 병조 판서·돈녕부 판사 등을 역임. 정조의 동궁 시절 궁료로서 홍국영과 함께 혁혁한 활약을 하였기 때문에 정조의 총애를 받았다.

252. 송형중(宋瑩中, 1721~1786): 본관 여산(礪山), 자 군옥(君玉). 1745년(영조 21) 정시문과에 급제, 세자시강원설서(世子侍講院說書)가 되었다. 1775년 대사헌으로서 홍인한을 비호하는 소를 올렸다가 탄핵을 받고 삭출되었다. 1776년 정조가 즉위하자 신지도(薪智島)에 유배당했고, 10년 뒤인 1786년(정조 10)에 유배지에서 세상을 떠났다.

서는 색목(色目)의 일을 굳이 유념할 필요가 없다'라고 아뢴 말과 서로 비슷하니, 신은 그것이 잘못인지를 알지 못하겠습니다." 주상이 송형중에게 묻기를,

"서명선의 상소가 옳은가? 그른가?"라고 하자 송형중이 대답하기를,

"신이 생각하기에는 너무 지나친 글인 듯합니다"라고 하였다. 김상복은 모호하게 대답하였다.

마침내 송형중과 한익모·홍인한에게는 모두 삭판(削版)[253]하는 법을 시행하도록 명하였고, 김상복에게는 파직과 함께 이후 서용하지 말 것을 명하였다. 서명선은 가자(加資)되어 품계가 자헌(資憲)에 이르렀고, 한익모·홍인한은 형률이 더해져 삭출(削黜)[254]되었다. 세손이 대리청정을 시행한 후 현직 및 전직 대신들을 모두 용서하여 서용하였으며 경과(慶科)를 실시하였다.[255]

심상운의 상서와 세손의 정치적 위기

86. 부사직 심상운(沈翔雲)의 상서 내용은 대략 다음과 같다.

"순모(郇模)[256]는 광릉남자(廣陵男子)입니다. 저잣거리에서 통곡하며 30자를 써서 진달하였는데 한 글자마다 한 가지 일을 말하였습니다. 신도 8자를 올리고자 합니다. 앞의 다섯 글자[붕당[黨]·외척[戚]·과거[科]·사환[宦]·참소[讒]]는 지난 일의 경계를 말하였고 뒤의 세 글자[공변됨[公]·밝음[明]·학문[學]]는 지금 시급히 행해야 할 일을 말한 것입니다. 운운."

또한 학문을 논하며 말하기를 다음과 같이 하였다.

"저하께서는 자질이 천부적이고 덕성은 날로 새로워지며, 뜻이 삼대(三代)를 사모하고 학문은 천고(千古)를 덮습니다. 무릇 덕성을 함양하고 이런 마음을 조존(操存)한 것은 실로 독실하게 끊임없이 공부에 힘썼기 때문입니다. 학문에 있어 저하의 부지런함이 이와 같습니다.

그러나 절차강마(切磋講磨)하는 일에 반드시 사부의 도움을 받아야 하는 것은 아닙

---

253. 삭판(削版): 삭거사판(削去仕版). 벼슬아치의 명단에서 이름이 삭제됨을 가리킨다.
254. 삭출(削黜): 관직을 삭탈하고 도성 밖으로 내쫓는 일을 말한다.
255. 경과(慶科)를 실시하였다: 1775년(영조 51) 12월 11일(甲寅) 실록기사에 의하면 영조는 경희궁 숭정전(崇政殿)의 동월대(東月臺)에 나아가 경과(慶科)를 실시하였다.
256. 순모(郇模): 당나라 대종(代宗) 때 사람으로 광주리에다 상소를 넣어 올렸는데, 30자의 글자를 설정하여 한 글자마다 한 가지의 시사를 항론(抗論)하였다. 『구당서(舊唐書)』 권11, 「대종본기(代宗本紀)」.

니다. (세손의) 사부·빈료는 과연 모두 질박 정직하고 꾸밈이 적으며 충성스럽습니까? 혹 부화(浮華)하여 실(實)이 없이 망령되지는 않습니까? 서연에 출입하는 신하가 모두 침묵하고 삼가며 온실(溫室)의 나무[257]에 대해 말하지 않았다고 할 수 있습니까?

진실로 저하께서 참된 앎을 실천하는 선비와 선량하고 중후한 사람을 널리 구하여 전후좌우에 두시고 계옥(啓沃)[258]을 돕게 하고 보도(輔導)를 책임지게 하신다면, 학문이 진보하는 데 있어 거의 일조(一助)를 기대할 수 있게 될 것입니다. 운운."

전교하였다.

"지금 심상운의 상소를 들으니, 너무도 해괴하고 분하다. 내 무슨 낯으로 여주(驪州)의 자성(慈聖)[259]을 배알하겠는가. 심상운 형제를 그의 아비와 함께 본가[本宗]로 돌아가게 하면,[260] 이는 곧 '피부가 없는데, 털이 장차 어디에 붙겠는가?[皮之不存 毛將焉傅]'[261]라는 말에 해당할 것이다. 그 입후 문서(立後文書)를 지워버리도록 하라."

비망기(備忘記)[262]에 이르기를,

"해당 관청으로 하여금 역종(逆種)[263] 심상운을 엄히 국문하게 하고 일차로 발배(發配)[264]하라"고 하였다. [심상운의 아버지는 심익창(沈益昌)의 손자였는데, 청평 도위(靑平都尉)[265]에게 입후(入後)되었었다. 때문에 지금 파양(罷養)하게 하고 흑산도에 위리안치하는 율을 더하였다.]

---

257. 온실(溫室)의 나무: 한나라 성제(成帝) 때 박사(博士)였던 공광(孔光)이 궁중 온실의 나무가 무슨 나무냐는 어떤 사람의 질문에 침묵을 지키고 답하지 않았다는 데서 유래되어 궁중의 비밀스러운 일을 가리키는 말로 쓰인다. 심상운은 '온실수(溫室樹)'의 고사를 통해, 궁관 홍국영이 서연에서 동궁이 한 말, 즉 홍인한이 대리청정을 막으려고 하므로 상소를 올려 인의(引義)하려 한다는 말을 중신(重臣) 서명선에게 함부로 누설하여 서명선이 상소를 올리게 하였다고 주장하며 이를 우회적으로 비판하고 있다.
258. 계옥(啓沃): 충성스런 말로 임금을 인도하고 보좌함.
259. 여주(驪州)의 자성(慈聖): 효종을 가리킨다. 효종의 능인 영릉(寧陵)이 여주에 있다.
260. 심상운 …… 하면: 심상운은 본래 효종의 부마 심익현(沈益顯)의 현손인데, 그 아버지 심일진(沈一鎭)이 심익창의 손자 심사순(沈師淳)에게 양자로 들어갔다. 심익창은 1722년(경종 2)에 소론계 박상검(朴尙儉)의 사건에 연루되어 역적으로 몰린 인물이다. 심상운의 동생 심익운(沈翼雲)은 과거에 급제하였으나 심익창에게 연좌되어 오랫동안 조용(調用)되지 못하였다. 심상운 형제가 이를 한스럽게 여겨 심정보의 외손(外孫)인 김상복으로 하여금 정승 홍봉한에게 청탁하여 심사순에게 입후한 심일진을 파양(罷養)하여 귀종(歸宗)하게 하고 심일진의 생부(生父)로 하여금 심익현의 아들인 심정보를 잇게 한 일이 있었다. 이 글에서 심상운의 상소에 분노한 영조가 심상운 형제를 그의 아비와 함께 본가[本宗]로 돌아가게 하라고 명한 것은 심익창과의 관계를 끊기 위해 심사순의 계보를 잇지 않으려 한 심상운 등의 처사를 다시 무위로 돌린 것이다.
261. 피부가 …… 붙겠는가: 근본을 잃으면 지엽(枝葉) 또한 위태로워진다는 뜻. 『춘추좌전(春秋左傳)』 희공(僖公) 14년조에 보인다.
262. 비망기(備忘記): 임금이 명령을 적어 승지에게 전하던 문서.
263. 역종(逆種): 역적의 혈통이나 자손.
264. 발배(發配): 죄인을 배소(配所)로 보냄.
265. 청평 도위(靑平都尉): 효종의 둘째딸인 숙명공주(淑明公主)의 남편 심익현(沈益顯, 1641~1683)을 가리킨다.

임오년 기록의 세초(洗草)와 갑신처분의 재확인

87. 병신년(1776, 영조 52) 정월에 주상이 효장세자에게 '승통(承統)' 두 글자의 호를 더하였다. 세손이 상소하여 모년의 승정원일기를 삭제하도록 청하였다.

"생각해 보면 임오년(1762, 영조 38)의 처분은 종묘사직을 위한 것이었습니다. 석실(石室)에 비장(秘藏)하여 후세에 전할 만하나 승정원일기의 내용은 오히려 사람들이 모두 보았고 세상에 퍼뜨리는 일이 끝이 없으니 청컨대 (모년의) 내용을 삭제하소서." 또한 말하기를,

"이후 만약 존호(尊號)를 더하는 일이 있다면[266] 천지신명과 종묘사직의 영령들이 삼가 밝게 살피실 것입니다"라고 하였다. 주상이 크게 장유(奬諭)하고 즉시 승정원일기의 내용을 제거하도록 하였다. 세손의 상소 후 모년의 일 때문에 두려워하던 자들이 안심하였다고 한다.

88. (정월) 27일 현직 및 전직 대신들이 입시하였을 때 전교하였다.

"지금 내가 가만히 생각해보니 세손이 이미 효장세자의 후사(後嗣)가 되었으니 앞으로 효장세자는 장릉(章陵)[267]과 같은 예가 될 것이다. 모든 일은 나라를 위하는 심원(深遠)한 도리를 미리 생각해야 한다. 무릇 일이 엄중하지 않으면 위엄이 없기 마련이다. 이번 예(禮)가 이루어진 후, 효장에게 시호가 있고서야 종통이 바르게 되고 일의 체모가 곧게 될 것이라는 생각이 들었다. 지금 효장(孝章) · 효순(孝純)이라는 두 자로 종통이 바르게 되겠는가. 이에 대해 하문(下問)하고자 한다."

전교하였다.

"이미 위로 고유하고 아래로 반포하였으니 의심할 것은 없게 되었다. 그러나 곰곰이 생각해보면 나라의 중대한 일이 반석과 같이 안정되었고 명분을 바르게 하였다고 기필할 수 있는가. 내가 묻고자 하는 것은 아름다운 시호를 정하려는 것이 아니다. 예측하기 어려운 것이 세상일이니, 장릉의 일에 대해서도 흥헌왕(興獻王)의 고사(故

---

266. 존호(尊號)를 …… 있다면: 사도세자를 추숭(追崇)하기 위해 사도세자 생전의 공덕을 새롭게 평가하여 존호를 추상(追上)하는 일 등을 가리킨다. 이 상소에서 세손은 영조가 내린 임오처분을 굳게 지켜 사도세자를 추숭하는 일 등이 없을 것임을 재차 강조하였다.

267. 장릉(章陵): 인조의 생부 원종(元宗)의 묘호(墓號). 생시에는 정원군으로 봉작되었다. 인조가 반정으로 광해군을 폐위시키고 왕위에 오르면서 정원군을 대원군으로 추봉하였고 무덤도 흥경원(興慶園)이라 하였다가 이어 대원군에서 원종으로 추숭하면서 흥경원을 장릉으로 추숭하였다. 이에 선조 이후의 종통은 선조 · 원종 · 인조 · 효종의 순으로 이어지게 되었다.

事)[268]를 인용하며 논쟁하는 자가 있었다.[269] 여러 차례 하교하자니 내 마음이 요동친다. 아, 그때를 생각하면 세손 또한 그 처지가 어떠하겠는가.

사악한 말을 그치게 하고 종통을 바르게 하는 도리는 나라의 경사가 더없이 큰 지금 계통을 정하는 것만한 것이 없다. 이는 만세토록 국운을 공고히 도모하는 것이지 시호를 의논하는 것이 아니다. 효장은 '효장 승통 세자(孝章承統世子)'로, 효순은 '효순 승통 세자빈(孝純承統世子嬪)'으로 칭하고 죽책(竹册)[270]을 만들어 후세에 전하는 도(道)로 삼으라. 종통을 바르게 한 이 뜻을 삭제(朔祭)[271] 때에 아울러 고유(告由)하고 팔방에 선포하라." [2월 4일 세손이 수은묘(垂恩墓)에 갔다가 환궁하였다.]

89. 세손이 자모문(資謨門)에 나아가 엎드려 상소를 올렸다. 그 내용은 다음과 같다.

"전하는 신에게 있어 바로 하늘입니다. 머리부터 발끝까지 터럭 한 올도 모두 내려주시고 길러주시며 생성해 주셨으니, 신이 태어나 25세가 된 것은 모두 조화하여 길러주신 가운데 얻어진 것입니다. 신은 넓은 사랑에 감격하여 마음에 간직하고 뼈에 새겨, 오직 문침(問寢)[272]과 시선(視饍)[273]으로 구구한 보답을 하려 하였습니다.

그런데 뜻밖에 전하께서 신이 불초하여 감당하지 못할 것임을 알지 못하시고 이내 하루에 만 가지 기무를 돌보아야 하는 자리를 맡기셨습니다. 그 일은 지극히 엄하고 중하며 그 책임은 지극히 어렵고 크니, 신처럼 어리석고 노둔한 사람이 어찌 조금이라도 무릅쓰고 감당하기를 바라겠습니까.

이에 눈물을 흘리며 사양하는 말을 올린 지 두 번 세 번에 이르렀는데도 허락을

---

268. 흥헌왕(興獻王)의 고사(故事): 명나라 무종(武宗)이 후사가 없이 죽자 사촌형제인 흥헌왕 주우원(朱祐杬)의 아들 후총(厚熜)을 무종의 아버지인 효종(孝宗)의 양자로 들여 즉위하니 이가 세종이다. 세종은 즉위한 다음 예관(禮官)들에게 생부인 흥원왕을 추숭할 것을 의논하게 하였다. 이에 장총(張璁)은 "세종은 대통(大統)을 이은 것이지 효종의 후사를 이은 것은 아니니 마땅히 생부를 황고(皇考)라 해야 한다" 하였고, 양정화(楊廷和) 등은 "양부(養父)인 효종을 황고라 하고, 생부는 황숙부(皇叔父)라 해야 한다" 하였다. 이후 3년 동안 의론이 분분하던 끝에 결국 장총과 계악(桂萼) 등의 의견을 따라 생부 흥원왕을 황고공목헌황제(皇考恭穆獻皇帝)라 하고 묘호(廟號)를 예종(睿宗)이라 하였다. 『명사(明史)』 권190, 「양정화열전(楊廷和列傳)」: 권196, 「장총열전(張璁列傳)」.

269. 장릉의 …… 있었다: 인조대 원종 추숭 논쟁을 말한다. 광해군과 대북 정권을 무력으로 쫓아내고 즉위한 인조는 생부 정원군을 원종으로 추숭하려 하였지만 신료들의 반발을 받았다. 그리하여 10여 년에 걸친 지루한 논쟁 끝에 이귀(李貴)·최명길(崔鳴吉) 등 반정공신의 도움으로 원종으로 추숭하는 데 성공하여 이후 왕권 강화의 발판을 마련하였다.

270. 죽책(竹册): 책봉문(册封文)을 새긴 간책(簡册).

271. 삭제(朔祭): 왕실에서 음력 초하룻날마다 조상에게 지내던 제사.

272. 문침(問寢): 침소에 가서 올리는 문안 인사.

273. 시선(視饍): 세자가 아침저녁으로 임금의 수라상을 몸소 돌보던 일.

받지 못하고 분의(分義)에 쫓겨 애써 명을 받들게 된 지 이제 몇 달이 되었습니다. 밤낮으로 삼가고 두렵기가 마치 나뭇가지 끝에 매달려 있는 듯했는데, 성상께서 종통의 중함을 깊이 염려하여 근본을 길이 보존할 계획으로 마침내 보책(寶冊)[274]을 올린 후에 특별히 사호(賜號)하는 예[275]를 거행하도록 하셨으니, 신은 영광스럽고도 감격하여 몸 둘 바를 알지 못하겠습니다. 비록 목숨이 끊어지고 온몸이 가루가 된다 한들 어찌 그 만분의 일이라도 보답할 수 있겠습니까.

그런데 신에게는 너무도 가슴 아프고 절박한 사정이 있습니다. 이번 일을 만나며 위태로운 충정이 더욱 격해져 스스로 억제할 수 없습니다. 말을 하자니 목이 먼저 메이고 글을 쓰자니 눈물이 먼저 흘러내립니다. 아, 이는 전하께서 차마 들을 수 없고 소자가 차마 말할 수 없는 일입니다. 그러나 끝내 입을 다물고 말을 하지 않는다면, 어질게 덮어주시는 하늘을 스스로 막아버려 신의 사정(事情)을 드러낼 날이 영원히 없게 될 것입니다. 이에 감히 큰 소리로 급히 호소하고 피눈물을 흘리며 간절한 진심을 진달하니, 전하께서는 불쌍히 여기고 굽어살펴주소서.

아, 임오년(1762, 영조 38)의 처분은 바로 우리 성상께서 종묘와 사직을 위해 행한 부득이한 처분이었습니다. 대성(大聖)의 마음으로 달권(達權)[276]의 도를 행한 것이니, 우리나라의 대소 신민 가운데 누군들 감히 그에 대해 이의를 제기할 수 있겠습니까. 더구나 신이 목숨을 보전하여 오늘에 이를 수 있는 것도 모두 전하의 큰 은혜에 힘입지 않은 것이 없습니다. 높은 하늘과 두터운 땅, 큰 산과 깊은 바다로도 이 감격을 비유하기에는 부족하니, 신이 보답할 길은 오직 사시(四時)처럼 믿고 금석(金石)처럼 지켜 만세토록 전함에 폐단이 없도록 하는 것입니다.

만약 괴이하고 불평불만을 품은 무리가 감히 틈을 엿보려는 마음을 먹고 멋대로 추숭의 논의를 내어, 신이 그 부추김을 받아 망령되이 의리를 옮겨 바꾸고자 한다면 이는 실로 전하의 죄인이 되는 것입니다. 전하의 죄인이 되는 것일 뿐만 아니라 또한 장차 종묘사직의 죄인이자 만고의 죄인이 될 것입니다. 황천(皇天)의 상제가 위에 계시고 종묘의 신령이 옆에서 질정하고 계시니, 신이 어찌 감히 속이겠습니까. 어찌 감히 속이겠습니까.

---

274. 보책(寶冊): 국왕이 왕비 및 왕대비, 선왕 등에게 시호나 묘호 등을 추증하면서 이들의 행적을 기록한 문서. 종류에 따라 옥보(玉寶)·금보(金寶)·죽책(竹冊)·옥책(玉冊) 등으로 분류된다.
275. 사호(賜號)하는 예: 병신년(1776, 영조 52) 정월에 효장세자와 효순 세자빈에게 '승통(承統)'이라는 두 글자의 시호를 더한 것을 가리킨다.
276. 달권(達權): 권도(權道)에 통달함을 말한다.

승정원일기로 말하면, 그 당시의 사실을 모두 다 기록하여 모르는 사람이 없고 보지 않은 사람이 없는데, 본 사람은 전하고 들은 사람은 의논하여 온 세상에 퍼져나가 사람들의 눈과 귀를 더럽히고 있습니다. 신의 사사로운 마음속 애통함은 돌아갈 곳 없는 곤궁한 사람과 같습니다. 민간의 필부 가운데도 정리(情理)로 보아 비통한 사정이 있는 자는 살고 싶은 생각이 없이 종신토록 통한을 품을 것입니다. 신이 비록 어리석습니다만, 이러한 일말의 마음이 또한 사라지지 않고 있습니다. 지금 이극(貳極)[277]의 자리에 높이 임하여 백관을 대하게 되었는데, 어찌 마음에 통한이 없겠으며 어찌 이마에 땀이 나지 않겠습니까.

만약 신의 애통함이 혹 전하의 처분에 장애가 된다고 여기신다면 이는 그렇지 않습니다. 대개 전하의 처분은 천 리의 공평무사한 것이고 신의 애통함은 또한 인정의 지극한 것입니다. 처분은 처분이고 애통은 애통이니, 진실로 병행하여도 어그러지지 않으며 둘 다 보존하여도 해가 되지 않습니다.

혹시라도 '일기가 없으면 처분에 대해 증거를 대어 믿게 할 수 없다'라고 한다면 이 또한 그렇지 않습니다. 국조(國朝)의 전고(典故)는 모두 사첩(史牒)에 실어 금궤(金匱)와 석실(石室)에 비장하고 명산(名山)에 보관하여 천고 만대에 옮길 수 없도록 하고 있으니, 어찌 일기를 사용할 일이 있겠습니까. 아, 일기가 보존되느냐 보존되지 않느냐 하는 것은 전하께서 어떻게 처분하느냐에 달려 있습니다. 그리고 신이 처신할 바는 오직 동궁의 지위[儲位]를 사양하고 종신토록 숨어 지내며 오직 하루 세 때 공손히 문안을 여쭙는 직분을 다할 뿐입니다.

말이 여기에 이르니 저도 모르게 창자가 끊어지고 가슴이 찢어지는 듯하여 하늘을 우러러 하소연하고자 해도 할 수가 없습니다. 부디 전하께서 불쌍히 여기고 굽어살펴 신에게 대리청정을 하라 하신 명을 속히 거두시고 저이(儲貳)[278]의 직임을 없애시어, 자애롭게 덮어주시는 은혜를 끝까지 보전해주시길 빌 뿐입니다. 운운."

90. 2월 초5일 시임, 전임 대신들이 입시하였을 때 다음과 같이 전교하였다.

"한번 종통(宗統)을 정한 뒤로 종국(宗國)이 태산 반석처럼 안정되었다. 비록 그렇지만 나의 마음은 아침부터 저녁까지 종국에 있다. 아, 이번의 처분이 어찌 종통만을 위해서 한 일이었겠는가. 실로 세손을 위한 것이었다. 가만히 생각해보니 이번에 이

277. 이극(貳極): 다음 왕위를 이어야 하는 후계의 자리를 말한다.
278. 저이(儲貳): 이극(貳極)과 같은 말이다.

렇게 처분을 내린 것은 종국을 위하고 세손을 위한 것이지만 오히려 미진함이 있다. 무엇 때문이겠는가? 아. 임오년 윤5월의 승정원일기를 천인(賤人)들이 본다면 나를 욕함이 심할 것이다. 사도(思悼)가 구천(九泉)에서 지각이 있다면 반드시 눈물을 머금을 것이니, 어찌 은혜를 드리우는 뜻이겠는가. 비장하는 사초가 이미 존재하니 일기가 있든 없든 무슨 관계가 있겠는가. 만일 이 전교를 듣는다면 비록 수은(垂恩, 사도세자)이라도, '종국을 위해 이와 같이 처분하셨지만 나를 위해 이렇게까지 해주시니, 나는 여한이 없을 것이다'라고 할 것이다.

임오년(1762, 영조 38) 5월의 일기는 오늘 시임, 전임 대신들이 마침 입시하였기에 이미 하교하였으니 승지 한 사람이 『국조보감(國朝寶鑑)』[279]의 규례대로, 주서(注書) 한 사람과 함께 창의문(彰義門) 밖 차일암(遮日巖)에 가서 세초하라. 이리 하면 이 일에 무지한 자가 비록 일기가 없다고 말한다 해도 시정기(時政記)가 존재하니 일기가 없다 해서 무슨 문제가 되겠는가.

이처럼 내 마음은 종통에 대해 한 치의 사사로움도 없이 떳떳하지만 그 일[280]은 수은에게는 차마 못 할 일이었으니, 아, 나의 부덕함으로 인해 만고에 없던 일을 만났다. 종통에 관한 일과 (임오년 5월의 승정원일기를 세초하라는) 이번 하교는 병행해도 어그러지지 않을 것이다. 하물며 말세에는 인심이 부박하고 시끄러운 법이니, 비록 일기를 본 사람이라 하더라도 다시 그 글을 들추어내는 일이 있으면 무신년(1728, 영조 4) 흉도(凶徒)[281]의 잔당으로 간주하여 엄히 징계할 것이다. 하물며 훗날에야 더 말할 것이 있겠는가. 이후로 임오년의 일을 말하는 자가 있으면 마땅히 역률(逆律)로 논할 것이니, 다들 이 말을 잘 듣고 국법을 어기지 말아야 할 것이다."

세손이 상소하니 주상이 답하였다.

"이미 모두 유시(諭示)하였는데 다시 무엇을 유시하겠는가. 이 상소는 조금 전에 전교한 것과 함께 사고(史庫)에 보관하라."

주상이 세손에게 유시하는 글[諭書]을 친히 지었는데, 그 내용은 다음과 같다.

---

279. 『국조보감(國朝寶鑑)』: 역대 임금의 사적을 편년체로 기록한 역사책. 1457년(세조 3)에 수찬청(修撰廳)을 열어 이듬해 태조에서 문종까지 4대의 보감을 완성한 것을 시작으로 고종 때에 완성되었다.

280. 그 일: 세손에게 효장세자의 계통을 잇도록 한 1764년의 갑신처분을 가리킨다.

281. 무신년 흉도(凶徒): 1728년(영조 4) 반란을 일으켰던 이인좌를 중심으로 한 소론 일파를 가리킨다. 소론은 경종(景宗) 연간에 왕위 계승을 둘러싼 노론과의 대립에서 일단 승리하였으나 노론이 지지한 영조가 즉위하자 위협을 느끼게 되었다. 이에 이인좌·정희량·박필현 등 소론의 과격파들이 영조가 경종의 죽음에 관계되었다고 주장하면서 영조와 노론을 제거하고 밀풍군 이탄을 왕으로 추대하고자 난을 일으켰다.

“아, 해동(海東)의 3백 년 역사를 지닌 조선의 83세 임금이 25세의 손자에게 의지하는구나. 오늘 종통을 바로잡아 나라에 태산과 반석 같은 안정이 깃들게 되었다. 또 진달한 소장을 보니 말과 뜻이 엄정하여 만세에 드리울 만하였다. (임오년 윤5월의) 승정원일기를 세초하게 한 것은 실로 너의 뜻을 따른 것이었다.

또한 어제 사도세자 묘에서 있었던 너의 거조를 들으니, 듣는 사람이 눈물을 흘리게 할 만하였다. 국체(國體)에 보책(寶冊)을 만드는 고사를 따라 ‘지효(至孝)’라는 호를 너에게 내리려 하였는데, 너의 스승인 영의정[김상철][282]의 충언[283]이 나를 감동케 하여 비록 그 명을 중지시키기는 하였지만, 그 자취를 후세에 없어지게 해서야 되겠는가.

특별히 ‘효(孝)’ 한 글자로 그 마음을 오늘에 나타내고 그 일을 후세에 드러낸다면 비록 해동의 곤충이라 하더라도 모두 알 수 있을 것이다. 특별히 정전에 임하여 선유하고 이어 하례를 받을 것이니, 할아비와 손자가 서로 의지함이 오늘날 광명정대하게 되리라.

아, 나의 손자는 할아비의 뜻을 깊이 유념하여 밤낮없이 삼가서 우리 3백 년 종묘사직을 보존하도록 하라. 내가 즉위한 지 52년이 되고 나이 83세가 된 때에 25세의 세손에게 유시하노라.”

---

282. 김상철(金尙喆, 1712~1791): 본관 강릉(江陵), 자 사보(士保), 호 화서(華西). 영조대 후반에서 정조대 전반기에 걸쳐 소론 탕평파의 영수로서 활약하였다. 정조 10년 상계군 추대 역모의 주역으로 집중 성토를 당하여 죽을 뻔하였으나 정조는 그가 원상(院相)으로서 즉위를 도운 공로를 감안하여 엄한 처벌은 면하도록 배려하였다.

283. 영의정의 충언: 병신년(1776, 영조 52) 2월 6일, 영조가 세손에게 ‘지효세손(至孝世孫)’이라는 호(號)를 내리려 하자, 영의정 김상철이 “세손에게 호를 내려주는 것은 옛 전례가 없으니 신은 감히 찬성할 수 없습니다. 유서(諭書)로 타고난 예효(睿孝)를 드러내는 것이 실로 인정과 예의에 합당할 듯합니다”라고 아뢴 일을 말한다. 영조가 세손에게 내린 본문의 유서는 김상철의 의견을 좇아 영조가 ‘지효(至孝)’라는 사호(賜號) 대신 내린 것이다.

권3. 속편(續編) 상(上):
정조 즉위 전후의 역모 사건과 사도세자

영조의 승하와 정조의 즉위

1. 병신년(1776, 영조 52) 3월 5일 묘시(卯時, 오전 6시 전후)에 영조 대왕이 경희궁(慶熙宮)[1] 집경당(集慶堂)[2]에서 승하하니 세손(世孫)이 백관을 거느리고 곡(哭)하였다.

2. 10일에 상복(喪服)을 입었다. 오시(午時, 낮 12시 전후)에 정조가 면류관(冕旒冠)[3]과 곤복(袞服)[4]을 갖추어 입고 숭정문(崇政門)[5]에서 즉위하였다. (정조가) 전교하였다. "과인은 사도세자[6]의 아들이다. 선대왕(先大王, 영조)께서 종통(宗統)의 중대함 때문

---

1. 경희궁(慶熙宮): 1617년(광해군 9)에 창건된 궁궐. 임금이 창덕궁을 흉궁(凶宮)이라고 꺼려 길지에 새 궁을 세우고자 했는데, 정원군(定遠君)의 옛집에 왕기가 서렸다는 술사의 말을 듣고 그 자리에 궁을 세우고 경덕궁이라고 하였다. 1760년(영조 36)에 원종(元宗)의 시호가 경덕(敬德)이므로 음이 같은 것을 피하기 위해서 궁명을 경희궁으로 고쳤다.
2. 집경당(集慶堂): 경희궁 소재. 숙종의 계비(繼妃) 인원왕후(仁元王后)가 두환(痘患)을 앓을 때 임어했던 곳이다. 영조는 1766년(영조 42)부터 평상시에 이곳에서 거처하였다.
3. 면류관(冕旒冠): 제왕(帝王)의 정복(正服)에 갖추어 쓰던 관. 거죽은 검고 속은 붉으며, 위에는 긴 사각형의 판이 있고 판의 앞에는 오채(五彩)의 구슬꿰미를 늘어뜨린 것으로, 국가의 대제(大祭) 때나 왕의 즉위 때 썼다.
4. 곤복(袞服): 임금이 입는 정복(正服). 구장복(九章服). 종묘 · 사직에 대한 제사 때 제복(祭服)으로, 정조(正朝) · 동지(冬至) · 수책(受冊) · 납비(納妃) 등의 의식에 대례복(大禮服)으로 착용하였다.
5. 숭정문(崇政門): 경희궁의 정전인 숭정전 앞의 문이다. 숭정전은 조하(朝賀)를 받는 곳으로 대내(大內)의 서쪽에 있다. 『홍재전서(弘齋全書)』 권4 「춘저록(春邸錄)」 4, '경희궁지(慶熙宮志).'
6. 사도세자(思悼世子, 1735~1762): 장헌세자(莊獻世子). 영조의 둘째아들. 이름 선(愃), 자 윤관(允寬), 호 의재(毅齋). 어머니는 영빈(暎嬪) 이씨(李氏), 부인은 홍봉한(洪鳳漢)의 딸 혜경궁(惠慶宮) 홍씨. 이복형인 효장세자(孝章世子)가 일찍 죽자 2세 때 왕세자로 책봉되었다. 어려서부터 총명해 10세 때 신임옥사에 대해서 노론을 비판하여 갈등을 빚었다. 1749년(영조 25) 왕을 대신해 정치를 행하기 시작했으나 노론

에 나에게 효장세자(孝章世子)[7]의 후사가 되기를 명하셨다. 아, 전일에 (내가) 선대왕께 올린 글에서, '근본은 둘로 하지 않는다'[8]는 나의 뜻을 볼 수 있을 것이다. 예(禮)는 비록 엄격하게 하지 않을 수 없는 것이나, 인정도 또한 펴지 않을 수 없는 것이다. 향사(享祀)하는 절차는 마땅히 대부(大夫)로서 제사하는 예법에 따라야 하고, 종묘와 동등하게 할 수는 없다.

혜빈궁(惠嬪宮)[9]께도 또한 마땅히 경외(京外)에서 공물을 바치는 의식이 있어야 하나 대비(大妃)와 동등하게 할 수는 없다. 담당 관아로 하여금 대신들과 의논해서 절목을 강정(講定)하여 아뢰도록 하라. 이미 이 전교를 내린 뒤에도 괴이하고 불온한 무리가 이를 빙자하여 추숭(追崇)하자는 의논을 한다면, 아, 선대왕의 유교(遺敎)가 있으니, 마땅히 형률로써 논죄하여 선대왕의 영령(英靈)께 고하겠다. 모두 잘 알도록 하라."

효장세자 및 사도세자의 추숭

3. (3월) 19일에 현직 및 전직 대신 2품 이상과 승정원 및 삼사(三司)의 관원이 입시(入侍)하여, 대행대왕(大行大王, 영조)의 유교(遺敎)와 자전(慈殿, 정순왕후)의 하교에

과의 갈등은 심해졌다. 세자의 서정(庶政)으로 장인인 영의정 홍봉한 등의 세력이 커지자 노론과 계비 김씨, 숙의 문씨 등은 세자에 대한 무고를 계속했으며, 김씨의 아버지 김한구(金漢耉)와 그 일파인 윤급(尹汲) 등은 세자의 폐위를 꾀했다. 이들의 사주를 받은 나경언이 세자의 비행 10여 조를 적은 상소를 올리자 영조는 나경언을 사형에 처하는 한편, 세자에게도 자결을 명했으나, 세자가 이를 듣지 않자 뒤주에 가두어 8일 만에 굶어 죽게 했다. 영조는 곧 후회, 위호(位號)를 회복시키고 사도(思悼)라는 시호를 내렸다. 정조는 즉위 후 아버지인 사도세자를 장헌세자라고 개칭했으며 고종 때 장조(莊祖)로 추존되었다. 장헌세자의 죽음은 비행이나 악질에 걸려 광란한 행위를 했기 때문이라기보다는 당쟁의 과정에서 희생되었다고 보는 것이 타당하다. 장헌세자를 둘러싼 조정 내부의 대립은 시파·벽파의 대립을 발생시켜 당쟁을 더욱 치열한 양상으로 새롭게 변모시켰다.

7. 효장세자(孝章世子, 1719~1728): 영조의 맏아들. 이름은 행(縡), 자 성경(聖敬). 어머니는 정빈(靖嬪) 이씨(李氏)이고, 사도세자의 형이다. 영조 즉위년(1724) 경의군(敬義君)에 봉해지고, 이듬해 왕세자에 책봉되었으나 즉위하기 전 10세에 죽었다. 양자인 정조가 즉위하자 진종(眞宗)으로 추존되었다. 능은 영릉(永陵)이며, 시호는 효장(孝章)이다.
8. 근본은 둘로 하지 않는다: 왕위(王位)를 계승한 자는 비록 사친(私親)이 있을지라도 그를 인정하지 않고 오직 왕통(王統)만을 이어받았음을 강조하는 말. 즉 정조는 사도세자가 자기 사친이지만 중간에 폐위되었기 때문에 효장세자의 뒤를 이어 왕위에 올랐다는 사실을 확인한 말이다.
9. 혜빈궁(惠嬪宮): 혜경궁(惠慶宮, 1735~1815) 홍씨. 사도세자의 비(妃), 영의정 홍봉한의 딸, 정조의 어머니. 1744년(영조 20) 세자빈에 책봉되고, 1762년 사도세자가 죽은 뒤 혜빈(惠嬪)에 추서되었다. 1776년 아들 정조가 즉위하자 궁호가 혜경(惠慶)으로 올라 혜경궁 홍씨로 잘 알려져 있다. 고종 때 헌경왕후(獻敬王后)로 추존되었으며, 대한제국 때 의황후(懿皇后)로 다시 추존되었다. 저서로 『한중록(恨中錄)』이 있다.

따라 효장세자를 추숭(追崇)하여 시호를 '온량 예명 철문 효장(溫良睿明哲文孝章)'이라 올리고, 묘호를 진종(眞宗), 능호를 영릉(永陵), 전호(殿號)를 연복(延福)이라 하였다. 현빈(賢嬪)[10]에게는 시호를 '휘정 현숙 효순(徽貞賢淑孝純)'이라 올렸다.

4. (3월) 20일에 사도세자를 높여 받들기를 송나라 복왕(濮王)의 예에 따랐는데,[11] '장헌(莊獻)'이라 시호를 올리고, 원(園)의 이름을 '영우원(永祐園)'[12]이라 하고, 궁호(宮號)를 '경모궁(景慕宮)'[13]이라 하였다.

5. (3월) 23일에 전교하기를,

"경모궁에 시호를 올리면 마땅히 신주를 고쳐 쓰는 절차가 있어야 하나, 당초 신주의 글씨가 선조(先祖, 영조)의 어필(御筆)이고 보니 감히 지우고 고칠 수 없다. 전년에 종묘의 태실(太室)에 시호를 올린 규례에 의거하여 행하라"고 운운하였다.

6. (3월) 25일에 대사헌 이계(李溎)가 뵙기를 청하여 소매에서 차자를 꺼내 바치고 정후겸(鄭厚謙)[14] 모자(母子)의 하늘에 닿은 죄를 논하였다. 공제(公除)[15]가 끝난 뒤에

---

10. 현빈(賢嬪, 1714~1751): 효장세자의 빈. 풍릉 부원군(豊陵府院君) 조문명(趙文命)의 딸. 1727년(영조 3) 세자빈으로 책봉되었다가 1735년(영조 11) 현빈(賢嬪)으로 봉해졌으며 1751년(영조 27) 37세의 나이로 죽었다.
11. 송나라 …… 따랐는데: 복왕 조윤양(趙允讓)은 송나라 태종(太宗)의 넷째아들인 상왕(商王) 조원분(趙元份)의 아들이다. 복왕의 열셋째 아들인 영종(英宗)이 후사(後嗣) 없이 죽은 인종(仁宗)을 이어 제위에 올랐다. 복왕은 황제의 사친(私親)으로서 당시 군신 간에 사친 추숭(私親追崇)의 전례(典禮)에 관한 논의가 많았다. 구양수(歐陽修) 등이 황고(皇考)라 할 것을 주장하고, 여회(呂誨) 등은 인종(仁宗)의 후사가 되었으므로 황백(皇伯)이라 불러야 한다고 하였다. 황백으로 부르는 것으로 결론이 났다.
12. 영우원(永祐園): 사도세자의 묘호. 1776년 정조는 즉위하자 사도세자의 존호(尊號)를 장헌(莊憲)이라 바꾸면서 당시 양주(楊州)에 있던 그의 무덤의 봉호(封號)를 수은묘(垂恩墓)에서 영우원으로 고쳐 불렀다. 1789년(정조 13) 화성(華城)으로 이장한 후에는 현륭원(顯隆園)으로 이름을 바꾸었다. 광무(光武) 3년(1899)에는 장조의황제(莊祖懿皇帝)로 추존(追尊)되면서 '융릉(隆陵)'이라 일컬었다.
13. 경모궁(景慕宮): 사도세자와 그의 비 헌경왕후(獻敬王后)의 사당. 경모전(景慕殿)이라고도 한다. 원래는 1764년(영조 40) 봄 북부 순화방(順化坊)에 사도세자의 사당을 건축하였다가 여름에 동부 숭교방(崇敎坊)으로 건물을 옮겨 수은묘(垂恩廟)라 한 것을 1776년 정조가 즉위하면서 비명에 간 부친 사도세자에게 장헌(莊獻)이라는 시호를 올리고 사당도 다시 지어 경모궁이라 하였다.
14. 정후겸(鄭厚謙, 1749~1776): 본관 연일(延日), 자 백익(伯益). 화완옹주(和緩翁主)의 양자. 영조의 총애를 바탕으로 홍인한과 더불어 국정을 좌우하였다. 1775년(영조 51) 세손(世孫, 정조)이 대리청정하게 되자 화완옹주·홍인한 등과 이를 극력 반대하였으며, 비밀리에 동궁에 사인(私人)을 보내어 세손의 언동을 살피게 하였다. 또한 한편으로는 유언비어를 퍼뜨려 세손의 비행을 조작하고 심상운을 시켜 세손을 보호하는 홍국영(洪國榮)을 탄핵하는 등 세손을 모해하는 데 깊이 간여하였다. 정조 즉위 직후 유배된 뒤 사사되었다.
15. 공제(公除): 국상(國喪)을 당하여 조의(弔意)를 표하는 뜻으로 일정 기간 공무(公務)를 보지 않고, 기간이

처분하겠다고 답하였다. 뒤에 정후겸을 경원부(慶源府)에 귀양 보내 위리안치(圍籬安置)[16]하였다.

홍봉한의 죄상에 관한 논란

7. (3월) 27일에 동부승지 정이환(鄭履煥)[17]이 상소하여 홍봉한(洪鳳漢)[18]의 죄를 논하였다. 그 대략은 다음과 같다.

"저 홍봉한은 천 가지 죄와 만 가지 악행을 저질렀습니다. 운운. 그 죄악의 가장 크고 극악한 것을 논한다면 곧 임오년(1762, 영조 38)에 범한 것[19]과 전 참판 김구주(金龜柱)[20]의 상소[21]에서 논한 일이 그것입니다. 아, 임오년의 일은 곧 우리 전하께서 차마 듣지 못할 일이나 일이 반역한 신하를 토벌하는 것과 관계가 있으니 어찌 대략이라도 아뢰지 않을 수 있겠습니까.

대개 선대왕께서 처분하신 일은 곧 성인이 권도(權道)를 쓰신 것입니다. 신하가 된 자로서는 마땅히 애통하게 눈물 흘리며 공손히 주상의 하시는 일을 따를 뿐이었으

지난 후에 상복을 벗는 일.

16. 위리안치(圍籬安置): 천극(荐棘). 중죄인이 유배된 집 둘레에 가시 울타리를 쳐서 외출을 못하게 하던 형벌이다.
17. 정이환(鄭履煥, 1731~?): 본관 연일(延日), 자 신지(身之). 호(澔)의 증손. 부응교·동부승지 등을 역임. 1776년 세손(世孫, 정조)의 대리청정을 주장한 홍봉한의 처벌을 주장하였다. 이해 정조가 즉위하자 김구주가 유배되면서 그도 관직에서 쫓겨나기도 했다.
18. 홍봉한(洪鳳漢, 1713~1778): 본관 풍산(豊山), 자 익여(翼汝), 호 익익재(翼翼齋). 홍인한(洪麟漢)의 이복형. 사도세자의 장인이며, 세손(정조)의 외할아버지. 좌의정·영의정 등을 역임. 영조 계비 정순왕후의 친정 인물인 김구주(金龜柱) 중심의 남당(南黨)에 대립했던 북당(北黨)의 중심인물로 평가되었다. 1762년 사도세자가 죽임을 당할 때에 방관적인 태도를 보여 후일 정적들로부터 많은 공격을 받았다. 정조 연간에는 그의 행적에 대한 시비를 둘러싸고 벽파(僻派)와 시파(時派)의 구분이 생겼다. 저서로『어정홍익정공주고(御定洪翼靖公奏藁)』,『정사휘감(正史彙鑑)』,『익익재만록(翼翼齋漫錄)』등이 있다.
19. 임오년에 범한 것: 임오년(1762, 영조 38) 윤5월에 사도세자가 뒤주에 갇혀 죽었는데, 정이환은 이때 뒤주를 바친 사람이 홍봉한이라고 주장하였다.
20. 김구주(金龜柱, 1740~1786): 본관 경주. 영조의 장인 한구(金漢耈)의 아들. 영조의 계비 정순왕후(貞純王后)의 오빠. 홍양해(洪量海)의 문인, 심낙수(沈樂洙)와 동문이다. 1772년(영조 48) 공조 참판으로 있을 때, 청의(淸議)와 명절(名節)을 우선하는 정치적 결사 모임인 청명류(淸名流)가 발각되어 영조의 탕평책에 대한 배신으로 지목, 유배되는 사태가 발생하였다. 그는 이를 당시 홍봉한 외척 정치의 탓으로 돌려, 사촌동생 관주(觀柱)와 함께 홍봉한을 제거하는 것이 의리라는 소를 올렸다. 이를 계기로 벽파의 영수(領袖)로서 정국을 주도하였다. 영조가 사도세자에 대한 처사를 후회하면서 벽파를 의심하자, 홍국영에게 접근하여 지난날의 허물을 은폐하려 하였다. 1776년 정조가 즉위하자 흑산도에 유배되었고, 1779년에 위리안치되었다. 1784년 왕세자 책봉 때 특사령으로 나주에 옮겨졌으나 병들어 죽었다.
21. 김구주의 상소: 1772년(영조 48) 7월에 공조 참판 김구주가 영조의 병세에 홍봉한이 나삼(羅蔘)을 사용하지 않은 등의 일로 상소한 것을 말한다. 본서「원편(原篇)」하 74번에 관련 내용이 보인다.

나, 이른바 '일물(一物)'[22]에 이르러서는 전대의 역사에서 없었던 일이고 만고에 보지 못한 것이었습니다. 참으로 인간의 도리가 있다면 감히 마음에서 싹트거나 입에서 나올 수 없는 것이나, 홍봉한은 상하가 창황한 때에 전날의 간악한 태도를 가리고자 조금도 거리낌이 없이 임금 앞에 뛰어들어 (뒤주에 대해) 아뢰는 것을 어려워하지 않고, 제멋대로 바쳤습니다. 그렇지 않았다면 선대왕께서 어찌 일물이 어디에 있는지 아셨겠습니까? 이는 진신(搢紳)이 아는 것이고 삼군(三軍)이 본 것이며, 만백성이 전하는 것이니 그가 어찌 감출 수 있겠습니까.

김구주의 상소 가운데 이른바 병술년(1766, 영조 42)의 인삼에 대해 운운한 것,[23] 이른바 '이러이러하게 될 것'[24]이라고 하였다는 대목은 (홍봉한의) 역심과 무엄함, 주상에 대한 부도(不道)함이 큰 것이었습니다. 운운.

전하께서 지키는 것은 의리의 올바른 것이고, 홍봉한이 말한 것은 괴귀(怪鬼)한 설입니다. 그가 만일 조금이라도 사람의 마음이 있었다면 반드시 두려워하고 위축되어 감히 머리를 들고 돌아보지도 못했을 텐데, 그 계책이 이루어지지 못한 것에 대해 성을 내며 드디어 이와 같이 패악한 반역의 말을 내뱉었던 것입니다. 운운.

한(漢)나라 문제(文帝)는 중주(中主, 평범한 임금)일 뿐이었으나, 박소(薄昭)[25]의 죄가 흉악한 반역에 이르지 않았는데도 오히려 은혜를 잘라내고 의리를 끊어 죽게 한 뒤에야 그만두었습니다. 하물며 홍봉한은 임오년의 역적이며, 선왕의 역적이며 전하의 역적이니, 어찌 척족이라는 구구한 정의에 얽매여 차마 국법을 시행하지 못해서야 되겠습니까. 운운."

답하였다.

"(상소 가운데) 윗 대목의 일은 어찌 네가 이것을 말하며 내가 이것을 어찌 들을 수 있겠는가. 이를 어찌 오늘날 임금과 신하가 차마 제기할 수 있겠는가. 아, 일찍이

22. 일물(一物): 1762년(영조 38) 사도세자를 가두어 죽인 뒤주를 말하는데, 홍봉한이 이를 영조에게 바쳤다는 말이 있었다.

23. 김구주의 …… 운운한 것: 김구주가 1766년(영조 42) 영조가 병석에 누웠을 때 자신의 부친 김한구는 좋은 나삼을 쓰려 했으나 홍봉한이 반대하는 바람에 무산되었다고 주장했다.

24. 이러이러하게 될 것: 홍봉한이 덕종(德宗)의 사례를 들어 세손에게 사도세자의 추숭을 권하면서, 자신의 말을 듣지 않으면 소론·남인 일각에서 추대를 거행코자 할 것인데, 이렇게 된다면 어떻게 대처할 것이냐('如是, 如是')고 세손을 압박했다는 설을 말한다. 본서 「원편」 하 74번 기사 참조.

25. 박소(薄昭): 한나라 문제(文帝)의 외삼촌. 박소가 황제의 사자(使者)를 죽이니, 문제는 차마 그를 직접 처벌하지 못하고 공경(公卿)들을 시켜서 그와 함께 술을 마신 다음 그를 자살하게 하도록 하였는데, 박소는 자살하기를 거부하였다. 그러자 군신(群臣)들로 하여금 상복(喪服)을 입고 가서 곡(哭)하게 하니, 곧 자살하였다.

신묘년(1771, 영조 47) 2월 7일에 선대왕께서 우시며 나에게 말하기를,

'훗날 네 조정의 신하 가운데 이 (「일물」이라는) 두 글자를 들어 너에게 아뢰는 사람은 나에게만 충성스럽지 못한 것이 아니라 또한 너에게도 순정(純正)한 신하가 아니다. 내가 한유(韓鍮)와 심의지(沈儀之)[26]를 처분한 것도 곧 두 글자의 일 때문이었다. 주방(廚房)의 물건[27]은 홍봉한에게 대명(待命)[28]하지 말라고 명하기 전에 먼저 이르러 있었으나, [이때 홍봉한은 교외에 있다가 변고를 듣고 도성에 들어와 명을 기다렸다] 이런 사정을 알지 못하는 조정의 신하들은 나중에 들어온 물건의 일로 (홍봉한이 들어온) 후에 들어온 물건이라며 홍봉한이 나를 도왔다고 여긴다. 그 말이 괴이할 것은 없으나 당초 사실은 그렇지 않다'라고 하셨다.

손을 잡으시며 간곡하게 말씀을 하여 나에게 알고 있으라 하셨기에, 내가 그때 눈물을 흘리며 책에 받아 적어 지금까지 간직해 두고 있다. 이것이 내가 오늘날 군신이 차마 제기할 수 있는 일이 아니라고 하는 이유다.

지금 네가 한 말은 사실의 곡절을 상세히 알지 못한 것이니, 충성스러운 마음에 분개한 것이라고 할 수는 있지만 일이 더없이 중요한 데 관계가 있으므로, 말을 함부로 해서는 안 되는 일인데, 네가 어찌 충분히 생각해보지도 않고 발설하여 내가 이 차마 할 수 없는 말을 하게 만드는 것이냐. 운운.

인삼의 일에 대해 운운하였다. '이러이러하게 될 것'이라는 말에 대해서는, 지난날 내가 세자 시절에 봉조하(奉朝賀, 홍봉한)를 사사로이 만났을 때 그가 내게 말하기를,

'저하(邸下)가 훗날 수은묘(垂恩墓)[29]를 추숭하지 않는다면, 무신년(1728, 영조 4)의 무리[30]가 이를 빙자하여 추대하는 일이 없을지 어찌 알겠습니까. 마땅히 이렇게 될

---

26. 한유(韓鍮)와 심의지(沈儀之): 1770년(영조 46) 청주의 한유(韓鍮)가 도끼를 들고 와 대궐 앞에 엎드려 간신 홍봉한을 참하라고 상소하였다. 이로 인하여 홍봉한은 영의정의 자리에서 물러났고 한유도 흑산도에 유배당하였다. 이때 한유와 관계를 맺고 있던 성균관 유생들 가운데 심의지(沈義之)·김용갑(金龍甲)·심급(沈鈒) 등이 함께 처벌을 받아 본향으로 쫓겨났다.
27. 주방(廚房)의 물건: 사도세자를 가두어서 죽일 때 사용된 뒤주를 가리킨다.
28. 대명(待命): 관원이 과실이 있을 때에, 처분의 명령을 기다리는 것을 말한다.
29. 수은묘(垂恩墓): 1762년(영조 38)에 사도세자를 경기도 양주군 배봉(拜峯)에 장사지낸 후 묘를 수은묘라 하였다. 1776년(정조 즉위년)에 영우원(永祐園)으로 고쳤고, 1789년(정조 13)에 경기도 화성군 태안읍 안녕리로 옮긴 후 현륭원(顯隆園)으로 고쳤다. 1899년(광무 3) 사도세자를 장조(莊祖)로 추존하면서 융릉(隆陵)으로 개칭하였다.
30. 무신년의 무리: 1728년(영조 4) 반란을 일으켰던 이인좌(李麟佐)를 중심으로 한 소론(少論) 일파를 가리킨다. 노론이 지지한 영조가 즉위하자 이인좌·정희량(鄭希亮)·박필현(朴弼顯) 등 소론의 과격파들이 영조가 숙종의 아들이 아니며 경종의 죽음에 관계되었다고 주장하면서 영조와 노론을 제거하고 밀풍군(密豐君) 이탄(李坦)을 왕으로 추대하고자 난을 일으켰다.

듯한데, 이렇게 되면 어떻게 처리하시겠습니까?'라고 하였다. 뒤에 내가 대비전을 모실 때 말이 추숭하는 의리에 미치게 되자, 과연 이런 말씀을 올린 적이 있다.

대개 원래 그 마음을 따져 보면 걱정하는 의론에서 나온 것이나 그 말은 실제로 망발한 것이 되었으니, 들은 사람은 그 죄를 성토하는 것이 마땅하고, 말을 한 사람은 스스로 해명해야 마땅한 것이다. 아, 내가 어려서 고아가 되어 남은 목숨을 이어갈 수 있었던 것은 자전(慈殿, 정순왕후)과 자궁(慈宮, 혜경궁 홍씨)[31] 때문이었다. 설령 봉조하가 용서할 수 없는 죄가 있더라도, 봉조하는 곧 자궁의 아버지이며, 나는 자궁의 아들이다. 그를 법으로 이렇게 쉽게 단죄하게 되면 그 나머지 팔의(八議)[32]의 친척은 다시 어떻게 논하겠느냐. 네가 박소(薄昭)의 일을 끌어다가 김구주를 처분하는 것에 비교한다면 맞겠지만, 봉조하를 처분하는 것에 비교하는 것은 맞는지 모르겠다. 운운."

8. 부사직 김한기(金漢耆)[33]가 상소하여 김구주 상소 사건을 변명하였다. 대략 다음과 같이 말하였다.

"신이 작년 정이환의 상소를 보니, 홍봉한의 죄를 극론(極論)하면서 신의 조카가 올린 임진년(1772, 영조 48)의 상소 가운데 '이러이러하게 될 것'이라고 한 일을 주로 말하였습니다. 여기에서 신의 죄가 드러났습니다. 신이 대략 그 전말을 진달하겠습니다. 지난해 신의 조카의 상소가 나온 뒤에 선대왕께서 신을 불러 하교하시기를,

'경이 내전에 들어가 뵙고 하교를 들은 뒤 내게 와서 전해주는 것이 좋겠다'고 하였습니다. 신이 어쩔 줄 모르고 가슴이 떨리는 가운데서도 감히 사사로운 사정을 고려하지 않고 지금의 왕대비전에 곧바로 입시(入侍)하여 그 말씀을 여쭈니,

'내가 잘못 듣지 않았다'고 하교하셨습니다. 신이 아뢰기를,

'지금 성상께서 수라를 들지 않으시고 탕제도 들지 않으시니, 받들고 따르는 도리

31. 자궁(慈宮): 자궁은 왕세자가 즉위하지 못한 채 죽은 뒤 세손이 왕위에 나아갔을 때 왕세자의 빈(嬪)을 일컫는 말이다. 따라서 여기서는 정조의 생모이자 사도세자의 빈인 혜빈(惠嬪) 홍씨(洪氏), 즉 혜경궁 홍씨(惠慶宮洪氏)를 이른다.

32. 팔의(八議): 법을 어겼을 경우 이에 해당하는 형법으로 처벌되지 않고 조정 중신들의 평의(評議)를 거쳐 형량을 경감받는 여덟 종류의 특권 계층. 의친(議親) · 의고(議故) · 의공(議功) · 의현(議賢) · 의능(議能) · 의근(議勤) · 의귀(議貴) · 의빈(議賓) 등이다

33. 김한기(金漢耆, 1728~1792): 본관 경주. 자 덕수(德壽). 영조의 계비 정순왕후의 숙부. 영조의 장인 한구(漢耉)의 동생. 조카 구주(龜柱)와 함께 벽파(僻派)에 참여하여 정조 즉위 뒤 시파(時派) 처벌에 관여하였다는 죄로 탄핵을 받고 문외출송(門外黜送)되었다.

는 마땅히 널리 포용하는[34] 뜻을 보존해야 하는 데 있습니다'라고 하고, 드디어 물러나와 선대왕 앞에 고하였습니다.

돌이켜보건대 신이 이 일을 한 것은 군신의 분의(分義)를 두려워하여 어쩔 수 없이 그런 것이었으나, 그 일의 근본을 논한다면 잘못 듣지 않았음을 자성(慈聖, 정순왕후)도 아시고, 전하께서도 또한 분명히 알고 계실 것입니다. 그러므로 신이 한때의 미봉책에 급급하여 군부(君父)와 군모(君母)의 사이에서 오고간 것은 진실로 용서받을 수 없는 죄이니, 이 일이 있고 난 뒤로는 인륜의 큰 뜻이 밝혀지지 못하고, 자성의 심사가 명백해지지 못했습니다. 운운.

아, 홍봉한의 죄는 왕법[王章]으로 반드시 주벌(誅伐)해야 할 일이며, 귀신과 사람이 모두 분노할 일입니다. 그 원수에 대한 원한과 아픈 마음을 하루도 잊은 날이 없으나, 신의 조카가 상소를 올릴 때 한목소리로 성토하지 못하고 '혹시 잘못 들으신 것인가[或誤聽耶]' 네 글자가 도리어 신의 입에서 나왔습니다. 신이 위로는 자성을 저버렸고 아래로는 신의 조카에게 부끄러운 일입니다. 운운." 답하기를,

"나는 경의 의견이 경의 조카와 조금 다르다고 생각했기에, 경의 상소가 이때에 나오리라고는 짐작하지 못하였다. 그때의 사실은 정이환에게 내린 비답에 분명하게 유시(諭示)하였다"[35]라고 운운하였다.

---

34. 널리 포용하는: 원문은 함홍(含弘). 만물을 포용하는 광대한 덕을 말한다.
35. 나는 …… 유시하였다: 김구주는 홍봉한이 세손에게 사도세자 추숭을 권하면서 자신의 말을 따르지 않으면 '이러이러하게 될 것'이라며 세손을 위협하였다고 하였다[1772년(영조 48) 7월 21일(갑인) 실록기사]. 그러나 정조는 당시의 일을 회상하면서 홍봉한과 추숭을 논한 것은 맞지만, 이는 무신년의 무리가 추숭을 논할 터인데 '이렇게 된다면' 어떻게 대처할 것인지에 관한 수작(酬酌)에 불과한 것이라고 해명한 바 있었다. 1776년(정조 즉위년) 3월 27일(무술) 실록기사. '이러이러하게 될 것[如是如是]'에 대하여 정조와 김구주, 김한기의 설명이 완전히 대립되고 있는 상황이었다. 영조는 김구주가 홍봉한 탄핵 상소를 올린 직후에 김한기로 하여금 정순왕후에게 사실 여부를 확인하도록 하였다. 이 당시 정순왕후 역시 김구주와 같은 취지로 홍봉한이 세손에게 추숭론으로 위협한 사실을 영조에게 알리려고 봉서(封書)까지 써두었다. 그러나 세손은 정순왕후에게 홍봉한과 수작 내용을 설명한 후 이를 잘 무마해 달라고 간절히 청하였고, 결국 정순왕후는 세손의 청을 들어주었다. 김한기 역시 정순왕후와 세손의 뜻을 받들어 영조에게 '정순왕후가 잘못 들은 것이었다'며 사태를 미봉하였던 것이다. 그러나 정조대 초반 정이환이 다시 이 문제를 제기한 이후 김한기는 정조에게 세손 시절 홍봉한과 대화내용을 상기시키면서 '정순왕후는 잘못 듣지 않았고 이는 전하께서도 분명히 알고 계신 바'라고 하며 추숭론으로 세손을 위협한 홍봉한을 주벌해줄 것을 요청한 것이다. 정조는 이에 대해 정이환에게 내린 비답의 내용을 재삼 확인하면서 세손 시절 홍봉한과 수작한 내용은 추숭설로 자신을 위협한 것이 아니므로 문제 될 것이 없다고 한 것이다.

김상로, 문녀, 문성국 처벌

9. (3월) 30일에 김상로(金尙魯)[36]의 관작(官爵)을 추탈할 것을 명하였다. 전교하였다.

"아, 김상로의 죄를 이루 다 주벌(誅伐)할 수 있겠는가. 당초 정축년(1757, 영조 33) 12월 25일 공묵각(恭默閣)[37]에 입시(入侍)했을 때 대행대왕께서 하교하셨는데, 김상로가 감히 망측하고 부도한 말로 임금 앞에서 대답한 일이 있었다. 참으로 조금이라도 신하가 임금을 모시는 마음이 있었다면, 만고 천하에 어찌 양궁(兩宮, 영조와 사도세자) 사이에서 차마 이런 말들을 할 수 있겠는가. 선대왕께서는 그를 풍도(馮道)[38]에 비유하였다.

임오년(1762, 영조 38)에 동궁(東宮)을 다시 설치한 뒤 나에게 하교하기를,

'김상로는 너의 원수다. 억지로 치사(致仕)하도록 한 것은 내 마음을 천하 후세에 밝힌 것이다. 임오년의 일은 비록 다른 날 감히 다시 제기하지 말아야 할 것이나, 임오년 5년 전에, 5년 뒤 임오년의 조짐을 빚은 것은 김상로 한 사람일 뿐이었다'라고 하였다. 나는 머리를 조아린 채 명을 듣고 가슴속에 새겼다.

공제(公除) 뒤에 곧 하교하고자 하였으나 김치현(金致顯)이 역적의 아들로 함부로 남을 무함하는 상소[김치현은 곧 김상로의 아들로 이때 홍봉한을 성토하는 상소를 했다]를 아무 일도 아닌 것처럼 올렸다. 이를 그만두지 않는다면 앞으로 오랑캐와 중화가 뒤섞이고 맑은 것과 간특한 것이 같아져서, 예절을 아는 동방이 모두 아비도 없고 임금도 없는 지경으로 돌아가게 될 것이다.

지난밤 승정원일기를 보며 날짜를 따져 보니 부절을 합한 듯하였다. 이때에 이르러 무엇 때문에 공제를 기다리겠는가. 그러므로 봉조하 김상로는 마땅히 죽은 뒤에 역률(逆律)을 시행하는 법으로 군신의 대의(大義)를 바로잡고 역적들이 두려운 것을 알게 해야 할 것이다. (그러나) 죽은 뒤에 역률을 집행하는 것은 이미 선대왕께서 금령을 내리셨으니 내가 어찌 감히 다시 만들겠는가. 우선 관작을 추탈하라."

형조 판서 채제공(蔡濟恭)[39]과 도승지 서호수(徐浩修)[40]가 입시하였을 때 주상이 말

---

36. 김상로(金尙魯, 1702~1766): 본관 청풍(淸風), 자 경일(景一), 호 하계(霞溪)·만하(晩霞). 징(澄)의 손자, 유(楺)의 아들, 약로(若魯)의 아우. 좌의정·영의정 등을 역임. 1762년(영조 38) 사도세자의 처벌에 적극 참여해 영조의 동조를 얻었으나 왕이 이를 후회하자 청주로 귀양 갔으며 특명으로 풀려난 뒤 봉조하가 되었다. 죽은 뒤에 정조가 즉위하자 관작이 삭탈되었다가 고종 때 다시 신원되었다.
37. 공묵각(恭默閣): 창경궁의 침전인 환경전(歡慶殿) 앞에 있었던 행각.
38. 풍도(馮道, 882~954): 5대(五代) 시대의 인물. 호 장락(長樂). 특별한 일을 추진하지도 않고 그렇다고 큰 허물도 짓지 않으면서 무사안일로 자신의 지위를 보전하는 대명사로 인용되었다.

하였다.

“경은 정축년(1757, 영조 33) 12월 25일 공묵각에 입시했을 때 대화를 들었소?”

채제공이 대답하였다.

“신은 정축년에는 이천(伊川)에서 대죄(待罪)하고 있어서[41] 듣지 못했지만, 무인년(1758, 영조 34)은 신이 도승지로 입시하였을 때입니다. 당시에 김상로가 매번 연석(筵席)에서 귀에 대고 비밀스럽게 아뢰었기 때문에 승지(承旨)도 듣지 못했을 뿐 아니라 사관(史官)도 알지 못했습니다.”

주상이 말하였다.

“내가 몸소 대행조(大行朝)[42]의 유교(遺敎)를 받들었으니 마땅히 분명히 말해야겠다. 그때 대행조께서 병환이 있어 대신들을 공묵각에 불러 보시고 요강을 집어던지며 말씀하시기를,

‘내 병이 이와 같으니 만일 죽는다면 종묘·사직과 신민을 어찌할 것인가. 오늘날은 과연 위관(衛瓘)[43]이나 손순효(孫舜孝)[44][손순효는 성종 때 사람이다] 같은 이는 없는 것인가’라고 하였다.[45] 김상로가 짐짓 눈물을 흘리며 대답하기를,

---

39. 채제공(蔡濟恭, 1720~1799): 본관 평강(平康), 자 백규(伯規), 호 번암(樊巖)·번옹(樊翁). 좌의정·영의정 등을 역임. 청남(淸南)의 영수로서 탕평정치에 참여하였다. 영조대 사도세자 폐위의 비망기가 내려지자 죽음을 무릅쓰고 막아 이를 철회시켰다. 뒷날 영조로부터 사심 없는 신하이자 충신으로 평가받았다. 정조대 초반 홍국영과의 친분, 사도세자의 신원에 대한 과격한 주장 등으로 은거 생활을 하였다. 1788년(정조 12) 우의정에 특채되었고, 1790년 좌의정이 되어 3년간 독상(獨相)으로서 정사를 주도하였다. 저서로 『번암집(樊巖集)』이 있다.

40. 서호수(徐浩修, 1736~1799): 본관 달성(達城), 자 양직(養直). 호조 판서 종옥(宗玉)의 손자, 판중추부사 명응(命膺)의 아들. 이조 판서 등을 역임. 1776년 정조가 즉위하자 도승지에 임명되어 왕의 측근이 되었다. 그 뒤 대사헌 등 청관직(淸官職)을 거쳤으나 끝내 삼상(三相)에는 오르지 못하였지만, 규장각의 각종 편찬사업에 중추적 역할을 하였다.

41. 이천에서 …… 있어서: 당시 채제공은 이천 부사(伊川府使)에 재직하고 있었다.

42. 대행조(大行朝): 대행은 임금이나 왕비가 죽은 뒤 아직 시호를 올리기 전의 칭호였으니, 대행조는 선왕의 조정을 의미한다.

43. 위관(衛瓘, 220~291): 서진(西晉) 하동(河東) 안읍(安邑) 사람. 자는 백옥(伯玉). 성격이 엄정하고 법으로 아랫사람을 다스렸으며, 정치가 간략하고 청렴해 칭송을 받았다. 양준(楊駿)의 참소를 받아 자리에서 물러났다.

44. 손순효(孫舜孝, 1427~1497): 본관 평해(平海), 자 경보(敬甫), 호 물재(勿齋)·칠휴거사(七休居士). 시호 문정(文貞). 1485년(성종 16) 임사홍을 두둔하다가 경상도 관찰사로 좌천되었으나 곧 우찬성이 되었다. 1496년(연산군 2) 중추부판사 때 고령을 핑계, 사퇴를 청했으나 불허되고 궤장을 하사받았다. 성리학에 밝고 문장이 뛰어났으며, 청렴하기로 이름이 났다.

45. 오늘날은 …… 없는 것인가: 영조가 후계자의 불초함을 알려준 한나라 위관과 조선 성종대 손순효의 사례를 거론하며, 지금은 이러한 신하들이 없음을 한탄하였다. 그러자, 김상로가 “지금 저군(儲君)이 이와 같으니, 신이 미리 요량한 바가 있다”고 대답했다고 한다. 정조는 이를 근거로 김상로가 극역(劇逆)임을 알 수 있다고 했다. 위관과 손순효는 모두 태자의 불초함을 왕에게 일러준 신하이므로, 영조의 세자 교체 의사에 김상로가 영합한 것이 된다. 이 외에 김상로가 입시해서 명나라 태조가 의문 태자(懿文太

'전하께서는 어째서 이렇듯 지나치게 염려하십니까? 세자가 이와 같으므로 신 또한 전하에 앞서 요량한 것이 있습니다'라고 하였다.

그때 경연에서 한 말이 이와 같았으니 그가 마음에 품은 것은 만고의 역적이었다. 그 뒤 김상로가 연달아 영의정을 지내면서 대조의 일을 소조(小朝, 사도세자)[46]에게 아뢰고 소조의 일을 대조에게 아뢰면서 서로 속이고 감추었고 참언과 무함을 끝없이 하였다. 운운.

무인년 경기 감영에 들렀을 때의 일은 (역적의 행동에) 관계됨이 매우 크다. 측간에 가기 위하여 감영에 잠시 들른 일이 무슨 해로움이 있다고 끝내 대조에게 거짓을 날조하여 아뢰기에 이르렀는가. 역적이 어느 시대인들 없겠느냐만 어찌 김상로와 같이 흉악하고 모진 이가 있겠는가.

게다가 이때는 세자가 아직 덕을 잃지 않았을 때였는데도, 그가 영의정으로 있으면서 재앙을 일으키려는 마음을 품고서 참소하는 말을 갖추어 아뢰었으니 이것이 한 하늘 아래 살 수 없는 원수라고 하는 것이다. 운운."

곧이어 서호수에게 전교를 쓰라고 명하였다.

10. 당초 무인년(1758, 영조 34) 8월 1일에 주상이 명릉(明陵)[47]에 행차하였는데 동궁이 모시고 갔다. 이날 큰 벼락이 치고 비가 내렸다. 주정소(晝停所)[48]에 이르러 동궁의 의복이 다 젖으니, 추위로 심하게 떨어 병이 나 거의 혼절하였다. 사서(司書) 서유량(徐有良)[49]이 (주상을) 뵙기를 청하여 상황을 말씀드리니 주상이 돌아가 몸조리하라고 명하였다.

11. (8월) 9일에 갑자기 세자 시강원[春坊][50]에 입시하라는 명이 있어 서유량이 나

子)를 심하게 꾸짖어 태자가 우물에 뛰어들었지만, 이 때문에 태조의 덕에 누가 되지 않았다고 한 말[1757년(영조 33) 11월 29일(정사) 실록기사]도 문제가 되었다. 이러한 일화들은 정조가 영조의 밀교(密敎)를 받지 않았다면 바깥사람들로서는 알 수 없는 일이라고 평하면서, 김상로의 무상(無狀)함이 이렇게 심한 줄 몰랐다고 하였다 한다.

46. 소조(小朝): 대리청정하는 왕세자. 왕세자가 대리청정할 때의 임금은 대조(大朝)라고 한다.
47. 명릉(明陵): 숙종과 계비(繼妃) 인현왕후(仁顯王后), 인원(仁元)왕후의 능(陵).
48. 주정소(晝停所): 임금이 거둥 중에 잠시 머물러 낮 수라(水刺)를 드는 곳. 대개 임시로 마련하였으나 나중에 일정한 곳을 정하기도 하였다.
49. 서유량(徐有良, 1712~?): 본관 대구, 자 자미(子美). 민수(敏修)의 아들. 1761년(영조 37) 시독관(試讀官)으로서 조재호(趙載浩)를 세상에 제일가는 정승으로 추천하였다가 영조로부터 당(黨)을 앞세운다는 말을 들었다.
50. 시강원[春坊]: 왕세자 교육 담당 관청.

아갔다. 주상이 물었다.

"동궁이 돌아갔을 때 곧바로 들어갔느냐 들른 곳이 있느냐?" 서유량이 대답하였다.

"의복이 다 젖었기 때문에 잠시 경기 감영에 들러 옷을 갈아입고 환궁하였습니다."

주상이 물었다.

"들렀다 가자는 것이 동궁의 명이었느냐?"

서유량이 대답하였다.

"신이 청하였습니다."

주상이 말하였다.

"궁관이 이런 청을 한 것은 잘못이다." (서유량의) 관직을 교체하라고 명하였다.

대개 경기 감영에 들렀다는 일은 이와 같으나 김상로가 거짓을 꾸며 아뢰었기 때문에 세자 시강원에 물었던 것이다.

12. 또 문녀(文女)[51]를 사저에 위리안치하고 문성국(文聖國)[52]에게 역률(逆律)을 추후에 시행하라 명하였다. 전교하였다.

"내가 마음에 새기고 뼈에 사무친 것은 단지 김상로 한 사람만이 아니고 또 문성국이 있다. 이 일은 끝내 밝혀 말해야 할 것이나, 김상로는 이미 처분했으니, 국법[王章]에 있어서 공제(公除) 전이라 하여 구애받을 것은 없다. 전 숙의(淑儀) 문씨(文氏)는 사저에 위리안치하라. 문성국은 집에서 죽었기에 해당하는 법을 시행하지 못하였다. 시신을 참하는 법은 이미 금령이 있어 새로 만들 수 없으니, 의금부로 하여금 노적(孥籍)[53]의 법을 빨리 시행하게 하라."

---

51. 문녀(文女): 영조의 후궁(後宮) 숙의 문씨(淑儀文氏). 궁인(宮人)의 신분으로 영조의 후궁이 되어 화길 옹주(和吉翁主)와 화령 옹주(和寧翁主)를 낳았다. 첫딸 화길옹주를 낳은 다음해인 1753년(영조 29) '소원(昭媛)' 작위(爵位)를 얻었고 1771년(영조 47) '숙의(淑儀)'로 승격되었다. 1749년(영조 25)부터 사도세자가 대리청정을 시작하자 숙의 문씨는 자신의 입지가 좁아질 것을 우려하였다. 이에 김상로와 오빠 문성국(文聖國) 등 노론 세력과 결탁, 사도세자를 모략하여 죽음에 이르게 하는 것에 일조하였다. 정조가 즉위하자 곧 폐하여지고 사가(私家)에 안치되었다. 숙의 문씨는 작위를 박탈당한 후에는 실록에 '문녀'라 하여 격하된 호칭으로 기록되었다.
52. 문성국(文聖國): 숙의 문씨의 오빠. 문씨와 모의하여 사도세자를 무고하였다. 조카나 동생이라고도 한다. 아래(본편 19번 기사)에 그에 관한 자세한 내용이 보인다.
53. 노적(孥籍): 모역(謀逆)이나 반역 등을 범한 국사범(國事犯)에 대해 극형에 처한 뒤, 그 처자식을 연좌시켜 노비의 적에 올리고 그들의 재산까지 몰수하는 처벌을 가리킨다.

사도세자 관련 상소자들을 처형하다

13. 전 승지 이덕사(李德師)가 상소하여 아뢰었다. 글머리에 선세자(先世子, 사도세자)의 지극한 원통함을 풀지 않으면 안 되며, 돌아가신 대왕의 지극히 인자하심을 밝히지 않으면 안 되며, 역적을 토벌하지 않으면 안 됨을 말하였다. 운운. 이어 장헌세자가 병을 얻은 근원은 문녀에게 죄가 있다고 말하며, 모년(某年)의 일을 극언(極言)하였다.[54]

주상이 승선(承宣)에게 상주문을 읽으라 하고 윗 대목의 문녀의 일에 이르자 '옳다'고 하였다. 이는 분명히 알았다는 것이다. 모년의 일에 이르러서는 얼굴 가득 눈물을 흘리며 오열하고 전교하기를,

"이는 차마 듣지 못할 일이다"라 하고, 두었다가 천천히 처결하겠다고 하교하였다.

14. 이보다 앞서 26일에 호남 유생 이일화(李一和)[55]가 상소하여 나경언(羅景彦)[56]의 일을 동궁에게 보고하지 않고 대조에게 곧바로 아뢴 일로 이해중(李海重)[57]의 죄를 성토하였다. 승정원에서는 그것을 물리쳤고, 유한신(柳翰申)[58] 또한 상소를 올렸으나 도리어 미루었다.

---

54. 모년의 …… 하였다: 1776년(정조 즉위년) 4월 1일에 이덕사(李德師)·박상로(朴相老)·조재한(趙載翰)·이일화(李一和)·최재흥(崔載興)·유한신(柳翰申)·이동양(李東讓) 등이 복주(伏誅, 형벌을 받고 죽음)된 사건이 발생하였다. 당시 영조가 죽어 아직 장례를 치르기 전이었는데, 조재한이 향유(鄕儒) 이일화를 사주하여 임오년에 사도세자가 죽은 일을 말한 상소를 올리게 하였다. 이덕사의 상소도 같은 날 올라오고, 유한신도 상소를 승정원에 바쳤는데, 상소의 내용이 똑같았다. 이에 정조가 이 일을 선대왕(先大王)을 무함하는 대역(大逆)으로 간주하여 정국(庭鞫)을 행하였다. 그중 최재흥의 결안 문서 내용에 있는 구상(具庠)의 서찰(書札)에 '도끼를 가지고 머리를 부순다'느니, '모년의 의리'라느니 '장인과 사위가 서로 익히 의논하였다'느니, '우리가 잡을 것이다'는 등의 말이 있었다.
55. 이일화(李一和): 1776년 정조가 즉위하자 임오년에 사도세자가 죽은 일을 말한 상소를 올렸다가 복주(伏誅)된 호남 유생. 조재한의 사주를 받았다는 혐의가 있었다.
56. 나경언(羅景彦): 형조 판서 윤급(尹汲)의 청지기였던 나경언은 영조의 계비 정순왕후의 아버지인 김한구, 경기도 관찰사 홍계희, 영부사(領府事) 김상로·윤급 등의 사주를 받아 1762년(영조 38)에 사도세자를 무고하였다. 영조가 친국(親鞫)하는 자리에서 사도세자의 허물 10여 가지를 무함하는 흉서를 올리고, 참형에 처해졌다. 나경언의 고변은 영조가 사도세자를 서인(庶人)으로 강등하고 뒤주에 가두어 죽게 한 결정적 계기가 되었다.
57. 이해중(李海重, 1727~?): 본관 한산(韓山), 자 자함(子涵). 형조 참의 등을 역임. 나경언이 사도세자의 허물 10여 조를 낱낱이 들어 형조에 보고하는 사건이 발생하자 즉시 영조에게 뵙기를 청하여 이를 알렸다. 1772년(영조 48) 대사간으로서 김치인(金致仁)이 붕당(朋黨)을 조성하고 사사로움을 이루었다고 상소하여 그를 유배시켰다.
58. 유한신(柳翰申, 1732~1776): 본관 문화(文化), 자 동초(同初). 1776년 정조 즉위 직후 사도세자의 죽음과 관련된 상소를 올렸다가 정조에 의해 역적으로 몰려 같은 상소를 올린 이덕사·조재한과 함께 복주되었다.

이덕사가 상소를 올린 뒤 며칠 동안 비답을 미루다가 갑자기 4월 1일 전교하였다.

"부사(副使)[이해중이다]가 들어오지 않은 이유를 들으니, 유학(幼學) 이일화가 임오년의 일에 대해서 상소했기 때문이라고 한다. 선조의 유교(遺敎)에 따라 마땅히 엄히 처분해야 하니, 우선 형조[秋曹]의 옥에 단단히 가두라." 또 전교하였다.

"비록 공제(公除) 전이기는 하나 이 무고(誣告)는 선대왕에 대한 대역부도(大逆不道)함에 미치고 있다. 마땅히 궁전의 뜰에서 친국(親鞫)하여 선대왕의 영령께 고할 것이다. 내가 생각하기에 이일화는 오히려 보잘것없는 자이고, 이덕사를 사형에 처한 뒤에라야 선대왕의 뜻이 바르게 처리될 것이니 즉시 거행하라."

이덕사가 대역부도하였음을 자복하여, 서소문 밖에 백관이 서열대로 선 가운데 능지처참하였다.

15. 당초 임오년(1762, 영조 38) 윤5월 21일(사도세자가 죽은 날) 뒤에 이덕사가 일개 선비로서 양근(楊根)에서 서울로 들어와 선인문(宣仁門)[59] 밖에서 곡하고, 돌아가는 길에 그 벗에게 들렀다. 그 벗이 말 안장(鞍裝)과 짚자리를 보고 (그의 뜻을) 알고서 작은 소리로 그에게 경계하여 말하기를,

"사람마다 식견이 있으니 이는 말해서는 안 된다"고 하였다.

하지만 아침 일찍 궐문 밖에 가니 한 노인이 그 문앞을 청소하고 있기에 곡반(哭班)이 있는 곳을 물어보았다. 노인이 말하기를,

"아, 누가 곡을 하려 하겠소. 공이 곡을 하려 하시오?"라 하며 거적을 내려 땅에 펴주고, 곡을 그치자 그를 부축하여 말에 태워 보냈다. 이것을 인정이 크게 볼 만하다 여겼다고 한다.

그가 급제한 뒤에 사람들이 간혹 언사(言事)[60]를 경계하면 문득 말하기를,

"나는 모년의 일을 말할 수 없다. 어찌 그 일에 대해서 말할 수 있겠는가. 아흔 살의 양친이 있기 때문이다"고 하였었다. 그런데 이제 역적으로 형벌을 받아 죽게 되자, 사람들이 원한 대로 되었다고들 하였다.

16. 전 승지(承旨) 조재한(趙載翰),[61] 전 지평(持平) 최재흥(崔載興),[62] 모관(某官) 이동양

---

59. 선인문(宣仁門): 창경궁의 정문인 홍화문의 남쪽에 있는 문.
60. 언사(言事): 언사소(言事疏). 나랏일에 관한 상소다.
61. 조재한(趙載翰): 1776년 정조 즉위 직후 사도세자의 죽음과 관련된 상소를 올린 이일화·이덕사·유한신

(李東讓) 등은 형벌을 받아 죽었고, 전 참판 박상로(朴相老)[63]는 지극히 음흉하고 극악(極惡)하다 하여 대역부도(大逆不道)의 죄로 철물교(鐵物橋)[64]에서 능지처참당하였다.

당초 조재한과 이범제(李範濟),[65] 이동양[이범제의 조카다], 조순진(趙純鎭)[66]·조헌진(趙獻鎭)[67][조재한의 두 아들이다]이 조운형(趙雲亨)[68][조유진(趙維鎭)[69]의 아들이다]의 집에 모두 모여 상소할 일을 의론하였다. 박상로 또한 모임에 참여하여 힘껏 저지하였지만 임금을 범하는 말을 하였다[즉, '망(忘)' 자다]. 조재한이 이 때문에 상소를 그만두게 하였다.

그러나 때마침 이일화라고 하는 자가 호남에서부터 오자 조헌진이 이 상소를 올리라 권하여, 이일화가 갑자기 (상소를) 올렸다. 지금까지 함께 상소할 것을 의론한 자들을 모두 체포하였는데 무려 수십 명에 이르러 드디어 큰 옥사가 되었다. 박상로는 상소를 그만두라고 권한 일로써 대질하여 죄가 없음이 밝혀져 방면되었으나, 이동양은 죽을죄가 있다고 고하고 심문받을 때 손바닥에 아무 글자[즉, '망(忘)' 자다]를 써서 올렸다. 이에 주상이 소리내어 통곡하였다.

병조 판서 서명선(徐命善)[70]이 입시하여 자신이 거느리고 있는 금군에게 마구 곤장을 치게 하여 거의 죽게 되었다. 조재한·최재흥·이일화·이동양과 유한신은 사형에

과 함께 사형당하였다. 이일화의 상소를 사주했다고 자백하였으며, 정조를 무함한 부도의 죄로 죽었다.

62. 최재흥(崔載興): 임오화변 때의 일을 논한 이일화의 흉소(凶疏)를 윤색해 주며 흉론(凶論)을 주장한 혐의로 이덕사, 조재한 등의 역적과 함께 복주되었다. 아래(본편 18번) 상세한 내용이 보인다.
63. 박상로(朴相老): 정조가 작성한 영조의 「빈전(殯殿) 고유문(告由文)」에 의하면 박상로는 "흉한 무리를 모아 흉소(凶疏)를 모의하는 날 어지럽게 수작한 것이 무도함을 헤아리기 어려웠"으나 "감히 다 털어놓지 않았다"고 한다.
64. 철물교(鐵物橋): 계동과 재동 방면의 물이 인사동을 거쳐 장통교 아래로 흘러가는 중간에 있던 다리. 주변에 철물전이 많았기 때문에 이렇게 불렸다. 다른 이름은 통운교(通雲橋), 홍석교(虹石橋)다.
65. 이범제(李範濟): 1776년 정조 즉위 직후 사도세자의 죽음과 관련된 상소가 올라왔다. 박상로가 주동이 되어 한 일인데 이경제의 족친 이범제가 그 무리에 들어 이 일에 앞장섰다.
66. 조순진(趙純鎭): 역적 조재한의 아들로 임오년의 의리에 관한 사건에 연루되어 종이 되어 섬에 있으면서 사람을 시켜 고변(告變)하였다. 그 고변서에 의하면, "이웃에 사는 죄인 송환익(宋煥翼)과 김정채(金貞采)가 '1755년(영조 31)의 역종(逆宗) 이훈(李壎)의 아들 이복형(李福亨)이 오래지 않아 풀려나 돌아와서 제사를 받들게 될 것이다'고 하였는데, 이것이 바로 송덕상(宋德相)의 '어떤 도리'에 관한 말입니다." 하였다. 송환익은 송덕상의 조카이고, 김정채도 송덕상의 역옥에 관계된 자였다. 조순진이 이를 발판으로 자신의 처지를 반전해 보려고 정탐해 고변한 것이었다. 처음에 포청에 명하여 샅샅이 조사하게 한 결과 김정채의 흉언으로 밝혀졌다. 1788년(정조 12) 8월 4일 자 실록기사 참조.
67. 조헌진(趙獻鎭): 역적 조재한의 아들로 임오년의 의리에 관한 사건에 연루되었다.
68. 조운형(趙雲亨): 1776년 정조 즉위 직후 사도세자의 죽음과 관련된 상소를 올린 사건에 연루되어 국문을 받았다.
69. 조유진(趙維鎭, 1721~1762): 본관 풍양(豊壤), 자 지경(持卿). 조재건(趙載健)의 아들, 조재호의 조카다. 1762년 조재호가 역모로 몰렸을 때 연루되어 고문을 받고 유배 가던 중 죽었다.
70. 서명선(徐命善, 1728~1791): 본관 달성(達城), 자 계중(繼仲), 호 귀천(歸泉)·동원(桐源). 좌의정·영의정 등을 역임. 세손의 대리청정을 반대하는 홍인한 일파를 탄핵, 세손의 대리청정을 시행할 수 있도록 노력하였다. 정조 즉위 뒤 중용되었다.

처했다. 그 나머지는 형장을 맞다 죽거나 장형을 받고 유배되었다. 또한 조재한 등이 일찍이 요사스런 환관 김수현(金壽賢)[71]과 서로 통한 일로 김수현을 잡아다 국문하였다.[72]

(4월) 6일에 친히 제사를 지내고 이어서 저녁 상식(上食)을 올리고, 적을 토죄한 것을 빈전(殯殿)에 고하였다.

환관 김수현 옥사

17. 주상이 김수현의 일로 전교하였다.

"운운. 지난 10여 년 전에 그때 내가 어린 나이였는데, 김수현은 장번 내관(長番內官)으로서 동궁전에서 급사(給使)[73] 일을 맡고 있었고, 이흥록(李興祿)[74]은 자궁(慈宮)의 승전색(承傳色)[75]으로 수행하였다. 내가 양덕당(養德堂)[빈궁(嬪宮, 영빈)이 머물던 건물이다.]에 나아갔을 때 이 무리가 양덕당으로 따라왔다. 이들은 내가 어려서 그들의 속셈을 모른다고 여기고서 나를 양덕당 후원으로 불러내어 노닐게 하였다. 이때 김수현과 이흥록이 더없이 흉악하고 악독한 말로 나에게 유혹하여 말하기를, '이렇게 하셔야 효도라 할 수 있습니다'고 했다. 또 아뢰기를,

'아무아무 사대부는 우리와 서로 친하여 이 의리를 함께하니, 장래에 쓸 만한 사람입니다'라고 하였다. 내가 비록 어린 나이였어도 한 번 듣고서 이미 역적임을 알았으므로 한 마디도 저들의 말을 따른 적이 없었다. 그때 다만 어떤 일로 인하여 천역을 그만두게 했을 뿐이지만,[76] 지금도 아직 잊어버리지 않고 있다. 이 일로 옥사를 일으키면 혹시라도 연루자들이 많아질까 염려하였기 때문이다. 이제 흉악한 역적들이 차

---

71. 김수현(金壽賢): 조재한과 결탁하고 이흥록(李興祿)과 더불어 세손(정조)을 협박한 환관.
72. 조재한 등이 …… 국문하였다: 1777년(정조 1) 3월에 사도세자의 일을 가지고 영조를 무욕(誣辱)한 사건으로 열린 국문(鞫問)에서 나온 환관 김수현의 공초에 채제공도 동조자라고 하였다. 정조는 채제공의 이름을 그 공초에서 삭제하게 하였다. 이 사건으로 이덕사·박상로·조재한·이일화 등이 복주되고, 환관 김수현은 귀양갔다.
73. 급사(給使): 여러 관부에 배치되어 잡무에 종사하는 정9품 관직.
74. 이흥록(李興祿): 정조가 동궁전에 있을 때 조재한이 한 부류의 불령한 무리와 함께 요망한 환관 이흥록·김수현 등과 결탁한 것을 알았는데, 이흥록 등은 세손이 후원에서 거니는 것을 틈타 오만 가지로 유혹하거나 위협하고, 그들의 당(黨)에 들어온 비류(匪類)들을 추천하였다고 한다. 1776년(정조 즉위) 4월 1일 실록기사 참조.
75. 승전색(承傳色): 임금의 뜻을 전달하는 내시부(內侍府) 소속 관직.
76. 천역을 그만두게 했을 뿐이지만: 원문은 제태(除汰). 하리(下吏)·하례(下隷) 등 칠반천역(七般賤役)에 종사하는 사람의 구실을 떼어버린 일이다.

례차례 법에 따라 처단되었는데, 어찌 죄를 묻지 않고 그대로 두어 계속해서 화기(禍機)[77]를 빚어내게 하겠는가?

이흥록은 몇 년 전에 이미 죽었으나, 김수현을 잡아들인 것은 대개 이 때문이다. 운운. 환관이 조정과 결탁하는 것은 어떤 죄인가. 사대부가 이와 같으면 사대부라 말할 수 있겠는가. 통탄할 만하다. 이흥록은 괴수로 이미 죽었고, 김수현은 추종자에 속한다. 운운. 죄인 김수현을 대정현(大靜縣)의 노비로 만들라."

18. 이수진(李守鎭),[78] 이만식(李萬軾),[79] 이창임(李昌任)[80]은 요사스런 환관과 결탁한 것으로 처벌하였는데, 이수진과 이만식은 형장을 가하여 유배하였다. 이창임에 대해서는 입직한 홍문관[玉堂] 관원이 품고 있던 생각을 올리자, 주상이 덕성각(德成閣)[81]에 입대(入對)하였을 때, '선세자의 역적이며 소인이다'라고 한 하교에 따라 관작을 추탈하였다가 뒤에 곧 관작을 회복하였다. 최재흥은 사형당했다. 뒤에 또 구상(具庠)[82]을 외딴 섬으로 내쫓았다. 전교하였다.

"난신적자가 어느 시대인들 없겠는가. 그러나 어찌 이번과 같은 여러 역적이 있었겠는가. 그 배후를 찾자면 곧 최재흥이다. 최재흥의 문서 가운데 구상의 서찰(書札)은 그 흉악함이 지극하여 차마 바로 볼 수가 없다.

이른바 '도끼를 가지고 머리를 부순다'느니, '모년의 의리'라느니 '춘추의 의리'라느니, '장인과 사위가 의논하였다'느니,[83] '우리가 (권력을) 잡을 것'이라느니, '근본에 어둡다'라고 운운한 것은 음흉하고 참혹하며 헤아리기 어려운 말들이니, 천 리 먼 길에 죄인을 잡으러 보낸 것은 이 때문이다. 운운. 비록 내가 잘 알고 있는 것으로 말하더라도, 처음에는 봉조하 홍봉한을 끌어들였고, 다시 정후겸과 서로 결탁하여 천백으

---

77. 화기(禍機): 재변(災變)이 아직 드러나지 않고 잠겨 있는 기틀.
78. 이수진(李守鎭): 1777년(정조 1) 3월에 사도세자의 일을 가지고 영조를 무욕(誣辱)한 사건에 연루되어 국문을 받았다.
79. 이만식(李萬軾, 1730~?): 본관 연안(延安), 자 백첨(伯瞻). 1770년 최익남(崔益男) 사건으로 인하여 진도군(珍島郡)에 정배되었다가 1800년(정조 24)에 가서야 1등급을 감하여 사면되었다.
80. 이창임(李昌任, 1730~?): 본관 전주(全州), 자 성윤(聖尹). 세종의 아들 영해군(寧海君) 왕당(王瑭)의 후손. 형조 판서 춘제(春躋)의 아들. 교리·대사간 등을 역임하였다.
81. 덕성각(德成閣): 세자가 머물던 저승전(儲承殿) 안에 있는 전각(殿閣). 신하들을 소대(召對)할 때 사용하였다.
82. 구상(具庠, 1730~?): 본관 능성(綾城), 자 백은(伯殷). 정후겸·이덕사 등과 결탁했다는 혐의로 정조 즉위 직후 귀양갔다. 그러나 1788년(정조 12) 8월 12일에 서용되어 서산 군수(瑞山郡守)에 제수되고 정조 말에 사망할 때까지 요직을 겸하였다.
83. '장인과 사위가 의논하였다'느니: 여기서는 홍봉한과 사도세자를 가리킨다.

로 수없이 변화하였으며, 끝내는 흉악한 무리와 결탁하여 터무니없는 흉악한 의론을 주장하였다. 운운.

설령 구상이 사류의 공론을 흠모하였다고 하더라도 사론(士論)이라는 이름으로 어찌 저 인륜도 없고 패악한 행위를 하는 무리를 용납하여 사류(士類)의 향당(鄕黨)과 주려(州閭)를 배회하게 할 수 있겠는가. 이것이 내가 구상을 깊이 미워하고 심하게 벌주려는 까닭이라고 할 수 있다. 죄인 구상은 외딴 섬에 위리안치하라."

최재흥은 명망 있는 조부의 손자지만[간재(艮齋)[84]의 손자다] 젊어서는 볼 만한 행실이 없어, 탕평파에 의탁하였다. 그 무리가 그의 행실에 흠이 많아 행세하기 어려울까 염려하여, 독서인이란 이름으로 그를 초선(抄選)[85]의 반열에 천거하였다. 이 일로 그는 오랫동안 세상 사람들의 손가락질을 받았다.

여러 조씨가 상소할 때 (최재흥은) 조운형(趙雲亨)을 시켜 계획을 짜고 사람들을 불러오게 하였으며, 문자를 다듬고 고칠 때 난만(爛漫)하게 상의하였다. 조운형은 바로 그의 사위였다. 이미 붙잡혀 주상이 상소문에 참여했는지 묻자, "참여하였을 뿐만 아니라 쓸모없는 곳은 깎아 내고, 소략한 곳은 더하여 가다듬고 배치한 것이 다수 신의 손에서 나왔습니다"고 운운하며 대놓고 말하였다. 주상이 묻기를,

'어찌 감히 그렇게 하였느냐' 하니, '신은 의리로 보아 마땅히 그렇게 해야 한다고 생각하였기 때문입니다'라고 하였다. 운운. 이에 사람들이 비로소 그가 살기 어렵다고 여겼다.

또 구상은 그의 생질로서 의리를 함께 하여 '홍봉한을 죽이라[殺洪]'는 논의를 주장하였으니, 주상의 하교에 이른바 '사류의 공론을 흠모하였다'는 것이 곧 이것이다. 오래 있다가 석방하였으나, 또 제방(隄防)의 논의[86] 때문에 막혔다가 십수 년이 지난 뒤에야 비로소 발탁하여 등용되었다.

---

84. 간재(艮齋): 최규서(崔奎瑞 1650~1735). 본관 해주(海州), 자 문숙(文叔), 호 간재(艮齋)·소릉(少陵)·파릉(巴陵). 우의정·영의정 등을 역임. 서인이 노·소론으로 갈라질 때 나량좌(羅良佐)를 옹호하는 등 소론에 가담하였다. 노론이 연잉군의 대리청정 등을 추진할 때 이에 맞서는 등 소론정권의 주역을 맡았으나, 강경파 김일경(金一鏡) 등이 신임옥사를 일으킬 때는 완소(緩少)로 온건하게 대처하였다.
85. 초선(抄選): 의정대신과 이조 당상이 모여서 경연관이나 특정 벼슬의 적임자를 뽑던 일. 여기서는 산림(山林) 초선이라는 의미다. 최재흥이 초선된 기록은 1763년(영조 39) 2월 26일(갑인) 자 실록에 있다. 최재흥이 읍의 기생을 간음하여 파직된 기록은 1754년(영조 30) 8월 3일(경술) 실록기사 참조.
86. 제방(堤防)의 논의: 『명의록』 의리를 제방으로 삼는다 하여 붙여진 명칭이다. 정조는 『명의록』을 편찬하여 대리청정에 반대했던 홍인한·정후겸 등을 역적으로 사사하고 자신을 옹위한 홍국영·정민시(鄭民始)·서명선의 충절을 선양하였다. 정조는 토역론자들의 강경론을 억누르고 제방론자들을 최대한 포용하는 공정함을 보이며 신뢰 기반을 구축하고자 했다.

문성국이 참소한 본말을 전교하다

19. 5월 13일에[주상이 매년 이날부터 22일까지 정사를 쉬었다] 문성국[문녀의 조카다]이 참소한 본말을 전교하였다.

"아, 저 문성국은 천한 복례(僕隷)로서 살무사 같은 독한 성질이 있었다. 안으로는 요망한 누이를 끼고 밖으로는 반역한 정승과 결탁하여, 낮이나 밤이나 애써 준비한 것은 찬탈하려는 흉계가 아니면 곧 시역하려는 음모였다. 계유년(1753, 영조 29) 이래로는 그의 뜻이 더욱 방자해지고 그의 음모가 더욱 다급해져, 대궐 후원[後庭]의 깊은 곳에 난여(鑾輿)[87]가 행차하면, 문성국과 그의 누이가 우리 양궁(兩宮, 영조와 사도세자)을 참소하여 이간하였는데, 하는 말이 망극하여 더러는 '아무 날에는 아무 일을 하게 되고 아무 때에는 아무 일을 시행한다'고 하여, 참소하여 이간하지 않는 때가 없었고 참소하여 이간하지 않는 일이 없었다.

아, 그때를 당하여 춘궁(春宮, 사도세자)이 덕을 길러 날로 어진 소문이 나타나게 되었다. 그런데 문성국은 말하기를,

'침소에 문안도 제때에 하지 않고 찬을 살피는 일도 제때에 하지 않고, 심하게는 인명을 살해하고 여색을 지나치게 탐한다'고 말하는 등, 없는 일을 꾸며대어 임금의 총명을 현혹하는 흉계를 부리려고 했었다. 이는 다만 날조한 거짓의 한 가지에 불과하고, 근거 없이 수군거리는 짓의 첫 단계일 뿐이었다.

이 몇 가지의 일도 이미 천지 사이에 용납될 수 없는 바인데, 하물며 또한 낙선당(樂善堂)의 화재[88]도 문성국에게서 비롯한 것이고 금정(禁井)의 변[89]도 문성국에게서 연유한 것이었으니, 통탄스럽고도 통탄스럽다. 이 어찌 내가 차마 제기하여 말할 수 있는 것이겠는가.

단지 단서만 열어놓고 문성국이 시역하려 한 음모를 밝혀놓지 않는다면 오늘날의 신하들이 어떻게 우리 대행대왕의 천지와 같은 인자하심과 일월과 같은 총명하심을 알겠는가. 만약에 우리 대행대왕께서 앞질러 간사한 싹을 꺾어버리고 마을로 내쫓아 궁궐에 발을 붙일 수 없게 하지 않았다면, 종사(宗社)가 위태해지고 국본(國本)이 끊

---

87. 난여(鑾輿): 임금이 타는 수레.
88. 낙선당(樂善堂)의 화재: 낙선당은 왕세자의 정당(正堂)이다. 1756년(영조 32) 5월 1일에 이곳에서 화재가 발생하였다.
89. 금정(禁井)의 변: 1757(영조 33) 사도세자가 영조의 책망을 이기지 못하고 스스로 우물 속으로 뛰어들었던 일을 가리킨다.

어지는 것을 서서 기다리게 되었을 것이다. 아, 황천(皇天)이 우리나라를 돌아보지 않는 것인가. 대행대왕께서 인자하게 덮어주시는 덕이 그처럼 진지하고도 간절하셨기 때문에 선친(先親)의 지난날의 질병이 어쩌면 이로 말미암아 정상으로 회복될 수도 있었는데, 흉계를 빚어온 지가 이미 오래되자 의구심이 쌓여온 것이 점점 고치기가 어려워졌다.

아, 그 당시에 어찌 침소에 문안드리는 일을 제때에 할 수 있었겠으며, 찬을 살피는 일을 제때에 할 수 있었겠는가. 대행대왕께서는 또한 일찍이 근시(近侍)하는 신하들을 접할 때마다 아들의 기거(起居)가 편안한지 아닌지를 묻기도 하고 음식을 얼마나 먹는지를 살피셨다. 이는 곧 자애롭고 효성스러운 양궁에게 일대 좋은 기회였지만, 환후가 갈수록 더욱 깊어져서 회복할 수 없었으니, 어찌하겠는가. 운운.

매번 문녀가 임신하게 되면 몰래 양인(良人)의 아들을 구해놓고 안팎에서 서로 선동하여 은밀히 찬탈하기를 도모했었다. 이는 바로 여불위(呂不韋)[90]가 진(秦)나라를 도모하려 한 음모와 같은 것이고, 중 신돈(辛旽)[91]이 고려를 망친 술책과 같은 것이다. 이 일은 단지 궁성(宮省, 궐내)의 입 가진 자라면 모두 전파하였을 뿐만 아니라, 또한 시정(市井)에서도 귀 달린 사람이면 모두 듣게 되었다. 또한 우리 대행대왕께서 궁금(宮禁)을 엄숙히 하고 난역(亂逆)의 근원을 막아버리지 않으셨다면, 저 문성국의 흉악한 음모가 어찌 시도되지 못하고 실행되지 못했겠는가.

아, 옛일을 생각하면 내가 세 살 때에 대행대왕께서 화령(和寧)[문녀가 낳았다.]이 나와 말하고 있는 것을 보시고서, 나에게 다시는 말을 하지 말도록 분부하셨다. 내가 장성하게 되어서는 언제나 (당신이) 연령군(延齡君)[숙종의 둘째 왕자다]의 집에 가지 않으시는 일을 들어 나에게 훈계하시기를,

'형제간의 정이 지극하지 않은 것은 아니지만 차마 가지 않는 것은 명빈(禖嬪)[92]의 사판(祠版, 신주)이 한 방에 같이 있기 때문이다'라고 하셨다. 이로 미루어보건대, 대

---

90. 여불위(呂不韋, ?~기원전 235): 진(秦)나라 양적(陽翟) 사람. 대상인으로 진나라 왕자 초(楚)가 조(趙)나라에 인질로 있을 때 여불위가 계책을 써서 장양왕(莊襄王)으로 세웠다. 여불위는 승상이 되고 문신후(文信侯)에 봉해졌다. 그 문객 등으로 하여금 저술케 한 『여씨춘추(呂氏春秋)』가 있다. 진 시황(秦始皇)의 친아버지라고도 한다.

91. 신돈(辛旽, ?~1371): 본관 영산, 자 요공(耀空). 승려로 법명은 편조(遍照). 옥천사(玉川寺) 사비(寺婢)의 아들. 왕이 내린 법호로 청한거사(淸閑居士)가 있다. 공민왕의 신임을 얻어 전민변정도감(田民辨正都監)을 설치케 하여 판사(判事)로 취임하고 문란한 토지제도의 개혁을 단행했다. 진평후(眞平侯)에 봉해지고 판서운관사(判書雲觀事)에 이르렀다. 귀족 세력의 기반을 없애고자 천도를 건의했으나 왕과 대신들의 반대로 실패했다. 수원에 유배당했다가 참형되었다.

92. 명빈(禖嬪): 숙종의 후궁 박씨(?~1703). 연령군(延齡君)을 낳았다. 연령군은 21세의 나이로 요절하였다.

행대왕께서 나 소자에게 지시하여 가르쳐주신 미묘한 뜻을 우러러 알 수 있다.

아, 명빈의 (신주와 같은) 작은 일 때문에 대행대왕의 우애가 깊으신 지극한 덕으로도 오히려 또한 연령군의 집에 가시지 않으셨는데, 하물며 내가 문녀에게 죄주는 일을 어찌 그만둘 수 있겠는가. 문성국에게 죄주는 일을 또한 어찌 그만둘 수 있겠는가. 비록 그러하나 문녀가 한 가닥의 실낱 같은 목숨을 용서받고, 문성국에게 추벌(追罰)을 시행하지 않은 것은 참작하여 재량하는 뜻을 둔 것이다. 운운."

세손의 대리청정을 반대한 홍인한 등의 죄를 논한 정조의 윤음

20. 6월 22일에 수찬(修撰) 윤약연(尹若淵)[93]이 정후겸 모자의 죄를 바르게 밝히라고 상소하였는데, 홍인한(洪麟漢)[94]을 '국가편 사람[國邊人]'[95]이라고 부르며 그를 외딴 섬에 정배하는 법률을 적용하라고 하였다.

주상이 처음에 윤약연에게 입시할 것을 명하여 상소의 말 몇 조목을 물었다. (윤약연은) 홍인한은 망발한 것에 불과하니 심하게 주벌할 것이 없다고 대답하였다. 또 말하기를,

"신은 홍인한이 저지른 죄를 알지 못합니다만, 전하께서 반드시 죄를 내리고자 하신다면 인산(因山)[96]이 지나기를 기다려 어떻게 하시더라도 무방합니다"라고 운운하였다.

주상이 곧바로 친국을 명하고 이에 홍상간(洪相簡),[97] 이상로(李商輅),[98] 홍지해(洪趾

93. 윤약연(尹若淵, 1735~?): 본관 함안(咸安), 자 중희(仲希). 홍문관 수찬으로 있던 1776년 6월 23일 상소에서 '국가편 사람[國邊人]'이란 표현을 써서 홍인한을 비호한 것이 문제가 되었다. 정조는 윤약연을 국문하여 배후에 홍상간(洪相簡) 등이 있음을 밝혀내고 홍지해(洪趾海) 등을 유배 보냈다.

94. 홍인한(洪麟漢, 1722~1776): 본관 풍산(豊山), 자 정여(定汝). 봉한(鳳漢)의 동생. 정후겸 모자와 윤양후(尹養厚)·홍지해 등과 결탁하여 위세를 부렸으며, 동궁의 보호를 내세워 군신의 예에서 벗어난 일을 자주하여 동궁의 미움을 받았다. 세손과 사이가 나빠지자, 다른 풍산 홍씨들은 시파에 가담하여 세손을 보호하였으나 그는 벽파에 가담하여 세손의 즉위를 반대하였다. 1776년 정조가 즉위하자 여산(礪山)에 유배되고, 고금도에 위리안치되었다가, 곧 사사(賜死)되었다.

95. 국가편 사람[國邊人]: 1776년(정조 즉위년) 6월 23일(임술) 실록기사에 따르면, 국변인(國邊人)은 누구를 가리키느냐는 정조의 질문에 윤약연이 대답하였다. "홍인한은 응당 대리청정을 저해할 마음이 없었을 것이기에 '국변인'이라고 하였다." 이 같은 사례를 통해 보건대 국가편 사람이란 왕실·국가의 의리에 기여하는 충신을 가리키는 듯하다.

96. 인산(因山): 국왕이나 왕후, 세자, 세자빈의 국장(國葬)을 말한다. 여기서는 영조의 인산을 가리킨다.

97. 홍상간(洪相簡, 1745~1777): 본관 남양(南陽). 판중추부사 계희(啓禧)의 손자, 판서 지해(趾海)의 아들. 그의 아버지가 외척으로서 위세를 떨쳤던 홍인한과 결탁하여 동궁의 미움을 받았다. 정조가 즉위하자 홍인한이 정조를 시해하려다 주살(誅殺)된 역옥(逆獄)에 연루되어 고문을 받고 죽었다.

98. 이상로(李商輅): 홍인한의 절친한 인척으로 그 편지에서 서명선의 상소에 대해 "기관이 음흉하고 비밀

海),[99] 윤양후(尹養厚),[100] 민항렬(閔恒烈),[101] 이경빈(李敬彬),[102] 이선해(李善海)[103] 등을 차례로 잡아들이니, 혹은 죄를 받고, 혹은 매맞아 죽거나 유배 갔다. 홍상간은 홍지해의 아들이며 홍계희(洪啓禧)[104]의 손자다.

21. 7월 4일 어제통유윤음(御製洞諭綸音)에서 주상이 말하였다.[105]

"근일 흉역(凶逆)의 옥사(獄事)는, 그 단서(端緖)는 비록 은미(隱微)하지만 그 말류(末流)의 결과는 매우 큰 것이다. 처음에는 동배(同輩)들 사이의 시기로 시작해서, 중간에 와서는 세손[貳極]의 존엄과 다투어 겨루다가, 끝에 가서는 그만 방자하게도 부도(不道)한 말을 전파해서 노골적으로 불만스러운 마음을 드러내었던 것이다. 그리하여 등극한 지금에 이르기까지 책모(策謀)는 더욱 급박하고 계교는 더욱 치밀해졌다. 운운.

전에 내가 세손의 지위에 있을 때 척리(戚里)와 근신[近習]들의 잘못을 용서해준 적이 없었다. 운운. 이와 같은 연유로 딴마음을 품은 불령(不逞)한 무리가 밤낮으로 내 주위를 맴돌며 은밀히 살피고 염탐을 하였으니, 이는 곧 세손[儲君]의 우익(羽翼)[홍국

스럽다" 하고, 또 "경색(景色)이 위태롭다"고 하였으며, 끝에 가서 또 "근래에 풍색(風色)이 아름답지 않아서 비위(脾胃)가 가라앉지 않는다"는 말을 하였다. 홍인한 일파가 처벌당할 때에 이상로도 추국당하여 승복하고서 경폐(徑斃)하였으며, 처자식은 노비가 되고 가산(家産)은 몰수당했다.

99. 홍지해(洪趾海, 1720~1777): 본관 남양(南陽), 자 백미(伯美). 대사성 등을 역임. 노론 벽파에 속했던 그는 1776년 홍인한·정후겸 등과 더불어 정조의 즉위를 반대하였다가 이듬해 정조가 즉위하자 북도(北道)를 거쳐 추자도로 이배되었다. 이때 아들 상간(相簡)과 두 아우 술해(述海)·찬해(纘海)가 대역죄로 처형되고 그 또한 주살되었다.

100. 윤양후(尹養厚, 1729~1776): 본관은 파평(坡平). 자는 유직(幼直). 1775년 세손이 대리청정하게 되자 홍인한과 함께 이를 극력 반대하여, 세손을 보호하는 홍국영을 배척하다가 정조가 즉위한 1776년 정후겸과 더불어 해남에 유배되고 거제로 옮겨졌다. 이어 국청(鞫廳)이 열리고 그 일파가 신문을 받던 중에 고문으로 장사(杖死)하였다.

101. 민항렬(閔恒烈, 1745~1776): 본관 여흥(驪興), 자 유화(幼和). 1776년 정조가 즉위하자 왕이 세손으로 있을 때 홍인한·한익모·정후겸·윤양후·윤약연·홍지해·홍찬해·윤상후·홍상간 등의 일당에 가담하여 세손의 대리청정과 즉위를 반대하였던 관계로 모두 처벌을 받게 되었다. 이에 그도 홍상간 등과 함께 같은해 7월에 처형되었다.

102. 이경빈(李敬彬): 이복해(李福海)의 아들. 윤약연과 더불어 홍상간의 절친한 친우다.

103. 이선해(李善海): 이복해의 동생. 서명선의 상소를 비난하였다.

104. 홍계희(洪啓禧, 1703~1771): 본관 남양(南陽), 자 순보(純甫), 호 담와(淡窩). 참판 홍우전(洪禹傳)의 아들. 이재(李縡)의 문인. 이조·예조 판서 등을 역임. 영의정 김상로, 형조 판서 윤급(尹汲), 참판 이기경(李基敬) 등과 교유하면서 정순왕후 부친 김한구와 긴밀히 연계하였다. 1762년 경기도 관찰사로서 김한구 등과 짜고 나경언의 상변(上變)사건을 일으켜 사도세자의 죽음을 초래하였다. 1777년(정조 1)에 아들 술해(述海)와 손자 상간(相簡)이 대역죄로 사형을 받자 그의 관작도 추탈당하였다. 저서로 『삼운성휘(三韻聲彙)』 등이 있다.

105. 주상이 말하였다: 실록에는 1776(정조 즉위)년 7월 3일 자에 보인다.

영(洪國榮)[106]이다]을 잘라버려 세손의 마음을 현혹시키려는 계교였다.

그리하여 근시(近侍)의 관원과 복어(僕御, 말몰이꾼)에 속한 자들로부터 액정(掖庭, 대궐 안)의 천례(賤隷)에 이르기까지 모조리 저들의 앞잡이와 심복을 심어놓고는 세손의 말 한마디나 동작 하나까지도 듣지 않는 것이 없었고 모르는 것이 없었다. 이와 같이 손아귀에 쥐고 농락한 행위는 필설로 이루 다 형언할 수가 없을 지경이었다.

그런데 다행히도 선대왕(先大王)께서 자애를 베풀어서 간악한 정상을 자세히 살피신 나머지 동짓달 초승에 전좌(殿座)[107]가 대내로 돌아온 날에 이미 궁중에 내린 하교가 있었으니,[108] 저들 무리가 그제야 막을 만한 말이 없게 되었다. 그래서 마침내 '어영 대장[김한기(金漢耆)다]과 손을 잡았다'느니 '이현(泥峴)[109][김구주다]이 권병(權柄)을 훔쳤다'느니 하는 말과 '내가 김상묵(金尙默)[110]에게 편지를 주었다'는 말을 가지고 한없이 망측한 심사를 품은 채 안팎을 선동하고 멋대로 공갈함으로써, 나로 하여금 그들의 위협을 받아 선조(先朝)의 명을 받을 수 없게 하였던 것이다.

그리고 또 20일의 연석(筵席)에서는 홍인한이 '세손이 굳이 알 필요가 없는 일 세 가지'[111]라 하여 방자하게 우러러 대답하였으며, 30일의 연중(筵中)에서 손을 내저어 중지시킨 거조에까지 이른 행동은 기탄할 줄을 모르는 심사가 극도에 달한 것이었다.

중신(重臣) 서명선의 상소로 말하면 언사의 논리가 엄정하여 저들의 흉모(凶謀)를 타파하였기에,[112] 그들의 원한과 감정이 뼈에 사무쳐서 사람들을 향해 독기를 부린

---

106. 홍국영(洪國榮, 1748~1781): 본관 풍산(豐山), 자 덕로(德老). 이조 참판·대사헌 등 역임. 세손 시절 정조를 보호하고, 즉위하자 곧 동부승지로 특진하였다. 1778년(정조 2) 여동생을 원빈(元嬪)으로 삼아 입지를 굳히고자 하였으나, 병으로 죽자 정조의 동생 은언군(恩彦君) 인(䄄)의 아들 담(湛)을 원빈의 양자로 삼아 완풍군(完豐君)에 봉하였다. 1780년(정조 4) 효의왕후(孝懿王后) 독살사건에 연루되어 축출당하였다.

107. 전좌(殿座): 임금이 친히 정사(政事)를 보거나 백관들의 조하(朝賀)를 받을 때 정전(政殿)의 옥좌(玉座)에 나와 앉는 일. 또는 그 자리.

108. 하교가 있었으니: 『존현각일기(尊賢閣日記)』에 의하면 영조가 대리청정을 처음 거론한 것은 1775년 10월 7일이었다. 이때부터 홍인한의 세손 대리청정 저지가 본격화되었다.

109. 이현(泥峴): 충무로 근처의 고개. 비만 오면 질어서 통행에 불편하여 '진고개'라 하였다. 김구주가 여기에 살았기 때문에 이현이라 한 것이다.

110. 김상묵(金尙默, 1726~?): 본관 청풍(淸風), 자 백우(伯愚). 세손의 장인(丈人)인 김시묵의 8촌. 영조 말에 심이지(沈履之)·송재경(宋載經) 등과 함께 홍봉한을 공격하는 논의를 주창하였고, 한유(韓鍮)가 홍봉한을 공격하는 상소를 올렸을 때 옥당(玉堂)에 있으면서 상소하여 한유를 신구(伸救)하였다.

111. 세손이 …… 세 가지: 1775년(영조 51) 11월 20일에 대신이 입시한 자리에서, 영조가 세손에게 대리의 명을 맡기기 위해 이를 반대하는 신하들에게, "세손이 노론을 아는가, 소론을 아는가. 남인을 아는가, 북인을 아는가. 나라의 일을 아는가, 조정의 일은 아는가. 병조 판서를 할 만한 인물이 누구인지를 아는가?" 하니, 좌의정 홍인한이 "동궁은 노론과 소론을 굳이 알 필요가 없고, 이조 판서와 병조 판서를 알 필요가 없고, 조정의 일은 더욱이 알 필요가 없습니다"고 하였다. 본서 「원편」 하 83, 84번에 자세한 내용이 보인다.

것이다. 내가 청정(聽政)을 시작한 후에 궁지에 몰린 것들의 계책이 날이 가면 갈수록 더욱 급박해져서, 요망한 운(雲)[심상운(沈翔雲)[113]이다]을 불러내어 뒤집어엎을 궁리를 하였다.[114]

저 무리는, 봄 사이 병환이 좀 차도가 있는 때를 틈타 심상운의 글을 비밀리에 아뢴다면 선대왕께서 문(門)에 임어하는 조처를 쉽게 기대할 수 있을 것이라고 생각하였고, 심상운의 글 가운데 나오는 '온실(溫室)의 나무'에 대해[115] 조사하면 일망타진할 수 있으리라 여겼으며, 또 궁료(宮僚)[116]를 없애면 서명선의 무리는 마치 썩은 나무 등걸을 꺾듯 쉽게 제거할 수 있을 것으로 생각하였던 것이다. 운운.

12월 21일에 이르러서 안에서는 성찬(盛饌)을 진설하여 올리면서 밖에서는 요망한 심상운의 급서(急書)를 투진(投進)하였는데, 이날은 곧 시취(試取)하는 날이었다. 이들 무리는 또, '오늘 시사(試士)하는 일로 볼 때 성상의 건강이 문에 임어하는 것을 힘겨워하지 않음을 알 수 있다'고 생각하고는, 심지어 아침에 심상운의 글을 진정(進呈)한 뒤 저녁에 흉계를 실행하려고까지 하였던 것이다.

그런데 다행히도 하늘이 나라를 돕고 선대왕의 안목이 크게 밝으셨기에, 저들이 간교한 술수를 시험해 보기도 전에 징토(懲討)하라는 논의가 먼저 있었던 것이다. 그러자 '죄인을 남간옥(南間獄)[117]에 가두는가?'[118]라는 말이 역적 정후겸의 입에서 나왔

---

112. 중신 …… 타파하였기에: 서명선 상소는 본서 「원편」 하 85번에 보인다.
113. 심상운(沈翔雲, 1732~1776): 본관 청송(靑松), 자 봉여(鳳汝). 효종의 부마 익현(益顯)의 현손. 아버지가 박상검의 사건에 연루되었던 역적 심익창(沈益昌)의 손자인 사순(師淳)의 양자로 입적되어 벼슬길이 평탄하지 못하였다. 1764년 영의정 홍봉한에 의해 오명이 벗겨져 비로소 출사하여 1774년 승지로 임명되었다. 이때 정후겸·홍인한 등이 세손의 대리청정을 막으려다 뜻을 이루지 못하게 되자, 이들의 사주를 받고 부사직(副司直)으로서 세손의 사부(師傅)와 빈료(賓僚, 가까이 지내는 관료)를 비난하면서, 세손을 '온실수(溫室樹)'에 비유하는 흉서를 올렸다. 이 일로 삼사(三司)의 탄핵을 받아 흑산도를 거쳐 제주에 유배되어 있다가 1776년에 정조가 즉위하자 삼사의 상소로 중앙에 붙들려와 정조의 친국을 받은 뒤 주살되었다.
114. 요망한 …… 하였다: 심상운 상소는 본서 「원편」 하 86번에 보인다.
115. 심상운의 …… 대해: 한나라 성제(成帝) 때 박사(博士)였던 공광(孔光)이 궁중 온실의 나무가 무슨 나무냐는 어떤 사람의 질문에 침묵을 지키고 답하지 않았다는 데서 유래되어 궁중의 비밀스러운 일을 가리키는 말로 쓰인다. 심상운은 '온실수'의 고사를 통해, 궁관 홍국영이 서연에서 동궁이 한 말, 즉 홍인한이 대리청정을 막으려고 하므로 상소를 올려 인의(引義)하려 한다는 말을 중신(重臣) 서명선에게 함부로 누설하여 서명선이 상소를 올리게 만들었다고 주장하며 이를 우회적으로 비판하고 있다.
116. 궁료(宮僚): 동궁 소속의 관료들이나 시강원(侍講院) 보덕(輔德) 이하의 벼슬아치를 통틀어 이르던 말. 여기서는 홍국영을 가리킨다.
117. 남간옥(南間獄): 의금부 청사 안에는 남간과 서간(西間)이 있어 여기에 죄수를 가두었는데, 영조 때 살인 죄수 중 미결수는 서간에 두고, 기결수는 남간에 두어 구별하였다.
118. 죄인을 …… 가두는가?: 정후겸의 말 가운데, '어찌 동궁이 사람을 남간옥에 가두는 일이 있는가?'라며 세손이 대리청정을 하면서 형벌의 권한을 함부로 휘두른다는 취지로 세손을 비난하던 말이다.

고, '사리(事理)에서 벗어난다', '절멸(絕滅)시킨다'는 말이 홍인한의 계언(啓言)에 오르는 등, 저들의 마음속에는 울분이 교차하고 원망과 증오가 팽배하였던 것이다.

내가 대리청정을 하기 전에는 아예 사람들의 이목(耳目)을 놀라게 할 만한 정령(政令)이나 한 일이 없었으므로 저 무리가 감히 근거 없는 말을 가지고 세상을 미혹하는 수단으로 삼았다.

내가 대리청정을 시작한 이후로는 시행한 일을 지시한 내용이 사람들의 이목에 분명하게 알려지게 되자 저 무리는 도리어 참언(讒言)을 퍼뜨려서 사람을 해치는 수단으로 삼으려 했던 계교가 궁해져 형세가 급하게 되자 한 번 방향을 돌려서 심상운의 글을 만들었고 다시 방향을 바꾸어서 연(淵)[윤약연(尹若淵)이다]의 상주(上奏)가 있었다.

예로부터 난역(亂逆)을 일으킨 자들은 그 양상이 매우 다양하여 병력을 동원한 역적도 있고 발호하여 날뛴 흉역도 있었지만, 오늘의 이 역적들과 같이 저궁에 있을 때부터 시작해서 즉위한 이후에까지 주위를 맴돌면서 형편을 염탐하고 은밀한 가운데 흉심(凶心)을 축적한 경우는 아직 없었다.

이상로로 말하면, 홍인한의 가까운 인척으로서 감히 원망하고 시기하는 마음을 일으켜 홍지해에게 편지를 보내어 중신(重臣)의 상소[서명선의 상소다]를 두고 말하기를, '계교가 음험하고 비밀스럽다'고 하고, 또 '조짐이 두렵고 위태롭다'고 하였으며, 또 말하기를, '근래에 기색이 좋지 못한 관계로 비위(脾胃)가 안정이 안 된다'고 하였다.

이선해로 말하면, 그 역시 중신의 상소에 대해 '말투가 음험하고 참담하다'고 하였으니, 이것은 이상로와 속셈이 서로 연결된 것이라고 하겠다. 그런데 홍지해와 홍찬해(洪纘海)[119]는 홍인한의 혈당(血黨)이고 윤약연과 이경빈은 홍상간의 사우(死友)였다. 그래서 홍지해는 이상로의 글을 내가 대리청정하는 중에 주고받았고, 내가 등극한 뒤에도 '서종하(徐宗厦)[120]라는 말'을 수작(酬酌)하였으며, [서명선이 서종하에 비견되었기 때문에 서씨 문중에서는 다시 서종하가 나왔다는 말이 있었다] 홍찬해는 장전(帳前)의 친히 국문하는 자리에서 방자하게도 발악을 하면서 이상로의 망측한 글을 흉언이 아니라고

---

119. 홍찬해(洪纘海, 1737~1777): 본관 남양(南陽), 자 유성(幼成). 1776년 정조의 즉위를 반대한 홍인한·정후겸 등의 모역사건에 연루되어 흑산도에 유배되었다가, 이듬해 그곳에서 죽었다.

120. 서종하(徐宗厦, 1670~1730): 본관 달성(達城), 자 비세(庇世). 1721년(경종 1) 김일경 등과 상소하여 노론의 김창집(金昌集) 등 4대신을 처벌할 것과 세제(世弟, 영조)를 해치려 한 환관 박상검(朴尙儉)·문유도(文有道)와 궁녀 석렬(石烈)·필정(必貞)을 처벌할 것을 주장하였다. 이로 인하여 신임옥사가 일어나 노론이 일시에 몰락하고 소론이 정권을 잡았다. 그러나 영조가 즉위하자 그해에 관직을 박탈당하고 이어 유배되었다. 1728년(영조 4) 서소문(西小門)의 괘서(掛書)의 변이 일어나 이인좌 등이 밀풍군(密豊君)을 추대하는 반란을 일으켰다. 이에 연루된 혐의로 유배지에서 서울로 압송되어, 심문 중 죽었다.

하였던 것이다.

윤약연은 홍인한이 관록(館錄)[121]에 넣어준 은혜에 감격하여, 홍상간이 번안(翻案)[122]하려는 모의에 참여하고, 윤태연(尹泰淵)[123]을 충성스런 적자(赤子)라 하였다. 홍인한을 '국가편 사람[國邊人]'이라고 했을 때 그 본색이 이미 탄로났고, '인산(因山) 후(형세를 보아가며) 어떻게 하더라도 무방하다'는 대답과 '토역(討逆)이 영합'이라는 이야기에 그의 진정한 죄상이 남김 없이 드러났다.

나아가 용인(用人)을 전적으로 맡긴 것을 일러 '나라를 들어서 맡겼다' 하고 경신년의 옥사[124]를 자신을 변명하는 단서로 인용하였는데, 그 계획적으로 시도한 정상은 그자가 이미 자복을 하였다. 그러나 그는 남들의 사주를 받아서 그들의 앞잡이가 된 자이니, 이는 곧 그 무리 중의 외로운 병아리와 썩은 쥐와 같이 보잘것없는 자인 것이다.

이경빈으로 말하면, 청정(聽政)하는 조참(朝參)의 행사에 참여하지 않았으니 이미 신하로서 자격이 없었는데, '소론이 노론을 죽이려 한다'는 말로써 그 아비의 악[이복해(李福海)의 아들이다]을 도와 이루었다. 또 서연(書筵)[125]에 관한 말을 거짓으로 떠벌여 함부로 사람들에게 전파하고, 궁료(宮僚)를 제거하려는 음모에 팔을 걷어붙이고 앞장서려고 하였으니, 그 죄상을 따지자면 이루 다 기록할 수가 없다.

대저 이 몇몇 역적들의 죄악이 이르지 않은 곳이 없으나 그들은 단지 이나 벼룩처럼 남의 몸에 붙어서 살아간 자들로서 저 무리의 졸도(卒徒)에 불과한 자들이요, 참으로 그 근본 뿌리를 따져보면 홍상간과 민항렬이 바로 그들이다. 홍상간과 민항렬은 모두 여우와 살쾡이 같은 성품을 가지고 벌이나 독사 같은 심사를 부렸는데, 홍인한이 굳게 밖에서 성원을 보내고 정후겸이 은밀히 안에서 지원을 하기로 하는 등 서로서로 돌아가면서 도와주기로 암암리에 결탁하였던 것이다.

---

121. 관록(館錄): 홍문록(弘文錄). 교리(敎理)·수찬(修撰) 후보자의 성명 위에 권점(圈點, 둥근 점)을 붙여 홍문관 관원이 될 만한 자격이 있는 사람을 뽑는 일, 혹은 그 기록을 말한다.

122. 번안(翻案): 원래의 내용을 고쳐서 새롭게 만든다는 뜻이다.

123. 윤태연(尹泰淵, 1709~1777): 1776년 정조 즉위년 윤양후와 함께 화완 옹주와 정후겸의 심복으로 고발되어 탄핵받고 위도로 이배되었다. 1777년(정조 1) 역모의 혐의를 받고 서울로 압송되어 국문을 받던 중 장살(杖殺)되었다.

124. 경신년의 옥사: 1680년(숙종 6)의 경신환국을 말한다. 이는 윤약연이 홍국영을 옹호하였다는 취지로서, 경신년 옥사 당시 공을 세운 자에게는 소소한 잘못을 용서하였다는 논리로 홍국영의 소소한 잘못은 거론하지 말아야 한다고 주장하였다면서 자신이 홍국영을 제거하려 하지 않았다고 변명하였다. 1776년(정조 즉위년) 6월 23일(임술) 실록기사 참조.

125. 서연(書筵): 왕세자에게 경사(經史)를 강론하는 자리.

문생(門生)이라고 하교[126]하신 일[홍인한이 홍지해를 정승으로 천거하려고 하자, 선대왕이 '문생과 좌주'라는 하교를 내렸다]이나, 인삼을 선물한 일[127] 등은 참으로 그 정리가 지극히 친밀하고 사랑이 지극히 깊지 않다면 진정 그렇게 할 수 있었겠는가.

이 때문에 홍상간과 민항렬이 궁료로 있을 때에는 그 무리가 서로 감싸주고 칭송하여 퍼뜨리지 않는 자들이 없었고, 그들이 궁료에서 해임되자 그 무리들은 또다시 서로 이끌어 추천하면서 공갈하여 그 소란스러움을 감당할 수가 없었다. 어느 것 하나라도 그들의 뜻대로 되지 않고 그들의 기대에 부응하지 않는 것이 있으면, 서로 뜬소문을 만들어내어 앞에서는 평상시와 다름없다가도 돌아서면 증오심을 발동하였던 것이다. 그리하여 말하기를,

'어제의 서연에서는 무슨 일을 논의하였다'고 하고, '오늘의 소대(召對)[128]에서는 무슨 말을 주고받았다'고 하였다. 그중에 한두 가지만 예를 들어보면, 지난여름 과시(科試)를 보일 때는 나더러 장차 옥사를 일으키려 한다 하였고, 지난겨울 대점(代點)[129] 한 것에 대해서는 나더러 어떤 의도가 있다고 하였다. 아침에 말이 나왔다가 저녁이면 이미 들어가 버리고 어제 말한 것을 오늘이면 벌써 거두어들였으니, 과연 누가 그런 말을 하고 누가 전한 것인가.

이와 같은 때를 당하여 외롭고 위태로운 나는 저들의 기세가 두려워서 준엄한 말로 물리칠 수 없었으니, 이러한 상황에서는 차라리 온화한 말과 부드러운 말씨로 그 본심이나 살피는 것이 나았던 것이다. 그래서 나는 그 근인(根因)과 단서를 모두 숙지할 수 있게 되었다.

그러나 이와 같은 일들은 그들에게 있어서 매우 하찮은 일에 불과하였다. 만약 그들이 품고 있던 음모나 그들이 범한 죄악이 이와 같은 일들에 그칠 뿐이라면, 사람의 목숨이 무엇보다도 중한데 어떻게 너그럽게 용서를 하지 않을 수 있겠는가. 임금의 말은 간결해야 하는데 어떻게 이와 같이 장황하게 늘어놓을 수가 있겠는가.

아, 지난 무자년(1768, 영조 44)과 기축년(1769),[130] 신묘년(1771, 영조 47)과 임진년

---

126. 문생(門生)이라고 하교: 홍인한이 홍지해를 자주 천거하자 영조가 홍인한이 홍지해의 좌주(座主)라고 비꼬았던 것에서 연유한다. 1776년(영조 52) 2월 26일 실록기사 참조.
127. 인삼을 선물한 일: 홍상간이 병들었을 때 정후겸이 인삼을 선물한 일이 있었다.
128. 소대(召對): 왕명으로 입대(入對)하여 정사에 관한 의견을 상주하거나 또는 경연(經筵)의 참찬관(參贊官) 이하를 불러 임금이 경사(經史)를 강론하는 것을 말한다.
129. 대점(代點): 관직을 임명할 때 의망(擬望)한 것에 대해 임금이 직접 하는 것이 아니라 대리(代理)로 세자 등으로 하여금 낙점하도록 하는 것을 말한다.
130. 무자년과 기축년: 홍봉한이 권력을 쓸 때였다. 『명의록 언해(明義錄諺解)』의 해당 기사 참조.

(1772)[131] 사이에 세도(世道)가 여러 번 바뀌었다. 그런데 저 무리가 집권한 이후에 홍상간과 민항렬은 감히 경연(經筵)에서 강설하기를,

'저하(邸下)께서 저하의 외가를 도와주지 않고 불리한 무리를 제거하지 않는다면 무자년·기축년의 무리가 틀림없이 대북(大北)의 무리[132]가 될 것인데, 그렇게 되면 저하께서도 또한 어떻게 할 수가 없을 것입니다'고 하면서 중언부언 위협하고 협박하였다.

아, 통탄스럽다. 내가 아버지를 여읜 사람으로서 의지하여 믿고 살아온 것은 오직 자궁뿐이었다. 그리고 봉조하(奉朝賀, 홍봉한)에 대해서는 본래 그를 해치려는 마음이 없었으니, 저들 무리는 도대체 어떻게 감히 대북 등의 설을 가지고 이 일에 끌어다 붙여서 논의한단 말인가. 신하 된 자로서 또 어찌 감히 이와 같은 말을 가지고 방자하게도 세손 앞에서 곧바로 아뢸 수 있단 말인가. 이것이 바로 내가 지금까지 이들을 해괴하고 통탄스럽게 여기면서 오래도록 잊지 못하고 있는 까닭이다.

저들 무리가 처음에는 이와 같이 혼란스럽고 무서운 말을 하여서 한번 시험해보려고 하다가 내가 엄히 배척하는 바람에 뜻을 이룰 수 없게 되자, 다시 방향을 바꾸어서 영합하려는 계책을 썼다. 그리하여 직숙(直宿)[133] 중 술자리에서 이들 두 역적이 사람을 물리치고 사사로이 기사년(1689, 숙종 15)의 여론(餘論)을 의논하여[134] 또 나의 귀에 흘러들어오게 함으로써 후일 나의 환심을 사고 은총을 얻는 바탕으로 삼으려고 하였다. 그래서 홍상간의 공초(供招)[135]에서 과연 민항렬과 모의한 일이 있다고 하였는데, 또 민항렬의 공초에서도 과연 모처(某處)에 말을 전한 일이 있다고 하였다. 그러니 그 음험하고 참담하며 교묘하고 간악한 전후의 정절(情節)은 참으로 전고에 일찍이 없었던 난신적자(亂臣賊子)의 그것이라고 하겠다.

대북(大北)의 설을 이미 행할 수 없게 되었고, 기사년의 여론(餘論)이 또 감히 먹혀

---

131. 신묘년과 임진년: 정후겸이 권력을 쓸 때였다. 『명의록 언해(明義錄諺解)』의 해당 기사 참조.
132. 대북(大北)의 무리: 공홍(攻洪)세력을 지칭한다. 홍인한과 정후겸이 자신들을 물리치면 광해군대 대북이 인목 대비를 폐했듯이, 공홍세력이 집권하여 혜경궁을 폐할 것이라는 대북의 설을 퍼뜨렸던 것이다.
133. 직숙(直宿): 문무 관리가 주간에 수직(守直)하거나 야간에 숙직하는 것.
134. 기사년의 …… 의논하여: 기사년에 숙종이 인현왕후를 폐위한 일을 가리킨다. 통상 기사년의 일은 요화(瑤華)의 변에 비유되어 정비(正妃)의 폐위를 가리키는데, 여기에서는 장차 정비가 될 세손빈의 폐위를 지칭한다. 영조대 후반에 세손과 세손빈의 불화(不和)가 심하다는 소문이 자자하였는데, 홍상간과 민항렬은 장차 세손빈을 폐하는 일에 앞장서겠다는 논의를 하여 세손의 귀에 들어가도록 한 것이다. 이에 대해서는 세손빈 폐위 음모 저지에 앞장섰던 서유신(徐有臣)의 행적을 자세히 소개한 「대제학서공시장(大提學徐公諡狀)」(『극원유고(屐園遺稿)』 권10) 참조.
135. 공초(供招): 죄인이 범죄 사실을 진술한 것. 홍상간의 공초는 『명의록』 권1, 1776년 6월 25일 자에, 민항렬의 공초는 같은 책, 권2, 1776년 6월 27일 자에 보인다.

들지 않게 되자, 가만히 윤양후(尹養厚)에게 달라붙고 은밀히 윤태연과 결탁하여, 오늘 한 가지 거짓말을 만들어내고 내일 또 한 가지 거짓말을 만들어내어, 천고의 임금들에게 일찍이 없었던 실덕(失德)의 목록을 만들었다.

정후겸은 안에서 공갈하고 홍인한은 밖에서 위협하여 나로 하여금 밤낮으로 가슴을 조이고 아침저녁으로 공포에 떨게 하였으니, 한나라 양기(梁冀)[136]의 악랄함도 홍인한에게는 비할 수가 없고 당나라 구사량(仇士良)[137]의 죄악도 정후겸보다는 심하지 않을 것이다.

이것은 단지 홍인한과 정후겸이 저희들 스스로 그렇게 꾸민 것이 아니라, 전적으로 저들 여러 역적이 서로 종용하고 선동하면서 교묘하고 은밀하게 꾸며낸 결과다. 얼핏 외면으로만 보면 홍상간은 정후겸과 종유(從遊)하지 않은 것 같고 민항렬은 윤태연과 친밀하지 않은 것 같지만, 윤양후가 그 중간에 드나들고 윤태연이 좌우에서 공작하면서 똑같은 요망한 음모와 똑같은 흉측한 말을 가지고 천 가지 만 가지로 꾸며 내어서 유인하기도 하고 협박하기도 함으로써 나를 저들이 만들어놓은 함정에 빠뜨리려고 하였다.

그런데 다행히도 하늘이 나의 마음을 이끌어주고 나의 의지와 나의 신념이 날이 갈수록 더욱 굳어지고 보니, 그제야 저들은 자신들이 위험하다는 마음을 품고, 또 자신들을 보전할 방책을 생각한 것이 날이 갈수록 점점 더 격렬해지고 흉악함이 극도에 이르러서 내가 세손의 지위에 있는 것이 불안하여 견딜 수 없을 정도였다.

그러다가 내가 대리청정하게 된 이후에는 이리와 같은 심사가 더욱 사나워지고 올빼미와 같은 심보가 더욱 방자해져서 심지어 광명한 의리를 막아서 꺾어버리려고까지 하였던바, (그러기 위해서는) 어떻게든 우익(羽翼)이 되는 궁료를 제거하지 않으면 안 되었다. 우익이 되는 궁료를 제거하자면 심복이 되는 사람을 진출시켜야만 했고, 심복이 되는 자를 진용(進用)시킨 다음이라야 그들의 가슴에 품은 죄악을 실행에 옮길 수가 있었으련만, 애석하게도 홍인한은 홍지해를 정승으로 삼지 못하고 말았다. 만약 이들이 은밀히 안에서 도모하고 힘써 밖에서 천거하던 일을 내가 대리청정

136. 양기(梁冀, ?~159): 후한(後漢)대 권신(權臣). 동생이 순제의 황후가 되자 외척으로서 권세를 휘둘렀고 순제가 죽자 제위(帝位)를 마음대로 폐립(廢立)하였다. 환제(桓帝)가 환관(宦官)과 짜고 군사를 일으키자 자살하였다.

137. 구사량(仇士良, 781~843): 당나라 순주(循州) 흥녕(興寧) 사람. 자 광미(匡美). 순종(純宗) 때 환관으로 동궁(東宮)을 모셨다. 헌종(憲宗) 원화(元和)에서 문종(文宗) 대화(大和) 사이에 세력을 잡고 조신(朝臣)을 체포해 살해하는 등 조정을 마음대로 휘둘렀다. 20여 년 동안 갖은 탐학을 저지르면서 두 명의 왕과 한 명의 왕비, 네 명의 재상을 살해했다.

하기 전에 성공을 거두었다고 한다면, 이 나라의 일이 장차 어떻게 되었을 것인가. 말을 하려니 머리털이 일어서고 생각하자니 눈초리가 찢어진다.

이번 윤약연의 공초(供招)에 이르러서는 그들이 나라를 원망한 부도(不道)의 정상이 더더욱 가릴 수 없이 분명하게 드러났으니, 민항렬과 홍상간은 참으로 이른바 하나이면서 둘이요 둘이면서 하나인 자라고 하겠다. 통틀어 논한다면 오로지 환득환실(患得患失)에서 나온 것이어서 마침내는 신축년(1721, 경종 1)과 임인년(1722)[138]의 역적들과 같아져버렸다. 이래서 내가

'처음에는 (저희들끼리) 사이가 나빠 서로 시기하다가 중간에는 항쟁하게 되고 끝에는 부도해져, 보위에 오른[御極] 뒤에는 불만을 가지게 된 것이다'라고 하게 된 것이다.

아, 하늘을 속일 수 있다고 말하지만 하늘을 속일 수가 있겠는가. 귀신을 속일 수 있다고 말하지만, 귀신을 속일 수 있겠는가. 간악한 정상이 저절로 드러나서 지금 죄인을 처벌하게 되었으니, 나라의 형세가 이로 인하여 안정을 얻게 되었고 나에 대한 무함(誣陷)이 이로 인해서 시원스럽게 판명이 된 것이다. 이것이 어찌 하늘의 아름다운 뜻이 아니며 종사(宗社)의 경사스러운 일이 아니겠는가.

그렇지만 신축·임인년의 일이 무신년(1728, 영조 4)[139]과 을해년(1755, 영조 31)의 반란[140]으로 이어진 것은, 단지 그 당시의 흉도들이 시골구석의 무식한 무리를 속이고 유혹해서 반란의 수단으로 삼았기 때문이다.

만약 내가 지금 저 무리의 전후 간악한 정상을 환히 밝혀서 분명하게 유시하지 않고

---

138. 신축·임인년: 신축년(1721, 경종 1) 환국과 임인년(1722, 경종 2) 옥사를 가리킨다. 노론 측에서 경종의 질병을 구실로 연잉군(영조)을 세제(世弟)로 책봉하고, 대리청정을 추진하자 소론이 반발하여 경종의 후원을 입고 집권한 것이 신축년 환국이다. 이후 남인 목호룡의 고변으로 노론 4대신을 사사(賜死)하고 노론 당인 다수를 처벌한 사건이 임인년 옥사다.

139. 무신년: 이인좌(李麟佐, ?~1728)의 난. 이인좌의 본관은 전주(全州). 청주 송면 출신. 윤휴(尹鑴)의 손서(孫壻). 영조의 즉위로 소론이 정계에서 배제되자 이인좌는 정희량(鄭希亮)·이유익(李有翼)·심유현(沈維賢)·박필현(朴弼顯)·한세홍(韓世弘) 등 소론 과격파와 갑술환국 이후 정계에서 물러난 남인들과 공모하여 밀풍군(密豊君) 탄(坦, 소현세자의 증손)을 추대하고 무력으로 정권을 탈취하려 하였다. 1728년(영조 4) 3월 15일 상여에 무기를 싣고 청주에 진입, 청주성을 점령하고 안성·죽산에 이르렀으나 진압군에 패하여 도주하다 잡혀 서울로 압송되었다. 그해 3월 26일 친국에서 역모의 전모를 공술하고 다음날 대역죄로 군기시(軍器寺) 앞에서 능지처참되었다.

140. 을해년의 반란: 을해옥사(乙亥獄事)라고도 한다. 1755년(영조 31) 소론이 관련된 일련의 사건을 역모로 몰아서 소론을 제거한 사건. 나주 괘서 사건으로 소론을 처벌하고 나서 열린 토역(討逆) 경과(慶科)에서의 시권(試券) 사건, 그리고 익명의 투서 사건이 연이어 일어나서 약 6개월 사이에 170여 명이 형을 받았고, 그 가운데 120여 명이 처형되었다. 이로 인해 소론 준론이 대거 처벌받고, 노론이 정국을 주도하였다.

이들을 주토(誅討)하여야 한다는 근본 뜻을 분명히 시달하지 않아서, 팔도의 모든 신민[臣庶]들로 하여금 이들 역적이 흉역이 된 이유를 알게 하지 않는다면, 지금 신축·임인년 때의 무리와 같은 도당들이 그들의 남은 무리를 불러모아 무뢰한 자들과 함께 뭉쳐서 다시 저 무신년 및 을해년의 변란을 도모하는 일이 없을지 어떻게 알겠는가.

그리고 이번의 역적들은 대개가 고가 대족(故家大族)에서 나왔으므로 저들의 인아(姻婭)와 친우(親友)들 중에는 필시 이와 같은 기미(氣味)에 차츰 물들고 그 논의에 미혹된 자들이 많이 있을 것이다. 이들에 대해서는 모두 '협박에 못 이겨 따른 자에 대해서는 다스리지 않는다'는 정신에 따라서 유신(維新)의 교화에 동참하도록 하여야 할 것이다. 아, 그대 중외의 모든 신민은 다들 이를 잘 알도록 하라" 하였다. [『명의록(明義錄)』[141]을 편찬하여 세상에 내보였다.]

22. (7월) 5일에 전교하기를,

"(앞서의) 통유윤음(洞諭綸音)에서 그 죄악을 소상하게 밝혀 공포하였으니, 국법은 굽힐 수가 없으며 여론은 막을 수가 없다. 고금도(古今島)에 위리안치한 죄인 홍인한과 경원부(慶源府)에 위리안치한 죄인 정후겸을 모두 사사(賜死)하라"고 하였다.

세손을 음해하려 한 심상운의 죄상

23. (7월) 20일에 위리안치하였던 죄인 심상운을 붙잡아다가 국문하고 사형시켰다. 주상이 다섯 조목을 물었다.

첫째 온실수(溫室樹),[142] 둘째 차라리 세손에게 죄를 얻게 되더라도 감히 그 지시한 자의 뜻을 어길 수 없다고 여긴 것은 오로지 요행을 바라는 마음에서 나온 것이라는 점, 셋째 먼저 상서한 뒤에 (대리청정을) 번복시키려 한 흉계, 넷째 반역한 무리와 한몸이 되어 기괴한 거짓말[미행(微行)하였다거나 준모(駿帽)를 빼앗았다는 등의 말이다]을 만든 일, 다섯째 궁관(宮官)이 (세손의) 말을 전해서 중신(重臣)이 상소를 올린 일이다. [정민시(鄭民始)[143]로 하여금 서명선에게 말을 전하여 그가 상소하게 했다고 말한 일이다.] 죄인이 조목마

---

141. 명의록(明義錄): 1777년(정조 1) 왕명에 의해 간행된 책이다. 정조의 대리청정을 반대한 홍인한·정후겸 등을 역적으로 사사하고 정조를 옹위한 홍국영·정민시·서명선의 충절을 선양한 뒤 이 사건의 전말을 공표하기 위한 것이었다.
142. 온실수(溫室樹): 본편 각주 115 참조.
143. 정민시(鄭民始, 1745~1800): 본관 온양(溫陽), 자 회숙(會叔). 병조 판서·돈녕부 판사 등을 역임. 정조의

다 승복하였다. 또 말하기를,

“이것이 어찌 궁관과 중신이 서로 상의하여 될 일이겠는가. 이것이 온실수라는 것을 끌어온 까닭이다”라고 하였다고 한다. 그러나 국청의 결안에서는 다만 온실수에 대해 승복한 것만 기록하고, 상서한 뒤에 대리청정을 번복시키려 하였다는 조목은 하나도 기록하지 않았다. 주상이 자못 엄하게 하교하자, 이에 승정원과 홍문관에서 각기 차자를 올려 옥사를 주관한 위관(委官)을 죄줄 것을 청하였는데, 위관은 김양택(金陽澤)[144]이었다.

이해 겨울 또 사헌부의 계사(啓辭)로 윤양후를 잡아다 국문하였는데, 요망한 심상운을 사주하여 대리청정을 번복시키기 위해,[145] 대리청정은 주상이 짐짓 신하들을 시험해보는 것이라는 등의 설을 만들어냈다고 자백하고 사형을 받기 전에 죽었다.

임오년의 일과 송시열을 거론한 이응원의 상소

24. 8월 6일에 경상도 안동 유학(幼學) 이응원(李應元)[146]이 상소하였다. 앞머리에는 장헌세자(莊獻世子)의 지극한 원통함을 진술하고, 이어서 태조 대왕의 무함[147]을 논하고서 말하기를,

“세자를 위해 죽고 임금을 위해 죽는다면 의로운 귀신이 되는 길에서 벗어나지 않을 것입니다”고 운운하였다.

주상이 처음에 추국(推鞫)을 명하였다가 끝내 그 아비 이도현(李道顯)[148]과 함께 친

동궁 시절 궁료로서 홍국영과 함께 혁혁한 활약을 하여 정조의 총애를 받았다.

144. 김양택(金陽澤, 1712~1777): 본관 광산(光山), 자 사서(士舒), 호 건암(健庵). 장생(長生)의 5세손, 숙종의 장인 만기(萬基)의 손자, 예조 판서 진규(鎭圭)의 아들. 우의정 · 영의정 등을 역임. 할아버지와 아버지에 이어 3대가 대제학을 역임, 당대에 이름을 떨쳤다. 그러나 아들 하재(夏材)가 역신(逆臣)으로 몰려 벼슬을 추탈당하였다가 뒤에 다시 복관되었다. 저서로 『건암집(健庵集)』이 있다.

145. 심상운을 …… 위해: 정조가 세손(世孫)으로서 대리청정하게 되었을 때 심상운이 상서(上書)하여 대리청정을 무산시키고 정조의 측근을 축출하려고 기도하였던 일이다.

146. 이응원(李應元): 영남 유생으로 사도세자의 죽음과 관련된 사람들을 엄히 국문하여 실정을 캐내어 처벌할 것을 청하였다. 그의 아비 이도현(李道顯)과 함께 국문을 받고 대역부도의 죄로 처형되었다.

147. 태조 대왕의 무함: 유계(兪棨)의 『여사제강(麗史提綱)』에서 태조가 공양왕을 찬탈한 것처럼 기술한 것은 역성혁명을 이룬 태조를 무함한 것이므로 『여사제강』을 훼파하라고 청한 것이다. 1776년(정조 즉위년) 8월 6일(을사) 실록기사 참조.

148. 이도현(李道顯, 1726~1776): 본관 전주(全州), 자 치문(穉文), 호 계촌(溪村), 눌은(訥隱) 이광정(李光庭)의 문하에서 수학하였다. 이도현의 아들 응원(應元)이 사도세자의 원통함을 밝혀 달라고 상소했다가 함께 역적으로 몰려 죽음을 당했으며, 고종 때 신원되어 가선대부(嘉善大夫) 내부협판(內部協辦)에 추증되었다. 문집에 『계촌집(溪村集)』이 있다.

국(親鞫)하여, 만고에 걸치고 천지를 통틀어도 없었던 지독한 흉악범이라고 보고 대역부도로 결안(結案)하였다. 이도현은 철물교에서 능지처참하고 이응원은 서소문 밖에서 사형에 처하였다.

처음에 이도현이 상소를 가지고 상경하여 올리려다가 올리지 못하자, 이응원이 잇달아 올라와 상소를 올렸다. 이도현은 본래 영남의 명망 있는 선비인데다가 그 지역에서 문벌이 있었다. 이해 봄 이덕사(李德師)가 임오년의 일을 말했다가 죽었고, 이명휘(李明徽)[149]가 정승 송시열(宋時烈)[150]의 일을 거론했다가 형장을 맞고 죽었는데도 이도현은 두 가지 일을 모두 거론하였다. 그가 올 때 재산을 모두 나눠주고 집안일을 처리하였으니 반드시 죽을 계획이었다고 한다. 그 상소에서 말하였다.

"삼가 생각하건대 전하께서는 선세자(先世子, 사도세자)께서 훌륭하게 보살피시던 남은 자리에 조종(祖宗)의 어렵고도 커다란 유업(遺業)을 이어받으셨습니다. 영우원(永祐園)의 덕에 보답하고 종묘에 효를 다하시는 길은 다만 허구로 무함하였던 흉역(凶逆)들을 엄격히 토벌하고, 망극(罔極)한 무함을 통쾌하게 씻어내어 오르내리는 선령(先靈)을 위로해 드리는 것일 뿐입니다. 이는 신(臣) 한 사람의 사사로운 말이 아니라 곧 온 나라의 공변된 의론입니다.

흉역을 징토(懲討)하지 않으면 망극한 무함은 씻을 수가 없고 선세자의 영혼을 위로드릴 길이 없어서 공변된 의론은 아래에 막혀 있고 국가는 따라서 위태롭게 될 것입니다. 국가가 위태롭게 된다면 비록 초야(草野)의 한미한 선비라도 또한 어찌 홀로 편안하겠습니까. 이 때문에 송나라 신하 주희(朱熹)[151]가 말하기를,

'국가의 위망(危亡)이 판가름나는 일이라면 비록 초야에 묻힌 선비라 하더라도 말하지 않을 수 없다'[152]고 하였습니다. 더구나 지금 신은 종성(宗姓, 왕실의 성)입니다. 몸은 비록 초야에 있으나 의리로는 왕실과 고락(苦樂)을 함께하니, 그 정의는 여타의 선비들과 같지 않고 그 사체(事體)는 조정에 있는 신하와 차이가 없습니다. 나라가 망하게 되면 집안도 같이 망하게 되고 임금이 욕을 당하게 되면 자신 또한 함께 욕

---

149. 이명휘(李明徽): 정조가 즉위하자 상소를 올려 화양동(華陽洞) 만동묘(萬東廟)와 송시열을 비판하였다. 이에 친국을 받고 추자도로 귀양 가던 중 죽었다. 1776년 4월 18일 자 실록기사 참조.

150. 송시열(宋時烈, 1607~1689): 본관 은진(恩津), 자 영보(英甫), 호 우암(尤菴)·우재(尤齋). 김장생(金長生)·김집(金集)의 문인이다.

151. 주희(朱熹, 1130~1200): 송나라 학자. 자 원회(元晦)·중회(仲晦), 호 회암(晦庵)·회옹(晦翁)·고정(考亭). 북송 4대가(四大家)의 성리학설을 집대성하여 신유학체계를 완성하였다.

152. 국가의 위망 …… 없다: 1660년 윤선도(尹善道)가 현종 1년 4월 올린 '예를 논하는 소(論禮疏)'에도 같은 대목이 인용되었으나 전거 미상이다. 『孤山遺稿』 권3 상, 소(疏) 참조.

을 당하게 되니, 그 위망에 관계되는 일을 어찌 눈물을 흘리면서 한번 진달하지 않겠습니까.

청컨대 신은 피눈물을 머금고 먼저 임오년의 지극히 원통하였던 것[153]을 말씀드리고 잇따라 국조(國祖, 태조 이성계)의 무함받은 일을 논하여 위망에서 돌이켜 부지(扶持)하는 방도를 도모하겠으니 오직 전하께서는 굽어살피소서.

아, 애통합니다. 임오년의 사건은 전하께서 차마 들으실 수 없는 바이고 신하로서는 차마 말할 수 없는 바인데, 신이 어찌 반드시 다시 말을 꺼내어 우리 전하의 마음을 슬프게 해드리겠습니까. 만일 차마 할 수 없는 것이라고 생각하여 참는다면 마침내 지나치게 참음으로써 크게 차마 하지 못하는 결과를 초래할 것입니다.

변고의 일이 있은 뒤로부터 조정 사이의 일은 신이 알지 못합니다만, 무릇 온 나라의 서민(庶民)들이 길거리에서 이야기하고 골목에서 의논할 때 부자간에는 모두 근심하여 두려워하는 기색을 가졌고 남녀 간에는 모두 슬퍼하며 탄식하는 소리를 냅니다. 이들이 밤낮으로 하늘에 빌면서 바라고 원하는 것은 전하께서 오늘이라도 참소하여 이간하던 간흉을 드러내어 주벌(誅伐)하고 선세자를 무함의 함정에서 건져내라는 것입니다.

그런데 지금 전하께서 왕위를 이어받은 지가 여러 달이 되었지만, 시골에서 귀를 기울여도 마침내 한 사람도 통쾌히 주벌되었다는 것을 듣지 못하였습니다. 그리하여 민간에서 이전부터 바라던 것은 대부분 허망하게 되었으니, 낙심하고 손에 맥이 풀려서 즐거운 마음으로 일을 하려는 의욕마저 없어졌습니다. 백성에게 이는 일신상의 절급(切急)한 사안이 아닌데도 이와 같이 된 것은 무엇이겠습니까. 진실로 천하의 대의(大義)는 하루도 잊을 수 없고 윤상(倫常)의 대강(大綱)은 하루도 없어서는 안 되기 때문입니다.

아, 전하의 자리가 어떠한 자리입니까. 만약 국가에서 임오년의 변고가 없었다면 전하께서는 오늘날 세자궁의 한 원량(元良, 세손)에 지나지 않았을 것이며 선세자가 보위(寶位)를 받았을 것입니다. 무릇 우리 전하께서 효성스러운 생각으로 선친(先親)

---

153. 임오년의 …… 원통하였던 것: 1762년(영조 38) 윤5월 정조의 생부인 사도세자가 창경궁 안 휘령전(徽寧殿)에서 폐서인(廢庶人)되어 뒤주에 갇혀 8일 만에 죽은 변고를 가리킨다. 이때 영조는 나경언의 세자에 대한 고변(告變)이 있은 뒤 세자를 폐할 생각이 있었으나 차마 발설하지 못하다가, 다른 유언비어가 있게 되자 세자를 재촉하여 정성왕후의 혼전인 휘령전에서 행례(行禮)를 마친 뒤 세자에게 자결하도록 하였다. 세자가 목을 매 자결하려 하자 세자 시강원의 여러 신하가 이를 풀어놓았으므로, 이어 폐서인을 명하고 뒤주에 가두어 죽게 하였다.

께서 마땅히 이어받았어야 할 자리를 이어받았으니 선친이 이어받지 못한 연유를 생각하신다면, 뼛속 깊이 아픈 마음과 비통한 심정이 어찌 다만 우부(愚夫)·우부(愚婦)가 억울하게 여기는 마음뿐이겠습니까.

그런데도 아직 대처분을 볼 수 없는 것은 다만 우선 지극히 통분스러운 사정(私情)을 억제하면서 준엄하게 발론하는 공의(公議)를 기다리고자 하시는 것입니다. 그러나 공의가 준엄하게 발론된 뒤에는 지난날 죄를 지은 무리가 스스로 의구심을 품고서 번갈아 흉계를 선동하게 되어서 국가가 위태롭게 되는 화가 따르게 될 것이니, 그 기미를 먼저 포착하여 헤아려 처리하지 않을 수가 없습니다.

신은 초야에 묻혀 있는 사람이니, 청컨대 초야의 공의를 가지고 전하를 위하여 말씀드리겠습니다. 우선 공의의 근본이 되는 바를 언급하여 원한을 신설(伸雪)할 하나의 증거 자료로 삼고자 합니다.

신과 같은 마을에 살았던 죽은 설서(說書) 신 권정침(權正忱)[154]은 임오년의 변고를 당했을 때의 궁료(宮僚)입니다. 그 집에 당시의 『서연 일기(書筵日記)』와 선제자께서 조목별로 문의한 수찰(手札, 편지)과 무함을 해명하기 위해 올리려 하였던 상소의 초본(草本)이 있습니다. 이를 통해서 선세자께서 온화하고 근신(謹愼)하였음을 알 수 있으니, 또한 공의(公義)의 근본이 되기에 충분한 것입니다.

그 일기에 기재된 것은 4월 18일부터 5월 21일에 이르기까지 날마다 『역경(易經)』과 『강목(綱目)』 두 책을 강독한 것입니다. 선세자께서 질문한 여러 조항은 요(堯)·순(舜)·우(禹)·탕(湯)이 서로 이어받은 도통(道統)과 정자·주자 등의 여러 현인이 학문을 강론한 요지(要旨)에서부터 한나라 고조(高祖)가 정공(丁公)을 주참(誅斬)하고[155] 옹치(雍齒)[156]를 후(侯)로 봉(封)하여 준 것과 부소(扶蘇)[157]가 죽음을 받아들인 것이

154. 권정침(權正忱, 1710~1767): 본관 안동, 자 자성(子誠), 호 평암(平庵). 권벌(權橃)의 7세손. 젊어서 눌은(訥隱) 이광정(李光庭)과 입재(立齋) 강재항(姜再恒)에게서 학문을 배웠다. 임오화변 당시 임성·임덕제 등과 함께 끝까지 세자의 무죄함을 역설하였다. 귀향한 후 문을 닫고 음식을 전폐하다가 사망하였다. 저서로 1878년(고종 15) 현손인 권영하(權泳夏)가 간행한 『평암집(平庵集)』이 있다.

155. 한나라 …… 주참(誅斬)하고: 정공(丁公)은 항우(項羽)의 부하 장수로, 항우(項羽)와 고조(高祖)가 패권을 다툴 때에 계포(季布)와 그 아우 정공(丁公)이 초(楚)나라 장수로서 고조를 공격했다. 정공이 고조를 궁지로 몰아넣어 고조가 위급한 상황에 이르자 고조가 정공에게 말하기를, "두 현인(賢人)께서는 나에게 무슨 원수가 졌길래 이리도 몰아붙이는 것입니까?" 하니, 정공이 군사를 돌려 물러갔다. 항우가 패하고 고조가 제위(帝位)에 오른 뒤에 정공이 고조를 알현하니 고조가 이르기를, "정공은 항왕(項王)의 신하가 되어서 불충을 저질렀다. 항왕으로 하여금 천하를 잃게 한 자는 바로 정공이다. 뒷날 남의 신하가 된 자들은 정공을 본받지 말도록 하라" 하고는 정공을 처형하였다.

156. 옹치(雍齒): 항우의 부하 장수. 유방을 여러 차례 곤경에 빠뜨렸다. 항우가 패망한 뒤 장양(張良)이 공신들의 모반을 진압하기 위해서는 옹치에게 벼슬을 내려주어야 한다고 했다. 이에 너그럽게 대접하여

효(孝)가 된다고 한 것에 이르기까지 무릇 의심나고 어려운 곳에 대해 변론한 것들이 치밀하고 순수하지 않은 것이 없었습니다.

진실로 자질이 고상하고 식견이 명철한 분이 아니었다면 어떻게 이런 일이 있었겠습니까. 이는 모두가 변고를 만나기 전 한 달 내의 일이었습니다. 나경언의 일이 발생하기에 이르러서는 서연(書筵)을 베풀어 경의(經義)를 강론할 겨를이 없었습니다. 이제 권정침이 기록한 것을 본다면 세자의 현명하고 영리함이 이와 같습니다.

그런데 삼가 선대왕께서 세자에게 치제(致祭)한 글을 보건대,

'이제 13일 후로는 여러 신하와 위사(衛士)가 목격한 바가 있는데, 어찌 감히 숨기겠느냐'고 하였습니다. 여러 신하와 위사가 목도한 일이란 무슨 일인지 진실로 알지 못하겠습니다만, 저 참소하는 사람들은 여러 방면으로 교묘하게 속이므로 비록 수서(手書)한 것이 진(晉)나라 사마휼(司馬遹)[158]과 같고 충갑(衷甲)[159]한 것이 당나라 이영(李瑛)[160]과 같더라도 오히려 믿지 못하는데, 더구나 이 밖의 사람이겠습니까.

당시 나라에 떠도는 말로는 혹은 참소를 날조한 사람이 간특하고 사악한 짓을 꾸며서 선대왕을 선동하여 의심하게 만든 자가 있었다고 합니다. 혹은 원래 흉악한 무리가 거짓을 꾸미고 흉계로 농간하여 선세자에게 죄를 돌리려 하는 자도 있었다고 합니다. 신은 초야의 풍문(風聞)으로만 들었을 뿐이므로 아직 그 일의 허실을 적실하게 알 수 없으나, 수많은 사람이 서로 전하는 것으로는 모두 선세자가 진실로 죄를 지은 것이 아니라고 하였습니다.

심지어 나경언이 왕세자를 형조(刑曹)에 정소(呈訴)한 것과 같은 일은 천하 만고에 나라와 백성이 있어온 뒤로는 듣지 못한 큰 변고입니다. 당일 형조의 신하로서는 마땅히 그 사람을 주륙(誅戮)하고 그 글을 불태워 없애는 데에 겨를이 없어야 하는데도, 이것을 주상[天陛]에게 올려 아뢰어 마침내 화변(禍變)을 일으키게 하였으니, 그

십방후(什方侯)에 봉해주었다.

157. 부소(扶蘇, ?~B.C. 210): 진나라 시황(始皇)의 장자. 장성(長城)에서 흉노(匈奴)를 방어하던 몽염(蒙恬)의 군대를 감독하기 위해 파견되었다. 시황제가 죽은 뒤 호해(胡亥)와 이사(李斯), 조고(趙高) 등이 거짓으로 보낸 시황제의 조서(詔書)를 받고 자살하였다.

158. 사마휼(司馬遹, 278~300): 진(晉)나라 효혜제(孝惠帝)의 장자(長子). 진무제(晉武帝) 때 광릉왕(廣陵王)에 봉해졌다. 혜제가 즉위하자 황태자가 되었다. 장성해서는 배우기를 싫어하고 오직 주변 사람들과 놀기만 좋아했다. 가후(賈后)에 의해 폐위되어 서인(庶人)이 되었다. 월왕(越王) 사마륜(司馬倫)이 가후를 죽이고자 해서 슬쩍 그 계획을 흘렸다. 가후가 두려워해 조서를 꾸며 사마휼을 죽여 중망(衆望)을 끊어버렸다. 가후가 죽은 뒤 다시 태자로 책봉되었다. 시호는 민회(愍懷)다.

159. 충갑(衷甲): 옷 속에 갑옷을 입는 것.

160. 이영(李瑛, ?~737): 중국 당(唐) 현종(玄宗)의 둘째아들로, 715년 황태자가 되었으나 737년 무혜비(武惠妃)의 무함으로 폐서인(廢庶人)된 뒤 살해되었다.

마음이 있는 곳은 길가는 사람도 압니다.

또 삼가 생각하건대 선세자께서 대리로 왕사(王事)를 행한 지가 14년이어서 조정에 가득한 진신(搢紳)이 세자의 정전에 북면(北面)을 하지 않는 이가 없었습니다. 이는 다만 다음으로 나라를 이어받을 한 왕세자일 뿐만 아니라 곧 왕위에 오를 진정한 군상(君上)이었습니다. 그 죄가 있고 없고는 논할 것 없이 이는 우리의 군부(君父)가 되는데, 당일 변고를 당할 즈음에 공경(公卿)과 대간(臺諫)이 수수방관하여 마치 월(越)나라 사람이 진(秦)나라 사람의 야윈 것을 보듯[161] 아무 상관 없는 것처럼 하였습니다. 이런 사람들이 조금이나마 신하의 의리가 있다고 할 수 있겠습니까.

가령 만에 하나 천자가 혹 우리 조정을 꾸짖기를 대조가 소조에게 하는 것과 같은 일이 발생한다면 이 무리는 또한 장차 선세자를 섬기던 것으로써 우리 전하를 섬길 것입니다. 이조년(李兆年),[162] 김윤(金倫)[163] 같은 이를 지금 세상에서 다시 찾아볼 수는 없으나, 위축되어 명령이나 받드는 것이 이능간(李凌幹),[164] 권한공(權漢功)[165]처럼 되지 않음이 없습니다. 비록 참으로 이런 일이 있지는 않았더라도 생각이 이에 이르니, 어찌 한심스럽지 않겠습니까.

전하께서 3월에 하교한 뒤로부터 나라 사람들이 비로소 김상로가 원흉(元兇)이라는 것을 알았고, 전하께서 5월에 하교한 뒤로부터 나라 사람들이 또 문녀가 대악인(大惡人)이라는 것을 알았습니다. 그러나 왕세자를 폐출(廢黜)하는 것이 국가에 얼마나 큰일이며, 하물며 이보다 큰 변고가 있겠습니까? 우리 선대왕의 현명함과 자애로움으로도 현명하신 우리 선세자를 처분하여 이런 만고에 없는 큰 변고를 초래하였으니, 이것이 어찌 다만 한 요녀나 한 반역한 정승의 한마디 말로 결단하여 행한 것이

---

161. 월나라 …… 보듯: 춘추시대 중국의 진(秦)나라는 서북에 있고 월(越)나라는 동남에 있었다. 그 거리가 매우 멀어서 서로 소원(疏遠)해 월나라 사람이 진나라 사람의 살찌고 야윈 것을 하등 관련 없이 여긴다는 데서 나온 말이다.

162. 이조년(李兆年, 1269~1343): 본관 성주(星州), 자 원로(元老), 호 매운당(梅雲堂)·백화헌(百花軒). 충혜왕의 음탕함을 여러 번 간하였으나 받아들이지 않으므로 이듬해에 사직하였다.

163. 김윤(金倫, 1277~1348): 원나라의 승상 백안(伯顔)이 반역자인 조적을 두둔해 충혜왕을 소환하자, 왕과 함께 원나라에 가서 간명하게 사리를 밝혀 왕에 대한 의혹을 풀게 하였다.

164. 이능간(李凌幹, ?~1357): 본관 남원(南原). 충선왕이 충숙왕에게 선위하고 원나라에 있을 때 반전별감(盤纏別監)으로 왕을 모시고 있었다. 그때 함께 일을 맡은 자들은 모두 치부(致富)하였지만 홀로 청고한 생활을 하였다.

165. 권한공(權漢功, ?~1349): 본관 안동(安東), 호 일재(一齋). 충선왕을 따라 원나라에 있으면서 총애를 받았다. 충선왕이 집권하게 되자 최성지(崔誠之)와 함께 인사권을 장악하였다. 오랫동안 인사권을 장악하면서 부정을 행해 이사온(李思溫)·김심(金深) 등의 탄핵을 받아 투옥되기도 하였으나, 왕의 비호로 곧 석방되고 오히려 이사온 등이 유배당했다.

겠습니까.

이는 반드시 온 조정에서 번갈아 선동하는 말이 선왕(先王)의 귀를 경동(驚動)시키기를 스스로 그치지 아니하여 이처럼 극한 지경에 이르게 된 것입니다. 만약 조정의 신하 중에서 이필(李泌)이 (조카보다) 가족인 세자를 보호하라고 울면서 아뢰듯이 하였다면[166] 어찌 자애로운 성총(聖聰)을 돌리지 못하였겠습니까. 또 혹은 내제(來濟)가 (태자가) 천수(天壽)를 다하게끔 하자고 간청하듯이[167] 하였다면 어찌 일물(一物)[168]의 뼈아픈 고통이 있기에 이르렀겠습니까.

조정(朝廷)에 가득한 신료 중에서 한 신하도 목숨을 내걸고 같이 죽으려는 거조가 없었고, 처음부터 끝까지 아흐레 동안 눈물을 흘리고 옷자락을 당기면서 간하는 한 마디의 말도 없었으니, 속마음을 미루어 본다면 어찌 요녀(妖女, 문녀)와 역적 정승(김상로)과 같은 당(黨)인 것을 면하겠습니까.

신이 또 일찍이 권정침이 말한 것을 듣건대, 나경언이 선대왕에게 변설(辯舌)을 늘어놓던 그날 밤에 세자께서 대궐 뜰에서 대죄(待罪)하던 중 눈물을 흘리며 궁료(宮僚)를 돌아보고 말씀하시기를,

'세자[儲貳]를 무함하는 것은 반드시 한 시정배(市井輩)가 할 수 있는 일이 아니다. 만약 국청(鞫廳)을 설치하여 엄히 신문할 것을 청한다면 사주한 흉도(凶徒)를 찾아내어 만고에 용납되기 어려운 나의 죄명을 거의 씻을 수 있을 것이다. 하지만 나를 위하여 주달(奏達)하는 자가 없는 데에야 어떻게 하겠는가'라고 하셨습니다.

아, 통탄스럽습니다. 대저 우리 선세자께서 무고(無辜)한 가운데 절박하게 근심하고 번민하며 바라던 바는 저잣거리의 애송이를 한 번 국문하는 데에 지나지 않았는데도 이 또한 할 수가 없었습니다. 임금의 노여움은 바야흐로 엄중한데 스스로 변명할 길이 없었고 뜰에 가득한 사람들은 입을 다물고 침묵한 채 펴서 밝히려는 사람이 없어, 급작스레 휘령전(徽寧殿)의 변고[169]에 이르게 되었습니다.

---

166. 이필이 …… 하였다면: 이필은 당나라 때 사람으로, 현종(玄宗)·숙종(肅宗)·대종(代宗)·덕종(德宗)을 두루 섬겼다. 덕종이 태자를 폐하려 할 적에 이필이 조카를 세우는 것은 아들을 세우는 것만 못하다고 간절히 간하자, 덕종이 감동해 이를 중지하였다.

167. 내제(來濟)가 …… 간청하듯이: 당 태종 때 태자인 이승건이 반란을 모의하다가 적발되자 태종이 태자를 어떻게 처리해야 하느냐고 물었다. 통사사인(通事舍人) 내제(來濟)는 "폐하께서는 여전히 어진 어버이시니 태자가 천수를 다하도록 하는 것이 가장 좋은 결론입니다"라고 하니, 태종이 받아들였다.

168. 일물(一物): 사도세자가 갇혀 죽었다고 하는 뒤주를 가리킨다.

169. 휘령전(徽寧殿)의 변고: 휘령전 앞뜰에서 벌어진 임오화변을 말한다. 휘령전은 영조의 원비였던 정성왕후의 혼전 전호로서, 창경궁에 있었다.

하늘에 사무치는 지극한 원한과 남모르게 맺힌 울분이 15년의 오랜 세월에 이르렀습니다. 그 사이에 장마나 가뭄으로 흉년이 거듭 이르고 해와 달과 별이 궤도에서 어긋나게 되었던 것은 하늘에서 세자를 위해 일으킨 것이 아닐 수 없습니다. 역당(逆黨)의 뿌리를 캐내어 다스리고 어버이의 원한을 드러내어 밝히는 것은 곧 전하께서 처음으로 정사를 하시는 데에 첫 번째 해야 할 일입니다.

그런데 오늘날 한 사람의 신료도 진달(陳達)하는 말이 없었고, 조정에 있는 자는 한갓 죽어 백골이 된 윤선거(尹宣擧)[170]와 윤증(尹拯)[171][미촌(美村, 윤선거)과 명재(明齋, 윤증)는 부자간이다]의 일에 급급하고, 초야에 있는 만동묘(萬東廟)[172]에 대해 실례(失禮)하였다고 소란스러울 뿐 임오년의 일은 서로가 잊을 지경에 방치하고 있습니다.

아, 신은 모르겠습니다. 전하의 조정 신하들은 전하께서 임오년의 지극히 원통하였던 일을 잊었다고 여기는 것입니까. 아니면 선세자께서 변고를 당한 것이 당연하다고 생각하여 오늘날에는 족히 논할 것이 없다는 것입니까. 아니면 스승을 배반한 윤증의 나쁜 짓이 세자를 무함한 흉추(凶醜)보다 심하다고 여기는 것입니까. 또는 한쪽 편 사람들의 사사로운 유감을 시원하게 씻어버리는 것이 우리 전하께서 어버이 원수를 성토하여 복수하는 것보다 급하다고 여기는 것입니까.

혹자는 또 말하기를,

'세자께서 무함받은 것을 변명하려고 하면 선왕의 처분을 핍박하는 점이 있다'고 하는데, 이는 크게 그렇지 않은 점이 있습니다. 옛날 중종조(中宗朝) 때 조광조(趙光祖)[173]와 여러 신하가 무함을 받고 원통하게 죽은 화변(禍變)이 있었는데, 인종 대왕(仁宗大王)이 그 죄를 씻어주고 그 관직(官職)을 회복시켜준 일이 있었으나 이를 선조에 대한 핍박으로 여기지 않았습니다. 명종조(明宗朝) 때 이언적(李彦迪)[174]과 여러 신

---

170. 윤선거(尹宣擧, 1610~1669): 본관 파평(坡平), 자 길보(吉甫), 호 미촌(美村) · 노서(魯西) · 산천재(山泉齋). 송시열이 경전 주해(經傳註解) 문제로 윤휴(尹鑴)와 사이가 나빠지자, 평소 윤휴와 친교가 깊었고 그의 재질을 아끼는 마음에서 변호하는 태도를 보이다가, 교분이 두터웠던 송시열로부터 배척을 당하게 되었다. 이것이 뒤에 노 · 소 분파의 한 계기가 되었다.

171. 윤증(尹拯, 1629~1714): 본관 파평(坡平), 자 자인(子仁), 호 명재(明齋) · 유봉(酉峰). 성혼(成渾)의 외증손, 선거(宣擧)의 아들. 송시열의 제자였지만 서인이 노론과 소론으로 분열할 때 송시열과 대립하여 소론의 영수로 추대되었다.

172. 만동묘(萬東廟): 임진왜란 때 조선을 도와준 데 대한 보답으로 명나라 신종(神宗)을 제사지내기 위해, 1704년(숙종 30) 충북 괴산군 화양동(華陽洞)에 지은 사당이다.

173. 조광조(趙光祖, 1482~1519): 본관 한양(漢陽), 자 효직(孝直), 호 정암(靜庵). 사림파의 영수로서 김종직(金宗直)의 학통을 이어 중종의 신임을 받았다. 기묘사화(己卯士禍) 당시 훈구파 홍경주(洪景舟), 남곤(南袞), 심정(沈貞) 등의 무함을 받아 능주(綾州)로 유배되었다가 결국 사사(賜死)되었다. 선조 초기에 신원(伸冤)되어 영의정에 추증되고 문묘(文廟)에 배향되었다.

하가 또한 원통한 화를 입었는데, 선조 대왕(宣祖大王)은 도신(道臣)이 한 번 아룀으로 인하여 그 죄를 통쾌히 씻어 준 일이 있었으나 이 또한 선조가 한 일이라고 혐의스럽게 여기지 않았습니다. 신하에 대한 일에 있어서도 오히려 그러하였는데, 더구나 어버이의 일에 대해서야 더 말할 것이 있겠습니까. 지금의 도리는 의당 임오년의 일이 원통한 일인지 아닌지를 논해야지 처분의 핍박 여부를 논하는 것은 부당합니다.

진실로 지극한 원통함을 풀어 줄 수만 있다면 비록 혹 핍박되는 점이 있어도 그만둘 수 없습니다. 더구나 먼저 무함받은 것을 통쾌하게 분변하고 흉역의 뿌리를 캐내어, 선대왕의 처분이 이에 이르렀던 것은 실로 이 무리가 터무니없는 말로 속인 것에 연유한 것이지 자모(慈母)의 투저(投杼)[175]에는 손상됨이 없다는 것을 보이신다면 또한 선대왕의 처지를 위하는 바가 될 것입니다.

또한 이것으로써 선대왕의 영전(靈殿)에 밝게 고한다면, 선대왕께서는 지난날의 원통한 사정을 살피시고 뒤늦게나마 밝혀진 것을 깊이 불쌍하게 여기시어 비록 어두운 지하에서나마 부자간의 즐거움을 이루는 것이 곧 처음과 같이 회복될 것입니다. 그러면 선대왕께서도 또한 반드시 이 거조를 기쁘게 여기시고 당시에 전천추(田千秋)[176]가 없었던 것을 한탄스럽게 여기지 않을 것입니다.

정이환이 거론한 봉조하 홍봉한에 이르러서는 이미 변고가 있을 때의 영의정으로서 간쟁하여 만류한 바가 없었으니, 그 죄는 진실로 말하지 않은 여러 신하보다 큽니다.

그러나 이미 자궁의 부친이 되었으니, 만약 모의(謀議)를 조성한 수범(首犯)이 아니라면 은혜를 온전히 하여 어버이를 위로하게 하는 것도 혹은 형편에 따라 처리하는 방도가 될 것입니다. 하지만, 어떻게 이 한 사람 때문에 구애되어 적신(賊臣) 강충(江充)[177]을 멸족(滅族)하고 글을 불태운 것과 같이 그만둘 수 없는 큰 거조를 늦출 수가

---

174. 이언적(李彦迪, 1491~1553): 본관 여주, 자 복고(復古), 호 회재·자계옹(紫溪翁). 조선 성리학 발전에 선구적인 역할을 하였으며, 이황(李滉)의 학설에 많은 영향을 끼쳤다. 문묘에 배향되었고, 경주 옥산서원(玉山書院)에 제향되었다.

175. 투저(投杼): 삼지 투저(三至投杼)의 준말. 참소가 여러 번 이르면 끝내는 믿게 된다는 말. 옛날 증자(曾子)가 비(費) 땅에 살 때 어떤 사람이 증자의 어머니에게 증삼(曾參)이 사람을 죽였다고 했다. 처음엔 태연히 아들을 믿었지만 세 번째 같은 말로 알리자 증자 어머니도 두려워서 베를 짜다 말고 달아났다고 한다. 영조가 사도세자를 폐하는 전교에서 그 생모 영빈 이씨의 말을 근거로 내세웠기 때문에 나온 말이다. 즉 영빈 이씨도 세자의 폐위를 모의하는 자들에게 속았다고 보는 것이다. 영조의 폐세자 전교는 본서 「원편」 하 첫 번째 기사에 보인다.

176. 전천추(田千秋, ?~B.C. 77): 한나라 무제(武帝) 때 사람. 무제의 장자(長子)인 유거(劉據)가 무제를 무고(巫蠱)로 해치려 한다고 강충(江充)이 무함하자, 유거가 장락궁(長樂宮)의 위졸을 동원하여 강충을 죽이고 이어 자살하였다. 그 후 전천추가 유거의 원통한 정상을 간곡히 주달(奏達)하니, 무제가 뒤에 유거의 억울한 사정을 알고서 사자궁(思子宮)을 짓고 '여(戾)'란 시호(諡號)를 내려주었다.

있겠습니까.

아, 백세(百世)는 앞에 있고 천세(千歲)는 뒤에 있어서 만고의 강상(綱常)은 없어지지 않을 것이니, 후세의 공의(公議)가 더욱 두렵습니다. 바로 오늘날에 주토(誅討)의 법을 밝게 바로잡아 답답한 원한을 말끔히 씻게 한다면 죄명을 얽어서 만든 원악(元惡)은 저절로 돌아갈 곳이 있을 것입니다. 죄도 없이 무함을 받은 자취는 스스로 드러나 밝혀져서 선대왕의 처분은 자애로운 아버지라는 이름에 해롭지 않게 될 것이요, 선세자의 실정(實情)은 후세에 명백해질 수 있어서 우리 전하께서 양세(兩世, 영조와 사도세자)에 대해 효도를 다하였다는 것 또한 장차 영원히 뒷 세대에게 말할 수 있을 것입니다.

진실로 그렇게 하지 못하신다면 비록 한 조정의 벙어리 같은 신하들에게는 엄폐하여 숨긴다 하더라도 사사로이 의논하는 전국의 여론(輿論)을 금할 수 있겠습니까. 비록 오늘의 어리석은 백성은 억압하여 막는다고 하더라도 훌륭한 후세 역사가의 직필을 벗어날 수 있겠습니까. 이는 한 역당을 징토하는 데에 엄격하지 못한 것 때문에 장차 할아버지 아버지 아들 삼세(三世)가 모두 무함을 받았다는 것을 면할 수 없게 될 것입니다. 어찌 마음이 아프지 않겠습니까.

삼가 원하건대 전하께서는 민심을 따라 밝게 결단하여 문녀와 김상로와 나경언과 문성국 등에 딸린 족속(族屬)과 그 밖에 정적(情跡)이 의심나는 자를 엄격히 국문하여 그 실정을 얻어내고 그 당여를 다스리십시오. (그래서) 하늘과 땅끝에 닿아 있는 선세자의 지극한 아픔을 위로해드리고, 목이 메고 답답하게 막혀 있는 여론[輿情]에 응답하는 것을 잠시도 늦추어서는 안 됩니다.

그리고 태조 대왕(太祖大王)이 무함 받은 일은 유계(兪棨)[178]가 찬술(撰述)한 『여사제강(麗史提綱)』[179]의 말단에 기재되어 있었습니다. 죽은 상신(相臣) 송시열이 쓴 『별록(別

---

177. 강충(江充): 본래 조(趙)나라 사람으로 본명은 제(齊)였는데, 이름을 고치고 망명하여 한(漢)나라로 오니 무제(武帝)는 상림원(上林苑)에 있는 견대궁(犬臺宮)에서 만나 보고 그의 훌륭한 외모에 감탄하여 중용하였다. 뒤에 무제가 병들자 여(戾) 태자가 저주한 때문이라고 속이는 무고(巫蠱) 사건을 일으켜 수많은 사람을 죽게 했다. 이에 격분한 여태자는 그를 죽이고 자살했는데, 뒤에 무제는 여태자의 억울함을 깨닫고 강충의 삼족을 멸하였다.

178. 유계(兪棨, 1607~1664): 본관 기계(杞溪), 자 무중(武仲), 호 시남(市南). 1658년 송시열 등의 천거로 문학(文學)에 등용되었다. 효종이 죽고 복상 문제가 제기되자 서인으로서 기년설(朞年說)을 지지, 3년설을 주장하는 남인을 논박하였다. 성리학에 밝고 예론과 사학(史學)에 정통하여 『여사제강(麗史提綱)』을 저술하였다.

179. 『여사제강(麗史提綱)』: 유계(兪棨)가 지은 고려의 사서(史書). 정인지(鄭麟趾) 등이 편찬한 『고려사』가 너무 방대하여 요점을 파악하기 어렵자 주자(朱子)의 『자치통감강목(資治通鑑綱目)』의 체재를 모방하여 이를 요령 있게 개관하였다. 조선시대 사료(史料)를 몇 개 사용하고 있으나, 전적으로 『고려사』에

錄)』[180]이라는 이름의 기록이 그것입니다. 그 기록은 주자(朱子)의 말을 빌린 것인데, '고려는 50여 세를 이어오다 권신(權臣)에게 찬탈당하여 (임금의) 성(姓)이 바뀌게 되었다'고 하고 이를 들어 공양왕(恭讓王)이 손위(遜位)한 아래에 실어놓았습니다.

아, 공양왕을 대신하여 성을 바꾸고 일어난 분은 바로 우리 태조 대왕인데, 그가 이 말을 공양왕의 뒤에 특별히 쓴 것은 또한 무슨 마음이겠습니까. 장차 성조(聖祖)가 개창(開創)한 일을 권신이 나라를 찬탈한 것으로 돌리면서 스스로 만세(萬世)에 전하여 믿게끔 하려고 한 것입니까.

아, 이는 진실로 무슨 마음입니까. 오직 우리 태조 대왕은 탕왕(湯王)과 무왕(武王)의 성스러움으로써 고려의 국운이 다하는 때를 맞아 하늘과 사람의 인심이 대왕께 귀결되어 한 나라를 세우게 되었던 것입니다.

그런데 그가 반드시 주자가 다른 데서 말한 것을 빙자하여 권신이 나라를 찬탈하였다는 오명을 덮어씌우는 것은 또한 의리에 크게 어긋나는 것이 아니겠습니까. [빠지거나 틀린 글자가 있는 듯하다.][181] 송시열을 위하여 해명하는 무리는 반드시 '주자의 말한 것이 이와 같다'고 하였으나, 주자가 역책(易簀)[182]한 것이 성조가 개국하기 전 192년에 있었는데, 주자가 어떻게 능히 미리 헤아려 보고 이런 말을 하였겠습니까.[183]

고려 의종(毅宗) 때 정중부(鄭仲夫)[184]·이의방(李義方)[185]의 무리가 한 나라의 권세

의거하였으며 체재만 편년체(編年體)로 바꾸었다.

180. 별록(別錄): 송시열이 쓴 『여사제강(麗史提綱)』 서문에 주자가 고려에 대해 언급한 조목을 덧붙인다고 했는데, 그것을 말하는 듯하다. 뒷날 영조는 별록(別錄)에 주자의 말을 잘못 기록한 것이 있으니 판본을 삭제하라고 명하였다. 1749년(영조 25) 5월 13일 실록기사 참조.

181. 빠지거나 …… 듯하다: 본문의 이 부분은 착간이 있다고 세주로 밝히고 있다. 실록[1776년 8월 6일 자]에 의하면 본문의 '豈不大悖於人, 而爲時烈黨者'는 '不亦大悖於義乎. 人之爲時烈解者'로 되어 있어 번역은 이를 따랐다.

182. 역책(易簀): 학덕(學德)이 높은 사람의 임종(臨終)을 말한다.

183. 송시열을 …… 하였겠습니까: 송시열이 별록을 지어 부기할 때 고려 의종대의 사실에 대한 주희의 평을 공양왕기에 붙였던 사실을 가리키는 듯하다. 즉 송시열이 주희의 언급을 고려 말년의 일로 잘못 이해하였다고 지적한 것이다. 유계는 공양왕기에 고려 말 절의인사들을 적극적으로 평가하여 조선왕실에 불편한 내용을 수록하였으므로, 1749년(영조 25) 영조의 명에 따라 이 대목을 통째로 삭제하여 개판하였다. 정조 즉위년 당시 영남 유생 이응원은 상소를 올려 송시열이 별록을 지어 고려가 권신에게 찬탈당해 성을 바꾸게 되었다는 구절을 썼다고 지적하며 송시열이 무신란과 관련된 내용을 의도적으로 조선의 개국에 빗대어 놓았다고 공격하면서 정치적으로 문제가 되었다.

184. 정중부(鄭仲夫, 1106~1179): 고려 의종(毅宗) 때 무신(武臣). 1170년(의종 24) 조정에서 문신(文臣)을 우대하고 무신을 천대하여 무신들의 불만이 높아가던 중 보현원(普賢院)에서 대장군(大將軍) 이소응(李紹膺)이 문신 한뇌(韓賴)에게 뺨을 맞는 모욕적인 일이 발생했다. 이에 의종이 보현원에 도착한 무렵 정중부 등 모든 무신이 들고일어나 문신들을 모조리 죽이고 임금을 거제(巨濟)로 추방하였다.

185. 이의방(李義方, ?~1174): 본관 전주(全州). 1170년(의종 24) 보현원에서 대장군 정중부·이고(李高) 등과 더불어 무신란을 일으켜 권력을 잡았다. 딸을 태자비로 들여보내는 등 위세를 부리고 조정을 어지럽히다 정중부의 아들 균(筠)과 공모한 중 종참(宗旵)에 의해 살해당했다.

를 천단(擅斷)하여 그 임금을 추방했다가 살해하였는데 그 연대를 상고하여보면 바로 주자의 중년(中年)에 서로 상응하니, 『주자어류(朱子語類)』에 운운한 것은 반드시 이 적(賊)의 난역(亂逆)을 지적한 것입니다. 소문이 사실과 어긋나서 착오의 단서가 있었던 것은 죽은 유신(儒臣) 김장생(金長生)이 말한 바와 같습니다. 그런데 이것이 공양왕이 양위[遜位]한 것이나 성조가 나라를 세운 것과 무슨 관계가 있겠습니까.

게다가 신자(臣子)의 분의(分義)로써 말한다면 설령 주자가 명나라 초기에 나서 고려가 망한 것을 듣고 운운한 말 가운데 명나라의 『조훈(祖訓)』 가운데에서 운운한 것과 같은 말이 있다고 하더라도, 무릇 우리 조종(祖宗)의 신자가 된 자는 또한 장차 숨기고 감히 말하지 말아야 할 것입니다. 또한 장차 진주(陳奏)하여 고치기를 청하여 반드시 신설(伸雪)한 뒤에야 그만두기를 역대 임금들이 명나라 조정에 하던 것과 같이하여야 할 것입니다. 더구나 주자의 말은 애초에 고려가 망할 때와는 상관이 없지 않습니까. 송시열은 평생에 늘 춘추 대의(春秋大義)를 가지고 곧 자신이 담당해야 할 일로 삼았는데, 이 또한 장차 주자가 잘못 들은 다른 말을 빌려서 스스로 곤월(袞鉞)의 성필(聖筆)[186]에 덧붙이려고 하는 것입니까.

송시열이 주자의 말을 인용하여 『별록(別錄)』으로 만든 것이 무릇 4조(條)입니다. 그런데 3조는 모두 연류(年類)를 참고하여 주자의 생전에 덧붙였으면서 유독 이 조항은 주자가 지척(指斥)한 정중부·이의방의 난에 쓰지 않고 반드시 2백 년 아래 성조가 개국한 즈음에 실어놓은 것은 어찌 용심(用心)한 바가 없다고 하겠습니까.

다만 이뿐만이 아니라 본 조항의 안에서 또한 그 머리 부분의 21자를 가져다가 연대를 상고한 부분에 넣어서 위 조항에 붙여놓고, 기필코 이 말은 떼어내어 고려가 망한 뒤에 옮겨 실어놓은 것은 과연 아무런 뜻이 없이 우연히 쓴 것이라고 하겠습니까. 연대를 상고하여 보아도 매우 다르고 그 사실을 추구하여 보아도 아주 다르며, 『별록』이란 표제(標題)는 이미 역사를 제작하는 범례(凡例)가 아닙니다.

자신이 신하가 되어 또 세상에 더없는 은우(恩遇)를 받았으면서 송시열이 이것을 써서 만세(萬世)에 폄하하는 뜻을 보인 것이 옳은 일입니까, 옳지 않은 일입니까. 아무런 생각 없었겠습니까, 생각이 있었겠습니까. 아니면 또한 부득이한 것이겠습니까.

노(魯)나라 소공(昭公)은 오맹자(吳孟子)에게 장가간 잘못[187]이 있었는데도 공자(孔

186. 곤월(袞鉞)의 성필(聖筆): 포폄(褒貶)과 같은 말로, 공자가 『춘추(春秋)』를 지어 행한 한 글자의 표창이 곤룡포(袞龍袍)를 받는 것보다 더 영광스럽고, 한 글자의 폄하(貶下)가 도끼에 맞아 죽는 것보다 더 무섭다는 뜻. 즉 『춘추』의 필법을 말한다.

子)가 예(禮)를 안다고 일컬었고, 송나라 태조(太祖)는 진교(陳橋)의 변(變)[188]이 있었으나 주자(朱子)가 『강목(綱目)』[189]에 쓰지 않았습니다. 이는 그 임금의 잘못을 숨겨주는 대의(大義)였습니다.

아, 성현(聖賢)이 임금을 위해서는 있었던 일도 숨겨 허물을 덮어주었는데 송시열은 임금을 위하여 없었던 일을 날조해서 폄하하였으니 이것이 『춘추』의 대의를 알고 주자의 사업을 공부한 자라 하겠습니까.

아, 송시열이 이미 이러한 마음이 있었다면 어찌 고고(孤高)하게 세상을 피해 멀리 떠나 자연을 벗삼아 살면서 스스로 고려 왕조의 후신(後臣)이 되어 우리 조정에 벼슬하지 않겠다는 뜻은 보이지 않고, 도리어 영화를 누리며 성조의 신손(神孫)에게 봉직(奉職)하며, 성조의 묘정(廟庭)에서 북면(北面)하고 제사를 주관하였단 말입니까.

이 『별록(別錄)』이 있어 온 지가 이미 백 년이 지났으니, 조정 신하나 유생(儒生)들이 모두 보았을 것입니다. 무릇 우리나라에 목숨을 보전하고 있는 부류는 누군들 우리 태조 대왕의 신민(臣民)이 아니겠습니까. 그런데도 저들이 보고도 말하지 않는 것은 송시열에 대한 사랑이 나라에 대한 것보다 더해서 그런 것이요, 감히 말하지 못하는 것은 송시열에 대한 두려움이 나라에 대한 것보다 더해서 그런 것입니다.

지금 신은 궁벽한 시골에 있고 나이 많은 유생이라 근래에 와서야 비로소 얻어 보았습니다. 이미 태조의 먼 후손으로서 공적이고도 사적인 의리에 비추어보아 더욱 절실하게 분노를 느껴 지금 공손히 침묵하고 계신 중인데도 번거롭고 외람됨을 피하지 않고 감히 이렇게 목욕하고 토죄(討罪)할 것을 청합니다.

삼가 원하건대 전하께서는 위로는 역대 임금께서 명나라에 변무(辨誣)하던 지극한 심정을 생각하시고, 가깝게는 선대왕이 주린(朱璘)을 엄하게 토죄하던[190] 성효(聖孝)

---

187. 오맹자(吳孟子)에게 장가간 잘못: 노(盧)나라의 소공(昭公)이 오(吳)나라의 여자에게 장가들었다. 오나라는 태백(泰伯)의 후예로 희성(姬姓)으로서, 노나라와 동성(同姓)이었다. 따라서 『춘추』에 노나라 소공의 장가든 부인을 기록할 때 부인의 성은 쓰지 않고 단지 오나라에서 왔다고 하였다. 또 그 부인이 죽자 성은 기재하지 않고 단지 그의 자(字)만을 써서 맹자(孟子)가 죽었다고 하였다.

188. 진교(陳橋)의 변(變): 송나라 태조(太祖)가 진교역(陳橋驛)에서 군졸들에 의해 추대되어 황포(黃袍)를 몸에 걸치게 된 일이다. 후주(後周) 공제(恭帝) 7년(960)에 북한(北漢)이 거란(契丹)과 연합하여 공격해 오자, 공제가 군사를 보내어 막게 하였다. 진교역에 모인 군사들이 태위(太尉) 조광윤(趙匡胤)을 추대하여 황포를 입히고 만세를 불렀다고 한다.

189. 『강목(綱目)』: 『자치통감강목(資治通鑑綱目)』. 송나라 때 주희가 편찬한 역사서로 사마광의 『자치통감』을 강목(綱目)으로 나누어 편집했다. '강'에서는 주자가 사실(史實)을 요약하고 '목'에서는 제자 조사연(趙師淵)이 사평(史評)을 했다.

190. 주린 …… 토죄하던: 1771년(영조 47)에 명나라 진건(陳建)이 쓴 『황조통기(皇朝通紀)』와 청나라의 주린(朱璘)이 쓴 『명기집략(明紀輯略)』에 잘못 수록되어 있는 조선왕실의 계보와 사적을 바로잡기 위해 세

를 체득하여 빨리 무서(誣書, 송시열의 별록)를 헐어 없애고, 통렬히 주륙(誅戮)을 시행하십시오. 그래서 위로 종묘에 고하고 아래로 신민들에게 유시하여 뒷사람들의 그릇된 의혹을 풀어주고 성조에서 나라를 얻은 과정의 정당함을 빛내어주십시오. 이것이 전하께서 종묘에 효성을 다하시는 방도입니다.

아, 임오년의 일은 온 조정 신료가 숨겨온 일인데 신이 지금 의논하였고, 송시열의 죄는 나라 절반의 진신(搢紳)들이 덮어온 일인데 신이 지금 말을 하였습니다. 시휘(時諱)[191]를 저촉하여 범하고 위태로운 말을 함부로 올렸으니, 진실로 어리석은 짓이 아니면 미친 짓이라고 할 것입니다. 그러나 조종의 신령(神靈)이 위에 계시고 경모궁(景慕宮)의 사당 모습이 밝게 빛났으니, 신이 어찌 감히 품은 마음을 잠자코 숨기면서 스스로 정직한 속마음을 저버릴 수 있겠습니까.

설령 말이 믿음을 받지 못하고 스스로 죽는 곳에 나가는 한이 있다 하더라도 한 나라의 공의(公議)가 신으로 말미암아 진달(陳達)되고 천지에 뻗친 삼강 오륜이 신으로 말미암아 부식(扶植)되며, 국가가 위태로워 망하려는 재앙이 신으로 말미암아 조금이라도 펴지게 된다면, 이 한 몸이 가루가 된다 하여도 기꺼이 달갑게 여기는 마음입니다. 더구나 세자를 위하여 죽고 성조를 위하여 죽는다면 또한 돌아가서 보고할 여지가 있어 충의의 귀신이 될 것이니, 어찌 영광스럽지 않겠습니까.

신이 시골구석에 엎드려 있던 날에 흉역을 새로 주벌한다는 소식이 전해져왔으나, 다만 사는 곳이 궁벽하고 멀어서 그 상세한 것을 알 수 없었습니다. 그런데 서울에 이르러서야 비로소 삼가 7월 5일의 윤음(綸音)을 보고서 흉적들의 행위에 천지에 뻗친 악행이 있었으며 하늘과 땅의 귀신이 이를 소상히 드러내어 간특함이 밝게 탄로나서 귀신 같은 무리와 올빼미 같은 종자가 차례로 주륙(誅戮)되었다는 것을 모두 알게 되었습니다. 이는 진실로 종사(宗社)의 큰 경사요 온 나라 신민(臣民)이 서로 경하(慶賀)하는 바입니다. 그러나 흉악한 것을 제거하는 방도는 그 근본을 뽑아내고 그 근원을 막지 않을 수 없습니다.

신축년(1721, 경종 1)·임인년(1722)의 역적의 무리를 소탕하지 못해서 무신년(1728, 영조 4)의 난을 초래하였고, 을해년(1755, 영조 31)의 변고를 빚어내는 데에 이르게 된 것을 살펴본다면, 또한 지난 일을 징계 삼아서 뒤의 일을 삼가는 거울로 삼을 수 있다고 하겠습니다. 오늘날 난역의 근원을 추구하려고 한다면 과연 임오년의

차례에 걸쳐 청나라에 요청하였다.

191. 시휘(時諱): 그 당시에 꺼려하는 언행(言行).

무함을 만든 여당(餘黨)이 아니겠습니까. 이 무리가 비록 몹시 흉악하지만 또한 마음 속에 품은 생각이 있을 것입니다.

무릇 그 집안은 대대로 높은 벼슬을 하여 나라의 후한 은혜를 받았고 청현(淸顯)의 직품에 뛰어올라 앉아서 부귀를 이루었으니 이미 뜻을 잃은 무리와는 다릅니다. 나라에 원한을 품을 일이 무엇이 있겠습니까만 음흉한 화심(禍心)을 자행하여 반드시 전하에게 칼날을 향하려고 하는 것은 어찌 그 무리의 범죄가 몹시 무겁고 죄악이 용서받기 어려워서 천지 사이에 용납되지 못할 줄을 스스로 알고서 해를 향해 짖고[192] 하늘을 겨냥해 쏘는[193] 이런 계획을 한 것이 아니라고 하겠습니까.

대개 옛날의 현명한 임금이 한 사람을 처형함으로써 천하가 두려워하고, 한 사람에게 상을 주어 만백성이 권장된다고 한 것은 그 법과 형벌을 밝게 바로잡았기 때문입니다. 진실로 그 죄명을 밝게 바로잡지 않는다면 비록 역적의 종자들을 쓸어다 모두 죽인다 하더라도 떠돌다가 남아 있는 귀신과 요얼(妖孼)들이 틈을 노려 일어나는 것을 어떻게 금하겠습니까.

오늘날 계책으로는 임오년의 흉역을 밝게 바로잡는 것만한 것이 없습니다. 주토(誅討)한다는 엄중한 글을 밝게 게시하여 전국에 널리 알리고 만백성에게 밝게 고하여 그들로 하여금 적당(賊黨)이 모두 죽었다는 것을 환히 알게 하되 그 당시 흉적에게 물들지 않은 자들은 옥석의 구분 없이 함께 불탈 것이라는 우려를 하지 않게 해야 온 세상 사람들을 진정시키고 미래의 화를 막을 수 있을 것입니다.

진실로 오늘의 징토만을 시행하고 지난날의 죄악을 바로잡지 않는다면 전하께서 비록 독사 같은 무리를 길들여 모두 적자(赤子)로 삼고 효경(梟獍)[194] 같은 자들을 변화시켜 큰 도량으로 모두 감싸주어 살게끔 하려고 해도, 저들 가운데 임오년 무렵에 조금이라도 죄를 범한 자는 모두 의구심을 품고 장차 다시 스스로 편안할 계획을 도모할 것이므로, 무신년과 을해년의 변고가 장래에 다시 일어나지 않는다고 기약할 수 없을

---

192. 해를 향해 짖고: 폐일(吠日). 중국 촉(蜀) 땅에는 산이 높고 안개가 짙어서 해를 보는 일이 드물므로 개가 해를 보고 괴상히 여겨 짖는다는 뜻이다. 식견이 좁은 사람이 남의 훌륭한 말이나 좋은 행동을 보고 오히려 놀라 괴상히 여겨 도리어 이것을 비방함을 비유한 말이다.

193. 하늘을 겨냥해 쏘는: 사천(射天). 은(殷)나라 무을(武乙)이 무도(無道)하여 허수아비를 만들어 천신(天神)이라 하면서 그와 장기를 두고, 남을 시켜 행하게 하였다. 천신이 이기지 못하면 곧 욕을 하게 하고, 가죽 주머니를 만들어 피를 담아놓고는 우러러보고 쏘면서 하늘을 맞힌다고 하였다. 사냥을 나갔다가 갑자기 벼락을 맞고 죽었다고 한다.

194. 효경(梟獍): 효는 어미를 잡아먹는 올빼미, 경은 아비를 잡아먹는 파경(破獍)이라는 짐승. 흉악하고 은혜를 저버리는 사람을 비유하는 말로 쓰인다.

것입니다. 이것은 성명(聖明)께서 마땅히 더욱 깊이 생각하셔야 할 일입니다."

이도현이 사형당한 뒤, 권정침(權正忱)의 관작을 추탈해야 한다는 말이 나왔다.[195]

역적을 토벌한 교서를 반포하고 문녀를 사사하다

25. (8월) 24일에 친림하여 축하를 받고, 역적을 토벌한 교서를 반포하였다. 주상이 말하였다.

"운운. 임오년(1762, 영조 38)의 일에 대해서는 아, 선대왕의 당시 처분이 마치 천지가 한 일과 같아서 언어로 나타낼 수가 없다. 사왕(嗣王)이 된 자는 오직 마땅히 따르고 지켜서 차마 말할 수 없는 데에 두어야 할 것이다. 이에 청정(聽政)한 뒤에 진달한 소장이나 등극하던 날의 전교(傳教)에서 나의 지극한 심정을 보였다.

오늘 나에게 북면(北面)한 자가 혹시 다시 이 사건을 제기하여 번복과 혼란을 일으키려 한다면 이는 다만 선조(先朝, 영조)의 역적이 될 뿐만 아니라, 곧 경모궁(景慕宮, 사도세자)[196]에 대해서 역적이 되고 또한 나에게도 역적이 된다. 그러나 뜻밖에도 적신(賊臣) 이덕사가 앞장서 흉소를 올리자 이일화와 유한신이 뒤를 이어 일어나서 전도되고 미혹시킨 것이 끝이 없었다.

내가 몹시 놀라고 통탄스러워, 서둘러 엄하게 국문하니 사건의 정황이 모두 드러나서 체포되고 연좌된 자가 또한 많았다. 조재한이 모의를 꾸몄던 낭자한 흔적은 밝게 드러나서 숨길 수가 없고, 최재흥이 실정을 알고서 화응(和應)한 행적은 다시 의심할 것이 없으며, 박상로의 나를 향한 흉언은 생각만 해도 마음을 아프게 하고, 이동양이 같은 자리에서 참여하여 들은 것은 속죄할 수 없다.[197]

허리를 자르고 목을 베어 죽여야 할 요악한 자들이 이미 다 죽임을 당하였으니, 승냥이와 이리 같은 심보를 가진 자라도 마땅히 각각 그만두어야 할 줄을 알았을 것이다. 그런데 또 이응원이란 자가 나왔다. 그는 본래 음흉하고 추악한 무리로서 다시 분수 밖의 일을 바라는 소장을 진달하였는데, 망극한 말로 이덕사와 이일화보다 백

---

195. 이도현이 …… 말이 나왔다: 시헌부와 사간원에서 이응원·이도현 부자의 죄가 권정침의 일기에서 비롯되었다는 보고를 올린 일이 있다. 1776년(정조 즉위년) 8월 7일(병오) 실록기사 참조. 정조는 이도현·이응원 부자를 국문한 끝에 대역부도로 판결하여 사형하고 관련자를 등급을 나누어 처분하였다.
196. 경모궁(景慕宮): 사도세자와 헌경왕후(獻敬王后)의 사당. 경모전(景慕殿)이라고도 한다. 여기서는 사도세자를 지칭한다.
197. 조재한이 …… 속죄(贖罪)할 수 없다: 본편 16번 기사에 자세한 내용이 보인다.

배나 더 선조(先朝)를 무함하여 핍박하고 임금을 가리키며 배척하였으니 거의 만고에 없었던 바다.

이는 모두 내가 어려운 때를 만난 까닭이지만 대행대왕의 능침의 흙이 아직 식지 않았고 과인(寡人)의 앉은 자리가 따뜻해지기도 전에 갑자기 이런 너무나 패악하고 무도한 말을 들으리라고 누가 생각했겠는가. 이는 곧 나로 하여금 노심초사하여 천승(千乘)의 자리도 즐거운 줄을 모르게 하려는 것이다. 대개 그가 상소한 글이 비록 그 아비인 이도현의 손에서 나왔다고 하였으나, 앞뒤로 많은 곡절은 시골에서 전해 듣고서 알게 된 것이 아니다. 지금 분명히 지적하여 진달한 것은 직접 눈으로 본 것처럼 하였으니, 이 어찌 일개 이도현이 해낼 수 있는 일이겠는가. 운운." [(예문관) 제학 정이환이 지어 올렸다.]

26. 이 달(8월) 10일, 밤에 문녀를 사사(賜死)하였다. 이보다 앞서 문녀를 동대문 밖 저자도(楮子島)[198]에 안치하였었는데, 이날 밤 2고(二鼓)[199]에 주상이 갑자기 급하게 의금부 낭관(郎官)을 불러 문녀에게 가서 사사할 것을 친히 지시하였다.[200] 내일 아침부터 재계(齋戒)에 들어가니 오늘 죽음을 보고하라 명하였다. 또 의녀 둘과 환관 둘을 데리고 가라고 명하였다.

의금부 낭관이 성문을 열고 문녀에게 달려가니, (문녀의) 시녀가 의금부 낭관이 오는 소리를 듣고 모두 울었으며, 문녀는 당황하여 소리치며 가슴을 쳤다. 의금부 낭관과 환관이 문밖에 닥치자 시녀가 나와 급히 대변을 보고 싶어 하니 잠깐 피해서 틈을 달라고 청하였으나, 의금부 낭관이 혹시 도망갈까 염려하여 허락하지 않았다. 약을 주고 불과 몇 차례 마시지 않았는데 죽었다. 시녀가 나와 이미 숨이 끊어졌다고 말하였다.

환관에게 들어가 살피게 한 다음 관원이 머물러 지키게 하였다. 의금부 낭관이 먼저 돌아가 초기(草記)로 간략히 보고하니, 4고(四鼓)[201] 무렵이었다. 이날은 바로 대행대왕의 졸곡(卒哭)[202]이 있는 날이었다.

---

198. 저자도(楮子島): 서울 광진구의 뚝섬.
199. 2고(二鼓): 오후 10시 전후.
200. 주상이 …… 친히 지시하였다: 실록(1776년 8월 10일 자)에 의하면 대신과 삼사가 번갈아 청하여 내린 조치라고 하였다.
201. 4고(四鼓): 오전 3시 전후.
202. 졸곡(卒哭): 장사를 마치고 삼우제(三虞祭)를 지낸 뒤에 무시애곡(無時哀哭)을 끝내기 위하여 지내는 제사.

27. 내시[中官] 강덕엽(姜德曄)이라는 자는 역마를 함부로 타고 역리(驛吏)를 구타하였다. 보고를 받자 다음과 같이 전교하였다.

"운운. 이 일은 오히려 하찮은 일 중에서도 하찮은 일이지만 이를 듣고서 나도 모르게 소름이 돋고 간담이 떨렸다. 이들 요망한 환관이 아직도 내시들 사이에 엎드려 있으니, 어찌 뜻밖의 심한 일이 아니겠는가. 지금 드러난 사소한 일로도 오히려 밝고 밝은 이치를 볼 수 있다. 문성국은 처자식까지 노적(孥籍)되었는데 이러한 환관이 무사하다면 조정의 형정(刑政)이 심하게 전도된 것이다. 그의 죄는 그 스스로 알 것이니 내가 차마 구구한 말은 하지 않겠다. 운운."

정의현(旌義縣)의 노복으로 삼았다.

홍봉한에 대한 탄핵이 일어나자 김구주를 유배 보내다

28. 9월에 모관 정이환이 상소하여 특별히 윤음을 내려 홍봉한의 죄악을 밝게 선포하고 찬집청(纂輯廳)으로 보내서 새로 편찬하는 책자에 수록하여 간행하도록 청하였다. 운운.

모관 송환억(宋煥億)[203]과 김관주(金觀柱)[204] 등이 잇따라 상소하여 홍봉한의 죄를 논하면서 말하기를,

"관숙(管叔)과 채숙(蔡叔)[205]도 오히려 다시 죽였습니다"라고 운운하였다. 성균관 유생들이 또한 상소하여 말하기를,

"이일화와 이도현의 상소는 모두 홍봉한이 지시하여 나왔습니다"고 운운하고, 권당(捲堂)[206]하기에 이르자 주상이 위로하고 타일러 들어가라고 권하였다.

---

203. 송환억(宋煥億, 1741~?): 본관 은진(恩津), 자 대년(大年). 송덕상(宋德相)의 조카. 송덕상의 아들 환정(煥程)·환주(煥周), 조카 환구(煥九)와 더불어 '사환(四煥)'이라 일컬었는데, 송덕상의 네 글자 흉언에 대해서 그의 흉악한 꾀를 이루고자 주석을 달아서 번갈아가며 선동하였다고 한다.
204. 김관주(金觀柱, 1743~1806): 본관 경주(慶州), 자 경일(景日). 한구(漢耉)의 사촌동생 한록(漢祿)의 아들. 우의정 등을 역임. 1772년 청명류 사건(淸名流事件)이 일어나자, 이를 홍봉한 일파의 사주로 보고 홍씨의 척신 정치 제거가 곧 의리라는 소를 올렸다. 이는 아버지 한록과 의논한 것이었고, 김구주도 가세했기에 영조의 노여움을 사 함경도 갑산에 유배되었다. 정조가 즉위하자 이 소는 당시 세손인 정조를 해치려는 음모로 비판되었고, 시벽당쟁(時僻黨爭)의 원인이 되었다.
205. 관숙(管叔)과 채숙(蔡叔): 주나라 무왕(武王)의 아우인 관숙(管叔) 선(鮮)과 채숙(蔡叔) 도(度)의 병칭이다. 무왕이 죽은 뒤에 무왕의 아우인 주공이 어린 성왕(成王)을 도와 섭정하자, 관숙과 채숙이 유언비어를 퍼뜨리며 주(紂)의 아들 무경(武庚)을 끼고 반란을 일으켰다. 주공이 성왕의 명을 받들고 정벌하여 무경과 관숙을 죽이고 채숙을 유배 보냈다.
206. 권당(捲堂): 성균관 유생들이 나랏일에 잘못이다 싶은 것이 있을 때에 상소를 하고, 그 상소가 받아들

29. 9월 6일에 김구주를 외딴 섬에 유배하라 명하고, 이어서 조정 신하들에게 김구주가 범한 죄와 홍봉한을 곡진히 보호해야 하는 이유를 하유하였다. 이때 홍봉한을 성토하는 논의가 연이어 일어났다.

30. 혜경궁(惠慶宮)께서 환후(患候)가 있으므로 내의원 삼제조(三提調)를 모두 숙직하라고 명하였다. 의관들도 본원(本院)에 숙직하게 하였다. 전교하기를,

"대신과 2품 이상, 삼사(三司)와 여러 승지는 모두 입시하라"고 하였다. 여러 신료가 차례로 나와 엎드렸다. 주상이 말하였다.

"어머니께서 수라를 들지 않으시고, 잠도 편안히 주무시지 못한다. 내가 이미 경들에게 하교하였거늘, 지금 어머니의 환후가 날로 심해져 초초하고 황급하니, 내가 과연 경들과 국사를 함께할 뜻이 없다. 이 외에 내가 무슨 말을 더하겠는가."

또 말하였다.

"오늘 문안하러 들어온 여러 신료는 누구누구인가?" 승지가 차례로 주달(奏達)하니, 주상이 승지에게 명하여 전교를 쓰게 하였다. 전교하여 명하였다.

"인신(人臣)의 분의(分義)가 어찌 외척이라고 해서 차이가 있겠는가. 또한 어찌 외람되고 교활한 습관을 감히 군부(君父)의 앞에서 자행하는가. 자궁(慈宮)의 환후에 대하여 조금 전에 하교한 것이 어떠하였는데 알고도 모르는 척하였으니 이미 극도로 무상한 일이다. 더구나 그의 처지에서 또 어찌 감히 이와 같이 한단 말인가. 한성우윤 김구주를 외딴 섬에 정배하되, 유배지는 흑산도(黑山島)로 하라."

주상이 말하기를,

"내 뜻은 이 외척이나 저 외척을 막론하고 조금도 사랑하거나 밉다고 해서 그 사이에 부추기거나 억누르는 일이 없었다. 진실로 죄가 없다면 그와 더불어 국가의 기쁨과 슬픔을 같이하여 함께 부귀를 누릴 것이다. 만일 죄가 크다면 엄중히 처단할 것이고 작다면 가볍게 처분할 것이니 이것이 내가 고수한 바다. 홍봉한이나 김구주는 모두가 이 자전(慈殿, 정순왕후)과 자궁(慈宮, 혜경궁 홍씨)의 사친(私親)이니 또한 어찌 홍봉한을 부추기고 김구주를 억누르겠으며, 김구주를 부추기고 홍봉한을 억누르겠는가.

내가 경들에게 분명하게 유시(諭示)함에 있어 먼저 처분한 전교 가운데에 '외람되고 교활하다[濫猾]'는 두 글자로써 경들에게 선유(宣諭)하였다. 김구주의 죄는 특히

여지지 않을 때 일제히 성균관을 비우고 물러 나가는 일이다.

방자하여 꺼리는 것이 없을 뿐만이 아니다. 대저 김구주의 임진년(1772, 영조 48) 상소에는 아주 놀랍고 두려운 곳이 있었으니, 그중에서 언급한 추숭(追崇)의 설(說)이 바로 그것이다. 봉조하(奉朝賀, 홍봉한)가 이야기한 것이 옳다는 것이 아니고, 김구주의 말이 그르다는 것이 아니다. 그때 주고받은 말은 사사로운 수작에 지나지 않는다. (추숭에 대한) 말이 나와서 내가 자전에게 우러러 아뢴 것은 특히 거리를 두지 않는다는 뜻으로 한 번 우러러 진달한 것이었다.

삼가 생각건대 자전께서 그에게 하교하신 것은 자전의 뜻이 거리를 두지 않는 나의 뜻을 아름답게 여기는 데 있었고 내가 효심으로 섬기는 정성을 보이신 것이다. 어찌 평소의 명령이 규문(閨門)을 벗어나지 않는 자전의 성덕(盛德)으로 보건대 털끝만큼이라도 그에게 상소를 올리라고 시킬 뜻이 있었겠는가. 그러니 비록 자전의 하교를 들었다 하더라도 이는 바로 들었더라도 감히 말해서는 안 되는 일이었다. 운운.

그는 봉조하에게 사감(私憾)을 품고 방자하게 소장을 진달하였는데, 심지어는 내가 자전에게 아뢴 일을 베껴 쓰기까지 하였으니, 신하의 분의(分義)가 과연 어디에 있는가. 선대왕께서 그날 대비전(大妃殿)에 말씀하시기를,

'내 손자를 볼모로 삼아서 말하였는데, 이것이 무슨 일인가. 군주가 외척을 가르치지 못하여 이런 망측한 거조가 있었다'고 하교하시고, 곧이어 어가를 타고 문소전(文昭殿)[207]에 나아가 부복(俯伏)하신 일이 있으셨다. 아, 만약 선대왕의 자애로운 천성이 아니었다면 어찌 이런 하교가 있겠으며 또한 어찌 이런 거조가 있었겠는가. 운운.

혹 그때 선대왕께서 김구주의 상소 가운데 추숭에 대해 수작한 것을 보시고, 만약 '네가 동궁(東宮)에 있으면서 어찌 이러한 의논을 수작하였느냐'고 하교하신다면 내가 어떤 말을 가지고 우러러 대답하겠는가. 이는 김구주의 용서할 수 없는 죄가 아니겠는가? 운운."

또 하교하였다.

"지금 하교한 것은 특히 처분한 전교 가운데 '외람되고 교활하다[濫猾]' 두 글자를 분석하여 하교한 것이다. 오늘 대신 이하 2품 이상과 삼사(三司)의 여러 신하를 소견하고 나의 뜻을 효유한 것은 경들로 하여금 의리가 아주 작은 차이에서 나뉘는 것을 알게 하려고 한 것이다. 경들은 들으라.

---

207. 문소전(文昭殿): 태조(太祖)와 태종(太宗)의 위패(位牌)를 모신 곳. 처음에는 태조의 신의왕후(神懿王后)의 혼전(魂殿)이었던 것을 1433년(세종 15)에 태조의 혼전의 이름을 따라 문소전이라 하여 경복궁 안에 원묘(原廟)를 세웠다.

근래에 봉조하의 죄상을 남김 없이 나열하여 극률(極律)을 청하기까지 하였는데, 나 또한 봉조하가 죄가 없다는 것도 아니고 또한 용서할 수 있다는 것도 아니다. 다만 '죽인다[殺]'는 한 글자만은 더할 수 없다는 것이다. 봉조하를 만약 용서하지 않는다면 자궁(慈宮)은 반드시 불안해하실 것이고, 자궁께서 불안해하시면 나는 (자궁을) 몰래 업고 도망친다는 뜻으로 누차 연석(筵席)에서 하교하였으며 또한 이미 지난날 비망기에 하교하였으니, 여러 신하가 어찌 그것을 몰랐겠는가.

만약 봉조하가 군사를 동원하여 궁궐을 침범해서 종사(宗社)의 위망(危亡)이 순간에 임박하여 있고 몰래 일으킬 음모가 하루도 안 되어 발생할 것이라면, 이는 '사직이 중하고 임금은 가볍다'고 하는 의리에 해당되니, 옛 성인의 의리를 궁구해볼 때 혹 '몰래 업고 도망치는 것은 가볍고, 종묘·사직은 중하다'는 것으로 그 처단하는 방도를 혹은 의논하지 않을 수 없다.

그러나 (봉조하의 죄는) 이보다 한 등급 아래이고, 내가 이미 몰래 자궁을 업고서 도망치겠다는 하교를 내리기에 이르렀는데도, 신하 된 자의 의리로서 어찌 군상(君上)으로 하여금 차라리 몰래 자궁을 업고서 도망치는 한이 있더라도 반드시 죽이라고 청하기를 그치지 않을 수가 있는가? 운운."

또 하교하였다.

"내가 정이환을 불러들인 것은 그가 폐기를 당한 지 여러 해인데도 당시의 탁란(濁亂)한 무리에게 들어가지 않았기 때문에 한번 임용하려 한 것이다. 그런데 어찌 김가(金家) 울타리 주변을 배회하면서 김가의 말투나 주워 모으리라고 생각하였겠는가. 그리하여 바야흐로 청명한 정치를 도모하려는 이때에 척리의 사인(私人)을 거두어 모아 시론(時論)을 주장하여 척리의 기세를 돕는 것인가. 홍인한을 이미 죽였는데 김구주가 그 뒤를 이어 나타났으니, 어찌 하나의 외척을 제거하자 하나의 외척이 생겨난 것이 아니겠는가. 운운.

또 내가 어찌 지난날 홍인한을 처분한 전교를 말하지 않을 수 있겠는가. 자궁께서 대의로써 나에게 권면하였으므로 내가 명을 듣고 감읍(感泣)하였다. 자궁께서 이미 홍인한에게 은혜를 끊었으니 자전께서도 또한 어찌 김구주에게 은혜를 끊지 않겠는가. 운운.

대저 김구주의 죄가 이것밖에 없다고 하는 것은 아니나 또한 차마 더 말할 수는 없다. 다만 상소문에 나온 작은 일로써 말한 것은 내가 차마 또 하나의 외척을 죽일 수 없기 때문이다. 이미 자궁에게 슬픔을 끼쳤는데 또 자전에게 차마 슬픔을 끼쳐

드릴 수는 없다. '슬픔을 끼친다[貽慼]'는 두 글자에 나의 깊은 뜻이 있으니, 경들은 모두 알아야 할 것이다."

정이환을 방귀전리(放歸田里)[208]하자, 대간 김종수(金鍾秀)[209]가 상소하여 구원하였다.

(9월) 12일에 비망기를 내려 외척이 서로 공격하는 화(禍)를 분명하게 유시(諭示)하면서, 김구주가 당초 정후겸과 죽음을 같이할 친구가 되어, 힘을 합쳐 홍봉한을 공격한 일에 대해 언급하였다. (주상이) 말하기를,

"신묘년(1771, 영조 47) 2월 5일, 대가(大駕)가 옛날 사저[舊邸, 창의궁(彰義宮)]로 나간 밤에 김한기와 정후겸은 내가 어가를 수행하지 않은 것을 엿보고서 그 사이를 틈타 사사로이 뵙고 임금을 현혹시킨 것이 이르지 않은 것이 없더니 결국 대궐을 호위하는 조처가 있었는데, 깊은 밤 시간이었다. 오직 성덕에 혹 허물이 갈까 두려워하여 내가 대비전으로 나아가 아뢰기를,

'비록 사람을 죽이는 일이 급하기는 하나 봉조하가 이미 왕손(王孫)을 추대하려는 자취가 없습니다. 그런데 전고에 없는 이러한 변란을 일으키고도 스스로 위로 성덕에 누가 됨을 깨닫지 못하니 이 무슨 거조입니까. 급히 승후인(承候人)[210]에게 글을 내려서 이 사태를 진정시켜 성덕을 빛나게 하소서'라고 하였다.

두세 차례 우러러 아뢰어 겨우 대답을 들을 수 있었다. 11월에 이르러서야 주상의 마음이 크게 풀렸다"라고 하였다. 또 말하기를,

"신묘년(1771, 영조 47) 봄에 이미 봉조하를 죽이지 못하게 되자 그해 가을에 내외를 선동하니 [한유와 심의지의 일이 있었다] 그 혼란스러움을 견딜 수 없었다. 또 모년의 망극하여 차마 들을 수 없는 말로써 으름장을 놓은 일에 대해서는 내가 세세히 말하지 않겠다.

내가 9월 22일에 조정에서 김한기를 불러서 만나보고 면전에서 누누이 유시한 것이 있는데, 정이환의 상소에 대한 비답 가운데 윗 단락의 말뜻이 그것이다.[211] 이에 이르러 두 계책[212]을 또한 이루지 못하자 임진년(1772, 영조 48)에 또 상소를 올렸다.

---

208. 방귀전리(放歸田里): 유배보다 한 등급 아래의 가벼운 형벌. 벼슬을 삭탈하고 고향으로 내쫓는다.
209. 김종수(金鍾秀, 1728~1799): 본관 청풍(淸風), 자 정부(定夫), 호 진솔(眞率)·몽오(夢梧). 우의정 구(構)의 증손. 우의정·좌의정 등을 역임. 남인 채제공(蔡濟恭)과 함께 정조대 탕평정국을 주도하였다.
210. 승후인(承候人): 승후관(承候官). 임금의 기거와 안부를 묻던 벼슬. 종친이나 임금의 외척 중에서 임명되었다.
211. 정이환의 …… 그것이다: '일물(一物)', 즉 뒤주에 관한 것을 말한다. 자세한 것은 본편 7번 기사에 보인다.
212. 두 계책: 하나는 홍봉한이 왕손을 추대하여 역모를 꾀했다는 것이고, 또 하나는 뒤주에 관한 것이다. 이에 대한 자세한 내용은 본서 「원편」 하, 67·68번 기사에 보인다.

그 상소 중에 한 단락은 어찌 선대왕에게 진달할 수 있는 것이며, 또한 나를 저군(儲君, 세손)으로 여긴다면 어찌 감히 글에 쓰기를 이처럼 방자하게 한단 말인가.

그런데 한 번으로 오히려 부족하여 내가 왕위에 오른 뒤에 정이환의 상소가 또 나왔다. 그가 봉조하에게 죄를 더하고자 하나 무사할까 걱정하여 또한 이 차마 들을 수 없는 말을 제기한 것이다.[213] 내가 이덕사와 이일화 무리를 처분한 것이 과연 어떤 의리인가. 오늘 나에게 북면(北面)하여 신하 된 자가 한 글자나 반 마디라도 다시 꺼낸다면 이는 선왕의 역신(逆臣)이요, 선친의 역신이요, 과인의 역신이다. 운운."

31. 무자년(1768, 영조 44)과 기축년(1769), 신묘년(1771, 영조 47)과 임진년(1772) 이래 홍인한과 김구주의 당은 번갈아 서로 진퇴하였는데, 모두 정후겸이 경중을 저울질한 데 따른 것이었다. 을미년(1775, 영조 51)과 병신년(1776)에 세손이 대리청정할 때는 김구주의 세력이 컸기 때문에 정후겸과 홍인한의 무리들이 편안하지 못하여 반드시 방해한 뒤에야 그만두려고 하였다. 윤양후(尹養厚)가 "오직 김씨가 뜻을 얻는 것을 두려워했다"고 말한 것이 그 실정(實情)이었다.

(정조) 즉위 초에 김구주의 자급을 올려주었고, 정이환의 무리들 또한 발탁하여 등용하였으나, 홍인한과 정후겸 등 여러 역적은 (대리청정을 방해한) 그 죄로 복주(伏誅)되었다. 곧 김구주의 당도 마침내 죄를 얻기에 이르자, 혹자가 말하기를,

"대리청정한 뒤에 상소한 일, 이덕사가 죽임을 당한 것 등은 모두 김구주의 위협에서 나왔으며, 김구주가 죄를 얻은 까닭도 여기에서 나왔다"고 했다 한다.

김구주와 정이환에 대한 정조의 조처를 비판하는 한후익의 상소

32. 정언(正言) 한후익(韓後翼)[214]이 상소하여 임금에 대해 극언하면서 심술(心術)의 은미한 부분에 대해 언급하였다. 또한 김구주와 정이환의 일을 함께 논하였다. 주상이 너그럽게 비답하였다.

장령(掌令) 윤재순(尹在醇)[215]이 발계(發啓)하여 잡아다 국문하기를 청하였으나, 주

---

213. 이 차마 …… 것이다: 사도세자 추숭에 관한 내용을 말한다.

214. 한후익(韓後翼, 1740~1777): 본관 청주(淸州), 자 경이(敬以). 1776년(정조 즉위년) 11월 21일 상소하여 김구주를 찬배(竄配)한 것에 대해 논하였는데, "기사(機事)는 이미 지나갔지만 기심(機心)은 아직 남아 있습니다"라고 하면서 정조의 조처가 적절하지 않았다고 지적하였다. 1777년(정조 2) 7월 18일 홍양해(洪量海)·심혁(沈鍈)과 함께 복주(伏誅)되었다.

상이 (윤재순의 계사가) 체통에 맞는 말이라고 인정하였지만, (한후익 상소의) 문자를 트집 잡는 것은 맑은 조정의 아름다운 일이 아니라며 윤허하지 않았다. (한후익의) 상소에서 말하였다.

"아, 전하께서 즉위하신 이래 정신을 가다듬어 잘 다스리기를 도모하여 새벽에 일찍 일어나 국가의 재난을 근심하며 정무(政務)를 부지런히 살피셨습니다. 큰 강령을 세워서 온갖 조목을 거행하는 일에 극진하게 힘쓰지 않은 것이 없었으니, 의당 새로운 효험이 점점 드러나고 묵은 폐단이 다 없어져야 하는데, 돌아보면 그렇지 않습니다.

조정에서는 구습(舊習)이 그대로 있어 아첨하는 풍조가 왕성하고 윗사람의 비위를 맞추는 것을 능사로 삼아 세도(勢道)만을 찾아 앞다투어 달려가 빌붙고 있습니다. 비록 국가를 혼란에 빠트리는 역적이 참형에 처해져도 의리가 아직 크게 밝아지지 않고, 탐오가 징계되어도 사유(四維)[216]가 오히려 신장되지 않은 것을 걱정합니다. 기강이 날로 무너지고 풍속이 날로 쇠퇴하여 내부가 썩어 봇물 터지듯 무너져내리는 것이 아침이 아니면 저녁에 닥치게 되어 다시는 어느 한 가지 일도 전하의 뜻을 펼 수 없게 된 것은 무슨 이유입니까? 이는 전하께서 채택한 방책이 밝지 못하고 추진하여 행하는 데에 성실함이 없어 근본을 바르게 하는 정치를 하지 못하였기 때문입니다.

아, 천하의 일은 근본이 있고 말단이 있으며 큰 것이 있고 작은 것이 있는데, 근본을 바로잡으면 말단은 저절로 다스려지는 것이며 큰 것을 거행하면 작은 것은 따라서 거행되는 것이 필연의 이치입니다. 그런데 전하께서 정치하는 것은 이와 달라서 근본은 버려두고 말단만 다스리며 큰 것은 뒤로하고 작은 것을 먼저 하고 있습니다.

시험 삼아 큰 것을 가지고 말하자면, 천하를 다스리고 풍속을 바로잡는 데에는 인재를 얻는 것을 근본으로 삼는 것이니 오늘날의 급선무가 무엇이 이보다 크겠습니까. 그런데 전하께서는 청렴하고 곧은 사람 하나를 장려한 적도 없고, 어질고 유능한 사람 하나를 구한 적도 없이 밤낮으로 마음을 쓰는 것은 오직 문풍(文風)을 진작하고 간사한 정상을 살펴서 막는 데 있었습니다.

음풍농월(吟風弄月)하는 것으로써 어떻게 이미 무너진 풍속을 구제하고 형명(刑名)과 법술(法術)로 어떻게 누적된 고질적인 폐습을 고칠지 신은 알지 못하겠습니다. 이

---

215. 윤재순(尹在醇, 1730~?): 본관 파평(坡平). 1768년(영조 44) 문과 급제. 정조 초반 대간으로서 김종수를 공격하는 상소를 올리기도 하였으나, 역적 조시위(趙時偉)의 친족이라는 이유로 벼슬에 나가지 못하였다.
216. 사유(四維): 나를 다스리는 데 필요한 예(禮)·의(義)·염(廉)·치(恥)의 네 가지.

에 문장만을 화려하게 꾸미는 경박한 무리들이 나와서 뜻을 받들어 따르면서 구차스럽게 용납되려는 풍조만 왕성하니, 그 폐단은 장차 (문풍을) 진작시키지 않고 (간사한 정상을 살펴서) 막지 않은 것보다 낫지 않을 듯합니다.

사람을 기용하는 법은 재덕(才德)을 크게 여기고 문벌(門閥)을 작게 여기며 보거(保擧)[217]를 먼저 하고 두루 시험해보는 것은 뒤로해야 하는 것입니다. 전하께서는 사람을 기용할 적에 이렇게 하지 않고서 단지 그 가문의 세력만을 따지고 인물의 현부(賢否)는 따지지 않으며, 공의(公議)는 묻지 않고 먼저 작위(爵位)를 가지고 시험하시니 지난날 한두 사람이 낭패를 본 것은 오로지 이 때문인 것입니다. 따라서 조급하게 다투어 진출하려는 풍습이 더욱 자라나고 어질고 유능한 사람이 나아갈 길은 더욱 막히게 되었습니다.

과거의 폐단을 개혁하려면 마땅히 사습(士習)을 바로잡고 시험을 주관하는 사람을 선택하는 것을 근본으로 삼아야 하는데, 전하께서는 이렇게 하지 않고 단지 과거 시험장 사이에서 응시자들을 조절하는 것에만 힘쓰셨습니다. 저 응시자들은 누적된 습관이 이미 고질이 되어 있으므로 그 계책이 먹혀들지 않게 되고 그들의 마음도 고쳐지지 않고 있습니다. 한번 사심(私心)에 따라 상응하는 주시관(主試官)을 만나게 되면 물색(物色)으로 선발하는 폐단을 장차 무슨 방도로 막을 수 있겠습니까.

그리고 전하께서는 매양 만승(萬乘)의 지위에 있으면서 아래에 있는 담당 관원[有司]의 일을 행하시고, 만기(萬機)의 모든 일은 버려두고 몸소 시권(試券)을 살피시니, 설령 이로 인하여 과거의 폐단이 영원히 혁파된다고 하더라도 양옹(楊顒)이 직분(職分)을 침범한다고 한 경계[218]를 생각하지 않을 수 있겠습니까.

탐장(貪贓)을 징계하는 데 있어서는 염치를 힘쓰게 하고 보천(保薦)을 엄히 하는 것으로 근본을 삼아야 하는데, 전하께서는 이렇게 하지 않으시고 오직 엄한 법으로 심각하게 다스리는 것만을 힘쓰고 있습니다. 형벌의 위엄은 단지 한때의 악을 징계할 뿐 그 폐단의 근원을 영원히 방지할 수는 없습니다.

그리고 대부(大夫) 이상에게는 형벌을 가하지 않는데, 조사(朝士)에게 으레 장(杖)을 치는 법은 실로 명나라의 옛 제도에 근본한 것입니다. 지금 엄한 장형(杖刑)을 가

217. 보거(保擧): 관리를 임명할 때 재주가 있거나 공로가 많은 사람을 자기가 책임지고 임금에게 천거하던 일. 곧 거주(擧主)가 후보자를 보증·천거하던 일이다.

218. 양옹(楊顒) …… 경계: 양옹은 제갈량의 친구였는데, 제갈량이 친히 문서를 처리하자 양옹이 간하기를, "앉아서 도(道)를 논하는 이를 재상이라 이르고, 일어서서 일을 행하는 자를 유사(有司)라 한다"고 경계하니, 제갈량이 사과하였다고 한다.

하는 것이 그들 스스로 취한 결과이기 때문에 애석하게 여길 것이 없기는 합니다만, 유독 청명한 조정의 충후(忠厚)한 풍습을 손상시키지 않겠습니까.

역적을 토죄하는 한 가지 일에 이르러서는 더욱 명분을 바르게 하는 것으로 근본을 삼아야 합니다. 그런데 전하께서는 특별히 자궁(慈宮)의 처지를 생각하여 모흉(某凶, 홍봉한)의 생명을 온전히 보전시키려 하시는데, 이는 실로 천리와 인정에 있어 그렇게 하지 않을 수 없는 것이기는 합니다. 하지만 대리청정을 저지한 것은 홍인한의 무리가 홀로 추진할 수 있는 것이 아니니, 모흉이 거괴(巨魁)라는 것은 묻지 않아도 알 수 있는 것입니다. 그런데도 전하께서는 명분을 바로잡아 죄를 성토하지 않고 단지 그 지엽(枝葉)만을 다스림으로써 나라 사람들로 하여금 주모자가 누구인지 밝게 알지 못하게 하고 계십니다.

게다가 그는 더없이 흉악한 자로서 선조(先朝)에게 죄를 범하기에 이르렀는데도 여태껏 그 관작을 보존하고서 보통 사람과 다름없이 편안히 거주하게 하고 있습니다. 이것이 어찌 전하께서 삼가 종묘를 받드는 뜻이겠습니까. 시비(是非)가 분명하지 않아 민심이 안정되지 아니하여 사세를 관망하는 자들이 아직도 많음에 따라 화기(禍機)가 잠복되어 있으니, 이것이 매우 두려워해야 할 일이 아니겠습니까.

그리고 전하께서 김구주를 찬배시킬 때 사감(私憾)에 의하여 토역한 것을 그가 지은 죄의 한 단서로 삼았는데, 이 또한 신이 이해할 수 없는 점입니다. 김구주가 모흉과 하나가 된 것은 실로 경인년(1770, 영조 46) 이후였습니다. 그전에는 별로 말할 만한 불화의 단서가 없었으니 사감의 유무(有無)는 신이 진실로 모르겠습니다. 단지 그의 기국(器局)이 작고 식견이 얕아서 일을 만들기 좋아하고 자신의 의견만을 주장하기 때문에 토죄함에 있어 올바른 도리에 의거하지 않은 것이 많았던 탓에 상하의 의심을 초래한 것입니다.

설령 사감으로 토죄했다고 하더라도 의거한 논리가 진실로 대의(大義)에 합치된다면 전하께서는 단지 그 의리만 허여하면 될 뿐이니, 그 마음을 따질 것이 뭐 있겠습니까. 춘추의 의리에 의하면 난신적자는 사람마다 베어버릴 수 있게 되어 있는데, 사람마다 베어 버림에 있어 어찌 반드시 모두 올바른 공분(公憤)에서 나와서 털끝만큼도 사심(私心)을 품은 것이 없을 수 있겠습니까. 그런데도 성인(聖人)이 허여한 것은 특별히 천하 사람의 마음이 공적인 경우는 매우 적고, 사적인 경우가 매우 많기 때문입니다.

그렇다고 공적인 경우에는 토죄하게 하고 사적인 경우에는 토죄하지 못하게 한다면, 장차 난적(亂賊)과 대역(大逆)을 토죄할 수 있는 때가 없게 될 것입니다. 그래서 의(義)를 내세우되 그 마음의 공사(公私)는 묻지 않았던 것입니다. 만일 전하의 하교처럼 난적에 대해서 사감을 품고 있는 사람은 토죄할 수 없게 한다면, 이 뒤로는 세상이 다 함께 아는 공정한 군자가 아니면 다시는 난적을 토죄할 수 없게 될 것입니다.

더구나 마음의 공사는 다른 사람으로서는 헤아리기 어려운 점이 있는데, 만일 공적인 것을 가리켜 사적인 것이라 하고 사적인 것을 가리켜 공적인 것이라고 한다면 임금이 장차 어떻게 분변하겠습니까. 그리하여 소인은 죄를 받을까 두려워하고 군자는 혐의하여 피하게 되면 천지 사이에 장차 토역하는 한 가지 일은 없어지게 될 것이니, 이것이 어찌 작은 일이겠습니까.

정이환은 명상(名相)[219]의 후손이지만 사람됨이 오활하고 망령스러워, 이것을 지적하여 말하는 사람도 있었습니다. 그런데 전하께서는 두루 시험하여 보지도 않은 채 하루아침에 갑자기 승진시켰으니, 이미 어진 사람을 등용할 때 마지못해서 하는 것같이 한다는 의의에도 흠결이 있는 조처였습니다.

그러나 그의 강직한 성품과 숨기지 않고 과감히 말하여 시끄러운 것을 꺼리지 않는 것은 세상에서 비위나 맞추면서 시키는 대로 받들어 따르는 사람과 견주어볼 때 어질 뿐만이 아닙니다. 그가 한 말이 반드시 모두 의리의 당연함에 합치되는 것은 아니었지만 전하께서 이미 포용하여 용서하고 또 재상의 반열에 두셨습니다.

그런데 이제 이미 지난 일을 추후에 거론하여 출척(黜斥)시켰으니, 어쩌면 전후의 거조가 이토록 전도된단 말입니까. 정이환과 김구주가 서로 친한 것은 특별히 의리가 같고 기미(氣味)가 비슷하기 때문입니다. 따라서 친애하는 데 빠졌다고 하는 것은 그래도 가능하지만 그의 사인(私人)이라고 하는 것은 결단코 실정 밖의 지목입니다. 만일 그들이 서로 친한 것을 가지고 사인이라고 해버리면, 전하께서 당초 발탁하여 등용한 것은 이름난 할아버지의 손자라는 것에 불과해집니다.

그의 선조(先祖)인 죽은 상신(相臣) 정철(鄭澈)[220]이 청양군(靑陽君) 심의겸(沈義謙)[221]

---

219. 명상(名相): 정철(鄭澈)을 가리킨다. 또한 정호(鄭澔)가 정이환의 증조부다.

220. 정철(鄭澈, 1536~1593): 본관 연일(延日), 자 계함(季涵), 호 송강(松江). 기대승(奇大升)·김인후(金麟厚)의 문인이다. 우의정 등을 역임. 1589년(선조 22) 정여립(鄭汝立) 모반사건이 일어나자 최영경(崔永慶) 등을 다스리면서 동인들을 다수 추방했다. 세자를 세우는 문제가 일어나 이산해(李山海)와 함께 광해군의 책봉을 건의하였다가 선조의 노여움을 사서 파직되었다.

221. 심의겸(沈義謙, 1535~1587): 본관 청송(靑松), 자 방숙(方叔), 호 손암(巽菴)·간암(艮菴)·황재(黃齋). 명종의 비 인순왕후(仁順王后)의 동생. 이황(李滉)의 문인. 김종직(金宗直) 계통의 신진세력인 김효원(金孝元)과 갈등을 빚으면서 사림(士林)이 동서로 분열되었다. 심의겸을 중심으로 모인 사람들을 서인이라

과 함께 윤원형(尹元衡)[222]을 공격하였습니다. 그의 조부(祖父)인 죽은 상신(相臣) 정호(鄭澔)[223]는 죽은 상신 민진원(閔鎭遠)[224]과 함께 오흉(五凶)[225]을 공격했는데, 정철과 심의겸, 정호와 민진원은 모두 막역한 교분을 맺고 있었습니다. 그렇다고 정철을 심의겸의 사인(私人)이라고 할 수 있겠으며, 정호를 민진원의 사인이라고 할 수 있겠습니까.

전하께서 그의 선조와 후손 가운데 하나는 취하고 하나는 버리는 것은 무슨 까닭입니까. 처지가 서로 핍박되는 경우에는 사감의 혐의를 피하여 난적을 토죄할 수 없고, 서로 친했던 사이일 경우에는 사인이라는 혐의를 피하여 역적을 토죄할 수 없다면 천하에 어찌 이런 이치가 있을 수 있겠습니까.

어리석은 신이 죽을 죄를 무릅쓰고 망령되이 생각하기에, 전하께서는 총명이 뛰어나시지만 학문에 힘쓰는 데는 방법이 어긋나 있기 때문에 매일의 공부 과정이 단지 해박하고 널리 아는 것에만 있었을 뿐이어서 제왕(帝王)의 학문은 본디 힘써야 될 것이 있다는 것을 모르고 있습니다. 『대학(大學)』의 격물(格物) · 치지(致知)의 공부에 대해 실제로 체득한 것이 없기 때문에 모든 작위(作爲)에 있어 사사로운 지혜에만 의존하고 천칙(天則)을 따르지 않는 경우가 많아서, 늘 성학의 법도와 어그러지고 사리의 당연함에 합치하지 않습니다. 이것이 바로 신이 말한바, '채택하는 방책이 분명하지 않다'는 것입니다. 성척(星尺)[226]이 정밀하지 않으면 운용(運用)이 반드시 어긋나는 것이니, 신은 이것을 가지고 사물을 헤아려서는 어디서든 사의(事宜)에 맞게 할 수 없

고 불렀다.

222. 윤원형(尹元衡, ?~1565): 본관 파평(坡平), 자 언평(彦平). 중종의 계비 문정왕후(文定王后)의 동생. 세자(世子, 인종)를 폐위하고 문정왕후의 소생인 경원대군(慶原大君) 환(峘)을 세자에 책봉하려는 모의를 진행하면서 세자의 외숙 윤임(尹任)과 알력이 생겼다. 을사사화를 일으켜 윤임 일파를 제거하고, 형인 원로(元老, 대윤)와의 다툼에서도 이겼다. 1547년 양재역 벽서(良才驛壁書) 사건을 계기로 대윤의 잔당마저 숙청하였다. 1563년 영의정에 올라 영화를 누리다가 1565년(명종 20) 문정왕후가 죽자 실각해 관직을 삭탈당하고 전리(田里)로 방귀되었으며, 강음(江陰)에 은거하다가 죽었다.

223. 정호(鄭澔, 1648~1736): 본관 연일(延日), 자 중순(仲淳), 호 장암(丈巖). 철(澈)의 현손. 송시열의 문인. 1689년 기사환국으로 인현왕후가 폐출되고 송시열이 사사(賜死)되자, 경성에 유배되었다. 1717년 소론의 반대를 물리치고 세자(世子, 경종)의 대리청정을 시행하도록 했다. 신임옥사로 노론 4대신과 함께 파직되어 강진으로 유배되었다. 영조 즉위 후 신임옥사로 죽은 노론 4대신의 신원(伸寃)을 누차 상소했으며, 좌의정을 거쳐 영의정이 되었다. 1727년 정미환국으로 관직에서 물러났다.

224. 민진원(閔鎭遠, 1664~1736): 본관 여흥(驪興), 자 성유(聖猷), 호 단암(丹巖) · 세심(洗心). 숙종비 인현왕후의 오빠, 우참찬 진후(鎭厚)의 동생. 송시열의 문인. 당쟁을 종식시키려는 영조의 노력에도 불구하고 그는 끝까지 소론과 타협하지 않고 소론을 배격하는 노론의 선봉장으로 활약하였다.

225. 오흉(五凶): 조태구(趙泰耉) · 유봉휘(柳鳳輝) · 이광좌(李光佐) · 최석항(崔錫恒) · 조태억(趙泰億) 등 경종대 소론 정승 5명을 가리킨다.

226. 성척(星尺): 별을 헤아리는 기구.

을 것이라고 생각합니다.

아, 성(誠)은 사람을 완성하는 근본이며 사물의 시작과 끝입니다. 그러므로 성(誠)이 있으면 물(物)이 있고, 성이 없으면 물이 없는 것입니다. 군주의 마음에 하나라도 진실되지 않은 것이 있으면 비록 일을 이루어도 또한 이루어짐이 없는 것과 같으니, 이것이 자사(子思)[227]가 『중용(中庸)』의 글에 반복하여 말하기를 그치지 않은 까닭입니다. 하물며 군주는 높고 높은 몸으로 궁중의 깊은 곳에 처해서도 사방에 기준을 세우고 모든 교화의 근원이 되는 것은 모두 이 성(誠)에 있는 것입니다. 백 가지 폐단을 모두 거론하여 모든 절목이 반드시 펴지더라도 하나라도 진실되지 않은 것이 있으면 겉보기만 그럴 듯하고 바탕은 없어져서, 판결을 내려도 따르지 않고, 집안에서조차도 명령이 행해지지 않을 것입니다. 어찌 그 새로운 풍속과 교화의 아름다움이 일어나기를 바라겠습니까.

전하께서는 춘궁(春宮)에서 덕을 배양하신 지 15년이나 되어 아름다운 명성이 일찍부터 드러났으므로 온 나라에서 목을 길게 빼고 기다려왔습니다. 따라서 청정(聽政)한 이후부터 신민(臣民)들이 크게 기대하고 중외(中外)가 눈을 닦고 바라며, 모두 요순의 교화를 손꼽아 기다릴 수 있다고 하였습니다.

어찌하여 즉위한 이래 교화시켜 훈도(薰陶)한 것이 확 드러나는 효험이 없어, 아랫사람을 다스릴 때는 (잘못된 생각을) 전도(顚倒)시키는 지혜를 쓰고, 일을 꾸밀 때는 권의(權宜)의 방책을 시행하는 것이 전후가 다르고 표리가 같지 않아서, 성문(聖門)의 성의(誠意) 정심(正心)의 학문과 상반(相反)되기에 이르렀습니까.

비록 토역의 대의 같은 것이라도 오히려 반드시 이러한 방책을 쓰시려고 합니다. 처음에는 역절(逆節)이 드러나지 않을까 우려하여 임금을 무시한 죄악을 이미 드러내놓고, 끝에 가서는 법을 굽혀 살려주기 위해 원대한 앞날을 우려한 충성임을 허여하셨습니다. 청정(聽政)을 저지한 역적은 결국 반드시 베어야 하는 것이라면 앞서는 어찌하여 왜곡되게 용서하였으며, 징토(懲討)하기를 청한 것에 대해 처음에 이미 죄를 주었는데 뒤에 가서는 어찌하여 따랐습니까. 심지어 역당의 토죄에 이르러서는 하찮은 죄로 허물을 꾸짖어 처벌하여 실제의 죄범에 의하지 않은 것이 많았습니다. 또 그 사이에 요행히 면한 자와 불행히 면하지 못한 자가 있었으니, 이렇게 하고도 어떻게 국시(國是)를 정하고 인심을 감복시킬 수 있겠습니까.

---

227. 자사(子思, B.C. 483~B.C. 402): 중국 전국(戰國)시대 노나라 사람. 이름은 급(伋)이며 공자의 손자. 저서로 『중용(中庸)』이 있다.

영건(營建)의 일이 비록 그만둘 수 없는 것이지만 혹 시급하지 않은 일도 있는데 균이 한꺼번에 하시고, 대곡(代穀)을 청한 것은 원래 아랫사람을 이롭게 하자는 뜻에서 나온 것이므로 본래 죄가 될 만한 일이 아닌데 체직하고 파직하는 데까지 이르렀습니다.[228]

전하께서 재물을 아끼고 백성을 사랑하는 뜻은 내리신 조칙 사이에 여러 번 드러났지만, 처음에 펼치려던 정치와는 이미 이처럼 서로 부합할 수 없어서, 신은 위징(魏徵)이 십점소(十漸疏)[229]를 올려 탄식한 것을 정관(貞觀, 627~649) 10년이 되도록 기다릴 것도 없었다고 생각합니다. 한나라 명제의 이목은 숨겨진 것을 밝혀냈고,[230] 위군(衛君)[231]은 은미한 것을 잘 살폈지만, 이것은 말세에 경계하고 꾸짖는 방법이지 성왕(聖王)이 성(誠)을 실천하는 도는 아닙니다. 길거리에 돌아다니는 말이 혹 전하를 이렇게 의심하고 있는데, 이 어찌 신민이 성명(聖明)한 전하에게 바라는 것이겠습니까. 의심스러우면 맡기지 말고, 맡겼으면 의심하지 말라는 것은 아랫사람에게 임하는 방법입니다. 전하께서 그를 의심한다면 어째서 맡겼으며, 이미 맡겼다면 또 어찌

---

228. 대곡(代穀)을 …… 이르렀습니다: 적곡(糴穀)을 대봉(代捧)하는 잘못을 답습한 죄를 물어 충청도 관찰사 서유신(徐有臣)을 파직한 일을 말한다. 1776년(정조 즉위년) 10월 8일(병오) 실록기사 참조. 대봉은 다른 물건으로 바꾸어 바치는 일이다. 가령 환곡(還穀)에서 빌린 곡식 대신 다른 곡식으로 갚을 수 있게 한 것이다.

229. 십점소(十漸疏): 십점불극종소(十漸不克終疏). 당나라 태종의 정관(貞觀) 13년(639) 간신(諫臣) 위징(魏徵)이 태종을 책려(責勵)한 열 가지 조목. 즉 만 리 외방에 사신을 파견하고, 백성을 노역(勞役)시켜 수고롭게 하며, 군자를 멀리하고 소인을 가까이하며, 기이한 물건에 마음을 쏟고, 사냥을 즐기고, 간언(諫言) 듣기를 싫어하고, 백성을 무육(撫育)하는 데 게을리한다는 등 열 가지 조목을 들어 극진히 간쟁하였다. 태종이 기꺼이 받아들여 이것을 병풍에 써놓고 조석으로 보면서 경계하였고, 사관(史官)을 시켜 기록하게 해서 후세 군신(君臣)의 분의(分義)를 알게 하였다.

230. 명제의 이목은 …… 밝혀냈고: 후한(後漢) 명제(明帝) 영평(永平) 13년(70)에 초왕(楚王) 유영(劉英)의 옥사, 이른바 '초옥(楚獄)'이 있었다. 광무제(光武帝) 유수(劉秀)의 여섯째 아들인 초왕 유영은 불교를 독실하게 신봉하였다. 이에 연광(燕廣)이란 자가 유영이 불교를 신봉한다는 명목으로 도서(圖書)를 조작하여 모반을 꾀하고 있다고 투서하였다. 명제가 관리를 파견하여 사실을 조사하게 하였는데 돌아온 관리가 유영이 간악한 무리를 모으고 도참(圖讖)을 날조하여 제위(帝位)를 찬탈하려 하고 있다고 보고하였다. 명제는 유영의 봉작(封爵)을 박탈하고 그를 단양(丹陽)의 경현(涇縣)으로 옮기도록 하였는데 유영은 단양에 이르러 자살하였다. 공범으로 지목된 왕평 · 안충 등이 낙양(洛陽)의 옥중에서 모진 고문을 이기지 못하고 거짓 진술을 하는 바람에 무고한 연루자가 수천 명에 이르렀다. 명제는 증거 여부를 가리지 않고 연루된 자들을 혹독하게 다스리게 하였고, 옥사를 맡은 관리들도 명제의 뜻에 영합하여 수많은 억울한 옥사를 만들어내었다. 후에 이로 인해 죄 없이 억울하게 옥에 갇히는 것을 '초옥'이라고 하였다. 그런데 뒤에 명제가 한랑(寒朗)의 말을 채택하여 초옥(楚獄)의 원통함을 다스리자 오랫동안 가물다가 즉시 비가 왔다고 한다.

231. 위군(衛君): 춘추시대의 위 문공(衛文公). 이름은 훼(燬). 적(狄)이 위나라를 멸망시키자 제 환공(齊桓公)은 적을 정벌하고, 초구(楚丘)에 성을 쌓아 위나라를 다시 세우고 문공을 임금으로 세웠다. 문공은 대포(大布)의 옷을 입고, 대백(大帛)의 갓을 쓰고, 백성과 고락(苦樂)을 함께하여 위나라를 부흥시켰다. 그렇지만 『시경(詩經)』에는 위 문공이 예의(禮義)가 없다고 나무라는 시가 있다[용풍(鄘風) 상서(相鼠)].

의심하십니까.

대신과 대각(臺閣)을 복심(腹心)으로 삼지 않으면, 근습과 편폐(便嬖)[232]가 이목이 됩니다. 사대부로서 독서하여 의를 아는 자도 오히려 믿기에 부족한데, 천례(賤隷)로서 이익은 알지만 의리를 모르는 자를 또 어찌 믿겠습니까. 신은 그 말류의 폐단이 다만 상하가 서로 의심하는 데 그칠 뿐 아니라, 나랏일이 해이해지는 것이 두려울 뿐입니다. 이것이 바로 신이 말한 '미루어 행하나 실속이 없다'는 것이니, 마음 하나가 성실하지 않으면 모든 일이 다 헛되어, 다스려서 평안하게 하는 효험이 뒷걸음질치면서 앞에 있는 것을 구하는 것과 다르지 않은 것입니다. 어찌 안타깝지 않겠습니까.

대저 전하께서는 영명(英明)한 자질로 어렵고 걱정스러운 때를 당하여, 환란을 우려한 것이 깊고 원대하였고 처분(處分)은 주밀하고도 상세하였습니다. 따라서 화란을 방지하여 주상의 옥체를 보전하고 흉역을 다스려 종사(宗社)를 편안히 한 것이 모두 혼자서 운용한 신묘한 기략[神機]에서 나왔습니다. 이는 진실로 보통의 군주가 비슷하게 할 수 있는 것은 아닙니다.

그러나 이것으로 한때의 변고에 대비할 수는 있어도 오래도록 시행하는 방책은 될 수 없으며, 위태롭고 의심스러운 때에는 사용할 수 있어도 평상시에는 사용할 수 없는 것입니다. 지금 기사(機事)는 이미 지나갔지만 기심(機心)은 아직도 남아 있어,[233] 계속 마상(馬上)에서 천하를 다스리려 하는 것은 때에 따라 변역(變易)시키고 제도를 개혁하여 정치의 도의를 따르는 데 알맞은 조처는 아닌 것 같습니다.

전하께서 구하고 도우려는 뜻이 부지런하지 않은 것은 아니나, 산림의 선비들이 돌아보며 나오지 않고, 충직한 논의가 귀를 기울여도 들리지 않는 것은 모두 상하가 서로 믿지 않는 데서 연유하며, 전하가 실심(實心)으로 하지 않는 데서 연유합니다. 시험 삼아 지금까지 구언한 교지로 말하면, 전하께서 처음에 충직한 말을 듣고자 하여 조야에 널리 물었으면서도 대각의 신하에게만 구하였으며, 또 몸소 스스로에게 가혹하게 책임을 묻지 않고 여러 신하가 말하지 않은 것을 책망하였으니, 이와 같이 하고도 상하가 서로 믿게 하고자 한다면 어찌 어렵지 않겠습니까.

---

232. 편폐(便嬖): 임금에게 아첨을 잘하여 총애를 받는 시신(侍臣), 혹은 비천한 자를 가리킨다.

233. 기사(機事)는 …… 남아 있어: 한후익은 홍인한의 배후인 홍봉한을 토죄하지 않았다는 이유로 『명의록』에 기심(機心)이 깔려 있다고 비판했던 인물로 김구주의 일당이었다. 한후익과 홍양해 등은 『명의록』, 『속명의록』을 모두 부정했으며, 대리청정 또한 반대파 제거를 위한 함정이라 여겨 세손을 제거한 후에 김구주와 함께 은전군(恩全君) 찬(禶)을 추대하려 모의한 사실이 밝혀졌다. 기사(機事)는 대체로 대리청정, 『명의록』 등의 편찬을 통해 반대파 제거를 의도한 일을, 기심(機心)은 반대파를 제거하려는 마음을 뜻하는 듯하다. 기사(機事), 기심(機心)의 출전은 『장자(莊子)』 외편(外篇) 「천지(天地)」다.

아, 오늘날의 나랏일은 비유하자면 늙은 몸이 새로 큰 병을 앓고 원기가 회복되지 않았는데도 몸조리가 마땅함을 잃어 모든 맥이 막히며 여러 가지 증세가 함께 일어나 비록 편작의 의술로도 손댈 곳을 알지 못하는 것과 같습니다. 만에 하나 회생하는 방법은 오직 양기를 회복하는 것에 있을 뿐이니, 병을 살펴 약을 처방하는 일에 어찌 근본을 버리고 말단을 논할 수 있겠습니까. 이는 신이 아쉽게 여겨 마지않는 것이니, 오직 전하의 심술(心術)이 성실하지 못하여 다른 일에 미치지 못하기 때문입니다. 운운."

(주상이) 답하였다.

"지금 그대의 이 상소는 내가 즉위한 이후 처음 듣는 바른말이라고 할 수 있다. 심술(心術)의 은미한 부분에 대해 언급한 것은 진실로 가상히 여겨 찬탄하는 바다. 단 김구주가 청양(靑陽, 심의겸), 문충(文忠, 민진원)과 같고 정이환을 문청(文淸, 정철)·문경(文敬, 정호)에 빗대는 것에 대해서는, 내 생각에 그 말이 미더운 것인지 모르겠다. 그대의 말이 혹 중도에 지나친 것이 아닌가. 운운. 그 나머지 여러 가지 내가 힘써야 할 일에 대해 아뢴 것은 모두가 나의 증세에 대한 적절한 조제(調劑)이고 무엇보다 우선해야 할 일들이 아닌 것이 없으니, 의당 깊이 유념하겠다. 운운."

장령 윤재순이 (한후익을) 잡아다 국문할 것을 청하는 상소를 발론(發論)하였다. 주상이 말하였다.

"아뢴 내용은 체통에 맞는 말이라고 할 수 있다. 그러나 애당초 한후익을 죄주지 않았던 것은 그의 말이 임금의 잘못에 대해 언급했기 때문이었다. 내가 9월에 하교(下敎)한 것을 믿을 수 없는 것으로 여긴다면 그대들이 비록 즉시 김구주에게 죄를 주는 것을 멈추라고 해도 좋다.

그러나 진실로 군부(君父)의 말을 믿을 수 있다고 여긴다면 합계(合啓)가 바야흐로 한창일 때 은연중 승부를 겨루려는 뜻을 품는 것은 신하의 분수에 있어 당연한 것이 아니다. 예로부터 당을 위해 죽음도 마다하지 않는 사람은 양심이 거기에 빠져버리니, 의리의 마땅함과 마땅하지 않음을 모르는 사람이 또한 어찌 한정될 수 있겠는가. 그러니 저 대간(臺諫)에게만 지나치게 따질 필요가 뭐 있겠는가. '기(機)' 자에 대해 운운한 것을 보고 나도 모르게 놀라움을 느꼈다. '기(機)' 자에도 또한 허다한 여러 가지 뜻이 있는데 이상로(李商輅)가 거론한 부도(不道)한 말[234]과 같은 것이라면 그날

---

234. 이상로(李商輅)가 …… 말: 이상로가 홍지해에게 보낸 서찰에서 정조의 대리청정을 주장한 서명선의 상소를 비판하면서, "기관(機關)이 음비(陰祕)하고, 경상(景象)이 위박(危迫)하다"고 하였다. 1776년(정

로 사형[正法]에 처해도 옳다. 또 기사(機事)를 행하는 사람은 반드시 기심(機心)을 지니고 있다는 등등의 말은 또한 하늘과 태양을 욕한 것이라고 할 수 있다.

저 대간(臺諫)은 이른바 호중(湖中)의 사류(士類)들 가운데 한 사람이라고 하니, 반드시 독서를 많이 했을 것으로 생각된다. 따라서 염계 선생(濂溪先生)[235]이 이른바 선악의 기미[幾]라는 '기(幾)' 자를 '기(機)' 자로 통용하여 말한 것이 아니겠는가. 문자를 들추어내는 것은 청명한 조정의 아름다운 일이 아닌 것이다. 청한 것은 윤허하지 않는다."

자객을 동원하여 궁궐을 범한 홍상범 등의 옥사

33. 홍술해(洪述海)[236]의 처 효임(孝任)[성(姓)은 이씨다]은 그 아들 홍상범(洪相範)[237]과 조카 홍상길(洪相吉)[238]과 자객 용휘(龍暉), 흥문(興文) 등을 모집하여 비수를 가지고 앞장서 궁궐 담장을 넘어 감히 말할 수 없는 곳을 범하려 하였다. 막 넘어들어왔을 때 나졸에게 잡혀 홍상범·상길, 홍지해 등과 함께 사형당했다.

홍계능(洪啓能)[239]은 홍계희의 지친(至親)으로서 '경학(經學)에 밝고 행실이 착한 사람'으로 뽑혀 한쪽 편 사람들이 유현(儒賢)이라 일컫는 자다. 그 또한 홍상길 등이 끌어들여 일찍이 함께 『서경(書經)』「태갑편(太甲篇)」을 강독하며 흉한 말을 한 일이 있

조 즉위) 6월 23일 자 실록기사 참조. 본편 20번 기사에도 보인다.

235. 염계 선생(濂溪先生): 주돈이(周敦頤, 1017~1073). 송나라 학자. 자 무숙(茂叔), 호 염계(濂溪). 송대 도학(道學)의 창시자로 정호(程顥)·정이(程頤)·소옹(邵雍)·장재(張載)와 함께 북송 5자(五子)로 불린다. 그의 사상은 주자에게 계승되어 체계화되었다. 주돈이는 『통서(通書)』에서 "성은 함이 없으나 기미에는 선과 악이 있다[誠無爲, 幾善惡]"라고 하였다.

236. 홍술해(洪述海, 1722~1777): 본관 남양(南陽), 자 중선(仲善). 계희의 아들. 대사성 등을 역임. 1776년(정조 즉위년)에 황해도 관찰사로 재직중 장전(贓錢) 4만 냥, 조(租) 2,500석, 송목(松木) 260주(株)를 사취한 사실이 드러나 흑산도에 위리안치되었다. 이듬해 아들 상범(相範)이 아버지의 치죄에 불만을 품고 홍인한·정후겸 등과 제휴, 정조를 시해하고 은전군 찬(恩全君禶)을 추대하려는 역모를 꾀하였다. 그러나 발각되어 형제 필해(弼海)·지해(趾海)·찬해(纘海) 및 조카 상간(相簡) 등과 함께 주살당하였다.

237. 홍상범(洪相範, ?~1777): 본관 남양(南陽). 할아버지는 계희(啓禧), 아버지는 술해(述海)다. 1776년(영조 52) 아버지가 황해도 관찰사로 있을 때 범인을 은닉한 죄로 해도(海島)로 유배당하게 되자 이에 불만을 품고 전주에서 상경하여 그의 아버지 술해와 숙부 필해(弼海)·지해(趾海)·찬해(纘海) 등과 은전군 찬(禶)을 추대하려는 반역을 꾀하다가 거사 전에 발각되어 광진(廣津)에서 책형(磔刑: 시체를 저자에서 찢어 죽이는 형벌)되었다. 필해는 장형을 맞아 죽고, 술해·지해·찬해 등과 친척, 연루자 모두 복주되었다.

238. 홍상길(洪相吉, 1746~1777): 본관 남양. 자 경승(敬勝). 염해(念海)의 아들. 1777년(정조 1) 은전군 이찬을 추대하려는 역모가 발생하였는데, 홍상범 등과 함께 주모자로 지목되어, 수차례의 국문 끝에 죽임을 당하였다.

239. 홍계능(洪啓能, ?~1776): 본관 남양. 호 신계(莘溪). 아버지는 참봉 우조(禹肇)다. 1750년(영조 26) 우의정 정우량의 천거로 등용되어 1757년 왕손교부(王孫教傅), 1763년 세자시강원 진선 등을 지냈다. 홍인한과 더불어 세손의 즉위를 반대하였다가 1776년 정조가 즉위하자 하옥되어 옥사하였다. 아들 신해(信海)와 조카 이해(履海)도 모두 주살당하였다.

다.[240] 형장을 쳐서 제주에 유배한 뒤에 또 잡아다 국문하였다. 결안(結案)[241]을 작성하라고 명하자, 웃으며 수긍하지 않고 말하기를,

"나같이 젊지 않은 사람이 어찌 결안하고 죽을 수 있겠는가?"라고 하였다.[242]

그 뒤 홍양해(洪量海),[243] 한후익의 옥사가 서로 연이어 일어났다. 호옥(湖獄)[244]이 연달아 이어져 옥사가 없는 세월이 없었는데, 모두 홍계희와 홍계능의 나머지 무리였다. [그 사건은 『명의록』 가운데 있다.]

효임의 옥사 뒤에 주상의 침소 가까이 숙위소(宿衛所)를 설치하고, 홍국영이 도승지 겸 대장이 되어 밤낮으로 숙직하며 잠시도 떠나지 않았으니, 내외의 총애가 기울어져 권력이 군주와 같았다. 또한 후사를 넓힌다는 명분으로 그 누이를 빈(嬪)으로 뽑아 올렸다. 그의 한 마디 말로 생사가 결판나고 출척(黜陟)이 그의 뜻에서 나오자, 온 조정이 벼룩처럼 붙고, 사방에서 달려들어, 권귀(權貴)가 있었던 이래 이런 자가 없었다.

그 숙부인 홍낙순(洪樂純)[245]이 정승이 되었는데, 홍낙순은 30일 동안 홍문관[玉堂]에서 구선복(具善復)[246]과 일을 함께 한 자였다. 영의정 서명선은 또한 서명응의 아우로, 홍국영과 더불어 안팎으로 함께 일하였다. 이때에 모년의리(에 대한 논의)를 극

---

240. 홍계능은 …… 일이 있다: 홍상길(洪相吉)의 공초에 나온 말로 '금상(今上)은 국정(國政)을 잘못한 것이 많다. 추대(推戴)하는 일을 하지 않을 수 없으니, 인조 반정 때의 일과 같이해야 한다'고 말하였다 하며, 추대의 절차를 태갑(太甲)의 고사와 같이해야 한다고 모의했다고 하였다. 1777년(정조 1) 8월 11일(갑진) 실록기사 참조.

241. 결안(結案): 사형에 해당하는 죄를 지은 죄인의 심리(審理)를 끝내고 내리는 선고, 또는 형(刑)을 결정한 문서.

242. 나같이 …… 하였다: 『속명의록(續明義錄)』, 정유년 9월 8일 기사 참조. 『속명의록』은 정조의 명을 받아 1778년(정조 2) 김치인 등 12명이 편찬한 책이다. 이 책은 정조 즉위 초 홍상범 등의 역모사건을 1777년 7월부터 1778년 2월까지 순차적으로 사건의 처결 사항을 상술한 다음, 이에 대한 정신(庭臣)들의 의견을 적은 것이다. 이 책의 전편이라 할 수 있는 『명의록』에서 다루어진 사건들과 밀접한 관련이 있어서 당시 정조의 즉위를 둘러싼 왕실과 외척 사이의 암투와 그 실상을 이해하는 데 좋은 자료가 된다. 이에 의하면 홍계능은 결안을 작성하기 전에 죽었다.

243. 홍양해(洪量海, ?~?): 김구주가 그의 문인이다. 김구주와 함께 은전군 찬을 추대하는 역모를 꾀하다가 복주되었다.

244. 호옥(湖獄, ?~?): 1781년(정조 5) 홍국영의 역모를 도왔다는 이유로 삼사(三司)에서 계속해서 송덕상을 추국하라고 청하였는데, 이때 충청도 유생들이 통문(通文)을 돌려 송덕상을 두둔한 사건이 발생하였다. 이에 관련된 유생들은 처벌하고, 송덕상은 삼수부(三水府)에 안치하였다.

245. 홍낙순(洪樂純, 1723~?): 본관 풍산(豊山), 자 백효(伯孝), 호 대릉(大陵). 홍국영이 정권을 쥐고 세도정치를 하자 그의 큰아버지로서 대제학·강화유수 등을 거쳐, 1779년 좌의정에 이르렀으나 이듬해 홍국영의 실각과 함께 파직되었다. 저서로 『대릉집(大陵集)』이 있다.

246. 구선복(具善復, ?~1786): 본관 능성(綾城), 자 사초(士初). 병조 판서·의금부 판사 등을 역임. 1786년(정조 10) 문효세자가 죽자 상계군(常溪君) 담(湛)을 추대하려다 적발되어 조카 명겸(明謙)과 함께 죽임을 당하였다.

히 엄중하게 막으니, 사람들이 감히 말할 수 없어 제방(隄防)의 재앙이 이로부터 일어났다. 5년이 지나 패망하였다. 그가 권력을 쥐고 있을 때에는 혹은 '도령(都令)'이라고도 하고 '숙위소'라고도 칭하며 감히 이름을 부르지 못했다. 임금의 행차가 있으면 어가의 뒤에 붙어서 방진(方陣)을 짜고 행진하였다. 구경하는 자들이 모두 홍국영을 바라볼 뿐 임금의 얼굴을 쳐다볼 겨를이 없었다. 온 세상을 움직인 것이 이와 같았다. 홍국영이 패망한 뒤에 숙위소 또한 혁파되고 장용위(壯勇衛)[247]가 설치되었다.

은전군 찬이 김구주와 연루되어 죽다

34. 정유년(1777, 정조 1) ○월에 삼왕손(三王孫) 은전군(恩全君) 찬(禶)[248]이 사사(賜死)되었다. 애초 모년(某年) 당시 이찬은 강보(襁褓)에 싸여 있었다. 민간에서 소문나기를 이찬은 중전이 양육하여, 궁중에서 '아지(阿只)'라고 부른다고 하였다. 김구주 무리가 옹호하였다.

신묘년(1771, 영조 47) 은언군(恩彦君) 인(裀)[249]과 은신군(恩信君) 진(禛)[250]이 죄를 받자, 영의정 김치인(金致仁)[251]이 은전군 찬을 위해 특별히 아뢰어 사부를 다시 두었는데, 그로 인해 비난하는 물의(物議)가 일어났다. 김구주가 패망하자 모든 신료가 대궐 뜰에서 호소하여 끝내 은전군 찬을 죽이게 되었다.

---

247. 장용위(壯勇衛): 1785년(정조 11) 7월 훈련도감의 최정예 무사들을 뽑아 만든 국왕 경호부대.
248. 은전군(恩全君) 찬(禶, 1759~1778): 사도세자의 서자, 어머니는 경빈 박씨(景嬪朴氏). 작호(爵號)는 은전군(恩全君). 부인은 군수(郡守) 조성(趙峸)의 딸이다. 1777년(정조 1) 홍술해의 아들 홍상범이 아버지가 황해도 관찰사로 있을 때 범인을 은닉한 죄로 유배당하자 이에 불만을 품고서 아버지 홍술해, 숙부 홍필해·홍지해·홍찬해·호위 군관(扈衛軍官) 강용휘(姜龍輝) 등과 공모하여 정조를 시해하고, 은전군을 왕으로 세우려 했다. 그러나 전흥문(田興文)이 경추문(景秋門) 북쪽 담장을 몰래 넘다 수포군(守鋪軍)에게 붙잡히게 되어 역모가 드러나 홍상범 일당은 모두 복주되었다. 이 일로 은전군은 사사되었다. 1850년 복작되었고, 1871년(고종 8) 3월 16일 효민(孝愍)이라는 시호(諡號)를 추증하였다.
249. 은언군(恩彦君) 인(裀, 1755~1801): 사도세자의 서자. 어머니는 영빈 임씨(暎嬪林氏). 정조의 이복동생. 1786년(정조 10) 아들 상계군((常溪君) 담(湛)이 홍국영에 의해 모반죄로 몰려 자살하자 왕명으로 강화(江華)에 유배되었다. 1797년 강화에서 탈출하려다 체포되어 그곳에 안치되었다. 1801년(순조 1)에 천주교에 연루되어 사사되었다. 손자 철종(哲宗)의 즉위로 신원되었다.
250. 은신군(恩信君) 진(禛, 1756~1771): 사도세자의 서자. 어머니는 숙빈 임씨(肅嬪林氏). 정조의 이복동생, 흥선 대원군의 할아버지. 1771년 김구주 일당의 무고로 형 은언군 인(裀)과 함께 관작을 삭탈당하고, 그 뒤 제주에 위리안치되어 병사하였다.
251. 김치인(金致仁, 1716~1790): 본관 청풍(淸風), 자 공서(公恕), 호 고정(古亭). 징(澄)의 증손, 우의정 구(構)의 손자, 영의정 재로(在魯)의 아들. 좌의정·영의정 등을 역임. 1772년(영조 48) 당파를 조성했다는 죄로 유배되었다. 정조대 『명의록』 편찬을 주관하고, 1785년(정조 9)에는 『대전통편(大典通編)』 편찬을 주관하였다.

이때 은전군 찬의 나이는 16, 7세였다. 도성문을 나설 때 돌아보며,

"어디로 가야 하나?"라고 하였다. (죽으라는) 명을 받고 나서는 벽을 돌면서 울부짖으며,

"내가 무슨 죄인가?"라고 말했다고 한다.

역적의 토벌을 주장하는 이복원의 상소

35. 모년에 형조 판서 이복원(李福源)[252]이 상소하여 제방(隄防)의 의리를 성대하게 의론하였다. 그 상소는 대략 다음과 같다.

"아, 우리 성상께서 처하신 것은 천하의 지극한 변괴이고 지키신 것은 천하의 지극히 바른 것이며, 인의 지극한 것이며, 의리를 다한 것이었습니다. 효가 널리 빛나고 덕이 더욱 높습니다. 신은 삼가 병신년 3월 즉위하실 때 맨 먼저 내리신 윤음을 읽어 본 적이 있습니다. 처음부터 끝까지 백여 마디의 말씀이 명정(明正)하며 매우 간절하였습니다.

성조(聖祖)께서 이미 결정한 유훈(遺訓)을 따르고, 삼가 순서에 따라 대통(大統)을 계승한 것은 크고 넓은 은혜에 보답하는 효성을 미루어 나라의 근본을 지극히 두텁게 만든 것이었습니다. 끝에서는 또한 성상의 정성스러운 뜻을 반포하였는데, 그 가운데 불령한 무리의 사악한 말에 대해 언급하면서 가르쳐 경계하는 것을 열어 보여 주신 것이 참으로 엄중했습니다. 운운.

아, 저 일종의 흉측하고도 사특한 무리가 배은망덕하고 흉악한 심성으로 남몰래 해치려는 생각이 있어, 은밀하게 넘보는 계획을 축적해 오다가 방자하게 시험해 보고자, 온 나라가 임금을 잃고 슬픔에 잠겨 있을 때 흉측한 상소를 번갈아 올렸는가 하면, 심지어는 역적의 심보를 갖고 패악한 입으로 하늘을 꾸짖을 수 있다고 여겼습니다. 이는 실로 유사 이래로 없었던 괴변이고 온 나라가 모두 원수로 생각하는 역적이었습니다. 운운.

대체로 5, 6년 이래로 국가가 불행하여 난역(亂逆)이 겹쳐 발생하였습니다. 예를 들

---

252. 이복원(李福源, 1719~1792): 본관 연안(延安), 자 수지(綏之), 호 쌍계(雙溪). 정구(廷龜)의 6대손, 판서 철보(喆輔)의 아들, 서명선의 사돈. 형조·병조 판서 등을 역임. 영조대 이래 소론 탕평당에 비판적 거리를 두었으며, 소론의 본색은 지키면서도 준절한 논의는 삼가던 인물로서 비(非)이광좌계 준소(峻少)였다. 을해옥사 이후 은인자중하며 소론 본색을 유지하고 있던 이른바 '본소론(本少論)'의 전형이라 할 수 있다.

면『명의록』에 기록된 여러 역적에 대해서는 그 죄가 쉽게 보이고 그 정상이 쉽게 탄로 나서 삼척동자라도 그 일을 한번 들으면 그것이 역적이라는 것을 압니다.

그러나 이 무리가 안으로 불측한 생각을 품고 밖으로 막중한 것을 빙자하여 교활한 자에게는 의리에 가탁하여 말하고 어리석은 자에게는 이익으로 꾀어서 사람의 심술(心術)을 나쁜 데로 빠뜨리고 사람의 청문(聽聞)을 속여서 홀렸습니다. 비록 형벌을 받아 죽었지만 끝내 깨닫지 못했으니, 비수를 가진 자나 군사를 일으킨 자와 비교하면 죄는 다르지만 그 화는 더욱 멀리까지 뻗칩니다.

더구나 지금 세월이 차츰 오래 되자 제방(隄防)도 점차 해이해져서, 위에서는 죄를 깨끗이 씻어주는 정치[疏蕩之政]를 아끼지 않고 있지만, 아래에서는 죄를 징계하는 방도를 생각하지 못하고 있습니다. 운운.

변란의 싹이 막히지 않아서 사악한 말이 다시 일어나, 우리 성상(聖上)의 큰 덕과 성대한 절조를 앞으로 천하 후세에 밝게 보여주지 못할까 진실로 두렵습니다. 또한 괴이하고 귀신 같은 것들이 얼마나 어두운 가운데 엎드려 있는지 알지 못하니 진실로 두렵습니다. 운운."

주상이 너그럽게 비답하였다.

36. 대사간 이득신(李得臣)[253]이 (이복원의 상소를 이어서) 자신의 뜻을 진달하니 주상이 도리어 진노하였다. 대신이 국청을 개설하여 엄하게 문책하기를 청하면서 말하기를, "중신(重臣, 이복원)의 상소는 애통하여 어쩔 수 없어서 나온 것이지만 이득신의 상소는 지성(至誠)스럽게 안타까워하는 뜻이 전혀 없이 감히 대수롭지 않게 여기고 책임이나 때우려는 계책에서 나온 것입니다"라고 하였다.

이득신은 본래 조용하고 단아하며, 관각(館閣)[254]에서 문장이 뛰어난 점이 있어, 자못 사론(士論)이 그에게 돌아갔다. 혹자는 이 상소가 나온 것은 실제로는 정승 서명선이 부추겼다고 말한다. 그(이복원) 아들 이만수(李晩秀)[255]가 서명선의 사위가 되었기 때문이다. [대신은 정승 서명선이다.]

---

253. 이득신(李得臣, 1742~1802): 본관 전주(全州), 자 성량(聖良). 효령대군 보(孝寧大君補)의 13대손. 이조·병조 판서 등을 역임. 1780년 올린 상소에서 왕실 문제에 대해 함부로 언급했다는 죄명으로 정조의 비난과 영의정 서명선의 공격을 받아 유배되었다.

254. 관각(館閣): 홍문관과 예문관, 규장각 등을 총칭하는 말.

255. 이만수(李晩秀, 1752~1820): 본관 연안(延安), 자 성중(成仲), 호 극옹(屐翁)·극원(屐園). 철보(喆輔)의 손자, 좌의정 복원(福源)의 아들, 서명선의 사위. 호조·이조 판서 등을 역임. 저서로『극옹집(屐翁集)』이 있다.

홍국영이 갑자기 사직하다

37. 경자년(1780, 정조 4) 모월(某月)에 도승지 겸 숙위대장 홍국영이 갑자기 상소하여 그만두기를 청하였다. 주상이 술을 따라주어 마시게 하고 그의 높은 절개를 칭찬하였다. 드디어 벼슬을 그만두고 거취를 뜻대로 하게 하니, 예로 대우한 것이 고금에 없던 일이었다. 이에 온 세상이 (홍국영에게) 기울어져 고절은 오호(五湖)[256]보다 뛰어나고, 약수(若水)[257]를 내려다보는 것이라 여겼다. 조정에서 앞다투어 상소하여 머물게 하기를 청하였다. 모관 김종후(金鍾厚)[258] 또한 산림으로서 (홍국영을) 머물게 하고 등용하라고 주상에게 권하며, '천고의 기이한 남자[奇男子]'라 칭하기까지 하였다.

당초 홍빈(洪嬪)[259]을 뽑은 것은 후사를 넓히려는 계책에서 나왔으므로, 기해년(1779, 정조 3)에 홍빈이 요절한 뒤 조정에서 논의하여 다시 뽑아야 하였으나, 홍국영이 불가하다고 하여 죄를 얻었다. 혹은 홍국영이 홍빈이 죽은 것은 중전(中殿)이 감히 저지른 흉악한 계책에서 나왔다고 말했다고 한다.

약물을 올릴 때, 중전은 다른 전각에 조용히 있었으나, 주상이 그 변고를 은밀히 살피고 곧바로 따라들어가 묻기를,

"무엇을 가지고 들어왔느냐?"고 하자, 중전이 막아서며 말하기를,

"없습니다"라고 하였다. 주상이 방 안을 두루 찾아보니, 이에 어떤 그릇 속에서 [요강[虎子]] 찾아내었다. 대개 주상이 급하게 이르렀기 때문에 미처 어쩌지 못하고 이 안에 넣은 것이었다. 주상이 이에 감탄하고 스스로 아낄 것을 힘써 권하였다. 이때 중전에 소속된 궁녀가 자기 집과 사사로이 통하여 급히 소복(素服)을 입었다. 각 관청에서 또한 (상복을 입지 않는 자를) 잡아 가두었으므로, 갓 만드는 공장(工匠)이 백립(白笠)을 만들기 위해 성 안팎에서 허둥댔다. 대개 이미 죽었다는 소문이 있었기 때

---

256. 오호(五湖): 고대 오월(吳越) 지역의 호수. 춘추시대 월(越)나라 대부(大夫) 범려(范蠡)가 월왕(越王) 구천(句踐)을 도와서 오(吳)나라를 멸망시키고 패자(霸者)가 되게 한 뒤에 벼슬을 그만두고는 일엽편주를 타고 오호(五湖)로 나가서 성명(姓名)을 모두 바꾸고 숨어 살았던 고사가 전한다.
257. 약수(若水): 전약수(錢若水). 송나라 태종(太宗) 때 사람. 젊었을 때 마의도자(麻衣道者)라는 관상가(觀相家)를 만나 상을 보았더니 '소용돌이치는 벼슬길에서 과감하게 물러날 사람'이라고 했다. 그 뒤 추부(樞副)로 치사(致仕)하니 나이 겨우 40세였다. 곧 벼슬에서 물러나는 데 표본이 되는 사람을 이르는 말이다.
258. 김종후(金鍾厚, 1721~1780): 본관 청풍(淸風), 자 자정(子靜), 호 본암(本庵) · 진재(眞齋). 참판 희로(希魯)의 손자, 종수(鍾秀)의 형. 민우수(閔遇洙) 문인. 김구주 · 김종수와 함께 홍봉한을 공격하였다. 김구주 일당이 제거되자 홍국영을 따랐고, 그가 물러나자 변명하는 상소를 올리기도 했다. 저서로 『본암집(本庵集)』이 있다.
259. 홍빈(洪嬪): 원빈 홍씨(元嬪洪氏, 1766~1779). 정조의 후궁으로, 홍국영의 여동생이다.

문에 이렇게 되기에 이른 것이다.

홍국영이 홍빈을 뽑아 올렸을 때, 족부(族父)인 교리 박재원(朴在源)[260]이 상소하여 홍국영을 논척하였다. 대체로 중전의 나이가 한창이어서 세자를 바란 것이 오래되었는데 진실로 병이 있다면, 마땅히 의약의 처방을 다해야 한다는 것이었다. 홍국영이 크게 화내며 모관 김지묵(金持默)[261][곧 중전의 숙부다]을 시켜 (중전에게) 세자를 낳을 희망이 없다고 상소하여 변명하게 하였다. 그렇지만 (홍국영에게) 다가올 재앙을 헤아릴 수 없었으며, 이어 죽을 때까지 뜻을 이루지 못했다. 죽은 뒤에 부제학을 추증하였다. 홍국영이 전에 상소하여 말하기를,

"전하의 내치에서 어려움이 끝이 없을 것이다"고 운운하였다.

홍국영이 비록 물러났지만 한쪽 편 사람들이 혹 의심스럽고 어려운 일을 당하면 반드시 사람을 보내 계책을 물었다. 이에 홍국영이 갑자기 술을 많이 마시고 누워 부채로 얼굴을 덮었다가 조금 지나 벌떡 일어나 답하였는데, 당시 상황에 들어맞지 않는 것이 없었다. 누군가 모년 의리가 끝내 어떻게 될지 묻자,

"지금부터 10년은 겨우 막을 수 있겠지만, 그 뒤에는 알 수 없다"고 했다 한다.

김하재와 이율의 옥사

38. 갑진년(1784, 정조 8) 모월에 모관 김하재(金夏材)[262]가 헌관(獻官)으로서 입궐하여 향을 받았다. 헌관에게 향을 전달하는 승지(承旨) 이재학(李在學)[263]과 대화하다가 갑자기 소매 속의 상소의 초안을 내보였는데, 종이 가득 진술한 것이 임금을 욕하는

---

260. 박재원(朴在源, 1723~1780): 본관 반남(潘南). 자 이천(而川). 장령·헌납 등을 역임. 홍국영의 누이가 정조의 빈(嬪)으로 들어가는 것을 극력 반대하여, 홍국영의 미움을 받아 고난을 겪었다. 편저자 박종겸의 친척인 듯하다.

261. 김지묵(金持默, 1725~1799): 본관 청풍(淸風), 자 유칙(維則). 정조의 장인인 시묵(時默)의 아우. 장용사(壯勇使)·호조 참판 등을 역임하였다.

262. 김하재(金夏材, 1745~1784): 본관 광산(光山), 자 양숙(養叔). 예조 판서 진규(鎭圭)의 손자, 영의정 양택(陽澤)의 아들. 대사성·이조 참의 등을 역임. 1784년(정조 8) 영희전(永禧殿) 고유제(告由祭)의 헌관으로 분향한 후 정조의 실덕과 사림을 장살(杖殺)하라고 쓴 쪽지를 이재학(李在學)에게 주었다가 탄로나서 주살당하였다.

263. 이재학(李在學, 1745~1806): 본관 용인(龍仁), 자 성중(聖中), 호 지포(芝浦). 척신 김구주의 역모를 탄핵해 나주로 유배시켰다. 순조 즉위 뒤 정순 대비가 수렴청정하자, 김구주의 일당인 채지영(蔡趾永)이 공격을 가하는 한편, 정조 사후에 산릉도감의 당상으로 있으면서 산역 공사를 지연시켰다는 벽파의 탄핵도 받게 되어 가산(嘉山)으로 귀양갔다. 이듬해 온성으로 이배되었다가 1805년(순조 5) 풀려났으나 이듬해 죽었다.

말이 아닌 것이 없었다.

이재학이 보고 난 뒤 놀랐지만, 너무 뜻밖의 일이었으므로 황급히 초안을 돌려주었다. 이윽고 그것이 실수였음을 깨닫고, 다시 간사스럽게 속이는 말을 뽑아서 급히 지니고 가서 올리자, 국청을 설치하고 사형에 처하였다. 그(김하재)가 스스로 그 마음이 김일경(金一鏡)[264]과 같다고 운운하였다. 그때는 문효세자(文孝世子)[265]가 책봉된 다음날이었다.

(김하재의) 아비 김양택은 곧 삼포(三浦)에서 뱃놀이를 한[266] 사람 중 한 명이었다. 그는 원릉지(元陵誌)[267]를 찬술하면서 모년의 일을 숨기지 않고 그대로 썼으며, 성인의 통달한 권도라고까지 칭하였다.

김하재의 흉서(凶書)가 이미 주상에게 보고되었으나 주상이 즉시 잡아들이지 않았다. 병조 판서 이재협(李在協)[268]이 급히 명하여 잡아두려 하였지만, 김하재가 벌써 지름길로 돌아갔다. 여러 군교가 뒤를 쫓아 그의 집에 이르니 평상시에 입는 옷을 입고 짚신을 신고는 삼청동(三淸洞) 뒤쪽으로 성을 넘어버렸다. 여러 군교들이 도착하여 도망칠 수 없다는 뜻으로 타일러 마침내 잡았다. 그 용모는 아주 약해 보였으나 힘이 매우 뛰어나 여러 명의 군교들도 잡을 수 없을 정도였다. 그 무리가 말하기를 "본래 심질(心疾)이 있었는데, 이번 일도 또한 미쳐서 제정신을 잃은 데서 나왔다"고 하였다.

을사년(1785, 정조 9), 김하재의 조카 김두공(金斗恭)[269]이 또 흉서를 내보냈다. 모관

---

264. 김일경(金一鏡, 1662~1724): 본관 광산(光山), 자 인감(人鑑), 호 아계(丫溪). 이조 참판·이조 판서 등을 역임. 1721년(경종 1)에 노론은 연잉군(영조)을 세제(世弟)에 책봉한 뒤 대리청정을 실시하려고 하자 조태구 등과 함께 이를 반대해 대리청정을 취소하게 하였다. 신임옥사(1721~1722) 당시 준소(峻少)로서 김창집(金昌集)·이이명(李頤命)·조태채(趙泰采)·이건명(李健命) 등 노론 4대신의 처벌을 주도하였다. 1724년 영조가 즉위하자 노론의 재집권으로 유배되었다. 청주의 유생 송재후(宋載厚)의 상소를 발단으로 신임옥사가 무고(誣告)였다는 탄핵을 받고 목호룡과 함께 참형당하였다.

265. 문효세자(文孝世子, 1782~1786): 정조(正祖)의 맏아들. 1782년(정조 6) 의빈(宜嬪) 성씨(成氏)의 소생으로 태어나 1784년 왕세자로 책봉되었으나, 1786년 5월 병사(病死)하였다.

266. 삼포(三浦)에서 뱃놀이를 한: 삼포장범(三浦張帆). 세자가 뒤주에 갇혀 있는 동안 정휘량·신만·홍인한·신회 등 대신급 조정 신료들이 병조 판서 김양택의 주선으로 한강의 삼포(三浦)에서 뱃놀이를 하며 폐세자(廢世子) 성사를 자축한 일을 가리킨다.

267. 원릉지(元陵誌): 『영조실록』 부록 영조 대왕 묘지문[誌文]. 김양택은 영조의 「지문(誌文)」을 작성할 때 홍인한의 죄악을 드러내지 않아 대간의 탄핵을 받기도 했다. 1776년(정조 즉위년) 7월 1일(경오) 실록 기사 참조. 현재 남아 있는 것은 문제된 문구가 수정된 것이다.

268. 이재협(李在協, 1731~1790): 본관 용인(龍仁), 자 여고(汝皐). 좌의정 보혁(普赫)의 손자, 병조 판서 경호(景祜)의 아들. 좌의정·영의정 등을 역임하였다.

269. 김두공(金斗恭): 김하재의 조카로 김하재 사건에 연좌되어 거제로 귀양갔다가 그곳에서 '내가 서울로 돌아간다면 상(傷)할 사람이 많을 것'이라는 등의 말을 하여 재차 추국을 받은 뒤 대역부도 죄인으로

김종수가 고발하여 죽임을 당했는데, 그 말이 김하재와 똑같았다.

병오년(1786, 정조 10) 모관 이노춘(李魯春)[270]이 상소하였는데, 김하재의 흉서에 있던 어구를 답습하여 썼다. 이노춘이 귀양 간 뒤, 대신 김치인이 그를 구하려고 하였다. 주상이 갑자기 하교하여 김하재의 역모를 토벌한 것이 엄중하지 못해서 이노춘이 생겨났다고 하고, 마침내 김하재에게 소급하여 역적 이괄(李适)[271]에게 적용한 형률을 시행하였다. 뒤에 병진년(1796, 정조 20) 주상이 대신들에게 두루 묻고서, 윤시동(尹蓍東)[272]의 의견에 따라 이노춘의 죄명을 씻어주었다. 이노춘은 이정(李瀞)[273]의 손자였다.

39. 을사년(1785, 정조 9) 봄에 이율(李瑮)[274] 등이 역모로 죽임을 당했다. 몇 년 전부터 소란스러움이 심해져서 내포(內浦)와 부근 지역 사람들이 진산(珍山)과 금산(錦山) 사이의 여러 읍에 모여들어 골짜기가 가득 차니, 집값이 갑자기 뛰고 사족 중에는 그 처자식을 잃는 자도 있었다고 한다. 모관 김이용(金履容)[275]은 이율과 서로 잘 알고 있었는데, 그 (지역의) 특이한 동향을 은밀하게 살피고, 그 가운데 들어가 그 음모를 정탐하였다.

이율은 본래 대가(大家) 출신이라서 비록 벼슬이 없는 선비였지만 평소에 토호로서 명성이 있어 그와 왕래하는 자들은 권력을 가지고 요직에 있지 않은 자가 없었다. 또 무뢰한 무리를 끌어들여 자기 편으로 만드는 데 능하여 홍낙순의 아들 홍복영(洪福榮)[276] 등과 두류산(頭流山) 속에서 반역을 도모할 계획을 세웠다. 김이용은 이율의

사형당하였다.

270. 이노춘(李魯春, 1752~?): 본관 덕수(德水), 자 군정(君正). 이정(李瀞)의 손자. 김하재를 비호하는 상소를 하였다. 1784년(정조 8) 응교로서 채제공을 탄핵하다가 도리어 운산군에 유배되었다.

271. 이괄(李适, 1587~1624): 본관 고성(固城), 자 백규(白圭). 인조반정 공신이었는데, 논공행상에 불만을 품고 반란을 일으켰으나, 실패하고 피신 중 부하 장수에게 살해당했다.

272. 윤시동(尹蓍東, 1729~1797): 본관 해평(海平), 자 백상(伯常), 호 방한(方閒). 이조 판서·우의정 등을 역임. 1766년 대사간으로서 신광집(申光緝)의 무죄를 논하다가 쫓겨났고, 1772년 갑산으로 유배되었다. 1786년(정조 10) 개성부유수를 거쳐, 1788년 형조 판서가 되었다. 다시 당론을 논하여 삼화(三和)에 유배되었으며, 1789년 풀려나 전라도 관찰사로 나갔다. 1795년 이조판서를 지내고 우의정에 이르렀다. 편서에 『향례합편(鄕禮合編)』이 있다.

273. 이정(李瀞, 1701~?): 본관 덕수(德水), 자 지중(止仲). 지중추부사 등을 역임. 이노춘의 조부다. 영조대 사도세자를 비판하는 상소를 올린 적이 있다. 본서 「원편」 상, 40·41번 기사 참조.

274. 이율(李瑮, 1736~1785): 본관 연안(延安). 1773년(영조 49) 증광시에 급제하여 진사가 되었다.

275. 김이용(金履容): 이율(李瑮)이 하동(河東)에 집을 지어 소굴로 삼고 널리 도당을 모아 홍복영(洪福榮)·양형(梁衡)·문양해(文洋海)·주형채(朱炯采) 등과 결탁하여 요망한 말로 백성을 미혹하고, 3도(道)에서 거병(擧兵)할 계획을 세웠다고 고변하였다.

276. 홍복영(洪福榮, ?~1785): 본관 풍산(豊山). 홍낙순의 아들. 홍국영과 홍낙순의 죄가 탄로 나자 국가에

편지를 받고 두류산을 여러 차례 왕래하면서, 정탐하여 역모의 핵심을 파악하고 마침내 상변(上變)하여 고하였다. 이율 등 여러 역적은 사형당하였고, 두류산을 샅샅이 수색하였는데, 많은 집과 모아놓은 재화가 널리 퍼져 있었다고 한다.

장차 김이용에게 봉훈(封勳)하는 일로 수의(收議)하였는데, 대신 김익(金熤)[277]이 홀로 말하기를,

"김이용이 이미 이율의 무리에 들어갔으므로, 흉악한 모의를 미리 알고 있었으니, 죽음을 면한 것만으로 이미 다행이다"라고 하였다. 마침내 봉훈은 하지 않았지만, 발탁하여 경주 부윤(慶州府尹)에 제수하였다. 이율 등의 공초에 구명겸(具鳴謙)[278]을 내응할 대장으로 삼는다는 내용이 있었는데, 구명겸은 구선복의 조카였다. 주상이 묻지 않고 있다가 병오년(1786, 정조 10)이 되어서야 비로소 거론했다.

40. 병오년 모월에 대사간 이동형(李東馨)[279]이 모관 이병정(李秉鼎)[280]을 혹독하게 논척하였다. 그 상소는 대략 다음과 같다.

"역적 김하재는 본래 세도 있는 집안의 강성한 족속이었으니 평소 속마음을 털어놓고 말하여 서로 통하던 그런 사람이 어찌 없었겠습니까만, 그 형적이 훤히 드러나 만백성의 입을 막기 어렵게 된 자는 바로 이병정입니다. 운운.

성상께서 대리청정하던 초기에 역적 김하재가 삼사(三司)의 장관으로서 하나의 차자를 올렸는데 종이 가득히 그를 두둔하는 말을 썼고 입에 침이 마르도록 칭찬하여서, '선을 향하고 도를 호위한다'고 하였으며, 그에 대해 말한 자에게 반좌(反坐)[281]의 법을 시행하자고 청하기까지 하였습니다. 이른바 '선을 향한다'는 것이 어떤 일이고, '도를 호위한다'라는 것이 어떤 일인지 알지 못하겠습니다만, 이것이 그가 살과 뼈를

원한을 품은 이들과 짜고 비결(秘訣)에 가탁하여 거짓말을 퍼뜨린 다음, 영남 하동(河東)을 근거지로 돈을 모으고 집을 짓고서 역모를 꾀하다가 사형당하였다.

277. 김익(金熤, 1723~1790): 본관 연안(延安), 자 광중(光仲), 호 죽하(竹下)·약현(藥峴). 제남(悌男)의 5대손. 우의정·영의정 등을 역임하였다.

278. 구명겸(具鳴謙, ?~1786): 1786년(정조 10) 작은아버지인 구선복(具善復) 등의 반정 역모에 내응하였다 하여 효시되었다.

279. 이동형(李東馨, 1734~?): 본관 전주(全州). 1774년(영조 50) 문과 급제. 대사간으로 있으면서 이병정(李秉鼎)을 김하재의 당으로 모는 상소를 올렸다.

280. 이병정(李秉鼎, 1742~1804): 본관 전주(全州), 자 이중(頤仲). 예조·병조 판서 등을 역임. 1780년(정조 4)에 홍국영의 숙부 홍낙순을 탄핵했는데, 도리어 홍국영의 여당으로 지목되어 탄핵당했다. 1789년(정조 13)에는 대사성으로서 태학(太學)의 동·서재가 각각의 색목(色目)으로 나뉘어 있다는 폐단을 들추기도 하였다.

281. 반좌(反坐): 사람을 무고(誣告)한 자는 무고를 입은 사람에게 과(科)한 죄만큼 벌을 주는 것이다.

갈고 깎을 정도로 역적 김하재와 친밀하게 지내 생사를 함께 한 상황에 대한 하나의 중대한 증거라고 할 수 있을 것입니다. 운운.

대리청정하던 초기에 이병정이 지평 이정운(李鼎運)[282]의 탄핵을 받은 적이 있는데,[283] 김하재가 부제학으로서 건의하여 아뢰기를,

'이병정 부자가 견지한 의론은 본래부터 공평하였으며, 이병정이 지난해 연달아 차자를 올린 것은 실로 도를 호위하는 것에 관련이 있고 최근에 글을 올려 아뢴 것도 엄중하게 막으려는 데서 나왔습니다' 운운하였습니다.

한 사람이 논박을 당한 것은 오히려 작은 일이지만, 이로 인해 선을 향하는 자를 권장하지 못하고, 악을 행하는 자를 징계하지 못할까 두렵습니다. 운운."

이른바 '어떤 일' 운운한 것은 곧 이것을 가리킨 것이었다.

전교하였다.

"운운. 이병정이 을미년(1775, 영조 51)에 탄핵을 받은 뒤의 사실은 실로 대사간(이동형)의 상소와 전혀 비슷하지 않다. (역적 김하재가) 지금까지 올린 차자와 상소에서 그가 품고 있던 심사(心事)를 숨기려 해도 저절로 숨길 수 없게 된 것에 대해서는 재작년 겨울 경재(卿宰)들이 입시하였을 때에 이미 연석에서 하교하였다. 그런데 이것으로 이병정을 몰아붙인다면 이병정이 부끄러워하며 승복하겠는가.

'선을 향한다'고 한 말을 대사간이 비록 어렵지 않게 쓰고 있지만, 어찌 그리도 전혀 생각을 하지 않는가. 역적 김하재가 역적 김하재가 된 것은 뒤에 올린 소장(疏章)에서 시작된 것인데, 지금 만약 '향한다[向]'나 '호위한다[衛]'는 두 글자에서 말이 잘못된다면 저들이 날뛸 조짐을 염려하지 않을 수 없다. 운운. 이동형에게 속히 삭직의 형전을 시행하여 내가 신하들을 위하여 다함께 살게 하고자 하는 지극한 뜻을 알게 하라."

전교는 이와 같았으나 조정에 가득한 사람 가운데 '선을 향한다'는 등의 말이 무엇과 관계가 있는지 아는 사람은 하나도 없었다.

7월에 갑자기 경연에서 운운하는 하교가 있었다. 대신 이하로부터 서로 성토하기 시작하여 이에 영의정 정존겸(鄭存謙)[284]이 파직되고 이동형은 기장현(機張縣)에 유배

---

282. 이정운(李鼎運, 1743~?): 본관 연안(延安), 자 공저(共著), 호 오사(五沙). 충청도 관찰사 등을 역임. 1784년 서장관으로서 사은사(謝恩使) 박명원(朴明源) 등과 함께 청나라에 다녀오기도 했다.

283. 이병정이 …… 있는데: 이정운이 이병정을 탄핵한 일은 1776년(영조 52) 1월 20일(임진) 실록기사에 보인다.

284. 정존겸(鄭存謙, 1722~1794): 본관 동래(東萊), 자 대수(大受), 호 양암(陽菴)·양재(陽齋)·원촌(源村).

되었다. 전교하였다.

"운운. 대개 병신년(1776, 정조 즉위년) 봄의 옥사는, 일로는 차마 말할 수도 없고, 말로는 차마 들을 수 없었으므로 전후의 금령이 금석과 같을 뿐만이 아니었다. 신하들이 감히 다시 제기하지 못하였을 뿐만 아니라, 나도 상세히 유시(諭示)하고자 하지 않았다.

그런데 세월이 점점 오래되고 의리가 점점 어두워져 대소의 신료들이 끝내 충신과 역적의 갈림길을 제대로 분간하지 못하였기 때문에 왕왕 이처럼 잘못 걸려드는 문제가 있었다. 만약 내가 왕위를 계승한 이후의 녹고(錄孤)[285]와 은졸(隱卒)[286]의 하교를 보았다면, 의리는 저절로 드러나고 내가 마음속으로 원래 지키려 한 도리가 있었다는 것을 알 수 있었을 것이다.

그러나 이덕사와 조재한이 역적이 되기에 이르러서는 따로 교통한 자가 있고 꾸짖는 자가 있었으니, 의리와 도리가 무슨 상관이 있었겠는가. 지난번 이동형이 상소하였을 적에 내가 언뜻 보고도 오히려 그 놀라운 점이 있다는 것을 깨닫고 대략 분석한 하교를 제시하여 이해할 방도를 찾아보도록 하였다. 그런데 조정의 신하 가운데 묵묵히 궁구하고 세세히 추론해본 자가 어찌 한 사람도 없이 수개월 동안 줄곧 조용하였단 말인가. 운운.

연석에서 발단(發端)이 되기에 이르러서야 비로소 서로 이끌고 성토하였으나 이루지 못하였다. 한 번 뵙기를 청하여 지레 한층 더 높은 형률(刑律)을 가하였으니, 여러 차례 거듭된다면 끝내 어떤 형률에 이르겠는가. 처음에는 성토를 늦게 한 실수를 범하였고 결국에는 그릇됨을 이루는 죄과에 귀결되고 말았다. 운운."

영의정 홍낙성(洪樂性)[287]이 연명으로 차자를 올려 이동형을 국문하기를 청하였다. 차자에 말하기를,

"제방(隄防)이 엄하지 못하여 변괴가 계속 일어난다"고 하였다. 또 말하기를,

"이동형은 역적 조재한의 옥사에서 체포되었다가 요행히 풀려난 자이며, 이병정은 역적 조재한의 유혹과 위협에 흔들리지 않고 끝내 굴복하지 않다가 그 해독을 받은

1775년 홍인한을 탄핵하는 소를 올려 세손을 보호하였다. 1776년(정조 즉위년) 우의정에 발탁되고 이듬해 좌의정이 되었다. 철저한 시파로서 정조의 두터운 신임을 받았다.

285. 녹고(錄孤): 충신이나 공신의 아들을 임용하는 것.

286. 은졸(隱卒): 죽은 신하에게 임금이 애도의 뜻을 표하는 것으로, 관직을 추증하거나 시호를 내리는 것을 말한다.

287. 홍낙성(洪樂性, 1718~1798): 본관 풍산(豊山), 자 자안(子安), 호 항재(恒齋). 중기(重箕)의 증손, 석보(錫輔)의 손자, 예조판서 상한(象漢)의 아들. 어유봉(魚有鳳)의 문인. 좌의정·영의정 등을 역임하였다.

사람입니다. 지금 이동형이 이병정을 공격한 것은 반드시 죄를 날조해야만 만족하겠다는 것입니다. 그 마음이 어찌 다만 두건덕(竇建德)을 위해 원수를 갚는[288] 데서 나온 것일 뿐이겠습니까. 더욱이 그 상소의 내용 가운데 '어떤 일' 등의 구절은 흉악하고 참혹하기가 끝이 없습니다"라고 운운하였다.

문효세자와 구선복의 죽음

41. 병오년(1786, 정조 10) 5월에 문효세자가 천연두로 죽었다.

9월에 숙의 성씨(淑儀成氏)[289]가 이어서 죽었다. 성씨는 세자의 친모인데, 이때 태기[胎候]가 있었다.

10월에 왕대비전에서 대신에게 언문 교서를 내렸다. 이때 정승 김치인이 복권되어 영의정이 되었다. 언문 교서에 대략 말하였다.

"병신년(1776, 정조 즉위년) 이후 윤리와 기강이 끊어지고 괴이한 변고가 거듭 생겼으니, 기해년(1779, 정조 3)의 흉역에 이르러서는 홍국영과 같은 무리가 나타나 감히 불측한 마음까지 품었었다. 주상의 나이가 한창 혈기 왕성하여 30이 되지 않았는데도 감히 왕세자를 막으려는 큰 계책으로 상계군(常溪君)[290]을 완풍(完豊)이라 일컫고 '가동궁(假東宮)'이라고 칭하면서 함부로 흉악한 논의를 일으킨 것이 낭자할 뿐만이 아니었다.

주상이 그 죄를 환히 알아 분명히 판단하여 재앙과 위기가 급박하게 나오는 것을 막았다. 이로써 비록 조금 완화되었으나 홍국영의 흉악한 모의는 더욱 급해져서, 밤마다 자기 집에 상계군을 오게 하고, 널리 재화를 써서 무식하고 비루하며 패악한

---

288. 두건덕(竇建德)을 위해 원수를 갚는: 수(隋)나라 말엽 사람인 두건덕은 어수선한 정국을 틈타 기병(起兵)하였다가 진왕(秦王) 이세민(李世民)의 군대에 패하여 참수되었다. 훗날 태종(太宗)의 형 건성(建成)과 아우 원길(元吉)이 권력을 다투어 태종을 죽이려 하자, 태종은 이들이 두건덕의 원수를 갚기 위하여 자기를 죽이려 한다고 하였다.

289. 숙의 성씨(淑儀成氏, ?~1786): 1782년(정조 6)에 아들을 출산하여 소용(昭容, 내명부 정3품 벼슬)으로 봉해졌으며 이듬해인 1783년 그의 아들이 세자[文孝世子]에 책봉되자 빈(嬪, 내명부 정1품 벼슬)으로 진봉되어 '의빈(宜嬪)'이 되었다. 문효세자는 1786년(정조 10) 5살의 어린 나이로 사망하였다. 의빈 성씨는 이때 셋째아이를 임신하고 있었는데 문효세자의 장례를 지낸 지 약 2개월 후 출산을 앞두고 사망하였다.

290. 상계군(常溪君): 이담(李湛, ?~1786). 아버지는 정조의 이복동생인 은언군 인(裀). 정조 비 효의왕후(孝懿王后)가 소생이 없자 1778년(정조 2) 홍국영에 의하여 효의왕후의 양자가 되어 완풍군(完豊君)에 봉해지고, 이어 상계군으로 개봉되었다. 이후 왕의 후계자로 추대하려는 음모가 발각되어 모반죄로 몰려 유폐되고, 1786년 음독 자살하였다.

무리와 서로 맺어 숨 쉬는 사이에 변고가 있었다. 미망인이 마지못해 언문 교서를 반포하여 후사를 넓히는 방도를 조정에 깨우치자 이후부터 홍국영의 흉악한 모의가 마침내 행해지지 못하였다. 운운.

하늘이 두터운 복을 내리고, 음덕이 내려와 임인년(1782, 정조 6)에 원자가 탄생하였다. 운운. 천만뜻밖에도 잠자다 꿈을 꾸듯 5월의 변고를 만났다. 운운. 조금이나마 기대할 곳이 있어 밤낮으로 우러러 바랐으나 뜻밖에 또 9월에 상사가 일어나는 변고를 당했다. 운운. 두 차례 상사의 변고는 이를 입증하는 형세가 백 가지로 나타나서 처음부터 어그러지고 괴상하더니 끝내는 이와 같은 지경에 이르렀다. 운운."

이즈음 상계군이 뜻밖에 죽었다. 비록 그가 무엇을 알고 있었는지 알지 못하지만, 집안에 누워 죽어서, 근심과 걱정은 비록 조금 풀린 듯하나 대의가 펼쳐지지 못하고 인륜과 도리가 없어진 것은 진실로 삶과 죽음이 차이가 없는 것 같다. 운운.

지금까지의 흉계는 지극히 낭자하여 그 형적(形跡)이 모두 드러났으나, 주상의 지극한 인자하심이 모든 왕들보다 탁월하시어 매사에 허물을 덮고 가는 곳마다 감추어 주어 말할 수 없게 하셨다고 한다. 상계군은 곧 은언군 이인의 아들 이담(李湛)이다. 이에 위로는 조정에서 아래는 포의에 이르기까지 이인의 죄를 징토하기를 청하여, 그 처자식과 함께 강화도에 위리안치하였다.

당초 홍빈(洪嬪)의 상이 나자 홍국영이 봉원(封園)을 건의하고 이담으로 그 후사를 잇게 하며, 완풍군(完豊君)의 작호를 주었는데, 뜻은 국적(國籍)[291]과 홍씨의 관향에서 취하고 합하여 이름 지은 것이었다. 또 비빈을 거듭 뽑을 수 없다는 뜻을 누누이 피력하였는데, 그 의도는 완풍군으로 국본(國本)을 정하고자 한 것이었다. 홍국영이 물러난 뒤, 그 봉원(封園)은 폐지되고, 마침내 완풍이라는 호칭도 혁파되었다.

문효세자의 상을 당한 뒤 한쪽 편 사람들의 뜻이 다시 이담에게 쏠려 말들이 많았는데 이담이 갑자기 죽자 대비전에서 언문 교지가 내렸다. 모관 송낙휴(宋樂休)[292]가 구선복이 이담을 추대하려 한 일을 고변하여 올렸다. 송낙휴는 곧 이담의 외조부이며,

---

291. 국적(國籍): 왕실 족보.
292. 송낙휴(宋樂休): 상계군 이담의 외할아버지. 1786년(정조 10) 5월에 문효세자가 죽고 그해 12월에 임신 중이던 문효세자의 생모 의빈(宜嬪) 성씨(成氏)가 잇따라 죽자 정순왕후가 빈청(賓廳)에 언문 전교를 내려, 이들의 죽음에 의심스러운 정황이 있음을 논하고 역적을 토벌하게 하였는데, 송낙휴가 여기에 관계된 역적으로 김우진(金宇鎭)·구선복(具善復) 등이 상계군 이담을 추대할 것을 모의했다고 고변했다. 추문 과정에서 독약이 든 약봉지를 송낙휴의 집에서 가져왔다는 공초가 나와 포도청에서 송낙휴에게 공초 받기를 청한 일이 있었고, 이후 심환지의 상소에서도 송낙휴가 독약을 보내 세자를 죽였다고 의심하였다.

구선복은 현직 훈련대장이었다. 그 조카 구명겸과 같이 모두 대역죄로 처형되었다.

42. 이때 세자의 자리가 비어 있어서 인정이 근심하고 우려하였다. 대신 가운데는 밀봉한 상소를 올려 미리 세자를 정하자고 청하려는 자가 있었다. 구선복이 갓전마을[笠骨][293]에 있는 모 재상의 집과 담장을 사이에 둔 집에서 모임을 가졌는데, 모인 자들이 온 조정을 망라했다. [썬 고기가 놋쟁반 수십 그릇이었다고 하니, 곧 이로써 모인 사람이 많았음을 알 수 있다.] 이에 이날 이담을 불렀는데, 이담이 지레 죽어 버린 것은 대개 이 때문이라고 한다.

구선복이 형벌을 받을 때, 순서대로 늘어선 백관들을 돌아보며 낄낄대며 웃고 말하기를,

"대감들이 나 홀로 죽게 만드는가"라고 하였다. 구선복은 훈련대장을 10여 년 하면서 방자하고 거리낌이 없었다. 권력이 한세상을 기울일 정도여서 위로는 대신으로부터 아래로는 재상[宰執][294]에 이르기까지 능욕을 당하지 않은 자가 없었으며, 이목으로 부리는 자가 안팎에 가득 차 있었다.

그가 붙잡혀가자 궁궐 안이 뒤숭숭하여 잠깐 사이에 어떤 일이 일어날지 예측할 수 없었다. 주상이 문득 하교하여 구선복과 관계있는 직임을 맡은 자는 아래로 군교와 이서에 이르기까지 모두 (죄를) 묻지 말라고 하교하였다. 교지가 아래에 전해지자 일시에 잠잠해졌다. 그때 입직한 자가 운운한 것이다.

43. 구선복이 처형당한 뒤 주상이 가까이 있는 신하들에게 말하기를,

"바깥에서는 반드시 구선복이 10년 동안 총애를 받은 것을 가지고 의심할 것이다. 그러나 아직 죽이기 전에 어찌 갑자기 소원하게 대하여 밖에서 스스로 불안하게 만들 수 있겠는가?"라고 하였다고 한다.

44. 문효세자가 죽자, 수유를 일찍 중단했다는 이유로 태의 이정모(李廷摸)를 유배 보냈다. 대간이 국문을 청하는 계를 올리고, 또한 도제조의 죄를 청하였는데, 곧 서명선이다. 또 모관 조시위(趙時偉)[295]는 문효세자가 탄생했을 때부터 불만이 있어 여

---

293. 갓전마을[笠骨]: 종로구 종로2가 · 종로3가 · 관철동 · 관수동에 걸쳐 있던 마을로, 갓을 취급하는 갓전이 있었으므로 마을 이름이 유래되었다. 갓전골 · 입동(笠洞), 혹은 입전골이라고도 하였다.
294. 재상[宰執]: 재집(宰執). 국정을 담당하고 있는 재상(宰相)을 이르는 말이다.

러 사람이 모인 자리에서 운운했다는 것으로 금갑도(金甲島)에 위리안치되었다.

모관 김우진(金宇鎭)[296]은 상계군 이담과 통혼하였는데, 국청에서 후일을 기약하자는 공초가 있어 제주에 위리안치되었다. 김우진은 곧 김상철(金尙喆)[297]의 아들이다. 상철의 서자가 구선복의 사위가 되었기 때문에 그 옥사에 관련되었다. 김상철은 죄를 묻지 않았다. 뒤에 조시위는 제주에 이배되어 김우진과 함께 모두 위리안치되었다.

역적의 발본색원을 주장한 심낙수의 상소

45. 정미년(1787, 정조 11)에 수찬 심낙수(沈樂洙)[298]가 상소하여 여러 역적이 비록 처형되었지만 그 배후는 아직도 건재하다고 극론하였다. 이어서 김상로와 홍계희 이래 여러 흉악한 무리가 몰래 서로 전수(傳授)하고 있다고 다시 통렬하게 진달한 것이 처음부터 끝까지 수천 자에 달하였다. 그 상소의 대략은 다음과 같다.

"우리 성상께서 지인(至仁)과 성덕(盛德)으로 온 나라와 백성을 아울러서 어느 것 하나도 본성을 이루지 못함이 없게 하고자 하시며, 용과 뱀이나 올빼미, 승냥이라도 또한 그 본질을 바꾸고 소리를 변화시키고자 합니다. 다스림의 요체는 의리를 천명하고 조정을 안정시키는 데 있는데, 오직 이 일념이 있어야 우러러 하늘의 마음에 다다르고 굽어서는 인심에 합할 수 있습니다.

그러나 10년 사이에 결국 이루어진 것은 영의정과 훈련대장[元戎]으로 하여금 가까운 종친을 끼고 말하기도 어려운 변괴와 불측(不測)한 흉모(凶謀)를 도모하게 하는 것이었습니다. 또한, 온 나라의 신민이 간절하게 그들이 죽기를 원하는 지경에 있습

---

295. 조시위(趙時偉, ?~?): 정조의 원자(元子)가 출생하자 모두 나라의 경사라고 하였으나, 조시위는 많은 사람이 모인 곳에서 '한 왕자의 출생이 무슨 경사라고 그 법석이냐'고 하고, 뒤에 그 원자를 세자(世子)로 책봉하자, 또 '세자 책봉을 그리 서두를 것이 무엇이 있느냐'는 등의 불경스러운 말을 하였다.

296. 김우진(金宇鎭, 1754~?): 본관 강릉(江陵), 자 성래(聖來). 영의정 상철(尙喆)의 아들. 이조 참의·대사성 등을 역임. 상계군 담(湛)의 역모사건에 연루되어 제주도에 위리안치되었다. 1791년(정조 15) 부친상을 당하여 풀려났다가 이후 교동(喬桐)으로 이배되었다.

297. 김상철(金尙喆, 1712~1791): 본관 강릉(江陵), 자 사보(士保), 호 화서(華西). 정우량(鄭羽良)의 사위이고, 구선복과 사돈 관계다. 정조 즉위 직후 좌의정, 원년 5월 영의정에 제수되었다. 홍국영 축출 후 서명선 계열과 주도권을 다투었다.

298. 심낙수(沈樂洙, 1739~1799): 본관 청송(靑松), 자 경문(景文), 호 일환재(一丸齋)·은파(恩坡). 영의정 지원(之源)의 현손. 홍양호(洪良浩)·심이지(沈頤之)·홍낙순(洪樂舜)·이규경(李圭景) 등과 친밀히 교유하였다. 정조 초년에 삼사(三司)의 관직을 역임하면서 홍국영·김종수·심환지를 김구주의 당여로 공격하였다. 심환지·김종수·유언호(俞彦鎬) 등이 남·북당 분열의 화근이라 하여 모두 제거해야 한다는 입장을 취하고 공격하여 시파(時派) 언론의 선봉이 되었다. 저서로 『은파산고(恩坡散稿)』 등이 있다.

니다. 진실로 우리 성모(聖母)께서 기미를 환히 밝혀 한 통의 서찰을 내리시어 긴 밤에 해와 달을 내걸듯이 장차 무너지려는 종사를 세우지 않았더라면 위망(危亡)의 화변이 바로 아침저녁 사이에 일어났을 것입니다. 운운. 이제 극악한 변고와 흉악한 화변은 왕법으로 반드시 캐내어야 할 바이고 인심으로 깊이 징계하여야 할 바인데, 한두 명의 역적을 주벌하고는 오히려 다시 한가하게 있습니다. 아, 국문한 기록[鞫案]이 한번 나오자 가슴을 어루만지며 아파하고 하늘을 우러러 탄식하지 않는 사람이 없습니다.

아, 역적 구선복과 구명겸은 빌붙은 세력에게 막중한 공을 세우자고 속이고, 기꺼이 한 썩은 선비인 역적 이율의 내응(內應)이 되었고, 김상철과 김우진은 세상을 엿보는 것에 익숙하여 조정에 자리잡고서 불령(不逞)한 흉도의 후계자가 되려고 하였습니다.

이는 반드시 암암리에 흉악한 모의를 주장하면서 몰래 화변의 빌미를 도발하는 자가 있어서, 점점 온 세상을 속이고 미혹하여 흉론으로 격발하고, 뭇 사람들의 마음속에 있는 잘못을 유혹하여 난언(亂言)으로 선동한 것입니다. (이들이) 좌우에서 엿보고 앞뒤에서 결탁하여, 마침내 구선복, 구명겸, 김상철, 김우진이 앞장서서 서로 이끌어 들어가게 만든 것이니 어찌 배후의 우두머리가 없겠습니까. 그런데 서둘러 국청(鞫廳)을 거두고 죄수를 결단하는 것에 급급하여 오직 감춰진 진상이 혹시라도 나올까 두려워하였습니다. 운운.

역적 이담이 스스로 죽은 근원을 거슬러 오르면 끝내 음모를 조사할 길이 끊어지고, 역적 이인을 안치한 처분은 아직도 화의 근본을 제거하지 못했다는 근심을 남겨 놓았습니다. 큰 옥사를 곧바로 거두고, 축하하는 의식이 겨우 거행되었는데, 또 이광운(李匡運)[299]의 흉변이 있었습니다. [이광운은 모관 김종정(金鍾正)[300]의 척속(戚屬)으로서 종정의 손님으로 왔다가 세자를 세우자는 상소를 올리려 했는데, 종정이 고발하여 복법(伏法)되었으나 입씨름하다가 (정작) 부추겨 사주한 자는 고하지 못했다.]

이런 일들은 사실 반드시 그들 스스로 한 일이 아닙니다. 오랫동안 어지러운 말에

---

299. 이광운(李匡運): 홍인한이 총애하던 무관(武官) 이철운(李喆運)의 아우, 박상로(朴相老)의 비장(裨將). 1787년(정조 11) 1월 24일 저위(儲位)를 일찍 정해야 한다는 상소를 올렸다가 복주(伏誅)되었다. 김종정(金鍾正)은 이광운의 척속으로 이광운을 고변하였다.

300. 김종정(金鍾正, 1722~1787): 본관 청풍(淸風), 자 백강(伯剛), 호 운계(雲溪). 대사간 치후(致垕)의 아들. 도승지·이조 판서 등을 역임. 1777년(정조 1) 한성부판윤에 임명되었으나 홍국영에게 밀려났다가, 그가 실각하자 1782년 복관되었다. 저서로 『운계집(雲溪集)』, 『사례집요(四禮輯要)』 등이 있다.

물들고 몰래 서로 흉악한 논의를 돌아가며 이어받아, 마침내 면목을 바꾸어 차례로 나오는 계책을 세우고 희롱하며 앞장서서 일어나는 계기로 삼고자 하여 일어난 일입니다. 이 어찌 이율과 구선복의 배후에서 몰래 손바닥을 치며 은밀하게 웃는 자가 없다고 하겠습니까. 운운.

아, 슬프다. 하늘에 닿은 반역의 정상은 김상로와 홍계희로부터 시작되었고, 이어 정휘량(鄭翬良)[301] · 신만(申晩)[302]의 흉한 모략이 있었으며, 김구주에 이르러 비로소 소굴을 이루었습니다. 겉으로는 권신(權臣)을 공격하는 의론이라고 핑계를 대고 암암리에 세자 저하를 위협하고 핍박하려는 계책을 부렸습니다. 혹은 거짓으로 의리를 말하며, 몰래 어리석은 무리를 격동하고, 재물로 패악하고 망령된 무리와 암암리에 결탁하여, 거짓말이 날로 일어나고 성세가 점점 자라게 되었습니다.

정후겸은 교활하고 약아빠져 항상 그 어미에게 빌붙어 경중(輕重)의 형세를 좌우하고자 하였고, 홍인한은 스스로 그 형에게 두 마음을 갖고 암암리에 전후를 돌아보는 계책을 만들려 하였으며, 김치양(金致讓)[303]과 홍술해는 김구주에게 몰래 붙어 소개하고 결탁한 흔적이 분명하여 숨길 수 없습니다.

바로 이때 진실로 선대왕의 지인(至仁) 성덕(盛德)과 우리 성모(聖母)의 자교(慈教) 음공(陰功)이 아니었다면 종사의 큰 기틀이 어떻게 되었을지 생각하기 두렵습니다. 전하께서 보위를 이어받아, 홍인한과 정후겸을 먼저 죽이고, 김상로를 엄히 토벌하라고 하교한 것이 우레와 같이 신속하니, 홍상범(洪相範)과 홍상길이 비수(匕首)를 품고 (왕을 시해하려는) 계략을 마침내 제멋대로 저질렀습니다. 김구주를 단죄하는 결안이 해처럼 밝게 걸리자 홍양해와 한후익은 반군을 동원하는 역모를 꾀하였습니다.

이찬은 김구주에게 추대되었는데 홍계능(洪啓能)과 전흥문(田興文)[304]이 그 모의를

---

301. 정휘량(鄭翬良, 1706~1762): 본관 연일(延日), 자 자우(子羽) · 사서(士瑞), 호 남애(南崖). 우의정 우량(羽良)의 동생. 치달(致達)의 숙부. 우의정 · 좌의정 등을 역임. 1755년(영조 31) 을해옥사 때 정휘량을 비롯한 소론계 온건파 대부분이 조태구 · 유봉휘 등의 죄를 탄핵하여, 조태구 · 유봉휘는 노적(奴籍)으로 떨어뜨리고 이광좌 · 최석항도 추탈(追奪)되게 하였다. 이후 사도세자의 평양 행차 사건을 수습하며 자청해서 정승의 직위를 내려놓고 판중추부사(判中樞府事)로 전직하였다. 정치달의 숙부로서 치달의 처인 화완옹주의 도움이 많았으며, 은밀히 김상로 · 홍계희 일당과 통하여 무인(1758, 영조 34) · 기묘(1759)연간에 사도세자를 모함하였다. 저서로 『남애집(南崖集)』, 『견사록(見思錄)』 등이 있다.

302. 신만(申晩, 1703~1765): 본관 평산(平山), 자 여성(汝成) · 성백(成伯). 좌의정 · 영의정 등을 역임. 사도세자가 뒤주에 갇히는 현장에서 방관하였다.

303. 김치양(金致讓, 1725~1793): 본관 청풍, 자는 여득(汝得). 할아버지는 대제학 김유(金楺)이고, 아버지는 영의정을 역임한 김상로다. 1757년 정시(庭試) 병과(丙科) 합격. 세자시강원 사서(司書), 대사헌, 좌승지 등을 거쳐, 1771년부터 세 번이나 이조참의를 역임하였다. 1776년 정조가 등극하자 17년간 제주 정의(旌義)현에 유배되었으나, 사후 72년 만에 신원되었다.

주도하였고, 윤약연(尹若淵)은 홍인한에게 빌붙었던 자인데 홍양해가 그 충성을 인정하였습니다. 이것은 모두 흉악한 무리가 죽음 가운데 삶을 구하려는 계책이었음을 알 수 있습니다. 그 외에는 가는 길이 약간 달랐지만 결국 한 울타리를 이루었습니다. 변란의 뿌리가 대략 없어지고, 흉악한 무리가 금방 제거되어 이에 의리가 점차 밝아지고 조정이 조금 안정되었으나 홍국영의 흉모(凶謀)가 또 나왔습니다.

아, 역적 이담(李湛)의 작호가 나오니 온 세상이 놀라고 의심하였으며, 송덕상(宋德相)[305]의 흉한 모략이 드러나니 인심이 동요하였습니다. [송덕상은 곧 송시열의 손자로, 홍국영이 이끌어 이조 판서에 이르고 유현(儒賢)이라 칭하였다. 홍국영이 죽은 뒤 옥중에서 병들어 죽었다.] 그 기세가 빨라 장차 아침저녁으로 변괴가 있을 것 같더니, 전하께서 하교하여 살길을 열어주려고, 홍국영과 홍낙순을 함께 내쫓으니, 붙좇던 무리들이 오히려 송덕상을 빙자하여 호서와 하동에서 옥사가 해마다 연이은 것이 뱀이나 규룡, 지렁이와 같았습니다. 마침내 이택징(李澤徵)[306]과 이유백(李有白)[307]이 (중전을) 꾸짖어 욕하는 변고에 이르고, 이로 인해 이경래(李京來)[308]와 문인방(文仁邦)이 역적들을 불러 모은 음모가 있어, 단지 드러난 것만을 가지고도 분명하게 주토(誅討)할 수 있었습니다.

이에 의리가 점차 밝아지고 조정이 조금 안정되었으나, 불쑥 또다시 세자를 책봉한 다음 날 역적 김하재(金夏材)에 의해 천지와 고금에 없던 변고가 일어났지만 (사

---

304. 전흥문(田興文): 천민 출신 장사로, 정조를 암살하고 은전군을 추대하려는 역모사건에 가담한 자객. 호위군관 강용휘(姜龍輝)는 철편을, 전흥문은 비수(匕首)를 가지고 궁궐 담장을 넘어 정조를 시해하려 하였다. 그러나 수포군(守鋪軍)에게 붙잡혀 역모가 드러나 일당이 모두 복주되었다.
305. 송덕상(宋德相, ?~1783): 본관 은진(恩津), 자 숙함(叔咸), 호 과암(果菴). 시열(時烈)의 현손. 정조가 즉위한 뒤 홍국영의 뒷받침으로 이조 판서에 이르렀으나 홍국영이 실각하자 삼수부(三水府)에 안치되었다가 병으로 죽었다.
306. 이택징(李澤徵, 1715~1782): 본관 간성(杆城), 자 경민(景民). 1738년(영조 14) 식년 문과에 급제한 후, 1782년(정조 6) 첨지중추부사(僉知中樞府事)에 발탁되었다. 그러나 같은 해 5월 정조의 명령에 응해 올린 상소문이 이유백(李有白)의 대역죄 사건과 관련되면서 봉조하(奉朝賀) 이최중(李最中)과 이최중의 조카 이의익(李義翊) 등과 함께 신문을 받던 중, 생을 마감하였다.
307. 이유백(李有白, 1722~1782): 본관 전주, 자 경서(庚瑞). 1782년 응지상소에서 중전과 대비를 욕하였다고 절도에 천극당하였다가 신문을 받던 중 죽었다.
308. 이경래(李京來, ?~1783): 1782년(정조 6) 문인방(文仁邦)의 책『경험록(經驗錄)』,『금귀서(金龜書)』,『승문연의(乘門衍義)』,『신도경(神韜經)』 등을 백천식(白天湜)과 함께 읽고, 경기도 양성(陽城: 현 안성시)과 충청북도 진천(鎭川) 등지로 옮겨 다니며 살았는데, 당시 민심이 어지러워 곧 난리가 난다는 소문과 하늘에서 난리를 암시하는 별이 떴다는 소문이 돌았다. 노론 벽파였던 문인방과 백천식은 자신들의 스승인 송덕상이 1779년(정조 3) 홍국영의 실각과 더불어 함경북도 삼수부(三水府)에 유배되자 스승의 억울함을 풀어주기 위한 반란을 모의하였다. 이들은 유배된 송덕상을 대선생(大先生)으로 섬기면서, 도창국(都昌國)을 선봉장으로 삼고, 권홍징(權泓徵)·김훈(金勛)·김정언(金廷彦)·오성현(吳聖賢) 등과 군사를 일으켜 성읍을 점령하고 도성(都城)으로 진입할 계획을 세웠다. 이때 이경래는 도원수(都元帥)로서 음모에 가담하였다. 그러나 사전에 역모 사실이 발각되어 1783년(정조 7) 권홍징·문인방 등과 함께 능지처참되었다.

건의) 정황이 밝혀지지 않았고 그 도당을 다 조사하지도 않았는데, 이규명(李揆明)[309]의 옥사가 연이어 일어나 또 흐지부지되고 말았습니다.

이해 겨울, 역적 이율의 이름이 사람들의 입에 시끄럽게 오르내리더니 과연 이듬해 봄에 옥사가 있었는데, 그 뿌리가 역적 김하재에게서 밝혀내지 못한 세력과 관련되어 있었습니다. 사람들이 모두 여기저기 배치되어 있으면서 화응(和應)한 것이 홍복영(洪福榮)·문양해(文洋海)[310]와 같은 어리석고 미친한 자들에 그칠 뿐만 아니라고 의심하였는데, 과연 군대를 거느린 훈련대장이 몰래 내응한 일이 있었으니, 작년 겨울의 변란 모의가 또 어찌 구선복과 구명겸, 김상철과 김우진에 그칠 뿐이겠습니까.

아, 슬프다. 수십 년 이래로 여러 역적이 난언(亂言)을 선동하여 점점 국본(國本)을 도모한 것이 연이어져, 마치 한 줄에 꿴 듯하였습니다. 홍국영과 송덕상 이후 난역(亂逆)이 발생하는 일이 갈수록 더욱더 심해져서, 계책은 점점 급박해지고 그 기세는 점점 커져서, 원근의 거짓과 미혹은 물이 아래로 덮치는 듯하고, 중외의 그릇되고 잘못됨은 불길에 섶을 더하는 듯했습니다.

조정에서는 역적 홍인한의 세력을 분간해내지 못했고, 진신 사이에서는 충신과 역적이 서로 뒤섞여, 의리가 밝아질 때가 없고 조정이 안정된 날이 없었습니다. 운운.

전하께서 10여 년 사이에 역적을 다스려 처벌하고 가두신 것이 자못 비어 있는 해가 없었습니다. 다만 해를 헤아릴 뿐이 아니고 점차 다달이 더해가기에[311] 이르고, 다만 달을 헤아릴 뿐만 아니라 또한 나날이 더해갑니다. 전날에는 이와 같이 충분히 천명(闡明)하고, 이와 같이 충분히 안정시킬 수 있었던 일이 오늘날에는 조금도 효험이 없게 되기에 이르렀습니다.

아, 난언(亂言)이 의리를 가탁(假托)하는 것이 군대를 일으키는 역적보다 심하다는 것은 멀리서 끌어올 필요도 없습니다. 무신년의 역적인 남태징(南泰徵)[312]과 이사성(李思晟),[313] 이인좌(李麟佐)[314]와 정희량(鄭希亮)[315] 같은 자들을 죽이지 않은 적이 없

---

309. 이규명(李揆明): 정처(鄭妻) 곧 화완옹주(和緩翁主)와 내통하고 이지형(李之衡)과 함께 이동빈(李東彬)의 집에서 흉악한 말을 나눈 혐의로 신문을 받다가 물고(物故)되었다.
310. 문양해(文洋海): 이율(李瑮)·홍복영(洪福榮)·주형채(朱炯采)·김두공(金斗恭) 등과 함께 모반을 꾀하다가 발각되어 효시되었다.
311. 다달이 더해가기에: '다달이 더해간다'는 것은 『시경(詩經)』「소아(小雅)」'절피남산(節彼南山)' 편의 한 구절이다. 하늘의 재앙이 달마다 생겨날 만큼 심해간다는 뜻이다.
312. 남태징(南泰徵, ?~1728): 본관 의령(宜寧). 숙종 때 무과에 급제하여, 경종 때 금군별장(禁軍別將) 등을 역임. 1728년(영조 4) 이인좌와 정희량 등이 청주에서 반란을 일으켰을 때, 포도대장으로서 서울에서 내응하기로 했다는 죄로 일당인 신광원(愼光遠)·민효관(閔孝觀) 등과 함께 참형당하였다.
313. 이사성(李思晟, ?~1729): 1728년(영조 4) 이인좌가 밀풍군 탄(密豊君坦)을 왕으로 세워 왕통을 바르게

으나 남은 재앙이 갈수록 거세져서, 을해년에 이르러 조태구(趙泰耉)[316]와 유봉휘(劉鳳輝)[317]를 추율(追律)[318]하고 신치운(申致雲)[319]과 심악(沈鑵)[320]을 복주(伏誅)하고서야 비로소 발본할 수 있었습니다.

오늘날 구선복과 이율은 비록 이미 복주되었으나 오늘날 신치운과 심악처럼 구선복과 이율의 배후가 된 자들은 아직도 조사하여 밝혀내지 못하였고, 김상로 이하 복주된 역적들이 조태구와 유봉휘보다 더한 자들인데 또한 대역의 형률을 시행하지 못하였으니 의리가 더욱 어두워지고, 조정이 점점 어그러지는 것이 마땅합니다. 운운."

46. 판부사 이종성(李宗城)[321]의 시호가 처음에는 아름답지 않았다. 무신년(1788, 정

한다는 등의 내용으로 격문을 사방으로 돌리고 정변을 기도할 때, 총융사 김중기(金重器), 금군별장 남태징 등과 통모하여 병사를 이끌고 서울로 쳐들어갈 계획을 세웠으나 발각되어 이듬해 3월 참형당하였다.

314. 이인좌(李麟佐, ?~1728): 본관 전주(全州). 청주 송면 출신. 윤휴(尹鑴)의 손서(孫壻). 영조의 즉위로 소론이 정계에서 배제되자 정희량(鄭希亮)·이유익(李有翼)·심유현(沈維賢)·박필현(朴弼顯)·한세홍(韓世弘) 등 소론 과격파와 갑술환국 이후 정계에서 물러난 남인들과 공모하여 밀풍군 탄(坦: 소현세자의 증손)을 추대하고 무력으로 정권쟁탈을 꾀하였다. 1728년(영조 4) 3월 15일 상여에 무기를 싣고 청주에 진입, 청주성을 점령하고 안성, 죽산에 이르렀으나 진압군에 패하여 도주하다 잡혀 서울로 압송되었다. 그해 3월 26일 친국에서 역모의 전모를 공술하고 다음날 대역죄로 군기시(軍器寺) 앞에서 능지처참되었다.

315. 정희량(鄭希亮, ?~1728): 1728년 이인좌·박필현 등과 공모하여, 영조 즉위 후 벼슬에서 밀려난 소론 일파의 호응을 얻어 밀풍군 탄을 추대, 왕통을 바로 세워야 한다고 주장하고, 이인좌를 도원수로, 스스로는 원수가 되어 반란을 일으켰다. 거창에서 선산부사 박필건(朴弼建)과 곤양군수 우하형(禹夏亨) 등에게 체포되어 참수되었다.

316. 조태구(趙泰耉, 1660~1723): 본관 양주(楊州), 자 덕수(德叟), 호 소헌(素軒)·하곡(霞谷). 우의정·영의정 등을 역임. 신임옥사로 노론 4대신을 사사(賜死)하고, 영의정에 올랐다. 이어 소론 정권을 수립, 최석항·김일경 등과 국론을 주도하였다. 이후 소론은 과격파와 온건파로 분열되었는데, 그는 윤순(尹淳)과 함께 온건파의 주장이 되었다. 1725년(영조 1) 신임옥사를 주도한 혐의로 탄핵을 받고 관작이 추탈되었다.

317. 유봉휘(劉鳳輝, 1659~1727): 본관 문화(文化), 자 계창(季昌), 호 만암(晩菴). 1721년(경종 1) 노론이 왕의 아우인 연잉군(영조)을 세제로 책봉하려 할 때 강력히 반대하였다. 그 뒤 세제의 대리청정을 철회시키고 노론을 실각시켰다. 1725년 영조가 즉위한 뒤 소론 4대신의 한 사람으로 좌의정에 올랐으나 신임옥사를 일으킨 주동자라는 노론의 집요한 공격을 받고 이듬해 면직되었다. 이어서 민진원 등의 논척으로 경흥에 안치되어 유배지에서 죽었다.

318. 추율(追律): 죽은 뒤에 반역의 죄과(罪過)가 드러나 죽은 사람에게 역률을 집행하던 일.

319. 신치운(申致雲, 1700~1755): 본관 평산(平山), 자 공망(公望). 소론의 신예로서 이때 노론의 거두였던 권상하(權尙夏)·이희조(李喜朝) 등을 축출하는 데 앞장섰다. 1722년 죽은 송시열을 공박하는 소를 올렸다가 어진 사람을 무고하고 바른 사람을 질시하였다는 이유로 파직당하였다. 1755년 나주 괘서 사건이 있은 직후 심정연(沈鼎衍)·김인제(金寅濟)·박사집(朴師緝) 등과 함께 모반사건에 연루되어 경상북도 흥해군에 유배되었다가 처형당하였다.

320. 심악(沈鑵, 1702~1755): 영의정 수현(壽賢)의 아들. 1755년(영조 31) 을해옥사 당시 유수원(柳壽垣)과 함께 처형당하였다.

321. 이종성(李宗城, 1692~1759): 본관 경주(慶州), 자 자고(子固), 호 오천(梧川). 영의정 등을 역임. 1728년(영

조 12) 봄에 정승 이재협이 경연에서 아뢰어 문충(文忠)으로 고쳤다.

주상이 친히 제문을 지어 치제(致祭)하였다. 그 제문에서,

"나라를 염려하여 집안 일을 잊었네"라고 운운하였다. 또 말하였다.

"당(堂)에서는 한 조각 마음 열어젖히고, 대(臺)에서는 괴로운 피를 쏟았네. 중간의 한 가지 일은 오직 신만이 아는 것이니, 석달간 교외에 거했던 것은 누구를 위해 더디게 한 것인가. 소인배가 자기 뜻을 이루지 못하고 임금으로부터 표창하는 상이 내렸으니, 공이 이에 무슨 유감이 있으리, 내 마음을 슬프게 할 뿐. 경이 세상 떠난 날, 내가(內家)에서 소식(素食)하는 것으로. 운운." [석달간 교외에 거했다고 운운한 것은 곧 계유년(1753, 영조 29)으로 문녀가 아직 출산하기 전의 일이다.]

또 친히 글을 지어 영성군(靈城君) 박문수(朴文秀)[322]를 다음과 같이 치제하였다.

"미더운 선비는 나라에 나서 국가의 위기에 쓰이니, 옛적의 사직신으로 경이 이에 흡사하였네. 가슴 가득 넘치는 뜨거운 피 신명에 감통(感通)하나니, 크나큰 명(命)을 맞이하여 이음은 다만 하나의 정성일 뿐이었네. 선왕께서 탄식하며 말씀하시기를 '잘 때가 아니면 경을 생각한다'고 하였으니, 하물며 나의 격앙한 감회에 어찌 흐르는 눈물을 금할 수 있으리오. 이에 보답하고 이에 기록하여 대대로 이어지길 기약하노니, 정벌에 따라나선 수고로움이야 경의 절의 가운데 사소한 것이라네. 예전의 무신년이 거듭 돌아와 정성스러운 제사로써 받드노니, 다만 공훈뿐만이 아니라 저 아름다운 비석을 볼지어다. 운운. [처음에 영성군이 (후사를 빌기 위해) 관묘(關廟)[323]에 기도하고 제사 지내자는 뜻을 영조에게 아뢰었는데, 장헌(莊獻)이 곧이어 태어났다. 지금 주상이 모년에 장헌세자의 관묘송[莊獻關廟頌]을 적은 비석을 관묘에 세웠다. 주상이 걸음 하여 그 운을 새겼다. 뒷면에 '저 아름다운 비석을 보라'고 한 것이 곧 이것이다.]

조 4) 박문수와 함께 붕당 2백 년의 폐를 논하였다. 1752년(영조 28) 세자의 처벌에 적극적이던 김상로 등과 대립하여 영의정에서 물러났다. 1758년 영중추부사가 되어 사도세자 보호에 앞장섰다.

322. 박문수(朴文秀, 1691~1756): 본관 고령(高靈), 자 성보(成甫), 호 기은(耆隱). 도승지 · 병조 판서 등을 역임. 정치적으로 소론에 속하였으며, 영조가 탕평책을 실시할 때 명문 벌열(名門閥閱) 중심의 인사 정책에서 벗어날 것을 주장하였다.

323. 관묘(關廟): 관왕묘(關王廟). 관우(關羽)를 신앙하기 위하여 건립된 묘당(廟堂). 관성묘(關聖廟)라고도 한다. 중국에서는 명나라 초부터 관왕묘를 건립하여 일반 서민에까지도 그 신앙이 전파되었다. 우리나라에서는 임진 · 정유의 왜란 때에 명나라 군사들에 의해 관왕묘가 건립되었다. 박문수가 영조에게 관왕묘에 기도해보라고 권한 사실은 본서 「원편」 상, 2번 기사에 보인다.

영남 유생 조덕린, 황익재의 복관을 논의하다

47. 무신년(1788, 정조 12) 겨울, 영남 유생들이 조덕린(趙德鄰)[324]과 황익재(黃翼再)[325]를 복관(復官)하는 일로 상언(上言)하였다. 주상이 승정원일기를 가져다 살피고, 또 대신들에게 수의(收議)하게 한 뒤, 특명으로 복관시켰다.[326] 그리고 영남 유생들을 불러들여 위로하고 타일러 보냈다.

조덕린은 영남의 명망 있는 인사로서, 일찍이 갑진년(1724, 경종 4)·을사년(1725, 영조 즉위년)간 상소한 것이 시론(時論)에 죄를 얻었다. 경진년(1760, 영조 36) 봄에 그 손자 조진도(趙進道)[327]가 급제하자 대간이 상소하여 삭과(削科, 합격 취소)할 것을 청하였는데, 장헌세자가 가벼이 의론할 수 없다고 답하였다. 김상로와 홍계희의 무리가 장차 신임의리(辛壬義理)[328]를 뒤집으려 한다고 비방하는 상소를 영조께 올리자, 영조가 크게 노하여 빨리 대간의 청을 허락하라 명령하였다.

이제 주상이 (영조가 내린) 전후의 은혜로운 교시를 들어서 특별히 관작을 회복시켜주면서, '선왕의 마음으로 (주상의) 마음을 삼는다'고 하교하기에 이르렀다.

형조 판서 윤시동(尹蓍東)이 상소하여 조덕린 상소의 말이 흉패(凶悖)하다고 극론하고, 또 조진도의 삭과(削科) 당시 하교한 말을 인용하여 복관의 명을 빨리 거두라

---

324. 조덕린(趙德鄰, 1658~1737): 본관 한양(漢陽). 자 택인(宅仁), 호 옥천(玉川). 1725년(영조 1) 필선(弼善)으로 당쟁의 폐해를 상소한 문장 속에 노론의 득세를 비난한 대목이 있어 당쟁을 조장할 우려가 있다 하여 종성(鐘城)에 유배되었다. 1727년 정미환국(丁未換局)으로 소론이 집권하자 풀려났다. 1736년 서원의 남설(濫設)을 반대하는 상소를 하였다가 노론의 탄핵으로 이듬해 제주에 귀양 가던 도중 강진에서 죽었다.

325. 황익재(黃翼再, 1682~1747): 본관 장수(長水), 자 재수(再叟), 호 백화재(白華齋). 희(喜)의 10대손. 1728년(영조 4) 종성부사가 되었는데 이인좌의 반란을 평정하는 데 공을 세웠으나 도리어 적도들에 연루되었다는 무함을 받아 구성에 유배되었다. 1736년에 사면되어 복직의 명을 받았으나 사양하고 낙향하였다.

326. 주상이 …… 복관시켰다: 정조는 영조가 조덕린·황익재에게 직첩(職帖)을 주라는 명을 내린 바 있다는 점을 근거로, 이들에 대한 신원 문제는 신임의리의 국시와 관련이 없는 것임을 강조한 후, 『무신창의록(戊申倡義錄)』에 기재된 공로에 의거하여 이들에 대한 관작 회복과 죄적(罪籍) 삭제를 명했다. 이에 대해 노론은 강하게 반발하면서 승복하지 않았다. 소론 일부도 『무신창의록』의 신빙성을 문제 삼아 반대하기도 하였다.

327. 조진도(趙進道, 1724~1788): 본관 한양(漢陽), 자 성여(聖輿), 호 마암(磨巖). 조부 조덕린이 1736년(영조 12)에 노론의 탄핵을 받고 유배된 일이 있었다. 노론이 조부가 아직 복관이 되지 않았는데 그 손자가 과거에 합격한 것은 부당하다고 탄핵하여 합격이 취소되었다. 1788년(정조 12) 조부의 복관(復官)과 함께 낙제시킨 것을 다시 합격시켰다.

328. 신임의리(辛壬義理): 신축년(1721, 경종 1) 환국과 임인년(1722) 옥사에 대한 의리를 말한다. 당시 경종의 병세를 이유로 노론이 연잉군(영조)을 세제(世弟)로 세우고 대리청정을 건의하였으나 소론이 집권하여 노론을 역모로 몰아 처벌한 사건이다. 신임의리란 이때 노론이 정당하였는데 소론에게 억울하게 처벌받았다는 노론 측 주장을 가리키는 것이다.

고 청하였다. 그 상소문에서 말하기를,

"선대왕께서 그 음흉한 정황이 무신란의 효시가 된 실상을 깊이 꿰뚫어보시고, 비록 더러움을 품어주고 거친 것을 감싸는 성대한 덕과 넓은 도량으로도 이미 국문하여 귀양 보내셨습니다. 또 조덕린의 손자 조진도를 경진년 과거합격자 명단에서 뽑아내 버렸습니다. 대간의 상소에 대한 비답에서는 '의리가 삼엄하다'[義理森嚴][네 글자는 주상이 질책하는 하교 중의 구절이다]고까지 말하면서 법에 따라 시행하기를 허락하셨습니다. 지금까지 단서(丹書, 죄안)가 없어지지 않았고, 결단한 문서가 밝게 전해지고 있습니다. 운운.

황익재에 대한 역적의 공초에 이르면 참으로 지은 죄가 깊고 무겁지만, 조덕린에 비하면 오히려 작은 죄에 속하니 신이 함께 논의할 겨를이 없습니다. 운운"하였다. 답하였다.

"조덕린의 일을 처분한 선대왕의 하교가 기주(記注)[329]에 분명하게 실려 있다. 나는 다만 그것을 받들어 따르려고 했을 뿐이다. 여러 신하가 기주를 보면 또한 환하게 풀릴 것이다. 운운.

경진년에 조진도를 삭과한 사실에 대해서는 판부사(判府事) 이복원(李福源)이 그때 승선(承宣)으로서 경위를 갖추어 입시(入侍)하였다. 입대(入對)하였으면 반드시 기록해 둔 것이 있을 것이다. 더구나 연교(筵敎)와 상소에 대한 비답이 모두 일기에 실려 있는데 내가 어찌 잘 헤아려 보지도 않고서 그렇게 하였겠는가. 운운. 우의정 채제공을 곧장 악인을 편든 죄과로 몰아넣었으니, 서용하지 말도록 하는 형전(刑典)을 시행하라."

또 비망기(備忘記)[330]를 내려 우의정[채제공]을 위로하니, 사관(史官)이 회계(回啓)하였는데, 이르기를,

"삼가 생각건대 우리 전하께서는 한 가지 정사라도 모두 선대왕을 계승하는 뜻에서 행하지 않은 것이 없었습니다. 그러므로 이 일을 처분하실 때에도 선대왕의 마음으로 나의 마음을 삼는다는 전교가 계셨으니 언제 신축·임인년의 큰 의리와 제방(隄防)에 대해 조금이라도 소홀히 하신 적이 있었습니까.

그런데 지금 (윤시동의) 상소는 감히 말할 수 없는 곳까지 끌어대어 말해서 전하로

---

329. 기주(記注): 승정원의 주서(注書)나 춘추관의 기주관(記注官)이 임금과 신하의 대화 등을 적은 기록을 가리킨다.

330. 비망기(備忘記): 임금의 명령을 적어서 승지에게 전하는 문서.

하여금 다시 명령을 내릴 수 없게 하고자 하였으니, 이것은 그 뜻이 전하를 지목하려는 계책입니다"라고 운운하였다.

대사헌 김재순(金載順)[331]과 모관 김광악(金光岳)[332]이 차례로 상소하여 논하였다. 김재순은 삭직하고, 김광악은 사적(仕籍)에서 영원히 깎아냈다. 이에 규장각 제학 김종수가 또 상소하여 이르기를,

"아, 조덕린의 상소문 중에는 어느 구절이고 올빼미와 범[獍]의 심보를 드러내지 않은 것이 없지만, '앞의 백세(百世)와 뒤의 천 년'[百世在前, 千載在後]이라는 여덟 글자는 이응원 흉소(凶疏) 중의 말을 답습해 쓴 것이니, 그 원류를 전수한 것이 불측하여 사람들로 하여금 모골이 송연하고 간담이 떨리게 만들었습니다"라고 운운하였다.

비답하기를,

"오늘 조정이 이처럼 어지러운 것은 그 근본을 따져본다면 누가 책임져야 하겠는가"라고 운운하였다.

김종수에게 서용하지 않는다는 처벌을 시행하였다.

12월 2일에 대신과 비변사 당상이 입시하였다. 좌의정 이성원(李性源)[333]이 아뢰기를,

"윤시동의 상소에서 언급한 말들은 신과 영의정 김치인은 전혀 모르는 일입니다. 이제 엎드려 하교를 받드니 헤아릴 수 없을 정도로 놀랍고 애통함을 이기지 못하겠습니다. 이 일은 지극히 중요한데, 오늘 영의정은 정고(呈告)[334]하고 우의정[端揆][335]은 인입(引入)[336]하여, 신이 홀로 두 전직 대신과 더불어 경연에 참여하였으므로, 감히 급하게 우러러 아뢸 말씀이 없습니다"라고 하였다.

주상이 영의정과 우의정에게 연락하여 들어오기를 기다렸다가 함께 입시하라고 명하였다. 영의정 김치인이 이르기를,

---

331. 김재순(金載順, 1732~?): 본관 연안(延安), 자 응덕(應德). 정조 즉위 초에 대사헌에 임명되어 외척의 화를 우려하는 내용의 상소를 올렸는데, 도리어 외척 처벌에 미온적인 태도를 보였다고 탄핵받아 해남현(海南縣)에 유배되었다.

332. 김광악(金光岳, 1694~1759): 본관 경주(慶州), 자 동첨(東瞻)·수이(秀而), 호 독좌와(獨坐窩). 1788년(정조 12) 11월 27일에 조덕린의 죄를 논하면서 윤시동에게 내린 서용하지 말라는 법을 시행하지 말 것과 또 이 일에 대해서 논핵하지 않는 삼사(三司)에 대해 삭출의 명을 내려야 한다고 상소하였는데, 정조는 김광악에게 사적(仕籍)에서 삭제하고 향리로 방축하는 벌을 내렸다.

333. 이성원(李性源, 1725~1790): 본관 연안(延安), 자 선지(善之), 호 호은(湖隱). 좌의정 정구(廷龜)의 후손. 우의정·좌의정 등을 역임하였다.

334. 정고(呈告): 관부(官府)에 청원서(請願書)를 올려 고함. 주로 휴가를 청하거나 사직할 때 그 이유를 고하는 문서다.

335. 우의정[端揆]: 단규(端揆)는 정무(政務)를 바르게 헤아린다는 뜻으로 우의정을 일컫는다.

336. 인입(引入): 벼슬아치가 잘못된 일에 대하여 인책(引責)하고 출사하지 않음.

"신은 이 일을 전혀 몰랐는데, 이제 성상의 하교를 받들고 보니 저도 모르게 뼛속까지 떨립니다. 윤시동은 이미 가볍게 심문하고 말수가 없으니, 빨리 무거운 벌을 내리십시오. 신의 차자(箚子)에 또한 이 말이 있었으니, 이 때문에 신은 진심으로 헤아릴 수 없을 정도로 황공합니다. 법은 귀하고 가까운 곳부터 시작하는 것이니, (윤시동과) 같은 죄를 받게 해주시기 바랍니다"라고 하였다. 좌의정이 운운하였다.

판부사 김익(金熤)이 이르기를,

"이 일은 매우 중요합니다. 상소문의 어구(語句)가 어떤 생각을 갖고 한 것이라면 그 죄를 다시 논할 것도 없습니다만, 혹 아무 생각 없이 한 말이라 하더라도 살피지 못한 죄를 면하기 어려우니, 한 번 엄하게 문초하지 않을 수 없습니다"라고 하였다.

우의정 채제공이 이르기를,

"신이 경진년 연간에 연일 궁중에 있었기 때문에 이 사건을 대략 압니다. 그러므로 윤시동의 상소문 내용을 보고는 놀랍고 통분함을 금치 못하였습니다. 그래서 후일 등대(登對)하면 아뢰려고 하였는데, 오늘 성상의 전교가 먼저 이 일에 대해 언급하셨으니, 즉시 아뢰지 않고 지체한 신의 죄는 큰 꾸지람을 받아 마땅합니다. 시동의 일은 크게 신하의 분수에 관계된 것이니, 결코 그냥 버려두어서는 안 됩니다"라고 운운하였다.

주상이 말하였다.

"상소문 중의 어구에 서(書)를 소(疏)라 하고 교(敎)를 비답이라 한 것으로 볼 때 본 사건을 전혀 몰랐다는 것을 알 수 있다. 그러나 이 상소가 있은 뒤로 사람들이 이것을 보고도 당연히 쓰는 예사로운 말로 여기게 되었다. 상소가 들어온 지가 이미 여러 날이 되었으나, 누차 생각하다가 오늘의 연석에서야 비로소 하교하게 되었다. 오늘날 신하 된 자로서 경진년 정월에 이 일이 있었다는 것을 몰랐다면 그 무심한 죄를 논하지 않을 수 없다. 이렇게 한 뒤에야 모든 신하가 거의 알 수 있을 것이다. 윤시동에게 귀양 보내는 형전을 시행해야 할 것이다."

바야흐로 시임·원임 대신을 명하여 불렀는데, 판부사 유언호(兪彦鎬)[337]가 병을 칭

---

337. 유언호(兪彦鎬, 1730~1796): 본관 기계(杞溪), 자 사경(士京), 호 칙지헌(則止軒). 홍봉한 중심의 척신 정치를 제거하는 것이 청의(淸議)와 명분을 살리는 사림정치의 이상을 실현하는 것이라고 생각한 정치적 동지들의 모임인 이른바 청명류(淸名流) 사건에 연루되어 흑산도에 정배되었다. 세손이던 정조를 춘궁관(春宮官)으로서 열심히 보호했으므로 정조 등극 후에는 홍국영·김종수와 함께 지극한 예우를 받았고, 『명의록』 편찬을 주관하였다. 김우진·심환지·김종수와 친하게 지내고, 홍봉한의 당을 공격하는 것이 의리라는 김구주 당의 견해에 동조했으므로, 순조대에 안동 김씨의 세도정치가 시작된 이후에는 시파(時派)로부터 정조에 대한 배신으로 지목되기도 하였다.

하고 나오지 않았다. 수십 차례 불렀는데도 굳게 일어나지 않자 주상이 크게 노하여 들것에 실어 조정으로 데려오라 명하였다. 궐 아래 도착해서도 오히려 병이 심하다고 칭하니 가마 군졸들이 들고 오게 하였다. 주상의 하교를 받들고도 또 한마디 말도 우러러 답하지 않았다. 이에 곧 명을 내려 제주에 위리안치하였는데, 삼사에서 잇달아 법에 따라 처벌하라고 아뢰었다. 아무 해에 석방되어 돌아왔지만, 오래도록 추함(樞銜, 판중추부사)을 내리지 않았다.

을묘년(1795, 정조 19) 봄에 거듭 복상(卜相)하여 윤시동을 우의정으로 발탁하고, 또한 이조 판서에 임명하였다.

48. 우의정(채제공)이 상소를 올려 말하였다.

"신이 어제 부름을 받고 입궐한 것을 사람들은 반드시 크게 염치를 손상시켰다고 하겠지만, 신의 진심은 오직 악한 무리를 쫓아내려는 의리에서 나온 것이니 어찌 그만둘 수 있겠습니까. 윤시동의 상소가 나온 뒤에, 그 가운데 네 글자의 어구는, 신이 (선왕의) 옛 신하인 까닭에 그것이 감히 말할 수 없는 일이라는 것을 대략 알고 있었으므로 후일 경연에 나아갈 때에 맨 먼저 토죄하기를 청할 생각이었습니다. 그러나 정황과 병세가 관복을 입고 조정에 나갈 가망이 전혀 없었기 때문에 참고 가슴속에 둔 채 말을 꺼내지 않았습니다.

어제 경연에서 성상께서 하교하실 때 오열하시며 이를 언급하시고, 며칠 동안 전각에 나오지 않겠다고까지 하시니, 신이 엎드려 전교를 받들며 눈물을 흘렸습니다. 이에 신은 (바로 아뢰지 않고) 지체한 죄를 피할 길이 없게 되었습니다. 윤시동의 흉악한 심보에 대해서는 법을 집행하는 기관인 삼사(三司)에서 반드시 법에 따라 처벌하는 바가 있을 것입니다. 운운" 답하였다.

"운운. 어제 경연에서 거듭 말하였으니 어찌 반복해서 말하겠는가. 이 사건에 대한 처분은 운운.[338] 경이 이런 곤경을 만난 것에 어찌 깊이 혐의할 것이 있겠는가. 하물며 감히 함부로 추측하지도 말고 지나치게 염려하지도 말고 함께 정성을 다하고 함께 공경하여 진정한 대탕평의 공을 이루자고 대신들과 여러 신하를 면대하여 당부하였으니, 이로부터 많은 사람의 의심이 절로 풀릴 것이므로, 경의 입장에서 처신할 때 이러한 원칙에 입각한다면 또한 편하고 좋을 것이다. 운운."

---

338. 이 사건에 …… 운운: 1788년(정조 12) 12월 4일(신묘) 실록기사에 의하면 '운운'이란 '그 사람(윤시동)을 위한 것도 아니고, 경(채제공)을 위한 것도 아니다[非爲其人, 亦非爲卿]'이다.

49. 이해 겨울 족부(族父) 금성위(錦城尉) 박명원(朴明源)[339]이 상소하여 의열궁(毅烈宮)[340]의 궁호를 고칠 것을 청하였다. '의열(毅烈)' 두 글자가 모년의 일에 관계되었던 까닭이다.

주상이 그 상소를 묘당(廟堂)[341]에 내리니, 관각(館閣)에서 궁호를 고치는 일을 의논하여, '선희(宣禧)'[342]로 바꾸었다. 각신 김종수만 홀로 패초(牌招)를 어기고[343] 불참하자, 좌의정 이성원(李性源)이 경연에서 그를 배척하여 논죄하였다.

---

339. 박명원(朴明源, 1725~1790): 본관 반남(潘南), 자 회보(晦甫), 호 만보정(晩葆亭). 예조 참판 사정(師正)의 아들. 연암(燕岩) 박지원(朴趾源)의 삼종형(三從兄). 1738년(영조 14) 영조의 셋째딸 화평옹주에게 장가들어 금성위(錦城尉)에 봉해졌다. 문장에 능해 십여 차례 국가의 경조사에 금옥보책명정서관(金玉寶册銘旌書官)에 임명되었다.

340. 의열궁(毅烈宮): 영조의 후궁이자 사도세자의 생모인 영빈 이씨(暎嬪李氏)의 신주를 모신 사당이다. 1764년 영빈 이씨가 죽자 시호를 의열(義烈)이라 하고 그 사당을 의열묘(義烈廟)라 했다.

341. 묘당(廟堂): 종묘(宗廟)와 명당(明堂)이라는 뜻으로 조정(朝廷)을 일컫기도 하였고, 또는 의정부(議政府)를 달리 이르던 말.

342. 선희(宣禧): 영조의 후궁이자 사도세자의 생모인 영빈 이씨의 신주를 모신 사당이다. 1764년 영빈 이씨가 죽자 시호를 의열(義烈)이라 하고 그 사당을 의열묘(義烈廟)라고 했는데, 1788년(정조 12)에 선희궁으로 고쳐서 격상시켰다. 현재 육상궁 내에 있다.

343. 패초(牌招)를 어기고: 위패(違牌). 승지가 왕명이 적힌 패를 가지고 신하를 불렀으나 어기고 오지 않는 것을 말한다.

권4. 속편(續編) 하(下):
사도세자의 추숭을 둘러싼 갈등

현륭원으로의 이장

1. 기유년(1789, 정조 12) 8월에 족부(族父) 금성위(錦城尉) 박명원(朴明源)이 영우원(永祐園)[1]의 풍수(風水)가 불길해서 풀이 말라죽어 떨어지고 뱀들이 엉켜 있으며, 변고로 인한 상사(喪事)가 계속해서 발생하고[2] 세자[3]의 자리가 오랫동안 비어 있게 되었다고 여겼다. 이에 상소하여 영우원을 옮길 것을 청하면서 말하였다.

"우리 성상(聖上, 정조)께서 몸소 주공(周公)의 지극한 효도를 하고, 문왕(文王)의 뜻과 업적을 이으셨습니다. 운운. 계속해서 종묘에 제사 드리고 자손을 보존하고자 한다면 즉시 대신과 중신에게 물으십시오."

마침내 수원부(水原府) 안으로 영우원을 옮길 것을 정하였다. 그곳은 (본래) 효종의 무덤 자리를 정할 때 당시 모관(某官) 윤선도(尹善道)[4]가 점찍은 곳이었다.

---

1. 영우원(永祐園): 정조의 아버지 사도세자의 묘호. 1776년 정조는 즉위하자 사도세자의 존호(尊號)를 장헌(莊憲)이라 바꾸면서 당시 양주(楊州)에 있던 그의 무덤의 봉호(封號)를 수은묘(垂恩墓)에서 영우원으로 고쳐 불렀다. 그리고 1789년(정조 13) 화성(華城)으로 이장한 후에는 현륭원(顯隆園)으로 이름을 바꾸었다. 1899년(광무 3)에는 장조의황제(莊祖懿皇帝)로 추존(追尊)되면서 융릉(隆陵)이라 일컬었다.
2. 변고로 인한 …… 발생하고: 1786년(정조 10) 문효세자(文孝世子)가 5세로 요절하였고, 어머니 의빈 성씨(宜嬪成氏, ?~1786)도 같은 해 임신 중에 갑작스럽게 죽는 상사(喪事)가 발생하였다.
3. 세자: 원문은 주창(主鬯). 제례를 주관하는 장자로서 세자를 가리킨다.
4. 윤선도(尹善道, 1587~1671): 본관 해남(海南), 자 약이(約而), 호 고산(孤山) · 해옹(海翁). 중추부첨지사 등을 역임. 1628년(인조 6) 왕자사부(王子師傅)가 되어 봉림대군(鳳林大君, 효종)을 보도(輔導)했다. 1652년(효종 3) 남인(南人) 정개청(鄭介淸)의 서원(書院) 철폐를 놓고 서인 송시열(宋時烈) 등과 논쟁, 탄핵을 받고 사직당했다. 1659년 남인(南人)의 거두로서 효종의 장지 문제와 자의 대비(慈懿大妃)의 상복(喪服) 문제를 둘러싸고 송시열과 대립하다가 삼수(三水)에 유배되었다. 저서로 『고산유고(孤山遺稿)』 등이 있다.

중복(重卜)[5]하여 영의정에 김익(金熤),[6] 좌의정에 이재협(李在協)[7]을 임명하고, 영의정이 총호사(摠護使)[8]를 겸임하였다. 새로운 원(園)을 현륭(顯隆)이라 고쳐 불렀다. 다시 택일하여 현실(玄室)[9]에 관(棺)을 매장하였다.

10월 2일에 팔달산(八達山) 아래로 수원부를 옮겼으니, 이 역시 윤선도가 일찍이 점찍은 곳이었다.

2. 8월 12일 묘시(卯時, 오전 6시 전후)에 옛 영우원의 봉분을 열었다. 백관(百官)들은 3개월 면복(緬服)[10]을 입고, 제복(祭服)에는 연포(練布)[11]와 숙마(熟麻)[12]를 사용하며, 허리띠와 수질(首絰)[13]을 착용하였다. 주상이 반급(頒給)한 당시의 상복은 백포 단령(白布團領)[14] · 오사모(烏紗帽)[15] · 오각대(烏角帶)[16] · 백피혜(白皮鞋)[17]였다.

영우원의 봉분을 열 때 배제(陪祭)[18]하는 백관과 수행하는 여러 신하는 원(園)에서 상복을 받았다. 도성에 남은 백관은 영우원의 봉분을 여는 시간에 명정전(明政殿, 창경궁의 법전) 뜰에서 상복을 받고 망곡(望哭)[19]하였다. 전직 중앙관리와 사서인(士庶人)은 홍화문(弘化門)[20] 밖에서 망곡하였다. 궐 안의 입직 군병(入直軍兵)은 각 직소(直所)[21]에서 망곡하였다.

3. 면복(緬服)으로 정한 것에 대해 모관 김종수(金鍾秀)[22]는 홀로 지나친 예라고 말

---

5. 중복(重卜): 의정(議政) 벼슬을 거친 사람을 다시 의정 벼슬에 임명하는 일을 말함.
6. 김익(金熤, 1723~1790): 본관 연안(延安), 자 광중(光仲), 호 죽하(竹下) · 약현(藥峴). 제남(悌男)의 5대손. 대사헌 · 우의정 등을 역임하였다.
7. 이재협(李在協, 1731~1790): 본관 용인(龍仁), 자 여고(汝皐). 좌의정 보혁(普赫)의 손자, 병조 판서 경호(景祜)의 아들. 좌의정 · 영의정 등을 역임하였다.
8. 총호사(摠護使): 국상(國喪)에 관한 의식을 주관하던 임시 벼슬.
9. 현실(玄室): 시신을 넣은 널[棺]이 안치된 방.
10. 면복(緬服): 부모의 무덤을 옮겨서 다시 장사를 지낼 때 입는 3개월 상복.
11. 연포(練布): 천을 짠 후에 잿물에 담갔다가 솥에 쪄서 뽀얗게 처리한 천.
12. 숙마(熟麻): 잿물에 삶아 희고 부드럽게 만든 삼 껍질.
13. 수질(首絰): 상복을 입을 때에 머리에 두르는, 짚에 삼 껍질을 감은 둥근 테.
14. 백포 단령(白布團領): 흰 베로 깃을 둥글게 만든 공복(公服).
15. 오사모(烏紗帽): 사(紗)로 만든 검은 빛깔의 관모(官帽).
16. 오각대(烏角帶): 검은색 뿔 조각으로 장식한 띠.
17. 백피혜(白皮鞋): 흰색 가죽으로 만든 신. 상중(喪中)에 옷을 입을 때 함께 신었다.
18. 배제(陪祭): 임금이 제사를 지낼 때 배례하는 일.
19. 망곡(望哭): 먼 곳에서 임금이나 부모의 상사(喪事)를 당한 때나, 곡을 할 자리에 몸소 가지 못하고 그쪽을 향하여 애곡(哀哭)하는 일.
20. 홍화문(弘化門): 창경궁 정문.
21. 직소(直所): 숙직 · 당직 서는 곳.

하였다. 이에 성균관 유생 이헌주(李憲柱)·이회보(李晦保) 등이 상소하여 논하자, 그 뒤 장의(掌議) 민치복(閔致福)[23][판서 민종현(閔鍾顯)[24]의 아들]이 (이들에게) 묵명(墨名)[25]의 벌을 시행하였다. 이로부터 벌에서 풀어주기도 하고, 다시 벌주기도 하면서, 각각을 편드는 논의가 일어나 시끄러웠다.

4. 지금까지 (사도세자의) 무덤을 옮기는 비용은 주상이 내탕고(內帑庫)[26]에서 내어 주고 호조의 경비를 사용하지 않았다. 여사군(轝士軍)[27]의 경우 고군(雇軍)[28]을 사용해서 호정(戶丁)[29]을 쓰지 않았다. 헌납(獻納) 이영목(李永穆)이 상소하여 논하기를,

"이와 같이 막대하고 막중한 일을 거행하면서 날을 계산하여 식량을 지급하고 고군을 사역하는 것은 일의 체면상 구차할까 우려됩니다"라고 운운하였다.

5. 발인[靷行] 할 때 흥인(興仁)·숭례(崇禮) 두 정문(正門)을 경유하지 않고 장차 두모포(豆毛浦)[30]로 가기로 정하였다. 호조 참판 이헌경(李獻慶)[31]이 상소하여 도로의 편안함과 험함, 나루의 위태로움과 편안함에 대해 자세히 말하였다. 이어서 곧장 흥인·숭례 두 정문을 거쳐 서빙고(西氷庫)로 향하는 것이 제일 편안하다고 했다. 흥인·숭례문을 따라서 서빙고에서 강을 건너는 것이 정로(正路)였기 때문이었다. 답하였다.

---

22. 김종수(金鍾秀, 1728~1799): 본관 청풍(淸風), 자 정부(定夫), 호 진솔(眞率)·몽오(夢梧). 우의정 구(構)의 증손, 참판 희로(希魯)의 손자. 우의정·좌의정 등을 역임. 임성주(任聖周)·윤시동(尹蓍東)·김상묵(金尙默) 등과 교유하였다. 1772년(영조 48) 청명당(淸名黨) 사건에 연루되어 조정(趙晸)·김치인(金致仁)·정존겸(鄭存謙)·이명식(李命植) 등과 함께 유배되었다. 1792년(정조 16) 영남 만인소(嶺南萬人疏)가 올라와 사도세자를 위한 토역(討逆)을 주장하자, 상소를 올려 논의를 가라앉혔다. 1794년 사도세자를 위한 토역을 다시 주장한 남인 채제공(蔡濟恭)과 양립할 수 없다는 의리를 굽히지 않다가 정조의 조제하는 탕평에 대한 배신으로 지목되어 유배되었다. 저서로 『몽오집(夢梧集)』이 있다.
23. 민치복(閔致福, 1766~1814): 본관 여흥(驪興), 자 원리(元履), 호 확재(擴齋). 백겸(百兼)의 손자, 이조 판서 종현(鍾顯)의 아들. 김양행(金亮行)·이직보(李直輔)의 문인. 동몽교관·남평 현감 등을 역임하였다.
24. 민종현(閔鍾顯, 1735~1798): 본관 여흥(驪興), 자 공기(公紀). 우참찬 진후(鎭厚)의 증손, 대사헌 우수(遇洙)의 손자, 백겸(百兼)의 아들. 이조·예조 판서 등을 역임. 의례(儀禮)에 매우 밝아 국가의 예식(禮式)에 대한 많은 소를 올렸다.
25. 묵명(墨名): 성균관 유생, 사학 생도들의 징계 방식의 하나. 과거에서 부정을 저지르거나 행실이 나쁜 학생을 유적(儒籍)에서 이름을 지워버리는 것.
26. 내탕고(內帑庫): 왕실 재물을 보관하던 어고(御庫).
27. 여사군(轝士軍): 국상 때 가마나 상여를 메는 사람.
28. 고군(雇軍): 품삯을 주고 임시로 고용한 군인이나 노동자.
29. 호정(戶丁): 호적에 등재되어 부역에 동원되는 장정.
30. 두모포(豆毛浦): 성동구 옥수동에 있던 나루터. 청계천과 중랑천의 물이 한강 물과 합쳐진다 해서 두물개[이수포], 곧 두뭇개가 되었다. 두뭇개를 한자명으로 표기한 것이 두모포다.
31. 이헌경(李獻慶, 1719~1791): 본관 전주(全州), 자 몽서(夢瑞), 호 간옹(艮翁). 대사간·한성부판윤 등을 역임. 채제공과 청남계(淸南系)의 일원으로 활동하였다. 저서로 『간옹집(艮翁集)』 등이 있다.

“도로에 관한 일로 말하면 지난번 연석(筵席)에서 대신들에게 하교한 것이 있다. 당초에는 임시로 별전(別殿)에 모셨다가 서호(西湖)[32]에서 강을 건너 무궁한 슬픔을 조금이나마 드러내고자 하지 않은 것이 아니었다. 하지만 이렇게 할 경우, 자궁(慈宮)[33]께서 반드시 몸소 왕림하고자 하실 것이므로 위안드리는 일이 급할 것 같아 원소(園所)에서 편리한 길목에 모셨다가 발인할까 생각하고 있다. 운운.”

현륭원 지문과 모년 의리의 재조명

6. 주상이 지문(誌文)[34]을 찬술하고, 석물 앞에 가서 직접 썼다. 모관(某官) 이창회(李昌會)로 하여금 새기는 일을 감독하게 했다. 종이에 쓴 글자를 여는 대로 새기고, 글자를 새기는 대로 감추었다. 비밀스러움이 매우 엄정하여 한 글자도 누설되지 않았다. 지문이 찬술되자, 세상 사람들이 몹시 기다리며 한번 읽어보려 했지만 지문을 돌에 새겨 광(壙) 속에 넣을 때까지 끝내 본 사람이 없어서 그 글 속에 무엇이 기술되었는지 알지 못하였다.

지문을 다 새기고 그것을 넣을 석함이 완성되자, 모관 조윤형(曺允亨)[35]에게 명하여 함 덮개에 ‘장헌세자 현륭원지(莊獻世子顯隆園誌)’ 여덟 글자를 쓰게 하였다. 각신(閣臣) 이만수(李晩秀)[36]에게 명하여 글 쓰는 것을 감독하게 하였다. 이만수가 승전색(承傳色)[37]을 시켜 아뢰기를,

“장헌 위에 ‘사도(思悼)’ 두 글자가 빠졌습니다”라고 하였다. 주상이 하교하기를,

“그렇다면 글자를 더 써넣어라”고 하였다.

---

32. 서호(西湖): 한강의 줄기 가운데 서강에서 마포에 이르는 한강 유역.
33. 자궁(慈宮): 정조의 어머니 혜경궁 홍씨(惠慶宮洪氏, 1735~1815)를 가리킨다. 자궁은 왕세자가 왕위에 오르기 전에 죽고 세손이 즉위하였을 때, 죽은 왕세자의 빈(嬪)을 이르던 말이다. 혜경궁 홍씨는 사도세자의 비(妃), 영의정 홍봉한(洪鳳漢)의 딸, 정조의 어머니다. 1744년(영조 20) 세자빈에 책봉되고, 1762년 사도세자가 죽은 뒤 혜빈(惠嬪)에 추서되었다. 1776년 아들 정조가 즉위하자 궁호가 혜경(惠慶)으로 올라 혜경궁 홍씨로 잘 알려져 있다. 고종 때 헌경왕후(獻敬王后)로 추존되었으며, 대한제국 때 의황후(懿皇后)로 다시 추존되었다. 저서로 『한중록(閑中錄)』이 있다.
34. 지문(誌文): 죽은 사람의 이름과 태어나고 죽은 날, 행적, 무덤의 위치와 좌향(坐向) 등을 적은 글.
35. 조윤형(曺允亨, 1725~1799): 본관 창녕(昌寧), 자 치행(穉行), 호 송하옹(松下翁). 예조 정랑·호조 참의 등을 역임. 그림과 글씨에 능하였다.
36. 이만수(李晩秀, 1752~1820): 본관 연안(延安), 자 성중(成仲), 호 극옹(屐翁)·극원(屐園). 철보(喆輔)의 손자, 좌의정 복원(福源)의 아들, 서명선의 사위. 호조·공조 판서 등을 역임. 저서로 『극옹집(屐翁集)』이 있다.
37. 승전색(承傳色): 임금의 뜻을 전달하는 내시부(內侍府) 소속 관직.

7. 당시 주상과 좌의정 이재협이 모년(某年)[38]의 일에 대해서 말을 나누면서 김한구(金漢耉)[39]를 수괴로 규정하였다. 좌의정이 홀로 종제(從弟) 이재간(李在簡)[40]에게 알렸고, 이재간이 모관 홍구서(洪龜瑞)[41]에게 누설하였다. 홍구서 또한 김한기(金漢耆)[42]에게 누설하였다. 이재간과 김한기는 모두 홍주화(洪胄華)[43]의 외손이었기 때문이다.[44] 이리하여 말이 드디어 크게 퍼졌다. 그해 겨울 이재간이 신기현(申驥顯)의 상소로 귀양 가서 죽었다.[45] 어떤 사람이 말하기를,

"이재간이 죄를 얻은 것은 경연(經筵)에서 나눈 말을 누설한 데서 비롯되었다. 지문을 깊이 비밀로 한 것 또한 김한구의 일에 대한 언급이 있었기 때문이다"고 하였다.

8. 병신년(1776, 영조 52) 이후 모년 의리는 세상에서 크게 꺼려하였으니, 괜히 거론했다가 죽을 수 있는 논의[46]에 속하였다. 계속해서 또한 제방(隄防)의 논의[47]가 일

---

38. 모년(某年): 사도세자가 죽은 임오년(1762, 영조 38)을 휘(諱)하여 모년이라고 하였다.
39. 김한구(金漢耉, 1723~1769): 본관 경주(慶州). 1759년(영조 35) 딸이 영조의 계비(繼妃)로 뽑혀 정순왕후(貞純王后)가 되자, 오흥 부원군(鰲興府院君)에 봉해졌다. 1763년 어영대장이 되었으나, 이듬해 아들 구주(龜柱)가 척신으로서 당론에 관여했다 하여 파직되었다.
40. 이재간(李在簡, 1733~1789): 본관 용인(龍仁), 자 여담(汝聃). 여러 판서를 거쳐 판의금부사를 겸직했으나 1789년(정조 13) 흉언사건(兇言事件)에 연루되어 진도에 유배되어 가던 도중에 죽었다.
41. 홍구서(洪龜瑞, 1726~1779): 본관 부계(缶溪), 자 경오(景五), 호 물계(勿溪). 1761년(영조 37) 문과에 병과로 급제, 1766년 승문원 정자가 되고 이어 종부시주부(宗簿寺主簿)·병조좌랑 등을 지냈다.
42. 김한기(金漢耆, 1728~1792): 본관 경주(慶州), 자 덕수(德壽). 영조의 계비 정순왕후의 숙부. 영조의 장인 한구(漢耉)의 동생. 조카 구주(龜柱)와 함께 벽파(僻派)에 참여하여 정조 즉위 뒤 시파(時派) 처벌에 관여한 죄로 탄핵을 받고 문외출송(門外黜送)되었다.
43. 홍주화(洪胄華, 1660~1718): 본관 남양(南陽), 자 군실(君實), 호 만은(晩隱). 송시열의 문인. 1689년(숙종 15) 기사환국(己巳換局)으로 인현왕후(仁顯王后)가 폐위되자 그 부당함을 상소하였으며, 이어 송시열이 사사(賜死)되자 백인소(百人疏)를 올려 스승의 신원(伸冤)을 청했다. 저서로 『만은유고(晩隱遺稿)』가 있다.
44. 이재간과 …… 때문이다: 이재간의 조모(祖母)는 남양(南陽) 홍씨 홍주화의 딸이다. 김한구·김한기 형제의 모친도 홍주화의 딸이다. 홍주화는 홍구서의 삼종(三從) 조부다. 따라서 홍주화를 매개로 이재간-홍구서-김한구·김한기는 모두 외종 간으로 연결된다. 원문의 '自出'은 외손(外孫)을 이른다. 『춘추좌씨전(春秋左氏傳)』 성공(成公) 13년 조에 "진(晉)나라 임금이 말하기를, '진(秦)나라 강공(康公)은 우리의 자출이다'고 했다" 하였는데, 그 주(註)에, "강공은 진(晉)나라의 외생(外甥)이다"고 하였다.
45. 이재간이 …… 죽었다: 이재간은 이재협에게 들은 연화(筵話)를 바탕으로 「현륭원 지문(顯隆園誌文)」을 자의로 왜곡·누설하면서 김한구와 김구주에 대한 성토를 주도했던 것으로 판단된다. 정조는 이러한 시도를 준소(峻少)의 자작의리(自作義理)로서 임오의리(壬午義理) 구현을 위한 정국 구도 자체를 혼란시키는 것으로 간주하여 엄하게 처벌하였다. 1789년(정조 13) 10월 27일(기묘) 실록기사에 따르면 이재간은 귀양 가던 도중에 죽었다고 한다.
46. 괜히 …… 논의: 마간지론(馬肝之論). 말의 간에 독이 있어 이를 먹으면 죽는다는 고사에서 유래하였다.
47. 제방(隄防)의 논의: 『명의록』 의리를 제방으로 삼는다 하여 붙여진 명칭이다. 정조는 『명의록』을 편찬하여 대리청정에 반대했던 홍인한(洪麟漢)·정후겸(鄭厚謙) 등을 역적으로 사사(賜死)하고, 자신을 옹위한 홍국영(洪國榮)·정민시(鄭民始)·서명선(徐命善)의 충절을 선양하였다. 정조는 토역론자들의 강경론을 억누르고 제방론자들을 최대한 포용하는 공정함을 보이며 신뢰 기반을 구축하고자 했다,

어나 그 화가 더욱 맹렬해져 모두 함부로 거론하지 못하고 입을 다문 채 감히 말하지 못하였다.

지난 14년 동안 판서(判書) 윤숙(尹塾)[48]이 한번 정휘량(鄭翬良)[49] · 신만(申晩)[50]의 죄를 간략하게 거론한 뒤[51] 지금까지 잠잠하였다. 이제 영우원을 옮기게 되자 묵은 원한이 일어나 새롭게 아픔을 느끼니 억조창생이 모두 같은 심정이었으므로, 사대부들은 입을 다물고 있어서는 안 되는데도, 또한 감히 말하는 사람이 한 사람도 없었다. 그 상처가 깊었기 때문이었다.

9. 신[52]이 어리석고 망령되게 대략 이르기를,

"선대왕(先大王, 영조)이 김상로(金尙魯)[53]를 '너의 원수'라고 하교하셨으니,[54] 이는 원한을 징토하여 갚으라는 뜻을 분명하게 보인 것입니다"라고 하고, 이어서 충역(忠逆)의 한계가 분명하지 않아서 일어난 화를 논하였다. 이에 은혜롭게 비답을 내리기를, "대부와 나라 사람들이 어찌 네 말을 기다려서 알겠는가"라고 하교하였다. 이에 어

48. 윤숙(尹塾, 1734~1797): 본관 파평(坡平), 자 여수(汝受). 대사간 · 병조 판서 등을 역임. 1762년(영조 38) 영조가 사도세자를 친국하자, 임덕제 등과 함께 세자를 구명하려고 했다. 이에 영조의 노여움을 사서 강진으로 유배당하였다. 정조가 즉위하자 다시 중용되었으나 김종수의 논척을 받아 황해 병사(黃海兵使)로 나갔다가 과음하고 실명(失明)하였다.
49. 정휘량(鄭翬良, 1706~1762): 본관 연일(延日), 자 자우(子羽) . 사서(士瑞), 호 남애(南崖). 우의정 우량(羽良)의 동생. 치달(致達)의 숙부. 우의정 · 좌의정 등을 역임. 1755년(영조 31) 을해옥사 때 정휘량을 비롯한 소론계 온건파 대부분이 조태구 · 유봉휘 등의 죄를 탄핵하여, 조태구 · 유봉휘는 노적(奴籍)으로 떨어뜨리고 이광좌 · 최석항도 추탈(追奪)되게 하였다. 이후 사도세자의 평양 행차 사건을 수습하며 자청해서 정승의 직위를 내려놓고 판중추부사(判中樞府事)로 전직하였다. 정치달의 숙부로서 치달의 처인 화완옹주의 도움이 많았으며, 은밀히 김상로 · 홍계희 일당과 통하여 무인(1758, 영조 34) · 기묘(1759)연간에 사도세자를 모함하였다. 저서로『남애집(南崖集)』,『견사록(見思錄)』등이 있다.
50. 신만(申晩, 1703~1765): 본관 평산(平山), 자 여성(汝成) · 성백(成伯). 영중추부사 사철(思喆)의 아들. 좌의정 · 영의정 등을 역임. 동생 회(晦)와 함께 형제가 정승직에 올랐다. 1755년(영조 31) 찬수당상(纂修堂上)으로『천의소감(闡義昭鑑)』을 편찬하였다. 1762년 영의정으로 재직하면서 사도세자가 뒤주에 갇힐 때 간하지 않았다고 하여 파직되었다.
51. 윤숙 …… 거론한 뒤: 준소(峻少)였던 윤숙은 사도세자에게 불충했던 정휘량 · 신만이 임오화변 이후 신회 · 김구주 · 홍계희와 모의하여 세손에 대한 반역을 획책했다는 점을 거론하면서『명의록』에서 다루지 않았던 새로운 의리론을 제기한 것이다.
52. 신: 박종겸(朴宗謙, 1744~1799)을 가리킨다. 박종겸의 본관은 반남(潘南), 자 군실(君實). 사순(師順)의 손자, 함원(涵源)의 아들. 1785년(정조 9) 정시 문과(庭試文科)에 병과(丙科)로 급제하여 정조 연간 정언(正言)을 지냈으며 준소(峻少)의 일원으로 활동하였다. 저서로 본서인『현고기(玄皐記)』가 있다.
53. 김상로(金尙魯, 1702~1766): 본관 청풍(淸風), 자 경일(景一), 호 하계(霞溪) · 만하(晩霞). 징(澄)의 손자, 유(楺)의 아들, 약로(若魯)의 아우. 좌의정 · 영의정 등을 역임. 1762년(영조 38) 사도세자의 처벌에 적극 참여해 영조의 동조를 얻었으나 왕이 이를 후회하자 청주로 귀양 갔으며 특명으로 풀려난 뒤 봉조하가 되었다. 죽은 뒤에 정조가 즉위하자 관작이 삭탈되었다가 고종 때 다시 신원되었다.
54. 선대왕이 …… 하교하셨으니: 1762년(영조 38) 영조가 정조에게 했던 하교를 가리킨다.

느 쪽 사람이든 제방의 의리를 주장하는 사람들이 모두 이를 위해 절치부심하여 (충역이 모호해지는 것을) 거의 면할 수 없었으니, 어리석고 망령되다고 할 만하다.

10. 당초 병신년(1776, 영조 52) 간에 불초(不肖)한 제가[55] 돌아가신 부친[56]을 모시고 시골집에 있었다. 그때 이 의리[57]에 대해서 부친이 깊이 우려하며 말하였다.
"사람들이 의리를 말할 때, 너무 깊게 말해서는 안 될 것이다. 마음속에 담겨 있는 것은 어느 때든 촉발될 수 있으니, 간절히 경계해야 한다." 부친은 선견지명이 있었던 것이다.

묘소를 옮기며 지은 만장들

11. 만장(挽章)[58] 제술자로서 뽑힌 사람이 대략 140여 명이었으나, 10개의 작품 외에는 크게 뛰어난 것이 없었다. 김종수·홍병찬(洪秉纘)[59]이 지은 두 작품은 자못 은미한 뜻을 볼 수 있어서 모두 함께 아래에 기록해둔다.

12. 좌의정 이재협 [본래 5수(首)]
"태어나 빛나는 과업을 계승하여 대리청정으로 창성할 때를 열었네. 온 나라의 마음이 하나로 모아지니, 모든 관리가 피눈물을 흘릴 때였네. 인정(人情)을 어찌 다 말할 수 있으며, 천리(天理)는 어두워져 미루어 알기 어렵네. 장례 행렬[60]은 오늘밤 엄중한데, 남아 있는 백성은 지난 슬픔을 애통해 하네. 선왕[61]은 근심 없는 땅에 모셔두니, 궁궐은 길하고 경사스러운 일이 많을 것이네. 임금을 대신해서 다스린 것이[62] 뛰어난 것은[濬哲], 노랫소리에서 징험되도다. 조종의 나라가 반석처럼 공고히 되니, 음

55. 제가: 박종겸을 가리킨다.
56. 부친: 박함원(朴涵源)을 가리킨다.
57. 이 의리: 여기서는 제방(隄防)의 의리를 가리킨다.
58. 만장(挽章): 죽은 사람을 슬퍼하여 지은 글을 비단이나 종이에 적어 기(旗)처럼 만든 것. 행상(行喪)할 때에 상여(喪輿) 뒤에 들고 따랐다. 여기서는 사도세자의 만장을 말한다.
59. 홍병찬(洪秉纘): 본관 남양(南陽). 종하(鍾夏)의 아들. 대사헌·이조 참판 등을 역임하였다.
60. 장례 행렬: 흠위(廞衛). 국상의 장례 행렬.
61. 선왕: 영고(寧考). 사도세자를 가리킨다. 영고는 재위 기간 동안 세상을 편안하게 하고 돌아가신 부왕(父王)이라는 뜻으로 임금이 자기의 선고(先考)이자 선왕(先王)을 높여 호칭하는 말이다.
62. 임금을 …… 다스린 것이: 여기서 임금은 영조를 가리킨다. 즉, 사도세자가 부왕을 대신하여 섭정한 사실을 순임금이 요임금을 대신하여 다스렸던 사실을 들어 표현한 것이다.

흉한 자들이 태아(太阿, 사도세자)를 두려워하였네. 중도(中道)에 갑자기 승하하시니 이 백성은 어찌해야 하는가."

13. 우의정 채제공(蔡濟恭)[63] [본래 6수]

"이른 새벽 덕합(德閤)에서 바야흐로 경연(經筵)을 강설하니, 대조(大朝, 영조)[64]가 칭찬하시고 진신(搢紳)들 사이에 전해졌네. 어진 명성이 온천 가는 길에 이어지고, 지극한 가르침에 항상 『자성편(自省篇)』[65]을 따랐네. 간흉(奸凶)의 음모를 어찌할 수 있었으리오? 성주(聖主, 영조)가 자애로운 하늘이 되지 못한 것은 아니라네. 최마복[縗麻][66]을 입고 날마다 궁문 밖에 엎드렸으니, 미천한 신하가 피눈물을 흘리는 것을 그 누가 알리오." [3번째 수]

"울면서 그해를 기억해보니 임금의 교시는 길었고, 소신은 명을 받들어 시강원에 나갔었네. 뜰 가운데서 도승지[知申事]를 인접(引接)하시고,[67] 푸르고 서늘한 돌 위에 앉아 석양이 되었네. 임금의 명을 공손히 받들고 보니 모두 겸손하게 억제한 것이었으며 세세한 것은 장차 시의(時議)를 고려하여 상량(商量)하려 하였네. 지난날 조용히 곁에서 모시지 않은 것은 아니지만, 이제야 진실로 훌륭한 분이었음을 알겠네."

14. 이면긍(李勉兢)[68] [본래 10수]

"유유히 흐르는 한강물에 조도(祖道)[69]가 열리고, 우보(羽葆)[70]를 새롭게 배설하니

---

63. 채제공(蔡濟恭, 1720~1799): 본관 평강(平康), 자 백규(伯規), 호 번암(樊巖)·번옹(樊翁). 좌의정·영의정 등을 역임. 청남(淸南)의 영수로서 탕평정치에 참여하였다. 영조대 사도세자 폐위의 비망기가 내려지자 죽음을 무릅쓰고 막아 이를 철회시켰다. 뒷날 영조가 사심 없는 신하로 인정하고 충신으로 평가하였다. 정조대 초반 홍국영과의 친분, 사도세자의 신원에 대한 과격한 주장 등으로 은거 생활을 하였다. 1788년(정조 12) 우의정에 특채되었고 1790년 좌의정이 되어 3년간 독상(獨相)으로서 정사를 주도하였다. 저서로 『번암집(樊巖集)』이 있다.
64. 대조(大朝): 세자가 섭정(攝政)할 때 임금을 일컫는다.
65. 자성편(自省篇): 『어제 자성편(御製自省篇)』. 1746년(영조 22)에 내편(內篇)과 외편(外篇)으로 나누어 간행하였다. 내편은 경전에 수록된 성왕(聖王)들의 정치 이념을 초록한 것이고, 외편은 역대 사기(史記) 가운데서 본받을 만한 제왕들의 선행을 간추린 것이다.
66. 최마복[縗麻]: 부모, 증조부모, 고조부모의 상중에 아들이 입는 상복인 베옷.
67. 뜰 가운데에서 …… 인접하시고: 1760년(영조 36) 채제공이 도승지로서 왕명을 받고 시민당(時敏堂)의 뜰 가운데 대죄(待罪)하던 사도세자에게 갔던 때를 가리킨다.
68. 이면긍(李勉兢, 1753~1812): 본관 전주(全州), 자 대림(大臨). 우참찬·이조 판서 등을 역임하였다.
69. 조도(祖道): 길을 떠날 때 베푸는 송별연(送別宴). 가는 동안 무사하기를 비는 뜻으로 행로신(行路神)에게 제사지내는 것을 말한다.
70. 우보(羽葆): 새의 깃으로 장식한 의식용 일산(日傘). 햇볕을 가리기 위한 큰 비단 양산을 일산이라고 한다.

옛 시위가 배종하였네. 온 나라의 신민(臣民)이 3개월 상복을 입었으니, 어떻게 하면 하늘에 사무친 슬픔을 조금이라도 풀 수 있겠는가.” [1번째 수]

“삼전(三殿)[71]의 한결같은 마음을 오로지 삼가 받들어 ‘문왕세자편(文王世子篇)’[72]을 사범(師範)으로 삼았네. 「애일잠(愛日箴)」을 완성하여 지극히 효성스러움을 다하였으니, 어진 임금[73]의 슬픔과 근심이 항려(巷閭)에 전해졌네.” [3번째 수]

“세자가 승하[馭賓][74]하여 창천(蒼天)을 향해 통곡한 지 28년의 세월이 흘렀지만 그 아픔은 여전히 새롭네. 지금도 그때를 생각하면 가슴이 먼저 찢어지는 듯한데 당일 그 누가 저하(邸下)의 신하가 아니었겠는가. 다시 현화(玄和)[75]를 뵈오니 만사가 비통하고, 지난 일을 생각하면 알고 싶지 않네. 영왕(寧王)[76]이 남긴 가르침이 별과 해처럼 빛나니, 천토(天討)는 천추(千秋)에 길이 남으리.” [9번째 수]

15. 조영진(趙英鎭)[77] [본래 4수]

“신지(宸誌)[78]에 널리 밝혀 세자의 덕망을 드러내니, 현륭(顯隆)이란 새 호칭이 밝게 빛나는구나. 당시엔 일처리 잘못되어 천리(天理)를 의심했는데 훗날 그 덕을 칭송하여 상서로운 땅을 가려 정하였네. 신하들은 바야흐로 몇 년 사이에 한 번 곡하지만, 주상의 마음은 오늘이 마치 초상(初喪)인 듯하구나. 관(棺) 머리 드러나니 슬픈 감정이 더해지고, 눈물을 뿌리며 만장(挽章)을 짓지만 차마 자세히 적을 수 없네.”

16. 이문원(李文源)[79] [본래 10수]

“신이 선친[80]을 따라 동정(東亭)으로 돌아올 때, 외로운 등불 아래 피눈물 흘리는

---

71. 삼전(三殿): 인원왕후(仁元王后, 숙종 계비)·영조·정성왕후를 가리킨다.
72. 문왕 세자편(文王世子篇): 『예기(禮記)』「왕제(王制)」의 편명. 주나라 문왕(文王)은 세자로 있을 적에 하루에 세 차례씩 왕계(王季)에게 문안을 올렸다고 한다. 지극한 효성을 의미한다.
73. 어진 임금: 등려(滕廬). 영조를 가리킨다. 등(滕)나라 문공(文公)이 세자 시절, 맹자에게 아버지 정공(定公)의 상례(喪禮)를 묻고 거행하였다. 당시에 어진 임금이라 일컬었다.
74. 승하[馭賓]: 어용빈천(馭龍賓天)의 준말. 여기서는 사도세자가 죽은 것을 말한다.
75. 현화(玄和): 현궁(玄宮). 임금의 관(棺)을 묻던 광중(壙中)을 가리킨다.
76. 영왕(寧王): 주나라 성왕(成王)이 부왕(父王)인 무왕(武王)을 지칭한 데서 연유하였다. 여기서는 사도세자를 가리킨다.
77. 조영진(趙英鎭, 1737~?): 본관 풍양(豊壤), 자 사린(士繭). 대사간·동래 부사 등을 역임하였다.
78. 신지(宸誌): 여기서는 「장헌세자 현륭원지(莊獻世子顯隆園誌)」를 가리킨다.
79. 이문원(李文源, 1740~1794): 본관 연안(延安), 자 사질(士質). 영의정 천보(天輔)의 아들. 형조·이조 판서 등을 역임. 1792년 이조 판서로 재직 시 채제공을 논척하는 소를 올려 향리로 쫓겨나기도 했다.
80. 부친: 이천보(李天輔, 1698~1761)를 가리킨다. 이천보의 본관 연안(延安), 자 의숙(宜叔), 호 진암(晋庵). 영의정 등을 역임. 1752년(영조 28) 우의정에 승진하고, 같은 해 좌의정에 올랐다. 1761년 영의정 재직

것을 보았네. 사직의 안위(安危)가 때때로 뜻에서 벗어나지만 하늘에 호소할 길은 없고 다만 아득하기만 하네." [5번째 수]

17. 조돈(趙暾)[81]

"삼전(三殿)의 기쁜 마음을 받들어 장수를 기원하는 술잔을 올리니, 상서로운 구름이 임금의 옷을 겹겹이 둘러싸며 배종하네. 천지에 끝없는 눈물을 어찌 알리오. 아버지 생각에 임금께서 애달프구나."

18. 정범조(丁範祖)[82] [본래 5수]

"서연(書筵)[83]에서 곤복(袞服)[84]을 드리운 빛나는 모습을 뵈었으나, 그 깊은 도량을 궁신(宮臣)들이 감히 헤아리지 못하였네. 신공(神功)을 수렴하여 말없이 침묵하고 있을 때는 천덕(天德)을 베풀어 밝게 임할 때였도다. 떳떳한 도리와 일용(日用)이 모두 부족함이 없으니, 온 나라 사람들이 큰 다스림이 있을 것으로 기대하였네. 처음부터 끝까지 밝게 강론(講論)한 왕가(王家)의 학문이 있으니, 『자성편』을 밝게 걸어두어 제왕이 경계로 삼네." [1번째 수]

"창덕궁(昌德宮)이 열려 상서로운 해가 빛나고, 분조(分朝, 사도세자)가 검(劍)을 차니 새로운 소리가 진동하네. 성신(聖神)이 마음으로 오로지 제사를 전해줌에, 군국기무를 홀로 판단하여 이루지 않았네. 한밤중 동용(銅龍)[85]에 임금의 기운이 통하고, 봄철 그늘에서 궁원의 학이 두루 화답하여 우네. 오늘날 백성이 서로 만나 30년 전 그때가 태평성대였다고 말하네." [2번째 수]

"산곡(山谷)의 남은 슬픔이 여전히 팔방에 이르고 10년간 천도(天道)가 어두워져 분간하기 어려웠네. 성자(聖子)가 제왕[丹極][86]으로 임하던 이래로 흰 구름을 타고 내려와

시 사도세자의 평양 행차 사건을 인책하여, 음독 자결하였다. 저서로 『진암집(晉庵集)』 등이 있다.

81. 조돈(趙暾, 1716~1790): 본관 풍양(豐壤), 자 광서(光瑞), 호 죽석(竹石). 도보(道輔)의 손자, 이조 판서 상경(尙絅)의 아들. 대사간·이조 판서 등을 역임하였다.

82. 정범조(丁範祖, 1723~1801): 본관 나주(羅州), 자 법세(法世), 호 해좌(海左). 시한(時翰)의 현손. 형조 판서 등을 역임. 채제공과 함께 청남의 일원으로 정조대 탕평정치에 기여하였다. 문장에 뛰어나 명성을 얻었고, 특히 문체반정(文體反正)에 주력하던 정조에 의해 오랫동안 문사의 임무를 맡았다. 저서로 『해좌집(海左集)』이 있다.

83. 서연(書筵): 세자에게 유학의 경전(經典)과 사서(史書)를 강의하던 교육 제도. 이연(离筵)·주연(胄筵).

84. 곤복(袞服): 임금이 입는 정복(正服). 구장복(九章服). 종묘·사직에 대한 제사 때 제복(祭服)으로, 정조(正朝)·동지(冬至)·수책(受册)·납비(納妃) 등의 의식에 대례복(大禮服)으로 착용하였다.

85. 동용(銅龍): 동용문(銅龍門)을 가리킨다. 한나라 때 태자의 궁문(宮門) 위에는 동으로 만든 용이 있었으므로 이렇게 칭한다. 창경궁 안에 있다.

노니는 신(神)을 뵙는 것 같았네. 해와 달이 밝게 『명의록(明義錄)』[87]에 드리우고, 백령(百靈)이 현륭원 지문(誌文)을 은연중에 비호하네. 성 동쪽 사당의 체모가 융성하여 새로 지은 듯하고, 역사 속 면복(冕服)에 향기 나는 풀[88]로 제물을 바치네." [3번째 수]

19. 이가환(李家煥)[89]

"사직(社稷)의 계책이 원대하니, 산천을 살펴 신령한 곳을 잡았네. 절기는 바야흐로 백로(白露)가 지나가는데, 관(棺)은 다시 묘소에서 나왔네. 나라의 예법에는 주어진 법도가 있지만, 천심(天心)은 여막 주변의 풀을 깎은 듯 가지런하네.[90] 아, 적시고 덮어주는 기름을 받았으니, 보고 들은 모든 것을 기술하노라. 삼가 삼종혈맥(三宗血脈)[91]을 생각하니 아, 순일한 덕과 향기가 밝게 빛나는구나. 탄생한 날에 정호(定號)하였으니, 그때 영민하고 조숙해서 경서를 섭렵하였네. 신기(神器, 왕좌)는 유구함이 징험되었으니, 하늘과 사람이 전범[典刑]을 보게 되었네. 기쁜 마음이 항상 안색에 깃들고, 엄숙하고 공경스러움이 젖어들어 연못물이 고요히 담겨 있는 듯하네. 재결(裁決)을 나누어 맡아 노쇠한 임금을 대신하였고,[92] 장수를 빌며 강건함을 축수하였네.[93] 큰 슬픔이 5월을 감싸 도니, 깊은 밤 어둠속 세자 별[前星]이 희미해졌네. 우익(羽翼)이 된 상령(商嶺)[94]을 생각하고, 찬양하는 노래를 부르며 하(夏)나라 조정을 생각하네. 오직 무덤 앞 석물[95]만 바라보고 의지하니,[96] 풍수는 맑고 편안해야만 했다. 한밤중까

---

86. 제왕[丹極]: 궁전의 붉은 기둥을 가리키는 말로, 제왕을 뜻한다.
87. 명의록(明義錄): 1777년(정조 1) 왕명에 의해 간행된 책. 정조의 대리청정을 반대한 홍인한·정후겸 등을 역적으로 사사하고 정조를 옹위한 홍국영·정민시·서명선의 충절을 선양한 뒤 이 사건의 전말을 공표하기 위한 것이었다.
88. 향기 나는 풀: 필분(苾芬). 제사에 사용하였던 향기 나는 풀로써 제물을 상징한다.
89. 이가환(李家煥, 1742~1801): 본관 여흥(驪興), 자 정조(廷藻), 호 금대(錦帶)·정헌(貞軒), 실학자 이익(李瀷)의 종손. 개성 유수·형조 판서 등을 역임. 1801년(순조 1) 신유박해(辛酉迫害) 때 이승훈 등과 함께 체포되어 고문받고 죽었다.
90. 여막 …… 가지런하네: 전병(翦屏). 전병이란 삼우(三虞) 뒤에 옛 의려(倚廬)를 고쳐 서향으로 지게문을 열고 지게문 가의 양쪽 곁을 치워 남은 풀을 베어버리는 것이다. 정조의 슬퍼하는 마음이 초상(初喪) 때와 같았다는 뜻이다.
91. 삼종혈맥(三宗血脈): 효종·현종·숙종의 혈육임을 지칭하는 말. 경종(景宗)이 후사 없이 죽자 삼종의 맥을 잇고 있는 연잉군(영조)이 왕위를 계승하는 것이 순리임을 주장하기 위해 만들어진 말이다.
92. 노쇠한 임금을 대신하였고: 요권(堯倦). 요(堯)임금이 힘쓰던 일에 게을러졌다는 뜻이다. 대개 요임금의 혈기가 쇠약해져서 게을러진 것을 말한다. 여기서는 영조를 대신하여 청정한 일을 가리킨다.
93. 강건함을 축수하였네: 영조가 와병 중일 때 사도세자가 치유를 기원하던 일을 말한다.
94. 상령(商嶺): 상안산(商顏山)의 준말로, 상산(商山)을 가리킨다. 진(秦)나라 말, 상산사호(商山四皓), 즉 동원공(東園公), 하황공(夏黃公), 녹리 선생(甪里先生), 기리계(綺里季)가 이 산에 은거하여 피세(避世)의 뜻을 담은 「자지가(紫芝歌)」를 부르면서 세상에 나오지 않았다 한다.
95. 석물: 상설(象設). 무덤 앞에 사람이나 짐승의 형상을 본떠 만든 석물.

지 은밀하게 헤아리니, 밝은 증험은 정일(丁日)[97]이 적합하였네. 높은 언덕은 원래부터 기다리고 있었으니, 달효(達孝)는 형상이 없는 것도 보는구나. 받들어 섬길 때는 정성을 다하여 신중함을 생각하고, 백성을 도탑게 하는 일은 실제로 효과를 보도록 했네. 집을 짓되 마치 낙읍(洛邑)을 정하듯 하고, 읍을 옮기기를 마치 천형(遷邢)[98]처럼 하였네. 빼어난 모습은 용의 형세를 보는 듯하고, 왕림하는 모습은 학이 나는 듯하였네. 옛 신료들은 겨우 치아와 머리털만 남아 있지만, 새 능침은 단청이 완연하구나. 눈물을 참는 것이 오늘만이 아니기에, 글을 지어 이같이 새기노라. 우리나라가 면면히 자손이 이어졌으니, 보우함이 아득하도다."

20. 이익운(李益運)[99] [본래 6수]

"세자 시강원 요속(僚屬)이 백발이 되어서도 울면서 분조(分朝) 14년[100]을 말하네. 풍모는 침착하고 단단하여 온통 바다 같았고, 자질은 엄숙하고 공경스러워 엄연히 하늘 같았네. 빈연(賓筵)[101]의 상서로움 옥좌에 빛나는데, 궁전에선 밤 깊도록 『자성편』을 읽었다네. 호로(湖路, 충청도)에 지금까지 은택 깊이 남은 것은, 모자에 깃털 꽂고 온천 거둥해서라네." [2번째 수]

"용루(龍樓)[102]엔 어느덧 새벽닭이 울고, 구학(緱鶴)[103]은 훨훨 날아 하늘로 날아갔네. 날개 달린 산인(山人)은 아직도 오지 않고, 노래하던 늙은이는 살고픈 맘 없어지려 하네. 온 나라에는 상심하는 기색이 가득하고, 슬픔은 궁궐에 젖어들어 밤새도록 울음 우네. 왕위[104]는 끝내 성사(聖嗣, 정조)에게 돌아갔으니, 운향(雲鄉)[105]에서 음덕

---

96. 바라보고 의지하니: 첨의(瞻依). 항상 바라보고 의지한다는 뜻으로, 부모나 존장(尊長)에 대한 경의(敬意)를 나타내는 말.
97. 정일(丁日): 날짜 끝이 2·4·6 따위의 짝수로 되어 있는 날.
98. 천형(遷邢): 형(邢)은 은(殷)나라 13대왕 조을(祖乙)이 수도를 옮겼던 곳이다. 여기서는 수원 화성으로 옮긴 것을 비유한 것이다.
99. 이익운(李益運, 1748~1817): 본관 연안(延安), 자 계수(季受). 징대(徵大)의 아들. 채제공의 문인. 예조 판서 등을 역임하였다.
100. 분조(分朝) 14년: 사도세자의 대리청정 기간이다. 세자는 15세(1749, 영조 25) 때부터 부왕을 대신하여 정사를 돌보았다.
101. 빈연(賓筵): 세자가 학문하는 자리.
102. 용루(龍樓): 한(漢)나라 성제기(成帝紀)에 있는 말로, 성제가 태자(太子)로 있을 때 계궁(桂宮)에 거처하였는데 임금이 태자를 불러 용루문(龍樓門)으로 나오게 했다고 한다.
103. 구학(緱鶴): 구씨산(緱氏山)의 학으로, 구씨산 꼭대기에서 주나라 영왕(靈王)의 태자 진(晉)이 학을 타고 가족과 작별한 뒤 날아갔다는 데서 유래하였다. 여기서는 곧 사도세자를 장사지낸 지 28년 만에 관을 꺼내 이장하였다는 것이다.
104. 왕위: 대보(大寶). 임금의 도장을 뜻하는데, 왕위와 같은 말이다. 대보를 받는 것은 왕위 계승 절차가 마무리되었음을 의미한다.

[垂鷺]을 내린 게 분명하구나."

21. 남학문(南鶴聞)[106] [본래 7수]

"삼종(三宗)[107]의 왕업을 이은 어진 사람, 세손에서 왕위[108]에 오른 지 20년이 넘었네. 훌륭한 아들은 계책을 계승하여 기틀을 넓고 정밀하게 닦았고, 대리청정의 명을 받아서는 일처리가 공정하였네. 음흉한 무리가 스스로 강건한 임금의 모습을 두려워했고, 온 나라는 모두 빛나는 광채가 이어지는 것을 바라보았네. 만세토록 신공(神功)을 보우하사 성명(聖明)이 오늘 우리나라에 이르렀도다. 호소하려 했지만 임금(영조)께 다가갈 방도가 없으니, 만사에 상심하다가 세자는 문을 닫아 버렸네. 부질없이 시골 노인이 곡소리 삼키는 것을 들었을 뿐, 조정 신하들이 죽음으로 따르는 것을 보지 못하였네. 백세를 이어갈 종묘가 성자(聖子, 정조)에게 전해지자, 만년에 근심하고 슬퍼하여 위용(威容)이 움직였고, 영령이 오르내리며 보살핌을 내려주시니, 다시 을미년(1775, 영조 51) 겨울에 홍기(洪基)에 제사 올렸네."

22. 김종수 [본래 6수]

"예(禮)로써 세 번 말해 성훈(聖訓)이 밝아지니, 우리 임금 정밀한 의리 일찍부터 공정했네. 경법(經法)을 굳게 지켰으니 어찌 법도를 넘었으리오, 의장(儀章)을 융숭하게 한 것은 스스로 정성을 다한 것이라네. 사당이 궁전에 이어져 있으니 가까이 모시는 듯하며, 문이 완성되어 달마다 찾아뵈니 월근문(月覲門)[109]이라는 명칭 헛되지 않네. 요사이 자나 깨나 마음 쓰는 일이라곤, 원침(園寢)[110]이 있는 산이 낮아 형세가 가벼운 것이라네."

23. 홍병찬 [본래 10수]

---

105. 운향(雲鄕): 백운향(白雲鄕). 신선들이 사는 곳을 말한다.
106. 남학문(南鶴聞, 1736~?): 본관 의령(宜寧), 자 여성(汝聲). 1772년(영조 48) 탕평(蕩平) 정시(庭試) 급제. 홍문관 교리·수찬, 승지 등을 역임하였다.
107. 삼종(三宗): 삼종혈맥. 효종·현종·숙종의 혈육임을 지칭하는 말이다.
108. 왕위: 진극(震極). 동방[震]의 지극한 위치, 즉 우리나라 임금의 자리를 가리킨다.
109. 월근문(月勤門): 창경궁의 동북쪽 문. 1799년에 완성되었는데, 정조가 초하룻날마다 사도세자의 사당인 경모궁을 참배하겠다는 뜻을 담고 있다.
110. 원침(園寢): 능(陵) 곁에 세워두어 제사에 사용하던 건물. 여기서는 사도세자의 능인 현륭원(顯隆園)을 가리킨다.

"천승(千乘, 사도세자)이 떨쳐 일어나 뜰에서 육일무[六佾][111]를 추는데, 마음은 법도를 넘지 않아 천경(天經)에 부합하였네. 무덤을 옮기는 의장(儀仗)을 바라보니, 『궁원의(宮園儀)』를 참작하여 영령이 오르내리기 편안하겠네."

김상로의 무덤을 파내다

24. 교리(校理) 이완(李垸)[112]이 상소하여 말하였다.

"김상로의 무덤이 수원(水原) 경내에 있습니다. 흉악하고 더러운 뼈를 현륭원이 있는 같은 고을에 그대로 둘 수 없습니다. 청컨대 가까운 친족으로 하여금 빨리 파내 가게 하십시오." 대개 그가 가리킨 곳이 있었다. 비록 주상은 허락하지 않았지만 경기도 관찰사 서유방(徐有防)[113]이 즉시 파내 옮겼다.

은언군 이인 처벌을 둘러싼 갈등

25. (1789년, 정조 13) 9월에 영우원을 옮기는 기일에 임박하여 주상이 사람을 시켜 몰래 이인(李裀)[114]을 데리고 입성하게 하였는데,[115] 아는 사람이 없었다. 강화 유수 윤승렬(尹承烈)[116] 또한 이 일로 서울에 도착하였다.

---

111. 육일무[六佾]: 제후국에서 임금의 제사 때 추는 춤. 일(佾)은 악무(樂舞)의 줄을 말한다. 한 줄에 여섯 명씩 여섯 줄을 이루는 것이 육일인데, 제후가 사용하는 악무다. 천자는 팔일(八佾), 대부는 사일(四佾), 사(士)는 이일(二佾)을 사용한다.

112. 이완(李垸, 1740~1790): 본관 한산(韓山), 자 치도(致道). 1774년(영조 50) 문과 급제. 대산(大山) 이상정(李象靖)의 아들. 1789년에는 정조가 아버지 이상정의 학덕을 추념하여 이완을 홍문관 부교리에 임명하였다. 현릉(顯陵)과 융릉(隆陵)을 조성할 때 왕을 호종하면서 노숙하다가 병이 들어 향년 50세로 세상을 떠났다.

113. 서유방(徐有防, 1741~1798): 본관 달성(達城), 자 원례(元禮), 호 봉헌(奉軒). 종적(宗積)의 증손, 도승지 명형(命珩)의 손자, 수찬 효수(孝修)의 아들, 이조 판서 유린(有隣)의 동생. 병조·공조 판서 등을 역임. 1778년(정조 2)에 『속명의록(續明義錄)』을 언해하여 간행하는 데 참여하였다.

114. 이인(李裀, 1754~1801): 사도세자의 아들. 어머니는 영빈 임씨(英嬪林氏). 정조의 이복동생. 작호(爵號)는 은언군(恩彦君). 1780년(정조 4) 홍국영이 은언군의 맏아들인 담(湛)을 원빈(元賓)의 장례 때에 대존관(代尊官)을 시켜 양자로 삼고, 완풍군(完豊君)이라 부르면서 가동궁(假東宮)이라 하여 왕위를 잇게 하려는 계책을 세웠다. 홍국영의 사후에도 그 일당이 계속 역모를 꾸미다가 일이 탄로될 우려가 있자 1786년 상계군 이담을 죽게 만들었다. 그 과정에서 은언군도 연루되어 죽을 뻔했으나 정조의 비호로 강화도에 유배되었다. 1801년 강화도에서 사사(賜死)되었다.

115. 주상이 …… 입성하게 하였는데: 1789년(정조 13) 9월 26일(기유) 실록기사에 따르면 이인(李裀)이 국왕의 명을 받은 내사(內司) 별제(別提)와 함께 나루를 건너 강화도를 빠져나와 서울에 도착하였다.

116. 윤승렬(尹承烈, 1722~?): 본관 해평(海平), 자 사술(士述). 호조 참의·대사헌 등을 역임. 1788년에 강화부 유수로 재직 중 방비 소홀로 종친 죄인 이인(李裀)이 탈출하자 정순왕후로부터 처형하라는 명을

9월 26일에 대비전에서 갑자기 언문 교서를 내의원에 내렸다.

"병오년(1786, 정조 10) 겨울의 역변(逆變)[117] 때 나라의 형세가 위급함을 보고 어쩔 수 없이 조정에 언문 교서를 내렸다. 그러나 국법을 적용한 자는 오직 역적 구선복(具善復)[118] 한 사람뿐이었다. 당시 궁녀 연애(連愛)가 포도청에서 공초(供招)한 것에 의하면 죽은 이담(李湛)[119] 그뿐만 아니라 이담의 집에 왕래했던 수상한 사람이 있다고 하였는데, 이것을 근거로 하여 그해 5월과 9월의 일, 또한 그 자초지종을 밝혀낼 수 있었다. 하지만 주상이 남다른 우애로 (이인의) 목숨을 보존하려고 그 일을 덮어두고 묻지 않았고, 연애는 곧 죽었다. 운운.

왕법(王法)이 마침내 지엄하지 못하여 지금 이인이 목숨을 유지하니 매우 의외다. 이인으로 하여금 평상시처럼 서울에 올라와 그의 집에 있도록 놔두었으니, 만고 이래로 천하에 나라가 있으면 법이 있는데, 오늘날 어찌 이 같은 말을 들을 수 있겠는가. 운운.

병오년에 내린 언문 교서[120]는 비록 효과는 없었지만, 오늘날 역신(逆臣)의 행위를 보고 참을 수 없어 경들에게 하교하는 것이다. 경들이 비록 저버리려 하지만 하늘에 계신 선대왕의 혼령이 경청하시기를 바라며, 미망인이 무너져내리는 마음으로 통곡하며 말하는 것이다. 운운."

또한 구전(口傳)으로 승정원과 내의원, 그리고 대신에게 하교하여 역신 윤승렬(尹承烈)에게 법을 사용하지 않고 역적 종친을 재차 유배 보내지 않은 것에 대해 엄하게 질책하였다. 또한 (하교하기를)

"두 마음을 품은 자에 대해서 대신 이하를 법대로 처벌하지 않는다면 탕제(湯劑, 탕약)에 대해 논하지 말 것이며, 나 또한 생각하는 것이 있다"라고 운운하였다. 또한 하교하기를,

---

받았지만, 정조의 비호로 파직에 그쳤다.

117. 병오년 겨울의 역변(逆變): 1786년(정조 10) 문효세자가 갑자기 죽자 구선복 등이 상계군(常溪君) 이담(李湛)을 추대하려다가 적발되어 죽임을 당한 사건이다. 당시 은언군 이인은 강화도에 유배되었고, 맏아들 이담이 독약을 먹고 자살하였다.

118. 구선복(具善復, ?~1786): 본관 능성(綾城), 자 사초(士初). 병조 판서·의금부 판사 등을 역임. 1786년(정조 10) 문효세자가 갑자기 죽자 상계군 이담을 추대하려다가 적발되어 조카 명겸(明謙)과 같이 죽임을 당하였다.

119. 이담(李湛, ?~1786): 은언군 이인의 장남. 1778년(정조 2) 효의왕후(孝懿王后)가 소생이 없자 당시 세도가 홍국영이 원빈(元嬪)의 장례 때에 대존관(代尊官)을 시켜 양자로 삼고, 완풍군이라 부르면서 가동궁(假東宮)이라 하여 왕위를 잇게 하려는 계책을 세웠다. 홍국영의 사후에도 그 일당이 계속 역모를 꾸미다가 일이 탄로될 우려가 있자 1786년 상계군 이담을 죽게 하였다.

120. 병오년에 내린 언문 교서: 홍국영과 상계군 이담 등의 역변을 고발하는 왕대비의 언문교서를 말한다. 본서 「속편 상」 41번 기사에 보인다.

"다른 계책이 없으니, 중사(中使)[121]를 그 집에 보내 그로 하여금 압송해 오게 하라. 이 일에 나 또한 반드시 힘을 보탤 것이니, 먼저 일을 시행하고 뒤에 주상께 청하는 것이 마땅할 것이다"라고 하였다.[122]

이때 주상이 먼저 중사에게 표신(標信)[123]을 주어 그 집을 지키게 하였는데, 동의금(同義禁) 이병정(李秉鼎)[124]이 직접 끌고 나와 즉시 유배지로 돌려보냈다. 주상이 진노하여 청대(請對)한 대신 이하를 모두 삭직(削職)시키고, 승지와 의금부 당상관에게 모두 유배 보내는 법을 시행하였다.

주상이 탄 가마가 돈화문을 나와 돈령부(敦寧府)[125] 앞을 지날 때 대비전의 언문 하교가 가마 앞에 이르렀다.

"이는 나라를 위하고 종사를 위한 일이기에 이와 같이 하였다. 나는 마땅히 사저(私邸)에 물러가 있겠다." 모관 이집두(李集斗)[126]가 때마침 궁궐에 들어가는 길에 어가를 맞아 협연군[挾輦卒][127]을 질책하여 마침내 궁궐로 돌아갈 수 있었다.

다음날 빈청(賓廳)[128]에서 복상(卜相)[129]하여 김종수를 다시 가복(加卜)[130]하였다.

26. 10월에 영우원을 옮기는 일을 마치고 전직 대신이 이인의 일로 대면을 청하였다. 비망기를 내려

---

121. 중사(中使): 궁중(宮中)에서 왕의 명령을 전하던 내시.
122. 하교하기를 …… 하였다: 이상에서처럼 정순왕후가 은언군 이인에 대한 처벌에 강경한 태도를 견지했던 것은 이인이 영조 말 홍봉한에 의해 추대 대상으로 거론된 이후 정조대에도 각종 추대사건에 연루되었기 때문이었다. 그뿐만 아니라 영조대 후반 이래 홍낙임(洪樂任)과 연결되어 정순왕후를 무함하는 주체로 인식되었다. 이에 정순왕후는 문효세자와 의빈 성씨 사망 당시 상변(喪變)에 대한 의혹을 제기하며 이인을 강화도에 유배시켜둔 것도 사은(私恩)을 베푼 것으로 보고 왕실 행사 때마다 편법으로 빼오는 것은 더는 용납할 수 없다는 입장을 고수하였다.
123. 표신(標信): 궁중에 급변을 전하거나 궁궐 문을 드나들 때에 쓰던 문표(門標).
124. 이병정(李秉鼎, 1742~1804): 본관 전주(全州), 자 이중(頤仲). 예조 판서 · 병조 판서 등을 역임. 1780년(정조 4)에 홍국영의 숙부 홍낙순을 탄핵했는데, 도리어 홍국영의 여당으로 지목되어 탄핵되기도 했다.
125. 돈령부(敦寧府): 종친부에 속하지 않은 종친과 외척을 위해 설치되었던 관서.
126. 이집두(李集斗, 1744~1820): 본관 경주(慶州), 자 중휘(仲輝), 호 파서(琶西) 또는 구학(臞鶴). 좌의정 경억(慶億)의 5대손. 1774년(영조 50)에 진사가 되고, 이듬해 별시문과에 병과로 급제하여 한림에 들어갔다.
127. 협연군[挾輦卒]: 가마를 호위하는 자.
128. 빈청(賓廳): 삼정승과 정2품 이상 고관들이 모여 국사에 관한 중요한 안건을 협의하던 장소. 비변사(備邊司)는 매월 3회씩 여기에서 정례회의를 하였으나, 1698년(숙종 24)부터는 매월 6회씩 회의를 하였고, 1865년(고종 2)에 폐지되었다.
129. 복상(卜相): 새로 정승이 될 사람을 추천하여 가려 뽑음. 3정승 가운데서 결원이 생기면 임금이 시임의정(時任議政) 중 한 사람에게 세 명의 후보자를 추천케 하여 선발하였다.
130. 가복(加卜): 정승 임용 때 망단자(望單子, 3명의 후보 추천서) 중에 적임자가 없을 경우, 왕명으로 후보자를 다시 추가하던 제도.

“시사(視事)를 아뢰지 말라”고 하교하였다. 모관 김이성(金履成)이 상소를 올려 여러 대신이 징벌을 늦춘 죄에 대해 논척하였다. 이에 현직 및 전직 대신이 모두 인입(引入)[131]하자, 우의정 채제공이 이로 인해 사직[免副]하였다. 정언(正言) 신기현(申驥顯)이 상소하였다.

“정령(政令)과 형법은 전하로부터 나오는 것이므로, 신하의 도리로는 진실로 한편으로는 자전의 하교를 받들고, 한편으로는 울면서 전하에게 청함으로써, 양쪽을 극진하게 섬기는 방도로 삼아야 합니다. 그런데 그날 의금부 당상관은 이렇게 하지 않고 감히 독단적으로 조처하였습니다. 운운.” 승정원에서 그 잘못을 논하며 성토하였다. 이에 전교하였다.

“대간의 상소는 지난날 전교의 남은 뜻이다. 경들이 심각하게 보고 억지로 말하는 것은 너무나도 놀라운 일이라고 하겠다. 그때 시사에 과연 독단적으로 처리한 혐의가 없단 말인가. 운운.” (신기현의) 상소에 대해 비답하기를,

“앞부분에서 아뢴 일에 대하여 그렇게 처분한 것은 위를[132] 핍박하게 될까 염려한 것이다”라고 운운하였다.

이때 삼사(三司)[133]가 합동으로 이인의 일로 계를 올렸다. 그중에 신기현의 일을 집어넣고 그에 합당한 처벌을 내리라고 청하였다.[134] 사헌부와 승정원[府院]에서 신기현에 대해 국청을 설치하여 실정을 밝히라고 새롭게 청하였다. 대신들이 청대하고, 삼사가 복합(伏閤)[135]하고, 진신들이 상소를 올리고, 빈청에서 아뢰는 일들이 모두 차례로 일어났다. 주상이 전날 내린 하교를 또 내리고, ‘온 조정이 이 사람으로 인해 다급해졌다’고 하면서 특별히 성문을 여닫는 시간에 관계없이 신기현을 먼 곳에 귀양 보내도록 명하였다.[136] 의금부의 하리(下吏)들에게 명하여 흑산도(黑山島)에 안치(安置)[137]하게 하였다. 신기현의 일에 대해서는 금령을 내려 말하지 못하게 하였다.

이보다 앞서 모관 이재간이 의금부 당상관의 전횡을 거론한 하교에 대해 공무를

---

131. 인입(引入): 벼슬아치가 잘못된 일에 대하여 인책(引責)하고 출사하지 않음.
132. 위를: 정순왕후를 가리킨다.
133. 삼사(三司): 사간원 · 사헌부 · 홍문관.
134. 신기현의 일을 …… 청하였다: 1789년(정조 13) 10월 16일(무진) 실록기사에 따르면 대신과 삼사가 신기현의 치죄를 청하였다. 그 이유는 자전의 뜻을 받들어 이인을 토죄한 의금부 당상관을 성토했기 때문인데, 이는 곧 자전을 무함하고 핍박하는 행위로 간주하였다.
135. 복합(伏閤): 나라에 중요한 일이 있을 때에 조신(朝臣)이나 유생이 대궐 문 앞에 엎드려 상소하던 일.
136. 귀양 보내도록 명하였다: 정조가 자신의 정치적 입장을 지지했던 신기현을 정순왕후 핍박을 이유로 처벌한 것은 즉위 과정에서 도움을 주었던 왕대비와 대립하는 모습을 보일 수 없었기 때문이다.
137. 안치(安置): 유배지에서 거주의 제한을 가한 형벌.

집행한 것이라고 운운하였다. 정승 채제공이 차자를 올려 성토하기를 '신기현을 사주하였다'고 했다. 드디어 (이재간은) 귀양 가는 길에 죽었다.[138]

27. 경술년(1790, 정조 14) 11월 14일 밤, 홀연 신기현을 동부승지(同副承旨)에 제수(除授)하라는 명이 내려졌다. 당시 조정에서는 신기현의 소재를 알지 못하였다. 주상이 사사로이 사알(司謁)[139]을 시켜 인도하여 그 집으로 돌아가게 했다.

18일에 어가(御駕)가 읍청루(挹淸樓)[140][즉 용산(龍山) 별영(別營)이다]로 행차하였는데, 목도(木道)[141]로 이인을 데리고 오게 하여 함께 하룻밤 유숙하고 돌아왔다. 용산에 거둥할 때 경기병[輕騎]만이 홀로 따랐다. (주상이) 읍청루에 이르자 백관과 군병(軍兵)이 황급히 도착하였지만, 대신으로부터 승지와 사관에 이르기까지 모두 곁에서 모시는 것을 허락하지 않아서, 겨우 들어가 호위만 할 수 있었을 뿐이다.

28. 다음날 비로소 궁궐로 돌아왔다. 다음과 같이 전교하였다.

"하늘과 땅처럼 영원히 변함없는 떳떳한 이치로 볼 때 '권(權)'이란 한 글자는 용납되지 않는다. 신하로서 독단하는 것은 곧 이치를 거스른 것이고, 의리에 어긋난 짓이다. 그 죄는 사형[一罪]이며 그 율문은 극형[一律]에 해당되는 것으로서, 한번 범하면 실로 용서할 수 없다.

지난가을에 있었던 의금부 당상관의 일을 차마 어찌 말할 수 있겠는가. 자전을 빙자하였다고 끌어다 붙였지만 작은 일로 큰일을 그르칠까 염려하여, 가까운 섬에 잠깐 귀양 보냈다가 떠나자마자 용서해주었다. 이것은 물론 (자전을) 위한 것이라는 혐의를 받는 것이 장래 다가올 근심 때문이라고 하는 것보다 낫다는 생각에서 나온 조치였지만 그 조짐이 어찌 다만 서리가 장차 얼음으로 변하는 정도라고만 이를 뿐이겠는가. 밤중에도 잠들지 못하고 생각이 여기에 이를 때면 나도 모르게 벌떡 일어난

138. 이보다 …… 죽었다: 본편 7번 기사에 관련 내용이 보인다.
139. 사알(司謁): 액정서(掖庭署)에 소속된 정6품 잡직(雜職). 궁중에서 임금의 어명을 전달하는 일을 맡았고 시종과 알현을 담당하였다. 『경국대전』 편찬 시 명문화되면서 후대로 이어져오다가, 1894년(고종 31) 갑오개혁 때 폐지되었다.
140. 읍청루(挹淸樓): 1777년(정조 원년)에 별영창에 지은 정자. 정자에 오르면 용산과 마포 일대의 풍경은 물론 멀리 한강 하류 행주 방면까지도 시야에 들어와 한강 변의 새로운 명소로 등장하였다. 별영창(別營倉)은 1596년(선조 29)에 세워져, 훈련도감 소속 장병들에게 지급되는 급료와 마료(馬料)를 출납, 관리하였다.
141. 목도(木道): 습지대를 걷기 위해 널빤지를 건너질러 만든 좁은 길.

적이 여러 번이었다.

이윤(伊尹)[142]은 성인이고 곽광(霍光)[143]은 충신이었다. 변란을 당해 이를 처리할 때 어찌 혹시라도 후세에 폐단을 남겼겠는가. 그러나 오히려 왕망(王莽)[144] · 조조(曹操)[145] · 사마의(司馬懿)[146] · 환온(桓溫)[147]이 찬역의 음모를 실현할 때는 으레 이윤과 곽광을 들어 남의 입을 틀어막는 구실로 삼았다.

하물며 우리나라는 본래 전례를 중요하게 여기는 나라라고 칭해졌으니, 이 길이 한번 열리면 후세 이를 본받는 사람들이 아무 때 아무 실례가 있었다고 끌어다 모방하면서 그 흉악한 심보를 제멋대로 부릴 것이다. 오늘날 여러 신료가 비록 만 번 형벌을 받는다고 하더라도 장차 무엇으로 그 죄를 다 속죄하겠는가.

이 때문에 의리의 경중을 참작하여 처분할 때, 작년에 의금부 당상관을 석방한 일은 눈앞의 중한 것(자전)을 중한 것으로 여긴 것이고, 최근 특별히 그 (바른) 말을 했던 자(신기현)를 발탁한 것은 뜻밖의 근심을 걱정하여 미연의 화를 방지하려는 것이다. 이에 대해 안 된다고 하면서 쟁집한다면 이것은 왕망과 조조를 기르는 것이며 사마의와 환온을 키우는 것이니, 그 죄는 역적을 위하여 자기 임금을 버리는 것보다도 심한 것이다. 정말 지각이 있는 자라면 누가 감히 입을 놀리겠는가. 운운."

29. 신해년(1791, 정조 15)에 신집(申㠎)[즉 신기현의 아들이다]이 조흘강(照訖講)[148]에 나아가려고, 강관(講官) 윤영희(尹永僖)에게 명단을 올렸는데, 윤영희가 과거를 묻지 않고 순서에 따라 합격시키자, (언관들이 이를) 매우 엄중하게 성토하였다. 그 뒤 좌의정 채제공이 경연에서 윤영희를 구원하였으나, 다른 일로 중도부처(中道付處)[149]되었다.

---

142. 이윤(伊尹): 은(殷)나라 초대 왕인 탕왕(湯王, 大乙) 때의 어진 정승. 탕왕의 세 번 부름을 받아 재상이 되어 하(夏)나라 걸왕(桀王)을 쳐서 탕왕으로 하여금 천하의 왕이 되게 했다.
143. 곽광(霍光, ?~B.C. 68): 한나라 무제(武帝) 때의 명신. 무제의 유지를 받들어 소제(昭帝) · 선제(宣帝)를 보필하면서 국정 안정에 노력하였다.
144. 왕망(王莽, B.C. 45~A.D. 23): 전한(前漢)대 말 권신(權臣). 임금을 죽이고 신(新)나라를 세웠다.
145. 조조(曹操, 155~220): 후한 말기의 정치인으로 위(魏)나라 건국의 기초를 닦았다. 자 맹덕(孟德). 시호는 무황제(武皇帝)다.
146. 사마의(司馬懿, 179~251): 삼국시대 위나라의 정치가이자 군략가. 위나라에서 정변을 일으켜 권력을 장악하고 서진(西晋) 건국의 기초를 놓았다.
147. 환온(桓溫, 312~373): 동진(東晉)의 장군. 황제 혁(奕)을 폐위(廢位)하고 간문제(簡文帝)를 옹립한 후 찬탈을 도모하였다.
148. 조흘강(照訖講): 과거제 운영에 있어서 일종의 예비 시험. 과거시험을 준비하는 유생에게 먼저 성균관에서 호적(戶籍) 대조를 끝내고 소학(小學)을 외게 하던 일. 이에 합격한 사람에게 조흘첩(照訖帖)을 주어 과거를 보게 했다.
149. 중도부처(中道付處): 유배 가던 중 정상 등을 참작하여 중간 지점의 한 곳을 지정하여 머물러 있게

30. 임자년(1792, 정조 16) 겨울에 신기현이 갑자기 의금부[禁府]에 원정(原情)[150]을 올려, 이재간의 사주를 받았다고 자수하였다. 주상이 가자(加資)한 품계를 삭탈하라 명하고, 한 차례 형문한 뒤 제주(濟州)에 안치하였다. 신기현은 이듬해 유배지에서 죽었다.

을묘년(1795, 정조 19)에 이재간이 사면의 은전을 받고 도류안(徒流案)[151]에서 지워졌다. 처음에 신기현의 동생 신구현(申龜顯)이 먼 친족에게 양자 들었는데, 그 양자 든 집의 종매(從妹, 사촌 여동생)가 이담의 부인이 되었다. 즉 김우진(金宇鎭)[152]이 연루된 이담과 통혼한 것이다. 우의정 채제공이

"혼인을 통해 세를 과시하고자 하여 역적 이인에게까지 미쳤다"라고 하였는데, 이를 두고 말한 것이다.

자신의 죄를 변명하는 김한기의 상소

31. 경술년(1790, 정조 14) 7월에 도총관(都摠管) 김한기가 상소를 올려 지금까지 죄명에 대해서 변명하였는데, 대략 다음과 같다.

"세상에서 신의 집안에 대해서 죄를 성토한 것은 네 가지 큰 죄안 때문입니다. 신묘년(1771, 영조 47)의 일은[이인(李裀)과 이진(李禛)[153]이 유배된 사건이다] 신이 그때 갑자기 호위하라는 명이 내렸다는 말을 듣고 급히 문안드리기 위해 겨를 없이 달려가다가 문에서 저지당하였습니다. 그래서 표신(標信)이 나온 뒤에 비로소 들어가게 되었는데, 정후겸(鄭厚謙)[154]이 이미 문안을 드리고 물러갔습니다. 운운.

하는 처분.

150. 원정(原情): 억울한 일 또는 딱한 사정을 국왕 또는 관부에 호소하는 문서.

151. 도류안(徒流案): 도형(徒刑)과 유형(流刑)에 처할 사람의 이름을 적은 책.

152. 김우진(金宇鎭, 1754~?): 본관 강릉(江陵), 자 성래(聖來). 영의정 상철(尙喆)의 아들. 이조 참의·대사성 등을 역임. 완풍군 담(湛)의 역모사건에 연루되어 제주도에 위리안치되었다. 1791년(정조 15) 부친상을 당하여 풀려났다가 이후 교동(喬桐)으로 이배되었다.

153. 이진(李禛, ?~1771): 본관 전주(全州). 사도세자의 서자. 정조의 이복동생, 흥선 대원군(興宣大院君)의 할아버지. 은신군(恩信君)에 봉해졌다. 1771년(영조 47) 김구주의 무고로 형 은언군(恩彦君) 인(裀)과 함께 관작을 삭탈당하고, 그 뒤 제주에 위리안치되어 병사하였다.

154. 정후겸(鄭厚謙, 1749~1776): 본관 연일(延日), 자 백익(伯益). 화완옹주의 양자. 영조의 총애를 바탕으로 홍인한과 더불어 국정을 좌우하였다. 1775년(영조 51) 세손(世孫)이 대리청정하게 되자 화완옹주·홍인한 등과 이를 극력 반대하였으며, 동궁에 사인(私人)을 비밀리에 보내어 세손의 언동을 살피게 하였다. 또한 한편으로는 유언비어를 퍼뜨려 세손의 비행을 조작하고 심상운을 시켜 세손을 보호하는 홍국영을 탄핵하는 등 세손을 모해하는 데 깊이 간여하였다. 정조 즉위 직후 유배된 뒤 사사되었다.

신사년(1761, 영조 37)에 신의 형[155]이 거상 중에 있었는데, 마침 궁궐에서 어찰(御札)을 내려보냈으므로, 조정 신하들의 권력 남용에 대해 대략 진술하여 성명(聖明)께서 통찰하여 등용하거나 버리는 일을 잘 살피길 바랐을 뿐이었습니다. 사실이 이에 불과하니 어찌 다른 뜻이 있었겠습니까.

윤숙(尹塾)·심낙수(沈樂洙)[156] 무리가 계속해서 성토하였는데, 윤숙의 상소에 이르기를,

'저 두 역적은 김구주(金龜柱)[157]와 결탁하고 홍계희(洪啓禧)[158]와 뱀처럼 얽혀서 몰래 재앙의 조짐을 만들어내고 흉론(凶論)을 꾸며 우리 성상(聖上)을 핍박하여 거의 세자 자리[貳極]에 편히 앉아 있지 못할 뻔하였습니다'라고 하였습니다.

아, 그 말이 어쩌면 그처럼 종잡을 수 없고 음밀하여 사람들로 하여금 그 단서를 헤아리지 못하게 하는 것입니까. 하지만 이에 대해 한마디의 말로 변파할 수 있습니다. 우리 성상께서 세자의 자리에 오르기 전에 정휘량·신만이 이미 죽었습니다. 그가 이른바 신의 조카[159]와 결탁하여 성상을 핍박하여 세자의 자리를 불안하게 하였다는 것은 과연 무슨 말입니까. 운운. (윤숙이) 또 말하기를

'신회(申晦)·김구주와 더불어 몰래 논의한 것이 무슨 말이며 도모한 것은 무슨 일이었습니까. 그 흉측한 말과 반역의 진상을 신은 감히 일일이 열거할 수 없습니다'라

---

155. 신의 형: 김한구다.
156. 심낙수(沈樂洙, 1739~1799): 본관 청송(靑松), 자 경문(景文), 호 일환재(一丸齋)·은파(恩坡). 영의정 지원(之源)의 현손. 홍양호(洪良浩)·심이지(沈頤之)·홍낙순(洪樂舜)·이규경(李圭景) 등과 친밀히 교유하였다. 정조 초년에 삼사(三司)의 관직을 역임하면서 홍국영·김종수·심환지를 김구주의 당여로 공격하였다. 심환지·김종수·유언호 등이 남·북당 분열의 화근이라 하여 모두 제거해야 한다는 입장을 취하고 공격하여 시파(時派) 언론의 선봉이 되었다. 저서로 『은파산고(恩坡散稿)』 등이 있다.
157. 김구주(金龜柱, 1740~1786): 본관 경주. 영조의 장인 한구(漢耉)의 아들. 영조의 계비 정순왕후(貞純王后)의 오빠. 홍양해(洪量海)의 문인, 심낙수와 동문이다. 1772년 공조 참판으로 있을 때, 청의(淸議)와 명절(名節)을 우선하는 정치적 결사 모임인 청명류(淸名流)가 발각되어 영조의 탕평책에 대한 배신으로 지목, 유배되는 사태가 발생하였다. 그는 이를 당시 홍봉한 외척 정치의 탓으로 돌려, 사촌동생 관주(觀柱)와 함께 홍봉한을 제거하는 것이 의리라는 소를 올렸다. 이를 계기로 벽파의 영수(領袖)로서 정국을 주도하였다. 영조가 사도세자에 대한 처사를 후회하면서 벽파를 의심하자, 홍국영에게 접근하여 지난날의 허물을 은폐하려 하였다. 1776년 정조가 즉위하자 흑산도에 유배되었고, 1779년에 위리안치되었다. 1784년 왕세자 책봉 때 특사령으로 나주에 옮겨졌으나 병들어 죽었다.
158. 홍계희(洪啓禧, 1703~1771): 본관 남양(南陽), 자 순보(純甫), 호 담와(淡窩). 참판 우전(禹傳)의 아들. 이재(李縡)의 문인. 이조·예조 판서 등을 역임. 영의정 김상로, 형조 판서 윤급, 참판 이기경(李基敬) 등과 교유하면서 정순왕후 부친 김한구와 긴밀히 연계하였다. 1762년(영조 38) 경기도 관찰사로서 김한구 등과 짜고 나경언의 상변 사건을 일으켜 사도세자의 죽음을 초래하였다. 1777년(정조 1)에 아들 술해(述海)와 손자 상간(相簡)이 대역죄로 사형을 받자 그의 관작도 추탈당하였다. 저서로 『삼운성휘(三韻聲彙)』 등이 있다.
159. 신의 조카: 김구주다.

고 하였습니다. 이 역시 구차하게 변명할 것이 못됩니다. 과연 신의 조카에게 진정으로 이런 일이 있었다면 남몰래 논의한 것이 무슨 말이며 도모한 것이 무슨 일입니까. 무엇이 두려워 지적해서 직접 말하지 못하고 단지 우물쭈물하면서 흐리멍텅한 말을 하는 것입니까. 운운.

심낙수의 상소는 윤숙에게서 물려받은 수법이기에 신은 말하고 싶지도 않습니다. 운운.

성(㺀)[조성(趙㺀)[160]]의 일에 관해서 운운하였습니다. 윤구연(尹九淵)의 죽음은 조성의 독수(毒手)[161]에서 나왔기 때문에 온 세상이 모두 통분해 하였습니다. 신의 조카도 가장 그를 미워하였습니다. 운운. 가령 신의 조카가 참으로 역적 종친과 혼인할 생각이 있었다 하더라도 하필이면 세상 사람들이 다 버리고 몹시 미워하는 자를 골라서 그의 편이 되겠습니까. 또 신의 조카가 비록 혼인하고 싶어도 그 형세가 혼자서 판단할 문제가 아닙니다. 자성(慈聖, 정순왕후)의 덕이 아무리 크고 훌륭하더라도 그를 덮어주고 용서할 수 있었겠습니까.

아, 이런 말이 만들어진 데에는 원인이 있습니다. 본래부터 흉측한 무리들이 본 모습을 감추고 흉악한 말을 지어내 온 세상에 퍼뜨리고, 계속해서 또 혼인한다는 말을 주장하여 그 말을 사실로 삼으려 했습니다. 심지어 심낙수의 상소문 가운데 역적 이찬(李禶)[162]을 김구주가 추대하였고 홍계능(洪啓能)이 그 모의를 주장하였다고 하였습니다.[163] 그 말의 맥락이 귀결되는 것은 분명하여 가릴 수 없습니다. 아, 이 무리의 거리낌 없는 그 패역한 무고와 함부로 넘보는 행위가 어쩌다가 이같이 극심한 지경까지 이르렀습니까. 운운.

양(量) · 혁(鋏)[홍양해(洪量海) · 심혁(沈鋏)의 일이다]의 경우,[164] 그들은 본래 글공부한 사람

---

160. 조성(趙㺀): 은전군(恩全君) 이찬(李禶)의 장인. 1777년(정조 1) 홍술해 등이 역모를 도모하며 은전군을 왕으로 추대하려 했다. 하지만 역모가 발각되어 조성은 이찬과 함께 형장을 맞다 죽었다.

161. 윤구연(尹九淵) …… 독수(毒手): 1762년(영조 38) 임금이 금오랑(金吾郎)에 명하여 윤구연을 잡아오게 하였고, 또 선전관 조성에게 명하여 술을 빚은 증거를 찾아내도록 하였다. 이에 조성이 술 냄새가 나는 빈 항아리를 증거물로 가지고 오자 남문(南門)에 나아가 윤구연을 참수하였다.

162. 이찬(李禶, 1759~1778): 사도세자의 아들, 어머니는 경빈 박씨(景嬪朴氏). 작호(爵號)는 은전군(恩全君). 부인은 군수 조성(趙㺀)의 딸이다.

163. 역적 찬 …… 하였습니다: 1777년(정조 1) 홍술해의 아들 상범(相範)이 아버지가 황해도 관찰사로 있을 때 범인을 은닉한 죄로 유배당하게 되자 이에 불만을 품고서 아버지 홍술해, 숙부 홍필해(洪弼海)·홍지해(洪趾海) · 홍찬해(洪纘海) · 호위 군관 강용휘(姜龍輝) 등과 공모하여 정조를 시해하고, 은전군을 왕으로 세우려 했다. 그러나 전흥문(田興文)이 경추문(景秋門) 북쪽 담장을 몰래 넘다 수포군(守鋪軍)에게 붙잡히게 되어 역모가 드러나 홍상범 일당은 모두 복주되었다. 그렇지만 심낙수는 역적의 배후를 찾아서 처벌해야 한다고 상소하였다. 심낙수 상소문은 본서 「속편 상」 45번 기사에 보인다.

으로 자처하는 사대부였습니다. 당시 충청도 사대부로서 누구든 신의 집에 드나들지 않았겠습니까. 예전에 신이 충청도에 있었을 때 신의 조카는 어린 나이였는데, 또한 몇 차례 얼굴을 보았을 뿐입니다. 그 뒤로 신의 가족이 서울로 옮겨 살게 되면서 소식조차 없어 다시는 서로 만나지 못하였습니다.

신의 조카가 섬에 귀양 갔을 때에는 통제가 매우 엄하여 집안의 편지도 서로 전할 수 없었는데, 하물며 호남 바닷가의 천여 리 길이겠습니까. 비록 남몰래 흉악한 음모를 연락하기 위해 긴밀히 서로 접촉하고 싶더라도 형세상 그렇게 할 수 없었습니다. 운운." 주상이 하교하였다.

"본 사건 중에는 또한 금령(禁令)에 관계된 부분도 있다. 이후로는 병신년(1776, 영조 52) 이후 일에 관해 다시 상소문에 언급한 것은 받아들이지 마라. 계판(啓板)[165]에 쓰기 전에 즉시 태워버려라. 운운."

정휘량과 신만의 죄를 재론한 윤숙의 상소

32. 윤숙이 다음과 같이 상소하였다.

"정휘량과 신만의 경우, 죄가 하늘에 닿았으니 죽이지 않을 수 있겠습니까. 그들이 저지른 수많은 흉악을 일일이 거론할 수 없습니다. 모든 사람이 다 알고 있는 죄를 들어서 말하자면, 정휘량은 뱀의 독 같은 요사스러운 성질을 가진 자로서, 조카며느리[166]가 남을 무함하기 위해 조성한 세력을 끼고서 흉악함을 부리고 사악함을 저지른 것이 이르지 못할 바가 없습니다.

신만은 간사하고 교활한 여우 같은 마음으로, 흉악한 자식의 세력을 믿고 몰래 엿보고 비밀리에 발하여 반드시 멋대로 할 뿐입니다. 오직 저 두 역적은 김구주와 결탁하고 홍계희와 일체가 되어 몰래 재앙의 조짐을 만들어내고 흉론을 꾸며내어, 우리 성상을 핍박하여 세자의 자리에 편히 앉아 있지 못할 지경에 이르게 만들려 하였습니다. 지금 다시 생각해봐도 뼈가 흔들리고 담이 떨립니다."

정휘량과 신만이 결탁하고 일체가 된 죄는 본래 모년의 일[167]에 해당되었다. 지금

---

164. 양(量)·혁(鋘)의 경우: 양자 모두 은전군 이찬을 추대하기로 한 사건에 연루되어 죽임을 당하였다.
165. 계판(啓板): 승정원에 걸어두었던 게시판의 일종. 계(啓) 자를 새긴 널빤지인데 그 위에 주의 사항을 써놓았다. 그 앞에서 임금에게 보일 서류를 처리하였다.
166. 조카며느리: 정치달(鄭致達)의 처 화완옹주. 정휘량은 정치달의 숙부이므로 화완옹주는 정휘량의 조카며느리가 된다.

곧바로 말하지 않고 그 말을 둘러대어 (그들의 죄를) 을미년(1775, 영조 51)간의 일로 미루었는데, 당시 정휘량과 신만은 이미 죽고 없었다. 김한기가 이에 대해 변론하는 소장[168]을 올리면서 '모든 사실이 날조된 것이어서 그 사실을 살펴볼 수 없다'고 말한 것은 이 때문이었다. 소위 '도가 곧지 않으면 행할 수 없다'는 것이 이와 같다. 지금까지 수십 년간 단지 이 상소 하나만 있었는데, 또한 이러한 잘못을 면하지 못하였으니, 이루다 애석하지 않은가. [계묘년(1783, 정조 7) 겨울에 올린 윤숙의 상소다.]

경연 복설을 주장하는 유성한의 상소와 이를 둘러싼 갈등

33. 임자년(1792, 정조 16) 4월에 정언(正言) 유성한(柳星漢)[169]이 주상이 경연(經筵)을 열지 않는 것을 이유로 상소를 올려 거행할 것을 권하면서 말했다.

"신이 듣건대 전하께서 근래 경연에 드물게 나온다고 합니다. 운운. 이것이 혹 은미한 뜻이 있어서 그러한 것입니까. 신이 비록 그 까닭을 자세히 알 수 없지만 또한 반드시 그래서는 안 되는 이유도 있는 듯합니다. 목이 멘다고 밥을 먹지 않는 것은 전하의 성명(聖明)으로써 어찌 불가하다는 것을 알지 못하겠습니까. 운운.

또한 신이 삼가 항간에 떠도는 말을 듣건대 광대가 어가(御駕) 앞에 외람되게 접근하고, 여악(女樂)이 난잡하게 금원(禁苑)에 들어간다고 합니다. 이는 비록 작은 일이지만 혹 큰 덕에 누가 될 것입니다. 운운." 답하였다.

"윗 조목의 일은 '은미한 뜻이 있어서 그러한 것인가'라고 하였으니, 그 연유를 반드시 속으로 알고 있을 듯한데 어찌 '반드시 그래서는 안 되는 이유가 있다'고 할 수 있는가. 운운.

한 번 웃을 만한 것은 네가 말한 항간에 전한다는 것 중 둘째 조목이다. 병신년(1776, 영조 52)부터 이와 비슷한 호화로운 짓을 하였다면 윗 조목에 이른바 '경연을 열지 않는 연유를 상세히 알지 못한다'는 말이 어떻게 네 상소에 올랐겠는가."

사헌부에서 족부(族父) 박서원(朴瑞源)[170]이 '목이 멘다고 밥을 먹지 않는 것[因噎廢

---

167. 모년의 일: 1762년 사도세자가 뒤주에 갇혀 죽은 일을 가리킨다.
168. 김한기 …… 소장: 본편 바로 위의 기사(31번)에 보이는, 1790년(정조 14) 7월 11일 올린 상소를 가리킨다.
169. 유성한(柳星漢, 1750~1794): 본관 진주(晉州). 김원행(金元行)의 문인. 1792년(정조 16)에 상소하여 임금의 학문 정진과 사도세자의 원수 갚을 일, 사치의 폐단을 단속할 것을 주청하였다. 이 상소 가운데 사도세자에게 저촉되는 말이 있다 하여 성균관 유생들과 사간원으로부터 성토를 당하였다. 또한 좌의정 채제공을 역적으로 몰아 국문(鞫問)하기를 청하기도 했다.
170. 박서원(朴瑞源, 1750~?): 본관 반남(潘南), 자 심보(深甫). 사명(師明)의 아들. 지평·장령 등을 역임. 1796

食]' 네 글자를 가지고 아뢰자 성균관이 연이어 일어났다.

34. 전 수찬(修撰) 권평(權坪)이 상소하였다.

"전하는 그 몸이 존귀한 임금의 지위[171]에 계시고, 유성한의 무리가 북면(北面)하여 신하로서 섬긴 지 지금까지 얼마나 되었습니까. 그런데도 오히려 더욱 방자하고 두려워하지 않고 천만 부당하게도 허황되고 사실무근인 여악(女樂)이란 두 글자로써 위로 주상을 무함하고 전국에 반포하여 후세에 보이려고 하였습니다. 이로 미루어 보면 지난날 거짓말로 속이는 것이 어디엔들 이르지 못하였겠으며, 지난날 무고하고 핍박함이 어느 곳엔들 미치지 않았겠습니까. 지금 거짓말로 속이는 것으로 보아 당시의 속임을 징험할 수 있고, 지금 무고하여 핍박한 것으로 보아 당시 무고하여 핍박했음을 알 수 있습니다. 운운.

이와 같이 흉악한 상소 가운데 윗 조목 몇 구절 또한 같은 맥락에서 나온 것이니, 신은 한 말을 자꾸 되풀이하여 주상의 마음을 슬프게 하고 싶지 않습니다. 운운." 답하였다.

"운운. (너의 상소는) 대소 신료들이 감히 제기하지도 못하고 차마 말하지도 못한 것이다. 내가 어떻게 붓을 들어 비답을 쓰겠는가."

35. 형조 판서 이민보(李敏輔)[172]와 사직(司直) 정경순(鄭景淳)[173]이 연명(聯名)하여 상소하였다. [모두 음재(蔭宰)[174]였다.] 대략 다음과 같다.

"아, 지난 무인년(1758, 영조 34) 이래로 흉악한 역적들이 빚어낸 음모가 실로 이로부터 말미암았기 때문에 성명(聖明)께서 매번 경연(經筵)에서 강설할 때마다 (사도세자를) 사모하는 마음이 더하여 안색이 매우 슬퍼 보였습니다. 이에 전교[提敎]를 기

년(정조 20) 좌의정 채제공과 전 영돈령부사(領敦寧府事) 김이소(金履素)의 벼슬을 빼앗고 사대문 밖으로 내칠 것을 주장하였다. 실록에 의하면 1792년 유성한 상소를 비난하는 계사를 올릴 때 박서원은 사간원 헌납으로 되어 있다. 1792년(정조 16) 4월 29일 실록기사 참조.

171. 임금의 지위: 구오(九五). 역괘에서 아래로부터 다섯 번째 양효의 이름. 건괘의 구오가 임금의 지위(地位)를 뜻하는 상이라는 데서 임금의 지위를 일컫는 말이다.

172. 이민보(李敏輔, 1720~1799): 본관 연안(延安), 자 백눌(伯訥), 호 풍서(豊墅)·상와(常窩). 부제학 단상(端相)의 증손, 이조 참판 희조(喜朝)의 손자. 호조 참판·형조 판서 등을 역임. 1791년(정조 15) 윤영희(尹永僖)가 시험에 부정이 개입되었다는 혐의로 의금부에 하옥되었을 때, 의금부 당상으로서 치죄를 잘못하였다 하여 좌천되었다가 이듬해에 다시 형조 판서로 기용되어 내직에 임명되었다.

173. 정경순(鄭景淳, 1721~1795): 본관 동래(東萊), 자 시회(時晦), 호 수정(修井). 영의정 태화(太和)의 후손. 문과에는 급제하지 못하였으나 음관으로 지방관직에 임명되어 치적을 인정받아 공조 판서에 올랐다.

174. 음재(蔭宰): 음관(蔭官)으로서 정3품 당상관 이상의 지위에 있는 사람을 가리키는 말.

다리지 않고도 여러 신하 또한 살펴 깨달아 흐느껴 울지 않은 자가 없었습니다. 지금까지 진언하는 자로서 누군들 전하께서 몸소 세 번의 강(講)을 행하여 예부터 내려온 관례를 보존하기를 바라지 않았겠습니까. 그러나 일찍이 한마디도 청하지 않은 것은 옛사람이 육아(蓼莪)[175]장을 읽지 않은 뜻에서 나온 것입니다. 운운.

설령 유성한이 주상 마음의 소재를 알지 못하고 실제로 경연에서 강설을 정지한 것을 걱정했다면 평범한 말로 진달하여도 할 말이 없는 것을 걱정하지 않았을 것입니다. 그러나 오늘 은미한 뜻이 있다고 하였으니, 이는 알지 못한 것이 아닙니다. 이미 알면서 일부러 말하여 마치 핍박하여 힐책하는 것처럼 한 것은 도대체 또한 무슨 마음입니까.

아래 인용한 네 글자는[176] 말이 흉악하고 뜻이 교활하니 그 귀속된 바를 추구해보면 과연 어느 지경을 범하는 것이겠습니까. 사람들이 자기보다 낮은 사람에게도 돌아가신 아버지에 관계된 말이라면 오히려 조심하고 삼가는데, 하물며 신하로서 임금에게 고하면서 차마 이렇게 할 수 있습니까. 운운.

성상(聖上)이 왕위에 오른 이래로 항상 지극한 슬픔을 품어 왕위를 즐겁게 여기지 않았고 음악과 여색을 가까이하지 않고 한가롭게 노는 것을 일삼지 않으셨습니다. 귀에 듣기 좋고 눈에 보기 좋은 물건은 성상에게 눈물 흘리는 도구가 아님이 없었습니다. 온 조정의 신료라면 누구인들 슬퍼하지 않겠습니까. 신은(新恩)[177]들이 앞에서 인도할 때에 광대들이 임금을 호위하는 사이에 섞여 있는 것은 바로 우리나라의 고사(故事)이고 우리 왕조의 훌륭한 구경거리입니다. 신들도 어렸을 때부터 또한 익숙히 보아 왔습니다. 지난번 문관과 무관의 합격자 명단을 게시할 때 마침 어가가 행차하는 날이었으므로 광대로 하여금 각자 따르게 하였을 뿐입니다. 처음부터 어찌 어가 앞에 가까이하도록 한 적이 있었겠습니까. 운운.

정월 대보름날 마원(馬園)[178]에서 논 것은 삼영(三營)[179]의 장수들이 좋은 시기를 택하여 사적으로 여악을 베풀었던 것입니다. 그 장소가 큰 거리와 통하여 사녀(士女)들

175. 육아(蓼莪): 죽은 부모의 그 은혜를 기리며 효도를 다하지 못했음을 슬퍼하는 내용을 담은 『시경(詩經)』 「소아(小雅)」의 한 편명.
176. 네 글자는: '목이 멘다고 밥을 먹지 않는 것[因噎廢食]'을 가리킨다. 정조가 경연 복설을 꺼렸는데, 이는 1758년(영조 34) 경연이 복설된 뒤 사도세자에 대한 참소(譏訴)와 무고(誣告)가 일어났기 때문이었다. 그러자 유성한이 목이 멘다고 해서 밥을 먹지 않는 것에 비유하여 다시 경연을 열 것을 주장하였다.
177. 신은(新恩): 과거(科擧)에 새로 급제한 사람.
178. 마원(馬園): 창경궁 맞은편에 위치한 군영 내 소제한 말 기르는 목장.
179. 삼영(三營): 훈련도감(訓練都監) · 금위영(禁衛營) · 어영청(御營廳)을 가리킨다.

이 모여 관람하였습니다. 조금도 그곳이 대궐과 상관이 없다는 것은 눈과 귀가 있는 자라면 누구나 듣고 보지 않았겠습니까. 거짓으로 알지 못하는 척하고 은연중 전하의 잘못으로 돌렸습니다. 운운." 답하였다.

"운운. 내가 의리에 대하여 비록 강명(講明)한 공부가 부족하지만 정(情)이 지극한 곳에는 의리도 또한 깃들어 있는 것이다. 스스로 힘쓰기를 기다리지 않더라도 천리(天理)와 인정(人情) 사이에는 본래부터 조금의 간격도 용납되지 않는 것이다. 이러한 뜻을 대략 옛 성현의 책에서 들었다.

저 유성한의 말이 임금의 권한에 관한 것이라 하여 죽일 만한데도 죽이지 않으면 이는 이치에 어긋나는 것이다. 간관(諫官)이라 하여 마땅히 용서하지 못할 것을 잘못하여 용서한다면 이는 인정에 어긋난 것이다. 내가 참으로 덕이 없지만 이런 짓은 하지 않을 것이다. 운운.

지난날 즉위 초에 차례로 주토(誅討)를 크게 단행하여, 흉악한 무리 가운데 운 좋게 이미 죽은 자들을 제외한 나머지의 목숨을 용서해준 적이 없었다. 가까운 친척이라는 이유로 팔의(八議)[180]의 은전에 넣지 않았다. 유성한, 그에 대해 무슨 곤란하고 아낄 만한 것이 있다고 지금 날마다 쌓이는 공사(公事)의 상소를 접하고서 이를 응수하느라 고달프고 피곤한데도 줄곧 윤허하지 않으려고 하겠는가. 그것을 의리로 헤아리고 따져볼 때 과연 옳은 것인지 아닌지는 경들이 부디 생각해보라.

전에 주토했던 자들은 말과 자취가 모두 드러나서 대부들과 온 나라 사람들이 반드시 손으로 찢어 죽이고 입으로 씹어 먹으려 했다. 그뿐만 아니라, 또한 천지신명도 모두 함께 분개하고 몹시 미워하였다. 이에 『춘추』의 필법(筆法)을 빌려 비로소 태아(太阿)의 칼자루를 시험하여 천하에 큰 법을 남기고 만세에 인륜과 기강을 세웠다. 감히 그들을 주토하는 일에 소홀하였다고 말할 일이 아니다. 나름대로 세밀하게 경중까지도 따지는 법도를 알고 있으나, 뒷날 훌륭한 사관(史官)으로서 오늘을 의논하는 자들이 인정할지 않을지 미리 알 수는 없다. 하지만 내가 평생 매만지고 노력을 기울인 것이 모두 다 여기에 있다고 스스로 생각한다. 이제 보잘것없는 유성한에 대해서 어찌 다른 이유가 있어서 이처럼 논쟁을 하며 말하겠는가. 운운."

---

180. 팔의(八議): 법을 어겼을 경우 이에 해당하는 형법으로 처벌되지 않고 조정 중신들의 평의(評議)를 거쳐 형량을 경감받는 여덟 종류의 특권 계층. 의친(議親) · 의고(議故) · 의공(議功) · 의현(議賢) · 의능(議能) · 의근(議勤) · 의귀(議貴) · 의빈(議賓) 등이다.

36. 유성한에 대한 성토가 크게 일어날 때 정언(正言) 윤구종(尹九宗)이 미친 병을 핑계하고 참석하지 않았다. 또한 일찍이 숭릉[181] 별검(崇陵別檢)으로 있을 때 혜릉(惠陵)[182]을 지나면서 말에서 내리지 않았다. 부수찬 최현중(崔顯重)이 그 마음 씀씀이가 (음흉하고 종적이 죄인을) 비호하였다며, 속히 먼 변방으로 물리치는 벌을 내리기를 청하였다. 주상이 담당 관청[攸司]에 명하여 자세히 조사하여 보고하게 하되 먼저 최현중에게 물어 아뢰게 하였다.

"사람이 갑자기 학질(瘧疾)에 걸리면 저절로 드러나는 병증이 있는데, 거짓으로 미친 척까지 하였다면 하루아침에 급하게 일어날 수 있는 일이 아닙니다. 윤구종이 당시 갑자기 미친병이 들었다고 핑계대었지만, 이는 알 수 없는 일입니다. 또한 일찍이 숭릉 별감을 지내면서 혜릉을 지날 때 뒤따르던 하례(下隷)들이 말에서 내리기를 청하였는데도 내리지 않았다고 하니 이는 매우 놀라운 일입니다. 운운." 이에 먼저 능예(陵隷, 능을 관리하는 하례)들을 자세히 조사하게 하였다. 능예들이 공초하기를, 윤구종이 혜릉을 지날 때

"이 능에서 어찌 말을 내리겠는가"라고 했다고 진술하였다. 국청(鞫廳)을 설치하여 승복을 받았다. 진술하기를,

"신은 노론(老論)이므로 경종(景宗)[183]에 대해서 신하의 절의가 없다"라고 운운하였다. [혜릉은 곧 경종비 심씨(沈氏)의 능이다.] 윤구종이 자백할 때 문랑(問郎) 이명연(李明淵)[184]이 '노론' 두 글자를 '편당(偏黨)'으로 바꾸었다. 좌의정 채제공이 임금이 앉아 있는 장막 앞에서 꾸짖으며 말하기를,

"마땅히 아명(兒名)을 써야지 [세속에 아명과 관명(冠名)이 있는데, '노론'을 '편당'으로 고쳤으니, 마치 사람들이 관명으로 아명을 바꾸는 것과 같았다] 어찌하여 바꾸어 썼는가"라고 운운하였다. 이때 대사헌 정호인(鄭好仁)이 뒷날 큰 폐단에 관계된다고 하며 문랑을 엄하게 처벌할 것을 청하였다.

윤구종이 말에서 내리지 않자 혜릉 참봉 홍휘하(洪徽河)가 예조에 보고하려 하였는

---

181. 숭릉(崇陵): 현종(顯宗)과 명성왕후(明聖王后)의 능.
182. 혜릉(惠陵): 경종(景宗)의 원비(元妃) 단의왕후(端懿王后)의 능.
183. 경종(景宗, 1688~1724): 숙종과 희빈 장씨의 아들로, 재위 동안은 노·소론 당쟁의 절정기였다. 자식이 없고 병약하여 이복동생인 연잉군을 세제로 책봉한 뒤, 노론의 압박으로 대리청정시키고 물러날 위기에 몰리기도 하였으나, 소론의 지지로 다시 친정하면서, 김창집 등 노론 세력을 숙청하였다. 1724년 건강이 갑자기 나빠지기 시작하여 자리에 누운 지 며칠 만에 급서하였다.
184. 이명연(李明淵, 1758~?): 본관 전주(全州), 사 여량(汝亮), 호 구포(瞿圃). 광평대군 여(廣平大君璵)의 후손, 대사헌 완성군(完城君) 의행(義行)의 아들. 정언 등을 역임하였다.

데, 이웃한 능의 여러 동료가 힘써 만류하여 그만두었다. 이에 칠릉관(七陵官)으로서 윤구종과 함께 있었던 자들은 모두 파직되었고, 30여 명이 고발당하였다. 어떤 사람이 말하기를,

"경종의 역신(逆臣)이 지금 1명도 죄안[丹書]에 실리지 않았다"라고 하였다. 윤구종 사건은 발생한 지 10년이 지난 뒤에 드러났지만, 마침내 만대에 이르도록 신원할 수 없는 극악한 역적이 되었다. 노론에게는 (경종에게) 신하로서의 절의가 없다고 한 진술은 저 무리에게 천고의 단안(斷案)이 될 것이니, 이는 진실로 천리라고 할 만하다.

37. 좌의정 채제공이 차자(箚子)를 올려 말했다.

"오늘 조정 신하들은 어찌 그렇게도 심하게 의리에 어둡습니까. 경종은 4년간 왕위에 올랐던 군부(君父)였고, 선세자(先世子, 사도세자)는 14년간 정사를 보던 세자였습니다. 우리나라에 사는 생명이 있는 모든 무리는 할아비이거나 아비 그 누구든 경종의 조정에서 신하 노릇 하지 않았으며, 크고 작은 관료를 막론하고 누구든 선세자 앞에서 북면(北面)하고 섬기지 않았겠습니까. 불행히도 진신 사이에 문호(門戶)가 갈라져 자신을 이롭게 하기를 국가 호위하는 것보다 급하게 하고, 당(黨)을 비호하기를 임금 높이는 것보다 중히 여깁니다. 그리하여 경종에 대해서 윤구종과 같은 극악한 역적이 감히 신하 노릇을 하지 않겠다는 말을 방자하게 입에 담고 있습니다. 선세자에 대해서는 유성한과 같은 흉악한 역적이

'목이 멘다고 식사를 폐지할 수 없다'는 등의 말로 은근히 주상을 핍박하였습니다. 아, 우리나라는 비록 작지만 예의를 잡고 의리를 지키는 것으로 천하에서 존중받은 것이 이미 천여 년이나 됩니다. 오늘날을 보건대 장차 오랑캐와 금수에게 돌아가는 것을 면하지 못하였으니 충신과 지사들이 어찌 뼈에 사무치는 고통과 근심을 얻지 않았겠습니까.

신하로서 임금에 충성을 다하는 것은 마음이고, 임금에 대해 반역하는 것 또한 마음인데, 마음은 하나뿐입니다. 한 사람의 마음으로 저기에 충성하고 여기에 역심(逆心)을 품는 일은 천하에 없습니다. 경종에게 신하 노릇을 하지 않는 자가 어찌 선대왕(先大王, 영조)에게 충성할 리가 있었겠습니까. 선세자를 거짓말로 속인 자가 어찌 전하의 마음을 사랑하고 받들겠습니까. 윤구종과 유성한이 역적질한 조건은 비록 다르지만, 그 마음은 한통속과 같습니다. 국가에서 역적을 다스리는 법은 한 번은 엄하게 하고 한 번은 느슨하게 할 수 없는 것이 명백합니다.

우리 전하는 타고난 자질이 지극히 인자하여 살리는 것을 좋아하고 이를 우선하다 보니 스스로 기강[天綱][185]에 저촉된 흉악한 무리는 비록 어쩔 수 없이 법에 따라 처벌하였으나 처리하는 과정은 끝내 임시방편에 가까웠습니다. 비록 역사 이래 없었던 흉악한 역적 김하재(金夏材)[186] 같은 자도 오히려 그들의 배후를 뿌리째 타파하지 않아서 윤구종과 유성한 같은 무리가 잇달아 생겨나게 되었습니다. 윤구종과 유성한은 비록 효경(梟獍)[187]과 같은 마음을 지니고 있지만, 그들은 본래 미천하고 한미한 무리일 뿐입니다. 만일 그들의 배후가 되는 근저(根柢)에서 익숙히 보고 들은 것이 아니라면 어찌 감히 믿는 구석이 있어서 지극히 흉악한 말을 이처럼 거리낌 없이 멋대로 하겠습니까. 지난날 우의정이 아뢰어 배후의 근거지를 조사하기를 청하였는데, 이제 이는 진실로 급선무임을 알 수 있습니다.

근래 조정의 신하들이 같은 목소리로 성토하는 것은 모두 윤구종의 역모에 있고 유성한에 대해서는 마치 잊어버린 것처럼 방치하고 있습니다. 이것은 선세자의 역적이 경종의 역적에 미치지 못해서 그런 것입니까? 신은 (그 이유를) 알지 못하겠습니다. 윤구종을 과형(剮刑)[188]이나 책형(磔刑)[189]으로 처벌하기도 전에 갑자기 지레 죽었다고 보고하니, 천지와 신인(神人)의 울분이 천고(千古)에 맺히게 되었습니다. 국문할 수 있는 것은 오직 유성한만 남아 있을 뿐입니다. 만약 하루 이틀하고 날짜나 세며 처음처럼 느슨하게 처리한다면 왕법(王法)은 이로부터 땅을 쓸어낸 듯이 남아 있지 않을 것입니다. 설령 법을 적용하더라도 그들의 배후와 뿌리를 파헤치지 않고 예전처럼 임시방편으로 처리한다면 유성한이 비록 죽임을 당하더라도 장차 몇 명의 유성한이 아래에서 눈썹을 추켜올리고 기세를 부릴지 모르겠습니다. 이렇게 해서는 의리가 밝혀질 날이 없을 것이니, 어찌 마음이 아프지 않겠습니까. 운운."

38. 우의정 박종악(朴宗岳)[190]이 차자(箚子)를 올려 윤구종을 성토하면서 윤구종의

---

185. 기강[天綱]: 하늘이 인간의 선악을 바르게 한다는 의미에서의 기강(紀綱)이다.
186. 김하재(金夏材, 1745~1784): 본관 광산(光山), 자 양숙(養叔). 예조 판서 진규(鎭圭)의 손자, 영의정 양택(陽澤)의 아들. 대사성·이조 참의 등을 역임. 1784년(정조 8) 영희전 고유제(永禧殿告由祭)의 헌관으로 분향한 후 정조의 실덕과 사림을 장살(杖殺)하라고 쓴 쪽지를 이재학(李在學)에게 주었다가 탄로 나서 주살당하였다. 본서 「속편 상」 38번 기사에 관련 내용이 있다.
187. 효경(梟獍): 효(梟)는 어미새를 잡아먹는 올빼미, 경(獍)은 아비를 잡아먹는 짐승. 악인·역적을 가리키는 말이다.
188. 과형(剮刑): 사형에 처한 뒤에 살을 긁어내던 형벌. 주로 중국에서 중죄인에게 부과하였다.
189. 책형(磔刑): 기둥에 묶어 세우고 창으로 찔러 죽이던 형벌.
190. 박종악(朴宗岳, 1735~1795): 본관 반남(潘南), 자 여오(汝五), 호 창암(蒼巖). 사정(師正)의 손자. 우의정·

결안(結案)[191] 가운데 경종에게 신하의 의리가 없다는 말을 인용하였다. 엄중한 하교를 받들고 처분을 기다렸는데, 다음과 같이 전교하였다.

"이치에 어긋나는 것을 예사롭게 말하는 것을 들었다. 옛사람이 귀로 듣고도 입으로 말하지 않는 의리에 유념하여, 단지 배척하여 끊어버리고 외워서 전하지 말아야 할 일이었다. 윤구종이 막중한 곳을 향하여 멋대로 말하는 것은 과연 어떤 차원인가. 우주에 다하고 천지에 미치어 옛날 난역(亂逆)들도 감히 하지 못한 흉언을 윤구종이 감히 하였다. 어찌 윤구종이 벌레의 간과 물여우의 폐를 가지고 있어서 그렇게 한 것이겠는가.

근래 사람의 도리가 무너지고 천상(天常)이 점점 희미해지니 깊은 밤 어두운 거리에는 온갖 도깨비들의 무리가 들끓는다. 생각이 여기에 미치자 나도 모르게 벽을 맴돌며 탄식하느라 앉아서 아침을 기다렸다. 오늘날 띠를 늘어뜨리고 홀을 잡은 자로서 진실로 조금이라도 똑같이 받은 것이 없어지지 않았다면, 누군들 각자 촛불을 들고 의리를 따르는 것을 본받고자 할 것이라고 기대하지 않겠는가. (도깨비를) 만나지 않았는데도 이와 같지 않아서 크고 작은 신료들을 막론하고 혹 장님이 지팡이로 땅을 두드리며 길을 찾아가듯 한다면 무엇으로써 신하의 직분을 다했다고 하겠는가. 구정(九鼎)[192] 또한 사람을 기다렸다가 중해지는데 하물며 구정보다 중한 천상(天常)과 사람의 도리를 어찌 사람을 기다리지 않고 밝힐 수 있단 말인가. 사람들을 권면하려면 마땅히 대신[大官]들부터 완비해야만 한다. 차자는 큰 망발이라고 할 수 있으니, 다시 말하지 않겠다. 우의정 박종악에게 우선 파직하는 처벌을 빨리 시행하라."

39. 전 장령 이지영(李祉永)[193]이 상소하여 무인년(1758, 영조 34)[194]과 기묘년(1759)[195]의 여러 역적의 죄를 청하였다. 이는 그의 부친으로부터 들은 것을 이지영이 말한 것으로서, 그는 모관 이만회(李萬恢)[196]의 아들이었다. 이만회는 일찍이 모년에 세자

영의정 등을 역임. 1777년(정조 1) 대사간 재임 시 형 종덕(宗德)이 홍국영을 논척하다가 파직되자, 연좌되어 유배되었다. 1792년(정조 16) 시파(時派)로서 작은아버지 명원(明源)과 함께 활약하였다.

191. 결안(結案): 사형에 해당하는 죄인에 대한 국왕의 최종 결재에 따라 사형을 집행하기에 앞서 형을 확정하기 위한 절차 또는 그 문서.

192. 구정(九鼎): 우왕(禹王) 때 주조한 솥으로 삼대(三代)로부터 전해지는 보배.

193. 이지영(李祉永, 1730~?): 본관 연안(延安), 호 임하(林下). 만회(萬恢)의 아들. 1792년(정조 16) 유성한의 죄를 탄핵한 상소를 올렸다.

194. 무인년: 영조 34년(1758)으로 그간 중단되었던 경연이 다시 실시되었다. 바로 이때부터 사도세자를 참소(讒訴)하거나 무고(誣告)하는 일이 본격적으로 시작되었다.

195. 기묘년: 영조 35년(1759)으로 7월에 지사(知事) 박치원(朴致遠)이 세자의 잘못을 진달하였다.

시강원에 있었다. (이지영의 상소는) 대략 다음과 같다.

"아, 저 김상로는 얼마나 극악한 역적입니까. 그런데 합계(合啓)를 올린 지 몇 년이 되었는데도 오히려 대답[兪音]을 아끼셨습니다. 정휘량과 신만, 두 역적은 실로 괴수인데 집에 누워 편안히 죽어 관작이 여전합니다. 이현중(李顯重)[197]은 신하 된 자로서 차마 제기할 수 없는 상서(上書)[198]를 일부러 대조(大朝, 영조) 앞에 진달하였습니다. 그가 지은 죄를 논한다면 또한 김상로·홍계희와 마찬가지입니다. 박치원(朴致遠)[199]과 윤재겸(尹在謙)[200]의 흉악한 상서(上書)는 실로 화(禍)가 일어난 계기의 효시였습니다. 강필리(姜必履)[201]가 반드시 위에 고하고 아래로 포고하기를 청하였으니, 그 마음이 어디 있는지 길가는 사람들도 모두 알고 있습니다.

역적 나경언이 세자[貳君]를 무함하여 글을 형조[法堂]에 올린 것은 천지 만고에 없었던 역변(逆變)입니다. 친국하겠다는 명을 내린 뒤 죄인의 옷 속에 남몰래 흉서(凶書)를 감추기까지 하였으니, 의금부 도사[金吾郎] 조덕장(趙德章)[202]이 결탁하고 호응한 것은 불을 보듯 환합니다. 대신들이 명을 전달받아 입대(入對)하던 날, 신의 아비도 따라 들어갔기에 그들의 터무니없는 거짓말과 허황되고 망령된 말을 대략 들어서 알고 있습니다. 신이 지금 어찌 차마 우러러 제기하겠습니까. 또 창덕궁(昌德宮)에 대가(大駕)가 행차하던 날, 세자 시강원과 세자 익위사의 관리들이 도피하고 들어가지

---

196. 이만회(李萬恢, 1708~?): 본관 연안(延安), 자 자용(子容). 장령 등을 역임하였다.
197. 이현중(李顯重, 1708~1764): 본관 한산(韓山), 자 현도(顯道). 1743년(영조 19) 문과 급제하였다. 이현중은 사도세자 대리청정 기간에 세자를 비판하는 신하들의 상서를 영조에게 전달하였다.
198. 상서(上書): 세자에게 올리는 상소.
199. 박치원(朴致遠, 1680~1767): 본관 밀양(密陽), 자 사이(士邇), 호 읍건재(泣愆齋)·설계(雪溪)·손재(巽齋). 지돈녕부사·지중추부사 등을 역임. 1721년(경종 1) 어유룡(魚有龍)·이중협(李重協) 등과 함께 세제(世弟, 영조)의 대리청정을 주장하다가 소론의 반대로 실패하고, 신임옥사(辛壬獄事, 1721~1722)로 인해 유배되었다. 영조 즉위 후 종부시정(宗簿寺正)에 기용되었으나 소론 일파의 극형을 주장하다 1728년에 갑산(甲山)에 유배되기도 했다. 박치원이 사도세자를 비판한 상소는 본서 「원편 상」 36·37번 기사에 보인다.
200. 윤재겸(尹在謙, 1701~?): 본관 파평(坡平), 자 사익(士益). 사헌부 지평·장령 등을 역임. 1756년(영조 32) 대리청정을 하고 있던 사도세자에게 학문 정진과 정사에의 근면 및 시강원 관원들의 기강 확립을 여러 차례 상소하였다. 그 뒤 1792년(정조 16)에 사간 유성한이 왕에게 학문 정진과 간언을 상소한 내용 가운데 사도세자에게 저촉된 사건이 일어나 유생들과 대간들의 탄핵을 받자 그도 당시 세자를 비난하였다는 비판을 받았다. 윤재겸이 올린 상소는 본서 「원편 상」 86번 기사에 보인다.
201. 강필리(姜必履, 1713~1767): 본관 진주(晉州), 자 석여(錫余). 1762년(영조 38) 지평으로 사도세자를 옹호하다가 삭직되었다. 그러나 곧 복직되어 도당록에 뽑히고, 영조의 신임을 받았다. 1764년부터 동래부사(東萊府使)로 재직하면서 고구마 재배를 권장하여 성과를 거두자, 저술을 통하여 재배법을 보급하였다. 저서로 『감저보(甘藷譜)』가 있다. 강필리가 사도세자에게 올린 상소는 본서 「원편 상」 39번 기사에 보인다.
202. 조덕장(趙德章): 1792년(정조 16) 윤4월 19일(정해) 실록기사에 따르면 역적 나경언이 세자를 무함할 당시 죄인의 옷 속에 남몰래 흉서를 감춘 일에 연관된 인물로 지목되었다.

않았으니, 그런데도 그 일을 알지 못했다고 할 수 있겠습니까. 운운

화변(禍變)이 있었던 날, 해·달·별이 흐릿하고 모든 신령이 찡그리고 신음 소리를 냈는데도, 삼사(三司)의 신하들이 입을 다물고 한마디 말도 없었던 것은 논할 것도 없지만, 허다한 경재(卿宰)들이 삼포(三浦) 위에서 비단 돛을 단 배를 타고 놀이[203]를 하느라 아침에 갔다가 저녁에 돌아왔으니, 그 죄가 또한 위로 하늘에 통하지 않겠습니까. 신은 지금까지도 기억하는 것이 있는데, 일찍이 갑신년(1764, 영조 40)에 고(故) 판서(判書) 신(臣) 홍중효(洪重孝)[204]가 도승지로서 신의 집에 찾아와 신의 아비에게 말하였습니다.

'오늘 연석에서 성상(聖上)이 책상을 치고 눈물을 흘리며 하교하기를,

「나의 세자에게 어찌 혹시라도 어떠한 잘못이 있었겠는가. 실로 경재(卿宰)의 죄로 말미암은 것이다」고 하였다. 연석에 있던 여러 신하가 두려움에 떨지 않는 사람이 없었다. 이 하교를 마땅히 그대에게 알려주어야 하겠기에 연석에서 물러와 곧바로 그대의 집으로 온 것이다'고 하였습니다. 또 삼가 듣건대 선대왕(先大王)께서 일찍이 전하에게 전교하기를,

'너의 원수는 김상로다'고 하였다고 합니다. 갑신년의 전교로 보면 선대왕께서 항상 깊이 뒤늦게 후회했던 것을 알 수 있습니다. 전하에게 전교한 것으로 보면 선대왕께서 흉악한 모의를 잘 알고 있었음을 깊이 헤아릴 수 있습니다. 이는 천하 만세에 할 말이 있는 것입니다. 운운."

병신년(1776, 영조 52)으로부터 오늘날까지 17년이 흘렀지만 모년 의리는 세상에서 큰 금기가 되었으므로 집안에서 부자 사이에도 또한 기피하였다. 세월이 오래되어 알고 있는 자가 드물었는데, 지금 유성한의 사건을 당해 처음으로 말을 꺼내었다. 이에 기신(耆臣)[205]과 대신들이 차례로 언급하였는데, 또한 모두 눈앞의 중대한 사안임을 인정하였다. 이지영의 상소가 나오자 비로소 이때부터 모년의 일을 본격적으로 논의하게 되었다. 이에 영남의 만인소[萬章]가 올라왔으며, 한쪽 편의 두 중신의[206]

---

203. 삼포 …… 놀이: 소위 '삼포장범(三浦張帆)'을 가리킨다. 세자가 뒤주에 갇혀 있는 동안 정휘량·신만·홍인한·신회 등 대신급 조정 신료들이 병조 판서 김양택의 주선으로 한강의 삼포(三浦)에서 뱃놀이[張帆]를 하며 폐세자(廢世子) 성사를 자축했다는 일을 말한다.

204. 홍중효(洪重孝, 1708~1772): 본관 풍산(豊山), 자 성원(聖源), 호 백서헌(栢西軒)·소와(疎窩). 형조·예조 판서 등을 역임. 사도세자가 죽은 이후 향리에서 떠나지 않은 채 출사하지 않았다. 저서로 『소와집(疎窩集)』, 『학본내외편(學本內外篇)』 등이 있다.

205. 기신(耆臣): 70세 이상의 퇴직 고관.

206. 한쪽 편의 두 중신: 여기서는 노론의 이병모(李秉模)와 서유린(徐有隣)을 가리킨다.

상소가 계속 이어서 나오자 소리 높여 토죄하는 일이 자못 확대되어 이제 더는 본 사안을 기피하지 않게 되었다.

토역론을 주장하는 영남 남인의 만인소

40. 경상도 유생(儒生) 이우(李㙖) 등 1만 57명이 연명하여 상소를 올려 사도세자의 억울함을 풀어주고 전국에 반포할 것을 청하였다.

"(비답에 이르기를)

'내가 즉위 초에 차례차례 대대적으로 처벌을 시행하여 요행히 이미 방안에서 죽은 흉악한 자들을 제외하고 그 나머지는 용서하지 않고 형벌에 처하였다'라고 하였습니다. 아, 훌륭합니다. 신들과 같이 우물 속에 앉아 있는 자들이 어찌 능히 하늘의 광대함을 알겠습니까. 그렇지만 신들은 전하의 이 조치가 지극히 아름답고 지극히 잘 되었다고 생각하지 않습니다.

아, 전하께서 선세자의 역적을 다스리는 것은 천지가 허락한 바이고 신인(神人)도 살펴보는 바입니다. 마땅히 그 죄를 명시하고 명백히 죽여서 온 나라 사람들로 하여금 모두 모인(某人)은 모년의 극악한 역적으로 극형을 당하였고 모인은 모년의 수종자로 차율(次律, 귀양)을 받았다는 것을 알게 해야 할 것입니다. 그런 뒤에 의리가 후세에 법이 될 수 있을 것입니다. 지금 그렇게 하지 않았으니, 전하의 마음은 비록 모년의 역적을 다스린 것이라고 하지만 죽은 자도 자기의 죽음이 모년의 죄 때문인지를 모르고 있습니다. 하물며 조정의 신하가 어떻게 알겠습니까. 어떤 사람이 말하기를,

'전하께서는 선조(先朝, 영조) 때에 있었던 일이기 때문에 감히 선세자의 역적을 토죄(討罪)한다고 드러내놓고 말하지 못한다'라고 합니다. 신들은 죽을 죄를 무릅쓰고 매우 그렇지 않다고 생각합니다.

삼가 듣건대 선대왕께서도 모년 뒤에는 즉시 뉘우치면서 매번 그 당시 안금장(安金藏)[207]과 같은 자가 한 사람도 없었던 것을 눈물을 흘리며 탄식하였다고 합니다. 또 고(故) 중신 조중회(趙重晦)[208]가 입시하였을 때 전교하기를,

---

207. 안금장(安金藏): 당나라 측천 무후(則天武后) 때 충신. 태자였던 예종(睿宗)이 모반을 도모했다는 혐의를 받자, 칼로 배를 그어 창자를 꺼내어 보임으로써 예종의 결백을 주장하였다.

208. 조중회(趙重晦, 1711~1781): 본관 함안(咸安), 자 익장(益章). 이재(李縡)의 문인. 1762년(영조 38) 임오

'경은 볼 수 있으나 이이장(李彝章)[209]은 어떻게 다시 볼 수 있겠는가'라고 하였습니다. 선대왕의 안색에 수심이 가득하여 오래도록 말을 하지 못했다고 하니, 이는 이이장이 그때 이미 작고하였기 때문입니다. 또 삼가 듣건대, 전하를 앞으로 나오게 하고 전교하기를,

'너의 원수는 김상로다'라고 하였다고 합니다. 이로 말하면 선대왕께서 그날의 간신(諫臣)에 대해서 두고두고 후회하고, 당시 참소한 역적을 몹시 미워한 것이 이와 같았습니다. 전하께서 비록 모년의 의리를 천지에 세워 법대로 다스리더라도 이는 실로 선대왕의 본심을 받드는 것이 됩니다. 어찌 선대왕의 지극히 자애로운 덕에 손상이 되겠습니까. 지금 선세자를 무함하는 사람이 있으면 도리어 충신이라 하고, 선세자를 옹호하는 자가 있으면 곧바로 역신(逆臣)이라고 하였습니다. 충신과 지사(志士)들은 말하려고 하다가 즉시 입을 다물고, 눈물을 흘리려고 하다가 즉시 그치니, 이는 다름이 아니라 의리가 밝혀지지 않은 까닭입니다. 운운." 답하였다.

"너희 1만 57명이 천 리 길에 고개를 넘고 물을 건너 대궐에 호소하였는데, 그 일은 지극히 공경스럽고 중대하고 지엄한 것이지만 그 말은 차마 들을 수도 볼 수도 없으며 감히 제기할 수도 말할 수도 없는 것이다. 내가 어찌 입을 열어서 윤음[綸綸][210]의 글에서 말하기를 마치 평상시 비답을 내리는 것처럼 할 수 있겠는가. 이것이 내가 너희를 경연 석상에 불러 면대하여 본뜻을 말하는 이유다. 목이 메고 말이 막혀 말로써 비록 뜻을 다하지는 못하지만 대략은 이에서 벗어나지 않을 것이다. 너희는 의리가 밝혀지지 않고 형정(刑政)이 거행되지 않음을 걱정하지 마라. 오직 나의 본뜻이 갈수록 어두워지고 가려지는 것을 두려워하고 염려하여 서로 경계하며 천명할 것을 생각하고 생각한다면 이는 너희 영남의 진신과 유생들의 공로다." [영남에서 상소를 올리려 하였으나 성균관에서 '근실(謹悉)'[211]을 허락하지 않았다. 승정원[喉院]에서는 성균관이 허락하지 않았다고 하면서 올리지 않았다. 이번 상소는 김한동(金翰東)[212]의 상소로 인하여 위로 전달될 수 있었다.]

화변 당시 부당함을 간쟁하다가 무장(茂長)으로 유배되었다.

209. 이이장(李彝章, 1708~1764): 본관 한산(韓山), 자 군칙(君則), 호 수남(水南). 1762년(영조 38) 5월 나경언의 무함으로, 영조가 사도세자를 폐위하고 뒤주에 가두어 죽이려 하자, 세자를 구하려 온힘을 다하였으나 뜻을 이루지 못하였다. 이조 판서에 추증되었다.

210. 윤음[綸綸]: 국왕이 관인과 백성을 타이르는 내용을 담은 훈유(訓諭) 또는 그 문서.

211. 근실(謹悉): 관부 문서 혹은 서간(書簡) 등의 글에 들어가는 문투의 하나로, 삼가 알았다는 뜻이다. 도장에 새겨 찍기도 하였다.

212. 김한동(金翰東, 1740~1811): 본관 의성(義城), 자 한지(翰之), 호 와은(臥隱). 대사간·승지 등을 역임하였다.

41. 윤4월 27일 유시(酉時)[213]에 주상이 희정당(熙政堂)[214]에 나아갔다. 입직 승지(承旨)가 유생의 상소를 지니고 입시하였다. 이때 좌승지(左承旨) 임제원(林濟遠), 기주관(記注官) 이해청(李海淸), 가주서(假注書) 윤익열(尹益烈) 등이 차례로 나와 엎드리니 주상이 두 주서에게 하교하였다.

“오늘 연교(筵教)[215]에서 차마 들을 수 없는 것과 감히 쓸 수 없는 것 이외 빼놓지 않고 자세히 있는 그대로 기록해야 할 것이다.” 주상이 하교하기를,

“소두(疏頭)[216]는 누구인가?”라고 하니, 임제원이 대답하기를,

“성명은 이우인데, 죽은 홍문관[玉堂] 이완(李埦)의 사촌이고, 죽은 교관(教官) 이광정(李光靖)[217]의 아들입니다”라고 하였다. 임제원을 시켜 소두에게 하교하였다.

“지금까지는 감히 문자로 형용할 수 없었으므로 이지영의 상소에 비답을 내리지 않았으나 너희가 천 리 먼 길을 왔기에 면대하여 말하기 위해서 전(殿)으로 불러보는 것이다. 소두는 전에 올라와 읽어 아뢰도록 하라.” 소두 이우가 나아가 엎드리니, 하교하였다.

“진신과 유생 중에 이름이 알려진 자 여러 명을 함께 전으로 올라오게 하는 것이 좋겠다.” 전 교리 김한동(金翰東) 등 8명이 차례로 앞으로 나아가 엎드렸다. 주상이 상소를 읽으라고 명하니, 이우가 일어났다가 엎드렸다. 엎드려 읽기를 마친 뒤 주상이 한동안 (감정을) 억제하고서 하교하였다.

“마음을 수습할 수 없어서 말하려고 하나 이어갈 수 없고 깨우쳐 주려고 하나 깨우칠 방법이 없다.” 또 한참 뒤에 주상이 목이 메어 소리가 나오지 않아서 말을 하려고 했으나 말할 수 없었다. 이처럼 여러 차례 되풀이하다가 하교하였다.

“마음이 이미 억눌리고 막혀 말에 두서가 없으니, 말하려 해도 먼 곳에서 온 유생들이 보고 듣는 데 좋지 않을 듯하다.” 또 한참 있다가 하교하였다.

“차마 문자로 기록할 수 없기 때문에 대면하여 말하려고 하였으나, 또한 어찌 차마

---

213. 유시(酉時): 오후 6시 전후.
214. 희정당(熙政堂): 창덕궁의 편전.
215. 연교(筵教): 경연 자리에서 내린 하교.
216. 소두(疏頭): 임금에게 보내는 연명 상소(聯名上疏)에서 맨 먼저 이름을 올린 우두머리를 일컫는 말.
217. 이광정(李光靖, 1714~1789): 본관 한산(韓山), 자 휴문(休文), 호 소산(小山). 영남학파의 대학자 상정(象靖)의 동생. 상정의 지도를 받아 이황(李滉)의 학풍을 계승하면서, 조명천(趙命天)·이평중(李平仲)·조성여(趙聖輿) 등과 교유하였다. 1728년(영조 4) 이인좌의 난이 일어나자 15세의 나이로 부형을 따라 진압군에 참여하였다. 1784년(정조 8) 『초계문신강의(抄啓文臣講義)』의 검토·교정에 참여하였고, 그 공로를 인정받아 특별히 6품직에 임명하라는 명령이 내려졌다. 저서로 『소산집(小山集)』이 있다.

너희 상소를 들을 수 있겠는가. 그러나 너희가 천 리 길을 발을 싸매고 올라왔고 1만여 명이 연명(聯名)하였다. 또한 막중한 일인데, 내가 어찌 한 번 보는 것을 어렵게 여겨 한마디 말을 내리지 않겠는가. 만약 한마디 말도 없다면 너희가 억울해할 뿐만 아니라 영남의 몇만 명의 인사들이 장차 그 의혹을 풀 수 없을 것이다. 다만 정신이 혼미하여 다 말하기는 어려우니, 그 대략만을 말하겠다.

내가 애통함을 머금고 참아온 지가 이미 30년이 지났고, 왕위에 올라 예(禮)를 거행한 지도 20년에 가깝다. 허다한 세월에 어느 날인들 근심을 품지 않은 날이 있었겠는가마는, 이미 감히 의리로 명백히 말하지도 못했고 또한 능히 형벌을 통쾌히 실시하지도 못했다. 평일 독서했다고 해서 학력의 소양이 있다고 할 수 없지만 이 일에 이르러서는 스스로 몸소 실천하고 마음으로 체득한 이치가 있다고 여겨진다. 수십 년 동안 강구한 것은 바로 이 의리니, 만약 순임금과 주공(周公)이 이같은 상황에 처했다면 어떤 투철한 견해가 있었을지 모르겠다. 내 식견으로는 평소 강론하여 결정한 것에서 벗어나지 않는다. 진실로 너희의 상소 중에 말한 바와 같이 비록 죄를 받아 죽은 자도 자기 죄가 무엇인지 알지 못한다면 그 당시 들은 것과, 후세 전해 들은 것 가운데 무엇이 내 본심인지 알겠는가.

영남은 본래 사대부[218]의 고장으로 불려왔고 열조(列朝)가 돌보고 대우한 것이 다른 도(道)와는 달라서 건국 이래로 큰 의리에 관계된 일이 있을 때마다 참여하지 않은 적이 없었다. 무신년(1728, 영조 4)의 일[219]은 비록 한 도의 수치였으나, 이 또한 의리를 잘못 보아 스스로 난역(亂逆)으로 돌아가는 것을 모른 데서 나온 것이다. 당시에도 속이고 선동하는 무리가 오늘날보다 심한 자가 있었기 때문에 끝내 온 도를 그르치는 데 이르게 되었다. 너희의 상소는 의리에서 나왔으니, 비록 차마 세밀하게 분석하지는 못하겠으나 이미 대궐 앞의 작은 자리를 빌려 나왔는데 어찌 한마디 말이 없을 수 있겠는가.

천지가 생긴 이래로 군신과 부자의 윤리가 있었으니 내가 처한 형편에서 어찌 조금이라도 가리고 막을 마음이 있었겠는가. 그러나 그 일은 지극히 말하기 어렵고 그 말은 감히 말할 수 없었다. 천하의 일에는 경법(經法)과 권도(權道)가 있지만, '권' 한

218. 사대부: 시례(詩禮). 가정 교육에서 시와 예를 가르치는 것으로 사대부의 가문을 말하기도 한다.
219. 무신년의 일: 이인좌(李麟佐)의 난을 가리킨다. 이인좌는 윤휴(尹鑴)의 손서(孫壻)다. 준소(峻少)였던 그는 영조의 즉위로 소론이 정계에서 배제되자 정희량(鄭希亮)·이유익(李有翼)·심유현(沈維賢)·박필현(朴弼顯)·한세홍(韓世弘) 등 소론 과격파와 갑술환국(1694, 숙종 20) 이후 정계에서 물러난 남인들과 공모하여 밀풍군(密豊君) 탄(坦, 소현세자의 증손)을 추대하고 무력으로 정권쟁탈을 꾀하였다.

글자에 대해서 성인(聖人)보다 한 등급이 낮은 자는 비록 달도(達道)에 대하여 섣불리 의논할 수 없지만 나는 이 일에 대하여 스스로 헤아려 알맞게 정해둔 것이 있다. 반드시 모두 말하려고 한즉, 또한 감히 하지 못할 바가 있다. 차라리 천하 후세에 비방을 받을지언정 어찌 감히 다 말할 수 있겠는가.

김상로는 이미 선조의 하교가 있었고, 문녀(文女)[220]의 죄는 김상로와 같았기 때문에 즉위 초에 한 차례 처분이 있었는데, 모두 대체(大體)와 의리에서 나왔다. 그 후의 여러 역적은 을미년(1775, 영조 51)과 병신년(1776, 정조 즉위년) 사이에 천벌을 범하여 거의 모두 복법(伏法)되었다. 홍인한을 처분한 것으로 말하자면 비록 이미 팔의(八議)의 대상에 들어 있었고, 또한 '굳이 알 필요가 없다[不必知]'는 세 글자는[221] 문득 '아마 있었을 것이다'[莫須有][222]는 등의 말과 같았지만, 마침내 사형당한 것은 그 당시의 범죄 때문만이 아니었다. 홍인한의 죄는 바로 역적 구선복과 같기 때문이었는데, 비록 말하고 싶으나 모년 모월의 일을 내가 어찌 차마 말하겠는가.

역적 홍계희로 말하면 한 집안의 부자 형제, 남녀노소, 노비의 무리들까지 모두 죽음을 당하지 않은 자가 없었으니, 이는 주벌이 생긴 이후로 없었던 일이었다. 이는 한나라의 삼족(三族)을 멸하는 법과 다를 것이 없다. 옛적 서연[离筵]에서 일찍이 역적 홍계희를 지적하여 강충(江充)[223]과 같다고 하신 분부가 있었으니, 역적 홍계희의 죄는 여기에서 알 수 있다. 병신년(1776, 정조 즉위년) 가을의 죄악[224]을 가지고 말하

220. 문녀(文女): 영조의 후궁(後宮) 숙의 문씨(淑儀文氏). 궁인(宮人)의 신분으로 영조의 후궁이 되어 화길옹주(和吉翁主)와 화령옹주(和寧翁主)를 낳았다. 첫딸 화길옹주를 낳은 다음해인 1753년 소원(昭媛) 작위를 얻었고, 1771년 숙의(淑儀)로 승격되었다. 1749년부터 사도세자가 연로한 영조를 보좌하며 대리청정을 시작하자 숙의 문씨는 자신의 입지가 좁아질 것을 우려하여 김상로와 오빠 문성국(文聖國) 등 노론 세력과 결탁, 사도세자를 모략하여 죽음에 이르게 하는 것에 일조하였다. 정조가 즉위하자 곧 폐해지고 사가(私家)에 안치되었다. 숙의 문씨는 작위를 박탈당한 후에는 실록에 문녀라 하여 격하된 호칭으로 기록되었다.

221. '굳이 알 필요가 없다[不必知]'는 세 글자는: 1775년(영조 51) 11월 20일에 영조가 세손에게 대리의 명을 맡기기 위해 이를 반대하는 신하들에게 세손의 정치적 능력을 키워야 한다는 견해를 피력하였다. 그러자 좌의정 홍인한이 "동궁은 노론과 소론을 굳이 알 필요가 없고, 이조 판서와 병조 판서를 굳이 알 필요도 없고, 조정의 일은 더욱 굳이 알 필요가 없습니다"라고 하였다.

222. 아마 있었을 것이다: 원문은 '莫須有'. 막(莫)은 '아마'란 뜻이고, 수유(須有)는 '있을 것이다'라는 뜻이니, 즉 반신반의의 뜻. 그러므로 사실이 분명치 않은 사건을 있을 것이라고 추단(推斷)하는 옥사를 '막수유지옥(莫須有之獄)'이라 한다. 이 말의 어원은, 송(宋)나라의 충신인 악비(岳飛)를 죽이려고 무함하는 진회(秦檜)가, "사실은 분명치 않지만, 아마 있었을 것이다" 하자, 악비를 편드는 한세충(韓世忠)이 "'아마 있을 것이다'는 세 글자가 어떻게 천하를 복종시키겠는가?"라고 하였다는 고사에서 나왔다.

223. 강충(江充): 한나라 무제(武帝) 때 '무고(巫蠱) 사건'으로 황태자인 여 태자(戾太子)를 죽이게 한 자다.

224. 병신년 가을의 죄악: 홍계희의 아들 홍술해가 황해도 관찰사로 있을 때 범인을 은닉한 죄로 유배당하게 되자 그의 아들 홍상범이 불만을 품고서 정조를 시해하고, 은전군을 왕으로 세우려 했다.

자면 군사를 일으켜 궁궐을 침범하고, 혹 임금을 꾸짖어 욕한 자도 있었다. 비수를 품고 다니거나 흉물을 파묻은 일이 모두 역적 홍계희의 집안에서 나왔으니, 이는 천고에 듣지 못했던 바다. 홍인한과 홍계희는 특별히 큰 자들이고 그 나머지 처벌해야 할 만한 자들은 거의 모두 제거하였다.

역적 구선복으로 말하면 홍인한보다 더 심하여 손으로 찢어 죽이고 입으로 그 살점을 씹어 먹는다 해도 오히려 가벼운 것이다. 매번 경연(經筵)이 열릴 때마다 심장과 뼈가 모두 떨렸는데, 어찌 차마 하루라도 그 얼굴을 대하고 싶었겠는가. (그가) 병권을 손에 쥐고 있고 그 무리가 많아서 갑자기 처치할 수 없었기 때문에 끝내 사단(事端)이 나기를 기다려서 법을 적용한 것이다. 지금까지 흉악한 역적들을 끝내 성토하고 처벌하지 못한 것은 실로 선조대에 있었던 일이라서 말하기 곤란하기 때문이었는데, 나 역시 의리가 이로 인하여 어두워질까 염려하였다.

병신년 봄의 옥사(獄事)에 대해 사람들이 더러 의심하는데 조재한(趙載翰)의 무리가 극악한 역적이 된 것은[225] 이미 한 번의 상소가 있기 전부터였다. 공공연히 뇌물을 써서 내시들과 결탁하였는데, 결탁한 자가 바로 효충(效忠)·국래(國來) 등 흉악한 내시들로서 홍계희·김상로 등 여러 역적이 일찍이 결탁했던 자들이다. 온갖 계책으로 주선하고 여러모로 부추겼다. 혹은 달콤한 말과 이로운 이야기로 달래고 혹은 도리에 어긋난 말로 두려움을 조성하였다. 내가 비록 어린 나이였지만 어찌 이 무리의 음흉한 심보를 알지 못하였겠는가. 장차 선조(先朝, 영조)에게 아뢰어 그들의 간악한 실정을 밝히려고 하면 그들은 또한 감히 폐립(廢立)이라는 말을 입에 올리며 공공연히 욕을 하였으니, 그들의 속내를 알기 어렵지 않았다.

'복(復)' 한 글자는 선대왕의 신하로서 감히 말할 수 없는 것이었고,[226] '살(殺)' 한 글자는 봉조하(奉朝賀)의 처지를 생각한다면 제기할 수 있는 것이 아니었다. 설령 크게 처벌을 시행하고 명백하게 말하여 숨기지 않는다면 하늘에 계신 선대왕의 영혼은 비록 저 세상에서라도 기뻐할 것이지만 밝게 오르내리는 경모궁(景慕宮)[227]의 영혼이

225. 조재한 …… 된 것은: 조재한 등이 세손 시절 정조에게 임오년의 의리를 내세우며 추숭을 권유하였다. 정조 즉위 초에도 조재한이 이일화(李日和)를 사주하여 상소를 올리게 하여 같은 주장을 반복했다가 복주(伏誅)되었다. 조재한의 일은 본서 「속편 상」 16번 기사에 보인다.

226. 복 …… 것이었고: 경연을 복설하는 일을 말한다. 1758년(영조 34) 경연이 복설된 뒤 사도세자에 대한 참소(讒訴)와 무고(誣告)가 일어나 경연이 재앙을 부르는 길이 되어버렸다. 이에 정조는 "너무도 애통하여 임금이 된 뒤에도 차마 설행(設行)하지 못하였다"라고 말하였다. 그런데 유성한이 다시 경연을 열 것을 주장하였던 것이다.

227. 경모궁(景慕宮): 사도세자와 혜경궁 홍씨의 사당. 경모전(景慕殿)이라고도 한다. 여기서는 사도세자를

또한 어찌 두려워하고 불안해하는 마음이 없겠는가. 진실로 이와 같다면 내가 후일에 지하에 가서 절하고 뵐 낯이 없을 것이다. 어버이 마음으로 자기의 마음을 삼기에 그렇게 하지 않을 수 없는 점이 있었다. 조재한은 나의 죄인일 뿐만 아니라 바로 경모궁의 죄인이다. 또 경모궁의 죄인일 뿐만 아니라 바로 선대왕의 죄인이다. 병신년의 처분을 어찌 그만둘 수 있었겠는가. 영남 지방에서 이도현(李道顯)[228]이 나타난 것은 또한 처분의 외면(外面)에 드러난 대략의 자취에 대해 의문을 가졌던 것이고, 이 일의 본질과 본의(本意)는 전혀 몰라서 그런 것이었다.

너의 상소 중에도 또한 이이장과 조중회 등의 일을 말하였지만 이 사람들을 내가 어찌 잊을 수 있겠는가. 지난번 공로를 표창한 은전(恩典)은 그들의 공로에 만분의 일도 못 갚은 것이다. 실정이 있는 곳에 이치도 또한 있는 것이다. 이치에는 실정이 없는 이치가 없고 실정에는 이치가 없는 실정이 없다. 내 주관에 대해서 스스로 실정과 이치에 어긋남이 없다고 여기지만 또한 일마다 실정과 이치에 합하는지 어떻게 알겠는가.

근래 유성한의 일에 대해서도 또한 생각해보니, 임금이 어찌 원수가 있겠는가만, 옛날에는 또한 임금의 원수니 국가의 역적이니 하는 말이 있었다. 유성한의 상소 가운데 위 조항이 한결같이 홍인한과 구선복처럼 나의 원수가 되는지를 끝내 정하지 못하였다. 아직 법을 적용하지 않은 것은 이 때문이다.

이지영의 상소 중 정휘량과 신만의 일은 본래 사실을 알지 못한 듯하다. 신광수(申光綏)[229]는 비록 추율(追律)을 적용하였지만, 신만은 반드시 그 아들과 같이 악한 짓을 저질렀다고 할 수 없다. 만약 당시의 정승이라 하여 용서할 수 없다면 이는 또한 그렇지 않다. 최익남(崔益男)이 다만 김 영부사(金領府事)[230]만을 논죄한 것[231]과 무엇이

지칭한다. 원래는 1764년(영조 40) 봄 북부 순화방(順化坊)에 사도세자의 사당을 건축하였다가 여름에 동부 숭교방(崇敎坊)으로 건물을 옮겨 수은묘(垂恩廟)라 한 것을 1776년 정조가 즉위하면서 부친에게 장헌(莊獻)이라는 시호를 올리고 사당도 다시 지어 경모궁이라 하였다.

228. 이도현(李道顯, 1726~1776): 본관 전주, 자 치문(穉文), 호 계촌(溪村)·간운(澗雲). 안동 유생으로 정조가 즉위하자 이덕사(李德師) 등과 상소를 올려 김상로 등의 처벌을 주장했다가 참형당하였다. 저서로 『계촌집(溪村集)』이 있다.

229. 신광수(申光綏, 1731~1775): 본관 평산(平山). 신만(申晩)의 아들. 영조의 일곱째 딸인 화협옹주와 결혼하여 영성위(永城尉)에 봉해졌다.

230. 김 영부사(金領府事): 김치인을 가리킨다. 김치인의 본관 청풍(淸風), 자 공서(公恕), 호 고정(古亭). 징(澄)의 증손, 우의정 구(構)의 손자, 영의정 재로(在魯)의 아들. 좌의정·영의정 등을 역임. 1772년(영조 48) 당파를 조성했다는 죄로 유배되었다. 정조대 『명의록(明義錄)』 편찬을, 1785년(정조 9)에는 『대전통편(大典通編)』 편찬을 주관하였다.

231. 최익남이 …… 논죄한 것: 1770년(영조 46) 11월 10일(임자) 실록기사에 따르면 세손이 사도세자 묘를

다르겠는가. 정휘량은 역적 나경언을 국문하자고 청한 차자에서 사람들이 말하지 않은 것을 말하였으니, 또한 그 마음을 알 수 있다. 그리고 신사년(1761, 영조 37) 가을에 이 사람이 아니었다면 일이 장차 헤아릴 수 없는 지경에 이르렀을 것이다. 내 본뜻은 원수나 역적이 아니라면 죽은 뒤에 논죄하고 싶지 않다.

역적 나경언은 국청을 설치하기 전에 이미 액정서(掖庭署)에서 흉서(凶書)를 얻었으니, 심문할 때 (흉서를) 찾아냈다는 한 조항은 의금부 도사[金吾郎]와 무관하다. 삼포에서 배를 띄우고 논 것은 바로 김양택(金陽澤)[232]과 홍인한 등이 한 짓이었으므로 모두 이미 처벌하였다. 이지영 또한 어떻게 그때의 일을 다 알겠는가. 나 또한 상세히 다 알지 못하는데 4, 50세 이하 후생 소년배들은 알지 못하는 것이 괴이할 것이 없다.

사람들이 이미 감히 말하지 못하고 또 차마 제기하지 못하여, 세월이 점점 멀어질수록 의리가 더욱 어두워져서 백대(百代) 후에 나의 본심을 알지 못할까 참으로 염려되었다. 그래서 근래 여러 신하가 올린 상소에서 제기하는 말에 차마 들을 수 없고 감히 말할 수 없는 것에 대해서 하지 말도록 할 수 없었던 것은 참으로 어쩔 수 없어서 그런 것이다. 그런데 어떤 사람이 말하기를,

'홍인한이 「굳이 알 필요 없다[不必知]」는 말을 하지 않았고, 구선복이 만약 먼저 죽었다면, 장차 그들의 죄를 바로잡을 수 없었을 것이다'라고 하였다. 이 말은 그럴 듯하지만 또한 그렇지 않은 것이 있다. 홍인한이 비록 을미년에 죄를 범하지 않았다 하더라도 어찌 처분할 방도가 없었겠으며, 구선복 또한 어찌 스스로 죽기를 기다렸겠는가.

영남은 바로 국가의 근본이 되는 지역으로서 위급할 때 믿는 곳이니, 내가 영남에 바라는 것은 다른 도에 비할 바가 아니다. 나의 본뜻이 대략 이와 같으니, 너희는 나의 본뜻을 가지고 돌아가 온 도(道)의 인사들에게 말해주는 것이 옳겠다."

이우가 일어났다가 엎드리면서 말하였다.

"신들은 먼 지방의 천한 자들로서 이 의리에 대해 평소 부형(父兄)과 사우(師友) 간에 강마(講磨)하였습니다. 고통을 참으며 원한을 품고 30년을 하루같이 지내다가 늙

참배하지 않은 것은 불효인데, 이를 막고 있는 것은 영의정 김치인이라고 상소하였다. 본서 「원편 하」 66번 기사에도 관련 내용이 보인다.

232. 김양택(金陽澤, 1712~1777): 본관 광산(光山), 자 사서(士舒), 호 건암(健庵). 장생(長生)의 5세손, 숙종의 장인 만기(萬基)의 손자, 예조 판서 진규(鎭圭)의 아들. 우의정·영의정 등을 역임. 할아버지와 아버지에 이어 3대가 대제학을 역임, 당대에 이름을 떨쳤다. 그러나 아들 하재(夏材)가 역신(逆臣)으로 몰려 벼슬을 추탈당하였다가 뒤에 다시 복관되었다. 저서로 『건암집(健庵集)』이 있다.

어서 죽은 자들도 많습니다. 신들의 이번 행동으로 만약 의리를 편다면 장차 돌아가서 부형들의 사당에 고하려 하였는데, 성교(聖敎)를 받고 보니, 또 가슴이 답답해지는 것을 이길 수 없습니다.

지극히 맑은 하늘은 음험한 기운으로 인하여 손상됨이 없고, 해와 달은 무지개와 상관이 없습니다. 전하께서 흔쾌히 의리를 펴는 것이 선조의 처분에 무슨 손상이 있겠습니까. (진나라 혜공이) 이극(里克)을 주벌하면서 그의 죄로써 하지 않았기 때문에 『춘추』에서 그의 관작을 썼던 것입니다.[233] 그의 죄를 가지고 벌하지 않는다면 벌하지 않은 것과 마찬가지입니다." 주상이 말하기를,

"(지극히 맑은 하늘은) 음험한 기운으로 비록 손상될 것이 없고, (해와 달이) 무지개와 비록 무관하지만, 말이 하늘과 해·달에 미쳤으니 이미 감히 못할 바가 있다"라고 하였다.

이어서 임제원에게 명하여 상소문에 대한 비답을 쓰게 하였다. 대궐 뜰에 있는 진신과 유생들을 전각의 계단으로 올라오라 명하고는 비답을 선포한 다음 차례로 물러가게 하였다. 소두 이하 입시했던 여러 유생을 이조[銓曹]에 명하여 등용하게 하였다.

42. 병조 판서 이병모(李秉模)[234]와 사직(司直) 서유린(徐有隣)[235]이 서로 연이어서 상소하여 모년 의리에 대해서 극구 말하였다. 서유린의 상소가 더욱 절실하였으니, 대략 다음과 같다.

"삼가 생각건대, 우리 장헌세자(莊獻世子)는 성인의 영명(英明)한 자질로서 영조[英考]의 거룩하신 가르침을 받들었습니다. 운운. 대리청정의 명을 받들게 되면서 온갖 어려움이 이를 것에 더욱 유념하여 밤낮으로 공경하고 두려워하여 모두 선왕이 제정하여 지켜온 법을 따랐습니다. 이에 신하들 가운데 그 누군들 목을 늘어뜨리고 목숨

---

233. 이극(里克) …… 것입니다: 이극은 춘추시대 진(晋)나라의 대부다. 『춘추좌씨전(春秋左氏傳)』 희공(僖公) 9년 10월에 진나라 대부 이극이 헌공(獻公)의 아들 해제(奚齊)를 죽이고 11월에 공자 탁자(卓子)를 죽이니, 10년에 혜공(惠公) 이오(夷吾)가 진(秦)에서 귀국하여 즉위하였다. 그는 이극을 죽이면서 이렇게 말했다. "그대가 아니었으면 내가 왕이 되지 못했을 걸세. 그렇지만 두 임금과 한 대부를 죽였으니 그대의 임금이 되기는 어려운 일이 아니겠는가." 『춘추』에는 이 일을, "진나라가 대부 이극을 죽였다[晉殺其大夫里克]"고 기록하였다.

234. 이병모(李秉模, 1742~1806): 본관 덕수(德水), 자 이칙(彝則), 호 정수재(靜修齋). 단하(端夏)의 현손. 좌의정·영의정 등을 역임. 1776년 정조가 즉위하자 김상로의 죄를 탄핵하기도 했다.

235. 서유린(徐有隣, 1738~1802): 본관 달성(達城), 자 원덕(元德), 호 영호(潁湖). 도승지 명형(命珩)의 손자, 교리 효수(孝修)의 아들. 한성부 판윤·수원부 유수 등을 역임. 1800년(순조 즉위년)에 영남 만인소(嶺南萬人疏)로 인해 경흥에 유배 갔다가 그곳에서 병사하였다.

을 바치려는 마음이 없었겠습니까. 그런데 유독 김상로와 홍계희는 배은망덕하고 흉악한 마음으로 감히 어두운 곳에서 음흉하게 다른 사람을 해치는 모의를 쌓아왔습니다. 그러다가 이때를 틈탈 만하다고 여기고, 이 기회에 도모할 만하다고 하면서 먼저 대리청정하는 일로부터 벌판의 불길처럼 맹위를 떨칠 계기로 삼고 몰래 틈을 엿보아 보호하는 사람을 원수로 보았습니다.

이후 옆에서 엿보는 것이 더욱 심해지고 수단이 점차 교묘해져, 은밀하게 후원 세력과 결탁하여 주위에 흉당(凶黨)을 깔아놓고, 없는 것을 가리켜 있다고 말하여 난언(亂言)을 헤아리기 어려웠고, 거짓을 진실로 만들어 위험한 칼날이 더욱 급박해졌습니다. 무진년(1748, 영조 24)·기사년(1749) 사이부터 무인년(1758, 영조 34)·기묘년(1759) 즈음에 이르기까지 오랫동안 꾸며 (사도세자를) 무함하지 않은 날이 없었습니다. 경연을 다시 열라는 청을 또한 한층 더 (무함하는) 관건으로 삼으니, 한두 대신과 중신의 충성스런 마음으로도 끝내 그 보익(輔翼)하는 공을 이루지 못하게 하였습니다.

아, 선세자의 지극한 덕과 순수한 행실은 비록 신의 집안에서 보고 기억하는 것만으로도 말할 수 있습니다. 신의 할아비가 살아 있을 때 (왕실과) 인척(姻戚)의 반열에 들어 조금 가까웠습니다. [서유린의 할아버지[236]는 정성왕후(貞聖王后)[237] 집안의 오빠였다.] 정성성모(聖母)의 어찰(御札)이 때때로 내렸는데 언제나

'세자의 효성은 하늘에서 내린 것으로, 고금에 견줄 자가 드물다'라고 한 말씀이 지면에 가득 찼었습니다. 신의 할아비가 매양 받들어 읽으면서 기쁨이 안색에 넘쳐 집안 식구들에게 보여주며 서로 경하하였습니다. 신의 아비[238]가 과거에 급제하여 처음 벼슬길에 나온 뒤로 여러 차례 시강원 관원을 지냈습니다. 궁궐에서 입직하고 돌아오면 문득 신의 할아비에게 말하기를,

'아무날 소대(召對)에는 어떤 책을 진강하였는데 이처럼 바로 깨달으셨습니다. 기

---

236. 서유린의 할아버지: 서명형(徐命珩, 1687~1750)을 가리킨다. 서명형의 본관 달성(達城), 자 행옥(行玉). 문준(文濬)의 손자, 한성부서윤 종적(宗積)의 아들. 대사간 등을 역임. 1749년(영조 25) 도승지로 있으면서 신임옥사(1721~1722) 때 죽은 김성행(金省行)·백망(白望)·장세상(張世相)·묵세(墨世) 등의 추증과 신원을 요청하였다.

237. 정성왕후(貞聖王后, 1692~1757): 영조의 원비(元妃). 달성 부원군 서종제(徐宗悌)의 딸. 1704년(숙종 30) 숙종의 제4왕자인 연잉군과 가례를 올려 달성군부인에 봉해지고, 1721년(경종 1) 경종이 몸이 약하고 후사가 없어, 연잉군이 세제(世弟)로 책봉되자 동시에 세제빈에 봉해졌으며, 1724년 영조의 즉위에 따라 왕비에 진봉되었다.

238. 신의 아비: 서효수(徐孝修, 1716~1753)를 가리킨다. 서효수의 본관 달성(達城), 자 여원(汝源). 홍문관 수찬·동부승지 등을 역임하였다.

삼백(期三百)[239]의 역법(曆法)에 이르러서는 나이 든 스승들도 역시 풀기 어려운데 환하게 통달하시어 시원스레 막힌 것이 없으셨습니다. 국가의 만년 기틀이 지금부터 시작될 것입니다'라고 하였습니다. 신은 비록 어린 나이였지만 옆에서 익히 들어 어제의 일처럼 또렷합니다.

정축년(1757, 영조 33) 국휼(國恤)[240] 때 신의 집안 여러 친족이 집사(執事)로 많이 입참하였는데, (사도세자의) 슬픈 안색과 반벽(攀擗)[241]의 애통함을 주위 사람들이 차마 우러러볼 수 없었습니다. 선대왕께서 눈물을 흘리면서 하교하기를,

'슬프게 통곡하는 소리를 차마 들을 수가 없다. 이렇게 하면 장차 어떻게 몸을 지탱하겠는가. 그대들이 이를 알아서 자주 죽을 마시도록 권유하라'고 하셨습니다. 신의 친족이 돌아와 신에게 전해주었던 것을 아직도 기억하고 외우고 있습니다. 운운.

아, 『명의록』은 우리나라의 『춘추』입니다. 을미년(1775, 영조 51) · 병신년(1776, 정조 즉위년)의 역적은 바로 무인년(1758, 영조 34) · 기묘년(1759)의 역적이니, 을미년·병신년의 역적을 다스리는 것은 바로 무인년 · 기묘년의 역적을 다스리는 것입니다. 성상의 은미한 뜻이 이 책에 깃들어 있음을 신은 잘 알고 있습니다. 조정에 있는 신하들 역시 어찌 신이 알고 있는 바를 모르겠습니까.

징토하는 의리는 하나뿐이고, 흉역의 근본도 하나뿐입니다. 무진년(1748, 영조 24)·기사년(1749)에서 무인년(1758) · 기묘년(1759)이 되었고 무인년 · 기묘년에서 을미년(1775)이 되고 병신년(1776)이 되었습니다. 비록 1천 번 변하고 1백 번 괴이하게 얼굴 모습을 바꾸더라도 솜씨와 맥락은 한 판에서 찍어낸 것과 같고, 같은 수레바퀴 자국과 같아서 그 죄를 다스리는 것과 밝히는 것은 한 가지 의리입니다. 이 '의(義)' 한 글자는 포괄하는 바가 매우 많아서 성상의 속뜻이 담겨 있습니다. 그렇다면 오늘날의 급선무는 책을 편찬하는 한 가지 일보다 더 나은 것은 없습니다. 책을 편찬하는 일의 핵심은 또 주토(誅討)하는 본의(本意)를 밝히는 것에 불과합니다.

삼가 원하건대, 전하께서는 흉도들의 유래를 환하게 밝히고 주토하게 된 까닭을 분명하게 보여서 빨리 역적 김상로를 노적(孥籍)[242]하라는 청을 윤허하십시오. 아울

---

239. 기삼백(期三百): 『서경』 「요전(堯典)」에 나오는, "기(期)는 삼백유육십육일(三百有六十六日)"의 약어로 역법(曆法)에 관한 설명을 가리킨다.
240. 국휼(國恤): 정성왕후의 국상을 가리킨다.
241. 반벽(攀擗): 시신을 붙잡고 가슴을 치며 애통해함.
242. 노적(孥籍): 모역(謀逆)이나 반역 등을 범한 국사범(國事犯)을 극형에 처한 뒤, 그 처자식을 연좌시켜 노비의 적에 올리고 그들의 재산까지 몰수하는 처벌.

러 정휘량과 신만 이하 여러 역적에게 해당되는 율(律)을 속히 시행하십시오. 이어서 한 부(部)의 책을 편찬하도록 명하여 대서특필하기를,

'을미년·병신년 이래 여러 역적 가운데서 모적(某賊)은 무슨 죄로 추탈(追奪)하였는데 그 실제는 모년의 흉적이다'라고 하십시오. 이를 온 나라에 전하고 만세에 전하여 의리의 근원과 역적을 성토하는 대의(大義)를 환히 알게 한다면 어찌 성대하지 않겠습니까. 운운."

43. 영남 유생들이 재차 상소를 올려 앞선 뜻을 다시 펴서 말했다.

"전하께서 어버이의 마음으로 마음을 삼으신다면 선세자도 또 어버이의 마음으로 자신의 마음을 삼으실 것입니다. 선왕께서 기뻐하실 일에 대해 선세자가 슬퍼하고 불안해한다는 것은 신들은 그런 의리는 없다고 봅니다." 또 말하였다.

"선세자는 영조를 아버지로 모시고 전하를 아들로 삼으셨으니, 천하에 근심이 없기로는 반드시 문왕(文王)에게 크게 양보하지 않을 것입니다. 그런데 지금 신들로 하여금 급히 변무(卞誣)하지 않을 수 없어서 눈물을 흘리며 전하 앞에서 일제히 호소하게 하셨습니다. 전하께서 반드시 먼저 선세자의 무고를 밝히고 다음에 주토를 거행하여 의리에 흠결이 없게 하신 뒤에야 밝게 오르내리는 선세자의 영혼이 참으로 근심이 없게 될 것입니다. 운운." 답하였다.

"그대들의 오늘 상소에 어찌 차마 마음을 억제하며 비답을 내리겠는가. 그러나 1만여 명의 선비들의 논의는 바로 나라 사람들의 공론(公論)이다. 공론이 있는 곳에서 천리가 크게 공변됨을 볼 수 있다. 어찌 나 한 사람의 사사로운 정 때문에 그대들에게 한마디 하지 않을 수 있겠는가. 이른바 반포하라는 청을 내가 따를 수 없는 것은 감히 하지 못할 뿐 아니라 차마 하지 못하는 것이다. 내 말은 곧 나 한 사람의 말이므로 사사로움에 가까우니, 어찌 그대들의 1만 명의 말에 비교하겠는가. 내가 여기에 대해 감히 다시 한마디라도 할 수 있겠는가.

전 수찬 이지영의 상소에서 말한 여러 역적을 노적(孥籍)하고 혹은 추탈하라는 일을 지금까지 윤허하지 않고 있는 것은 일반적인 상식으로 헤아려볼 때 어찌 까닭 없이 그렇게 하겠는가. 정휘량과 신만의 일은 외정(外廷)[243]에서 들은 바가 내가 아는 바와 다르며, 이 밖의 것 역시 감히 그렇게 하지 않을 수 없는 것과 부득이 그렇게

243. 외정(外庭): 궁궐에서 조정의 관료들이 집무하는 관청이 배치되는 구역.

하지 않으면 안 되는 것이 사실로서 존재한다. 하나는 고(故) 궁관(宮官)[244] 유수(柳脩)가 입대했을 때 하교한 것이요, 하나는 게시한 훈사(訓辭)에 (사도세자의) 수택(手澤)이 분명하다. 내가 과연 선양(宣揚)하기에 급하여 지키며 감히 어기지 못하였으니, 그 자세한 것은 기거주(起居注)[245]에 있다.

말미에서 말한 근일의 일은, 어떤 것은 이미 기신(耆臣)의 상소 비답에 자세히 언급하였고, 어떤 것은 선조의 성헌(成憲)[246]으로 인하여 시행하지 못하였으니, 그대들은 내가 결단코 지키려는 원래의 본심이 모두 선인(先人)의 뜻을 밝히고 선인의 아름다움을 드러내려는 데서 나온 것임을 알라. 아, 가슴의 피가 끓어올라 흉폐(胸肺)를 꿰뚫는 듯하고 하늘과 토지 신[后土]이 위에서 비춰주고 실어주었다. 오르내리는 신명(神明)이 그대들에게 강림하여 곁에서 질정하고 있는데 내가 어찌 감히 나 한 사람의 한때의 말로써 너희 1만여 유생들에게 말할 수 있겠는가." 이어서 전교하였다.

"지금 영남의 많은 선비가 간절한 마음을 거듭 호소하기에 부득이 비답을 내리고 아울러 말하고자 하였으나, 미처 말하지 못한 몇 가지 일을 언급하였다. 근래 장주(章奏)의 말이 이 일에 이르렀으나 한결같이 받아서 본 것은 바로 지난날 연석에서 하교한 뜻이니, 이번 영남 유생에게 비답을 내린 후에는 거의 알게 되었을 것이다. 그런데도 시끄럽게 떠든다면 이것이 참으로 여러 신하가 나를 섬기는 도리겠는가.

기억하건대 옛날 선왕께서 '둥근 머리와 모난 발꿈치[圓顱方趾]'란 네 글자를 상소[章牘]와 공령(功令)[247]에 쓴 자에게 문득 무거운 법률을 적용하여 처벌하였다.[248] 이것이 어찌 선인(先人)의 성의(聖意)를 추모하는 것에 혹 조금이라도 극진히 헤아리지 못한 점이 있어서 그렇게 했겠는가. 승정원은 먼저 이 뜻을 알아야 할 것이다."

44. 같은 시기 모년에 궁관(宮官)이었던 부사직(副司直) 변득양(邊得讓)[249]이 김상로

---

244. 궁관(宮官): 동궁에 속한 관리.
245. 기거주(起居注): 임금의 언행을 기록한 글이나 그러한 일을 맡은 관직.
246. 성헌(成憲): 선왕이 제정하여 지켜온 법.
247. 공령(功令): 문과 시험에서 부과된 고시과목의 문체. 과문(科文)의 주종은 시(詩) · 부(賦) · 표(表) · 책(策) · 의(疑) · 의(義)로서 흔히 '과문육체(科文六體)'라 부른다.
248. 옛날 …… 처벌하였다: 원로방지(圓顱方趾)는 『회남자(淮南子)』에 나오는 말로, 둥근 머리는 하늘을 형상한 것이고, 네모난 발은 땅을 형상한 것으로 사람을 가리킨다. 1768년(영조 44) 2월 임금이 덕유당(德游堂)에 나아가 합격한 생원 · 진사들을 입시하라고 명하여 각자의 시험지를 외우도록 하였다. 이때 민급(閔汲)의 시험지 내용에 '원로방지' 등의 말이 있었다. 이 말이 흉적(凶賊)이 올린 상소에 있던 말이었기 때문에 방목(榜目)에서 민급의 이름을 빼버리고 과거의 응시를 정지시켰다.
249. 변득양(邊得讓, 1723~1801): 본관 황주(黃州), 자 사겸(士謙). 공조 판서 · 상호군(上護軍) 등을 역임하였다.

와 홍계희가 끌어모은 무리가 많다는 것에 대하여 논하여 말하였다.

"말을 만들어 무함하고 핍박하면서 안팎에서 번갈아 선동하고, 투서(投書)하여 꾸짖고 욕하면서 머리와 얼굴을 서로 바꾸었습니다. 연영문(延英門, 창덕궁 소재) 앞에서 거짓으로 목을 찌르고 형조의 뜰 가운데서 급히 글을 쓴 데에 이르러 극에 달했습니다." 또한 선대왕이 이현중을 처분하신 전교를 인용하면서 말하였다.

"시세를 따르고 이익을 추구하는 자를 소인이라 하고, 틈을 엿보아 이간질하는 자를 소인이라 하고, 나라와 가정에 흉악한 해를 끼치는 자를 소인이라 합니다. 저 역적들이 번갈아가며 흉서를 올리고 이현중이 계책을 꾸며 아뢴 것은 바로 저 소인들이 서로 손발을 맞춰 흉측한 일을 이루려는 일관된 심사였습니다. 그런데 우리 선왕께서 내리신 '소인'이란 두 글자의 하교는 당시 수많은 흉적들의 죄를 결단하는 확증이 있었기 때문이지 유독 이현중 한 사람 때문에 말한 것은 아니었습니다. 운운." 비답하였다.

"경이 외워 아뢴 것은 선조(先朝, 영조)께서 『주역(周易)』을 인용하여 내리신 가르침이었고, 내가 따라 지킨 것은 서연[胄筵][250]에서 유수(柳脩)의 일로 인하여 나 소자(小子)를 돌아보며 하신 훈계의 말씀이기에 띠에 쓰고 가슴에 새겨 감히 떨어뜨릴 수가 없다." 영남 유생의 상소에 대한 비답과 그 뜻이 같았다. 선세자의 글 가운데 감히 간쟁하는 신하를 죽일 수 없다는 하교가 있었기 때문이었다.

방외(方外) 유생 760여 명의 상소에서 삼종 숙부(三從叔父) 박하원(朴夏源)[251]이 소두(疏頭)가 되어 징토의 의리를 힘써 진달하였다. 그 뜻은, 영남 유생의 상소가 나왔으니 선세자의 무고를 변명하고 의리를 밝히는 것은 다시 더 할 것이 없지만, 또한 징토를 크게 행한 뒤에라야 선세자의 무고를 명쾌하게 변명하여 의리가 더욱 밝아질 것이기 때문이라고 하였다.

흉악한 큰 악인 김상로·홍계희·정휘량·신만 이외에도 박치원·윤재겸이 번갈아가면서 흉서를 올렸고, 강필리는 감히 (사도세자를 비판하는 상소를) 포고(布告)하기를 청하였다.[252] 서명응(徐命膺)[253]의 '명륜당에 앉아 있겠다'는 말,[254] 심이지(沈履之)[255]

---

250. 서연[胄筵]: 왕세자에게 경사(經史)를 강론하는 자리.

251. 박하원(朴夏源, 1739~1806): 1762년(영조 38)에 일어난 임오화변을 중심으로 기록한 『대천록(待闡錄)』의 저자다. 그는 1792년(정조 16) 사도세자의 누명을 벗기고 잔당을 치죄하라는 유생 상소의 소두가 되었다. 그 뒤에도 사도세자 사건에 얽힌 여러 가지 이면적인 문제를 철저히 정리, 기록해 천유록(闡幽錄)이라 이름지어 정조에게 올렸다. 정조는 그 내용에 동감하면서도 곧바로 세상에 내놓지 못할 것을 알고 '대천록'으로 고치게 하여 돌려주었다. 그 뒤 정조가 죽고 벽파(僻派)가 다시 득세하자 저자는 이전에 상소한 일과 『천유록』을 지은 일 등으로 유배되었다가 그곳에서 죽었다.

의 '사사건건 숨기고 가렸다'는 문장이 있었으며, 안형(安衡)·황만석(黃萬錫) 등 여러 유생은 모집에 응하였고,[256] 이이상(李頤祥)[257]은 등자(鐙子)를 잡겠다고 하였다.[258] 심집(沈鏶)[259]은 사주를 받았고, 이정(李瀞)은 거짓으로 목을 찔렀으며,[260] 이현중(李顯重)은 소인이라고 내쳐 등용하지 못하게 하였고,[261] 조덕상(趙德常)은 자신의 임무가 아닌데도 분수를 넘어 아뢰었다. [주상이 일찍이 동궁 소속 아무개 하례를 유배 보냈는데, 해당 관부에서 물고(物故)[262]되었다. 어느 날 주상이 아무개 하례가 갑자기 죽은 일이 자못 의심스럽다고 말하는 것을 듣고, 오위장(五衛將) 조덕상이 시위하고 있다가 반열에서 나와 아뢰기를, "신이 모소(某所)에서 새롭게 왔는데, 아무개 하례는 고의로 죽임을 당한 것이 아닙니다"라고 하였다. 주상이 그것은 질문 사항이 아니었는데도 감히 아뢰었다고 노해서 배척하여 파직하였다.]

이해중(李海重)[263]은 역적 나경언과 한통속이 되었고, 송재경(宋載經)[264]은 궁관(宮

252. 강필리는 …… 청하였다: 강필리가 사도세자에게 올린 상소는 본서 「원편 상」 39번 기사에 보인다.
253. 서명응(徐命膺, 1716~1787): 본관 달성(達成), 자 군수(君受). 보만재(保晩齋)라는 호를 정조로부터 내려받았다. 이조 판서 종옥(宗玉)의 아들, 영의정 명선(命善)의 형. 이조 판서·대제학 등을 거쳐 정승이 되었다. 정조가 동궁에 있을 때 빈객(賓客)으로 초치되어 학문 수련에 큰 도움을 주었다. 정조 즉위 직후 규장각 제학(提學)에 임명되었으며, 운영에 깊이 관여하였다. 박학강기(博學强記)로 이름났으며 역학(易學)에도 조예가 깊었다. 그의 학문정신은 아들 호수(浩修), 손자 유구(有榘)에게 이어져 가학(家學)으로 확립되었다. 저서로 『보만재총서(保晩齋叢書)』 등이 있다.
254. 명륜당에 …… 말: 서명응이 대사성(大司成)으로 재직하면서 사도세자의 평양 행차를 비판한 상소의 마지막 말이다. 서명응 상소는 본서 「원편 상」 81번 기사에 보인다.
255. 심이지(沈履之, 1720~1780): 본관 청송, 자 덕기(德器). 영조 말년부터 빚어진 왕실 외척 홍봉한과 김한구를 중심으로 한 대립에서 중립을 표방하였다고 평가되기도 하였지만, 1777년(정조 2) 결국 정조를 해치려 한 홍인한의 무리로 지목받아 귀양 가서 유배지에서 죽었다. 심이지가 사도세자를 비판한 상소는 본서 「원편 상」 88번 기사에 보인다.
256. 안형 …… 응하였고: 서명응이 대사성으로서 사도세자를 비판하는 상소를 올릴 성균관 유생들을 모집하였는데, 안형과 황재석이 이에 응하였다는 것이다. 관련된 내용이 본서 「원편 상」 78·80번, 「원편 하」 29번 기사에 보인다.
257. 이이상(李頤祥, 1732~?): 본관 연안(延安). 순좌(舜佐)의 아들. 대사간·충청도 관찰사 등을 역임. 정조가 즉위하자 척신(戚臣) 김구주를 토죄하라는 대사간 유당(柳戇)의 상소를 비난하는 소를 올렸다가 파직당하였다. 1782년(정조 6) 김종수를 논핵했다는 이유로 파직당하였다.
258. 이이상은 …… 하였다: 1792년(정조 16) 5월 12일(기유) 실록기사에 따르면 서명응이 세자에게 상서하기 위해 말에 오르려고 할 때, 사학 유생 이이상이 등자를 잡고 전송하며 말하기를, "선생의 마부가 되고 싶습니다"라고 하였다. 본서 「원편 상」 81번 기사에도 보인다.
259. 심집(沈鏶, 1724~?): 본관 청송(靑松), 자 성집(聖緝). 1759년(영조 35) 별시 병과에 급제하였다. 심집은 영조가 사도세자를 비판한 상소를 열람할 당시 승정원 주서로 있었다. 관련된 내용이 본서 「원편 하」 29번 기사에 보인다.
260. 이정(李瀞)은 …… 찔렀으며: 관련된 내용이 본서 「원편 하」 29번 기사에 보인다.
261. 이현중(李顯重)은 …… 하였고: 이현중은 사도세자 대리청정 기간에 세자를 비판하는 신하들의 상서를 영조에게 전달하였다가 영조로부터 처벌받았다. 관련 내용이 본서 「원편 상」 89·93번 기사에 보인다.
262. 물고(物故): 죄인이 죽음을 당하는 일, 또는 죄지은 사람을 죽이다.
263. 이해중(李海重, 1727~?): 본관 한산(韓山), 자 자함(子涵). 형조 참의 등을 역임. 나경언이 사도세자의 허물 10여 조를 낱낱이 들어 형조에 보고하는 사건이 발생하자 즉시 영조에게 뵙기를 청하여 이를 알렸다. 1772년(영조 48) 대사간으로서 김치인이 붕당을 조성하고 사사로움을 이루었다고 상소하여

官)이 되어서 도피하였다. 이창수(李昌壽)[265]와 임해(任瑎)는 (사도세자의 죽음에) 고무되어 기뻐하며 손뼉을 쳤다. [이창수가 평안도 관찰사에 재직할 때 올린 상소 가운데 즐거워하고 기뻐했다고 스스로 말했다.] 김치인과 윤시동(尹蓍東)[266]이 차자와 상소를 번갈아가며 올린 죄 등등을 일일이 성토하여 거의 빠트린 것이 없었다. 또한 말하기를,

"(그날) 삼포에서 돛을 올리고 논 일이 어찌 홍인한뿐이겠습니까"라고 운운하였다.

45. 5월 12일에 소장을 올리자 승정원에서 소두(疏頭)를 불러들였다. 여러 승지가 곧 상소를 담은 상자를 가지고 숙직방[直房][267]으로 들어갔다. 한참 뒤에 출급(出給)하여 곧장 계판(啓板) 앞에 두었다. 승지가 나와서 소두를 보고, 전날 이들의 상소를 즉시 내어주라는 전지(傳旨)가 있었다고 전하였다. 잠시 뒤 승지에게 입시(入侍)하라는 명이 있었는데, 하교의 뜻을 전하며 물러가게 하니, 상소를 올린 유자들이 함을 받들고 물러가 승정원을 논척하였다. 승정원 이서(吏胥)가 나와서 전한 하교에 이르기를,

"막중한 일은 선조의 일에 관계되는데, 너희가 어찌 먼저 발설하는가"라고 하였다.

대개 이병정이 소장을 봉하기 전에, 상소문의 말이 그 아비 이창수(李昌壽)를 언급한 것을 보고 등문고(登聞鼓)를 두드리기에 이르자 주상이 (상소한 유생들을) 바로 쫓아내라고 명하였던 것이다. 승정원 이서가 또한 전달하기를, '승정원에서 (일부) 내용을 잘라버리고 들였고, 승정원의 상소문 기록에서는 세초(洗草)하였다'고 하면서, (상소문을 상소를 올린) 유자들에게 돌려주고 물러가게 하였다. 그러자 상소를 올린 유자들이 이전의 관례에 따라 대궐문 앞에 엎드려 상소하였다. 잠시 뒤 승정원 하례가 와서 명을 전하여, 다시금 소두를 들어오게 하였다. 소두가 나아가자 승정원에 입직한 승지가 그로 하여금 정청(政廳)[268]에 올라와서 전교(傳敎)를 듣게 하였다. 주서(注

그를 유배시켰다.

264. 송재경(宋載經, 1718~1793): 본관 은진(恩津), 자 자중(子中), 호 기기와(棄棄窩). 상유(相維)의 손자. 강화 유수·충청도 관찰사 등을 역임. 사도세자가 뒤주에 갇혀 있을 때 세자익위사 관원이었는데, 기미를 알고 미리 도망쳤다고 한다. 본서 「원편 하」 29번 기사 참조.

265. 이창수(李昌壽, 1710~?): 본관 전주(全州), 자 덕옹(德翁). 세종의 아홉째 서자 영해군(寧海君) 당(瑭)의 후손. 병조·이조 판서 등을 역임하였다.

266. 윤시동(尹蓍東, 1729~1797): 본관 해평(海平), 자 백상(伯常), 호 방한(方閒). 이조 판서·우의정 등을 역임. 1766년 대사간으로서 신광집(申光緝)의 무죄를 논하다가 쫓겨났고, 정조대 시파와 함께 김종수·심환지 등 벽파 공격에 앞장섰고, 김한구·홍인한 등 척신의 축재를 규탄하였다.

267. 숙직방[直房]: 조신(朝臣)들이 조회(朝會) 시각을 기다릴 때 각 사(各司)별로 머물러 대기하는 곳. 대궐문 옆에 위치하였다.

268. 정청(政廳): 이조(吏曹)나 병조(兵曹)의 전관(銓官)이 도목 정사(都目政事)를 보던 곳. 여기에는 사헌부의 대사헌, 이·병조 당상관(堂上官), 이·병방 승지(吏兵房承旨), 사관(史官) 등이 참예하여 관리의 전형(詮

書)가 나와서 전한 하교에서 말하기를,

"내가 이에 대해서 어찌 너희 마음과 같지 않아서 이와 같이 허락하지 않고 버티겠는가. 너희는 나아가 여러 유생을 타일러 물러가게 하라"고 운운하였다.

46. 이에 앞서 족숙부(族叔父) 헌납 박서원(朴瑞源)이 이현중의 아들 규영(圭永)에 대해 말하기를,

"지금 징토하는 날을 당하여 스스로 아무 일도 없는 것처럼 편안하게 거처에 누워 있었습니다. 청컨대 우선 외딴 섬에 정배하는 처벌을 시행하십시오"라고 하였다. 소장이 올라온 지 보름 남짓 되어 지방 유생들의 소장이 올라온 뒤에야 비로소 아뢴 대로 윤허한다는 비답을 내렸다.

홍문관의 최현중(崔顯重)이 (이현중과) 이름 글자가 서로 같다는 이유로 상소하여 이름을 고쳤다. 그 성토의 엄정함이 이와 같았지만, 이현중의 관작은 그대로였다. 이현중을 용서할 수 없었던 것은 서명응 등의 상소를 올렸기 때문인데,[269] 서명응에 대해서는 한 사람도 거론하지 않다가 지방에서 올라온 상소문 가운데 비로소 이름이 나왔는데, 나열된 여러 역적의 우두머리가 되었다.

그의 아들 판서 서호수(徐浩修)[270]와 모재(某宰) 서형수(徐瀅修)[271]는 모두 책임을 물어 체직하고 즉시 군직에 붙였다. 얼마 지나지 않아 서호수의 아들 서유구(徐有榘)[272]의 규장각 직함은 이전 그대로였다. [두 서씨가 체직(遞職)되자 이조 판서 김사목(金思穆)[273]이 그

衡)·임면(任免)·출척(黜陟) 등 인사에 관한 일을 의논하고 처리하였다.

269. 이현중을…… 때문인데: 이현중은 승지로 재직하면서 영조에게 사도세자의 허물을 지적하는 상소가 많다고 하면서 승정원일기를 살펴보기를 권하였다. 이로 인해 그는 신하로서 차마 제기하지 못할 글을 일부러 제기했다는 혐의를 받게 되었다.

270. 서호수(徐浩修, 1736~1799): 본관 달성(達城), 자 양직(養直). 호조 판서 종옥(宗玉)의 손자, 판중추부사 명응(命膺)의 아들. 이조 판서 등을 역임. 1776년 정조가 즉위하자 도승지에 임명되어 왕의 측근이 되었다. 그 뒤 대사헌 등 청관직(淸官職)을 거쳤으나 끝내 삼상(三相)에는 오르지 못하였지만 규장각의 각종 편찬사업에 중추적 역할을 하였다.

271. 서형수(徐瀅修, 1749~1824): 본관 달성(達城), 자 유청(幼淸), 호 명고(明皐). 호조 판서 종옥(宗玉)의 손자. 명응(命膺)의 아들. 이조 참판 등을 역임. 1806년 벽파(僻派) 계열 우의정 김달순(金達淳) 등이 김조순(金祖淳) 등 안동 김씨 세력의 탄핵을 받고 사사되는 사건에 연루되어 18년 동안 유배생활을 하다가 세상을 떠났다. 저서로 『홍범직지(洪範直指)』, 『명고문집(明皐文集)』 등이 있다.

272. 서유구(徐有榘, 1764~1845): 본관 달성(達城), 자 준평(準平), 호 풍석(楓石). 판서 종옥(宗玉)의 증손, 명응(命膺)의 손자, 호수(浩修)의 아들. 이조 판서·대제학 등을 역임. 왕명을 받들어 농업 개혁 정책을 추진하던 중 정조가 사망하고 작은아버지 서형수가 귀양 가자 관직에서 물러나 은거하였다. 이후 18년간에 걸쳐 『임원경제지(林園經濟志)』를 저술하였다.

273. 김사목(金思穆, 1740~1829): 본관 경주(慶州), 자 백심(伯深), 호 운소(雲巢). 우의정·좌의정 등을 역임. 평생토록 삼조(三朝, 영조·정조·순조)의 신하가 되어 원로 정승의 반열에 올랐다. 사도세자의 능을

날로 송서(送西)[274]하였다. 을묘년(1795, 정조 19)에 서유구가 홍문관 관직에 임명되었다.]

47. 지방에서 상소문이 올라오기 하루 전날 사알(司謁)을 시켜 구두로 승정원에 하교를 전하였다.

"지금 여러 신하는 반드시 근일 나의 모양을 알 것이니 질병은 오히려 하찮은 일에 속한다. 영남 유생들의 상소에 대한 비답을 본 후에도 만약 차마 듣지 못하고 차마 말할 수 없는 일을 다시 상소하는 일이 있다면 이것이 어찌 감히 도리에서 나온 것이라 하겠는가. 설령 지금 말할 만한 기회를 만나 참으로 한번 진달하려는 마음을 둔 자라고 해도, 서울에 있으면서 어디를 가든 관망하고 눈치를 보다가 영남 유생들이 (사도세자의 일을) 빌미로 삼는 것을 보고, (내가) 고심하는 것도 돌아보지 않고 지극히 슬퍼하는 것도 생각하지 않은 채 일상적인 이야기로 여겨 서로 시끄럽게 떠들고 있는데, 이것이 어찌 말이 되겠는가.

근일 삼사의 소장[章疏]에 응대한 것은 바로 천만 부득이한 일이었다. 유성한의 무지하고 망령된 일은 반드시 오래전부터 지나치게 꺼리고 회피하였기에 어린 후생(後生)들이 이 일의 중대함을 알지 못했기 때문에 나온 것이었다. 그래서 살려주는 도리를 사람들에게 보이려는 뜻으로 생각해보고 나서 응대한 것이다. 영남 유생들이 상소한 뒤에는 그들이 내 뜻의 소재를 분명히 알았을 것이다. 그런데 한결같이 이러하다면 도리어 외람되고 무엄한 것이 된다. 관료 가운데 이득신(李得臣)[275]의 경우가 있고, 선조(先朝)에는 '둥근 머리와 모난 발꿈치'라는 말을 쓴 유생에 대한 처분[276]이 있었다. 인정과 천리로 말한다면 위에서 조처하는 것이 어찌 여러 아랫사람들만 못해서 그렇겠는가. 이는 수문장에게 맡겨서 막을 수 있는 일이 아니다.

여러 신하 역시 친족이 있고 친구가 있을 것이니, 돌아가며 서로 알려 반드시 하고자 하는 자가 있다면 눈물을 흘리며 중지시켜 애초 와서 바치는 자가 없도록 했어야

수원으로 옮기면서 수원부사에 제수되기도 했다.

274. 송서(送西): 실직(實職)에서 물러난 정1품 영의정에서 정3품 문무 당상관까지를 우대하여 서반(西班) 소속의 중추부(中樞府) 관직을 제수하는 인사 관행의 하나.

275. 이득신(李得臣, 1742~1802): 본관 전주(全州), 자 성량(聖良). 효령대군 보(孝寧大君補)의 13대손. 이조·병조 판서 등을 역임. 1780년 올린 상소에서 왕실 문제에 대해 함부로 언급했다는 죄명으로 정조의 비난과 영의정 서명선의 공격을 받아 유배되었다.

276. 선조(先朝)에는 …… 처분: 1768년(영조 44) 2월에 임금이 덕유당(德游堂)에 나아가 합격한 생원·진사들을 입시하라고 명하여 각자의 시험지를 외우도록 하였다. 이때 민급(閔汲)의 시험지 내용에 '둥근 머리와 모난 발꿈치[圓顱方趾]'라는 표현이 있었다. 이 말이 흉적(凶賊)이 올린 상소에 있던 말이었기 때문에 방목(榜目)에서 민급의 이름을 버리고 과거의 응시를 정지시켰다.

한다. 승정원으로 말하면 이 일로 상소한 것을 어찌 열어 볼 수 있겠는가. 이는 윤음으로 말할 일이 아니며, 또한 각 관청에 분부할 일도 아니다. 여러 신하는 자세히 알아야 할 것이다. 운운."

48. 5월 22일에 승지를 통하여 대신 이하 편전 문밖 대명처(待命處)에 있는 신하들에게 하교하였다.

"모질게도 죽지 못한 채 지난날을 참고 지내왔는데 지금 어찌 혹 입을 열어 살아온 세상일을 말할 것이 있겠는가. 하루라도 이 땅 위에 살면서 경들에게 군림하는 한 차마 인륜도 무시하고 원수도 잊어버린 사람이 될 수 있겠는가. 내가 비록 불초하고 이렇다 할 공적이 없지만, 어버이에게 효도하고 선조를 존경하는 마음은 다른 사람과 같다. 만고천하 어디에 조금이라도 하늘이 정하고 사람이 지켜야 할 도리를 대수롭지 않게 여기고 마땅히 해야 할 일을 하지 않은 채 원통함을 삼키면서 30년을 하루처럼 지낸 사람이 있는가.

경들도 생각해 보라. 내가 등극한 이후에 모년의 의리에 대해 감히 한 번도 분명하게 유시(諭示)하지 못했고, 그들을 주륙(誅戮)한 것도 다른 일로 인해서였으며, 그들을 징토한 것도 다른 조항에 의탁해서 하였다. 감히 화가 났지만 감히 말을 하지 못했고, 말하려 했지만 감히 자세히 하지 못했다. 내가 과연 참으로 원수를 숨기고 원한을 잊어서 밝혀야 할 의리를 밝히지 못하고 시행해야 할 징토를 시행하지 않으려 해서 그런 것인가. 이런 의리는 오늘날 우리나라의 신하로서 놋숟갈로 밥을 떠먹는 자라면 누구라도 내가 숨기며 참고 있는 본심을 알아서 비통해하지 않겠는가. 이는 다름이 아니라, 선대왕이 허다하게 내린 분명한 유시와 엄한 하교가 있기 때문이니 모두 일단 감히 제기하여 말하지 못한 것이다.

가장 중요한 것은 갑신년(1764, 영조 40) 2월 20일 대신과 여러 신하를 진전(眞殿, 璿源殿) 문밖에 불러놓고 어필(御筆)로 직접 쓴 글과 구두로 아뢴 긴 문자를 반포한 일이다. 그 대략은

'모년의 일에 대해 혹 누구는 무슨 죄가 있고 누구는 무슨 일을 범하였다고 장래에 제기하는 자는 그 일이 이렇든지 저렇든지를 막론하고 내가 이러이러하였다고 말할 것이다'라고 하였다. '차마 말할 수 없고 차마 들을 수 없으며, 차마 제기하지 못하고 차마 보지 못하며 차마 말할 수 없다'는 구절로써 결론지으며 말하기를 '성궁(聖躬)이 감당하겠다'라고 하며 누차 다짐하였다. 심지어 이 일을 언급하는 자에게는 조태구

(趙泰耈)[277] · 유봉휘(柳鳳輝)[278] · 김일경(金一鏡)[279] · 박필몽(朴弼夢)[280]을 다스린 법률로써 처단하겠다고 하였다. 그 아래에 또 차마 들을 수 없는 하교가 있었고, 또한 말하기를,

'이와 같이 한 뒤에야 네가 드러내지 못한 선지(先志)를 밝힐 수 있고, 나의 애통하고 안타까운 마음에 대해서도 말할 수 있다. 대대로 벼슬하는 신하들도 차츰 너의 본지를 알게 되고 또 나의 이런 뜻을 알게 되어, 너 역시 할아비에게 효도하는 손자가 되고 아비에게 효도하는 아들이 된다'고 하였다. 또 대신 이하를 재전(齋殿)으로 불러 종통 윤음(宗統綸音)을 내리셨는데, 그때의 사실은 모두 병신년 상소가 있은 후 세초(洗草)하는 가운데에 들어갔다. 운운.

내가 그때에 (영조가) 신하들에게 물은 것을 계기로 삼아 전석(前席)에서 맹세하였다. 만약 선조께서 돌아가신 뒤 오직 마음대로 해도 된다고 여겨 한 번에 갑신년의 대답과 반대되게 한다면 이 어찌 죽은 사람을 산 사람 섬기듯이 하는 뜻이겠는가. 또, 더구나 성교 가운데 있는 '통석(慟惜)'이란 두 글자는 바로 후회하는 뜻이었다. 내가 받들어 가슴에 새겨 장차 죽어도 눈을 감을 수 있는 단서로 삼고 있다. 운운.

병신년(1776, 영조 52)에 여러 정사를 대리청정한 뒤에 진정(陳情)하는 상소로써 울면서 호소하여 천지에 망극한 은혜를 입어 특명으로 차마 볼 수 없는 문자를 모두 세초하게 했다. 세초하는 날, 성교에 이르기를

---

277. 조태구(趙泰耈, 1660~1723): 본관 양주(楊州), 자 덕수(德叟), 호 소헌(素軒) · 하곡(霞谷). 우의정 · 영의정 등을 역임. 신임옥사로 노론 4대신을 사사(賜死)하고, 영의정에 올랐다. 이어 소론 정권을 수립, 최석항·김일경 등과 국론을 주도하였다. 이후 소론은 과격파와 온건파로 분열되었는데, 그는 윤순(尹淳)과 함께 온건파의 주장이 되었다. 1725년(영조 1) 신임옥사의 원흉으로 탄핵을 받고 관작이 추탈되었다.

278. 유봉휘(柳鳳輝, 1659~1727): 본관 문화(文化), 자 계창(季昌), 호 만암(晩菴). 영의정 상운(尙運)의 아들. 우의정 · 좌의정 등을 역임. 1721년(경종 1) 노론 4대신이 연잉군을 세제로 책봉하고자 할 때 강력히 반대하였다. 그 뒤 세제의 대리청정 주장을 부당하다고 간하여 철회시키고 노론을 실각시켰다. 1725년 영조 즉위 후 좌의정이 되었으나 신임옥사를 일으킨 주동자라는 노론의 공격을 받고 면직되었다. 다시 이봉익(李鳳翼) · 민진원 등의 논척으로 경흥에 안치되어 유배지에서 죽었다.

279. 김일경(金一鏡, 1662~1724): 본관 광산(光山), 자 인감(人鑑), 호 아계(丫溪). 이조 참판 · 이조 판서 등을 역임. 1721년(경종 1) 노론은 연잉군을 세제에 책봉한 뒤 대리청정을 실시하려고 하자 조태구 등과 함께 이를 반대해 대리청정을 취소하게 하였다. 신임옥사 당시 준소(峻少)로서 김창집(金昌集) · 이이명(李頤命) · 조태채(趙泰采) · 이건명(李健命) 등 노론 4대신의 처벌을 주도하였다. 1724년 영조가 즉위하자 노론의 재집권으로 유배되었다. 청주의 유생 송재후(宋載厚)의 상소를 발단으로 신임옥사가 무고(誣告)였다는 탄핵을 받고 목호룡과 함께 참형당하였다.

280. 박필몽(朴弼夢, 1668~1728): 본관 반남(潘南), 자 양경(良卿). 이조 참의 · 강화유수 등을 역임. 1716년(숙종 42)에 병신처분(丙申處分)으로 좌천된 뒤 준소(峻少)의 주요 인물로 활약하였다. 1721년(경종 1) 김일경 · 이명의(李明誼) 등과 함께 노론 4대신의 죄를 성토해 신임옥사를 일으켰다. 1724년 영조 즉위 뒤 탄핵을 받아 유배되었다. 1728년(영조 4) 이인좌의 난에 가담하였다가 붙잡혀 능지처참되었다.

'이 일이 사자지대(思子之臺)나 망자지궁(望子之宮)[281]보다 나아서 내가 지하에 돌아가서 (사도세자를 볼) 면목이 있게 되었다'라고 하셨다. 그 아래에 또 감격하여 울먹이신 하교가 있었는데, 어찌 차마 다 말하겠는가. 운운.

지금 비록 1백 번 책을 편찬하고 1만 번 선양(宣揚)하려 해도 어찌 선대왕의 갑신년(1764, 영조 40) 지난 일을 후회하는 하교와 병신년(1776, 영조 52) 세초하라는 명보다 더하겠는가. 이것이 선조 본의(本意)의 대략이다. 선조의 성은(盛恩)은 진실로 선조의 성은이고, 나의 지극한 아픔은 진실로 나의 지극한 아픔이다. 병신년·정유년(1777) 이후 여러 차례 일어난 역옥(逆獄)은 모두 모년의 의리에 근본하지 않음이 없다. 나를 아는 자는 알 것이요 나를 모르는 자는 모를 것이다. 내가 정치에서 지키고자 한 것은, 밖으로 형적을 드러내지 않으면서 안에서 의리가 저절로 펴지게 하는 데 있었다. 밖으로는 원수를 잊었다는 원망을 감수하면서 안으로는 묵묵히 징토하는 방법을 생각하여, 위로는 성은을 저버리지 않고 아래로는 나의 이마에 땀을 흘리지 않는 것이었으니, 결론적으로 그 취지는 차례를 넘지 않고 설욕한 뒤에야 그만둔다는 것이 요점이다.

지난번 연석에서 영남 유생이 아뢴 말 가운데 해당하는 죄로 주토(誅討)하지 않은 것을 가지고 이극(里克)에게 비교하였다. 이극이 살아 있을 당시 헌공(獻公)이 만약 이극을 경계한 일이 있었다면 공자(孔子)께서 어찌 폄하하는 논의를 하였겠는가.[282] 운운. 다만 근래 조정 신하들은 북면(北面)하고 나를 섬겨 발걸음이 뜸하지 않아서 그 속사정을 아는 자들인데, 이에 대하여 만약 조금이라도 나의 처분이 미진(未盡)해서 을해년(1755, 영조 31) 이전의 주토와 같다고 생각하는 자가 있다면 난적(亂賊)이 아니겠는가. 역신(逆臣)이 아니겠는가.

을해년 이전에 선대왕은 사안이 성궁(聖躬)에 관계된 것이라 하여 과연 내키지 않아서 미루었다. 하지만 지금 내가 과연 복수[不反兵][283]하는 의리에 소홀하여 불공대

---

281. 사자지대(思子之臺)나 망자지궁(望子之宮): 한나라 무제(武帝)가 태자 거(據)를 죽게 하였는데, 뒷날 전천추(田千秋)가 상소를 올려 무고함을 밝혔다. 이에 무제는 후회하며 태자를 위해 사자궁(思子宮)과 귀래망사대(歸來望思臺)를 지었다.

282. 이극(里克) …… 하였겠는가: 춘추시대 진 헌공(晉獻公)이 총희(寵姬)의 참소를 믿고 태자 신생(申生)을 죽이고 해제(奚齊)를 태자로 삼자, 왕자 중이(重耳)도 망명하였다. 후일 헌공이 죽으면서 신하 순식(荀息)에게 해제를 부탁하자 순식은 죽음으로써 충성할 것을 맹서하였다. 그러나 신생과 중이를 추종했던 이극이 해제를 죽이자 순식은 자기 말에 책임을 지고 죽었다. 이에 대해 공자는 "백옥의 흠은 갈아 없앨 수 있지만 말의 실수는 어쩔 수 없다"는 시경의 말을 인용하여 폄하하였다.

283. 복수[不反兵]: '불반병'은 집으로 돌아가서 병기를 찾지 않는다는 말로서, 언제나 병기를 몸에 지니고 있다가 상대를 만나면 그 자리에서 죽이려 든다는 뜻이다. 『예기』 곡례 상(曲禮上)에 "아버지의 원수는

천(不共戴天)의 원수를 포기하였기 때문에 오늘날과 같은 좋지 못한 상황이 이르게 된 것인가. 이 때문에 아흐레 동안 재거(齋居)[284]하면서 살고 싶지 않은 것처럼 하고 경들을 포함한 신하들을 대하려 하지 않은 것이었다. 운운.

내 본래 지키고자 한 것에 대해서 위에서 누누이 말하였는데, 만약 처분이 미진한 것이 있다면 비록 시간(尸諫)[285]하더라도 안 될 것이 없다. 혹 이른바 '아직 징토가 미치지 않는다'고 말한 대상이 되는 무리는 각자 곡절이 있을 것이다. 자세히 헤아려서 짐작해 작정한 것이니 내가 이들에 대해 아무 까닭 없이 태연하겠는가. 설혹 내 뜻을 모르는 자가 있더라도 마땅히 본의가 있는 바를 자세히 살펴 스스로 의심이 없는 데로 돌아가기를 기약할 뿐이다.

오늘날 신하 된 자들은 이런 일을 차마 행하여, 이를 통하여 자신들의 주장을 내세우는 계기로 삼고, 이를 빌미로 협잡할 계책을 세우면서, 내가 원수를 숨겨주고 원한을 잊었기 때문이라고 말한다. 이에 감히 징토한다는 핑계로 헤아리지도 않고 원칙도 없이, 넣어서는 안 될 사람을 넣거나 당연히 넣어야 할 사람을 넣지 않는 일들을 다반사로 공사(公私) 간의 화두로 삼는다면 지금 조선에서 이른바 군장(君長)이란 자는 과연 어떤 사람인가. 운운.

사람으로서 인륜이 없으면 사람이 되지 못하고 나라에 인륜이 없으면 나라가 되지 못한다. 하물며 임금으로서 나라를 다스리는 자가 만약 효친(孝親) · 존현(尊賢)의 도리를 조금이라도 다하지 못했다고 한탄하는 자가 있어 조정에서 손뼉 치고 입을 놀린다면 나라는 그 나라가 되지 못한다는 것을 경들이 어찌 연교(筵教)를 기다려서 알겠는가. 인륜이 있는 뒤에 사람이 되고 나라가 된다. 경들이 반나절 동안 관을 벗고 단지 명을 기다린다고만 말하면 과연 대의(大義)에 무슨 도움이 되며 나에게는 무슨 도움이 있겠는가. 경들은 그 (의리를) 천명하고 발휘할 방도를 생각하라."

한 하늘을 함께 이지 않고 반드시 죽이며, 형제의 원수는 집으로 돌아가서 병기를 찾지 않으며, 벗의 원수와는 같은 나라에서 살지 않는다[父之讎, 弗與共戴天, 兄弟之讎, 不反兵, 交遊之讎, 不同國]" 하였다.

284. 재거(齋居): 재계(齋戒)와 같은 뜻. 몸과 마음을 깨끗이 하고 부정(不淨)한 일을 멀리함.

285. 시간(尸諫): 시체(屍體)로 간언(諫言)하는 것을 말한다. 춘추시대 위나라 대부(大夫) 사어(史魚)가 병들어 죽을 적에 아들에게 명하기를, "내가 위나라 조정에 있으면서 어진 거백옥(蘧伯玉)을 등용하지 못하고 불초한 미자하(彌子瑕)를 물리치지 못하였다. 내가 살아서 임금을 바로잡지 못하였으니 죽어서 어찌 예식(禮式)대로 치상(治喪)할 수 있겠느냐. 내가 죽거든 시체를 창문 밑에 버려두어라" 하니, 아들이 그대로 따랐다. 위 영공(衛靈公)이 조상(弔喪)왔다가 괴이하게 여겨 그 까닭을 물으니, 그 아들이 아비의 말로써 고하자, 영공은 크게 놀라 얼굴빛이 변하며 "이는 나의 잘못이다" 하고, 거백옥을 등용하고 미자하를 물리쳐 멀리하였다는 고사가 있다.

49. 영부사(領府事) 이복원(李福源)[286]과 좌의정 채제공이 연명으로 상소하여[287] 거듭 구전하교(口傳下敎)의 뜻을 밝혔다.

"우리 전하께서 주토의 법을 행하는 데는 『춘추』의 은미하게 드러내는 뜻을 깊이 얻었습니다. 운운." 또 이르기를,

"조심스럽게 지키고 정성스럽게 받드는 도리와 엄히 징토하고 흔쾌히 주벌하는 의리를 함께 행하여 어긋남이 없습니다"라고 운운하였다. 끝에 가서 또한 부정(不靖)하고 불령(不逞)한 무리가 의리를 빙자하여 농간을 부리는 죄를 극론하고 이어서 말하였다.

"이번 방외 유생의 상소는 이미 정식으로 접수되지 못하고 철회되어, 비록 분명하게 말하고 드러내어 배척하지 못하겠습니다만, 만약 의리를 분명하게 보여주고 엄히 막지 않는다면 어찌 이런 무리가 발자취를 이어 일어나지 않을 줄을 알겠습니까. 운운." 이때 이르러, 예전대로 지난날 제방(隄防)의 논의에 따랐다. 이 상소는 정승 이복원의 아들 만수(晩秀)의 손에서 나왔다고 한다. 좌참찬 김화진(金華鎭)[288] 등이 또 위의 뜻으로 상소하였다. 비답하였다.

"경들은 한 번의 상소로 책임을 면했다고 생각하지 말고 서로 분명하게 고하여 사람마다 이것이 의리 가운데 진짜 의리임을 알게 하여 위로 번뇌를 끼치지 않고 아래로는 굳게 지키게 하라. 그렇게 한다면 이 상소가 어찌 다만 본의를 발휘하는 바탕만 되겠는가."

50. 모관 이조원(李祖源)[289]이 일찍이 아뢰기를,

---

286. 이복원(李福源, 1719~1792): 본관 연안(延安), 자 수지(綏之), 호 쌍계(雙溪). 정구(廷龜)의 6대손, 판서 철보(喆輔)의 아들, 서명선의 사돈. 형조·병조 판서 등을 역임. 영조대 이래 소론 탕평당에 비판적 거리를 두었으며, 소론의 본색은 지키면서도 준절한 논의는 삼가던 인물로서 비(非)이광좌계 준소(峻少)였다. 을해옥사(1755, 영조 31) 이후 은인자중하며 소론 본색을 유지하고 있던 이른바 '본소론(本少論)'의 전형이라 할 수 있다.

287. 이복원과 …… 상소하여: 이복원과 채제공의 연명상소는 의미 있는 사건이었다. 이는 노·소론 시파의 일부가 청남·영남인의 의리를 일부 인정한 것이기 때문이다. 양자는 정조가 영남 유생을 접견한 자리에서 임오처분을 '추회(追悔)하신 영조의 성덕(盛德)과 선세자의 지성(至誠)·효성(孝誠)을 받들어 대의를 천명했었음'을 상기시키면서, 당시의 흉악한 무리에 대해서는 정조의 설명대로 주벌이 행해졌으므로 더는 징토 요구는 협잡의 사의(私義)라고 인정하는 연명 상소를 올렸던 것이다.

288. 김화진(金華鎭, 1728~1803): 본관 강릉(江陵), 자 성재(聖載). 참판 상적(尙迪)의 아들. 호조·형조 판서 등을 역임. 1783년 서학 문제로 채제공의 죄를 탄핵하다 일시 파직되었다. 1784년 김범우(金範禹)의 집에 모인 천주교도들을 체포했으나, 대부분이 양반의 자제들이라 타일러 보내고 중인(中人) 김범우만을 귀양 보냈다. 노론으로 남인을 규탄했으나 비교적 완론(緩論)에 속했다.

289. 이조원(李祖源, 1735~1806): 본관 연안(延安), 자 현지(玄之), 호 판교(板橋). 형조 판서·한성부 판윤 등을 역임. 시파로 활약하였는데, 1805년(순조 5) 김좌근(金左根)에 맞서다가 쫓겨났다.

"전하께서 삼가 마땅히 큰길을 따라서 행하셔야 하는데, (그렇지 못한 것은) 역적을 토벌한 것이 그들이 지은 죄를 가지고 나온 것이 아니기 때문입니다"라고 하였다. 주상이 크게 노하여 영동(嶺東)으로 귀양 보냈고, 다시 돌아온 후에도 오랫동안 등용하지 않았다. 을묘년(1795, 정조 19) 봄에 비로소 정경(正卿)으로 승진 발탁하고 하교하기를,

"내가 발탁하여 등용한 것으로 바로 사람들이 말하지 못한 것을 말하였기 때문이다"라고 하였다.

김종수를 성토하는 박종악의 상소: 51~53

51. 중복(重卜)하여 우의정에 박종악을 임명하였는데, 그가 모년 의리에 대해 상소하면서 그의 작은아버지 금성위 박명원(朴明源)[290]의 말을 인용하였다. 또한 서유린이 말한 책을 편찬하라고 한 말을 인용하여 『명의록』 상편(上篇)의 편찬을 청하였다.[291] 처음부터 끝까지 수많은 말이 있었는데, 끝으로 유성한과 윤구종의 근저에 전 우의정 김종수가 있다고 하였다.

"김종수는 천성이 험악하고 처신이 간특하여 뱃속에 가득 찬 것이 사나운 기운뿐이었습니다. 발언과 행사가 모두 남을 해치려는 마음이 아님이 없어서, 스스로 사류(士類)라 칭하면서 (자기) 마음을 속이고 세상을 속였습니다. 만년에는 역적 척신[김구주다]에게 돌아가 벼슬을 얻고 잃는 것만을 염려하였습니다.

홍국영(洪國榮)[292]이 정권을 잡자 노비처럼 비굴하게 굽실거리고 파리나 개처럼 아

290. 박명원(朴明源, 1725~1790): 본관 반남(潘南), 자 회보(晦甫), 호 만보정(晩葆亭). 예조 참판 사정(師正)의 아들. 박종악은 박형원(朴亨源)의 아들인데, 박형원은 박명원의 형이므로, 박명원은 박종악의 계부(季父)가 된다. 박명원은 1738년(영조 14) 영조의 셋째딸 화평옹주(和平翁主)에게 장가들어 금성위(錦城尉)에 봉해졌다. 문장에 능해 십여 차례 국가의 경조사에 금옥보책명정서관(金玉寶冊銘旌書官)에 임명되었다.

291. 또한 …… 청하였다: 1792년(정조 16) 5월 24일(신유) 실록기사에서 박종악은 『명의록』에서 을미년·병신년만 거론하고 무인년·기묘년은 언급하지 않은 사실을 지적하면서 『명의록』 상편을 편찬하여 여러 흉적이 무인년·기묘년과 을미년·병신년의 원류(源流)와 맥락(脈絡)임을 밝힐 것을 촉구하였다.

292. 홍국영(洪國榮, 1748~1781): 본관 풍산(豊山), 자 덕로(德老). 이조 참판·대사헌 등을 역임. 홍봉한·홍인한과는 가까운 일가친척. 세손 시절 정조를 보호하고, 세손의 대리청정을 반대하던 벽파 정후겸·홍인한·김구주 등을 탄핵해 실각시켰다. 1776년 홍상간(洪相簡)·홍인한·윤양로(尹養老) 등이 세손을 모해하려는 모역을 적발해 처형시켰다. 정조 즉위 직후 곧 동부승지로 특진하였다. 1778년(정조 2) 여동생을 원빈(元嬪)으로 삼아 입지를 굳히고자 했으나 병으로 죽자 정조의 동생 은언군(恩彦君) 인(䄄)의 아들 담(湛)을 원빈의 양자로 삼아 완풍군(完豐君)에 봉하였다. 1780년(정조 4) 효의왕후(孝懿王后) 독살사건에 연루되어 축출당하였다.

첨하며, 심지어 그의 형 김종후에게 권하여 글을 올려 홍국영을 유임시키기를 청하면서 '천고의 기이한 남자[奇男子]'라고 하였습니다. 이는 거간꾼만도 못한 짓인데 어찌 사대부의 소행이라 하겠습니까. 아주 사소한 원한으로도 반드시 남의 가족을 멸망시키려 하고, 명성과 위세를 떨쳐서 반드시 자기가 위엄과 복덕을 짓고자 하였습니다. 오로지 권세와 은총을 파는 일에 이르지 못할까 두려워하였으며, 같은 무리는 옹호하고 다른 당(黨)은 공격하여 부딪치기만 하면 반드시 부수어버립니다. 이는 그에게 있어 오히려 가볍고도 작은 일에 속합니다. 운운.

오늘날 스스로 도망친 도적을 숨겨주고 참새를 몰아넣는 숲이 된 자는 누구입니까. 일찍이 한후익(韓後翼)[293]을 심복으로 삼았는데, 한후익은 역적질을 하였습니다. 지금 윤구종이 신하 노릇을 거부한 것은 바로 김종수가 창귀(倀鬼)[294] 노릇을 한 결과이며, 유성한의 부도(不道)한 말 역시 김종수가 효시가 됩니다. 운운.

유성한과 윤구종 같은 자를 애지중지하며 키우고 길러, 긴밀하게 모의하고 난만(爛漫)하게 관통(關通)하였습니다. 때문에 이 무리들의 이목(耳目)이 물들고 견문이 익숙해져, 그 말과 의논을 보는 것이 점을 치는 듯하고, 태산(泰山)과 북두(北斗)처럼 그의 일을 본받았습니다. 마치 절인 생선가게에 들어간 것이 오래되었는데도 그 냄새를 맡지 못하고, 함께 변해가고 있는 것과 같았습니다. 때문에 스스로 깨닫지 못한 사이에 임금을 욕하고 꾸짖는 것이 습관이 되어 다반사처럼 일어났습니다. 그러니 두 역적은 김종수의 괴뢰가 되고, 김종수는 두 역적의 두뇌가 되어 죄악이 두 역적보다 더 극심하고 큽니다.

또 몇 해 전 선희궁(宣禧宮)[295]을 개호(改號)하는 일로 말하더라도, 신의 작은 아비가 글을 진달하여 청한 것은 오로지 고심과 정성에서 나온 것이었습니다. 이에 우리 성상께서 크게 감동하여 그 글을 의정부와 홍문관·예문관에 내려 궁호를 고치는 것을 의논하게 하였습니다. 그런데 김종수는 소본(疏本)을 보고서 이유 없이 부름을 어기고 참여하지 않았으니, 평소 그가 임금을 이기려 하고 의리를 저버리는 것이 이미

293. 한후익(韓後翼, 1740~1777): 본관 청주(淸州), 자 경이(敬以). 1776년(정조 즉위년) 11월 21일(기축) 실록 기사에 따르면 정언 한후익이 상소하여 김구주를 찬배(竄配)한 것에 대해서 "기사(機事)는 이미 지나갔지만 기심(機心)은 아직 남아 있습니다"라고 하면서 정조의 조처가 적절하지 않았다고 하였다. 1777년(정조 2) 7월 18일 홍양해·심혁과 함께 복주(伏誅)되었다.

294. 창귀(倀鬼): 먹을 것이 있는 곳으로 범을 인도한다는 나쁜 귀신.

295. 선희궁(宣禧宮): 1764년(영조 40)에 영조의 후궁이자 사도세자의 생모인 영빈 이씨(暎嬪李氏)의 신주를 봉안한 묘사(廟祠). 1764년에 영빈 이씨가 사망하자 시호를 의열(義烈)이라 추증하고, 묘의 이름을 의열묘(義烈廟)라고 하였다가 1788년(정조 12)에 선희궁으로 고쳐 격을 높였다.

하나의 기량(伎倆)이 되어 덮어서 감출 수 없게 되었습니다. 때문에 이번에 논의되고 있는 의리에 관계된 모든 것은 일체 죽음을 무릅쓰고 피하기를 도모하였습니다. 아, 역시 흉패(凶悖)합니다. 운운."

주상이 수천 마디 말로 전교하여 남김 없이 밝게 풀어주었다. 심지어 "경은 나를 용문(龍門)의 지주(砥柱)[296]처럼 믿어야 한다"고까지 말하였다. 사관(史官)을 보내 전 우의정[김종수]에게 위로의 말을 전하게 하고, 정승 박종악에게 먼저 서용하지 않는 법을 시행하였다.

김종수의 손자 김동선(金東善)이 신문고(申聞鼓)를 쳤는데, 판결한 내용은 다음과 같다.

"이 원정(原情)을 보건대, 그의 조부인 대신은 한후익·유성한의 무리와 서로 만난 적이 없을 뿐만 아니라 아울러 친족이나 인척, 친구 가운데 한후익과 유성한에게 드나드는 사람들에 대해서도 본래 모른다고 하였다. 운운. 윤구종의 일은 대신이 비루하게 여겨 마음속으로 끊었는데도 윤구종이 가는 곳마다 자랑하며 팔고 다닌 일 등은 실로 각각의 항목에 대한 증거가 원정에 분명하니, 더욱 (대신이) 알지 못하였음을 알 수 있다. 운운."

우의정 박종악이 중추부[西樞] 직함을 받은 뒤에도 거듭 앞서와 같은 뜻으로 상소하였는데 (상소문을) 궁중 안에 머물러 두게 하였다. 그 대의는 선희궁의 호칭을 바꾸자는 논의가 일어났을 때의 일을 의리죄인으로 지목하여 논한 것이었다. 한후익은 김관주(金觀柱)와 제일 친하였으며, 그[김종수] 또한 김관주와 절친하였다. 윤구종은 그의 모친상에서 장사지내는 일에 참여하였는데, 유성한은 사람들의 이목을 두려워하였다고 한다. 운운.

52. 김동선이 신문고를 칠 때, 금호문(金虎門)으로 난입하여[신문고는 돈화문에 있었다. 때문에 금호문으로 들어간 것은 난입한 것이다] 생기(省記)[297] 명단에 없는데도 대궐 안에서 묵었다. 이에 주상이 도성 문 출입을 금지하는 규정이 헛되게 되었다면서 입직 당상(入直堂上)을 파면[遞罷]시켰고, 낭관(郎官)은 먼저 파면한 뒤에 잡아들이게 하였다. 병조판서에게 명하여 금호문의 장졸은 엄하게 곤장을 치게 하였다. 『명의록(明義錄)』 '문

296. 용문(龍門)의 지주(砥柱): 황하 상류 여울목 안 용문 가운데 있는 큰 바위를 가리킨다. 격류 속에서도 우뚝 솟아 있다고 해서 어지러운 세상에서 절개를 지키는 선비를 비유하기도 한다.
297. 성기(省記): 숙위자 이름과 숙위 규정을 기록하는 문서.

금(門禁)'의 대문(大文)과 『문헌비고(文獻備考)』의 '신문고' 조를 해당 부(府)로 하여금 병조 판서에게 보내어 보게 하라고 하였는데, 그 뒤 『명의록』에서 '병조 판서에게 보내어 보게 하라'는 말은 지워버렸다.

53. 모관 윤영희(尹永僖)가 신집(申鏶)을 월강(越講)[298]시킨 일[299]로 인하여 외읍(外邑)에 보임시켜 내보냈는데, (윤영희가) 수군 절도사와 체례(體例)[300]의 일로 다투었다.[301] 정승 채제공이 경연석상에서 자못 윤영희를 구원하자 주상이 크게 노하여 중도부처(中道付處)[302]하라고 명하면서 하교하기를,

"내가 채제공을 저버리지 않았는데 채제공이 나를 저버렸다"고 하였다. 이에 이조참의 신기(申耆)가 윤시동을 이조 판서에 천거하였다. 모관 한치응(韓致應)[303]이 상소하였다.

"윤시동의 죄악은 너무 커서 채제공의 진퇴 소식 때문에 조금이라도 더해지고 덜해질 수 없습니다. 아, 저 신기가 채제공이 처벌을 받은 날 천관 총재(天官冢宰, 이조판서)에 (윤시동을) 다시 천거하여 주의(注擬)[304]하는 데 급급한 것은 도대체 무슨 뜻입니까. '노나라의 술맛이 없어서 한단(邯鄲)이 포위당했다'[305]는 말처럼 이치에 합당하지 않은데, 산택이 텅 비니 여우와 미꾸라지가 일어났다고 한 것에 불행하게도 가

298. 월강(越講): 조흘강(照訖講)의 시험에 합격하는 것을 '월강(越講)' 또는 '월생(越牲)'이라 하였다. 조흘강은 소과, 즉 생원·진사시의 경우 초시와 복시, 문과의 경우 복시 실시 전에 응시자에게 부과되었던 예비 시험이다.

299. 윤영희(尹永僖)가 …… 시킨 일: 1791년(정조 15) 8월 30일(임신) 실록기사에 따르면 당시 조흘강에 응시하였던 신집이 시관(試官)이었던 윤영희에게 명단을 올렸고, 윤영희가 그에게 강(講)을 받고는 합격을 시켰다고 한다. 본편 29번 기사에 관련 내용이 있다.

300. 체례(體例): 벼슬아치들 사이에 지키는 예절.

301. 수군 절도사 …… 다투었다: 1792년(정조 16) 6월 전라 우수사 이항림(李恒林)이 가리포 첨사(加里浦僉使) 윤영희(尹永僖)가 상영(上營)과 다투어 수사에 대한 예절을 지키지 않았다고 보고하며 유사(攸司)로 하여금 품처하기를 청한 일을 가리킨다.

302. 중도부처(中道付處): 유배 죄인의 평소 공로나 정상(情狀) 등을 참작하여, 유배지로 가는 중간 지점의 한 곳을 지정하여 머물러 있게 하는 처분.

303. 한치응(韓致應, 1760~1824): 본관 청주(清州), 자 혜보(徯甫), 호 병산(粤山). 개성 유수·한성 판윤 등을 역임. 1806년(순조 6) 채제공의 신원(伸寃)을 청한 승지 심규로(沈奎魯)에 동조, 윤필병(尹弼秉) 등과 함께 연합 상소한 사건으로 삭출되었다. 시문에 뛰어나 이유수(李儒修)·홍시제(洪時濟)·윤지눌(尹持訥)·정약전(丁若銓)·채홍원(蔡弘遠) 등과 죽란시사(竹欄詩社)를 조직하여 서로 교유하였다. 저서로 『병산집(粤山集)』이 있다.

304. 주의(注擬): 관리를 임명할 때 임금에게 후보자 세 사람을 정하여 올리던 일. 문관(文官)은 이조(吏曹)에서, 무관(武官)은 병조(兵曹)에서 정하였다.

305. 노나라의 …… 포위당했다: 아무런 잘못도 없이 뜻밖의 화를 입는 것을 말한다. 『장자』「거협(胠篋)」에 이르기를 "노나라 술이 맛이 없어 조나라의 한단이 포위를 당하고, 성인이 탄생하자 큰 도적이 일어났다[魯酒薄而邯鄲圍, 聖人生而大盜起]"고 한 데서 온 말이다.

깝습니다. 이 때문에 저는 매우 통탄스럽게 생각합니다.

아, 윤시동의 무신년(1788, 정조 12) 상소[306]는 이것이 얼마나 음흉한 속셈이 담긴 흉역스러운 상소입니까. 채제공이 아니라 삼척동자도 또한 모두 토죄해야 할 것을 알고 있는데, 장차 채제공이 한 번 제거되면 윤시동의 흠이 없어집니까. 또 온 나라의 모든 백성이 30년 동안 마음을 썩이고 뼈에 사무쳐온 큰 의리를 채제공 한 사람이 품고 나아가고, 거두어 물러날 수 있겠습니까. 진정으로 슬픕니다. 운운."

금등의 문자를 공개하다: 54~58

54. 계축년(1793, 정조 17) 5월, 중복(重卜)하여 영의정에 채제공을, 좌의정에 김종수를 임명하였다. 영의정이 상소를 올렸는데, 대략 다음과 같다.

"신은 나라를 위해 죽기를 원하는 사람이기에 죽음이 가까워진 이때에 차마 마음에 담아두고 다시 말하지 않아서 끝내 천고에 눈을 감지 못하는 귀신이 될 수 없었습니다. 이에 감히 두려운 마음을 잊고서 원컨대 그에 대한 말을 모두 아뢰려고 하니, 전하께서는 측은한 생각으로 굽어살펴주소서.

아, 신이 기유년(1789, 정조 13) 영우원을 옮길 즈음에 우리 성상께서 입으신 소맷자락에 흐른 눈물이 피로 변하여 점차 붉게 물든 것을 우러러보았습니다. 일찍이 옛글에서 '혈루(血淚)'라는 두 글자가 있는 줄은 알았지만, 그것을 직접 목격하지는 못했었는데 차마 군부의 소맷자락에서 직접 그것을 보게 되었습니다. 아 하늘이여, 이것이 무슨 까닭입니까.

신은 전하께서 제왕의 존귀한 지위로 몸소 증자(曾子)·민자(閔子)[307]와 같은 효도를 행하시는 것을 알고 있었습니다. 하지만, 진실로 원통함이 하늘에 사무치고 맺힌 한을 펴지 못한 그런 경우가 아니라면 눈에서 흘러내리는 눈물이 어떻게 참으로 피를 이루는 지경에 이르겠습니까. 그런데도 (전하께서는) 가슴 속에 채우고 또 채우며, 억제하고 또 억제하여 의리가 크게 펴지 못하게 한 것은 전하께서 이를 선조에 속한 일이라 여겨 참고 감내하면서 품게 된 지극히 고통스러운 마음에서 나온 것이었습니다.

---

306. 무신년 상소: 1788년(정조 12)에 형조 판서 윤시동이 조덕린의 면죄와 관련, 채제공을 비판하는 상소를 가리킨다. 윤시동은 영조가 조덕린의 손자 조진도를 삭과(削科)하라고 한 것 역시 조덕린의 죄적에 포함된 것이라고 하면서 사면의 부당성을 주장하였다.
307. 증자(曾子)·민자(閔子): 두 사람 모두 공자의 제자로 효성과 우애가 지극하여 덕행이 뛰어난 인물로 알려져 있다.

그러나 우리 선대왕께서 이미 전하를 위해 원수의 큰 괴수에 대하여 이름을 들어 깨우쳐주었으며, 또 궁액(宮掖) 가운데 틈을 엿보아 참소한 자에 대해서는 뜻을 드러내지 않고 지목하여 가르쳐주었습니다. 아, 당시 여러 역적의 참소와 무함 가운데 세자를 일러 화리(貨利)와 성색(聲色, 음악 · 여색)을 탐한다고 하거나 말 달리며 사냥하기나 즐긴다는 말을 날조해낸 경우는 그 죄가 참으로 하늘에 사무친 것입니다. 그런데도 전하께서 이를 선조에 속한 일이라 하여 참고 말하지 않으시는데, 그에 대해서는 (그것이 그렇지 않다는 것을 다음과 같이) 말씀드릴 수 있습니다.

신이 수십 년 동안 마음을 썩이고 뼈에 사무치는 아픔으로 살고 싶지 않았던 것은 바로 간사하고 흉악한 자들이 무고한 것이[이 아래의 '비(非)' 자와 '즉(卽)' 자가 있는 두 구절은 차마 말할 수 없는 구절이다][308] 곧 천고에 차마 말할 수 없는 일이기 때문이었습니다. 신이 죽지 못하고 더욱이 피눈물을 흘리며 배를 갈라 보이지 못하였지만, (이것에 대해서는) 분명하게 변파하여 천하후세에 밝게 보이려 했습니다. 하지만, 전하께서 차마 들을 수 없다고 하여 끝내 듣지 않으시고, 신도 차마 말할 수 없어서 끝내 말하지 않았습니다. 만약 전하와 신의 마음을 같은 마음으로 삼아서 차마 제기할 수도 없고 기록할 수도 없는 일에 대하여 천하 만세로 하여금 또한 차마 제기할 수도 없고 기록할 수도 없음이 의리임을 알게 한다면 이는 진실로 동호(董狐)[309]와 같은 좋은 사관의 기록이 될 것입니다. 신은 어리석어서 죽을죄를 지었는데, 가만히 생각해보니, 간흉의 죄는 숨겨져서 드러나지 않고, 그것을 밝히려는 시도가 있다는 소식은 들은 적이 없으니, 백 대의 뒤에는 장차 무엇에 근거하여 믿을 수 있겠습니까. 신이 매번 생각이 여기에 이르면 한밤중에도 애끊게 울어 목소리가 나지 않습니다. 전하의 효성으로써 생각이 여기에 미치지 못할 리가 있겠습니까.

신이 수원 유수[水城留營]가 되면서부터 한침(漢寢)[310]의 의관(衣冠)을 가까이 모시고 구령(緱嶺)의 생학(笙鶴)[311]을 방불케 하는 모습을 우러러 바라보며 의지하던 나머

---

308. 이 아래의 …… 구절이다: 해당 구절이 무엇인지를 자세히 알 수 없다. 다만 1793년(정조 17) 8월 9일(기사) 실록기사에서 김종수가 다음과 같이 말하였다. "이는 대체로 그 일이 아무 해에 일어난 망극한 사변(임오화변) 가운데의 핵심적인 내용에 관계된 것이고 상소를 올려 세초(洗草)할 것을 청한 내용 중 가장 중요한 부분인 것이다." 해당 내용에 대해서는 다음 55번 기사에서도 언급하고 있다.

309. 동호(董狐): 춘추시대 진(晉)나라 사관(史官). 사호(史狐)로도 불린다.

310. 한침(漢寢): 한나라 고조 유방의 원묘(原廟). 한나라 때 왕릉(王陵) 곁에 침전(寢殿)을 지어 왕이 평소에 사용했던 일용 도구들을 생전처럼 꾸며두었던 데서 유래된 말이다. 여기서는 현륭원을 가리킨다.

311. 구령(緱嶺)의 생학(笙鶴): 죽은 세자를 비유한 말. 구령은 구지산(緱氏山)의 산봉우리이고 생학은 신선이 타고 다닌다는 학 이름인데, 주 영왕(周靈王)의 태자 진(晉)이 이곳에서 신선이 되어 학을 타고 천상으로 올라갔다는 고사에서 온 말이다.

지 매번 슬프고 애달픈 생각이 들었습니다. 일전에 신 또한 기일[忌辰] 제사를 지내는 반열에 참여하였습니다. 촛불이 흔들리고 솔바람이 부는 사이에 절을 하고 꿇어 앉았는데 아련히 떠오르는 음성과 용모, 숙연하게 탄식하는 모습이 마치 보이는 듯 들리는 듯하였습니다. 신이 이에 눈물을 삼키며 속으로 스스로 말하기를,

'선세자[睿德]를 직접 섬겼던 이 몸이 늙어서도 아직 죽지 않았으니, 침원(寢園)을 돌볼 사람이 이 몸밖에 다시 몇 사람이나 있겠는가. 당시의 일을 직접 보아 망극한 무고임을 밝게 알면서도 끝내 다시 마음을 다해 말하지 못하고 여느 때처럼 세월만 보내고 있구나. 이는 곧 선대왕의 50년간의 은혜를 저버린 것이요, 전하께서 다시 살려주신 큰 덕을 저버린 것이며, 또 나 자신의 일편단심을 저버린 것이다. 잠시 뒤에 죽어서 땅에 들어가게 되면 무슨 말을 우리 선대왕에게 아뢰며 무슨 말로 우리 선세자에게 보답하겠는가'라고 하였습니다. 이렇게 생각을 하고는 신이 굳게 결심한 것이 있었습니다.

전하가 신을 영의정에 발탁한 뜻이 어찌 신을 부유하고 귀하게 만들기 위해서였겠습니까. 반드시 신으로 하여금 의리로써 마음을 가지고 의리로써 임금을 섬겨, 온 세상을 의리의 테두리 안으로 들어가게 하기 위해서입니다. 만약 그렇다면 신이 전하를 섬기는 일 가운데서 이 큰 의리를 버려두고 다시 어디에 의지하겠습니까. 운운."

주상이 이러이러하다고 비답하고, 사관(史官)으로 하여금 영의정에게 원소(原疏)를 돌려주게 하였다. 좌의정 김종수가 차자를 올려 영의정 채제공의 죄를 극론하자, 주상이 둘 다 파직시켰다. 좌의정 김종수가 빈계(賓啓)[312]하여 논의하기에 이르자, 온 세상이 흉흉해졌다. 그렇지만 채제공의 상소 가운데 무슨 말이 있었기에 한쪽 편 사람들이 갑자기 그를 역적이라고 하는지 알 수 없었다.

55. 8월 8일에 대신·경재(卿宰)·삼사(三司)가 입시하였을 때 주상이 말하였다.

"경들을 소견(召見)한 것은 나의 뜻을 말하기 위해서다. 근일 천리가 자취를 감추고 떳떳한 도리가 무너지고 끊어져서 만세에 천명해야 할 도리가 있으니, 어찌 한번 유시(諭示)하지 않을 수 있겠는가." 또 말했다.

"전 영의정(채제공)이 상소한 말을 경들은 과연 누구에게서 들었으며 또 무슨 일을 가지고 죄를 삼는가." 홍낙성(洪樂性)[313]이 말하기를,

---

312. 빈계(賓啓): 의정들이 빈청(賓廳)에서 국정을 의논하여 임금에게 아뢰던 일.
313. 홍낙성(洪樂性, 1718~1798): 본관 풍산(豊山), 자 자안(子安), 호 항재(恒齋). 중기(重箕)의 증손, 석보(錫

"원소(原疏)를 보지 못하였습니다"라고 하였고, 박종악과 김이소(金履素)[314]가 말하기를

"신들은 애초 본 적이 없고, 전 좌의정[김종수]의 차자는 보았습니다"라고 하였다. 주상이 말하였다.

"그가 만약 (죄를) 범한 사실이 있다면 전 영의정이라고 해서 어찌 (처벌을) 아끼겠는가. 만약 올바른 것에 반대하였다면 또한 전 좌의정이라고 하여 어찌 (처벌을) 아끼겠는가. 전 영의정의 상소 가운데 한 구절의 말은 곧 모년의 큰 의리에 관한 핵심이다. 내가 양조(兩朝, 영조와 사도세자)의 미덕을 천양하고 싶은 마음이 있으면서도 오히려 한 번도 이를 제기하지 못하였다. 참으로 이 일이 모년에 관계된 것이어서 감히 말하지도 못하였고 차마 제기하지도 못한 것이다.

전 영의정의 상소 가운데는 '비(非)' 자 한 구절로 말을 꺼내고 '즉(卽)' 자 한 구절로 말을 끝맺었다. '즉' 자 이하의 내용은 모년의 일과 관계되어 있는 지극히 중대한 일이었다. 설령 전 영의정이 나라를 위해 한 번 죽기로 작정하고 미덕을 천양하려는 애타는 마음과 피끓는 정성에서 한 말이라 할지라도 이는 내가 감히 말하지 못하는 것을 전 영의정이 말한 것이니 겉으로만 보면 그의 죄를 용서하기 어렵다. 그래서 내가 비지(批旨)를 내려 이미 형벌[鈇鉞]과도 같은 엄한 뜻을 보였으니, 오늘 조정에 있으면서 어떻게 놀라 통분해 하지 않을 수 있겠는가. 그러니 전 좌의정이 성토한 것은 형편상 그럴 수밖에 없는 일이었는데, 전 영의정이 다른 사람이 감히 말하지 못하는 것을 감히 말한 것은 대체로 곡절이 있어서였다.

전 영의정이 도승지로 있을 때 선조께서 휘령전(徽寧殿)에 나와 사관(史官)을 물리친 다음 도승지만을 앞으로 나오도록 하여, 어서(御書) 한 통을 주면서 도승지에게 신위(神位)의 아래에 있는 침구 속에 간직하도록 하였다. 전 영의정의 상소 가운데 '즉' 자 아래의 한 구절은 바로 금등(金縢)[315]의 말인 것이다.

輔)의 손자, 예조 판서 상한(象漢)의 아들. 어유봉(魚有鳳)의 문인. 좌의정·영의정 등을 역임하였다.

314. 김이소(金履素, 1735~1798): 본관 안동(安東), 자 백안(伯安), 호 용암(庸庵). 영의정 창집(昌集)의 증손, 승지 제겸(濟謙)의 손자. 우의정 등을 역임. 1780년(정조 4)에는 대사헌이 되어 홍국영의 관작 삭탈을 주청했고, 1783년 예조 판서로 있을 때 채제공을 탄핵하다가 잠시 파면되기도 했다.

315. 금등(金縢): 『서경(書經)』 「주서(周書)」의 편명. 그 내용은 주공(周公)이 주나라 무왕(武王) 대신 죽기를 하늘에 기도한 축문(祝文)으로서, 금속 노끈으로 꿰맨 상자에 비장(秘藏)해 두었다. 무왕이 죽고 나이 어린 조카 성왕(成王)을 대신하여 주공이 섭정하자 관숙(管叔) 등이 모함하였고, 이에 주공은 동도로 피하였다. 뒤에 성왕이 금등을 열어보고 주공의 진심을 깨달아 다시 불러들였다. 여기서는 영조가 사도세자를 죽인 뒤 이를 후회하여 기록한 비밀 기록을 가리킨다.

내가 처음 왕위에 오른 병신년(1776) 5월 13일에 문녀의 죄악을 드러내어 공표할 때 전 영의정이 윤음(綸音)[316]을 교정하는 일에 참여하여 (이에 대해) 아뢴 일이 있어, 승지와 한림(翰林)을 보내어 이를 받들어 상고하였다. 지금 물러가기를 청하는 상소에서 이처럼 '장차 죽음을 앞두고 있다'고 말한 것은 혼자만 이 사실을 알고 있어서 홀로 그 일을 말한 것 때문이었으니, 이는 가슴속에서 우러나온 충성과 의리의 발로라고 할 만하다.

전 좌의정은 본래 이 일을 모르기 때문에 단지 겉으로 나타난 것에 의거하여 지난 여름 이후로는 감히 말하지 못할 의리로써 성토한 것이니, 이 또한 충성과 의리에서 나온 것이라고 할 수 있다.

금등 속의 말은 하나는 하늘과 같은 지극한 자애로움이고, 하나는 하늘과 같은 지극한 효성이니 이것은 어떠한 미덕인가. 단지 감히 말하지 못할 일이라는 이유 때문에 그대로 두어 차마 제기하지 못하고, 장차 가리고 숨겨 드러나지 못할 뻔하였는데, 지금 전 영의정의 상소로 인하여 그 단서가 드러났으니 잠자코 있을 수 없게 되었다. 운운."

주상이 마침내 금등 가운데의 두 구절을 베껴 쓴 작은 종이를 여러 대신에게 보여주게 하였다. 위 구절은 여덟 글자로,

"피 묻은 적삼이여 피묻은 적삼이여, 오동나무여 오동나무여[血衫血衫, 桐兮桐兮]"[317]라고 쓰여 있었다. 아래 구절은 열두 글자로,

"누가 안금장(安金藏)과 전천추(田千秋)였던가? 나는 귀래망사대(歸來望思臺)를 마음에 품고 있다[誰是金藏千秋, 予懷望思之台]"[318]라고 쓰여 있었다. 곧 하교하였다.

"내가 이덕사와 조재한을 사형에 처하던 날 문녀와 김상로에 대한 처분도 또한 있었다. 그때 이미 금등의 글 가운데 들어 있는 선조의 본의에 대하여 그 단서를 약간 내보였었다. 내가 비록 보잘것없지만 일단 결정을 하려면 저울질을 해보고 결정하지 어찌 경중(輕重)을 헤아려보지도 않고 출입할 수 있겠는가. 내가 차마 이 말을 하는 것은 나도 생각이 있어서다. 요컨대 온 세상 사람들에게 전 영의정이 상소에서 말한

---

316. 윤음(綸音): 임금이 신하나 백성에게 내리는 말. 오늘날의 법령과 같은 효력을 지닌다.

317. 피 묻은 …… 오동나무여: 피 묻은 적삼과 오동나무는 정성왕후 서씨(徐氏)의 상례 때 사용했던 사도세자의 피 묻은 상복과 오동나무를 깎아 만든 지팡이인데, 숙의 문씨와 김상로 등 역적은 이를 사도세자가 영조를 저주하기 위해 사용한 도구라고 무함하였다고 한다.

318. 누가 …… 품고 있다: 당(唐)의 안금장(安金藏)과 한(漢)의 전천추(田千秋)는 각각 당 중종(中宗)과 한 무제(武帝) 당시 태자를 모함하는 반 태자 세력에 맞서 목숨 바쳐 간언한 충신이며, 귀래망사대(歸來望思臺)는 한 무제가 뒤늦게 모함을 깨닫고 이미 죽은 태자를 위로하기 위해 세운 건물이다.

것이 위에서 말한 바와 같고, 전 좌의정이 준엄하게 성토한 것도 애초 속사정을 모른 데서 나온 것임을 알리고 싶었을 뿐이다. 또 분명히 밝혀두지 않을 수 없는 일이 있다. 오늘날 신하들은 매번 사단이 생기면 곧 망령되게 추측하는 버릇이 있다. 전례(典禮) 문제 같은 것은 의심하지 않아도 될 것을 의심하고 있으니, 이것을 누가 감히 마음속에 품고 있는가.

즉위 초기에는 으레 정청(庭請)[319]이 있으면 힘써 따랐다. 하지만 나는 세 번 사양하는 데 그치지 않고 세 가지 사안에 대해서는 사양하는 이유를 대면서 여러 신하가 그 뜻을 따라주기를 바랐다. 첫째, 강왕(康王)이 면류관을 벗은 일이 선유(先儒)들로부터 예가 아니라는 비난을 면치 못하였기 때문에[320] 차마 문(門)에 임하여 조정에 나아가 축하를 받지 못한다는 것이다. 둘째, 영릉(永陵)[321]을 추존하는 일은 비록 선조가 유언한 것이지만 다시 더 신중을 기하는 것이 합당하다는 것이다. 셋째, 왕대비전의 호칭에 대하여, '왕(王)' 자 위에 '대(大)' 자를 감히 더 놓을 수 없다는 것이다. 그런데 의례[혹은 '속된 견해'로 되어 있다]에 얽매여 맨 아래 한 조항 이외에는 모두 거론할 수 없게 되고 말았다. 이것도 오히려 이와 같았는데 하물며 전례에 관한 문제를 감히 의논한단 말인가.

병신년(1776, 정조 즉위년) 3월 10일 하교를 보면 나의 본의를 알 수 있다. 오늘 차마 말하지 못할 일을 한번 빈대(賓對)[322]하여 말할 수 있고, 이 한 장의 전교로써 널리 깨우칠 수 있었던 것은 반드시 조정에 있는 모든 사람에게 본 사안을 분명하게 깨우쳐 알게 하여 대고(大誥)의 뜻으로써 사람마다 이해할 수 있게 하고 일마다 깨우쳐 알리고자 함이다. 지금부터는 다시 이를 빙자하여 시끄럽게 떠드는 일이 있으면 누구든지 성토할 수 있을 것이다. 오늘 이후 천명할 책임은 오로지 경들에게 있다." 마침내 물러가라고 명하였다.

다음날 판부사 김종수가 입시하자, 주상이 또 위와 같이 깊이 깨우쳐주었다. 김종수 또한 말하였다.

---

319. 정청(庭請): 중대사가 있을 때 세자 또는 의정(議政)이 백관을 거느리고 궁궐에 이르러서 집단적으로 계(啓)를 올리고 전교(傳敎)를 기다리던 일.
320. 강왕(康王)이 …… 때문에: 주나라 성왕(成王)이 죽고 장례를 치르기 전에 그의 아들 강왕이 면복(冕服)을 입고 성왕의 유언을 신하들에게 전한 다음 면류관을 벗고 다시 상복으로 갈아입었다. 이에 대해 소씨(蘇氏)가 바른 예가 아니라고 말하였다. 『서경』「주서(周書)」'강왕지고(康王之誥)' 참조.
321. 영릉(永陵): 영조의 맏아들 진종.
322. 빈대(賓對): 매월 여섯 차례씩 의정대신(議政大臣)과 대간(臺諫), 옥당(玉堂)의 관리들이 임금 앞에 나아가 중요한 정무(政務)를 임금에게 아뢰는 일.

"(전 영의정의 상소 가운데는) '비' 자 아래와 '즉' 자 이하의 이야기들은 과연 제기할 만한 곡절이 있고 또 모두 양조의 미덕을 드러내는 데 관련된 것이니, 또 어찌 감히 이로써 성토하겠습니까." '동호지필(董狐之筆)'[323] 네 글자는 모두 『명의록』에 나오는 말이었는데, 주상이 또 그 뜻과 같지 않음을 밝혔다.

그 뒤 김종수가 한종찬(韓宗纘)의 상소로 인하여 다시 상소를 올려 정승 채제공을 성토하였다.

"낙동강 동남쪽 영남의 여러 적도의 우두머리인 한종찬의 상소는 장헌세자가 온양에 행차하였을 때의 훌륭한 일을 진술했을 뿐, (금등에 대한) 별다른 말이 없었는데, (채제공의 상소는) 이와 같습니다." 또 말하기를,

"금등의 문자가 나왔지만 일찍이 전하의 한마디 말, 한 글자도 특별히 번거롭게 한 것이 없었습니다"라고 운운하였는데, 이 또한 그 (주상이) 말한 바를 이해하지 못한 것이었다. 주상이 상소를 돌려주었기 때문에 그다지 널리 전파되지 않았다.

56. 아, 모년의 일을 어찌 차마 말할 수 있겠는가. 선대왕의 지극한 자애로움과 선세자의 지극한 효성스러움으로써 보건대 이는 만고에 없었던 일이다. 이는 실로 천지의 큰 변고이며 인신(人神)의 지극한 애통함이었다. 30년 이래로 초야의 어리석은 사람들은 한번 가물고 한번 홍수가 드는 기이한 일이 모년의 일 때문이라고 말하지 않는 사람이 없었다. 그래서 또 병신년 이후 위로는 진신들로부터 아래로는 선비들까지 크게는 주륙하고 작게는 폐기하여, 엄정하게 끊고 준엄하게 막아서 감히 말하지 못하게 하였다. 그렇지만 여러 소장에 기록된 것이 극진하지 않음이 없었던 것은 가슴 속에 맺혀 있던 것이 겉으로 드러나서, 이르는 곳마다 촉발되어 지금까지 이어져 끝내 막히고 끊어지지 않게 하였으니, 이는 진실로 어째서인가. 깨우쳐 인도하여 말하게 하고 상(賞)으로 권면하여 행하게 하였다면, 간혹 수긍하지 못하는 자가 있었을 것이다. 이제 금령을 설치하여 보여주고 (이를 어기면) 형벌이 뒤따랐는데도 또한 무엇 때문에 고통스럽게 (형벌을) 무릅쓰고 말하였는가.

아, 금등의 글이 한 번 나오자 선세자의 지극한 원통함은 조금도 펴지지 않은 것이 없었지만, 선대왕의 지극한 한스러움은 장차 만세토록 다함이 없을 것이다. 하나는

---

323. 동호지필(董狐之筆): 채제공이 상소문 가운데에서 말한 구절이다. 동호와 같은 훌륭한 사가(史家)가 있어서 전하의 마음을 충분히 이해하고 신들의 마음도 충분히 이해한다면 지금 굳이 들추어내려고 할 필요가 없다는 뜻이다.

하늘과 같은 지극한 자애로움이고 하나는 하늘과 같은 지극한 효성이니, 양조(兩朝)의 미덕이 해와 별처럼 밝게 드러났다. 지금까지 30년 사이에 우리나라의 생명을 지닌 무리의 가슴속에 얽혀 있던 답답함이 위에 도달하여 하루아침에 확 트여졌으니 어찌 우리 전하가 고심하여 품게 된 지극한 생각에서 나온 것이 아니겠는가. 천리가 장차 어두워지는 것을 염려하고 떳떳한 도리가 끊어지는 것을 두려워하여 차마 제기할 수 없는 문자를 제기하여 천만세의 어리석음을 한 번에 제거하였는데, 상신(相臣)의 상소[324] 하나가 힘이 되었다. 당시 저 무고했던 무리에게 징토의 형벌을 미진하게 적용했던 것은 모두 조정 정령의 득실에 관계될 뿐이지, 애초 선세자의 순수한 행실과 선대왕의 큰 덕에는 관계가 없었다. 이미 대강이 그 올바름을 얻었으니 이제부터는 그 말이 감히 할 수 없다고 한 것과 차마 하지 못할 말이라는 것은 물론하고, 진실로 다시 제기할 필요가 없게 되었다. 위에서는 번뇌하는 단서가 없게 되고, 아래에서는 또한 형벌을 무릅쓰는 근심을 면하였으니, 이는 또한 불행 중 다행인 것이다.

57. 일찍이 영남에서 한 선비가 금등의 일에 대해서 말하는 것을 보았다. 그 사람이 말하기를,

"나는 선대왕이 옛날에 없었던 영웅호걸의 군주였음을 알겠다"라고 하였다. 어째서 그러냐고 물었더니 대답하였다.

"금등의 일이 바로 그것이다. 선대왕이 모년의 처분이 있은 뒤에 곧 잘못을 깨닫고 자주 조정에서 탄식하여 미약하지만 그 단서를 볼 수 있었다. 한쪽 편 사람들[325]이 한 일을 선대왕이 점차 알게 되었던 것이다. 당시 선대왕의 나이가 이미 많았지만 세손[儲宮]이 아직 어렸기에 조정을 두루 돌아보아도 의지할 만한 사람이 하나도 없었다. 만약 하루아침에 급작스럽게 화를 내며 크게 멸족(滅族)하는 거사를 행하였다면 그 무리가 번성했기 때문에 이루 다 죽이기 어려웠을 것이니, 주상에게는 끝없는 근심이 되었을 것이고, 세손을 보호할 방도는 없었을 것이다. 이에 애통함을 참고 고통을 감내하며 경(經)에서 권도(權道)를 구해 드디어 처분을 내리고 의리를 세웠다. 여러 역적이 국가에 충성하느라 노고하였다고 하면서 뒤탈을 막고, 대대로 벼슬한 신하들을 보호하려는 말이 윤음[綸綸] 사이에 간절하였던 것은 모두 세손을 보호하려는 계책에서 나온 것이었지만, 오히려 여러 역적이 훗날 근심이 될까 우려하였다.

---

324. 상신(相臣)의 상소 하나: 채제공의 상소를 가리킨다.
325. 한쪽 편 사람들: 여기서는 노론 측으로 세자 위해(危害) 세력을 가리키는 듯하다.

이에 세손의 종통을 효장세자(孝章世子)[326]에게 옮기고 또한 효장에게 '계통을 잇는다[承統]'는 두 글자를 더하여[327] 훗날 사도세자의 계통을 잇지 않겠다는 것을 분명하게 보임으로써 여러 역적의 입지를 위해 온갖 방도를 다 강구하고 난 뒤에야 세손이 보존될 수 있었다. 이미 세손을 보존했지만 성의(聖意)의 소재를 보이지 않았으면 사도세자의 지극한 억울함은 끝내 밝힐 날이 없었을 것이다. 성심(聖心)으로 (사도세자의 억울함을) 깨달았으면서도 또한 묵묵히 드러내지 않다가, 이에 2구(句) 20자의 글[328]을 지어서, 반드시 당색이 다른 채제공으로 하여금 지엄한 곳에 비밀리에 간직하게 하여 훗날의 증좌로 삼게 하였다. 하나는 당장 세손을 보호하는 것이고, 다른 하나는 뒷날 의리를 밝히는 것이다. 그 마음은 지극히 고통스럽고 그 계책은 지극히 깊었으니, 이는 한나라 무제(武帝)나 당나라 태종이 아니면 감히 이렇게 처리할 수 없는 일이었다. 운운."

나는 처음에 당황하였다가 끝에 가서야 황홀하게도 그 식견이 명백하고 논의가 뛰어나 보통 사람이 미칠 수 없다는 것을 깨닫고, 영남에 아직도 인재가 남아 있다는 것을 비로소 알 수 있었다.

58. 추숭의 논의는 예로부터 청론(淸論)의 배척을 받았다. 송나라 복왕(濮王)에 대한 논의[329]는 다만 아버지라고 칭할 것인가[稱考] 말 것인가가 쟁점이 되었는데, 우아한 명망을 지닌 구양수(歐陽脩)조차도 (복왕을 아버지라 불러야 한다고 주장하여) 당대와 후세의 비판을 받았다. 하물며 (구양수보다 명성이) 낮은 사람은 어떠하겠는가? 하물며 추숭의 논의는 어떠하겠는가. 선조(宣祖) 대왕이 일찍이 대원군[330]을 추숭하

---

326. 효장세자(孝章世子): 영조의 맏아들. 이름은 행(縡), 자 성경(聖敬). 어머니는 정빈(靖嬪) 이씨(李氏)이고, 사도세자의 형. 영조 즉위년(1724) 경의군(敬義君)에 봉해지고, 이듬해 왕세자에 책봉되었으나 즉위하기 전 10세에 죽었다. 양자인 정조가 즉위하자 진종으로 추존되었다. 능은 영릉(永陵)이며, 시호는 효장(孝章)이다.

327. 효장에게 …… 더하여: 효장세자에게 '승통' 두 글자의 시호를 내린 일을 말한다.

328. 2구(句) 20자의 글: "피 묻은 적삼이여 피 묻은 적삼이여, 오동나무여 오동나무여[血衫血衫, 桐兮桐兮]"와 "누가 안금장(安金藏)과 전천추(田千秋)였던가? 나는 귀래망사대(歸來望思臺)를 마음에 품고 있다[誰是金藏千秋, 予懷望思之坮]"를 가리킨다.

329. 복왕(濮王)에 대한 논의: 복왕은 송나라 영종(宋英宗)의 생부(生父)인 복안의왕(濮安懿王) 윤양(允讓)을 가리킨다. 영종이 인종(仁宗)의 계통을 입승하고서는, 복왕을 추숭(追崇)하고자 하였다. 이때 구양수(歐陽修) 등이 (복왕을) 황고(皇考)라 하자고 주장하고, 여회(呂誨) 등은 인종의 후사(後嗣)가 되었으므로 (복왕을) 황백(皇伯)이라 불러야 한다고 하였다.

330. 대원군: 선조의 아버지 덕흥 대원군(德興大院君)을 가리킨다. 1569년(선조 2) 선조의 생부로 대원군에 추존되었다.

고자 하여 백사(白沙) 이항복(李恒福)[331] 공(公)에게 개인적으로 물었다. 백사가 대답하기를,

"위에 있으면서 거행한 자는 선제(宣帝, 전한(前漢) 10대 황제)·애제(哀帝, 전한 12대 황제)·환제(桓帝, 후한(後漢) 11대 황제)·영제(靈帝, 후한 12대 황제)입니다. 아래에 있으면서 비난한 자는 주자(周子)[332]·정자(程子)[333]·장자(張子)[334]·주자(朱子)[335]입니다"라고 하니 선조가 감히 다시 말하지 못하였다. 옛사람들이 추숭의 설에 대해서 엄격한 것이 이와 같았다. 따라서 조정에서도 경솔하게 논의할 수 없었고, 사론(士論)도 매우 꺼린 것이 당연하였다.

장헌세자의 일에 대해서는, 선조(先朝, 영조)가 이미 (정조가) 효장세자를 잇게 하여 종통을 바로잡아 놓았고, 또 '승통(承統)' 두 글자를 더해서 뒷날의 제방(提防)으로 삼은 것이 정중(鄭重)할 뿐만이 아니었으니, 오늘날 신하 된 자 가운데 누가 감히 그 사이에 논의할 수 있겠는가라고 생각하겠지만, 또한 크게 그렇지 않은 점이 있다. 갑신년(1764, 영조 40) 진전(眞殿)[336]에 올리는 글에 이르기를,

"사도(思悼)가 아무 문제가 없었다면 효장세자는 순회세자(順懷世子)[337]나 소현세자(昭顯世子)[338]에 지나지 않았을 것이다"라고 운운하였다. 성의(聖意)의 소재는 (사도세자에게) 만약 문제가 없었다면 훗날 추숭한다는 말은 저절로 나오지 않았을 것이라는 의미다. 수년 뒤에 문득 깨닫고 금등의 문자를 남겼으니 선대왕이 전에는 비록 사도세자에게 '문제가 없을 수 없다'고 의심했지만, 이때 이르러 '진실로 문제가 없다'

---

331. 이항복(李恒福, 1556~1618): 본관 경주(慶州), 자 자상(子常), 호 필운(弼雲)·백사(白沙)·동강(東岡). 우의정·영의정 등을 역임. 선조대 이래 극심한 당쟁에서 중립을 지켜 공평히 처세했다는 평가를 받았다. 광해군대 1617년 인목 대비(仁穆大妃)가 서궁(西宮, 경운궁)에 유폐되고, 이어 폐위해 평민으로 만들자는 주장에 맞서 싸우다가 1618년(광해군 10)에 관작이 삭탈되고 함경도 북청으로 유배되어 죽었다.
332. 주자(周子, 1017~1073): 송나라 학자 주돈이(周敦頤). 자 무숙(茂叔)·염계(濂溪). 『태극도설(太極圖說)』과 『통서(通書)』를 저술하여 종래의 인생관에 우주관을 통합하고 일관한 원리를 수립하였다. 그의 사상은 주자(朱子)에게 계승되어 체계화되었다.
333. 정자(程子, 1033~1107): 송나라 학자 정이(程頤). 자 정숙(正淑). '이천백(伊川伯)'을 봉한 까닭에 '이천선생'이라 불림. 형 정호(程顥)와 더불어 '이정자(二程子)'로 불리며 주자에게 지대한 영향을 끼쳤다.
334. 장자(張子, 1020~1077): 송나라 학자 장재(張載). 자 횡거(橫渠). 『주역』과 『중용』을 정밀히 탐구하여 신유학의 기초를 세웠다. 기(氣)철학을 주창하였다.
335. 주자(朱子, 1130~1200): 송나라 학자. 이름 희(熹), 자 원회(元晦)·중회(仲晦), 호 회암(晦庵)·회옹(晦翁)·고정(考亭). 북송 사대가(四大家)의 성리학설을 집대성하여 신유학체계를 완성하였다.
336. 진전(眞殿): 태조 이하 역대 임금과 왕후의 영정을 봉안한 선원전(璿源殿).
337. 순회세자(順懷世子, 1551~1563): 명종(明宗)의 장자. 1557년(명종 12)에 세자로 책봉되었으나 13세로 요절하였다.
338. 소현세자(昭顯世子, 1612~1645): 인조(仁祖)의 장자. 1625년 세자로 책봉되었다. 병자호란으로 청나라에 인질로 잡혀갔다가 명나라가 멸망한 뒤 귀국하였으나, 즉위하지 못하고 갑자기 죽었다.

는 것을 깨달은 것이다. 이미 문제가 없음을 깨달았으니 장헌세자의 추숭은 이에 응당 거행해야 할 일이었고, 진실로 만세토록 할 말이 있게 되었다. 추숭의 논의는 본래 지극한 논의가 아니나, 장헌세자의 경우 문제가 없었다는 점을 밝히려면 반드시 추숭해야 한다. 더욱이 본조에 이미 덕종(德宗)[339]의 고사가 있었으니 비록 옛사람이라고 해도 결단코 그것이 의심스러운 일이 아님을 알 것이다. 일찍이 영남 유생과 더불어 말해보니, 그 사람이 자못 청론(淸論)을 주장하였으므로 그 의견이 달라서 (추숭 주장에) 승복하지 않았다. 내가 말하기를,

"'추숭' 두 글자는 만약 자호자(自好者)[340]라면 누구인들 말하기를 부끄럽게 여기지 않겠는가마는 지금은 다르다"고 하면서 사도세자에게 '문제가 없었다'고 운운하는 말을 들어서 말해주니, 말을 하자마자 그 사람이 즉시 깨달았다.

사도세자 추숭과 옥책문

59. 갑인년(1794, 정조 18) 정월에 주상이 현륭원(顯隆園)에 납시어 참배할 때 애통함이 과도하여 몇 번이고 혼절할 뻔하였으므로, 여러 신하가 깜짝 놀랐다. 영부사 채제공, 영의정 홍낙성이 번갈아가며 급히 궁으로 돌아갈 것을 청하였다. 뒤에 또 경모궁을 참배하고자 하였다. 이해는 경모궁과 혜경궁이 육순(六旬)이 되던 해였으며, 경모궁 탄신일이 또한 이 달에 있었기 때문이었다.

조정 신하들이 모두 경모궁에서 예를 거행할 때 또 애통함이 지나칠 것을 근심하여 자궁(慈宮, 혜경궁)에게 참배를 늦추기를 정청(庭請)하면서 지난번 현륭원에서의 일을 들어서 아뢰었다. 판부사 김종수가 상소를 올려 정청(庭請)한 일을 비난하면서,

"거짓을 꾸미고 주상을 속였다"라 하고, 또 말하기를,

"다소간의 잘못이 있었다"고 하였다. 이것은 현륭원에서 이런 일이 없었으며, 정청한 장소가 적당치 않다는 것을 말한 것이다.[341] 행 사직(行司直) 정민시(鄭民始)[342]가 문

---

339. 덕종(德宗): 세조의 맏아들. 성종의 아버지, 1455년(세조 1) 세자로 책봉되었으나, 20세의 나이로 죽었다.
340. 자호자(自好者): 현명한 덕은 없지만 자신의 몸가짐을 깨끗이 지닐 줄 아는 향리(鄕里)의 사람. 『맹자』 만장 상(萬章上)에 "자신의 지조를 팔아가며 그 임금을 훌륭하게 성취시키는 짓은 향당(鄕黨)의 자호자도 하지 않는다" 하였다.
341. 김종수가 …… 것이다: 이 상소문은 1794년(정조 18) 정월 24일 자 실록기사에 보인다. 김종수가 비판한 것은 정청에서 혜경궁에게 올린 말 가운데 현륭원에서 정조가 슬퍼하는 것을 말리면서 대신이 '직접 정조를 업었다[親負]'는 구절이 사실과 다르다는 점과 정조가 경모궁에 참배하는 것을 말리기 위해 혜경궁에게 정청한 것이 잘못이라는 점에 있었다.

제가 된 달사(達辭)[343]가 자신이 지은 것이라고 하면서 처벌을 청하였다. 전교하였다.

“이 대신(김종수)은 뜻을 굽혀 보호하여 온전히 살려준 것이 여러 차례다. 이것이 어찌 이 대신만을 위해서였겠는가. 일전에 올라와 경연에 참석하여 지난날의 행동을 크게 뉘우치면서 지나간 허물을 자책하고 앞으로 다른 잘못이 없음을 맹세하였다. 내가

‘경이 오늘 깨달음은 단지 자신만 살 수 있는 것이 아니라 여러 사람도 살릴 수 있다’고 말했었다. 그런데 갑자기 저녁에 따로 한 통의 상소를 올렸다. 그 상소는 결코 정상적인 이치로 추측할 수 있는 것이 아니었고, 떳떳한 본성으로 미칠 수 있는 것도 아니었다. 오늘 신하 된 사람으로서 차마 그날의 일을 이미 지나간 뒤에 제기할 수 있는가. 한 마디로 말하자면 의리상으로나 명분상으로 감히 꺼낼 수 없는 것이다.” 또 말했다.

“중신은 스스로 책임을 지고 직무를 회피하기 급급하여 ‘거짓을 꾸미고 주상을 속였다’는 등의 조목에 대하여 변명하였으나, 나는 이런 일이 있었는지를 논할 필요가 없다고 생각한다. 차마 하지 못할 일을 차마 하였는데 이 일을 차마 할 수 있겠는가. 이 대신의 처지로서 감히 하지 못할 이런 짓을 차마 하였단 말인가. 종전에 온전히 살려준 것은 저절로 살려준 것이고 나라의 기강은 저절로 기강이니, 나의 말이 지나치게 완곡하다고 말하지 마라. 그 가운데에 저절로 형벌을 가하는 위엄이 있는 것이다. 판부사 김종수의 관작을 삭탈하고 방귀전리(放歸田里)[344]하라.”

연이어 엄한 하교가 내리자, 삼사(三司)에서 합계하여, 중도부처(中道付處)하였다가 죄를 조사하여 처벌하기에 이르렀다. [유배지는 평해(平海)로부터 남해(南海)에 이르렀다. 그해 여름 풀어주어 돌려보냈다.]

60. 을묘년(1795, 정조 19) 정월에 장헌세자 회갑 연월에 존호를 올리는 일을 논의하였다. 처음으로 모자(某字)로 정하고 이미 고유제[告由]를 거행하였다. 대신들이 선조(先朝)가 임진년(1772, 영조 48) 글자를 고친 고사를 인용하여 아뢰니 (경모궁의 존호로) ‘장륜 융범 기명 창휴(章倫隆範基命彰休)’를 올렸다. 맨 앞 두 글자는 금등의 일

---

342. 정민시(鄭民始, 1745~1800): 본관 온양(溫陽), 자 회숙(會叔). 병조·이조 판서 등을 역임. 정조대 홍국영과 함께 발탁되어 국왕의 총애를 받았다.
343. 달사(達辭): 왕세자 혹은 세손이 섭정할 때 왕에 대하여 한 등급 낮추는 의미로 올리는 계사(啓辭).
344. 방귀전리(放歸田里): 유배(流配)보다 한 등급 가벼운 형벌. 벼슬을 삭탈하고 고향으로 내쫓는다.

을 인용한 것이다.

대제학 서유신(徐有臣)[345]이 옥책문(玉册文)[346]을 지어 올렸는데, 본의를 없애버렸다. 모관 한광식(韓光植)이 상소하여 이것을 지적하자 이에 고치라고 명하여 우의정 이병모가 지어 바쳤다. 이병모 역시 일찍이 문임(文任) 벼슬을 지냈기 때문이었다. 옥책문은 다음과 같다.

"천천히 퍼지는 관현악 연주 소리, 올해가 과연 어떤 해입니까. 옥첩(玉牒)에 밝은 덕 기록하여 큰 글씨로 특별히 써서 바치니 이는 백세토록 징험되어 온 나라에서 장엄하게 칭송할 것입니다. 삼가 생각건대 황숙부(皇叔父)[347]이신 '사도 수덕 돈경 홍인 경지 장헌세자(思悼綏德敦慶弘仁景祉莊獻世子)' 저하께서는 하늘과 땅을 본받아 지극 정성의 덕이 밖으로 드러났으며,[348] 어질고 슬기로운 문체의 밝음이 훈화(勛華)[349]와 어울리셨습니다. 한·당 이래로 규모가 비좁은 만큼 그 큰 도량 넓게 틔었고 그 끝을 볼 수 없는 강물과 바다처럼 속마음은 한없이 깊었습니다. 온 나라 백성들이 입을 모아 칭송하며 모두 귀의하였는데 수많은 정사를 대리할 때 여러 업적이 빛났습니다. 말을 듣는 데 있어서 미천한 자들에게까지도 반드시 이르렀고, 곧다는 훌륭한 소문이 임금의 귀에까지 들렸습니다. 아, 삼대에 이르는 커다란 계책은 백행(百行)의 근본인 효성에 근원한 것입니다.

정축년(1757, 영조 33) 어린 나이에 끝없이 사모했던 것은 이미 성자(聖慈, 영조)께서 굽어살피시기에 충분하였는데, 갑오년(1774, 영조 50) 연석(筵席)에서 분명하게 하교하셨던 것만 보아도 효성이 위를 감동시켰음을 더욱 잘 알 수 있습니다. 아, 근래에 눈물 나게 하는 말들은 모두가 이를 드러내 밝히고 있는데, 나라 사람들이 죽을 때까지 생각하고 있는 것이 어찌 다만 이로움을 즐겁게 여겨서겠습니까. 소자(小子)가 자나 깨나 지극히 원했던 것은 조금이라도 성대한 덕을 형용하는 것이었습니다. 지금까지 아름다운 인품을 드러내 보이려고 명호(名號)를 올리기도 하였으나, 처음

---

345. 서유신(徐有臣, 1735~1800): 본관 달성(達城), 자 순오(舜五). 영의정 종태(宗泰)의 증손, 좌의정 명균(命均)의 손자, 영의정 지수(志修)의 아들. 대사간·대사헌 등을 역임. 1777년(정조 1) 홍국영의 모함으로 쫓겨나 10여 년간 죄인으로 있다가 풀려나기도 했다.
346. 옥책문(玉册文): 국왕·왕비·대비·왕대비·대왕대비 등에게 존호를 올리는 문서.
347. 황숙부(皇叔父): 사도세자를 가리킨다. 정조가 효장세자의 뒤를 이은 관계로 친부임에도 불구하고 황숙부로 칭하였다.
348. 지극 …… 드러났으며[博厚高明]: 『중용(中庸)』 26장에, "징험이 나타나면 유원하고, 유원하면 박후하고, 박후하면 고명하다[徵則悠遠 悠遠則博厚 博厚則高明]"고 한 데서 유래하였다.
349. 훈화(勛華): 요(堯)를 방훈(放勛), 순(舜)을 중화(重華)라 하였는데, 이 두 사람을 합쳐 부르는 말. 여기서는 선대(先代)의 임금을 비유한다.

부터 끝까지 대롱 구멍으로 하늘을 보고 소라 껍데기로 바다를 재듯해서 그윽한 빛을 찬미하지 못하였습니다. 이번에 북두칠성의 자루가 인방(寅方, 동북쪽)에 놓이면서 바로 만나기 어려운 구갑(舊甲)[350]의 해를 맞았습니다. 무지개가 화저(華渚)에 흐르는 것이[351] 이해 이 달이었음을 남김 없이 말하고 있습니다. 별이 일주(一周)하여 요(堯)의 명협(蓂莢)[352]이 되었으니, 이때에 사모하는 마음을 어떻게 감당하겠습니까.

자궁께서 칠순의 나이를 바라보게 되신 것도 실로 돌보아주심을 받든 것입니다. 변변치 못한 몸이 20년 동안 정치를 해온 것 또한 빛나는 업적이 끼쳐 남겨놓은 경사입니다. 돌아보면 우리 집안이 더 융성해지는 전범(典範)을 시행해야 할 책임이 지금 부과된 듯한 느낌이 들기도 합니다. 예(禮)란 본래 인정(人情)에 따르는 것이니 인정과 부합되어야만 예가 되는 것입니다. 명호(名號)는 실제의 내용을 표현하는 것이니 실제 내용이 있다면 명호를 나타내야만 합니다. 은은하게 빛나는 일곱 줄 면류관 끈을 생각하면 삼가 다시 뵙는 것만 같고, 온 나라에서 칭송하는 것들을 모으니 우러러 추모하는 마음이 더욱 높아지기만 합니다. 어찌 감히 있는 그대로 살아계실 때 자취를 표현할 수 있겠습니까만 이렇게 한 뒤에야 인정과 절문이 갖추어질 수 있다고 여겨집니다. 정성스럽고 사랑하심이 돈독하고 지극하여 인륜이 이로 말미암아 밝게 되었고, 규모와 도량은 우주처럼 넓고 깊습니다. 여러 해를 지나 길(吉)함을 명받아, 태산과 반석처럼 큰 기틀을 열어놓았고, 해가 떠오르듯 달이 차오르듯 후손을 편케 해준 위업이 빛나기만 하옵니다.

삼가 옥책문을 받들면서 '장륜 융범 기명 창휴(章倫隆範基命彰休)'라는 존호를 추후로 올리게 되었습니다. 엎드려 깊이 살펴주시기를 우러러 바라며, 미천한 정성을 이해해주셨으면 하는 마음 간절합니다. 우리 자손과 백성을 보호하시며 만물이 그 교화를 입도록 해주시고, 상제의 좌우에서 오르내리시면서 그 공이 천지와 하나가 되도록 해주소서."

시호를 논의하는 일은 대제학[文衡]이 주관한다. 당시 홍양호(洪良浩)[353]가 북경에 갔는데, 전임자는 김종수였다. 이때가 되어 천거를 주관하라고 여러 차례 부르니, 명

---

350. 구갑(舊甲): 현재와 같은 60년 전의 간지(干支). 환갑을 가리킨다.
351. 무지개가 …… 흐르는 것: 중국 고대 제왕(帝王) 소호씨(少昊氏)의 어머니가 무지개 같은 별이 화저에 흐르는 것을 보고 임신했다고 한다. 여기서는 제왕의 탄생을 의미한다.
352. 명협(蓂莢): 16일을 말한다. 요(堯)임금 때 조정의 뜰에 났다는 상서로운 풀 이름. 16일부터 잎이 떨어져 그믐에는 다 떨어지기 때문에 이것을 기준으로 달력을 삼았다고 한다.
353. 홍양호(洪良浩, 1724~1802): 본관 풍산(豊山), 자 한사(漢師), 호 이계(耳溪). 이조 판서·대제학 등을 역임. 저서로 『이계집(耳溪集)』, 『육서경위(六書經緯)』 등이 있다.

에 응하여 서유신을 천거하였다. 존호를 올리는 의식에서 대왕 왕비는 금인(金印)과 옥책(玉冊)을 사용하고, 세자와 빈(嬪)은 은인(銀印)과 죽책(竹冊)을 사용하였다. 나라의 예가 그러하였다. 그런데 김종수가 건의하여 금인과 옥책을 사용하기를 청하자 여러 대신에게 묻고 그대로 따랐다. 김종수가 물러나기를 청하여 치사(致仕)하였고, 서유신 역시 봉조하(奉朝賀)가 되었는데, 그 나이가 겨우 60이었다.

부록 1. 오회연설(五晦筵說)을 붙임 [경신년 5월]

61. 경신년(1800, 정조 24)에 주상이 성정각(誠正閣, 창덕궁 소재)에 나아갔다. 내의원이 들어와 진찰하고, 여러 승지와 신하들이 함께 입시하였다. 이때 도제조 이시수(李時秀)[354]가 주상의 건강을 묻고서 곧 아뢰었다.

"신이 진실로 매우 황송스럽게도 어제 삼가 전교를 보았더니 수찬 김이재(金履載)[355]를 귀양 보내라는 명이 있었습니다. 원소(原疏)를 보지 못했으나 이것은 정승 한 명을 논박한 것에 지나지 않습니다. 홍문관 수찬이 경재(卿宰) 한 명을 논박했다고 해서 귀양 보내려 한다면 어찌 지나치지 않겠습니까. 신은 감히 신의 아우 때문에 [당시 이만수는 이조 판서로서 김이재에게 탄핵을 당하였다.] 이런 말씀을 드리는 것이 아닙니다. 신의 어리석은 생각으로는 실로 그에 대한 처분이 중도에 지나친 것이 아닌지 염려되기 때문입니다. 빨리 더 깊이 생각하시어 도로 명령을 거두어주십시오." 주상이 말하였다.

"지금 연석에 불러 접견한 것은 오로지 이 일을 확실하게 일러주기 위해서인데, 차대(次對)[356]에서 말한 것은 조금 지나친 일이었다. 근래 내 정력으로는 여러 사람을 상대하여 대화하기도 매우 어렵기 때문에 유사 당상(有司堂上)만 들어오게 한 것이다. 경의 그 말은 너무 뜻밖이어서 도리어 한탄스럽다. 경의 아비[357]가 일찍이 고(故) 부제학 김시찬(金時粲)[358]을 구제한 일이 있었다. 경이 김이재를 구제하는 것은 경의 아비의 일과는 그 말로 보면 비슷하지만 그 사실은 다른 것이다.

선조(先朝) 당시에는 신임의리(辛壬義理)[359]가 주상 자신에 관계되는 일이었다. 당시

---

354. 이시수(李時秀, 1745~1821): 본관 연안(延安), 자 치가(稚可), 호 급건(及健). 좌의정 복원(福源)의 아들. 우의정·영의정 등을 역임하였다.
355. 김이재(金履載, 1767~1847): 본관 안동(安東), 자 공후(公厚), 호 강우(江右). 대사간 시찬(時粲)의 손자, 우의정 이교(履喬)의 동생. 예조·이조 판서 등을 역임. 1799년(정조 23) 정처(鄭妻)의 석방 명령을 거두어줄 것을 청하였고, 이듬해 이조판서 이만수(李晩秀)의 사직 상소가 마땅치 않다는 소를 올렸다가 유배되기도 했다.
356. 차대(次對): 의정부 당상(堂上)·대간(臺諫)·옥당(玉堂)들이 매월 여섯 차례 입시하여 중요한 정무를 아뢰던 일.
357. 경의 아비: 이복원을 가리킨다.
358. 김시찬(金時粲, 1700~1767): 본관 안동(安東), 자 치명(穉明), 호 초천(苕川). 대사간 등을 역임. 노론으로서 조태구 등 소론 일파의 처벌을 청하였다가 흑산도로 유배되었다. 1759년(영조 35) 부제학을 제수받고 이를 사양하는 글을 바쳤으나, 그 글 속에 불경스러운 구절이 있다 하여 다시 흑산도에 유배되었다. 저서로 『초천집(苕川集)』이 있다.

의리를 고수한 사람들은 모두가 선조를 위해 충성을 바치는 자들이었고, 사대부의 기풍과 절개 또한 오늘날보다 백 배나 되었다. 게다가 공적인 분노 이외에 그들의 아비 때부터 잊지 못할 사적인 원한이 있었기 때문에 의리가 펼쳐지지 못하는 것을 근심하지 않았다. 그러나 그러한 흐름이 지나쳐서 노신(老臣)과 세가(世家)조차 보전하지 못할까 염려하는 데까지 이르렀다. 우리 선대왕의 거룩한 덕과 지극한 어짐으로써 반드시 그들을 도와주고 화합[保合]하게 하여 창칼 속에서도 조제(調劑)하여 잠자리에서도 편안하게 해주고자 한 것이었다.

김시찬에 대한 처분은 지나친 자를 꺾고 거센 자를 억제하는 고심에서 나왔으니 당시에 의리를 고수한 일은 김시찬의 일과 같지 않은 것이 없었다. 때문에 그 처분이 비록 엄중했지만 공의(公議)는 억제할 수가 없었다. 이와 같은 때에 천지를 떠받치고 우주에 이르는 의리는 이로 인해 한층 더 튼튼해지고, 탕평을 이루어 서로 화합하게 하는 성덕(聖德)은 이로 인해 한층 더 빛났다. 경의 아비의 경우, 김시찬과 본디부터 친근한 사람이 아니었으나 힘껏 그를 구제했으니, 이는 참으로 당연한 도리였던 것이다.

오늘날의 세도(世道)는 옛날과 다르다. 이른바 청의(淸議)를 고수하고 준론(峻論)을 지녔다는 자들은 옛날 사람에 전혀 미치지 못한다. 만일 위에서 밝히지 않는다면 춘추의 의리는 어두워져 장차 밝아질 날이 없을 것이다. 오늘날 이 처분은 오로지 의리를 밝히기 위해서였는데, 경은 그 일이 경의 아우와 관련되었다 하여 도리어 구제하는 말을 하였다. 이 어찌 한탄스럽지 않겠는가. 성인의 이른바 처지를 바꾸면 다 마찬가지일 것이라는 말은 그 처지가 서로 다르고 처리한 일도 따라서 같지 않기 때문이다. 경의 아비가 김시찬을 구제한 일은 그가 의리를 붙잡아 세웠기 때문이지만, 오늘날 김이재의 말은 한쪽을 편드는 습속이 지나친 것이다. 경이 그를 구제하는 일에 어찌 경의 아비 일을 끌어다가 사례로 삼을 수 있겠는가.

만일 겉으로만 본다면 그 상소는 이조 판서 한 사람을 논박한 것에 지나지 않고, 그 말됨은 경고하여 꾸짖은 것에 불과하며, 청한 바는 추고(推考)하라는 가벼운 처벌일 뿐이다. 지금처럼 대충 넘어가는 때에 이조 판서 정도는 말할 것도 없고 혹시 경

---

359. 신임의리(辛壬義理): 신축년(1721, 경종 1) 환국과 임인년(1722) 옥사에 대한 의리를 말한다. 당시 경종의 병세를 이유로 노론이 연잉군을 세제로 세우고 대리청정을 건의하였으나 소론이 집권하여 노론을 역모로 몰아 처벌한 사건이다. 신임의리란 이때 노론이 정당했는데 소론에게 억울하게 처벌받았다는 노론 측 주장을 가리킨다.

을 논급하거나 더 올라가 임금을 논급했다 하더라도 또한 어찌 그 이유로 죄를 더해 이와 같이 처분할 수 있겠는가. 이 어찌 의리에 관계되기 때문이 아니겠는가. 옛날 대신은 비록 자신이 탄핵을 받은 데에 관계되는 일일지라도 일이 의리에 관계된 것이라면 작은 혐의를 피하지 않고 앞장서서 벌줄 것을 청한 경우가 간혹 있었다. 경의 이런 말은 전혀 경에게 기대했던 바가 아니다." 이시수가 말하기를,

"신은 그 상소의 원본을 보지 못하고 경솔하게 대답하였다가 이제 성교를 받고 보니 황송하기 그지없습니다"라고 하였다. 주상이 말하였다.

"나는 사실 부덕한 사람으로 등극한 이후 근 30년이 지났지만 나라를 다스리는 법이나 정책에서 볼 만한 것이 없었다. 하지만 한 가지 정당한 규범[規模]에 대해서만큼은 경솔하게 변경하지 않았다. 을해년(1755, 영조 31) 이후부터는 정치가 이루어지고 제도가 안정되었다고 말할 수 있다. 하지만 천도(天道)는 차고 넘치는 것을 미워하여[360] 덜어내고 더하는 것이 서로 이어지니, 대소 신료들이 영성(盈成)의 경계를[361] 잊지 않고 의리를 고수하던 자세를 잃지 않아서, 항상 을해년 이전의 마음을 지님으로써 그 의리를 고수하는 것이 모두 자기 조부와 부친이 선조를 위해 충성을 바쳤던 것처럼 하였더라면, 어찌 모년의 의리를 범하는 일이 벌어졌겠는가.

돌아보건대 편안함을 즐기는 해로움에 차츰 빠져들어 한 조각 정신이 헤아리고 경영하는 것은 오로지 얻으면 잃을까 걱정하고 잃으면 얻지 못할 것을 걱정하는 함정에 빠져 있어서, 추고(推考)나 경질 등 가벼운 벌에 대해서는 도리어 관심을 가지면서도, 의리 문제는 그저 자신과 관계없는 것처럼 생각하여 자신도 모르게 의리와 배치되는 쪽으로 돌아갔던 것이다. 이에 그것이 한 번 바뀌어 모년의 대의리에 관계되었고, 두 번 바뀌어 을미년(1775, 영조 51)의 일이, 세 번 바뀌어 병신년(1776, 정조 즉위년)의 일이, 네 번 바뀌어 정유년(1777, 정조 1)의 일이 되었다. 정유년 이후는 참으로 이른바 '회(鄶) 이후는 나무랄 것도 없다'[362]는 상황이므로 나 또한 차마 말하

---

360. 천도(天道)는 …… 미워하여: 『주역(周易)』 겸괘(謙卦) 단사(彖辭)에 "천도는 차서 넘치면 허물어뜨리고 겸허하면 더해주며, 지도는 차서 넘치면 변화시키고 겸허하면 계속 흘러가게 하며, 귀신은 차고 넘치면 재앙을 내리고 겸허하면 복을 주며, 인도는 차고 넘치면 싫어하고 겸허하면 좋아한다[天道虧盈而益謙 地道變盈而流謙 鬼神害盈而福謙 人道惡盈而好謙]"라는 구절이다.

361. 영성(盈成)의 경계: 지영수성(持盈守成). 이루어놓은 것을 지킬 때에는 물이 가득 찬 그릇을 드는 것처럼 조심해야 한다는 뜻이다. 임금이 처음 나라를 세우는 것을 창업(創業)이라 하고, 자손이 계승하여 지키는 것을 수성(守成)이라 한다.

362. 회(鄶) …… 없다: 회는 춘추시대 나라 이름. 오나라 계찰(季札)이 노나라에 갔을 때 각국의 음악을 듣고 평가하였는데, 회(鄶)·조(曹) 두 나라의 가요에 대해서는 너무나 보잘것없어서 평론이 없었다고 한 구절에서 유래하였다.

고 싶지 않다.

나의 신하들 어느 누구나 선조 때 충성을 다 바친 자들의 아들 손자가 아니란 말인가. 그런데도 잘못을 거듭하다가 마침내 이와 같은 영역으로 휩쓸려 들어가고 말았다. 이는 어진 이와 군자가 차마 앉아서 볼 수 없을 뿐 아니라, 그것이 세도와 국가의 근심됨이 되니 어찌 두렵고도 한심스럽지 않겠는가. 다만 다행스러운 것은 한 부류의 청의(淸議)가 아직 완전히 사라지지 않고 남아 있다는 것이다. 알지 못하는 자는 두 외척[363]의 다툼이 자못 춘추시대의 의리가 없는 싸움과 같다고 하지만 의리를 떠받치고 있는 아무개 아무개가 어찌 모두 척신(戚臣)과 친한 자들이겠는가.

나의 한 조각 고심(苦心)은 오로지 오래도록 더럽혀진 습속을 모두 새롭게 만들어 마침내 사특한 무리까지도 나의 백성으로 교화시키는 것에 있었다. 때문에 처음 왕위에 오를 때부터 한 가지 규범을 분명히 보여 의리를 천명하고 함께 대도(大道)로 가는 근본으로 삼았다. 이에 한 부(部)의 『춘추』가 해와 별처럼 환히 걸려 있어 가끔 나오는 여러 음흉하고 사악한 논의가 그 사이에 용납될 수 없었다. 이는 비유하자면 하우씨(夏禹氏)가 솥에 새긴 상물(象物)[364]이 있어서 사람을 해치는 귀신과 귀신의 비책이 그 모습을 숨길 수 없게 되어, 산림천택에 들어간 자들이 이상하고 간괴(姦怪)한 것을 만나지 않게 된 것과 같다.

규모(規模)가 크게 정해진 뒤로는 이 속에 들어온 자는 국가의 편[國邊]이고, 충신이고 군자이며, 여기에 들어오지 않은 자는 역적의 편[賊邊]이고 충신이 아니며, 소인이다. 의리에 관계되는 일은 실로 못을 자르고 쇠를 끊듯 과감하게 처결해야 하며 규범이 일단 확고히 세워지면 대궐 문에 걸린 법보다 엄한 것이다. 오늘날 신하로서 어느 누가 이러한 규범이 절대로 변동될 수 없음을 모르겠는가." 주상이 또 하교하였다.

"나의 한 가지 정당한 규범에 관해서 방금 말을 하였다. 그런데 잘 모르는 자는 간혹 내가 사람을 등용할 때 선후와 피차가 서로 다른 경향이 있다고 말하지만 이는 그렇지 않다. 병신년(1776, 정조 즉위년) 이후 등용한 자를 살펴보면 내 본의가 어디에 있는지 알 것이다. 기해(1779, 정조 3)·경자년(1780) 사이에는 바야흐로 어진 이를 대거 등용할 때를 맞이하였으나 불행하게도 홍국영 사건[365]이 발생하여, 당시 일

---

363. 두 외척: 홍봉한과 김구주를 가리킨다.
364. 하우씨(夏禹氏)가 …… 상물(象物): 하우씨가 구주(九州)의 동(銅)을 모아 주조한 9개의 솥[鼎]에 새겨진 물상을 가리킨다. 솥에 온갖 물상을 새겨넣어 사람들로 하여금 간물(姦物)을 식별해 해를 입지 않게 했다고 한다.
365. 홍국영 사건: 홍국영이 1780년(정조 4) 효의왕후(孝懿王后)가 자신의 누이동생 원빈(元嬪)을 살해했다

의 형세로 보아 어쩔 수 없이 일단 쉬게 했다가 다시 등용해야만 했다. 그러므로 과연 물러나게 했다가 등용하는 것이 한결같지 못함을 면치 못하였으나 한때의 진퇴가 의리의 경중과 무슨 관계가 있겠는가.

기해년 이후 8년 사이에 비로소 조금씩 옛날로 돌아갔다. 예를 들면, 고(故) 정승 채 판부사(蔡判府事, 채제공)와 김 봉조하(金奉朝賀, 김종수) 등은 마침 동시에 시기를 받아서 배척당했기 때문에 신축년(1781, 정조 5)부터 무신년(1788, 정조 12)까지 8년이 지나서 또다시 발탁하여 등용하였다. 당시 조정에 쓸 만한 인물이 많았기 때문에 우의정 윤시동은 어떤 일로 인해 쉬게 하였다가 무신년부터 을묘년(1795, 정조 19)까지 8년 후 다시 등용하였다. 등용하고 물러나게 할 때 모두 8년으로 기한을 둔 것은 또한 조화를 이루기 위해 들어가는 비용이라는 측면이 있었다. 그렇지만 반드시 쉬게 하고 등용한 까닭은 비단 시세의 적당함 때문만이 아니라, 또한 그 사람의 명망을 기르기 위한 방안이기도 하였다. 내가 그를 쉬게 할 때, 또한 그 이유를 일찍이 그 자신에게 말해주었지만 그 자신이 잘 쉬어준 것도 그 어찌 처신하기 어려운 일이 아니겠는가.

8년을 주기로 삼아 등용한 것은 우연히 그렇게 된 일이며, 8년을 전후로 하여 세 정승을 번갈아 등용할 때 그 사이에 정승으로 제수되어 책임을 맡은 자 또한 많았다. 모두 그 마음과 행적이 의리를 고수한 실상이 반드시 있은 뒤에야 등용하였다. 지금의 하교도 어느 한 부분만 들추어 말하려 하는 것이 아니고 좀 더 깊은 뜻이 따로 있다. 예전 선조 때에는 탕평(蕩平)을 고심하다가 혹 등용하고 물리치는 일이 뒤섞인 일도 있었다. 내가 이와 같이 등용하고 물리치는 기준을 둔 것은, 이 또한 이른바 시의(時義)의 큰 것이다. 그 등용하고 물러남이 때에 따라 다르기도 했지만, 의리의 지극히 엄중함은 변함없이 그대로였다. 비유하자면 음식을 먹을 때 여러 가지 음식의 짜고 시고 달고 쓴맛이 한결같지 않지만, 죽·밥·콩·조 등의 본래 맛은 그대로인 것과 같다.

지금 돌아보건대, 한두 신하가 의리를 주장하고 있지만, 또한 남아 있는 자가 얼마 없어 한탄스럽다. 지위 고하와 대소를 막론하고 참으로 선을 사모하고 선을 지향하는 마음이 있는 자는 곧 우리 당의 선비다. 내가 등용하는 법도[權度] 또한 어찌 이러한 규범에서 벗어날 수 있겠는가." 이시수가 말하기를,

---

고 여겨 독살하려다가 발각되어 축출된 사건을 말한다.

“성상(聖上)께서 다정하고 친절하게 남김 없이 분석하여 말씀해주시었습니다. 오늘 연석에 참가한 신하로서 그 누가 삼가 성상의 뜻이 어디에 있는지 모르겠습니까”라고 하였다. 주상이 말했다.

“내가 이미 한 가지 규범으로써 세상을 다스리는 큰 법도를 삼았다고 말했지만, ‘따름[率]’·‘가르침[敎]’ 두 글자를 가지고 여러 신하에게 자세히 말할까 한다. 『중용(中庸)』에서, ‘하늘이 사람에게 준 기품을 본성이라 이르고 그 본성을 따름을 도라 이른다’고 말하지 않았던가. 사람이 떳떳한 도리를 지닌 것은 천성에 근본을 두었기 때문에, 잘 따라서 어긋남이 없는 것이 이른바 도(道)다. 군사(君師)의 자리에 앉은 자가 하늘을 대신하여 만물을 다스리면서 예악과 형정(刑政)의 가르침을 두었으니, 이것은 곧 ‘도를 닦는 것이 가르침[修道之敎]’[366]임을 말한 것이다. 나에게 그 말을 어기지 말라고 한 것은 진실로 성인이 깊이 경계한 것이니, 하늘의 법에 부합되고 하늘의 이치에 맞는 것이라면 어찌 감히 그대로 따르지 않을 것인가.

『대학(大學)』에서, ‘요(堯)·순(舜)이 천하를 인(仁)으로써 인도하자 백성이 그것을 따랐다’고 했고, ‘명령하는 것이 좋아하는 것과 서로 다르면 백성이 따르지 않는다’고 했다. 좋아하는 것이란 사람들이 모두 다같이 타고난 본성에 합치되어야 한다. 그렇지만 명령하는 것이 좋아하는 것과 반대되지 않는다면 누가 감히 그 우매함을 일깨워주는 교화에 포용되어 대동(大同)의 영역으로 함께 가지 않겠는가.

의리란 별다른 것이 아니다. 모든 일에서 지극히 옳은 것이 곧 의리니 옛날의 의리나 오늘날의 의리를 막론하고 지극히 옳은 점에 있어서는 다 마찬가지다. 오직 그것이 지극히 옳은 것이기 때문에 선배 선류(善類) 가운데 오늘날 사람들보다 한 등급이 높은 자들도 모두 표준에 맞고 가르침을 따르는 영역으로 함께 돌아가지 않음이 없었다. 그런데 (이것을 벗어나) 바깥에서 날뛰는 한 부류의 무리가 기회를 엿보고 영합한다는 죄목을 도리어 순종하는 사람에게 더하니, 이 어찌 세도의 깊은 근심이 아니겠는가. 의리가 있는 곳은 지극히 정밀하고 엄정하므로 반드시 면밀히 살펴본 뒤에야 지켜 나아갈 수 있다. 내가 평생 배워온 능력으로 스스로 이에 대해 틀리지 않았다고 말할 수 있다. 즉위 초 일찍이 한두 신하와 삼대(三代)의 정사로써 서로 기약하는 말을 한 적이 있다. 지금 생각해 보면 우스운 일이지만 내가 지키려고 한 것을 또한 알 수 있을 것이다.

---

366. 도를 닦는 것이 가르침[修道之敎]: 『중용』 장구 제1장에서 “천명을 성이라 하고, 성을 따름을 도라 하고, 도를 닦는 것을 가르침이라 한다[天命之謂性, 率性之謂道, 修道之謂敎]”라고 하였다.

을묘년(1795, 정조 19) 이후 나는 세도를 깊이 염려하는 뜻으로, '습속을 바로잡는다[矯俗]'[367]는 두 글자를 집어냈다. 온화하고 인정이 두터운 것을 힘써 따르고, 까다롭게 말하고 싶지 않았기 때문에 '속(俗)' 자 하나로 말하였지만, 사실은 모년의 의리를 범한 것도 곧 이 '속' 자 한 글자와 관계되며, 을미·병신년의 일도 이 '속' 자 한 글자와 관계가 있다. 지금 세상에 살면서 오늘날 신하 된 자라면 비록 어리석은 필부라도 누구든 '습속을 바로잡는다[矯俗]'는 두 글자가 형벌보다 엄하다는 것을 모르겠는가. 이 때문에 요즘 윤음을 내릴 때마다 '속' 자 한 글자를 언급할 경우에는, 비록 변동할 수 없는 정세가 생겼을지라도 넘어지고 자빠지더라도 달려가서 오직 남에게 혹시라도 뒤질까 겁을 냈던 것은 어찌 '속' 자 한 글자에 관계되는 것이 지극히 엄중해서가 아니겠는가.

아, 비록 지금 이조 판서의 일로 말하더라도, 사직소에 대해 비답을 내려 나오라고 권하는 분부에서 첫째도 '습속을 바로잡는다'고 말했고 둘째도 '습속을 바로잡는다'고 말했으니, 나의 뜻이 어찌 우연이겠는가. 몇년 전부터 일종의 풍습이 이록(利祿)만을 상투적으로 추구하여 좋은 벼슬을 지낼 수만 있다면 다른 것은 돌보지 않고 늘 미친 듯이 급급해 하니 그 폐단이 심해져서 장차 아비도 없고 임금도 없는 지경에 이르렀다. 그러다가 일단 벼슬을 얻고 나면 다시 또 (직책을) 꺼리고 피할 생각을 갖고서 법전에 없는 것도 돌아보지 않고 군신 간의 분의(分義)가 지엄하다는 것도 알지 못하여, 같은 성씨라면 먼 친족이라도 끌어대어 『경국대전』 본문의 상피(相避) 조항과 다름없이 하고 있다.[368] 이른바 근신(近臣)이란 자들도 당초에 관직에 즉시 나아가려 하지 않고, 시골의 소외된 자들조차 그것을 아름다운 일로 간주하여 앞다투어 본받고 있으니, 이것이 세도의 폐단이 되고 있다는 점에서 또한 작은 일이 아니다. 어제 하교 가운데, 좋은 관직[369]에 있으면서 청요직을 차지한 자들이 그 직함을 받자마

---

367. 습속을 바로잡는다[矯俗]: 교속의 의미는 '임금이 주장하는 바가 의리에 해로움이 있지 않다면, 신하로서는 따르면서 어기지 않는' 풍토를 조성하는 것에 있었다. 이는 당파를 위해 임금과 별도의 의리를 내세우는 풍조를 좌시하지 않겠다는 선포다. 교속 문제는 말년으로 갈수록 중대한 현안이 된다.

368. 같은 성씨 …… 하고 있다: 당시 정조는 이시수가 우의정에 재직하는 상황에서, 동생인 이만수를 이조판서로 임명하였다. 이만수는 상피(相避)의 관행이 있음에도 불구하고 형식적으로 사양하다가 끝내 정조의 뜻을 받들었던 것이다. 『경국대전』 '상피조(相避條)'에 의정부와 이조의 상피 규정이 있지만, 이는 당하관·서관(庶官)을 주요 대상으로 한 것이며, 당상관·대관(大官)에 대해서는 일률적으로 적용되지 않았다. 이에 정조는 임금의 재량에 따라 상피 규정을 탄력적으로 운용하려 했던 것이다. 문제는 이러한 군주의 정당한 의리에 호응하는 태도를 흔쾌히 받아들이지 못하고, 이를 군주에 영합한다며 비판하는 속습에 물든 세력에게 있었다. 노론 시파 김이재는 정조의 의리에 호응했던 소론 이만수를 비판했는데, 이러한 행위가 정조의 분노를 샀다. 이에 대해 정조는 교속의 의미를 강조하며 '오회연교(五晦筵敎)'를 내렸던 것이다.

자 그 직책을 피하려 한다는 것은 나 또한 충분히 알고 있기에 단지 이와 같이 쓴 것이다.

나는 이 한 가지 일만 바로잡으면 충분히 습속의 폐단을 전부 구제할 수 있다고 생각하지는 않는다. 정자(程子)의 말에 '효제(孝悌)는 인(仁) 가운데 하나일 뿐이다'라고 했는데, 나 또한 이것은 습속을 바로잡는 일 가운데 하나라고 생각한다. 한 가지 일을 바로잡으면 한 가지 일의 성과가 있고 두 가지 일을 바로잡으면 두 가지 일의 성과가 있을 것이다. 이와 같이 그치지 않으면 크게 모두 변화하는 효과를 거둘 수 있을 것이니, 이것이 실로 내가 고심하는 것이다. 그렇지 않다면, 중비(中批)[370]로 조처하는 일은 매우 신중히 해야 할 일인데 내가 어찌 전직 우의정의 아우를 관례를 뛰어넘어 특별히 제수하였겠는가. 정승과 이조 판서 자리를 형제가 나누어 앉는 것은 비록 그 전례가 있다 하더라도 이미 1백 년 전에 있었던 일이다. 게다가 지금 사람은 자질이 옛사람보다 못한데도 불구하고 내가 이처럼 격식에서 벗어나 조처하였는데, 이조 판서가 출사를 권면하는 하교를 받들어 즉시 주저하지 않고 명에 응한 것이 또한 어찌 습속을 바로잡으려는 나의 본의를 깊이 이해한 것이 아니겠는가.

이조 판서의 사직소를 처음에는 자세히 보지 않았다가 김이재의 상소가 들어온 뒤에 비로소 다시 가져다 보았다. 먼저 왕술(王述)[371]의 말을 쓰고 그다음 이귀(李貴)[372]의 일을 인용하였는데, 물정에 어둡고 절실하지 않다고 할 만하였으며, 나 또한 어폐[語疵]가 없지 않다고 생각하였다. 그러나 이 일은 '습속을 바로잡는다'는 것과 관계가 있으니 비록 이보다 더 큰 망발이 있다 하더라도 어찌 쥐를 때려잡고 싶어도 그릇이 깨질까 염려하는 혐의를 돌아보지 않을 수 있겠는가. 설사 그 말을 논박하고 싶더라도 반드시 습속을 바로잡는다는 본의를 먼저 천명한 뒤에 그 어구가 중도에 지나쳤다는 것으로 말을 만들었다면 그런대로 괜찮았을 것이다.

지금 이 김이재의 상소는 그 명목은 이조 판서 한 사람[373]을 논박한 것이지만, 그 종이에 가득 장황하게 떠벌린 말들의 의도는 오로지 최근 윤음 가운데 '습속을 바로

369. 좋은 관직: 화무(華膴). 화(華)는 삼사(三司)와 같이 출세가 보장된 관직을, 무(膴)는 호조(戶曹)와 같은 후한 녹봉을 받는 관직을 말한다.
370. 중비(中批): 임금의 특지(特旨)로 벼슬을 주던 일.
371. 왕술(王述, 303~368): 진(晉)나라 재상. 매번 관직을 받을 때에는 거짓 사양을 하지 않았으며, 일단 사양한 관직은 결코 받지 않았다고 한다.
372. 이귀(李貴, 1557~1633): 본관 연안(延安), 자 옥여(玉汝), 호 묵재(默齋). 병조·이조 판서 등을 역임. 인조반정 공신으로서, 인조대 원종(元宗) 추숭(追崇) 논쟁 당시 이조 판서를 자청한 적이 있다.
373. 한 사람: 이만수를 가리킨다.

잡는다[矯俗]'는 두 글자를 마음먹고 어긋나게 하려는 것들이다. 내가 바야흐로 그가 멋대로 어구를 집어내어 문제 삼은 것을 잘못이라고 생각하기 때문에 다시 그의 상소문 속의 어구를 가지고 지적하여 말하고 싶지 않다. 그 취지를 살펴보면 표적이 이조 판서에 있지 않고 오로지 '습속을 바로잡는다[矯俗]' 두 글자에서 벗어나려는 데에 있다. 나의 본의는, 그 스스로 시속과 물정에 대해 잘 알고 행세하며 보신(保身)에 능한 자가 알지 못할 리가 없을 것 같은데, 이와 같은 자는 어떤 벌에 합당하겠는가. 의리가 관련된 문제는 털끝만큼의 차이도 용납할 수 없다. 의리의 반대는 곧 속습(俗習)이다. 어떤 사건이 속습을 바로잡는 것에 관련되어 있다면 정성껏 따르고 지키기를 나막신 신고 압록강 얼음판을 건너간다는 속담처럼 해야 할 것이다. 그런데도 감히 이처럼 상반되는 행위를 한 것은 과연 무슨 속셈이란 말인가.

그 상소문은 이미 '습속을 바로잡는다[矯俗]'는 두 글자에 배치되는데 이것으로 이조 판서를 모략해서 배척하는 도구로 삼았으니, 이조 판서의 일은 저절로 속습과 상반되는 쪽에 속하게 되었다. 속습과 상반되는 자는 곧 군자 쪽 사람이다. 또한 하물며 자신을 돌아보지 않고 분발하여 임금의 뜻을 받들려고 하다가 배척하는 말을 받았으니, 이조 판서 그 자신으로서도 어찌 영광스럽지 않겠는가. 그[김이재]는 신진 소년에 불과하므로 심하게 꾸짖을 것도 없다고 여겨 그 상소를 돌려줘버린다면 더는 아무 일도 없다고 말할 수 있겠으나, 그 상소를 살펴보면 또한 국사를 말한다는 것으로 명분을 삼았으니, 꾸짖을 가치도 없다고 하여 그냥 넘어갈 수는 없다.

일찍이 김이재를 강경(講經)과 제술 시험의 반열에서 보아 그 사람을 익히 알고 있다. 그 사람은 어리석어 보이지만 분별하기 어렵고, 지혜로운 듯 보이지만 판별할 수 없다. 게다가 혹 자꾸 탐욕을 부려 머리 3개에, 팔 6개가 달린 사람이 아니면 감히 그를 판별하지 못할 것이다. 게다가 요즘 조정 안에 세력 있는 간신으로 지목할 만한 자가 없으므로 또한 그러한 자의 지시를 받았다고도 말할 수 없으니, 겉으로 얼른 보면 비록 살펴보아도 이해되지 않고, 설명하려 해도 할 수 없다. 그러니 또한 알지도 못하고 느끼지도 못하는 가운데 음종(陰腫)[374]처럼 즉시 겉으로 모습을 드러내지 않고 으슥한 그늘 속에 머물러 있다가 올라온 것은 아닌지 모르겠다. 모든 일은 마땅

374. 음종(陰腫): 음부(陰部)가 부어오르면서 아픈 병(病). 여기서는 김이재의 배후로 지목했던 김이익(金履翼, 1743~1830)을 가리킨다. 김이익의 본관은 안동, 자 보숙(輔叔), 호 유와(牖窩). 우겸(祐謙)의 손자, 유행(由行)의 아들. 대사헌·형조 판서 등을 역임. 당시 그는 외척·권신을 통해 세력의 추이를 엿보며 시파와 벽파를 수시로 넘나들었던 행적으로 인해 정조에게 악평을 받던 인물이었다.

히 겉으로 드러난 것만을 가지고 논해야 하니 어찌 그 이외의 다른 사람을 끌어들일 필요가 있겠는가. 그렇다고 그대로 놓아둔다는 것은 왕자의 어진 정치가 아니다. 이 때문에 대략 좋아하고 싫어하는 마음을 보여서 경들을 한번 깨우쳐주는 것이다.

어제 전교에서 '귀양 보낸다[投畀]'고 말한 것은 『시경(詩經)』의 이른바 '북녘땅에 던져주리[投畀有北]'[375]라는 말을 인용한 것이니, 이 또한 참소하는 자를 물리친다는 뜻이다. 공자가 사대(四代)의 예악을 안연(顔淵)에게 말해줄 때, 그 결론은 '정(鄭)나라의 음탕한 음악을 물리치고 간사한 사람을 멀리하라'고 한 것에 불과하였고,[376] 순임금이 용(龍)에게 명하여 참소를 막게 한 것은[377] 참소하는 말은 현혹되기 쉬워 분변하기 어렵기 때문이었다. 이와 같은 상소문은 언뜻 보면 말이 되는 것도 같지만 나는 그 감춰진 걱정이 천진교(天津橋)에서 울던 두견새 소리[378]보다 못하지 않다고 본다. 두견새는 군자가 사라지고 소인이 득세할 기미에 불과하지만 지금 이 상소문은 그 관계되는 바가 과연 무엇인가.

을묘년(1795, 정조 19) 이후 눈을 씻고 새롭게 바라볼 가망이 있는 듯했지만 한두 해가 지나가도 새로운 효과가 전혀 없었다. 의리를 고수하는 것으로써 말하자면 을묘년과 병진년(1796, 정조 20) 사이에는 신축년과 임인년처럼 죽이고 들이치는 일[379]이 없었기 때문에 앞장서서 의리를 담당한 자도 옛사람이 공적인 분노와 사사로운 원수를 겸한 것보다 못하였다. 오늘날 세도의 책임을 지고 있는 자 또한 어찌 스스로

---

375. 북녘땅에 던져주리[投畀有北]: 『시경』 소아(小雅) 「항백(巷伯)」 편은 참소하는 간사한 사람을 풍자한 시인데, 그 노래에 "저 남을 참소하는 자여, 어디 가서 누구랑 꾀하느뇨. 저 참소하는 자를 잡아다가, 호랑이나 승냥이에게나 던져주리. 호랑이나 승냥이도 먹지 않거든, 북방의 모진 땅에 던져주리. 북방도 더럽다고 안 받거든, 하느님께나 던져주리라[彼譖人者, 誰適與謀. 取彼譖人, 投畀豺虎. 豺虎不食, 投畀有北. 有北不受, 投畀有昊]"고 한 데서 온 말이다.

376. 공자가 …… 불과하였고: 『논어』 「위령공(衛靈公)」에 "안연이 나라를 다스리는 방법에 대해 물었다. 공자가 말하기를 '하나라의 책력을 사용하며 은나라의 수레를 타며 주나라의 면류관을 쓰고, 음악은 소무를 사용하고, 정나라의 소리를 내치며 아첨하는 사람을 멀리할 것이니 정나라 소리는 음하고 아첨하는 사람은 위태롭다'라고 하였다[顔淵問爲邦, 子曰, 行夏之時, 乘殷之輅, 服周之冕, 樂則韶舞, 放鄭聲, 遠佞人, 鄭聲淫, 佞人殆]"라는 말이 보인다.

377. 순임금 …… 것은: 『서경』 「순전(舜典)」에서 순임금이 용(龍)이라는 신하에게 "짐은 참소하는 말이 선인의 행실을 해친 나머지 짐의 무리가 듣고서 동요하고 놀라워하는 것을 미워하는 바다. 그래서 그대를 임명하여 납언으로 삼노니, 밤낮으로 짐의 명령을 출납하면서 진실하게 하라[朕堲讒說殄行, 震驚朕師, 命汝作納言, 夙夜出納朕命惟允]"고 한 데서 유래되었다.

378. 천진교 …… 소리: 천진교는 송나라 때 낙양(洛陽)에 있던 다리 이름이다. 소옹(邵雍)이 천진교 위에서 두견새 우는 소리를 듣고 천하가 크게 어지러워질 것을 알았다는 고사가 전해지고 있다.

379. 신축년 …… 일: 신축년(1721, 경종 1) 환국과 임인년(1722) 옥사를 가리킨다. 노론 측에서 경종의 질병을 구실로 연잉군을 세제로 책봉하고, 대리청정을 추진하자 소론이 반발하여 경종의 후원을 입고 집권한 것이 신축년 환국이다. 이후 남인 목호룡의 고변으로 노론 4대신을 사사하고 노론 당인 다수를 처벌한 사건이 임인년 옥사다.

업신여기거나 남이 업신여긴다는 한탄이 없겠는가. 다만 서로 부족한 점을 닦고 마음으로 협력하여 결국은 함께 할 뿐이다. 어찌 스스로 업신여기고 있다는 이유로 의리에 관계되는 것까지 반드시 헐고 훼손해서야 되겠는가.

내가 비록 노쇠하였으나 이러한 무리를 처분하는 일에 어찌 여유롭게 대처할 만한 힘이 없겠는가. 병신년 처분만 보더라도 나는 강건한 덕의 측면에서는 오히려 스스로 부족하다고 생각하지 않으니, 어찌 오로지 따뜻하게 품어주고 적셔줄 수만 있겠는가. 근년에 사실 조정에 사람이 없다는 한탄이 있다. 또한 일체 편안히 쉬면서 기르는 일에 힘쓰고자 하여 크고 작은 일을 막론하고 오로지 침묵을 지키다 보니 마음속으로 허다한 생각만 허비하였다. 요즘 정신과 근력이 날로 쇠약해지는 것도 반드시 그 때문이 아니라고 할 수 없다. 하물며 금년은 다른 해와 달리 의금부에 까치가 집을 지을 정도가 된 것은 그 뜻이 조화로움을 이끌어내는 데 있다. 때문에 이와 같은 일에 대해 모두 크게 화를 내지 않고 조용히 말하고 싶다. 지금 이 하교는 참고 또 참다가 나온 것이다. 윤음으로 한번 펼쳐 보일 생각이지만 먼저 이 뜻을 경들을 위해 자세히 말하였다. 오늘 연석에 참가한 신하들이 밖에 나가 서로 고하여 일깨워 줄 수 있다면 '그늘에서 학이 울면 그 새끼가 화답한다'[380]고 하였으니 하나의 이치에 따라 서로 감응하는 오묘함을 속일 수 없을 것이다.

오늘의 하교를 들은 자들 가운데 반드시 의기가 복받쳐올라 격앙되고, 천명할 길을 생각할 자도 있을 것이고, 또한 반드시 근심하고 두려워하여 자신의 잘못을 스스로 밝히는 방법을 생각할 자도 있을 것이다. 알지 못하는 가운데 또한 어찌 얼굴과 마음을 고쳐 위엄을 두려워하고 죄를 멀리할 것을 도모하는 자가 없겠는가. 이제부터 아비가 자식을 훈계하고 형이 동생에게 권하여 낡은 습속에서 벗어나지 못한 자는 낡은 습속을 씻어 제거함으로써 옳은 길로 따라나서야 할 것이다. 간혹 본래부터 고루한 속습에 빠지지 않은 자가 있다면 또한 마땅히 옛것을 익히고 그것을 미루어 새것을 아는 자세로 한층 더 노력하여 차분하게 나의 다스림을 이루는 것이 곧 내가 기대하는 바람이다. 이처럼 분명히 일러주었으니, 이후로 나는 다시 말하지 않겠다. 임금의 명령을 받들어 그 마음을 널리 백성에게 알리는 책임은 오로지 경들에게 있다. 경들은 사소한 혐의를 모두 쓸어버리고, 각자 책임을 지고 속습을 바로잡을 방책을 생각하도록 하라." 이시수가 말했다.

---

380. 그늘에서 …… 화답한다: 『주역(周易)』「중부(中孚)」에 "그늘에서 학이 울면, 그 새끼가 화답한다[鶴鳴在陰, 其子和之]"라고 하였는데, 서로 성실하게 사귐을 말한다.

"성교를 내리셨는데 누가 이해하지 못하겠습니까. 우선 신들이 나아가 두루 알리어 온 세상 사람들이 성상의 뜻이 어디에 있는가를 환히 알게 한다면 또한 어찌 알면서도 일부러 범할 이치가 있겠습니까." 주상이 말했다.

"의리를 천명하든 자신의 잘못을 스스로 밝히든 물론하고, 오직 자기 한몸에 달린 것이다. 이와 같이 한 뒤에도 또 효과가 없다면 나 또한 다시 무엇을 어찌하겠는가. 김이재의 상소문은 그 말이 가소로우나 그 사람을 어찌 문책하겠는가. 그 일은 지극히 하찮지만 규범을 무시하고 하교를 어기는 짓을 신하로서 직접 범하였다. 머리를 숙이고 잘못을 달갑게 여겼다면 그에게 죄가 없음을 분명히 알 수 있었을 것이나 감히 먼저 말을 꺼내 나를 한번 시험해보려고 시도한 것은 곧 병신년 이후 25년 만에 처음 있는 일이다. 어찌 그 사람을 문책할 가치가 없다는 이유로 그 말을 예사롭게 보고, 그 일을 소홀히 여길 수 있겠는가.

세상을 다스리면서 속습을 제어하는 데 하나의 마땅한 규범을 버리고 어떻게 하겠는가. 나는 어려서부터 성인의 글을 통해 대도(大道)를 대략 들어서, 알고 있는 것은 일찍이 실천하지 않은 적이 없으며, 실천한 이후에는 규범을 세우고 몸소 먼저 모범을 보이며 그것을 다른 사람에게 미루어 나아갔다. 다른 사람이 조처하지 않으면, 조처하게 하여 반드시 온 나라 사람들이 모두 따르게 하려 하였다. 그런데 김이재 같은 자가 누구이기에 오늘의 조정에서 불길한 행위를 하려 한단 말인가. 하지만 진실로 매우 측은하기도 하다. 저자는 거론할 것도 없지만 그래도 세가(世家)가 아닌가. 특별히 한 사람을 귀양 보내 만인을 구제하는 계책으로서 오늘의 처분이 나온 것이니, 경들은 마땅히 이러한 본의를 알아야 한다." 이시수가 말했다.

"그 상소는 반포하지 않았기 때문에 신이 보지 못하였습니다." 주상이 묻기를,

"어찌하여 반포하지 않는가"라고 하였다. 민태혁(閔台爀)[381]이 말하기를,

"원래의 상소가 비지(批旨)를 받지 못하였기 때문에 전례에 따라 반포하지 못하였습니다"라고 하였다. 주상이 말하였다.

"오늘 연석에서 하교한 것은 맨 먼저 고금의 시대에 따라 달라지는 조치에 대해 말하고, 다음은 규모, 그다음은 인물 등용 문제, 그다음은 가르침을 펴고 따르게 하는 방안에 대해 말하면서 여러 번 되새기고 반복하였다. 말마다 세상의 가르침을 북돋우고 구절마다 고심을 드러내었다. 사관(史官)으로 하여금 한 통의 연설(筵說)로 기

381. 민태혁(閔台爀, 1746~1806): 본관 여흥, 자 자삼(子三). 대사간·예조 판서 등을 역임하였다.

록하여 한 본은 묘당에게 보여 공적인 일을 돌려보는 규정에 따라 돌려보게 하고, 한 통은 언론과 학문을 담당한 관원에게 보인 뒤에 장고(掌攷)에 자세히 등재하게 할 것이며, 그 원본은 사관에게 주어 사고(史庫)에 보관하게 하라."

부록 2. 영남 유생(嶺南儒生) 이휘병(李彙炳) 등 만인상소(萬人上疏)

62. 을묘년(1855, 철종 6) 모월 모일에 영남 유생 이휘병(李彙炳) 등 1만여 명이 연명(聯名) 상소를 올렸다.

"신들은 영남의 멀리 떨어진 시골의 어리석고 우매한 백성입니다. 하지만, 성스러운 조정의 융성한 교화를 입었기에 임금에게 충성하고 나라를 사랑하는 마음은 멀리 떨어져 있다고 해서 간극이 있을 수 없습니다. 선정(先正)들이 남겨놓은 가르침을 배우고 익혀서 백성으로서의 떳떳한 도리와 사물 법칙의 아름다움에 대해 어리석고 미천하다 하여 소홀히 하지 않았습니다. 예전 임자년(1792, 정조 16)에 영남 유생들이 상소를 임금에게 올린 적이 있습니다. 당시 정조[正宗] 대왕께서 미천하다고 여겨 배척하지 않으셨고, 어리석고 우매하다고 해서 버리지 않으셨습니다. 한밤중에 어전에서 특별히 명령을 내려 직접 대면하시고, 그 자리에서 10행의 연교[筵教, 연석(筵席)에서 내리던 하교]를 내리셨는데, 그 말뜻이 간절하고 지극하였습니다. 그 (상소한) 뜻을 가상히 여겨 말씀하시기를,

'국가의 큰 의리에 영남이 참여하지 않은 적이 없었다'고 하였고, 지난날의 잘못을 되새기면서 말씀하시기를,

'1만여 명 선비들의 논의에서 천리의 대공(大公)을 볼 수 있다'고 하셨으며, 선조로부터 내려받은 책임이 막중하다면서 말씀하시기를,

'서로 경계하는 말을 해주어 (나의) 모든 생각을 밝힌 것은 너희 영남의 진신과 유생들의 공로다'라고 하였습니다.

아, 당시 진신과 유생들은, 즉 신들의 아비이거나 할아비였습니다. 신들의 아비와 할아비들은 이 같은 임금의 뜻을 받들어 감격하여 울면서 간직한 채 돌아와, 아비는 그 아들에게,

'(정조의) 모든 생각을 밝혀야 한다'라고 했고, 그 아들은 그 손자에게 또한 오로지 말하기를,

'(정조의) 모든 생각을 밝혀야 한다'라고 하여, 이것을 가슴에 새기고 또 새겨 입으로 외우고 마음속으로 생각하면서 또한

'(정조의) 모든 생각을 밝혀야 한다'라고 말하지 않은 적이 없었습니다. 이렇게 오

직 천명하고자 하는 바를 가슴 속에 쌓아두고도 감히 말하지 못한 것이 지금까지 60년이나 되었는데, 끝내 널리 천명하지 못하였습니다. 이것이 신들이 한스럽게 여기는 것이며, 신들이 성교를 크게 저버린 것입니다. 그러나 신들이 어찌 감히 그렇게 하고 싶었겠습니까. 하늘을 믿고 기다렸던 것입니다.

올해 을묘년(1855, 철종 6)에 경모궁(景慕宮, 사도세자)의 보갑(寶甲)이 다시 돌아오자 오직 우리 성상께서 애통해 하시며 이를 추모하고자 존호를 올리셨습니다. 한결같이 정조의 고사에 따라서 성대한 의식을 다시 거행하니 온 나라가 모두 기뻐하였습니다. 신들은 이 같은 경사스러운 때를 만나 선조가 남겨주신 의리를 추념하여 이에 감히 천 리 길을 발을 싸매고 올라와 만인이 연명한 상소를 올리니, 이는 충심을 피력한 간절한 말이며 충정을 다한 것입니다. 삼가 전하께서 살펴봐주시기 바랍니다.

공손히 생각건대 장헌세자는 영조의 신성한 자질을 이어받고, 영조의 효우(孝友)의 덕을 이어받아, 학문이 빨리 성취되어 뛰어난 명성이 날마다 들려, 영조가 특별히 대리청정을 명하였습니다. 그 14년간 문안드리고 시선(視膳)[382]할 때 정성스럽게 효성을 다하여 신명이 감격하였고, 군대를 지휘하고 나라를 다스림에 있어 어진 소문이 온 나라에 가득 찼습니다. 서연(書筵)에서 어려운 내용을 논의할 때 강론한 내용은 수사낙민(洙泗洛閩)[383]의 학문이었고, 조정에 나아가 정치를 펼칠 때 본받은 것은 요순(堯舜) 삼대(三代)의 다스림이었습니다. 삼종(三宗, 효종·현종·숙종)의 큰 복이 끊이지 않았고, 만백성의 송축(頌祝)이 끝이 없었지만 끝내 즉위하지 못하였습니다. 때문에 종묘의 위호(位號)가 세자에 그쳐 원침(園寢)[384]의 의식 절차를 아직도 더 높이지 못하였습니다.

가만히 생각건대 공덕이 종묘와 사직을 보존하였으며, 교화와 은택이 백성과 사물에 미쳤으니 실로 임금 자리를 이어서 예를 거행한 것과 차이가 없고, 조종의 공덕보다 더욱 빛나는 점이 있습니다. 기록이 남겨진 이래로 중국과 우리나라를 살펴보면 왕세자로서 국정을 대신 다스린 기간이 오래된 것이나 공덕이 높고 넓은 것이 이와 같이 성대한 적이 없었는데, 지금까지 올린 존호는 그 높이는 뜻을 다하지 못하였으니 이것이 어찌 신민들의 마음이 아프고 답답한 것에 그치겠습니까. 이 또한 조정의

---

382. 시선(視膳): 세자가 아침저녁으로 임금의 수라상을 몸소 돌보던 일.
383. 수사낙민(洙泗洛閩): 수사는 공자가 제자들에게 도를 가르치던 곳에 있는 수수(洙水)와 사수(泗水). 곧 공자와 맹자를 뜻한다. 낙민은 송나라 때 학자 정호(程顥)·정이(程頤) 형제가 살던 낙양(洛陽)과 주희(朱熹)가 살던 민중(閩中)을 말한다.
384. 원침(園寢): 여기서는 사도세자의 능인 현륭원(顯隆園)을 가리킨다.

전례에 잘못이 될 것입니다.

제왕가(帝王家)에서 존호를 올리는 의식은 그 유래가 오래되었습니다. 우리 조정에서 세자의 존호를 올린 것 또한 성종이 덕종(德宗)을 추숭한 사례가 이미 있는데, 천리와 인정으로써 살피고 올바른 도리[常經]와 때에 맞는 조치를 참작하여 거행한 것이었습니다. 올해 이러한 경사를 맞이하여 특별히 존숭하는 의식을 거행하는 것은 진실로 성인의 때에 맞추어 제도를 바로잡는 도리에 합치됩니다. 예(禮)란 본래 인정(人情)을 따르는 것이지만, 또한 의기(義起)[385]에서 나오기도 하는데, 하물며 받는 자가 있음에서이겠습니까. 『서경』에서 '선왕이 제정하여 지켜온 법을 따르라'[386]고 하였고, 『중용』에서는 '효란 어버이의 뜻과 사업을 잘 계승하여 발전시키는 것이다'[387]라고 하였습니다. 선유(先儒)들이 또 말하기를,

'요순을 따르고자 한다면 선대 임금을 본받아야 할 것이다'고 하였습니다. 지금 우리 전하께서는 선왕(先王)을 본받아서 계승해야 할 것은 성종의 일이고, 선대 임금을 본받아 마땅히 계승해야 할 것은 정조의 뜻입니다.

신들이 삼가 혜경궁의 존호를 올릴 때 보니, 윤음에서 말씀하시기를,

'제왕의 효란 보통 사람과 달라 반드시 훌륭하고 아름다운 점을 널리 펴는 것으로써 부모에게 보답하고 조상을 추모하는 대절(大節)을 삼는다'고 하였습니다. 또 계묘년(1783, 정조 7)에 경모궁과 혜경궁에 존호를 올릴 때 성교에서 말씀하시기를,

'부모에게 보답하고 부모를 선양하려는 나의 정성을 펼 곳이 없다. 지난해 겨울 연석(筵席)에서 넌지시 말만 끄집어내놓고 지금까지 머뭇거리고 있는 것은 진실로 전례(典禮)가 엄중하여 나 한 사람이 감히 경솔하게 단행할 수 없었기 때문이다. 마음을 억누르며 참고 있자니, 죽어도 눈을 감지 못하는 한이 되지 않을까 염려된다'라고 하셨습니다. 또한 기유년(1789, 정조 13)에 친히 현륭원에서 제사를 드리며 지은 지문(誌文)에서,

'자식으로서 뒤를 이어 중대한 책임을 지게 되니, 부모님의 크나큰 축원을 받고 태어난 은혜에 보답할 것을 기대하였습니다. 아, 하늘이시여. 사람이 하고 싶어 하는 일을 하늘은 따라주신다고 감히 (이 소자) 꼭 믿고 있었더니 이제 와서야 비로소 (이

---

385. 의기(義起): 예문(禮文)에 없더라도 이치를 참작하여 새로운 예(禮)를 만든다는 뜻.
386. 선왕이 …… 따르라: 『서경』 「열명(說命)」 하(下)에 "선왕이 이루어놓은 법을 준수하여 길이 잘못이 없게 하라[監于先王成憲, 其永無愆]" 하였다.
387. 효란 어버이의 …… 것이다: 『중용』 장구 19장.

소자가) 살면서 천하 후세에 할 말이 있게 되었습니다'라고 하였으니, 그 글 뜻이 정녕 간절하고 지극하여 신들이 일찍이 세 번 반복하여 읽고서 울음을 터뜨리지 않은 적이 없었습니다. 오늘날 그 선인(先人)의 뜻을 잘 계승하고 선대의 사업을 잘 발전시켜나가는 방도에 어찌 크게 천명하는 한 가지 일보다 큰 것이 있겠습니까.

삼가 원컨대 전하께서는 자성(慈聖)께 우러러 여쭈어 빨리 성대한 의식을 거행해서, 위로는 오르내리는 선조의 영혼을 위로해드리고, 아래로는 끝없는 효성을 밝히도록 하십시오. 신들은 또한 삼가 효의왕후(孝懿王后)[388]의 지문을 보았는데 다음과 같은 말이 있었습니다.

'주상과 조정 신하들이 휘호(徽號)를 올리려고 하자 왕후가 하교하기를, 「선왕이 존호를 받지 않았던 것은 마음속에 지극한 슬픔이 있기 때문이었다. 미망인으로서 그것을 받는다면 선왕의 정의(精義)가 어떻게 되겠는가」라고 하였다'라고 하였습니다.

여기에서 보이듯이 경모궁에 대해 미처 거행하지 못한 은전(恩典)은 실로 선왕이 지극히 슬퍼하신 일이었습니다. 전례(典禮)를 거행하기 전에 홀로 휘호를 받을 수 없다는 것이 또한 선왕의 정의(精義)였습니다. 따라서 전하의 정성스러운 효성의 지극함으로써 지금 반드시 먼저 미처 거행하지 못한 은전을 거행한 뒤 정조의 휘호를 절차에 따라 올리는 것이 또한 오늘날 하나의 큰 의리에 해당되는 일입니다. 이는 소위 천지에 내세워도 어긋나지 않고 귀신에게 질문해도 의심스러움이 없으며, 백세를 기다려도 의혹됨이 없다는 것이 바로 여기에 있지 않겠습니까.

어리석은 신들이 어찌 감히 왕실의 대전례(大典禮)에 대해 감히 의논할 수 있겠습니까. '모든 생각을 밝힌다[念念闡揮]'는 네 글자가 이미 우리 선왕의 유교(遺敎)에 있기에 신들은 진심에서 우러나온 정성으로 단지 이 의리에 대해 의견이 있을 뿐입니다. 오직 전하께서 주제넘음을 용서해주시고 유의하여 의견을 받아주시기 바랍니다. 신들의 아비와 할아비는 직접 성교를 받들었으나 의리를 크게 밝혀서 구롱(邱隴)[389]에서 이미 거행됨을 보지 못하였습니다. 오늘 신들의 말을 만약 받아주신다면 죽은 뒤 저승에서 아비와 할아비를 뵙고 우리 전하의 선인(先人)의 뜻을 잘 계승하고 선대의 사업을 잘 발전시켜 나아간 성덕이 보통보다 천만 배 뛰어난 것이라고 칭송할 것입니다. 운운."

---

388. 효의왕후(孝懿王后, 1753~1821): 정조(正祖)의 비, 김시묵(金時默)의 딸이다.
389. 구롱(邱隴): 여기서는 사도세자의 묘소를 가리킨다.

부록 3. 광무(光武) 연간 관련 기사

장헌세자 등 추숭

63. 광무(光武) 3년(1899) 기해(己亥) 음력 6월에 특진관(特進官) 서상조(徐相祖)[390]가 상소를 올려 장헌세자의 추숭을 청하였다. 장예원(掌禮院)에 조칙을 내려 밖에 있는 대신과 유신(儒臣)들에게 자세히 묻고, 의정부로 하여금 논의하게 하였다.

64. 경무사(警務使) 이유인(李裕寅)[391]의 상소에 대한 비답에서 말하기를,
"궁(宮)과 원(園)의 의식 절차에는 정조의 깊은 뜻이 담겨 있었는데, 영남의 선비들이 이 의리를 주장하여 여러 세대가 지나도록 그만두지 않고 있으니, 실로 가상한 일이다. 지금 훌륭한 의식을 거행하는 것에 대해 조야(朝野)의 의견이 같음을 볼 수 있으니, 경은 이러한 뜻으로 널리 알리도록 하라"고 하였다.

65. 조칙을 내려 말하기를,
"처음으로 건의하여 청한 서상조에게 특별히 한 자급을 가자(加資)하고, 추숭 존호 도감당상(追崇尊號都監堂上)에 추가로 임명하라"고 하였다.
같은 해 7월 장헌세자는 장종 대왕(莊宗大王)으로 추승하고, 능호는 융릉(隆陵), 전호(殿號)는 경모전(景慕殿)으로 높였다. 혜빈(惠嬪)은 헌경왕후(獻敬王后)로 추존하였다.

66. 조칙을 내려 말하기를,
"왕후의 부모에 대해서도 이미 봉작하였으니, 영풍 부원군(永豐府院君, 홍봉한)과 한산 부부인(韓山府夫人, 한산 이씨)의 사판(祠版, 신주)에 비서원(祕書院) 승(丞)을 보내어 제사를 올리게 하라"고 하였다.
음력 11월 종묘에 신주를 모셨다.

---

390. 서상조(徐相祖, 1830~1905): 본관 대구(大丘), 자 경념(景念). 이조 참판·대사헌 등을 역임하였다.
391. 이유인(李裕寅, ?~?): 1888년(고종 25) 파주목사 재임 시 전무위원(電務委員)으로 기해전선(畿海電線) 가설에 힘썼다. 법부 대신·중추원 부의장 등을 역임. 애국계몽운동 단체인 보안회(輔安會)를 조직하여 부회장으로서 국권회복운동에 앞장섰다.

67. 같은 달, 환구단(圜邱壇)에서 제사를 거행하였다. 임금이 여러 신하를 거느리고 태실(太室)에 나아가 태조 대왕을 태조 고황제(太祖高皇帝)로, 고조(高祖) 장종 대왕(莊宗大王, 사도세자)을 장종의황제(莊宗懿皇帝)로, 고조비(高祖妣)를 장경의황후(莊敬懿皇后, 혜경궁 홍씨)로 추존하였다.

68. 융릉(隆陵) 표석(表石)은 헌경왕후(獻敬王后, 혜경궁 홍씨) 옛 비석을 정결하게 하여 사용하였다.

69. 영빈 이씨(暎嬪李氏, 사도세자의 생모)에 대해 시호(諡號)를 올리고, 그 묘를 봉원(封園)하였다.

이천보 등에 대한 은전

70. 신사년(1761, 영조 37) 삼상(三相)이었던 문간공(文簡公) 이천보(李天輔), 정익공(貞翼公) 이후(李𤨏),[392] 정헌공(正獻公) 민백상(閔百祥)[393] 등에게 모두 부조(不祧)[394]의 은전을 내렸다.

71. 묘정(廟庭)에 배향되는 공신은 문충공(文忠公) 이종성(李宗城),[395] 정헌공 민백상이었다. 임오년의 여러 신하를 복관하고 제사를 지냈으며 시호를 차등 있게 내려주었다.

72. 특진관 이희로(李僖魯)[396] 등이 상소를 올려

---

392. 이후(李𤨏, 1694~1761): 본관 연안(延安), 자 후옥(厚玉), 호 구옹(癯翁). 연안 부원군(延安府院君) 시백(時白)의 5대손. 좌의정 등을 역임. 사도세자의 평양 행차 사건을 비롯하여 유언비어가 심한 데 대한 왕의 추궁을 받자, 그에 책임을 느낀 나머지 이천보·민백상 등과 음독자살하였다.

393. 민백상(閔百祥, 1711~1761): 본관 여흥(驪興), 자 이지(履之), 여양 부원군(驪陽府院君) 유중(維重)의 증손, 좌의정 진원(鎭遠)의 손자, 관찰사 형수(亨洙)의 아들. 1751년(영조 27) 대사간 재임 시 신임옥사에서 화를 입은 인물의 신원을 주장하고, 소론 일파의 처벌을 극론하다가 유배되었다. 1760년 우의정이 되었으나 다음해에 죽었는데, 사도세자의 평양 행차 사건을 책임지고 영의정 이천보(李天輔), 좌의정 이후(李𤨏 등과 함께 자살하였다고 한다.

394. 부조(不祧): 공훈이 있는 사람에 대하여 영원히 사당에 모시고서 제사를 지내주는 일.

395. 이종성(李宗城, 1692~1759): 본관 경주(慶州), 자 자고(子固), 호 오천(梧川). 영의정 등을 역임. 1728년(영조 4) 박문수와 함께 붕당 2백 년의 폐를 논하였다. 1752년 세자의 처벌에 적극적이던 김상로 등의 간계로 영의정에서 물러났다. 1758년 영중추부사가 되어 사도세자 보호에 앞장섰다.

"고(故) 정승 김종수에게 특별히 제사지내주는 은전을 내릴 수 없습니다"라고 하였다. 이로 인해 특별히 명령하여 철도(鐵島, 황해도 황주(黃州) 소재)로 유배 보냈다. 이듬해 봄에 용서하여 돌아오게 하였다.

73. 봉상시[397] 제조[奉常司提調] 민경호(閔京鎬)가 다시 상소를 올려 김종수를 탄핵하며 제사지내주는 은전은 부당하다고 하자, 평리원(平理院)[398]에 명하여 자세히 조사하게 한 뒤 고군산도[古群山]에 유배 보냈다. 이듬해 여름에 용서하여 돌아오게 하였다.

---

396. 이희로(李僖魯, 1827~?): 본관 전의(全義), 자 겸수(謙叟). 한성부 판윤·예조 판서 등을 역임하였다.
397. 봉상시[奉常司]: 1895년(고종 32) 제례(祭禮) 관리·악공(樂工)·제사(祭祀)·시의(諡議)를 관장하기 위하여 설치한 관서.
398. 평리원(平理院): 대한제국(大韓帝國) 때 재판을 맡은 관아.

부록 4. 시벽본말(時辟[399]本末)

공홍파와 부홍파의 분기

74. 기사년(1749, 영조 25)에 정승 김재로(金在魯)[400]가 주상에게 힘껏 권하여 마침내 세자 대리청정의 청을 이루었는데, 주상의 마음을 시험해보려는 계책이었다.

정승 김재로가 죽자 그의 조카사위 홍계희와 사촌동생 김상로가 서로 논의하여 정승 김재로가 이루지 못한 뜻과 사업을 따르기로 하였다. 홍계희가 말하기를,

"우리들의 이 일은 익여(翼汝)[정승 홍봉한의 자(字)다]에게 알리고, 그의 협력을 구하지 않을 수 없다"[이는 나약한 뜻이다]고 하였다. 김상로가 말하기를,

"익여는 결코 기꺼이 따를 의사가 없을 것이니 알릴 필요가 없다"[이는 강건한 뜻이다]고 하였다. 그런데 그에게 오기를 청하고서는 몇 마디 나누지 않았는데도, 정승 홍봉한이 기미를 알아차리고 말하기를,

"동궁(東宮, 사도세자)은 크게 덕을 잃은 일이 없고, [종사(宗社)와 관계된 일이 없다는 말이다] 세손(世孫, 정조)이 영명하여 우리는 걱정이 없으니, 지나치게 우려할 필요가 없다"라고 하였다.

홍계희와 김상로, 두 사람은 좋은 말로 대답하고, 거짓으로 따르는 척하면서 모임을 끝마쳤다. 정승 홍봉한이 돌아가고 난 뒤 김상로가 말하기를,

"먼저 익여를 죽여야 일이 이루어질 것이다"라고 하였다. [홍봉한을 공격하자는 주장이다.] 홍계희가 말하기를,

"익여의 입장은 괴이할 것이 없다. 단지 우리 일을 시행할 뿐이지 어찌 반드시 죽여야겠는가"라고 하였다. [홍봉한을 돕자는 주장이다.]

이에 논의가 나뉘어 홍계희 측은 홍봉한을 돕는다고 하여 '부홍파(扶洪派)'로 지목되고, 김상로 측은 홍봉한을 공격한다고 하여 '공홍파(攻洪派)'로 지목되었다.

---

399. 벽(辟): 실록 등에는 '僻'으로 표기되어 있지만 '辟'으로 표기된 경우도 있으므로 그대로 두었다.
400. 김재로(金在魯, 1682~1759): 본관 청풍(淸風), 자 중례(仲禮), 호 청사(淸沙) · 허주재(虛舟齋). 징(澄)의 손자, 우의정 구(構)의 아들. 1731년(영조 7) 병조 판서로 있으면서 신임옥사로 죽은 노론의 김창집(金昌集) · 이이명(李頤命)의 복관(復官)을 상소해 이를 실현시켰다. 1740년 영의정에 올라 1758년 관직을 떠나기까지 네 차례에 걸쳐 10여 년간 영의정을 지냈다. 노론의 권력 기반을 확고히 하는 데 일익을 담당하였다.

75. 정승 홍봉한이 집으로 돌아와 밤새도록 잠을 이루지 못하다가 한 가지 계책을 생각하였다. 널리 뇌물을 받아 혜경궁을 통하여 문녀와 정처에게 뇌물을 주고 (이들과) 굳게 결탁하여, 그 일의 기미를 탐지하면 즉시 제거하려는 계책이었다.

당시 경재(卿宰)들은 청렴과 결백으로 서로 높였는데 오직 정승 홍봉한만이 뇌물을 받았다. 때문에 여러 정승이 날마다 밤이면 이유수(李惟秀)[401] 공(公)의 집에 모여 홍봉한이 뇌물을 받고 궁궐과 내통한 죄를 성토하였다. 이는 공정한 논의에서 나온 것이었지만, 그 이면에는 자기들이 하고자 하는 일을 방해하는 것이 미워서 그렇게 (성토)한 측면도 있었다. [몽오(夢梧) 김 공(金公, 김종수)은 정승 홍봉한의 5촌 조카[從甥]였기 때문에 비밀리에 염탐하여 고하자, 동원(東園)[402]의 여러 공이 그것을 듣고 성토한 것이다.] 세간에서 칭하는 동원(東園) 13학사(學士)가 이른바 공홍파(功洪派)였다. [근암(近菴) 윤급(尹汲)[403] · 뇌동(雷洞) 남유용(南有容)[404] · 죽석(竹石) 조돈(趙暾)[405] · 송재경(宋載經) · 이유수 · 몽오(夢梧) 김종수 · 유언호(俞彦鎬)[406] · 윤시동 · 죽하(竹下) 김익 · 김광묵(金光默) · 김상묵(金尚默) · 이득배(李得培)[407] · 민종현(閔鍾顯) · 심이지(沈履之), 모두 14명인데, 유언호는 잘못 기록한 것이다.]

13명의 학사 가운데 근암 윤공은 지론(持論)이 지나치게 준엄하였고, 몽오 김공은 겉으로만 엄한 것에서 벗어나지 못하였다. 오직 조돈 공과 윤시동 공만이 자못 순정(醇正)한 것에 가까워서 청의(清議)를 자처하는 선비로 불렸다. 바람에 따라서 좇아다

---

401. 이유수(李惟秀, 1721~1771): 본관 전주(全州), 자 심원(深遠), 호 완이(莞爾). 형조 판서 등을 역임. 영조대 이종성 등을 탄핵하고 영남으로 귀양 갔다. 뒤에 동궁관(東宮官)에 복직되었다가 왕의 뜻에 거슬려 관작이 삭탈되고 도성 밖으로 쫓겨났다. 그러나 왕이 그의 충의(忠義)를 알고 통정대부(通政大夫)의 위계에 올리고 승지에 임명하였다.

402. 동원(東園): 이유수의 개인 정원의 명칭인데, 여기서는 여기에 모인 사람들을 가리키는 말로 사용되었다.

403. 윤급(尹汲, 1697~1770): 본관 해평(海平), 자 경유(景孺), 호 근암(近庵). 영의정 두수(斗壽)의 5대손, 면지(勉之)의 증손, 계(堦)의 손자. 이재(李縡) · 박필주(朴弼周)의 문인. 이조 판서 등을 역임. 김상로 · 홍계희 등과 함께 정순왕후 부친 김한구와 긴밀히 연계하여 1762년(영조 38) 나경언의 상변 사건을 일으켜 사도세자의 죽음을 초래하였다. 저서로 『근암집(近庵集)』 등이 있다.

404. 남유용(南有容, 1698~1773): 본관 의령(宜寧), 자 덕재(德哉), 호 뇌연(雷淵) · 소화(小華). 대제학 용익(龍翼)의 현손, 한기(漢紀)의 아들. 이재(李縡)의 문인. 대사헌 · 대사성 등을 역임. 1754년에 원손보양관(元孫輔養官)이 되어 뒤에 정조가 된 세손을 세 살 때 무릎에 앉혀놓고 글을 가르쳤다. 저서로 『천의리편(闡義理編)』과 『명사정강(明史正綱)』 등이 있다.

405. 조돈(趙暾, 1716~1790): 본관 풍양(豐壤), 자 광서(光瑞), 호 죽석(竹石). 이조 판서 상경(尚絅)의 아들. 대사간 · 이조 판서 등을 역임하였다.

406. 유언호(俞彦鎬, 1730~1796): 본관 기계(杞溪). 자 사경(士京), 호 칙지헌(則止軒). 이조 참의 · 우의정 등을 역임. 김우진 · 심환지 · 김종수와 친하게 지내고, 홍봉한의 당을 공격함이 의리라는 김구주 당의 견해에 동조하였다. 이에 1772년(영조 48) 청명당(清名黨) 사건에 연루되어, 흑산도로 정배의 명령을 받기도 하였다. 정조 즉위 후 『명의록』 편찬을 주관하였다. 1788년(정조 12) 남인 조덕린이 복관되자 이를 신임의리에 위배되는 것으로 공격하였다. 저서로 『칙지헌집(則止軒集)』이 있다.

407. 이득배(李得培, 1715~1774): 본관 전의(全義), 자 중고(仲固). 이조 참의 · 대사성 등을 역임하였다.

니는 무리는 홍봉한을 공격하는 것으로써 명예를 구하는 자료로 삼았으니, 이것이 공홍파가 날로 늘어난 이유였다. 평소 정승 홍봉한을 알지 못하는 사람이라도 만약 홍봉한을 공격하지 않으면 부홍파(扶洪派)로 지목되었다.

시파와 벽파의 분기

76. 갑진년(1784, 정조 8)에 정이환(鄭履煥)[408]의 상소가 나온 뒤 비로소 부홍파는 '시파(時派)'가 되고, 공홍파는 '벽파(辟派)'가 되었는데, 이것이 시파와 벽파로 나누어지게 된 출발점이다.

시파와 벽파는 똑같이 신임의리를 옳다고 여기는 입장이었지만, 시파는 나약하고 벽파는 강건하였다. 때문에 논의가 진행됨에 따라서 점차 격화되어 끝내 원수가 되었지만, 원래 애초부터 다른 것은 아니었다. 서유린이 상소를 올려,

"김상로가 곧 홍계희이고, 홍계희가 곧 김상로다"라고 한 것이 이것이다. 또한, 양편을 참작하여 그 가운데 있는 자를 '간론(間論)'이라고 하였는데, 이들은 중립파(中立派)로 지목되었다. 중립파는 매우 적었으며, 공홍파가 가장 많았다. 또한 '겉은 시파 속은 벽파[外時內辟]'이거나 '겉은 벽파 속은 시파[外辟內時]' 등의 명목이 있었다.

77. 정승 홍봉한이 뇌물을 받아 궁궐과 통한 것이 오로지 세자를 위한 것이었다면 충성스러움에는 문제가 없지만, 혹 공(公)을 빌미로 사사로움을 추구하는 일이 없었단 말인가. 공홍자는 오로지 정승 홍봉한만을 염두에 두고 공격했다면 올바름에는 문제가 없지만, 혹 그 뜻을 둔 곳이 늘 따로 있었던 것은 아닌가. 이 모두 알 수 없다.

78. 동원(東園)의 여러 공이 유언호 공에게 들어오라고 청하였는데, 들어가지 않는데도 이름을 기록하고 그 초상을 그렸다.[409] 김구주 공이 마지막으로 들어갔는데, 여러 공이 말하기를,

---

408. 정이환(鄭履煥, 1731~?): 본관 연일(延日), 자 신지(身之). 호(澔)의 증손. 부응교·동부승지 등을 역임. 1776년 세손(世孫, 정조)의 대리청정을 주장한 홍봉한의 처벌을 주장하였다. 이해 정조가 즉위하자 김구주가 유배되면서 그도 관직에서 쫓겨나기도 했다.

409. 동원(東園)의 …… 그렸다: 일반적으로 유언호는 유척기와 함께 중간파로 분류된다. 당시 유척기는 조카 유언호, 사위 윤시동 등과 함께 양척론(兩斥論)을 견지하면서 공홍론(攻洪論)을 주장하였다. 이 같은 성향이 동원 13학사 참여에 주저했던 이유의 하나로 상정해볼 수 있다.

"우리가 홍봉한을 공격하는 것은 공정한 논의다. 어찌 한 외척을 공격하면서 다른 한 외척을 돕겠는가"라고 하면서, 마침내 그만두고 다시 모여 의논하지 않았다. 이에 김 공이 사사로이 당을 모아 홍봉한을 공격하여 홍봉한과 더불어 대치하였으니, 이들은 벽파를 따르는 자들이었다. [기묘년(1759, 영조 35) (정순왕후와의) 국혼[大婚]이 있을 때 정승 홍봉한이 힘껏 권하였다. 정승 홍봉한의 자질(子侄)들이 평소 교만하여 김구주를 앞에서 자란 것처럼 보고 마치 문객처럼 대하였다. 김공이 한 번 참고 또 참았지만 분노를 이기지 못하여 곧 출신(出身)[410]하지 못한 정이환과 김종수·심환지(沈煥之)[411] 등과 결탁하고, 한유(韓鍮)·심의지를 사주하여 번갈아가면서 정승 홍봉한을 참수할 것을 청하게 하였다.] 후생들은 당초 동원의 여러 공이 벽파에 속하고, 홍봉한을 도운 사람들이 시파인지를 모르고, 홍봉한을 시파의 주인으로, 김구주를 벽파의 주인으로 인식하였다. 홍봉한이 안동(安洞, 안국동)에 거처하기 때문에 '북촌(北村)'이라고 불렀고, 김구주가 이현(泥峴)[412]에 거처하기 때문에 '남촌(南村)'이라고 하였다. 그 뒤 김조순(金祖淳)[413] 공이 삼청동[淸洞]에 거처하였고, 박종경(朴宗慶)[414] 공이 저동(苧洞)[415]에 거처하였다. 때문에 북촌과 남촌은 곧 시파와 벽파를 칭하는 말로 굳어졌다.

이보다 앞서 또한 시파를 따른 자들이 있었으니 서유린·서유방(徐有防) 공이 이들이었다. 이들은 정조의 밀지(密旨)를 받들어 홍계희와 김상로·김구주 등을 모두 논척하였다.

---

410. 출신(出身): 문과(文科)·무과(武科)·잡과(雜科) 등의 시험에 합격한 사람.
411. 심환지(沈煥之, 1730~1802): 본관 청송(靑松), 자 휘원(輝元), 호 만포(晩圃). 1793년(정조 17) 이후 이조참판·규장각 제학을 거쳐서 이조·병조·형조의 판서에 임명되었다. 김종수·윤시동과 정치적 동지로서 신임의리(辛壬義理)의 고수를 표방하였다. 윤시동이 죽은 뒤 1798년에 우의정에 임명되었으며, 이후 벽파의 영수가 되었다.
412. 이현(泥峴): 충무로 근처의 고개. 비만 오면 질어서 통행에 불편하여 '진고개'라 하였다.
413. 김조순(金祖淳, 1765~1832): 본관 안동(安東), 자 사원(士源), 호 풍고(楓皐). 영의정 창집(昌集)의 4대손, 부사 이중(履中)의 아들, 순조의 장인. 이조 판서·대제학 등을 역임. 1788년(정조 12) 시파와 벽파의 대립 가운데 중립을 지키며 당쟁을 없앨 것을 주장하였다. 1802년 딸이 순조의 비[純元王后]가 되자 영안 부원군(永安府院君)에 봉해졌다. 그를 둘러싼 척족 세력들이 후일 안동 김씨 세도정치의 기반을 조성하는 결과를 초래하였다. 저서로 『풍고집(楓皐集)』이 있다.
414. 박종경(朴宗慶, 1765~1817): 본관 반남(潘南), 자 여회(汝會), 호 돈암(敦巖). 판서 준원(準源)의 아들, 누이는 순조의 생모 수빈(綏嬪). 도승지·호조 판서 등을 역임. 순조 즉위 뒤 정순왕후 김씨가 수렴청정을 하자 총애를 받아 도승지에 이른다. 1812년 대사헌 조득영(趙得永)으로부터 임금의 인척으로 권세와 복을 누리면서 음탕하며 뇌물만 탐내고 사적인 감정으로 살인하는 등 행패가 많다는 탄핵을 받자 사직을 청하기도 하였다.
415. 저동(苧洞): 충무로·명동·을지로 일대 걸쳐 있던 마을. 모시와 삼베를 파는 저포전이 있어서 모시전골이라 하였다.

영조~순조대 시파와 벽파 평가

79. 영조 때 공홍파는 사사로움에서 나왔지만 공적인 의미가 있었다면, 정조 때 공홍파는 공적인 것 같지만 실제 의도는 사사로웠다. 정조대의 시파와 벽파는 제갈량이 여섯 차례나 대군을 거느리고 기산(祁山)으로 나와 중원을 도모한 것과 같았다.[416]

순조[純廟] 때 시파와 벽파는 강유(姜維)가 아홉 번에 걸쳐서 중원을 공격한 것과 같았다.[417]

헌종[憲廟] 이후에는 양숙자(羊叔子)가 오나라의 침입에 대비한 것과 같았다.[418]

80. 시류가 변한 것으로 말하자면 다음과 같다. 노론 가운데 시파는 영조와 선세자의 실덕을 모두 말하지 않았고, 다만 벽파의 죄만을 성토하였다. 노론 가운데 벽파는 영조의 실덕은 말하지 않고 오로지 선세자의 실덕만을 말하고, 시파의 죄를 성토하였다.

남인과 소론 가운데 시파는 선세자의 실덕을 말하지 않고 오로지 영조의 실덕만을 말하고, 노론의 죄를 성토하였다. 남인과 소론 가운데 벽파는 영조와 선세자의 실덕을 모두 말하고 노론의 죄를 성토하였다.

(추숭) 전례(典禮)에 대해서는 노론 가운데 시파는 거행할지 말지의 논의에 모두 참여하지 않았다. [나약했기 때문이었다.]

노론 가운데 벽파는 끝까지 거행할 수 없다는 입장을 고수하였다. [강건했기 때문이었다.]

남인과 소론 가운데 시파는 거행할 수 있다는 입장을 고수하였고, 남인과 소론 가운데 벽파는 노론과 대략 같았다.

끝에 가서는 노론 시파는 나약했기 때문에 점차 (추숭 전례를) 거행하는 쪽으로 기울어졌지만 힘써 주장하지는 않았다. 오직 노론의 벽파만이 강건하였기 때문에 끝까지 동요하지 않았다.

---

416. 제갈량이 …… 같았다: 제갈량이 여섯 차례나 대군을 거느리고 기산(祁山)에서 나와 북벌하여 중원을 도모하다가 오장원(五丈原)에 이르러 병으로 세상을 떠난다. 이게 바로 그 유명한 육출기산(六出祁山)이다.

417. 강유(姜維)가 …… 같았다: 강유(姜維, 202~264)는 위나라 천수군(天水郡) 사람으로 북벌 당시 제갈량에게 사로잡혀 부하가 되었다. 그 뒤 제갈량의 북벌을 계승, 수차례 출전하였으나 공을 세우지 못하고 매년 진퇴를 반복하였다.

418. 양숙자(羊叔子)가 …… 같았다: 양숙자는 진(晉)나라 장군 양호(羊祜, 221~278)다. 도독형주제군사(都督荊州諸軍事)로 재직하면서 오나라 정벌을 위한 기반을 구축하였다.

원문

원편(原編) 상(上)[1]

효장세자의 죽음과 사도세자 출생 이전 상황: 1~3

1. 戊申眞宗之喪, 叅判曺命敎, 往拜領相李公光佐曰, 國事茫然矣. 李公搖手止之已, 而曰, 是國家罔措之事, 而吾忝在首相, 有非私室所可語者也. 曺公歎其愼密, 其後果有群少輩邪議之紛紜, 盖嘆其先見云.

2. 眞宗喪後, 閔相鎭遠首發建儲之議, 上不聽, 力請不已. 或言鎭遠自闕歸路, 歷壆家云[驪善君, 宣廟王子慶昌君珘五世孫]. 靈城君朴文秀進曰, 殿下春秋鼎盛, 仁孝出天, 深仁厚澤, 洽於民物, 萬無終無儲嗣之理.

後又進曰, 閭閻或有禱關王廟, 而有驗者. 殿下求嗣之方, 宜靡不用極, 請試爲之. 及至甲寅燕行時, 一邊建儲之議尤張. 靈城臨行, 進曰, 臣今作萬里之行, 邪議必將益甚, 勿撓動焉. 至乙卯果有邦慶, 世子誕降.

3. 初甲辰間, 閔鎭遠入論李相之罪, 眞宗在上膝上, 指閔曰, 殺爾父讎耶. 每請殺李光佐, 何耶. 上掩其口, 命宦寺抱入. 戊申眞宗薨逝, 故相豐原君趙顯命, 涕泣言此事. 庚辰間趙相載浩, 亦言此事, 以爲今日時象, 不幸近之.

---

1. 원문은 본서 '일러두기'를 따라서 규장각 소장본『현고기(玄皐記)』(奎 7801)를 대본으로 한다. 그 외 규장각 소장본으로서 교감에 사용한『현구기사(玄駒記事)』(奎 11669)는『현구기사』로,『현구기문(玄駒記聞)』(古 4250-27)은『현구기문』으로,『현구기원편(玄駒記原編)』(一蓑古951.053-B148h)은『현구기』로 표기하고, 장서각 소장본『현구설(玄駒說)』(K2-311)은『현구설』로 표기한다.

사도세자의 출생과 어린 시절: 4~8

4. 正宗己酉, 遷永祐園時, 上嘗嗚咽而敎曰, 奧在甲辰, 先大王登極之日, 進請大寶於大王大妃殿時, 貞儉餘黨, 多在近侍, 發不遜語, 提寶擲地, 至缺其角, 先大王不之罪也, 只令斥歸其第矣. 乙卯先世子誕降, 先大王大喜, 肆赦前日斥逐之宮妾, 皆令蕩滌還入, 仍備保姆之列.

先世子幼而岐嶷, 性又嚴正. 盖自孩提之時, 熟聞辛壬事, 痛惡一邊所爲, 或發於辭氣. 於是大爲一邊所忌, 自在稚齡, 已不勝辭說之嘵嘵. 時則有若豐原趙相, 竭心保護. 豐原之歿, 梧川李相, 繼任其責, 得以無撓. 李相歿後, 遂無其人所恃, 而倚者趙載浩一人,[2] 而載浩無狀, 竟至不忍言之境也云.

5. 世子之始誕也, 判敦寧朴泰恒上疏, 請勿衣以新綿. 且願以臣年九十, 爲世子獻. 及世孫生, 設慶科. 時公之子弼幹, 以承旨入侍, 上顧語曰, 先卿所獻年之兒, 已復有兒爲此矣.

6. 世子數歲時, 隨大朝移宮. 穉年出門, 衆庶擁瞻, 宜若左右顧視. 而儼然端坐, 視瞻不回, 眞有德者之氣像也.

7. 十一歲時作詩曰, 朝日晴明可讀書, 千金不貴讀書貴. 宮官爲上誦之, 上曰, 此兒善爲虛言, 其能然乎云. 盖深喜而戱之之言也.

8. 上嘗爲世子親製述, 編常訓龜鑑等書, 以寓遇物則誨之意. 自世子誕降, 後未及十載, 上有所激惱, 輒言當釋負. 如是者屢, 宋左相寅明, 嘗曰, 上自有東宮, 每事負恃而任情, 誠爲難承云.

신임의리를 둘러싼 갈등과 음해: 9~12

9. 上嘗以柳鳳輝趙泰耉等事, 語臣寮曰, 予雖不之罪, 其在世子之世, 不報父讎也哉. 趙柳不斷以大逆矣.

10. 一邊之人, 勸上追正辛壬諸臣之罪, 大行誅討, 而上不聽. 又請夬雪辛壬被罪之人, 又不從.

---

2. 이하는 『현구기』에는 보이지 않는다.

大訓等書, 所以貽誤世子, 多有不滿渠輩之意者. 於是以辛壬代理明正, 宜爲後世取法, 力贊於上, 遂有世子代理之命.

乃以辛壬討逆之意, 日進於世子. 以爲在主上, 則屬自己事, 固不欲快意爲之. 在邸下, 則事係父讎, 不可不痛行懲討, 以盡復雪之義. 脅持誘說, 無所不至, 而世子無意聽許.

於是乙亥之獄作, 而輒以翻案辛壬之說, 疑亂聖聽. 及庚辰, 嶺人趙進道之登第, 臺章請削其科. 盖進道祖德鄰, 當甲辰間, 上疏被罪, 干連辛壬事故也. 世子不允, 群凶持以訐之, 以爲是將翻亂國是也. 上震怒, 立命改批允之, 而讒構日急, 終成大禍. [正宗戊申德鄰復官進道復科]

11. 世子未壯時, 始殺一宮屬, 上怒深責之. 諸臣以漢景殺吳太子事, 仰解曰, 殺一宮屬, 何必爲深過也.

12. 庚申間, 莊獻纔六七歲, 而過失已播於一邊. 仲父學生公, 所後祖母, 卽權判書爀姑母也. 姑母李淑人, 與爀爲內外從, 有時往其家, 留連數日, 輒有異聞, 某日殺某隷, 某日爲某事. 權每客罷入內, 輒長吁, 祈死云. 權非機括中人, 而所與往來者, 皆時人也. 盖其主張醞釀, 非一日矣.

1749년 대리청정 이후 고조되는 부자간 갈등: 13~16

13. 自戊己之間, 讒構已行. 代理後, 春坊李渭輔, 進笏記, 請備睿覽. 東宮不答, 氣已嚴厲, 渭輔還爲袖去. 其後上問, 宮官有書進笏記者云, 何語耶. 世子對曰, 不曾取見, 還爲持去, 未知何語也, 上不悅.

14. 辛未間, 盛傳一邊人, 以東宮日表類景廟, 多發不遜語. 初東宮誕降之日, 李相光佐, 有景廟再出世之夢, 一邊之人因謂景廟後身云.

15. 壬申上有所激惱, 幸潛邸, 數日不起, 教以將釋負, 拒東宮, 不許進見, 聖教頗嚴, 東宮與宮僚, 議進見當否. 諸臣多言, 聖教方嚴, 不可進見. 有一人曰, 上教雖如此, 在邸下之道, 進見爲宜. 雖然衆言如彼, 亦宜從衆. 世子曰, 所謂從衆者, 豈謂是歟, 遂進見. 時上深咈世子, 人莫知所由. 追聞由於暎[3]嬪之妬, 亦不可知也.

---

3. 본서의 '映'은 '暎'의 잘못이므로 바로잡는다.

16. 文昭儀承寵, 傾後宮. 一日文女與映嬪, 有少詰, 多發不遜語. 仁元大妃招文女, 跪前嚴責, 至敎以雖看世子顔面, 焉敢若是. 招小朝立之, 撻文女而懲之. 其翌日, 上猝幸松峴宮, 敎日, 予當自此釋負, 朝廷鼎沸. 自後文女之毒日甚云.

사도세자 보호세력의 동향: 17~21

17. 李相宗城罷相, 往吊尹承旨光紹. 尹因從容問日, 罷相何不卽出而遲廻也. 李日, 謂君穎悟, 亦不能知耶. 聞寵宮人有滿月者, 若生王子, 而或越常制, 此在大臣.

大臣與國休戚, 宜思防微杜漸. 而顧今非我, 莫能爲也, 是以遲待. 若使生女, 雖明日, 當去矣. 未幾李相出郊, 果是生女之日也. 尹嘗以語其友時, 幸姬文女有身, 而上每有不足東宮之意, 故李言如此.

18. 癸酉春, 文女有身臨産, 李相宗城, 時爲首揆. 金尙魯有待解娩, 稱[4]賀之儀, 而惡李相之在首揆, 不得售其計, 嗾司書李惟秀駁之. 盖春坊非論人之職, 而急於斥逐, 未暇恤也.

從前李相有情勢, 必直下長湍矣. 至是借西湖安流亭, 稱疾逗留. 時洪鳳漢, 私語家人日, 李相病之輕重, 雖不可知, 而遭彈後, 尙留江上, 誠可訝也. 及文女生女, 李相卽日還湍上, 洪聞之, 擊節日, 高人數等矣.

19. 甲戌冬, 柳典籍東賓, 以注書入侍. 上多下未安之敎[5]於小朝, 而有不忍聞者. 柳秉筆記事, 每至未安之敎, 却筆於地而不書. 時小朝涕泗交流, 若措躬無所, 而尙魯輩侍側, 皆恬然無一辭慰譬陳達者. 筵席臨罷, 上問注書爲誰, 特命陞六, 察其爲小朝停笔, 而有是命云.

20. 丙子世子經痘, 上大悅, 醫官賞格, 視肅廟經痘時事.

21. 丁丑世子不勝上之督責, 自投於井, 朝報只言落傷. 時上深責世子, 世子對日, 自和緩出宮後, 臣始得罪也. 上復怒責日, 汝復當爲不友人耶. [是歲正月, 致達卒. 故和緩始出宮也.][6]

---

4. 『현구기』는 '禰'로 되어 있다.
5. 『현구기』는 이 아래 있는 '却筆於地而不書時'를 두 줄로 그어놓았다. 다른 판본은 모두 '於小朝, 而有不'로 되어 있다.
6. 이 후주는 본서에만 있고 다른 규장각본에는 보이지 않는다.

사도세자 음해세력의 준동: 22~35

22. 戊辰六月,[7] 和平[8]翁主喪出. 上間日臨哭, 哭必盡哀, 宮中莫敢挽回. 一日鄭致達妻, 隨後往挽曰, 和平在此, 殿下何爲此過哀耶. 上卽止哭而視之, 乃鄭妻也. 因携手而歸, 大加奇愛.

鄭妻自四五歲, 嬌慧異常, 稍長善窺上意, 先意承之. 故上之寵愛日加. 自歸致達, 始干國政, 將相多出其手, 生死判於一言, 閫內之權, 一歸於鄭妻. 雖以仁元貞聖兩殿, 亦不得操節, 而小朝嚴加戒飭, 使不得恣其意, 其忌克[9]之心, 已兆於此. 而上有兩殿, 竭心保護, 故猶不售其計也.

上常留致達於宮中, 每出送於東宮, 使之陪遊. 致達年幼, 不識君臣禮, 數多惰容慢辭, 而小朝初不檢飭. 及至十四五歲, 而傲習猶前, 小朝命鎖自內出入之門, 鄭妻狼毒倍加. 乃與文女合力, 讒構萬端. 及至丁丑國恤, 兩女益無所憚. 樂善堂火後, 文女至謂東宮所爲. 於是不忍聞之敎, 逐日屢下云.

23. 丁丑冬, 上罷孝昭殿祀事, 因露坐, 作戒酒文. 有曰, 安知宮中, 亦不有酒乎, 盖有所指也. 諸臣皆請曰, 必不然, 願去此句. 上曰, 必有之矣. 諸臣亦請而去之.

上曰, 予嘗問左右, 以禁中有酒與否. 一宦進曰, 臣請往捉以來也. 一去, 遂至今不還. 未知狂亡也死也, 豈不異哉. [丙子始設酒禁甚嚴, 宗廟亦不用酒. 盖有所激云爾.]

是日召伏世子於前, 而數之, 遂自是坐至達曙. 上又責曰, 酒若復出, 朝鮮必亡, 亦有所指也云. 有嘗近侍者, 見上所以責世子者, 出而語人曰, 使非虞舜所不堪也云.

24. 戊寅, 趙判書榮國, 嘗入侍, 語及世子, 奏曰, 東宮宜負罪引慝. 上厲聲曰, 負罪引慝云也哉. 盖上怒其有所比擬也.

25. 有侍講院書吏言. 東宮嘗以便服行禁苑中. 上亦以便服行, 忽邂逅相撞, 上與東宮, 皆失驚惶怯, 不覺癈坐云.

26. 上常不足世子多象, 責之不饒, 又常對群臣, 大言其過失. 李梧川宗城, 以原任力護焉, 曰殿下有幾子, 而乃如此賴, 而得無撓. 及李卒, 世子爲致賻物.

諸臣或慮儲位之不安, 李曰, 宜無是慮, 但從當復政耳. 且咎豐原不善處於代理之時, 謂不能救

---

7. '戊辰六月'은 본서에만 있고 다른 판본에는 없다.
8. '平'은 다른 판본에 모두 '順'으로 되어 있는데, 본서를 따랐다.
9. 『현구기』는 '克忌'이나 다른 판본은 모두 '忌克'으로 되어 있다.

之也. 當命代理時, 上逆拒群臣曰, 有敢以代理言者, 以逆律論. 然則雖知其不可, 誰復敢言者. 豐原固難責矣. [代理之擧, 金在魯贊成]

27. 戊寅間, 李相入侍. 上於李相, 掌中書示一字. 李相奉玉手, 涕泣奏曰, 吾君之子, 只有一人而已. 仍淚下如雨, 掩抑不成聲. 上漫漶慰諭而止之. 其後筵席, 李相因言端, 奏曰, 臣曾以壁讒之說, 有所開端, 而未及畢其說. 上曰, 卿今削職, 其退去.

28. 己卯間, 上嘗展拜徽寧殿. 金尙魯叩頭榻前, 奏曰, 國將亡矣, 國將亡矣. 此時以新進, 未知朝象, 而到今累之, 乃景慕宮事也. 豈不痛哉. [其時注書親見私錄]

29. 己卯正月十二日, 李相忽有微感, 使人邀徐某官志修, 尹某官東度, 李某官 彝章. 徐尹以次對有命, 不得往, 獨李公進去. 李相曰, 日後國家必有大事, 人臣豈可坐視而不救乎. 調伏群凶, 從中消禍, 上也. 極言切諫, 使上開悟, 次也. 臨難一死, 扶植大義, 又其次也. 此非一人所能當者, 吾今病, 難復起, 悲夫.

李公曰, 敬聞命矣. 李相曰, 吾死且瞑目, 翌日卒逝. 李公見尹, 具道李相之言, 且言吾則任一死矣. 尹默思良久曰, 三者皆非吾所能爲者. 乃往見徐, 勉以調伏之策. 徐嘻曰, 三計之中, 李公之所任者, 差易. 且吾安能調伏彼也. 彼亦豈調伏者耶.

盖徐金致仁爲內外從. 故尹意或能爲計也. 及某年, 李公以都承旨, 挺身泣諫. 至曰, 殿下使滿[10]廷諸臣, 皆歸江充, 是亦忍爲之事乎. 李公嘗語人曰, 吾不死而生, 負翟黑子矣. [正宗戊申, 李相改謚文忠, 親製文致祭.]

30. 英廟自代理後, 經筵之罷久矣. 群凶以進見有時, 間隙難乘. 乃於戊寅, 力請復設. 自是讒誣競進, 經筵一路, 遂成厲階. 正宗以爲, 至痛御極之後, 不忍設行. 柳星漢所謂因噎廢食者, 卽指此也. [星漢事見下]

31. 東宮微行時, 過長湍李相宅, 登山痛哭, 居其傍者云.

32. 上嘗有不悅於東宮者, 命承旨趙載浩, 致祭於孝章廟. 載浩卽賢嬪之弟也.

---

10. 『현구기』는 '滿使'이나 다른 판본은 모두 '使滿'으로 되어 있다.

33. 朴希天幼則[11]言思悼時. 閭閻所謂, 世子多殺人之說, 吾不敢信也. 有同巷劍工, 自東宮召入. 未幾有人持人頭及屍體, 付劍工之家曰, 鑄劍不稱意, 斷其頭矣. 劍工家埋其屍而哭之. 劍工時時以夜, 潛來其家. 數月之後, 來往吾所, 目覩多殺人云云, 豈足信哉.

34. 龍洞宮,[12] 卽東宮私府也. 宮隷行奪駿帽, 謂以東宮所令. 以此人出則脫帽. 徐志修爲大憲時, 召語宮隷曰, 此皆爾輩所托以爲辭者也. 如復者, 吾將治之. 自此稍息. 奪駿帽, 不知何用. 或曰, 取以裂之, 喜聽其聲也云.

35. 時凶徒, 設計百端. 往往粧出宮隷, 稱以小朝之令, 遍行坊曲. 冬則奪毛揮項, 夏則奪駿帽. 又粧出, 疑亂物色. 假稱小朝微行, 以漁色爲名. 市城騷撓, 夜不敢明燈. 凡所以熒惑天聽, 搖動人心者, 靡不用極矣.

1759년 세자에게 충고하는 상소들: 36~41

36. 己卯七月, 知事朴致遠, 上書東宮, 極陳闕失, 世子優批嘉納. 凡前日戲弄之具, 悉屛棄. 宮[13]隷之憑藉作挐閭里者, 出付有司, 正其罪. 於是閭里市井, 皆妥帖頌睿德.

37. 朴疏略曰, 近日傳播於遠近者, 萬口喧傳, 不一而足, 孰敢曰, 邸下眞有是事. 側聞閭巷市廛侵漁, 橫歛空名負債, 動及萬計. 雜佩駿帽, 何所用之, 而奪諸道路, 刀劍弓矢, 有何可喜, 而收及禁直, 云云.

棄先王之法服, 襲武夫之裝束, 狎昵群小, 日夜遊戲, 云云. 掖隷輩暴橫擊刺, 肆行街市, 鮮裝結隊, 挾樂張戲, 乃敢跳浪於聖明藏修之地. 至與多士相抗, 動稱令旨, 云云.

世道澆薄, 國言沸騰. 甚者以爲肅肅淸禁, 門鑰不嚴, 深夜曲逕, 倡樂雜入, 此豈可聞於隣國乎, 云云. 宦妾之賤, 不過掃除守門之任. 如有負犯, 出付有司, 明正典刑, 今則不然. 不問有罪無罪, 不如意者, 刑殺狼藉, 遠近傳聞, 若不自保. 皆曰, 邸下好殺不已, 云云.

向者玉署長上書, 請治宮屬之說, 何所碍眼, 而喉院之臣, 刪去書本, 使陳戒之言, 不得上徹. 嚴

---

11. 『현구기사』는 '朴希文幼時', 『현구기문』은 '朴希文幼則'으로 되어 있는데, 박희문(朴希文, 1586~1659)은 효종 때 사람이므로 『현구기』와 본서의 '박희천(朴希天)'을 따랐다.
12. 본서와 『현구기』는 '龍銅宮'이지만, 『현구기사』와 『현구기문』은 모두 용동궁(龍洞宮)으로 되어 있어 이를 따랐다.
13. 『현구기』는 '官'이나 본서와 다른 판본은 모두 '宮'으로 되어 있다.

明之睿批，究覈之令旨，旋卽還納，擧行無終，云云.

38. 前月副學金時粲[14]上書，極多碍逼者. 東宮賜批而留中. 其後上聞之，命進之. 於是事有不可言者，承旨具允鈺，節刪其逼語以進，得以無事. 卽朴書云云者也.

39. 持平姜必履上書，略曰，日前知事臣朴致遠之陳書，禁令之下，雖不見其全書，而略聞大槪，則言言切直，字字忠讜，欲納我邸下於至善無過之地，蓋自片片赤心中流出來. 第伏聞，追後下令，原書仍爲留中，批旨勿出朝紙，不勝訝惑，實未知睿意之攸在也.

今日搢笏垂紳，盈邸下之庭者，皆是願忠之臣. 又將次第陳疏者，不知有幾箇朴致遠也. 邸下其將一一留中掩覆，使一國臣民，終不明知耶. 伏願邸下，以留中朴致遠書，及前已下批旨，還爲亟下喉院，頒示中外，親製責躬之文，深陳旣往之失，因以此意上告大朝，下布臣庶，云云.

40. 八月龍安縣監李瀞，上書東宮，仍卽自刎，不殊而退. 其書有曰，邸下不得於大朝，不知禍變將起於何處，云云. 且曰，臣不死，則必以爲空言，云云. 末曰，謹自斃以聞. 方其呈書也，旣授院隸之跪坐，揷刀於頸，以竢承旨捧書，見其辭危，卽還給. 刀不中喉，故得不死.

時闕中喧囂，世子聞之，取見其書而出給. 諸臣懼禍及，咸言瀞本有心疾，此書亦出於心疾. 瀞旣出，下居峽鄕，以死自處云. 某年後，上始聞之，加通政階，以獎之.

嗚呼. 瀞之處義，恐未當理. 人臣之義，不如是也. 苟使瀞欲諫乎，則求爲宮僚面對，陳戒反覆，懇至涕泣頓首，因以誅殛，無不可者. 且言人父子之間，而不以誠意和言開導，直以死諫，有若脅迫，萬無人理矣.

41. 李瀞上書曰，伏以臣，待罪下邑，竊伏聞，京外傳說，甚藉藉. 曰我邸下不得我大朝，將不知何樣禍變，起於何處，云云. 而顧此籍之說，獨無詳告我邸下 者，故邸下不知也. 臣爲邸下，一言而死，使邸下知之. 伏願邸下，亟警惕，大懲創，怵然自艾，恭修子職焉.

人之死亦重矣，必也百利都默，衆慾具淨，然後能辦一死矣，今臣是也. 然臨死一念，猶係於臣之子. 以此推之，則大朝之眷，係我邸下，何以異此. 獨邸下不知仰體，抑何故也.

臣之一死，非一朝勇. 自聞傳說以來，從容商量者，歲月已積矣. 傳說日益籍籍，而告戒者聞無其人. 顧臣再添桂坊，屢陪書筵. 仰瞻我邸下，天日之表，儼恭之儀，眞天人也. 只緣輔導失宜，睿德

14. 본서와 『현구기』 및 『현구기문』은 모두 '燦'으로 되어 있으나, 『현구기사』에는 '粲'으로 되어 있다. 『현구기사』를 따랐다.

小罅，致有此傳說矣，臣實痛惜焉．

臣以舊日宮僚，不爲邸下死，而誰爲死乎．若臣不能辨一死，則恐邸下以爲空言，未必亟警惕大懲創．故臣以死仰勉焉．

臣歸語臣祖臣父，而邸下庶幾改諸相與側耳．而俟聞若國人咸頌曰，我邸下負罪引慝，改行盡性，允矣，我孝子邸下云爾，則臣當與臣祖臣父，百拜蹈舞於九原之下，而不自悼其自殞矣．臣不勝激切，祈懇之至，謹自甕以聞．

영특하고 총명한 세자가 점점 병들다: 42~51

42. 一日桂坊洗馬趙維鎭，過趙相載浩，有愀然色，趙相問其故．維鎭曰，昨日夜對，小朝甚有戚容，且有淚痕．良久敎曰，心如懸旌搖搖，不自定矣．

維鎭對曰，必有操持之工，然後可以應萬事．伏願無甚[15]慽慽，深勉按抑之道．於是翻然和顏，敎曰，爾言是矣．予當體念．維鎭起拜賀．且言歸家經宿，尙不勝愛慮之忱云．

43. 庚辰上拜昭寧園．回鑾時，有人大哭於駕前．問其故，對以賈誼亦痛哭．今國事，多可痛哭者，哭爾．或曰，爲東宮不得於大朝也．縛付有司，以狂妄，南海永配.[16] 卽戶曹書吏，金德文之子也．

44. 世子每對宮僚，言語款曲，講論文義，超出人意，威儀動止，未嘗有愆，自幼時已然．文亦熟就，上旣甚愛，臣民延頸之忱，亦篤．蓋自貞聖王后昇遐，令聞漸衰．閭閻乃言，乙亥大獄後，始有疾，某鬼所祟，自大內，頗行野祭佛供等神事，以冀禳除云．

45. 丁丑弘陵發靷時，世子到慕華館落後，手執延恩門鐵索，西望痛哭．至眼胞浮，左右觀者，莫不感涕．

46. 世子嘗令宮僚，注漢書句讀．至衛青，人奴之生，免笞足矣之句，懸讀於生字下．世子出送桂坊曰，此讀似謬．更懸以入．時侍直韓謇在直，乃應於之字下，遂不更下云．

47. 有說書某，因講敷奏，君子小人當明辨．世子問牛李之黨，孰爲君子孰爲小人．不能對，退而

---

15. 본서는 '芒'이나 다른 판본의 '甚'을 따랐다.
16. 『현구기문』에는 '竄南海'로 되어 있다.

問於人曰, 所謂牛李, 何許人也云.

48. 上命諭善朴聖源, 抄選古書中係民事者, 進看世孫. 聖源於書, 節略禹謨, 可畏非民, 及衆非元后, 何戴之語. 於詩, 邠風七月, 抄數章. 世子觀之曰, 不取可愛非君, 后非民, 罔與守邦則, 非君民相依之意. 七月篇, 罔非要語, 何可取捨也. 洗馬韓謇, 云云.

49. 嘗引宮僚講書, 令文學朴起采, 讀陽節潘榮, 通鑑總論, 句讀爽謬. 世子謂其謬數行, 以後尤不能句. 世子止其讀, 更命桂坊李運永, 進讀通習. 是後與之講讀朱子封事. 而朴則令毋得更擬春坊.

班固何時人, 對以自西漢末, 逮至東漢初之人. 他日又問, 以法繩之云者, 何謂也, 對以如以繩纏縛之也. 兩次下詢時, 春坊俱在, 而無一人矯其非. 盖是時, 一邊皆厭避春坊, 故不復選擇, 多用雜流故也.

50. 世子嘗從容與宮僚語, 因曰, 吾幼時, 性頗緩, 大朝亦以爲言矣. 近來怒更急, 何由藥之. 春坊某對曰, 切須忍之. 世子曰, 聞如此之言, 心甚悶鬱矣. 方怒之發也, 或不辨某物之爲某物, 何由而施忍也. 顧語桂坊, 其言之, 侍直韓謇曰, 忍之誠難. 然人主之怒, 異於匹庶, 所傷必多, 雖當怒時, 須存慈愛之心, 爲好矣.

51. 世子嘗患鬱火多, 在靜攝之中, 禧魯諸賊, 陰挾首醫金某, 託以陰虛氣升, 輒用桂附等熟劑. 六七年間, 凡用幾斤, 氣不降而火益熾, 竟至莫可奈何之境. 凶逆用計之憯毒, 至於如此云.

1760년 세자의 온천 행차: 52~59

52. 庚辰七月, 東宮浴溫泉. 以十八日登程, 而自十日夜大雨, 至十七日晨, 雨下如注. 川渠皆溢, 漂沒人家, 溺死者多. 江水大漲, 人比之戊申之水. 盖戊申之水, 畿甸近古所無者也. 人皆爲東宮危慮, 而無敢進言以曉者也.

53. 初世子欲浴溫泉, 而大朝不許. 乃出示脚浮於宮僚, 盖頗有濕腫. 以此卒得請而行.

54. 司圃署及內農圃, 日供甛西瓜. 自廚院及掖隸, 看品以受. 而稱以擇取, 無數割去, 所供一二顆, 所割迨至二三百, 而盡歸下隸私食, 盖所以要索賂錢. 是以一次之供, 用賂至四五緡, 已成恒例.

東宮溫行時, 錄進當隨行之人, 而進瓜者, 亦豫焉. 世子問, 此亦何以往. 對曰, 將以日供矣. 世子曰, 顧不可載而行乎. 對曰, 恐有壞爾. 世子曰, 不食亦何如耶. 且壞者不可食耶. 爾輩要賂務多, 帶如許人耳. 亟令載行, 供瓜人預約, 以日給二緡. 及承睿旨, 不敢帶行, 錢亦不賂, 圃人大喜, 若受千金.

55. 世子至溫宮, 慮貽民弊, 令忠淸監司, 凡運排物, 皆錄之以上, 日[17]得以可除者除之耳. 卽令從官, 買芻飼馬, 監司白其費不多, 且已有取飼者, 不必除也. 世子敎, 以法令不可不一, 其已輸者, 量給價.

於是飯監, 加取薪二束, 乃拿次知老宦者, 責曰, 吾所以信汝者如何. 雖吾一身, 亦以依爾, 爾乃負吾如此哉. 吾欲杖汝, 而姑忍之. 爾其卽還, 無見也. 老宦泣乞, 願受杖而留侍, 與之同還. 世子顧從臣曰, 彼妖惡宦竪之態類如此. 仍曰, 宦者之來, 騎太僕邊馬歟. 對曰, 然. 敎曰, 勿復給馬, 使於當日離溫境也, 陪駕禁, 卽言之如此.

衛率[18]馬, 有踏民瓜者, 命賞以米, 民皆大悅, 稱頌賢德. 時京城民庶, 多指言東宮失德而怨之. 及是湖民, 見所以愛恤者甚勤, 乃以京民, 爲誣罔云.

56. 溫幸時, 嚴飭隨駕軍兵, 無敢有弊. 有一馬兵, 於水原站, 取民家糟而喂馬, 查出重治之, 沿路晏然, 路傍禾穀, 無一莖傷損.

觀光民人, 亦勿禁, 民人或執駕轎, 而仰瞻日表, 或摩挲袞袍. 小朝敎以近前觀瞻好矣, 而摩挲服御, 自有重罪, 從容曉諭之, 莫不愛戴咸頌焉.

57. 東宮嘗私畜一馬, 雖小而善走. 溫幸時, 太僕調習當御者, 旣畢, 追調此馬. 時不乘驕, 而御馬疾驅, 從官衛卒, 皆莫及. 太僕控馬隸執鞚, 白曰, 馬蹶, 奈睿體何. 是眞執藝之諫, 從官多愧也.

58. 國典有沐浴乞暇之名, 所以優臣下, 以治疾. 而乞暇者, 因以恣遊觀, 亦爲列邑之弊矣. 自庚辰, 遂除其法, 盖有所激云.

59. 庚辰八月, 上對諸臣, 謂世子病, 可亟設議藥廳, 不設, 朝鮮必亡, 諸臣莫敢對. 大臣李天輔,

---

17. 본서는 '旨'이나 『현구기문』의 '上, 日'을 따랐다.
18. 본서와 『현구기문』은 '卒'이나 『현구기』와 『현구기사』의 '率'을 따랐다.

進曰, 不設議藥廳, 朝鮮猶不亡, 若設則朝設而夕亡. 議藥廳之設, 每至國家大漸, 至不可奈何之時. 上意欲有所行, 而李相毅然逆折如此云.

사도세자와 음해세력의 갈등: 60~65

60. 初金尙魯領相時, 上有所不足於東宮. 朝臣之論, 有左右, 主保護者, 謂之保護, 其動搖, 稱爲宗社. 上嘗書一桐字, 以授尙魯. [或云, 尙魯自書桐字以進.] 後李 宗城李天輔兩相, 力陳保護之說. 尙魯亦自懼, 乃漸變其志, 旣承上意, 且附東宮. 東宮反倚之, 至自製畫像贊, 上微察變志, 遂罷之. 仍敎以曲爲保全, 勒令致仕. 及某年, 搜宮中文書, 得其贊, 上大怒, 謫之淸州, 久之得放. 桐, 則桐宮之義也云.

61. 洪述海, 嘗以宮僚入直, 世子見省記, 怒曰, 啓禧之子, 焉敢侍余. 以此洪父子, 大爲憂懼. 先是丁丑, 世子之落井也. 啓禧引明人小說, 懿文太子投井事, 白上曰, 明祖, 不以太子之死, 而害其爲聖也. 明人四皓論, 有言, 太子苟不賢, 則廢之爲宜者.

某年有人詣洪, 洪拈是論, 自讀曰, 善作也. 與客看曰, 此論何如. 其人難於是非, 乃曰, 東坡後多有別論矣. 洪卽又若不可者曰, 不可用之論也云.

62. 東宮掖隷, 嘗私論諸宰曰, 惟洪判書啓禧, 多才稍可矣. 東宮微聞之, 怒責曰, 爾輩譽洪啓禧耶, 遂杖殺之. 啓禧聞之, 益懼. 洪趾海嘗於稠廣中, 言東宮惡我家云.

63. 辛巳間讒日甚, 禍將朝夕. 小朝御德成閣, 令洪啓禧入對, 諭曰, 汝欲立何人耶. 三宗血脈, 在予一人, 將捨予, 而推戴誰耶. 令退而復使入, 如是者凡九次, 啓禧小無悚惕之意, 顯有忿懣之色, 小朝不勝憤惋, 多下不忍聞之敎.

春坊李昌任, 進曰, 邸下不必如是矣. 小朝益震怒曰, 汝賊耶, 小人耶. 右啓禧, 何也. 昌任曰, 非敢然也. 今有輔黨, 邸下無憂也. 敎曰, 誰也. 對曰, 趙載浩也. 又敎曰, 汝當往召. 昌任因奏桂坊趙維鎭可送, 維鎭遂發春川行. 促令載浩來護.

64. 世子嘗與春坊邊得讓[致明子]講詩. 至新臺, 有泚曰, 大朝常以這等事疑我, 豈不痛心哉云.

65. 世孫嬪揀擇時, 洪鳳漢奏曰, 宜與世子同看. 上怒曰, 卿何宮中之事, 盡欲與知耶. 及三揀日,始召世子，世子進，至慶熙宮，方上陛，上見其所服圈子，爲玉而體，甚大怒曰，不用予所賜金圈，而特懸大玉，何也．斥退之，以無諫止者，皆罪宮僚．三揀罷歸時，世子引入見之．

사도세자에 관한 날조된 소문들: 66~72

66. 承旨李永暉，有二妾．一日掖隷，以東宮意，來求其一.[19] 李對曰，吾妾薄有色，然吾忝在下大夫之列，豈敢以色事君也哉．盖其二妾妬，而有族爲掖隷者，乃囑掖隷，托以東宮求之，要爲除去也．

時元校理義孫，亦失妾云．東宮取入，此時閭閻家婦女，皆恐懼深避．安知非掖隷輩，以無敢詰按，而恣爲奸事，以貽累東宮，如李妾耶．可痛也．

67. 安朴李三人，夜同往，劫人妾，負而去．其母與之共宿，隨而出，一人抱之． 隣人以其有疑亂之言，莫敢出抱母者．遇邏卒，乃釋之，遂跟捕．自捕廳，移送刑曹，以其皆出身入仕，故移囚禁府．久不聽理，盖堂上不欲當之也．

三人者，不獨身己入仕，亦乃知名武帥之子，而敢自擬於莫重之地．行劫有夫女，殺無赦可也．李配三水，三年後，放之而敍用，二人白放云．此時閭閻婦女，或强奸，或劫奪者，比比有之．閭里若逢亂離，皆此輩行奸，而輒擬之不敢言之地．故人莫知虛實，而竊多怨言．

68. 某年春，上拜陵時，民間訛言，東宮將乘隙采女．閭閻一時傾城迸出，已而乃定．

69. 辛巳正月初四日，領府事李天輔卒．二月十四日，右相閔百祥卒．三月初四日，左相李𤥽卒．苑中有孝廟所植三松，其大連，抱列立一處，命封曰，相松．或言東宮伐之，故三相一時并卒云．

70. 東宮間爲微行，始自城中，漸至郊外．城中無頼輩，往往夜劫婦女，假托爲言，人不知虛實，皆謂東宮實然，閭家早閉晏開．溫幸時，凡係民事，一切勿侵，湖民大悅．至是雖出入外方，於閭閻小民，未嘗病也．又厚賜驛卒，或失之濫焉．

平壤之幸，乘小轎，從宦掖隷數十人．先以路文，而但曰，行次，云云．及至平壤，不處公館．方張樂，忽喟然語左右曰，爾輩必以我謂世子宜樂，而如我實可憐之生云．凡留六日．

---

19. 본서는 '一其'이나 다른 판본의 '其一'을 따랐다.

71. 東宮雖或微行, 其時多有令人假做, 要以亂耳目, 而廣惡聲者. 叅判沈履之之子, 謂人曰, 思悼亦被冤謗矣. 家君嘗任廣州時, 聞世子至某所, 令人往審, 則乃假做者. 從者近百人, 皆京司書吏輩也. 於是使人逐之. 沈之子, 知裝遣者之爲誰, 而不肯言云.

72. 文鄭二女, 以兩宮, 同御一闕, 不得讒構, 必欲分宮. 晝夜以危怖之說, 恐動中殿. 中殿起自閭閻, 入宮日淺, 內則文鄭, 外則龜柱父子, 交甚迭哄. 庚辰竟至分宮, 而始有離闕遊幸之說矣.

사도세자의 평행 행차의 실상: 73~77

73. 東宮之行次平壤也, 供奉之節, 所從下人, 凡五六十人, 而皆均一, 無上下之差. 員額雖有定數, 食案之索, 無復限極. 所館門內虛實, 不可問, 殆難支吾. 庶尹鄭克淳, 乃拿門卒, 重棍曰, 如復有額外之索, 將殺之, 監司鄭翬良, 大懼, 鄭曰, 吾自當之. 盖自是更無濫索云.

當是時宮隷輩, 不患不飽, 豈有求食, 無節之理. 不過西人無賴子弟, 陰托宮隷, 以食支供者, 無數故耳. 繩門卒, 則其弊自絕, 勢固然矣.

平壤李甲有勇力, 因緣宦官, 得侍東宮. 嘗言, 東宮與人, 言語樂易然, 忽心火上衝, 則用手鐵鞭, 中撞在側者輒死. 未分愛憎, 有如晴日方明, 陰雲忽蔽也. 其徵入市廛物貨, 及奪射傷角弓, 皆宮隷輩, 因嘗一索, 而遂肆廣徵, 强奪以自利, 而歸惡聞於東宮云.

74. 東宮西幸時, 彼邊一隊之議, 將侯駕返, 百僚班迎於慕華館前, 已而不果行. 溫幸時, 非微行, 而無班迎之議, 今爲此議者, 非出恭意者也.

75. 西幸時, 鄭翬良以箕伯, 備送獨轎. 鄭妻自內, 力勸出行. 文女又來, 勸時出遊幸, 以紓幽憂之懷. 當時小朝, 猶未深察, 文鄭交構之情, 遽信其言. 西駕出後, 群凶募得一人, 上書于小朝, 乃有中官替批之事. 且探返駕之期, 方謀郊迎, 傳通搢紳曰, 某日百官, 當出西郊迎小朝, 而會於尹景孺家云云. 景孺汲之字也.

徐判書志修, 獨曰, 郊迎, 臣分所當爲, 則當各自出去, 何必於景孺家也. 韓判書光會, 韓叅判光肇, 亦不應也. 小朝先知其奇, 并日疾驅, 來抵北漢西門外, 乃曰, 吾以久鬱之心, 欲一暢, 而不得. 乃爲文鄭兩女, 及鄭翬良所誤, 以至於此也, 泣下濕衿. 遂自大成門還宮. 鄭翬良卽致達之叔父, 內有鄭妻之援, 陰附魯禧之黨.

戊已之間, 辭說籍籍. 元判書景夏, 與鄭爲娚妹, 嘗於備局, 稠坐大言曰, 大監胡爲動搖東宮也,鄭大踧踖, 是時門無一客. 崔益男有戚分, 故相押獨持被, 而留曰, 吾將爲此叔之欒布云.

76. 東宮自西, 還止於蕩春臺, 未及入闕, 太學上書東宮. 上引見諸生, 命承旨李永暉, 率諸生入見東宮, 親受批辭以來. 時諸生, 自慶熙宮, 步至昌德宮, 而夜已二更矣, 復開宮門以入.

而自上命促報入侍賜批之動止, 政院之隷, 急走沓至, 絡繹不絕, 宮門洞開, 不能復閉. 四更始得引入諸生賜批. 而睿坐處設帷, 永暉受批還奏.

上曰, 定覩世子否, 對曰, 定覩矣. 時朝臣萬民, 莫不知東宮西幸, 而泮書若爲不知者然. 上實不知, 但意不親政務耳. 及命進諸臣諫書, 而後覺. 某年後, 乃追正永暉欺罔之罪.

77. 當諸生入侍東宮也, 東宮時在蕩春臺, 宮中之人, 莫不惶惶, 自內急通蕩春臺. 東宮急還, 然後始命引入諸生. 時上敎雖甚促, 而遲遲, 至於四更前, 是藥房入診, 及有公事輒[20]下帷, 故今復依前. 永暉雖未親見東宮之面, 實承東宮之批旨云.

평양 행차를 비판하는 상소들: 78~82

78. 館學儒安衡等書, 略曰, 孝親之道, 以養志爲大. 帝王家法, 與匹庶不同, 雖於問寢視膳之節, 大朝之所不許者, 固不得任情直行, 然人情所切, 天心有必從之理, 至孝所感, 慈父有不禁之道. 今邸下之所急, 孰有如進見一事乎.

邸下輟講, 亦已久矣. 不接宮僚, 亦已久矣. 常侍左右, 惟宦官掖屬而已. 若於調攝之際, 一或親近此輩, 與之酬酢, 則必有以馳騁弋獵, 貨利聲色, 出入遊觀等事, 導之者矣. 清明之地, 外誘干之, 亦安知浮雲敗絮, 不點翳於太空乎.

[先是世子聞徐命膺之出仕泮職, 書下命膺躍出, 予心如碎八字. 命膺遂嘯聚館學生, 不逞之徒, 托以儒疏, 而未幾變作.]

憲臣李普觀書, 及頗離銅闈之事. 四學生及大司成徐命膺, 相繼陳書. 而徐書又及西幸之事, 而慫恿之輩, 替批之閹, 請付有司正罪. 東宮皆優答. 副學徐志修, 入對極言, 亦優答焉.

79. 李普觀書, 略曰, 伏聞近者邸下, 頗有遊逸, 頻離震邸, 萬口同傳, 有耳皆聞, 譊譊之說, 不可勝謂. 臣固不敢以行言, 謂之皆信, 而亦不敢盡歸於無所因也云.

---

20. 본서는 '?車輓'인데, 다른 판본은 '公事輒'으로 되어 있어 따랐다.

80. 學儒黃載錫等書, 略曰, 伏見邸下, 賢關之批, 辭意懇惻. 嘉之以切實, 許之以體念, 臣等莊誦欽嘆. 仰邸下從諫之盛意, 出尋常萬萬, 聚首顒望, 延頸感祝. 今至多日, 而鶴駕之曉戒無聞, 龍樓之問寢寂然, 無論胄筵次對之行不行, 惟此一事, 已可見邸下訑訑之色也. 邸下眞有進見之意, 將不俟駕而進見矣. 何難而不爲也云.

81. 徐命膺書, 略曰, 臣聞邸下之令玉署長曰, 臺臣之批, 明示悔悟也. 臣竊以爲明示悔悟者, 當示悔悟之心, 亦示悔悟之迹, 而不徒行言而已.

何則凡悔悟之道, 昨非今是, 判爲兩塗, 不可小有遮前掩後之計. 然後無復如前日之失, 疑亂於後日之得. 如楚莊王之斷鐘鼓, 漢武帝之歌秋風, 何嘗以前日之失爲無哉. 直自以爲狂而不之諱矣.

臣竊聞, 邸下近日悔悟之後, 諸臣猶不敢以西行之事, 登諸章奏. 噫噫, 過矣. 今邸下居深宮之中, 行避螻蟻, 而外人莫不感戴, 身犯戲劇, 而外人莫不疾蹙, 人心之靈, 非可誣也, 信可畏也.

況西行一事, 驛邑之吏責應, 則驛邑之吏知之. 營府之隷奔走, 則營府之隷知之. 朝廷之間, 有郊迎叩馬之議, 則朝廷之間知之. 韋布之士, 襬襶之民, 住足路傍, 詳觀邸下動止, 則韋布之士, 襬襶之民, 亦知之. 以國人之所共知, 而獨邸下之前掩覆之, 後忌諱之, 是何嘗有補於令聞令譽哉.

邸下一悔悟之後, 示前日之過失, 眞如太公之浮雲, 必自謂之可笑, 而惟當使國人, 日誦此事於邸下之傍, 以爲箴戒者, 尤見悔悟之眞切. 所謂示悔悟之心者, 此也. 邸下以千里往返之睿體, 尙不行咫尺進見之禮, 以晨夕驅馳之睿候, 尙不撤藥院之起居之節, 人皆以是疑邸下之悔悟. 臣雖欲爲邸下, 明其不然, 又豈能解其惑哉.

況邸下西幸之際, 必有近習之慫恿蠱陰者矣. 及邸下西幸之後, 必有閹竪之居中替批者矣. 夫刑餘小醜, 但可供掃灑, 而彼乃敢自愛一死, 而熒惑睿志, 干預朝政, 其罪有浮於仇士良矣.

邸下旣有悔悟之實, 而欲使宗社億萬年之基, 永奠鞏固, 則顧何惜於此輩哉. 臣謂宜付有司, 明正其罪, 然後罷藥院問候之擧, 進見常禮, 磊落輝煌, 遠近咸覩. 所謂示悔悟之跡者, 此也. 臣坐明倫堂. 云云 [方命膺之封章上馬也, 學儒李頤祥, 執鐙而送曰, 願爲先生執鞭之士, 云云.]

82. 徐志修入對時, 規箴之言屢屢, 殆千百言. 小朝皆感聽翕受. 將退出閤, 顧謂史官曰, 今日筵說, 勿出一字, 可也云.

1761년 5월 8일 유신(儒臣)·대신(臺臣) 청대(請對): 83~84

83. 五月初八日, 儒臣臺臣, 請對入侍. 諸臣以近日事陳戒. 金鍾正日, 自古微行, 漢唐中主, 猶不爲, 必皆亡國之君爲之. 而至於在儲位, 而爲此擧者, 是史牒之所未有, 云云. 令日, 予不善爲, 噬臍莫及矣.

鍾正以天命人心去就向背之幾, 縷縷陳戒. 又引秦穆唐宗之事, 請下罪己之令. 令日, 予非吝此, 而有所執. 只以言辭爲之, 而無其實, 則又歸文具. 予當以實心改之矣.

鍾正語次以爲, 尙有遮護之意, 云云. 笑而答日, 予非遮護之人物矣. 鍾正又以爲, 賢士大夫, 日遠日疎, 左右近習, 日近日親. 又有無識無賴之輩, 慫恿者, 若有如此之輩, 宜加斥遠矣. 令日, 余非被其慫恿者也, 而言則是矣. 當各別銘心焉.

鍾正又日, 人君之政, 不過發號施令. 此或一移, 則國必亡矣. 邸下只耽目前遊幸, 欲爲彌縫. 故其間政令, 或付之此輩, 而獨不爲深遠之慮. 此路一開, 將何以防其弊乎. 漢之十常侍, 唐甘露之變, 皇朝劉瑾王振之事, 皆由於此, 此豈可不深慮而嚴處乎. 令日, 果然. 念不及此, 而追後思之, 則誠如所言矣.

正言李鎭衡, 請出付有司, 明正典刑. 令日, 臺體固如是矣, 而皆有爵秩, 事多狗碍. 余非惜之而不爲也. 鍾正日, 邸下至此者, 莫非臣等不言之罪, 萬死難贖. 而頃日諸宰入對, 乃是過擧後一初, 而十三備堂默默, 無一言而退, 其可謂國有人乎. 令日, 頃日備堂, 亦非全然無語. 多有體念之言, 而所陳則是矣.

鍾正日, 三道守臣, 四都居留之臣, 不能效古人抽刀斷引之事, 而置之知與不知之間, 糢糊承奉, 苟且彌縫, 分義都虧, 臣竊痛之. 令日, 西行時, 予不謂我而去, 此豈道臣之咎耶.

臺臣又以閭里譊譊之說, 仰陳. 且日, 聞有西路銀貨, 取來之說, 信乎. 令日, 果有之, 而予非愛惜貨財者也. 只爲沿路, 用於發施. 而旣有此事, 所聞無怪矣.

又以閭里無賴, 憑藉作弊之事, 仰達. 令日, 此固無怪, 甚可憂也. 將何以禁之. 諸臣日, 此皆邸下, 苟赫然改之, 使中外, 曉然明知, 則自無此弊矣. 又以弓馬馳騁, 常着微行等事, 歷陳, 而皆無掩遮之敎. 諸臣人, 以進見一事, 反覆陳戒, 以終之.

其大槪若此, 中間上下酬酌, 多不能盡記. 而其中下令, 有日, 此後出闕門一步地, 則非悔悟之意. 又日, 漢武秦穆唐宗, 皆是慵主. 予非自矜, 改過不吝, 亦豈難乎. 此等事改之之易, 易於拔毛.

又日, 諸臣入對而言之, 則誠是矣, 爲書而上之, 則其心如何乎. 鍾正日, 形諸文字, 終有難便. 故臣等今適入對, 而自言者論之, 勿論書與對, 眷眷忠愛之心, 一也. 令日, 其言則是, 而其事則有異, 予所慨然也.

84. 五月十七日, 世子進謁大朝, 於慶熙宮. 盖自前年七月, 溫幸前後, 絕不得進見. 至是大朝始許, 而鶴駕上闕, 臣民大悅, 擁路聳瞻焉.

사도세자의 행적을 비판하는 상소문: 85~89

85. 前二日, 掌令尹在謙, 上書極言, 初以留念賜批. 已而下批日, 其所勉陳, 言言深切矣, 可不體念. 進見之請, 予已行焉. 而大臣之前後入對, 而丹忱瀝血陳勉, 予所以尤爲省悟, 而改之者多矣. 快施嚴誅之請, 已自內嚴處矣. 三道道臣守臣, 李永暉等宮僚, 及諸臣論罪之請, 向者三司入對之時, 已悉余之心曲, 赫然洞諭. 而此皆予之過, 予之過諸臣何有. 予已悔之, 決不食言. 毁撤之請, 已令毁撤, 且假者答書, 只以留念爲批者, 予亦有深意更思之, 於重臺閣納誨言之道, 殊涉非矣. 卽入前批, 更下, 云云.

86. 在謙書, 略日, 竊聞近日, 道路流布之言, 則不惟不能調攝, 乃反遊逸是事. 動靜云爲, 率靈違禮而反常, 人言喧籍, 民心駭惑. 今日所聞, 甚於昨日, 明日所傳, 又甚於今日, 凜凜而危怖者, 已多日矣.

邸下旣有容諫之量, 聞過而喜, 知過而悔, 則亦必有改過之實. 而仄聞悔過之敎有日, 而改過之跡尙無顯著者, 抑何意也. 批旨之下, 每日, 加勉焉, 留意焉. 未知邸下之所以加勉者何事, 留意者何事耶. 邸下雖自以爲加勉留意, 而若無可見之迹, 可見之效, 則所謂加勉留意者, 不過彌縫防逆之語. 孔聖所謂, 悅而不繹, 從而不改者, 無亦近乎.

乃者太學之陳書也, 大朝命承宣, 率館儒, 入對承批. 聖意實非偶然, 而其時承旨李永暉, 反襲年前具允鈺改書本之佞習, 節節假飾, 言言面謾. 究厥奸佞壅蔽, 則盖自具允鈺作俑, 爲今日亡國之兆. 臣謂宜一并重繩, 以大不敬之律. 至於閹竪之自內替批而酬應, 政令動靜, 侍側而慫恿. 謟諛者, 惡極罪大, 覆載難容.

若夫畿輔, 而西三道道臣, 松都守臣, 守閫在外, 職任自別, 而旣不能辦旅賁之規, 則惟當盛禮迎送於境上, 以備鶴駕之威儀. 而乃敢尋常接應, 有循例使客之供奉者然, 果何分義. 况且有以貨財聲色, 媚悅承順者, 此則特加嚴誅, 以正熒惑之罪.

春坊僚屬, 與他臣僚有別. 假使邸下, 動靜無法, 出入無常, 當牽裾而泣, 叩馬而諫, 諫若不聽, 則請以陪往, 可也. 偃息職次, 佯若不知, 反以苟避, 爲好家計. 噫嘻, 痛矣. 此何事也. 臣謂邸下, 離次時入直宮官, 考出嚴繩, 云云.

所謂東郊構舍者, 東宮嘗就東郊諸閹村後, 建一屋子. 余嘗過其前, 問傍居, 始知之. 且見其茅覆而不瓦, 將以俟東宮之復至也云. 未幾因諸臣書, 毁之.

87. 東宮賜諸臣批, 以改過不食言爲教, 而沈履之, 乃復上書, 言此後動靜云爲, 必日啓大朝, 云云.

88. 履之書, 略日, 邸下之過, 可悔者, 雖百端, 而其病根之最重, 而最急者, 則動靜云爲, 不敢使大朝聞知者, 是耳. 豈謂以邸下, 明睿之德, 超越之識, 乃有是哉. 此殆由於邸下, 過於嚴畏. 又於日用事爲之間, 不能有以合天理順人心, 則或慮其上徹大朝, 遽致激惱.

微眚細失, 偸一掩覆, 轉輾熟習, 終至於事事遮諱. 邸下旣不能自列而自訟, 艱辛彌縫. 使一世陷於欺蔽之科, 利害之趨避日明, 君臣之倫義日墜.

噫. 瞞君, 人臣之極惡, 諸臣有此習, 則邸下固宜赫然震怒, 明正典刑, 豈忍從而效之乎. 今邸下自謂夬悟, 而夬悟之頭腦未正, 疾病之根抵尙痼, 徒以末節之邊幅, 塗人耳目, 烏在其夬悟, 而日新也哉. 云云.

89. 諸臣之上書, 始自己卯夏金時燦, 而止於辛巳夏沈履之. 是秋諸臣之書, 因李顯重, 而達于大朝矣. 大抵諸書, 以外面看之何, 莫非直言極諫. 而其歸只在於上達大朝之聽, 不特彰惡沽直, 如漢之谷杜而已. 人臣進言, 當觀處心如何耳. 嗚呼, 惜矣.

세자를 비판하는 상소문을 본 영조의 처분: 90~95

90. 小朝嘗有不豫候, 申晩以藥院都提調, 奉上命來候. 小朝不卽引接, 晩勃然欲還, 春坊任瑊, 執其袖, 請少俟之. 晩作色日, 旣不欲見之, 見之何爲, 拂袖而去.

91. 洪相鳳漢, 憂東宮孤危, 送言于趙相載浩, 示以共濟之義. 又抵書箕伯鄭翬良, 議以勸起趙相之意, 則答日, 某相爲人, 桀而鶩, 可以緩不可急, 姑俟渠之還朝, 云云. 盖惡趙之來也.

92. 九月二十二日, 上命入四月以後諸臣疏. 以宦者朴文興, 所爲尤無狀, 貽累元良, 御宜仁門, 命亟正邦刑. 旣載車矣, 旋寢是命, 刑問三次, 黑山島勿限年定配. 一宦濟州定配, 他餘掖隷, 多配沿海之地. 盖此輩慫恿, 貽累睿德, 而上始知之, 故有此處分也. [文興力士, 被三刑倍道, 至配所. 肉盡腐落, 起行自若.]

93. 是夏鄭承旨夏彦, 自郊外, 特除承旨, 入侍. 上問, 近日有何章奏乎. 對日, 臣新自郊外至, 未知朝廷間事, 章奏有無, 亦未之詳矣. 時沈履之, 以玉堂, 同入筵席. 鄭顧沈日, 公當知之. 沈遽答日, 無有.

及筵退, 其儕流, 大責以爲, 逢此好機會, 何不歷指諸書, 而達之乎, 謗議朋騰. 履之大憤惋日, 爲老奸所賣, 不知出此. 乃上日, 啓大朝之書, 而仍屬注書沈鏶, 政院日記中諸書, 皆拈出摺置. 至是承旨李顯重, 旣進諸書, 而攢手乞哀日, 願有以見活也. 上惡其情態, 敎日, 開國承家, 小人勿用, 斥遞之.

94. 方上之鞫文興也, 世子席藁待罪, 世孫亦出伏其後. 文興事已後, 長史李養源, 與某官尹勉憲, 入對世孫. 勉憲語及導引出伏狀, 養源進日, 今兩宮復融洩矣, 宜無復前日之事. 而假或有之, 邸下宜自徒跣而出, 何待僚屬之勸. 世孫樂聞日, 然耳.

95. 九月念後, 上特勅軍門捕廳, 極嚴巡更. 儒生及軍校, 見捉定配, 自直提學以下, 不得夜行. 邦令本自如此, 而解弛已久, 掖隷及軍門各司, 有威尊處下隷輩, 行之無憚. 士夫明燭, 往來隣巷, 及有疾, 尋醫亦無礙矣. 今此猝嚴, 盖有所激而然云.

1761년 10월 9일 세자의 영조 알현: 96~99

96. 十月初九日, 世子再得朝見, 人情又悅. 是時東宮請見, 上每不許也. 先是五月進見時, 上多有激惱, 小朝卽日還宮. 其後未得更擧. 至是文學李昌任請進見, 小朝懼復如前, 令昌任進請, 日上若激惱, 則將若之何. 昌任日, 臣請往稟政院. 若有如此事, 臣請以死當之. 令日, 可. 善爲之.

昌任馳往請進見, 上卽允之, 昌任復命. 上又下御札, 示嘉悅之意, 小朝欣不自勝日, 服色將何以爲之. 昌任日, 此非宮官所敢定, 下詢大臣好矣. 小朝自內, 詢問於洪相, 洪相日, 兩宮悅豫, 今日之事, 誠盛擧也. 當以法服法駕進. 小朝指示昌任, 昌任日, 賤臣之見, 有不然者. 今日之事, 便同胥命, 以布笠白袍, 乘小輿以進似合. 小朝從之, 而且懷御札以進.

方駕出時, 上送人探來, 儀注及御札, 奉來與否. 使者歸而實告, 上大加悅預日, 予之元良, 豈不賢乎. 駕至舊宮前路, 下輿步進, 到時御所, 席藁胥命. 上又下詢, 使者又以實告, 上益加稱嘆日, 予有元良, 命侍臣與之偕入.

小朝辭不入, 如是者屢. 上拍案日, 予子豈不賢乎睿乎. 命大臣出去偕入, 日今則似當入來. 小朝遂進見, 上不勝欣悅, 天笑爲新. 仍下宣醞, 特命退給宮官. 世子日, 今日之事, 宮官之功也. 未及回蹕, 昌任聞親病急報, 經出僅及屬纊云.

97. 洪姓判書, 過鍾街, 市人有顯詈者曰, 食君之祿, 而不進一言, 開喙, 但覓錢而已.

98. 尹判書汲, 過其友, 其友言其阻. 尹曰, 近畏市人之辱, 不敢出行云. 盖是時多有可言之事, 而率皆默默規避. 故下民, 皆咎朝臣之無言.

99. 尹監司東昪, 水原府使也, 至京所親, 覓錢爲曲. 會徐判書志修, 適至曰, 此豈人臣具饌行樂時耶, 遂起去. 徐屢因入對進說, 從容剴切, 世子樂聞而無忤.

1762년 나경언 고변 사건과 세자의 고뇌: 100~106

100. 壬午閏五月幾日, 東宮掖隷羅景彦, 上變告, 世子云云, 方出在城外云云[皆不敢書之言也]. 上大驚, 急閉城門, 徵兵衛宮. 而問景彦, 卒誅之. 世子進御所, 伏地俟命, 旣誅而退.

誅景彦時, 宜究其持嗾, 而諸臣無一仰請. 世子退時, 諸臣列立殿庭以送. 世子立向諸臣語曰, 語云, 敬大臣, 大臣則吾不言也. 諸臣無一人, 請究指嗾者, 是皆逆賊也. 世子平時, 未嘗開眼, 及是怒甚, 氣憤聲厲, 側目視之, 諸臣人人無不震懼. 鄭某官遠達, 素有心疾, 大恐不覺癈坐. 因此而永作狂易云.

時憲臣請孥籍景彦, 上不允曰, 猶有所疑也. 洪相授旨, 玉堂又發孥籍之啓, 上拍案大聲曰, 惟玉堂, 不反予矣, 今乃反也, 亟竄沿邊. 無幾, 有十三日之事.

或言諸臣中, 惟韓判書翼謩, 請覈持嗾, 而不許云. 景彦自言, 被府院君及洪啓禧尹汲等所嗾而此也. 於是急出, 斬之云.

101. 景彦本尹汲傔從也. 急書之上, 小朝胥命闕外, 喻大臣以善稟好處之道. 洪相鳳漢, 在傍涕泣, 申晚辭色晏然, 回頭作口中言曰, 當身皆誤爲之, 而使大臣彌縫, 吾亦何以爲之.

及還宮, 日已昏黑, 侍衛不滿, 炬火不列, 小朝慨然厲聲曰, 任渠爲之, 吾有世孫矣. 是時聞此教者, 雖輿儓之賤, 莫不揮涕慷慨. 道傍閭巷, 及廛市諸民, 或以炬或以燭, 爭爲前導, 叱辱卿宰之聲載路, 可見人心之向背矣.

102. 凡罪人拿來時, 腰帶足趯之屬, 皆解去之, 囊子袖裡, 亦皆探出, 此時應行之例[21]也. 且自代理之後, 大小公事, 必先達于小朝, 而景彦之呈凶書于刑曹也, 叅議李海重, 直稟于大朝. 及親問彦賊時, 彦賊納一封凶書, 而出自袖中, 無非向東宮不道之說也. 上覽其書, 命燒之. 其時金吾郎, 卽趙德章也.

103. 五月二十二日, 羅賊景彦設鞫時, 小朝在昌德宮. 鞫命雖下, 小朝漠然, 不知其緣, 何事設鞫. 領相鳳漢, 承命以來, 告入直春坊, 弼善李萬恢, 司書任珹, 同爲入對.

洪相袖一紙, 卽景賊之自懷中呈納於鞫庭者. 而構陷之言, 有倍於呈秋曹者. 故大朝遣洪相, 使之逐條下問於小朝也. 其說皆虛荒不根, 小朝一一仰言. 洪相承令回奏, 卽以誣諂儲君, 爲景賊結案. 命訊, 刑一次, 當日正刑.

判義禁韓翼謩奏曰, 景彦以閭閻一帶常漢, 爲此凶獰不道之事, 必欲謀危國本. 此必有指嗾者, 不可輕先正法. 請嚴覈得情, 必得指嗾者, 云云. 上命黜送, 景彦則只誅其身.

三司請孥籍, 而上以有乙亥受教不從, 并施嶺沿投畀之典, 翌日乃還. 是日小朝, 率入直春坊, 胥命於上闕紅馬木月坮. 上聞此報, 走馬馳入. 此際院隷, 絡續於路, 數文學入來與否,[22] 直入帳內.

小朝令曰, 賊臣景彦告變, 至此承聞, 抑塞驚惋, 不能自定. 乃與任珹, 偕入闕內, 帳前近處, 探得鞫情, 隨聞隨奏, 如是者, 不知幾次云. 小朝胥命之由, 末由啓達, 往見承旨李惟[23]秀, 使之仰奏. 始有帳前入侍之命, 春坊隨入, 夜已半矣. 伊時罔措光景, 不能殫記.

平明始命還宮, 小朝出闕外矣. 上詣宗親府問安廳, 不卽還內. 小朝又俯伏禁淸橋上, 至數食頃, 上始還內. 而小朝不得乘轎. 時[24]洪鳳漢尹相東度, 來立轎[25]前, 小朝發怒, 命曰, 滿朝於我, 皆賊臣也, 逆臣也. [盖此日大臣以下, 目見景賊之誣諂, 而無一人請覈指嗾者. 故有此下令.]

洪相默無一言仰對, 尹相不過曰, 何發此敎, 云云. 邊得讓奏曰, 願乞急爲還宮, 大朝若知不卽還宮, 尤爲惶恐. 小朝始乘輿焉. 判書申晦, 以晩之弟, 此時忽來待命所, 帖身隱坐, 若密探小朝動靜者然. 而往來至於三四次, 其心不可測也.

小朝還宮后, 連爲待命於時敏堂月坮. 領相申晩, 來請入對, 小朝終不許引見, 晩頗有怫然色. 間有入對者, 惟洪鳳漢一人, 而輒求獨對, 爲私親例也. 當此危急之時, 所謂春坊, 作一聾瞽, 世道人心, 尤可痛矣. [判敦寧邊得讓, 壬午別錄]

---

21. 본서와『현구기』는 '禮'로 되어 있으나,『현구기사』와『현구기문』의 '例'를 따랐다.
22. 본서와『현구기』는 '不'이나『현구기사』의 '否'를 따랐다.
23. 본서와『현구기』는 '維'이나『현구기사』의 '惟'를 따랐다.
24. 본서에는 없으나『현구기사』에 의거 '時'를 보충하였다.
25. 본서와『현구기』는 '橋'이나『현구기사』의 '轎'를 따랐다.

104. 辛巳夏進見時，春坊李宅鎭隨入矣．大朝命小宦，往審小朝俯伏處所御服，袞內藍紬氅衣．上以華侈服，辭敎截嚴．仍斥退，小朝不勝惶悚，待命一日，始還．

105. 前五月念間，尹姓桂坊，[伊時桂坊，尹得弘尹勉遠，未知何尹矣.] 以監門行，至銅龍門外雙松下，有八人轎，自銅龍門，出來桂坊．隱身於兩松間而諦視，則小朝以平服，親執轎後杠，送至門外,[26] 而雙淚龍鍾，衣前盡濕．佇立望轎，過禁營閉門前，則小朝悲不自勝，至於失聲已．而回視雙松間，有官服，卽還內桂坊．歸言於春坊，相對訝惑，耿耿不成寐．

翌日忽命春坊入對．時未起寢，而枕邊淚水闌干，眼包浮腫．徐命日，一望前，私親 來留宮中．昨因大朝促歸而歸，此固生離死別也．臨門拜送，涕淚難禁．適被監門桂坊之見知，必致君輩訝惑．故今召而言之耳．予則不久之人，仍又泣下．春坊請問其由．令日，言之不忍．君縱知之，毫無所益，惟死而已矣．

106. 永城尉申光綏，以司饔院提擧，監受腥魚．世子以不進魚鮮，欲罪掌吏，吏日，自有監捧之官，非臣所知也．世子命召光綏，光綏亡匿南門樓．[或日東門樓] 數日後，有十三日之事云．[光綏晩之次子，尙英宗女和協翁主.]

26. 본서와『현구기』는 ‘內’이나『현구기사』의 ‘外’를 따랐다.

원편(原編) 하(下)

세자를 폐하는 반교문(頒教文): 1

1. 壬午閏五月十三日, 上廢世子爲庶人, 自內嚴囚. 時上自慶熙宮托祈雨, 如昌德宮. 領相申晚左相洪鳳漢[時在東郊, 卜相蒼荒入來] 判府事鄭翬良實從焉. 廢世子頒教傳旨.

王若曰, 世子狂悖, 往牒所無, 爲宗社, 豈不欲一喻, 而尙今焦心, 卽慈之意也. 今則乃至於萬古所無倫常之變, 故今日已奏徽寧殿[貞聖王后廟], 悖子某爲先自內嚴囚, 仍下廢爲庶人之教. 其本事, 中外何以知之. 一件書下, 一體頒布.

又曰, 嗚呼! 某之狂悖, 夙夜爲宗社生民焦心. 於予有父子之倫, 意謂豈至於此. 今暎嬪[世子母]流涕謂予曰, 世子戕殺中官內人奴屬, 將至百餘, 而烙刑等慘忍之狀, 不可勝言. 而其刑具皆在於內司等處, 無限取用. 長番中官逐之, 只小中官別監晝夜同處, 取用遍賜. 此輩妓生僧屬淫褻晝夜, 予之侍人, 招來拘留. 近日餙非忒甚, 欲一奏, 而以母子之恩, 不忍以奏.

近日御苑中造塚, 欲埋不敢言之地, 令侍人被髮傍置利劍, 欲行不測之事. 頃日往彼闕, 幾乎被死, 僅以身免. 一身雖不可顧, 仰念聖躬, 何敢不愛.

若此之故, 頃日祈雨御門露處之時, 心自祝曰, 聖躬若便, 則三日內雨下, 悖子若得志, 不雨矣果雨, 自此心稍定矣. 今則聖躬之危迫在呼吸, 何敢牽私不奏, 此時其何雍容臨門.

言畢淚下若雨. 嗚呼! 蒼蒼使予其能免, 而有此擧聞此言, 卽日命駕事機先泄. 嗚呼! 有難言之變, 故托祈雨而來此之事, 已詳奏矣. 嗚呼! 白首暮年遭往牒所無之事, 何顏以拜.

爲宗社爲生民, 雖狂何不處分. 親寫于此, 涕沾于衫, 往徽寧殿, 處分亦如貞聖同處之意也. 噫! 旣已處分, 則一號令之事也. 自內嚴囚者, 諸臣不見樂善乎 .思及所重, 心骨俱冷. 噫! 代理十四年, 不獲已復政. 自顧初心, 飮涕自歎. 而命代理時, 旣已不布, 不可不再諭, 一體布諭, 令中外, 咸使聞知.

역모죄로 추궁당하는 사도세자: 2~8

2. 方廢世子時, 都承旨李公彛章力爭. 史官林德躋尹塾, 號泣詬大臣. 春坊邊得讓任珹, 左右輔護. 頒敎時, 承旨李翼元涕泣. 藥房分提調韓光肇不叅庭賀.

忠正公初命亟正邦刑, 旋寢. 林尹初命薦棘, 旋遠竄. 邊任初命遠竄, 更爲亟正邦刑, 旋寢只罷職. 翼元付處, 光肇配絕島.

日前有掖隸羅景彦事, 至是乃有此處分. 嬪宮以下世孫王孫出處左相之家. 前配黑山島宦者朴文興及同時竄配者, 皆宥旋誅之. 爲東宮所殺者, 皆致祭. 東門外女僧一人及娼妓三人, 特貸其死放出, 旋命誅之. 內司無面之財, 皆蕩滅. 嘗見幾陽狂宦者李某加資[皆出朝報].

是日夕, 地震有聲如雷. 前此初八日, 地大震, 八月初四日, 又震微而聲大.

3. 世子旣廢, 凡其戲弄雜具悉焚於宣仁門外. 其數盈車, 有鼓大小不齊. 小或有如碗者矣.

4. 世子在囚中, 凡九日而卒. 旣卒乃復位號, 加謚思悼. 令宮官服, 嬪宮世孫復入宮. 以前代理而今復政, 稱慶陳賀.

以七月二十三日葬. 上親祭文以祭. 凡葬具初命簡薄, 旋命從厚. 及窆上臨視, 親題神主曰, 予所當爲者皆爲之, 爾可勿悲, 左右皆悲. 諸臣有勞, 并依例施賞典. 賜墓號垂恩. 世孫儀仗, 卒哭後悉依東宮, 仍稱東宮. 嬪宮賜號惠賓.

先是丁卯, 趙相顯命上箚陳戒有曰, 世子沈凝岐嶷之中, 有橫逸難制之氣. 云云. 時有言其語過者, 趙不顧曰, 此非爲禍福利害也. 時世年方十三矣. 某官宋瑩中以動搖國本, 請罪矣.

上之臨昌德宮, 托祈雨徽寧殿而掩, 至吹角闕門聚軍. 自午達夕, 閉城門結陣. 街上都人莫知何事, 驚惶顚倒. 世子旣囚, 而角猶不止.

方召世子數罪也. 上踞交牀握寶刀, 以劍鼻築地. 常時侍衛之士列立開張, 而此時則皆合環侍衛, 諸臣與階卒皆露刃. 又命一力士別軍職, 握刀立當上與世子之間. 世子之側士, 皆迫立環衛, 世子蹔隨諸臣出也, 衛卒急馳塞諸門之路, 諸臣或有潛解所佩刀云.

5. 世子方伏庭時, 上傳密敎於陛戟間衛卒. 不知爲何事, 而衛卒皆放仗, 伏而慟哭. 上大怒曰, 此屬當盡誅也, 亦卒不誅. 平時天顔和預, 是時殺氣都是艴艴欲射, 仰瞻甚嚴畏云.

6. 方世子之伏於殿庭時, 天威震疊, 責敎至嚴. 世子不勝迫隘而起出, 侍直韓謇追及之, 出闕內門. 世子急握韓謇手曰, 將奈何, 將奈何. 謇曰, 邸下何以出臨耶. 世子曰, 大朝責教, 臣子所不忍聞, 萬萬迫隘, 故是暫爲出來耳.

對曰, 臣亦伏於後, 承聞嚴教, 誠萬萬悶隘. 然益當起敬起孝, 以冀天心之感回. 今此出臨, 雖出於不忍仰聞之心, 而易致重激天威. 況出臨之間, 安知事機不變於其中乎.

世子悟曰, 然矣. 將奈何. 曰, 速入謝過, 則或有益矣. 世子將旋步將入, 而承宣已出來傳敎, 鐵騎已環衛宮城矣. 世子之出臨, 本意如斯. 而奸凶輩乘間造言, 隱然歸之於不得發明之科矣.

7. 方上之數世子也, 宮僚皆伏其後, 而稍間以故上敎聽熒. 世子忽解去[1]衣冠, 臣僚驚何故, 顧敎曰, 以欲弑君父爲敎矣.

世子又仰奏曰, 某年[干支忘之]臣幾不免於劍頭魂也. 今又命之死, 臣當死矣. 遂裂絳紗袍自縊. 宮僚尹勉憲侍直韓謇進解.

有曾爲春坊者, 某年入直. 夜就寢, 忽自東宮急召, 亟起往焉, 則東宮以單衫褌立在墀下. 驚問何故, 顧謂方就寢, 上忽臨窓外曰在否, 應曰在矣. 於是若將有事, 余雖跳出矣.

俄而宣領相入侍, 世子因坐而俟之. 有頃領相金尙魯過前, 世子迎語其故曰, 須善辭以對也. 對曰諾. 領相尋退白曰, 已善奏矣. 世子所言劍頭魂云者, 其指此事歟. 世子又嘗語宮僚曰, 春暉堂戶閾, 尙有劍痕云.

8. 方數罪時上問, 爾作孝服苴杖置土窟者, 何意也. 蓋讒者謂製此物而入窟室中, 服而哭之, 以詛上躬故也. 世子對曰, 貞聖王后喪後, 哀心未忘, 不忍遽去孝服, 而不可置之顯處, 故窟地藏之. 今若遣人驗之, 可知也.

上遣注書洪景顔往驗, 則果是舊件且桐杖也. 上敎所謂起驪山之場者, 卽指土窟也. 初世子於禁苑中作窟室以爲戲處, 掩門難尋其跡. 至是上敎以起驪山之塚, 蓋謂擬於不敢言之地.

捕鞠一宦, 對曰, 此戲遊之所也. 今世子至此, 臣若誣之, 則知其生矣. 然而知其不然而誣之, 臣不敢也. 遂不服杖死云.

뒤주 속에 갇힌 세자의 죽음: 9~16

9. 世子蹙迫隨宮僚被毆者而出. 上初不知, 尋乃覺之, 唱卒捕入. 李公彝章進曰, 儲君不可令卒

1. 본서와 장서각본 『현구설』에는 모두 '法'으로 되어 있으나, 문맥상 '去'로 교감한다.

執之，臣謹當陪入．乃出諭，世子復入．

初世子出憑一宮僚肩上，喘急語曰，上欲殺我，百官活我．宮僚曰，上怒不止，邸下將出奈何．世子悶隘，莫知攸措．有間曰，當復入矣．

10. 世子之暫出也，上令衛士欲就執．翊衛尹熙復呵止以手揮之，衛士風靡，不敢前云．

某物入來後，上命世子入其中．時宮官宦侍左右扶執，俾不得運動．上厲聲曰，春桂坊官員皆亟正邦刑．嚴敎至此而終不離捨．上乃召禁軍，使之驅逐脫帽而著白衣者，禁軍各抱一人而出．時世子亦白衣，故禁軍蒼黃不卞而渾扶而出．頃之上覺之大驚，使禁軍還執而入．

承旨李彝章奏曰，欲召世子，不可使禁隷召也．上問誰可使，對曰似當遣承旨．上曰卿往焉．李公趍出，未及沒階，遙瞻世子執說書權正忱手而入來，卽回奏曰，世子命召前，已入來矣．

11. 方數罪時及就囚時，終不明下廢爲庶人之敎．但下敎曰，爾死可乎予死可乎．

旣囚後，始令承旨趙重晦讀傳敎，重晦不奉，命玉堂尹得孟乃宣讀云．廢儲傳旨，承旨李彝章不書而出，上親書，使承旨趙重晦頒布，不奉．敎使鄭純儉頒布，亦不奉敎．最後李翼元頒布而歸，其兄奉朝賀夔元大責之．十五日頒敎也，翼元涕泣而被罪，人以爲追後贖罪云．

世子旣囚久，而自飮其溺，破宮僚所納扇子，以其半爲受溺之用．此則二十一日後所知也．

12. 世子在囚中謂，上意只欲困苦而已．有時自祝曰，其止乎斯而赦之哉．又或曰，我雖在此，救我者當至矣．其所望者，必指趙載浩，而終無一言救解者．

初頭不禁僚屬之近住，故桂坊韓謇金履坤尹得弘尹勉遠實終始，而有人頻頻來視而去．韓謇進往，微嗽下問曰誰也．對曰臣某，下敎曰何爲來此．曰臣住不遠地，見有人頻來視，似是摘奸，故來告．世子頻驚動曰，然乎？吾旣知之，須勿復來也．

乘間又進，敎曰，恐有害，勿更來．小頃又進，敎曰，吾之勿令更來者，非謂有害於君，或恐其有害於吾．何不深量而頻來也．

是夜，有隨入宮寮竄配之命，蓋見發於廉問故也．旋寢竄配，只并罷職．

13. 上令捕將具善復玉堂洪樂純防守．善復以上命有所叩，世子問誰也．對曰具善復也，世子叱曰，爾安敢不具啣也．乃具啣以對．且恣飮食於其傍．守卒往往言，欲食餠進餠乎？欲飮酒進酒乎？其敢侮弄乃至於此極．時上番鄕卒在其中者，莫不憤罵而歸語云．

14. 初置某物於宣仁門內庭中, 曝之烈陽久. 乃積草俾薰蒸以卒. 百名守視凡九日, 而第七日上乃還慶熙宮, 路奏凱歌焉. 二十一日, 始開而斂襲, 偃臥屈一膝, 終不可伸. 雖當暑熱, 體無爛焉, 斂時執事云.

世子在囚中, 知積草薰蒸之出於洪相, 獨語曰, 汝忍爲此, 汝必殃及子孫. 時守卒聞而歸語云.

15. 思悼忌辰, 雖以閏五月二十一日爲定, 而殞命實在二十日申時.

初囚時, 欲驗其動靜, 乃以石支某物, 而闕其一足以搖之, 則世子輒問爾誰也. 及第七日, 喘聲聞外, 喘聲殘, 則復搖之. 微聲謂曰, 勿搖也. 眩不能耐. 及第八日申時, 遂無聞, 乃以聞焉. 上猶慮其不審, 命鑿穴視之, 果無動靜. 更命大鑿, 納手按肌, 驗其溫冷, 果冷矣.

於是, 移安某物於春坊之堂. 蓋上聞及兩度鑿穴, 移安拔釘解絙出尸安床. 如此之際, 自費多時, 皐復而遂爲翌曉矣. 從皐復之日, 以 二十一日爲忌辰矣.

變出之日, 公卿諸宰托以船遊一齊出城, 在朝者, 只啓禧輩若而人云. 卽所謂三浦張帆也.

16. 鄭長城志浩以桂坊閏月十一日出直, 越二日禍作. 常曰, 十一日入對時, 小朝氣色甚愁, 沮心甚疑懼. 小頃下令曰, 予之不得入侍久矣. 今日安過, 則明日未可知, 明日安過, 則再明日未可知. 講筵亦何可爲哉. 蓋知禍譏之已迫矣.

旣已大旱遂成, 大無方. 是時湖中人皆曰, 何等人渴死, 而吾儕豈不乾死也云.

세자를 보호하려는 신료들의 충정: 17~28

17. 李彝章當世子之廢也, 爲都承旨. 時上自慶熙宮詣昌德宮, 動駕猝急, 都承旨趙榮進奏世子病不得祗迎而罷職. 以李彝章除授牌招時, 天鵞聲忽起於闕門.

彝章不知有何事, 蒼黃詣闕, 上御徽寧殿, 掖隸排立三門. 大臣以下拒不許入, 彝章呼史官通之. 旣入爭之甚强, 聲聞于外.

上命書廢世子爲庶人傳旨, 彝章不奉敎且曰, 兩宮相距有間, 其間傳說, 安知無謬. 殿下何可以一婦人言行此大事乎. 上震怒促之, 終不書, 上遂自書以下.

初上命世子自盡. 世子自裂衣袖以縊, 宮寮又解而氣絕. 李彝章命醫官方泰輿診脈進藥物, 醫官不肯, 彝章怒叱, 援醫手而診. 醫官言宜進淸心元, 乃命進. 時上暫詣徽寧殿, 還適見之, 命斬醫頭. 宣傳官將醫出, 彝章進曰, 臣藥房副提調也, 乃臣敎之. 非醫罪也, 但斬臣頭. 上命亟邦正刑, 彝章出而待刑. 時蒼黃, 群下擧失常度, 上雖有命而無奉行傳旨者. 以是彝章得不立誅, 因而免焉. 時已過夕食時. 彝章家人以夕飯至闕門, 卒言爾家主已令正刑矣. 時彝章家最驚.

世子旣囚, 彝章出待命招, 終不進, 往見大臣. 左相怒曰, 兩宮傳說, 其謂我耶? 李曰非也, 遂陳語意. 左相意解, 李乃曰, 今世子旣囚, 當以卒言也. 旣卒後, 只有三事亟行, 毋徒欲殺我爲也.

左相問之, 李曰, 位號宜立復也, 美謚宜加也, 葬事宜厚也. 左相然之. 李卒後, 惠媚致賻, 而以世孫命將之云. [正宗贈吏判, 賜謚忠正公.]

18. 李公待命於金虎門外, 聞廷議欲於變出後喪葬擬以庶人禮, 直入諸宰所會處. 金陽澤使置方席, 李不肯就坐立語曰, 此何時也. 古人有言莫道夷簡不曾說來. 因痛陳其不可狀. 陽澤輩大驚, 其議遂止.

公有日記甚詳, 家人爲徐浩修所賣而見失云. 徐則命膺之子而李之壻也.

19. 艮齊崔公奎瑞嘗深期李公, 語人曰, 余頗沈重, 而某之沈重過余遠深. 譬如千年寒水沈底之水磨石, 終無輕浮之日云.

20. 翰林[2]林德躋以下番在昌德宮, 是日大駕詣昌德宮, 有警衛之命, 遂罷小朝, 侍衛諸臣并被驅出. 林張目曰, 我史官也. 鑰硯在手, 何敢乃爾, 仍伏小朝傍. 上問爲誰. 對曰翰林臣林德躋也. 上命掖隷驅出. 欲曳出之. 林文叱曰. 此等時史官何可暫離.

相持之際, 上又使衛卒并力驅出. 當是時, 小朝持林袍甚力曰, 捨我何之, 捨我何之. 林曰. 臣力不能抵矣. 因嗚咽失聲. 旣被迫出, 又乘間還入.

事機漸急, 小朝令往請大臣. 林卽出見申晚而傳令旨. 晩曰, 札駐中, 何以得入乎. 林曰, 某亦從此中出來, 公寧不得入乎. 某請以鑰硯前導. 晩曰, 當奏知大朝然後,可以入. 因逡巡避退.

林知其不可爲, 卽入白之, 小朝又令呼世孫以來. 林力出迎世孫, 適過大臣所坐處, 告以世孫奉來之令旨, 大臣曰, 世孫何可奉入乎. 林奮然直過曰, 大臣獨無父乎. 因尋世孫所次告之.

衛從史官李復永負世孫, 林扶後而入. 侍直韓譽進, 執世孫手而告曰, 事急矣. 願篤陳誠孝, 期於感回天心. 世孫點頭, 述海推而却之曰, 恐驚動矣. 韓幾乎顚仆, 纔進見. 上大驚敎曰, 誰引世孫至者? 林曰, 小臣奉來矣. 卽下嚴敎逐出, 遂有旌義島配之命.

21. 林公發謫行時, 歷辭其兄德恒, 德恒泣曰, 吾謂君以死顔見也. 林相向而泣曰, 不死而生, 在

---

2. 본서의 원문에는 '林翰'으로 되어 있으나 문맥상 '翰林'으로 교감한다.

國爲不忠, 在家爲不孝. 雖伯氏之前, 無面可對. 仍爲之嗚咽. 德恒日, 第略言其事也, 對日, 雖以生顔來拜, 今何敢以生人自居也, 忍擧其事乎. 德恒亦不忍强之

尹判書塾嘗日, 林翰林被逐時, 小朝堅執林之袖, 而衛卒持之甚急. 林泣日, 暫捨小臣. 小朝日, 雖斷吾臂, 袖不可捨. 當時親聽云.

是時藥院分提調韓光肇, 當警衛嚴密之時, 奮然排闥以入, 衛士横戟拒之. 韓叱日, 我宰臣且藥院提調, 爾何敢沮擋乎. 遂直入至墀下. 上問誰也, 韓免冠流涕對日, 分提調臣某也. 此何事也, 此何擧措. 上日, 罷職速出去. 韓日, 當此之時, 可無一言乎. 臣受國厚恩, 且臣事東宮十有四年, 今得死所矣. 上震怒命左右推出, 韓痛哭而出.

其後以不叅復政賀班, 大諫任瑎論日, 八域欣歡之日, 獨不叅賀班, 抑何心腸. 遂謫大靜縣.

22. 承旨李翼元歸自闕. 其兄某官燮元, 聞知其事, 慨然日, 君胡不死而歸. 及頒敎時, 翼元爲流涕, 付處沔川. [後上記之, 擢至兵判]

23. 世子之方伏庭被嚴敎也. 烈陽下炙庭磚若, 燒衆人簇擁, 悶切再度. 其始忠正公命醫官方泰輿, 進淸心元, 甦之. 其再也, 侍直韓謇出, 呼藥房書員, 和淸心丸入, 進之. 恐上見, 令說書權正忱立世子前以蔽之. 世孫再來於就囚之後, 而皆步行, 謇抱之以入.

方進某物也, 謇謂左相日, 今進某物, 事益急矣. 盍請緩之也. 謇嘗日, 死者復起, 生者無愧. 思悼復起, 吾無愧.

24. 李光鉉以假注書入直昌德宮時, 上駕忽至, 命世子祗迎. 前此每不許祗迎, 今始命之.光鉉與入直宮僚任珹邊得讓, 立閤門外, 以俟出世子. 初言有疾, 不能出, 上住輦促之三命, 乃出. 光鉉隨之同入, 兵衛之中, 世子旣解冕服.

漸益迫隘, 顧語臣僚日, 大臣倘可救之乎. 光鉉出作門外, 詣大臣所在處. 時領相申晩左相洪鳳漢原任鄭翬良同坐, 光鉉傳世子之意, 領相默無可否, 洪相日, 衛卒不許, 奈何. 光鉉日, 苟患難入, 吾請前導. 三大臣不得已隨後, 至作門外, 門卒阻擋, 大臣躕躇不入. 光鉉先入, 在內援領相手掣之入, 諸大臣遂入纔上殿, 卽退直出. 追而問之, 但應日, 無奈何矣.

世子復欲召世孫祈請日, 其召[吉下古字]而來. 某字恐是世孫小字也. 宮寮入講書院請之, 講寮洪述海不爲之通, 使議于大臣. 大臣托言, 世孫稚年, 易致驚動, 距之. 翰林林德躋日, 此等之時, 愛父之心, 世孫與大臣同, 大臣獨無父耶. 世孫得以入, 祝手祈請, 上見大驚日, 孰令率入耶? 自下殿扶, 與金時默護去.

世子又顧臣寮日，得聞之西宮，卽庶矣歟，蓋指中殿也．光鉉又出語大臣，大臣看南山應日，何由通也已．而宮寮任城繼出言之，大臣乃咈日，有可通之路，君自通之也．

逡皆入，上以宮僚之輔翼怒叱日，爾等皆令定配，定配罪人速出也．猶莫肯退，令衛卒驅出．衛卒一手執劍一手執衿而出，韓謇叱日，不得如此，乃釋衿，驅而逐之．光鉉獨以史官不出，世子無復所依，乃握光鉉手甚緊．俄而光鉉又命亟正邦刑，乃出俟命，終得不死云．

25. 世子初就囚時，命衛卒闔蓋．卒將闔之，副率金履坤叱日，雖有大君之命，汝豈敢閉小君乎．卒乃止．上自下擧蓋，衛卒助之．履坤以世子之言白上日，此後願勿復云矣今悔之矣，上回叱日，此何人也．

世子旣入，而踢開一板，洪麟漢以別雲劍侍上，言之．上自下視，乃取厚板加大釘，又以巨絙繞纏板絙相間．板凡三重絙四重．二十一日開見之，釘皆透入，而盡摺屈之云．

26. 洪和輔以書生，應武薦爲宣傳官．方十三日，上逼世子令自盡，以醫官方泰輿之進藥．直命宣傳官，斬泰輿頭以來，宣傳官將泰輿出，將斬之．和輔日，人命至重．上命斬頭，而不命斬項．頭與髮無異稱，宜斬髻以獻．

承命者，初不欲聽，和輔日，如得罪，宜白洪和輔敎也，吾自當之．其人從之，將盡芟其髻．和輔日，設得生，此何狀也．盡芟與略絕無輕重．乃略截而去．上見但斬髻詰之，對以和輔之戒．上召詰和輔，和輔對日，人命至重．命斬頭，頭與髮同稱，所以令但斬髮以俟耳．上逡置，蓋俗言頭與髮同稱，故和輔借而留命矣．

世子旣囚，踢開一板時，宮寮被驅出在軍門外，不復得知門內消息，和輔竊出，語宮僚任城，乃捧飮以進．世子欲得單袴換所服厚袴，城自解所服以進，且進所把扇子，因告辭日，臣等皆令編配，明當行矣，世子勞之．俄而上見人來往，自臨視，宮寮狼狽急出．或日，進扇子者，卽洪和輔云．

27. 閏五月十三日，上卒詣下闕，拜眞殿，行禮于徽寧殿．命東宮入叅，擧朝惶恐，春桂坊皆會，見事急，自逃者二人．

司書任城隨詣徽寧殿．禮畢，東宮忽下板位露伏．城伏侍左右，烈陽暴照，精神昏瞀，不能諦聽上教．仰瞻殿上，只見兵判之趍走宣傳官之顚倒出入

小頃侍衛皆露刀環立，玉音一聲，東宮起脫冕服．城急以手止之，東宮撤城手，解玉帶投地，叩頭出血．城雙手擊額日，此何事也，東宮日，有不忍聞之敎．求死不得．

城趍至殿陛，免冠頓首日，先正臣等不言之罪，以開邸下自新之路．聲淚俱發，上流涕日，爾等皆

退. 珹又與文學邊得讓出見大臣曰, 何不力爭, 大臣黽勉入, 一聞嚴敎, 旋出.

上又責敎於東宮, 東宮對曰, 聞命矣, 手裂龍袍以自擬. 珹挽止而拒不從, 遂至昏窒. 珹手解結袍, 調藥進御, 良久始有省, 枕珹膝提耳而囑之曰, 天威不解, 余命在卽通于內殿, 或冀萬一. 珹出告大臣, 大臣不肯而已.

上以春坊之爲羽翼, 皆令六鎭投界, 遂被驅逐. 有頃有嚴囚之擧, 夜有一宦者, 出呼宮寮曰, 東宮求解渴. 珹曰, 雖有水何從而進, 其人曰, 一罅可通.

珹袖兩器而入, 東宮從隙而見喜曰, 司書從何來? 渴不能堪, 願得勺水以來. 珹從袖中進醍醐湯, 痛飮曰, 快哉. 又進淸心元水, 則飮半而賜珹曰, 司書飮之. 珹曰, 勿以臣爲念, 留此更進.

東宮又脫所着便服, 使之換來. 再出再入, 因泣奏曰, 臣是遠配罪人. 今一出門, 當向北路, 將永辭左右. 東宮問配所何處, 曰鐘城, 敎曰好去. 言未畢, 上自陛見珹曰, 此漢復來耶. 珹遂出, 不得更入云. [出嚴璘所撰珹誌文. 正宗朝贈吏判諡忠懿.]

28. 閏五月十三日, 上詣昌德宮拜眞殿, 又行徽寧殿展拜, 命小朝同入叅. 至辰時行禮始訖, 仰瞻殿上, 侍衛皆蒼黃奔走, 宣傳官顚倒來往. 景色惶凜, 不知有何事, 故上敎忍罔極, 小朝卽下板位俯伏. 上連下不忍聞之敎, 小朝又伏殿庭之南向殿上. 暴露烈陽之下, 解衮去冕, 頓首磚石. 邊得讓與諸春坊亦免冠, 以手掌撑置磚上, 冀免傷毁.

仍率僚官, 趍進上前, 叩頭出血而仰奏曰, 殿下忍爲此事乎. 先正臣不善輔導之罪, 乞使我儲君, 俾開自新之路, 以安宗社. 云云. 疾聲呼籲者良久, 而上無發落. 復進曰, 殿下何忍爲此, 抑儲君設有過矣, 殿下何忍爲此乎. 先治臣等, 以貸我儲君. 叩頭祝手, 屢屢泣乞, 而上敎甚嚴.

來伏於小朝之前, 左右扶護, 又詣上前, 萬端哀訴. 欲進欲退, 如是奔走上下者, 自朝至夕, 不知幾次. 上命春坊, 皆令北邊遠竄. 雖承嚴譴, 一向呼泣, 不忍退出. 上命諸禁軍, 抱腰驅出. 未幾聞小朝昏塞之報, 排闥突入. 亟呼藥房索淸心丸, 遂與首醫泰輿, 持藥器同入門內. 上大叱逐出, 仍命斬首醫. 邊得讓取藥器, 與司書任珹以匙流進, 且各按手足. 食頃之後, 睿候始得小差, 微顧得讓曰, 何爲使回甦乎. 承聞此敎, 只有罔措之淚而已.

小焉小朝更爲如前俯伏待罪. 春坊相議曰, 若世孫來乞, 則有回天心之道. 令講書院一人陪來, 纔入殿庭. 上望見之, 急命還爲率去. 得讓卽進伏殿陛, 和淚陳疏曰, 殿下須看世孫情景, 何忍爲此. 又如前叩頭號泣, 上敎益嚴厲. 小朝顧得讓曰, 吾之丈人, 吾之丈人者, 再. 蓋此敎洪相伊時不敢入來亟救, 故欲使入來, 或冀萬一之效者也.

如是之際, 上又命春坊亟正邦刑. 嚴命雖下, 是時擧措皆顚錯, 無奉行傳旨者, 故不爲行. 上命禁軍曳出之後, 又排闥而入時, 自神門外至殿庭, 左右禁旅衛卒皆環匝, 露刃交鋒, 不知幾重. 而春坊則異於他官，故或哀乞或喝怒，僅得通語，直至上前，一辭仰籲，天威尤赫然，又命驅出.

先是自外入去時，持醍醐湯一器奉進，而不盡進御，以餘瀝授得讓曰，文學飮之，收淚祗受. 此際禁旅突出，抱腰投之神門外層臺下，仍窒塞不省. 少頃始得呼吸，尋到洪鳳漢坐處，則洪與領相申晩，比肩而坐於光政門堦上，小無憂惶之意. 得讓以手叩陛石曰，此何等時也，大臣袖手安坐乎. 大監胡爲此耶. 洪答曰，吾之咎耶，得讓曰，非謂大監之咎也，盍救之乎，仍傳小朝下索之令，則看他無答言. 俛首而坐仍痛哭，而還來神門外，與諸僚抱持叩胸而泣. 洪相忽然從何而來，坐於得讓之傍，以拳叩席曰，吾亦奈何，吾亦奈何. 得讓曰，大監無奈何云爾，則誰復可恃乎，旋卽起去.

是日旱天酷炎，異於他日. 終夕罔措，終日冤悶，神昏倒地. 但見天威之震疊，危機漸迫，夜色將深，尤莫知所爲. 此際，小朝忽出次門外. 且驚且泣，趍進門左，仰問出來之由，蓋爲暫放小便也. 急調醍醐湯一椀，進御其間，承史列立門內外，傳呼春坊率入小朝之聲. 嚴急絡續，小朝俯得讓之肩曰，將若之何，將若之何. 奏曰，仁天無竟日之雷. 大朝天也，豈忍至此耶. 泣咽仰奏之際，都承旨李彝章急出曰，大朝至使衛卒捉入邸下，故臣謹以陪入之意仰奏出來云. 小朝執任城得讓之手，纔陞門陛，衛卒結集橫枙，使宮官不得陪入. 小朝遂釋官宮之手，獨爲還來. 禁軍輩又推擠於階下，顚仆無起動之望，仍而竟聞天地崩坼之報.

得讓與任城權正忱，立於神門外階下，欲入不得，但放聲號哭，號哭之聲，達于殿內. 夜漏將盡，殿庭小靜，適因宣傳官洪和輔之出，線路微通. 與任城潛入圍中，涕泣告辭且奏，臣等所下刑典，罔措罔極之狀，不忍泚筆. 偶見一處有隙可容手，故得進醍醐湯一器，又與任城相議，取單小衣一件，從罅隙推. 胸叩地無辭進達，小朝敎曰，文學司書，俱好在好去，未及承聞.

세자의 죽음을 방조한 사람들: 29

29. 上臨殿庭，杖劍親巡曰，此漢輩復入乎. 遂飭衛卒另加圍匝，使不得復爲出入. 潛身退出往見洪相曰，春坊將何以處之? 有刑典之所下者，卽速決處云. 則洪相始從容答曰，嬪宮方出私第，隨其後出去宜矣. 小頃嬪宮果出宮門，宮女皆哭從輿. 任城等握手痛哭，隨轎後出敦化門.

滿朝大小臣僚簇之於紅馬木內，或把手問其變，泣不得竟說，直詣待命所，恭俟傳旨. 凡七日二十日，大朝始還宮，朝叅復政，勞三軍稱賀. 至是上敎洪相曰，春坊臨危，盡職臣分，當然. 顧何可罪. 前後傳敎，一并安徐，只施罷職之典，宜矣. 洪相對以當然，遂下罷職之命. 而史官尹塾林德躋以庭辱大臣，大臣聯奏，遂施竄配之典.

噫! 伊日兼館諸人都不入來. 至於輔德李德海，院隷絡繹請入，而偃然在家. 桂坊諸人或曰，入來，入來之人亦不知去處，終日不接一人面目. 其中李奎明宋載經鄭志浩初不入來，此所以當時氣脈相通之輩, 知機逃避者也. 伊後稱以闕門扈衛之甚嚴不得入來, 此豈成說乎. 晩後自外入來者亦有之, 況扈衛之命在於徽寧殿展拜之後, 則其前胡不入來乎.

大抵尙魯啓禧輩醞釀禍機, 始於戊辰己巳. 己巳, 卽代理之年也. 實賴我先大王至仁至慈之德, 猶不敢售其奸. 亦不無故相臣李宗城李天輔諸公至誠輔翼之功, 兩聖母保護之恩及至.

丁丑聖母賓天, 而戊寅己卯之際, 凶徒逆謀日甚, 一日至有復講之請. 於是乎, 文女圖之於內, 禧魯煽之於外, 譸作凶言, 罔有紀極. 翬晩亦以國戚綢繆, 兩賊逆綏表裏. 鄭妻受禧囑而造出凶書, 倚魯勢而忍奏前席, 以其布告之悖說, 和應袖藏而極矣

辛巳壬午, 賊之謀危益急, 募得老耄妄毒之朴致遠, 投進凶疏. 其所指斥誣悖之言, 罔測不道. 又有縣監李瀞, 稱以蓋寬饒之, 自刭投疏. 逞毒於延英門前, 畢竟不死. 而又請上告下布者, 欲揚其失德, 使在外人人知之意也.

大司成徐贋命入泮留宿三日, 以館學疏不可無之意喻諸生, 諸生中忠慮者, 皆散歸. 而進士安衡以八十老悖人物, 應募爲疏頭, 疏辭一襲致遠必履. 命膺又會諸生構成一疏, 而繼進之末 日, 臣坐明倫堂. 云云. 尹在謙以掌令隨呈一疏, 敢以太甲改過等說爲引. 蓋前後凶疏, 托以匡救, 顯售碁間之凶謀矣. 且復講後, 因文義欲作譖簧之舌者, 難以追記.

某年春, 沈履之以玉堂入侍經筵, 以小朝近日之疏, 多有忠言, 而獨壅蔽, 大朝不得知之等說, 托於文義而仰奏. 李顯重以承旨進筵日, 近日小朝多忠言直說. 若取政院日記入覽, 則可知朝廷之有直臣矣.

上初無發落, 則再次仰達, 始命入之. 時堂后日記, 不忍載諸凶書疏, 令注書沈鏶督納日記, 一二日內畢錄諸凶疏, 而各疏上付標紙進達焉. 旣進, 顯重白上日, 日記之入, 實關國家興亡, 東宮若知, 則臣必死矣. 仍攢手哀祝. 凶疏入撤後, 凶賊景彦又投狀於秋曹. 凶言悖說蹈襲諸疏, 反有甚者.

逮二十日禍發後, 上下敎日, 向者一承宣攢手謂予日, 此是國家興亡之關, 此事愼勿令東宮知之. 開國承家, 小人勿用, 前承旨李顯重遠地投界. 其後顯重爲江陵倅暴死云. [判敦寧邊得讓. 壬午別錄.]

세자의 죽음 후 세자 궁료 및 민심의 동향: 30~38

30. 十三日之事, 韓翼謇以提學不製頒敎文, 又不叅復政賀班, 以此見罷職. 其儕中一人云.

31. 宮僚史官等旣皆被罪, 將出欲辭世孫. 大臣又以驚動阻之, 且咎多事. 史官又折之日, 大臣等獨安無事, 吾儕自不能無事矣. 遂詣世孫告辭而出. 方是時, 桂坊李得福退處直廬, 閑臥搖扇云.

32. 上之方囚世子也，近侍外諸臣皆上闕外直房，而守門者拔劍不許出入．以此中外不得相通．至訓將摠使等亦莫知有何事．訓將乃日，國家事，寧有訓將所不知之事乎．

大臣重臣輩謂欲入觀及門，而乃不肯入．謬謂守門者拔劍而不得入云，而反交贊其擧職日，當如是矣．

方其聚軍時，宣傳官崔某至丹鳳門指揮，而口啣烟竹，暇豫翱翔，無遑遽之狀．諸臣見此好意，始知上躬無患．有一重臣出，乃得微聞本事也云．

33. 世子之卒，徐命膺夫人李氏爲之食素數日云．先是世子西行還，命膺上書，多逼語．人以其有動搖意，必將不測知．舊皆欲早自相絕，約昏者莫不背約．朝無相與，門無來客，及拜海伯，無人製教諭文，其爲人危之也．如此而李氏乃復如此，眞秉彝之心哉言．

34. 方世子廢囚，教文頒下也．公州鄕人愼吾省者奮日，此必有不軌之徒謀爲陷害故也．吾欲以死疏爭．遂行，其老兄追及，以族爲言而挽，歸云．

35. 世子卒後，掌令朴致隆疏，劾申洪鄭三相之罪．蓋以不能善導也．因此謫黑山島以死．疏中並及趙載浩請孥籍也

36. 有湖西士行湖南，道遇一巨師．與衆販夫同憩，見其肩背，竦直狀貌，不似常人，意其有異也．遂踵其行，同宿旅舍與語，果非常人．論易理多新語，且明年國有大事，而害不及民矣．問之不言，且日，其時自知之矣．所謂明年，卽壬午也．

37. 翰林尹塾以庭叱大臣之不救世子，被謫．于時有人問，世子事果如何．答日有病耳．時上以萬古所無之變廢之，朝廷諸臣亦多以爲然，而問者，卽其邊人也．其人去後，同謫者謂日，年少方進之人，何言之輕耶．尹勃然日，然則以有病之人，而畏彼輩，謂眞有是事耶．

尹嘗人日，某於某時年，尙少倉卒遭變，罔知所爲．見丈氏[彝章言]處義，豁然卽悟，自語日，人臣事，當如是矣．仍心定，不畏死，有庭叱大臣之擧云．

有人問尹日，吾以在鄕，未能目覩當時事．諸大臣何如? 答日，當其時，洪相遑惻忙遽，直連日臣但知殿下而已，他相晏然恝然，殊無驚惶之色．意者洪相則未免與知，但自懼禍及，故如是云．

38. 權說書正忱嶺南人，某年宮寮也．十三日後罷歸，其叔父迓之，慨其不能有所强諫也．吾今迎

汝, 不若迎汝喪也. 命罷春桂坊之後, 權正忱自待命所脫冠解帶, 直往其兄延豐任所, 携手同歸安東本鄕.

鄕中士友齊會問其故, 正忱以實對. 座中無一言散去, 忽於翌日人人各持大索, 挽頹其舍, 而數之曰, 忍能生還耶. 吾輩義不忍與爾同鄕. 因不通水火. 權見逐至尙州寓焉, 尙人又如之, 不得已踰嶺居湖西, 終身不出門云.

十三日後, 權正忱語侍直韓謇曰, 近日東宮引見, 涕淚汪然曰, 暎嬪俄纔過余而返矣. 匹庶尙能有以養其父母, 而獨余未得也. 吾只見其孝之如此云.

세자 보호를 자처했던 조재호의 몰락: 39~41

39. 世子嘗自危私, 令桂坊趙維鎭, 往語趙相載浩亟來護我. 時趙相退居春川, 維鎭往致睿旨, 對曰, 大臣去就不輕, 未可遽進. 而其謀危者, 徐當討正.

維鎭凡再往, 而皆托以私故, 維鎭益勸早入扶護. 而趙相不聽, 及世子見廢, 趙氏禍色方急, 載浩始乃亟來. 且止東郊招維鎭, 維鎭謝曰, 公不來於當來之時. 事已不可奈何而後始來見我, 何爲. 遂不往焉.

40. 時臺啓請罪載浩. 載浩詣闕欲請對, 洪相使人逆拒. 載浩踉而退, 竄北邊, 而拿鞫其押客皆正刑, 載浩尋賜死.

而維鎭以假托東宮之敎拿鞫. 上必欲取眠, 初令以假托自服, 維鎭不承. 更今以倚重自服, 則思良久曰, 此又不可然. 亦自爲說, 承睿旨而往, 是固倚乎重也, 當以此服矣. 上見其堅忍, 而且能從容顧諸臣曰, 倚重, 豈是死罪也. 因命酌處.

臺啓卽發, 未及出獄, 而維鎭被杖, 脛無肉脇穿齒落, 殆無生氣. 而上有問, 則必和顔而對. 又以有老母, 强食求生, 供食不給, 且通母訃, 因而徑斃.

載浩死後, 輯受敎嚴辨錄以示後世. 維鎭嘗作落梅詩曰, 骨皆成粉主恩報, 顔死如生屍解歸. 及其後死脛骨盡碎, 而顔色如生, 人謂詩讖云.

41. 閏五月十七日, 趙相始自春川來待罪. 上諭以勿待罪, 卽爲入來. 趙相將入, 吏判金相福前來曰, 大監新自下土來, 未知闕內光景, 第當略言之. 拖出冗長話說, 故遲遲. 趙曰, 吾方入見, 第急往見左相, 且道吾意. 曰至今朝廷, 無一人言者, 甚可痛, 宜繼吾之後也, 仍起身入去. 相福回顧曰, 小遲待此, 往復好矣. 趙相信其言, 立而俟之, 俄而削職傳旨遽下, 顚倒出城云.

趙載浩故相豐陵君文命之子，孝純王后娚也．嘗爲蕩論之主，讐視峻論之不附己者，且因宮禁之徑，仰揣上意，構成乙亥之禍，嘗題畵鷹曰，千秋惡族誅難盡，飛欲衝霄遂不還．

及沈鏟之逮也，乃進曰，今而後始得核矣，於是追律辛壬諸人，追及峻論一隊，誅鋤略盡，皆如其志．

始意舊峻旣傾，則殘敗餘黨，自當歸己，可以坐收其利，獨覇一世矣．衆意不然，寧老毋蕩，盡付於一邊，而渠反孤立，意甚憤之．更欲乘老論之釁．時方撰闡義昭鑑，以明辛壬義理，而撰述之語，多犯景廟．乃與元判書景夏等，請對極論，而計又不售．遽謝以病退居春川，更高其論，自處於峻矣．

及夫群凶肆誣，儲位不安，遂托保護之論而亦不亟來輔翼，徒以將討將誅之說，咆哮於窮峽之中．時則有胸裏不平磨不得，白頭猶自撫龍泉之句語，於是聲聞大播，禍機益急，竟促十三日之變．

嗚呼！痛矣．東宮旣囚，渠家之禍方急，則始不獲已蒼黃至京，而亦不肯排闥直入碎首天陛，乃更逡巡遲回，爲人所賣，曾無一言而退．蓋其心專在於樂禍貪權，而元無一分惻怛之心，故天奪其魄，狼狽而死，罪固不容誅矣．方賜死時，教以嘗以鏟爲核，渠今反爲諸賊之核．云云．八年之後，尙記其言以罪其人，亦見天道之好還也．

세자의 죽음이 몰고온 정치적 파장: 42~49

42. 李鳳煥孽裔也，能文廣遊當路，爲押客．世子卒後語人曰，當其時諸宰無不憂懼，一則或慮跳出，一則或慮遽赦云．

43. 崔益男嘗語人曰，思悼之以云云得罪，實是冤痛．然今之處分，堯也舜也湯也武也．崔則鄭翬良之狎客，其言如此．

44. 壬午秋，南兵使尹九淵以犯酒禁將斬，群下爭執．上厲聲曰，某日處分時，無一人言者，今於九淵事，何如是力挽也．諸臣不敢復言．

45. 世子之卒以疾聞於上國．勅使富憲來吊，以我國儀注多誤，頗見詰責．致祭於靈位，大殿旣不出，世孫又不受吊．富憲不肯行禮曰，吾奉皇帝命來吊，而主人不在，何哉? 譯人聞於朝使，答曰，國王老病，世孫稚弱，不得出矣．富憲曰，然則大臣宜替受吊，而胡亦不在耶? 於是領相洪鳳漢踉蹌入焉，乃行禮．方其時厚賂通官，俾爲彌縫也．勅使言，朝鮮素號禮義，而今觀殊不然也．

或曰，勅使悉知世子所以卒之故而云．時平安監司鄭弘淳嚴勅待勅使者，無敢妄說，而以彼之善覘人國，豈有行千里而不識也．或者之云，必信然也．

46. 世子三年垂畢，命建廟於宮西，而召語戶判，令卑狹其制矣．既建廟而頗宏．上因駕出而觀之，卽令截短之，而使滅其痕焉．既截而更建矣，又敎移建於東偏．是時距撤几筵甚迫，於是急董役，厪能及期，方奉安神位也．要轝采轝不能容中門，去其橫杠而納之云．

或言，方戶判之承上敎也既退，而又自東宮及惠嬪宮授廟圖．故有司顧慮他日，初務宏大．廟成，賜號垂恩．

47. 復政科時，儒生無不赴場，而多有黽勉漫應．或不自呈而製與隨從者 或入格而不應講，或應講而會試不呈券．

新恩將謝恩於世孫，已呈單子久而不下．而屢有單子，下之虛聲．卒因虛聲遽拜而退，實則不下云

翰林韓後樂入對世孫，世孫問科名，對以復政．世孫曰，登復政科者，侍吾耶，韓辭官永歸．

48. 初上廢世子也，以暎嬪爲證．及乙酉，暎嬪卒，而民間籍籍言．暎嬪自廢世子後，未得進見久之，上召之，暎嬪泣曰，殿下安忍以母證子．上好語慰諭曰，今奈何．暎嬪恒悼恨欲死，疽發背且死，而不肯自言．

一日和緩來問疾，猶不言，和緩去謁上，上自往問之，暎嬪自分不久乃指背．上揭被視之，見疽極大不可爲矣．遂以是夕卒．暎嬪起於閭閻，其親戚皆閭閻人，故所傳如此．

和緩與世子同母．而暎嬪知某年與有力焉，不復子之．故問疾而不言云．一日中殿與和緩過暎嬪之房方語．閒有一宮人進一札於暎嬪，暎嬪披視，不覺氣窒．卽東宮書也，於是座中皆見之．暎嬪持而上之，乃有十三日之擧云．

噫嘻，憯矣．若使東宮有私於暎嬪，何患無隙而必使宮女傳書於衆會之中耶．所謂手書如晉遹，猶不可信者，此之謂也．冤乎痛哉．

49. 義[3]烈廟，暎嬪祠也．初暎嬪卒，上謂其有大功，特爲立廟．賜號義烈．又以當封其墓爲園之意，告于宗廟．

葬時，上以世孫不爲望哭切責．世孫對以由未有儀注．及其大祥，上率世孫及惠嬪往．爲前後雖屢駕幸，而皆籍他事，因以歷入．十數日前，卽其生日也．上以養閑本邸爲敎，而因往矣．其特幸者，今始有之，益知群臣無敢諫止故也．

某年之事，尹相東度以右相適出，不與．事定後有年，乃有後日論罪之說，而以尹爲當正罪之人．

---

3. 사도세자의 사친(私親)인 영빈 이씨(暎嬪李氏)의 사당은 의열묘(義烈廟)이다. 원문에는 의(毅)자로 되어 있으나 의(義) 자로 교감한다.

一邊之欲自解者，往往詣尹求識云.

임오의리(壬午義理), '애통은 애통이요, 의리는 의리다': 50~52

50. 世子卒後，洪相爲自解計進袖箚有曰，殿下垂涕泣而行之，臣垂涕泣而從之. 云云. 既承批旨，無甚優眷. 洪命勿謄朝紙，入侍更要他批. 或言此箚見賣於申相而爲之云.

51. 鳳漢袖箚曰，嗚呼！十三日之事，尚何言哉. 自戊申以後國本久虛，擧國靡依，乃於乙卯之春，思悼世子誕降. 天質岐嶷，德器厚重，聖明無憂，神天有托. 及夫迎謁禮成，則殿下豈不曰，予有佳兒，而臣之愛戴之誠，自別於人，逮乎庶務代理，則殿下豈不曰予有丕子，而臣之顒祝之私，亦倍於人，一國臣民，孰不有延頸願死之忱.

而十餘年來，不幸有疾，既無可執之證，又無可指之形，非病之病，作歇無常. 臨朝而收斂，則未或失儀，處內而任情，則實有隱憂. 聖上屢勤敎誨，而醒悟無望，廷臣間進箴規，而扞格不入. 此皆莫之然而然，是豈本性然哉云.

嗚呼！伊日聖上之垂涕而諭於臣，若曰，世子之至此，擧世皆以爲全專由於病. 然病亦氣也，氣亦病也，病氣所使，全失常度，無變不有，馴致今日. 予躬至有難言之危迫在毫忽，誠亦懍然. 予躬縱不自恤，其於宗社何，其於生民何. 倘或拘於至情，濡忍不決，以任其難言之變，則東土臣民，其將謂以病氣所使，而有所容之乎. 既不容焉，則論以事理，其將置其後於何地. 然則三宗血脈無以保，而四百年宗社亦將何所托乎.

顧此事勢，有可以一分曲保之道，而不爲曲保，則在常情，寧有是哉. 雖不得曲保，有可以一分善處之道，而不爲之善處，則在常理，寧有是哉. 變機已急，危慮漸極，不得不行萬古所無之擧.

不如是，無以紓其變而捄其危也，予豈不慈而然乎，予豈不忍而然乎? 實爲宗社也，爲生民也. 予躬獲安，宗社載奠，他日承予而享有國家者，乃其子孫也. 設令逝者爲其身而計之，與其生而如彼，無寧歿而如此? 且以其固有之本心論之，惟當幸予躬之無憂，喜宗社之有托，何暇恨其一身之不幸也哉? 雖爲其子孫，其若默想此至難之危機，深體此不得已之苦心，則隱痛固有之，揆以道理，不敢議到於今日之處分，此豈非定萬世父父子子君君臣臣之天經地義者乎?

猗歟! 王言，丁寧懇惻，經權得中，義理得正. 臣於蒼黃震剝之中，涕泣承聞，至今莊誦. 云云. 嗚呼！聖上今番之擧，誠不獲已，伊日之敎，亦不獲已. 臣雖愚迷，猶能仰體聖意之攸在，而在廷諸臣，同此心矣，八域蒼生，亦與廷臣同此心矣.

凡今目覩而耳聞者，亦豈有一毫他意，而世變無窮，人心難測. 倘於時移事往之後，失志怨國之徒, 急於乘機, 巧於嫁禍, 掩却今時事實, 創出別般議論, 敢指聖上之處分, 以眩後人之聽聞, 其椓我宗國, 無復餘地. 若非戊己遺孽, 卽戊申餘黨, 其凶肚逆腸, 固無論已.

臣之所慮, 則見理未明, 隨事撓奪者, 安知不以爲聖上此擧, 雖非得已, 猶有所不能無憾乎, 諸臣之奉承, 雖沒奈何, 猶有所不能無責者乎. 執謬見於人情天理之外, 唱橫議於上誣下脅之, 直以爲親當卞之言, 慫慂之熒惑之, 則其勢難遏, 其說易入, 而爲殿下今日臣子者, 無不受其網打. 云云.

伊日處分之時, 知殿下之心, 承殿下之命者臣也. 云云. 臣則以爲大義所在, 只知有聖躬而已. 聖上流涕而斷之, 臣則流涕而從之. 云云.

抑又思之, 臣猶外臣也, 臣固不足言, 亦有可以由於內而曉於外者. 嗚呼! 暎嬪, 思悼之私親也. 愛子之情, 人固同然, 而婦人尤甚. 誕育思悼, 定位銅闈, 又無他子可以托後事者, 其慈愛庇護者果何如. 而事到難言, 不得不爲殿下泣而告之. 當大義割私恩, 男子所難, 以婦人而辦焉. 其護聖躬安宗社之至誠達識, 固將有辭於後.

況惠嬪與世孫以下之擧皆全安者, 實賴我聖上之至德, 而仰體聖德, 左右而默庇者, 亦誰之力也. 當斷而斷, 當慈而慈, 兩盡其義, 人無間焉. 然後有不逞之類, 自以爲爲思悼, 而百端求過於今日, 其忍斥言於思悼所生之地耶.

嗚呼! 當其時也, 臣承命進見於惠嬪, 則撫世孫之頂, 揮涕而言曰, 吾以妻而罹此境, 汝以子而遭此境, 只可以自怨其命, 其將誰怨而誰咎. 且吾與爾保有於此時者, 惟聖上也, 仰依而爲命者, 亦惟聖上也. 吾之所望於爾者, 祗承聖意, 痛加自勵, 爲賢而爲聖, 則此所以報聖恩之萬一, 而孝於親之道, 在此而已. 辭語悲切, 傍聽於悒, 未嘗有一毫幾微之. 云云.

惠嬪今日之心如此, 則世孫他日之心可知, 而凡爲殿下之臣子, 與殿下臣子之子孫者, 亦不容一辭於其間. 此箇義理, 不但昭揭於一隅靑丘, 亦將建天地而不悖矣.

嗚呼! 殿下有此處分, 而哀痛者存焉, 暎嬪不忍諱, 而哀痛者存焉. 環東土生靈, 孰不知君臣上下之無不哀痛也哉. 然哀痛自哀痛, 義理自義理, 其不可因哀痛之私, 掩此義理之公則明矣. 雖使聖人復起, 亦不能易此言矣. 云云.

玆敢披瀝肝血, 齋沐搆箚, 悌泣而進之, 蓋欲明聖旨於當世, 杜禍源於來後者也, 知臣在此, 罪臣在此. 云云.

52. 洪啓禧輩排布凶計, 至稱十面埋伏. 洪左右奔走力言, 小朝實不如是, 且言元孫英明, 保無他憂. 於是啓禧知洪之不可動, 始有殺洪之議, 至有殺洪十八學士.

及至某年, 事到無可奈何之後, 洪始隨後同歸. 而某年之後. 又以其時事專歸於洪, 有若首謀主議者然, 以爲渠輩藉藉自脫之計云.

갑신처분(甲申處分), 사도세자의 아들에서 효장세자의 아들로: 53~55

53. 甲申二月, 上令世孫繼統於孝章世子. 告宗廟頒赦, 設慶科庭試而特除講經.

旣定繼統, 上率世孫詣宗廟, 令世孫以思悼世子. 云云[卽不忍書之敎], 故移繼宗統之意口告. 世孫聞命, 涕忽泫泫而下, 上遽自搗胸. 世孫乃收淚依命口告云.

54. 二月二十一日午時, 傳曰, 今日有興懷, 詣昌德宮展禮, 東宮隨駕. 上御眞殿月臺, 禮房承旨入侍. 上曰, 予率東宮來此者, 有意在矣.

同日初更, 上御眞殿齋殿退廳俯伏, 東宮侍坐. 時原任大臣二品以上諸承旨入侍. 諸臣進伏, 上曰, 予爲宗國有處分, 已奏眞殿矣.

上仍置所奏之文於前, 以所奏之文呼諭於諸臣曰, 小臣夙霄微忱, 卽追慕之心也. 近來深切于中, 萬萬夢想之外耳, 當今年, 遙望西雲, 只有欲隨龍馭之心. 而神貌有若此者, 再昨年仲夏以後, 爲宗國煎于中者, 少弛故也. 然猶有鬱結于中者久矣. 世事難測, 關係至重, 若是泄泄, 悔將何及. 且憶夢中承教者, 顧宗國之重, 不覺蹶然而起, 促駕來詣. 臣敢一一條陳. 云云.

再昨年臣意使東宮爲孝章後, 而未遂其志矣. 臣請陳之. 今者東宮之名, 雖遵皇明建文故事, 伊後思之, 成祖文皇帝承統之後, 昭穆正, 自高皇帝後, 世世相承已, 無可言者. 臣今日有世子, 孝章雖爲兄, 思悼若無故, 則孝章不過爲順懷昭顯, 而今則事勢如此, 使冲子嗣孝章順承長統, 義理當然. 彼思悼復號置廟, 可謂曲盡, 其何敢有他意, 亦豈有難便之端乎. 且玆事今不端本, 此後更有邪說怪辭, 亂我邦國者, 爲世臣之道, 何哉. 云云. 故葬日臣特自書其主, 使之臣莫敢容議. 云云.

嗚呼! 三百年宗國 至臣身 將絶其統乎. 臣今不爲, 其於將來必有怪駭之事, 若此, 於列聖之心何, 而小子亦將何顔拜乎. 思之及此, 臣欲先自溘然也. 云云.

嗚呼! 以小臣之心氣, 及今不奏, 則國事何國事何. 且思夢中承敎而又泯默, 則此不孝, 此小子所以蹶然而起, 來詣而奏者. 此非詢問於下者, 亦非博考於例者也, 故與東宮行禮, 特召大臣二品以上三司於眞殿門外, 宣諭此意. 以冲子諱爲孝章世子之嗣, 亦就譜略以孝章與冲子連書嗣字, 此後其可無中絶之事矣.

臣仍率東宮詣徽寧, 諭此意, 且率往毓祥宮, 次詣孝章宮, 令冲子拜其廟, 修子道, 而小子亦親製其文, 遣大臣告由于廟社. 自此以宗統無中絶之歎, 海東有盤石之固, 亦使冲子於思悼廟盡所生之道, 則於冲子, 庶可無撼, 而杜後弊, 保世臣, 其亦兩得矣. 云云. [二十一日又下敎云云, 卽某年不敢言之義理, 而入洗草中云云]

55. 二十三日, 上御景賢堂, 大臣備局堂上引見. 上命承旨書傳敎曰, 噫! 今日次對, 令世孫侍坐, 一則正宗統之後適來此, 其令侍坐, 一則仍欲勉飭之意也.

其略曰, 今予使爾爲孝章嗣. 噫! 宗統幾乎中絕, 今來復續. 嗚呼! 莫重三百年宗統, 其於將來予無子位, 爾無禰位, 是可謂中絕者也. 因此日後若有邪說怪辭或闖起, 此非徒亂我宗統, 予何顔面拜列祖. 其如他日若有如朴致隆者, 眩於爾, 則此非徒不忠於予, 反貽辱於爾父也. 嗚呼! 每誦太甲篇, 使爾父若體前後述編, 豈有今日. 云云.

嗚呼! 復其號置其廟, 於爾父, 可謂曲盡無餘. 此後有更提此事, 此無父無君之逆臣也. 爾若或動於此說, 此忘父忘祖之不孝也. 將余此意, 豈徒嚴斥, 置諸重律. 嗚呼重律二字, 非導爾而殺也. 傳豈不云乎, 惟仁人放流之, 不與同中國. 玆事豈徒爲仁人. 於爾, 判孝與不孝之大端也. 云云.

噫! 眞殿亦悉. 在爾之道, 於思悼, 亦盡子道　而守予今日之訓, 念念在玆, 不墜宗國, 則此廟亦將隨太室而永垂, 豈非爾孝.

且葬日親題主面, 於爾之道, 豈敢下筆, 海東臣子, 孰敢容議. 從今以後, 宗統大定於萬世, 爾所生之廟, 自安於百代.

噫! 奚云其大. 若動邪說, 雖一字隆奉, 此忘祖也羞思悼也. 豈忍爲此. 嗚呼! 冲子, 銘佩于玆. 云云. 令史官書諸靑史, 亦令春坊書入世孫宮, 令朝夕省覽焉.

세자의 죽음을 방조한 이들의 두려움: 56~59

56. 乙酉冬, 世係有患候, 過進凉劑, 屢朔不瘳. 洪相慮其頻近女色, 微白于上, 欲加操制, 俾爲愼節. 而退詣世孫, 世孫逆語曰, 公前旣爾, 而今又爾耶. 洪相惶懼不能答, 踧然而退, 自語欲死云.

57. 領相申晩死, 御製致祭文. 有日, 壬午之事, 賴卿有濟. 於是, 人始洞曉其事由於申之贊成也. 雖其同色之中, 間有欲貳. 上欲贈諡, 促進諡狀, 而其儕流莫肯撰. 其家自撰欲借他名, 亦不得云.

58. 姜生守平能文章多氣岸. 老而窮, 嘗以山訟屢屈屢爭. 洪相鳳漢爲畿伯時, 甚不直之, 將杖膝殺之. 姜憤怒弩目抗辭. 時方夜, 洪相於大光中, 見其目光閃射於己, 心畏惡語又逼. 乃止其杖而放之. 因遂與之結交, 嘗欲用而不果.

姜與申相晩爲戚, 嘗客焉. 當某年世子嚴囚之日, 姜生知事端起於何處. 欲說永城尉申光綏, 以出之也. 往見光綏曰, 今日之禍, 人皆藉藉言事由大監家, 若不急圖, 則申氏必被禍矣. 光綏頗懼, 姜亦自懼而止.

59. 丁亥，申判書晦以藥房提調入侍，上擧言其兄晩有勞於某年．天語動眷時，世孫在側，晦悚悶，措躬無地．

영조의 후회: 60~65

60. 思悼復位後，每名節，諸陵墓親傳香時，若孝章墓懿昭墓，諸臣皆祗迎，而獨於垂恩墓，未嘗行此禮．戊子五月，亦爲親傳香，而諸臣不爲祗迎．上忽怒下敎日，有十四年君臨之義，而諸臣不爲祗迎，乃拿入．兵曹判書李重祜叅判叅知將棍之，獨棍叅知安杓，而餘不問．

時莫測聖意之緣何，而兵曹佐郎沈鏶，獨爲祗迎，意或上見此而感，因怒諸臣之不致敬也云．是時，上臨朝痛哭語諸臣日，壬午之事，予所知之者耶．聞而懼者，多云．

一日上執筵臣趙宗鉉之手，而流涕日，予常令汝丈人李判府事[趙卽李公宗城女壻]，往視東宮，李判府事還白，病患深重，而予未察也．累年有疾，而未用一貼藥，豈非恨耶．

又對臣隣語之日，思悼代理十四年，卿等曾行三月之服耶．遂特除趙重晦承旨日，壬午，惟重晦有代理之語也云．

又上親製文，祭孝章廟及思悼廟，而其文隱不行，故其辭莫得有知者．蓋懼者諱之云．

61. 上指李世演流涕謂世孫，此李彝章之侄也．又語諸臣日，李瀞卽安金藏也．諸臣莫知安金藏之爲何等? 人退而遍考然後，始知．

又對諸臣數言，思悼美姿品也．前後筵中，因事端追念痛恨之敎，非止一再，而輒見拔於記注 莫可考也．壬辰二月初四日，又有賢矣吾子之敎，筵臣親承而傳之云．

62. 李公彝章處分後，上敎日，如此之時，當有如此之臣，李彝章事，是矣是矣．又嘗敎日，國亂思良相，吾思李彝章矣．

63. 上嘗試文臣製述，再以田千秋謝封某候爲題．大司諫鄭運維微揣上意，因入對啓日，宜令世孫往拜思悼廟．上屢言泛濫已，而特除運維承旨，旋復擢大司憲．

及後次對日，群臣齊會闕中，臨欲入侍，領相洪鳳漢，使某官權噵傳語運維日，此後無得輒有所啓．苟欲有所啓，其先關我．當時運維畏洪，不敢有言，及洪因韓鍮疏敗，乃頗悔不擧其事云．

64. 己丑冬，有廣州一士，欲言某年事，持疏至闕下，不得呈．洪相聞之，密令捕將某去之，捕將囚其生而絕其食數日，有掖隸來謂捕將曰，奚以公然囚人也．且言，吾是東宮所屬也．捕將懼而放之云．

65. 某年館錄時，李公世演見遺．世孫謂宮僚曰，李世演胡爲見漏於館錄也? 因此得入都堂錄云．

홍봉한을 위기에 빠뜨린 최익남의 상소: 66

66. 庚寅十一月，前吏曹佐郎崔益男上疏，論領相金致仁之罪狀．而首言世孫宜拜謁思悼墓與廟，而久而不行，請上留意．而有曰，一隅東城，廟貌凄凉，十里中浦，墓木已拱．云云．因以致仁爲師傅，而不以仰奏，請行爲罪．上震怒焚其疏．

初竄大靜，旋因臺啓加棘．旋諷臺諫請拿鞫而聽之時，益男三倍其行而去，已越海．拿鞫命下而其行未能，遽至先鞫其弟侄．問嘗往來者，欲得指嗾．又斬其寫疏者，且發遣禁軍促其拿來，相望於道．及至誘以免死，使告指使，而終不言，被杖七次而斃．

臺官林鼎遠拿鞫啓有曰，鑾輿不動，則東宮無獨行之事．又曰，益男之請，三百年所無之事，疑亂百代．云云．超擢堂上某官趙榮進，以益男之言鄭運維亦嘗有請發啓，以運維乃益男之嚆矢，竄之南邊．李鳳煥亦辭連杖斃．

공홍파(攻洪派)의 공격과 홍봉한의 실세(失勢): 67~69

67. 辛卯二月，上以兩王孫恩彦君裀恩信君禛縱奴暴市事，自薄竄至薦棘濟州．而以爲此皆洪鳳漢之罪也，付處淸州敎曰，壬午之事，洪鳳漢之所養成也．豈余所爲哉．夫虎狼尙知愛子．成其事者，鳳漢也．予安知御營廳有某物，亦奚知積草之事計哉．顧語世孫曰，汝勿認爲外祖，以仇讐視之可也云．

方竄兩王孫時，令宮城扈衛，至有推戴議之敎．世孫欲緩其禍奏言，豈有是理．上曰，汝勿信同生也．雖弟，豈不簒兄哉．雖子，亦謀簒父矣．世孫知有所指逼，遂不敢復言云．

初諸王孫之長也，置師傅，後以無舊例罷．及兩王孫得罪，領相金致仁爲三王孫恃，奏置師傅，及致仁得罪，復特命罷之．

68. 洪庶人．己丑，因淸州儒生韓鍮上疏，以貪權饕財請斬，而自領相勸令致仕．辛卯春，因王孫事以推戴爲罪，淸州付處，而特放．韓鍮黑山島之竄．[洪雖致仕，韓亦被竄.]

是秋復上疏，乃某年獻納一物爲洪罪，自請斬之．上惡聞某物事，誅韓鑰．因敎此後若以此爲言者，論以逆律．而三司踵發，遂以某年聲罪鳳漢，自削職至姑先中道付處．

上褒以一日有國，則此啓不可無也．然以惠嬪之故，諭令停啓而不停．卒至免爲庶人而下敎有日特貸律 俾終餘年 因令停啓也

蓋洪之罪名三變，初爲權姦，中爲推戴，終爲某年事．是時上敎有曰，導子以萬古所無之事，蓋指某物云．

69. 洪之初被論也，所親詣洪．洪屛人，從容問曰，如公讀書之人也，公以某年事爲何如？ 曰泛問某年事，未知所對也．思悼果有這事否？ 洪泫然曰，直是病耳．若眞有之，吾豈私乎哉？ 且曰．某年之事．吾欲以身當之．何如？ 曰，議者之猶以公爲可恕者，以公當時不在城中耳，[時洪自郊外，當日入來.] 公何可自當乎．洪曰，不然，則吾儕中當死者衆，所以寧欲以吾身當之也．且曰，欲以異日追崇爲請於東宮，以紓禍云．

살홍파(殺洪派)의 대두: 70~73

70. 洪庶人之敗也，金相致仁與諸宰會賓廳，欲發亟洪之啓．趙判書暾大言於衆曰，吾與洪氏不協，人所共知也 然洪不可殺．諸公欲殺洪而爲何等事耶．其議遂阻云．

71. 洪鳳漢之罪，觀於袖箚，卽其供案，孰不曰可殺．而當時之欲殺鳳漢，則有由焉．蓋自某年之後，東宮孤危，所恃而爲依者，鳳漢一人耳．

於是，凶徒之醞釀於某年者，自懼他日之禍，必欲盡除莊獻之子孫．先去兩王孫，而深忌鳳漢爲東宮羽翼也，復以推戴之說，并驅而去之．猶慮其說之不槪於公議也，乃以某年之事爲罪，而蕩流之托義理者，又起而相應．殺洪之論，遂遍於一世，而東宮之勢，不啻岌岌，識者爲之寒心焉．

72. 洪免爲庶人，未幾復．以冲子之外祖，豈合爲庶人，特命除其罪，而復其秩．是後因他事，竄領相金致仁，至荐棘，於是朝象頓變．方竄致仁時，上握世孫手而言曰，予幾不得保汝云．

73. 壬辰秋，金致仁之啓未已，自荐棘至請按律．先是崔益男論致仁之罪，而致仁乃以不可顧嫌，自請討益男．至是臺啓以此爲論啓之辭也．

홍봉한을 역적으로 탄핵한 김구주의 상소: 74~76

74. 洪金各有黨與, 互相傾軋, 至欲相殺. 洪敗而金張, 及壬辰洪起而金敗. 又因他事, 黨金者多得罪, 時議凜凜. 高某官夢聖[入耆社者]上疏, 其意若曰, 有結黨謀搖東宮者. 云云. 疏到政院, 諸承旨懼入啓而事端大鬧, 還給其疏而諭止之.

於是, 事機將激, 國舅之子金龜柱急投疏, 數洪罪. 其罪有數條, 皆不忠無道之事. 而其中有言, 壬午處分, 明斷赫然, 有如是日. 而鳳漢非有大臣不可奪之節. 自懼禍及, 黽勉奉承. 云云. 又曰, 嘗進言東宮, 異日當爲追崇入廟, 若否者, 如是如是. [如是者, 謂未足爲君之意.]

75. 上初敎以欲問此事於東宮, 而有所不忍, 世孫待罪, 上卒問之. 對曰, 洪鳳漢嘗言, 不可萌追崇入廟之心, 若萌此心, 則此是大關係之言. 故當時卽以奏聞於中宮殿耳. 上令國舅之弟金漢耆, 入問於中殿, 反命之辭, 亦如世孫所言. 上召責龜柱, 以出於黨心自服然後, 施削黜之典. 冬十一月, 因上尊號之慶宥之, 令依舊錄用.

76. 方金龜柱疏上也, 世孫語宮僚曰, 此欲殺予也. 今吾所遭甚於辛壬所遭也云. 韓相翼謩請討金龜柱之罪也.

世孫嘗語金漢耆曰, 何故欲殺人之外祖也, 毋須殺. 漢耆惶恐, 退而上疏, 請致仕, 盡免守禦使及某職. 龜柱初未知, 急往止之,[4] 疏已發, 遣人追之不及. 蓋漢耆旣承世孫之敎, 退諭龜柱欲與之平, 而龜柱不可故云.

사도세자에 대한 영조의 추도 및 세자 보호세력의 신원(伸寃): 77~81

77. 上每以某年事爲大功業, 屢示意臣隣, 欲以武字更尊號. 而群臣有所顧忌, 不敢奉承, 却欲以他美字爲號, 則上輒怒. 洪相鳳漢及尹東度皆以此承嚴敎, 而過擧亦屢云.

壬辰冬, 上尊號爲大成廣運開泰基永. 方始上也, 下四字爲泰和永康, 旣上玉册矣. 大提學李福源詣洪奉朝賀, 洪謂曰, 何忍以永康爲號乎. 李問何謂洪, 拈示晉惠帝永康元年殺太子遹事. 李大驚懼, 因大臣托以所上字未盡善, 請更以他字, 乃改定今所上也.

上問其義, 對曰, 開萬歲之太平, 基百世之永圖. 上曰, 這事亦在其中耶? 對曰, 無事不包矣. 前

---

4. 본서는 '急往之止'이나 『현구기사』의 '急往止之'를 따랐다.

是, 上以辨某年事爲中興, 而欲受尊號. 上教所謂這事, 卽指中興, 而所對不敢謂非不敢謂然. 含糊說去彌縫, 所以改者而已.

李先有眼眚, 自是憂懼添疾, 遂至廢視. 蓋尊號, 卽文衡所定也.

78. 甲午五月, 上悶旱, 猝幸垂恩墓率世孫以行. 旣詣墓, 上躬奠酌, 世孫將事. 而旣奠酌後, 上俯伏於傍, 久之不起, 世孫使宦侍扶起. 上拂起, 世孫復進亦拂之, 旣而乃起. 蓋自某年至今十三年, 世孫始今省拜焉.

79. 韓叅判光肇之卒, 上以親製文祭之. 有一片忠赤之句, 敎曰, 此是將來諡號之資. 又有吁嗟往事之句, 敎曰, 某時事, 誠是矣. 臣分當然矣.

至甲午, 其弟光綮登三製, 又以親製文祭之, 敎曰, 予爲萬古所無之事, 韓某謫於海島. 至今追思, 予每悔之. 光綮赴殿試時, 製下三言五十句, 有嗟壬午尙今悔之句. [正宗己酉, 特贈吏判, 諡忠貞.]

80. 是年, 林德躋卒. 上特贈承政院左承旨. 先是甲午五月, 林公以翰林入侍慕賢堂, 上曰, 林某不見, 數年矣. 貌甚瘦敗, 豈遠謫不得食而若是乎. 渠之心事, 未暴於君父之致耶. 領相洪鳳漢曰, 聖敎誠然矣. 爲人臣而未白心事於君父, 則自然如此矣. 公奉恩敎, 聲淚俱發. 上又敎曰, 予非有深恩大德於渠, 而若是感泣也.

林公嘗謂, 吾死自有其日矣. 甲午五月十三日, 疾革頻問, 日早晩及雨來與否, 竟以是日卒. 蓋其平日以不得死於當日爲至恨, 其卒之適在是日者, 殊不偶然. 以袖絕之袍遵治命用之斂衣, 亦見其心矣.

公沒踰月十一日, 上特下贈職之命. 前一日欲以粉書銘旌字於柩上, 屢書而不受粉. 將備絹本而終怪之, 是夜恩命忽下. 翌日以贈秩更書柩上, 字字受粉, 人亦以爲異事云. [正宗己酉, 特贈吏判 諡忠憲.]

81. 乙未五月, 上候平復後, 上令有冤欲訴者, 疾入擊申問鼓. 因此乙亥被罪之家, 多雪冤, 而趙相載浩趙維鎭亦得雪.

세손의 대리청정을 반대하는 홍인한의 삼불필지설(三不必知說): 82~84

82. 乙未間, 世孫之浮謗盛行, 至謂潛行娼家. 而其所言某夜者, 卽春坊洪國榮入侍之日也. 國榮明知其誣, 而進規於東宮. 東宮乃令捕將張志恒緝捕, 果獲一人, 卽中殿掖隸而承金龜柱之旨云.

[丙申鞫沈翔雲時, 上教有其時巡邏少嚴, 則謂予微行. 故查得一人, 則乃厚謙之人, 故施爲奴之典. 疑此事也.]

83. 冬十一月, 上以耄倦必有宦侍弄奸之弊, 命世孫代理. 領相韓翼謩對, 以宦侍不足畏, 左相洪麟漢, 有世孫三不必知之說. 命書代理傳旨, 承旨李命彬將書之, 麟漢揮手止之.

前叅判徐命善上疏, 駁論兩相, 卽賜褒擢而刊兩相焉. 是時, 麟漢不必知之說, 注書朴相集不載於日記. 東宮取見日記而却之, 令更修而又不載. 至再三而終不載云.

丙申三月, 世孫登極後, 麟漢竄礪山, 移古今島賜死.

84. 十一月二十一日, 時原任大臣入侍時, 上曰, 近來神氣益蕭, 一張公事亦難酬應. 如此而爲萬幾乎. 言念國事, 夜不能寢者, 多矣. 冲子知老論少論乎, 知南人少北乎, 知國事乎, 知朝事乎, 知兵判誰可爲, 吏判誰可爲乎. 如此, 寘宗社於何地. 昔我皇兄有世弟可乎, 左右可乎之教, 今之時, 尤不啻皇兄時矣. 欲爲二字[傳位]下教, 而恐傷冲子之心. 至於聽政, 自有國朝故事, 卿等之意, 何如?

左議政洪麟漢挺身對曰, 東宮不必知老論少論, 不必知吏判兵判, 至於朝事尤不必知之矣. 上歔欷久之曰, 卿等不知予意, 將奈國事何.

三十日常叅時, 上御笠子倚世孫而坐, 臚唱未畢, 還臥枕上. 仍下教曰, 自古有例之事, 今日予斷而行之. 予之前後之教, 若何, 而卿等聞若不聞, 如風過耳. 卿等之視八十二人君, 何其迫切之甚也. 予有所思之事, 故今日先諭于卿等, 今日更加持難乎.

諸大臣未及仰對, 麟漢從諸大臣後進前, 伏曰. 云云. 諸大臣以次仰奏訖, 麟漢又曰, 今日奉此教出閤外, 則其可曰有臣分乎. 云云.

上曰, 卿等之事, 奇怪矣. 又教曰, 方欲命書傳教, 卿等勿退. 上命承宣進前書傳教曰, 不緊公事, 入于東宮達下, 而疏批時急公事, 予與世孫相議爲之. 稍待數日, 觀其手熟 當有加於此之下教矣. 時麟漢遮坐承宣之前, 不但使不得書, 亦使不得聞上教之如何. 是以承宣推管以俟, 而麟漢以不必如是下教之意, 高聲仰奏. 上教承宣曰, 所書傳教, 讀之. 聖意以爲俄者所呼之傳教, 已爲書之故也. 麟漢又曰, 不敢聞之教, 爲臣子者, 孰敢讀之乎.

時世孫侍坐謂麟漢曰, 此非予可叅涉之事, 而事勢迫隘, 當上疏辭避. 須使書數字榻教, 以開予陳疏之路也. 麟漢不答, 顧見承宣, 揮手止之, 承旨李命彬, 遂不書傳教.

上又曰, 巡監付標, 一付之中官之手, 安知無圖免之弊乎. 領議政韓翼謩曰, 聖明在上, 此輩不足憂也. 上曰, 公事酬應之, 自內替行, 多有古例. 予亦曾爲之, 此則與代理聽政, 大不同矣. 麟漢曰, 旣以自內爲之爲教, 則非臣等所可知也. 上閉戶曰, 卿等退去, 仍以承傳色下巡監軍入東宮之教.

二十日入侍, 朴相集以注書記事, 而日記中上教所擧, 皇兄下教麟漢三不必知之說, 皆不錄. 世孫令入日記, 讀奏訖, 下詢于諸史官及記事官成鼎鎭. 鼎鎭曰, 臣以下番入侍其日. 上敎懇惻諄複, 而大臣三不必知之等說, 臣亦聞之矣. 命曰, 聖敎有曰, 世弟可乎左右可乎, 皇兄此敎, 予今莊誦. 時予侍側承聞, 而惟意不書非矣. 仍令改修以入, 相集諉以不聞而不改, 至于十餘次. 至以所聞只是如此, 不敢强爲書納爲言.

홍인한을 비판하는 서명선의 상소: 85

85. 十二月日, 司直徐命善疏曰, 惟我聖上臨御, 已五十載 勤勞如一日, 民國之憂, 殆不恤於宵旰. 機務之繁, 或有妨於頤養, 繼先朝之故事, 有今日之下敎. 惟此代勞之擧, 亶出爲國之意, 而至誠惻怛之敎, 有足以感神明而孚豚魚爲. 今日大臣者, 固當詳審其言, 愼重其事, 使國體增重, 睿心小安.

而臣伏聞前月二十日入侍時, 左議政洪麟漢敢以東宮不必知之說, 肆然陳達於前席云. 謂儲君不能, 則當作何如人耶. 亞聖敬君之義, 雖難責之於此人, 而其無嚴放恣, 則極矣. 常叅時前領議政韓翼謩, 左右無足憂之說, 又何爲而妄發也. 身居首相之位, 質言閹竪之事, 古之大臣亦有是否. 伊時所奏, 自內爲之, 臣不爭執之說, 尤萬萬驚駭.

今此聖敎, 在國家爲何許大事. 而秘之於宮闈之中, 萬姓不得知, 八方不得聞, 則其曰國有人乎. 嗚呼! 殿下今日之擧, 明正磊落, 卓越于古, 誠心懇惻之旨, 藹然於辭敎之間. 噫! 彼職忝具瞻者, 看作虛文假飾, 全以彌縫爲事, 使殿下之苦心至德黜而不章, 豈不痛哉.

諸葛亮之言曰, 宮中府中, 俱爲一體. 小事猶然, 况此莫重莫大之事乎. 其言雖出於無識, 其事實歸於不忠. 國事如此, 大臣又如此, 側聽屢日, 三司之地, 無敢言之人, 臣不勝痛哭太息之至. 云云.

傳曰, 承旨持徐命善上疏入侍, 與徐命善同爲入來. 命善持疏入侍進前伏. 上命命善讀, 遽曰, 是矣是矣. 讀至東宮不必知之句, 上曰, 嚮予聞此奏時, 予心亦以爲何如矣. 讀未半, 上曰, 直哉, 又叩閾曰, 然矣. 上問, 自內爲之, 臣不爭執, 是誰之言也? 命善對曰, 麟漢之言也.

讀訖, 仍命大臣臺諫入侍. 領中樞府事金相福曰, 伊白筵說, 臣則未聞, 徐命善必有所聞之處矣. 上問命善, 命善對曰, 臣聞宮僚鄭民始之言, 東宮欲以此陳疏, 未及上徹云矣. 上命入王世孫疏讀奏. 上曰, 果然有此語矣. 大司憲宋瑩中曰, 不必知云云, 與臣曹玉署時所奏, 色目不必留着聖心之語, 相似, 臣則不知其爲非矣. 上問瑩中曰, 徐命善疏是耶? 非耶? 對曰, 以臣所見, 深文也. 相福對模糊.

遂命瑩中及翼謩麟漢并刊去仕板, 相福罷職不敍後. 命善加資, 至資憲, 翼謩麟漢加律削黜. 王世孫聽政後, 時原任皆赦敍, 設慶科.

심상운의 상서와 세손의 정치적 위기: 86

86. 司直沈翔雲上書, 略曰, 郇模, 廣陵男子耳. 尙且痛哭於市, 書達三十字, 一字言一事. 臣請以八字爲獻, 前五字[黨·戚·科·宦·讒]爲先事之戒, 後三字[公·明·學]爲切急之務. 云云.

其論學曰, 邸下睿質天挺, 睿德日新, 志慕三代, 學淹千古. 凡厥涵養德性, 操存此心者, 慥慥不已. 邸下之學, 其勤如此.

然其切磋講磨之益, 不待乎師傅, 師傅賓僚, 果盡樸直少文之忠乎? 抑或浮薄無實而佞乎? 出入書筵之臣, 果皆沈默畏愼, 不言溫室樹乎? 邸下苟能博求眞知實踐之士, 端良敦重之人, 置之前後左右, 以資啓沃而責輔導, 則庶幾爲進學之一助也. 云云.

傳曰, 今聞沈翔雲上疏, 萬萬駭憤, 予何顔拜驪州慈聖. 翔雲兄弟并與其父歸本宗, 此可謂毛將焉傅者也. 立后文書, 爻周. 備忘記逆種翔雲, 令該府嚴訊, 一次發配. [翔雲之父以益昌之孫, 入后於靑平都尉, 故今罷養焉, 加律黑山島栐存.]

임오년 기록의 세초(洗草)와 갑신처분의 재확인: 87~90

87. 丙申正月, 上加號孝章世子承統二字. 世孫上疏, 請去某年政院日記.

大意以爲壬午處分, 爲宗社地也. 石室之藏, 可以傳後, 而政院日記, 尙在人皆見傳播無已, 請去之.

且曰, 日後若加尊號, 則天地宗廟神祗昭鑑. 上大加奬諭, 卽去日記, 此疏後, 以某年事懷懼者, 自安云.

88. 二十七日, 時原任大臣入侍時, 傳曰, 今予靜思 世孫旣爲孝章後, 來頭孝章將爲章陵. 凡事爲國深遠之道, 其宜豫思, 凡事不重 則不威. 今番禮成後, 其亦思惟孝章有號然後 宗統正事面直. 今者, 孝章孝純二字, 宗統自正乎 其欲下問.

傳曰, 旣上告下布, 雖無可疑. 轉輾以思, 國之重事, 若安盤石, 必也正名乎. 予之欲問者, 非爲美謚. 雖測者世事, 於章陵, 有引興獻王故事而爭者. 數次下教, 予心動焉. 惟其時, 世孫亦若何其在. 息邪說正宗統之道, 不若今於邦慶莫大之時, 繼定乎此. 此亦萬世永圖之意, 此非議謚字. 孝章稱孝章承統世子, 孝純稱孝純承統世子嬪, 造給竹丹, 以爲傳後之道, 正宗統爲此之意, 朔祭并告由, 頒示八方. [二月初四日, 王世孫詣垂恩墓還宮.]

89. 王世孫詣資謨門俯伏上疏入啓. 疏曰, 伏以殿下之於臣, 卽一天也. 頂踵毛髮, 無非賜也, 覆育生成，二十五歲 皆得造化涵囿之中者也．臣感戴鴻私銘骨鏤心，惟以問寢視膳爲區區報答之計．不料我殿下不知臣不肖不克負荷，乃以一日萬幾之繁擧以畀之．其事至嚴至重，其責至艱至大，顧臣愚魯，豈有一分冒當之望．

瀝血控辭至再至三，而不能得，則分義所迫，黽勉承膺，已數月于玆矣．夙夜祗懼，如集于木乃者，聖上深軫宗統之重，承爲根本之圖，遂許上册之後，特擧賜號之禮，臣且榮且感，罔知攸措．雖隕結糜粉，何以仰酬其萬一耶．

抑臣有私情之萬萬痛迫者．今因事會之發，而危衷益激，不能自抑．欲言而聲先塞，欲書而淚先注．嗚呼！此殿下之所以不忍聞，小子之所以不忍言，而遂復泯默，則是自阻於仁覆之天，臣之情事，永無可暴之日也．玆敢大聲疾呼，泣血陳懇，惟殿下哀矜而垂察焉．

噫！壬午處分，卽我聖上爲宗國，不獲已之擧也．以大聖之心，行達權之道，環東土大小臣民，孰敢有異議於其間．况臣之全保殘喘，得至今日者，罔非殿下洪恩大造．高天厚地，泰山深海，未足以喩此感激，在臣報效之道，當信之如四時，守之如金石，傳萬世而無弊也．假使怪鬼不逞之徒，敢生希覬之心，肆發追崇之論，而臣乃爲從恩，妄欲移易義理，則實爲殿下之罪人．非特爲殿下之罪人，亦將爲宗社之罪人萬古之罪人．皇天上帝，臨之在上，宗廟神靈，質之在傍，臣焉敢誣也焉敢誣也．

至於喉院日記，盡在其時事實，無人不知，無人不見，見者傳之，聞者議之，流布一世，塗人耳目，臣之私心哀痛，殆窮人無所歸也．夫閭巷匹庶之有情理悲切者，終身含痛如不欲生．臣雖愚頑，亦有此一段不泯之心，而今乃高臨貳極，儼對百僚，豈不有痛于心乎，豈不有泚于顙乎．

若以爲臣之哀痛，或有碍於殿下之處分云，爾則此有不然者．蓋殿下之處分，卽天理之公也，臣之哀痛，卽人情之極也．處分自處分，哀痛自哀痛，眞所謂并行而不悖，兩存而無傷也．

若又以爲無日記，則無以微信云爾，則此亦有不然者．國朝典故，俱在史牒，金匱石室，藏之名山，千秋萬代，移動不得，又安用日記爲也．嗚呼！日記之存不存，在殿下處分之何如，而臣之所處者，惟有遜避儲位，沒身屛處，只以一日三時恭修起居之職而已．

言之至此，不覺腸摧而心裂，籲天而無從也．伏乞殿下悲之矜之諒之察之，亟收臣聽政之命，仍去臣貳極之任，以全終始慈覆之恩．不勝大願．云云．

90．二月初五日，時原任大臣入侍時傳曰，一自定宗統之後，宗國有泰山盤石之勢．雖然，余夙夜心在於宗國．嗚呼！今者此擧，豈持宗統，寔爲沖子．靜而思之．今年此擧爲宗國爲沖子．其有未盡者．

何則? 嗚呼！壬午閏五月日記，輿儓見時，叱予甚矣．思悼冥冥有知，必也飮泣，豈垂恩之意．秋史旣在，何關日記有無．若聞此敎，雖垂思，爲宗國處分，雖若此，爲子若此，予將無恨云矣．

壬午年其時日記，今日時原任適入侍，故已下敎，承旨一人，依寶鑑例，與注書一人，同詣彰 義門外遮日岩，洗草．若此，則玆事無知者，雖曰日記無，時政記在焉，此日記何關．

若此余心光明於宗統，此事爲垂恩不忍，嗚呼！因予凉德，遭萬古所無之事．宗統之事，今者之教，可謂兩行不悖．况末世人心浮囂，雖見日記，更提文字者，當以戊申梟獍餘黨，嚴懲．况他日乎．此後語及壬午事者，當以逆律論，咸須聽此，毋犯邦憲．

答王世孫疏曰，已悉，更何諭．此章與俄教，同藏史庫．

御製諭王世孫書若曰，嗚呼！海東三百年朝鮮八十三歲君，依二十五歲孫．今日正宗統，邦國有泰山盤石之安．而且見陳章，辭義嚴正，可垂於萬世．日記洗草，循汝意．且聞昨日墓上擧措，聞者可以涕沾．遵國體造寶册故事，欲以至孝賜爾，爾師領相[金尙喆]之言，令予感動，故雖寢其命，豈可泯其跡於來後．特以一孝字，彰其心於今世，表其事於來世，雖海東昆蟲，孰莫知也．特爲臨殿宣諭，俾受其賀．祖孫相依，光明正大於今日也．嗟哉，我孫體祖意，夙夜兢兢，保我三百年宗社．夫予卽祚五十二年，今八十三歲，示諭二十五歲世孫．

속편(續編) 상(上)

영조의 승하와 정조의 즉위: 1~2

1. 丙申三月初五日卯時, 英宗大王昇遐于慶熙宮之集慶堂, 王世孫率百官擧哀.

2. 初十日成服. 午時正宗具冕服卽位于崇政門. 傳曰, 寡人思悼世子之子也. 先大王爲宗統之重, 命予嗣孝章世子. 嗚呼, 前日上章於先大王者, 可見不貳本之予意也. 禮雖不可不嚴, 情亦不可不伸. 享祀之節, 宜用祭以大夫之禮, 而不可與太廟同. 至於惠嬪宮當有京外貢獻之儀, 而亦不可與大妃等. 其令有司議于大臣 講定節目以聞. 旣下此敎, 怪鬼不逞之輩, 藉此而有追崇之論, 則嗚呼先大王遺敎在焉, 當以一律論, 以告先大王之靈. 咸須知悉.

효장세자 및 사도세자의 추숭: 3~6

3. 十九日, 時原任大臣二品以上, 政院三司入侍, 諭以大行大王遺敎, 及慈殿所敎, 追崇孝章世子上謚, 日溫良睿明哲文孝章, 廟號眞宗, 陵號永陵, 殿號延福. 上賢嬪謚, 日徽貞賢淑孝純.

4. 二十日. 思悼世子尊奉, 令依宋濮王例, 上謚日莊獻, 園號日永祐, 宮號日景慕.

5. 二十三日. 傳日景慕宮上謚, 宜有改題主之節, 而當初題主卽是先祖御筆, 則不敢洗改. 依前年太室上謚例行之. 云云.

6. 二十五日. 大司憲李溎請對, 袖進一箚, 論鄭厚謙母子滔天之罪. 答以待公除後處分, 後厚謙慶源府遠竄荐棘.

홍봉한의 죄상에 관한 논란: 7~8

7. 二十七日. 同副承旨鄭履煥上疏, 論洪鳳漢之罪. 其略日, 惟彼鳳漢千罪萬惡. 云云. 若論其罪惡之最大最極者, 則卽壬午所犯, 及前叅判金龜柱疏中事是爾. 嗚呼, 壬午之事, 卽我殿下之所不忍聞, 而事關討逆臣, 安得不略陳之. 盖先大王處分之日, 卽聖人之達權者也. 凡爲臣子者 所當哀痛泣血恭聽上之所爲而已, 至於所謂一物者, 乃是前史之所未有, 萬古之所未覩. 苟有秉彜宜不敢萌諸心發諸口, 而鳳漢乃於上下蒼黃之際, 欲掩前日嬰匿之態, 不少顧忌, 突入前席, 無難而告之, 肆然而獻之.[1] 不然, 則先大王何以知一物之在於何處乎. 此搢紳之所知, 三軍之所覩, 萬姓之所傳, 渠安得以諱乎.

至於金龜柱疏中, 所謂丙戌人蔘云云, 若夫所謂如是如是一款, 眞是無將無嚴, 向上不道之大者. 云云. 殿下所守者, 義理之正也, 鳳漢所云者, 怪鬼之說也, 渠若有一分人心, 則必將畏慴沮縮, 不敢擧頭而顧, 乃忿懟於其計之不售, 遂出此絕悖之亂言. 云云.

夫漢文一中主耳薄昭之罪, 不至於凶逆, 而猶能割恩斷義置死而後已. 況今鳳漢乃壬午之逆, 先王之逆, 而殿下之逆, 則其可拘於區區戚屬之誼, 不忍於三尺之律乎. 云云.

答日, 上款事爾何言此, 予何聞此, 此豈今日君臣所可忍提者耶. 嗚呼, 曾於辛卯二月初七日, 先大王泣謂予日, 他日汝之朝臣, 若以此二字事陳於汝者, 不但不忠於予, 抑亦非汝之純臣也. 予之所以處分韓鍮沈儀之者, 二字事也. 廚房之物, 先到於洪勿待命之前[時洪自郊外聞變, 入城待命], 則外間之不知者, 或以追到之物, 以爲鳳漢贊予, 其言亦無足怪, 而當初事實則不然. 握手諄諄命予識之, 予時涕泣受命, 書之于簡, 藏[2]在到今. 此予所謂非今日君臣所可忍提者.

今爾此言不知委折, 則謂之忠憤可也, 而事係莫重, 言涉曲諱, 爾何不十分詳審, 而發, 使予忍說, 此不忍說之言耶. 云云.

人蔘事云云, 至於如是如是之說, 頃年予在春宮時, 私覿奉朝賀, 奉朝賀謂予日, 邸下他日若不追崇垂恩廟, 則安知無戊申之徒藉此, 而有推戴之擧, 似當如是矣. 如是之時, 何以處之乎云. 伊后予侍大妃殿語, 及追崇義理, 果以此言仰達矣.

大抵原其心, 則雖出於慮患論, 其言, 則實歸於妄發, 聞之者聲罪宜也. 當之者自明亦宜也. 嗚

---

1. 본서는 '無難告之, 肆然之獻'이나 『현구기문』의 '無難而告之, 肆然而獻之'를 따랐다.
2. 본서는 '藏'이 누락되었는데, 『현구기문』에 의거하여 보충하였다.

呼，予以孤露餘生所以爲命者，卽慈殿與慈宮也．縱使奉朝賀設有罔赦之罪，奉朝賀卽慈宮之親也，予則慈宮之子也．此以斷之以法如是容易，則其餘八議之親，更何論哉．爾之所引薄昭事，比之金龜柱處之可也．比之奉朝賀處之，未知可也．云云．

8. 副司直金漢耆上疏，卞金龜柱疏事

略曰，臣昨伏見鄭履煥疏本，則極論鳳漢之罪，主擧臣姪壬辰疏中，如是如是事爲說，於是乎臣之罪著矣．臣略陳其顚末，向年臣姪疏出之後，先大王召賤臣敎曰，卿須入白內殿聽下敎，來傳于予可也．臣於蒼黃震剝之中，不敢私顧，卽爲入侍，于今王大妃殿，而仰質其言，則敎以予未嘗誤聽矣．

賤臣奏曰，卽今聖上不進水剌，不進湯劑，其在承順之道，宜存含弘之意也．遂退出進告于先大王前矣．

顧臣此擧出於嚴畏分義，萬不獲已，而若論其事之根本，則慈聖之未嘗誤聽，慈聖知之，殿下亦庶幾洞燭，而無餘矣．然則臣之徒急於一時之彌縫，而往復於君父君母之間者，固爲罔赦之罪，而自此以後，倫常之大義未明，慈聖之心事未白．云云．

嗚呼，鳳漢之罪，乃王章之所必誅，神人之所共憤，其讐怨痛疾之心，未嘗一日忘于中，而及夫臣姪[3]陳疏之際，不能同聲懲討，而或誤聽耶，四字，反自臣口發之．臣上負慈聖下愧臣姪．云云．

答曰，意謂，卿之意見小異於卿姪，[4] 未料卿章之到於此時也．某時事實洞諭於鄭履煥之批．云云．

김상로, 문녀, 문성국 처벌: 9~12

9. 三十日．命追奪金尙魯官爵．傳曰，嗚呼，尙魯之罪，可勝誅哉．

當丁丑十二月二十五日恭默閣入侍時，大行大王有所下敎，則尙魯敢以罔測不道之說，仰對前席．苟有一分臣子北面之心，萬古天下，豈忍發此等言，於兩宮之間乎．先大王比之馮道．

壬午東宮復設後，敎予曰，尙魯汝之讐也．勒令致仕白予心於天下後世也．壬午事，雖不敢更提於他日，前壬午五年之時，釀壬午五年之後兆者，卽一尙魯而已．予拜稽聞命，銘諸心肺．公除後方欲下敎，致顯以亂臣逆子，肆呈誣人之疏，[致顯卽尙魯之子，而時有討洪之疏] 有若無故者然．

若此不已，其將混夷夏同淑慝，使東方衣冠之倫，盡歸於無父無君之域矣．昨夜見政院日記考其日字，如合符節到此之時，何待公除之後．故[5]奉朝賀金尙魯，當追施逆律，以正君臣大義，使亂臣

---

3. 본서와 『현구기문』 모두 '侄'이나 '姪'로 바로잡는다.
4. 본서와 『현구기문』 모두 '侄'이나 '姪'로 바로잡는다.
5. 본서는 '故後'로 되어 있으나 『현구기문』의 '後故'를 따랐다.

賊子知所懼，而追律旣有先朝禁令，予何敢更創．爲先追奪官爵．

刑曹判書蔡濟恭，都承旨徐浩修入侍時，上曰，卿聞丁丑十二月二十五日恭默閣入侍筵話乎．

濟恭對曰，臣於丁丑待罪伊川，故未得聞之，而戊寅年則臣以知申入侍時，尙魯每於筵奏附耳密達，故非但承旨之不得聞之，史官亦不知矣．

上曰，予親承大行朝遺敎，當洞言之．其時大行朝有患候，引見大臣於恭默閣，投溺缸下敎曰，予病如此，萬一不諱，其於宗社臣民何．今日果無衛瓘孫舜孝乎．[孫卽成宗時人] 尙魯佯若垂涕而對曰，殿下何如是過慮乎，儲君如此，臣亦先於殿下，而有所料量云，伊時筵說如此，其心所在，萬古逆賊矣．其後尙魯連居首相，以大朝事告于小朝，以小朝事告于大朝，互相欺蔽，讒構罔極．云云．

至於戊寅幾營歷臨時事，關係尤大．暫時爲如廁歷臨，有何所害，而終至構奏大朝乎．亂臣賊子，何代無之，而豈有若尙魯之凶且獰哉．且此春邸未有失德，而渠以首相，包藏禍心，備極讒構，是所謂不共戴天之讐．云云．因命浩修書傳敎．

10. 初戊寅八月初一日，上幸明陵，東宮陪往，是日大雷雨，至晝停所，東宮衣襨盡濕，仍寒戰疾作，幾乎昏塞．司書徐有良請對言狀，上命還入調理．

11. 初九日，忽有春坊入侍之命，有良進伏，上下詢東宮還入時，卽入耶有歷處耶．有良對曰，衣襨盡濕，故暫入畿營，歷臨改服還宮矣．上曰歷入是東宮之令耶．有良對曰，臣實仰請矣．上曰宮官有此請非矣．命遞差．盖畿營歷臨事如此，而尙魯搆誣爲奏，至於下詢春坊矣．

12. 又命文女私第安置．文聖國追施逆律．

傳曰，予之銘心腐骨者，非但一尙魯又有文聖國．本事終當洞論，而尙魯旣已處分，其在王章不可狗於公除前．前淑儀文氏私第安置．聖國臥死牖下，未施當律斬尸之律．旣有禁令雖不可創，而其令王府亟施孥籍之典．

사도세자 관련 상소자들을 처형하다: 13~16

13. 前承旨李德師上疏入啓，首言先世子之至冤至痛，不可不雪，先大王至慈至仁，不可不明，亂臣賊子不可不討．云云．仍陳莊獻受病之源，歸罪於文女而極言某年事．

上令承宣讀奏，至上款文女事，則曰是矣．此乃明知者也．至於某年事，涕泣滿面嗚咽，而敎曰，此則不忍聞之事，置之徐當下敎矣.[6]

14. 前此二十六日, 湖儒李一和上疏, 以羅景彦事不稟東宮, 而卽奏大朝, 討李海重之罪. 政院却之, 柳翰申亦呈疏, 旋卽推去. 德師疏入啓後, 留批數日, 忽於四月初一日傳曰, 聞副使[李海重] 不入來之由, 因幼學李一和疏壬午事云. 依先祖遺教當嚴處, 爲先牢囚秋曹.

又傳曰, 雖在公除之前, 此誣及先大王之大逆不道也. 當親鞫於殿庭, 以告先大王之靈, 予則曰一和猶是孤雛, 李德師正法然後, 以快先大王之意, 卽爲擧行. 德師以大逆不道遲晩, 西小門外. 百官序立, 凌遲處斬.

15. 初壬午閏五月二十一日後, 德師以布衣, 自楊根入京, 哭臨宣仁門外, 歸路過其友人. 鞍掛藁薦,[7] 其友知之, 以微言規之曰, 人各有見, 此不須云也. 第於早朝往闕門外, 有一老父掃其門前, 試問哭班處. 老父曰, 噫. 誰有哭者, 公將臨乎. 爲下藁薦布地, 須哭止持之, 上馬而去, 人情大可見云.

登第後, 人或規以言事, 則輒曰, 吾不能言某年事, 何言事之有, 以有九耋兩親故也. 及是以大逆伏法, 人謂出於希覬云.

16. 前承旨趙載翰, 前持平崔載興, 某官李東讓等伏法, 而前叅判朴相老, 以窮凶極惡大逆不道, 鐵物橋凌遲處斬. 初載翰與李範濟東讓[範濟之姪], 純鎭, 獻鎭 [載翰二子]齊會於趙雲亨[維鎭子]家, 議上疏事. 相老亦會力止之, 而發犯上之語[卽忘字也],[8] 載翰因停其疏, 而李一和者, 適自湖中來, 獻鎭勸上是疏, 一和遽上, 而凡前後與於疏議, 一并就逮, 無慮數十人, 獄事遂大. 相老以勸止疏事, 面質白脫, 方見放, 而東讓告其有可死之罪, 就問卽掌心[9]書某字以進[卽忘字也]. 於是上發聲痛哭.

徐命善以兵判入侍, 自[10]下率禁軍挺杖亂下幾斃, 而載翰, 載興, 一和, 東讓, 及柳翰申等正法. 其餘杖斃, 或杖流. 又[11]以載翰等曾與妖官金壽賢交通, 拿鞫壽賢. 初六日親祭仍夕上食, 告討逆于殯殿.

---

6. 본서에는 누락되었지만 『현구기문』을 따라 '矣' 자를 보충하였다.
7. 본서의 '薦'이 『현구기문』에는 '韉'으로 되어 있다.
8. 『현구기문』에는 본서의 '而發犯上之語[卽忘字也]'가 없다.
9. 본서는 '心'이나 『현구기문』에는 '中'으로 되어 있다.
10. 본서는 '白'이나 『현구기문』의 '自'를 따랐다.
11. 본서는 '人'이나 『현구기문』의 '又'를 따랐다.

환관 김수현 옥사: 17~18

17. 上以金壽賢事傳敎. 云云.

往在十餘年, 時予在冲歲, 壽賢以長番內官給使於東宮. 李興祿以慈宮承傳色隨行. 當予進詣養德堂[嬪宮所御之堂], 此輩隨來謂予冲歲, 必不知渠輩情狀. 招[12]予遊於堂後苑, 壽賢興祿, 以窮凶極惡之言, 誘說于予曰, 如此方可爲孝也. 又奏曰, 某某士夫與渠輩相親, 同此義理, 可用於將來之人. 予雖冲歲, 一聞已知其爲亂賊, 未嘗一言發落. 其時只因事除汰, 尙今不忘, 以此起獄, 或慮蔓延者多. 今則凶賊次第伏法, 豈可仍置不問, 因釀禍機乎. 興祿年前已故, 壽賢發捕, 盖以此也. 云云.

宦侍之交結朝廷, 顧何等罪也, 而士大夫如此, 亦不可謂士夫, 良可痛嘆. 興祿旣以魁首作故, 壽賢則猶屬隨從. 云云. 罪人金壽賢大靜縣爲奴.

18. 李守鎭.李萬軾.李昌任, 以締結妖宦, 守鎭萬軾刑配. 昌任因入直玉堂所懷, 上 以德成閣入對時, 先世子賊也小人也之敎, 追奪官爵, 後卽復官. 崔載興正法. 後又竄具庠絕島.

傳曰, 亂臣賊子何代無之, 而豈有如今番諸賊乎. 究其窩窟卽載興是也. 載興文書中具庠之書札, 極其凶惡者, 不忍正視, 所謂持斧碎首, 所謂某年義理, 所謂春秋之義, 所謂舅甥熟講, 所謂吾輩秉執, 所謂昧於本者, 云云.

乃是陰慘叵測之說, 千里發捕, 盖以此, 云云. 雖以予所洞燭者言之, 初爲洪奉朝賀所援引, 再爲厚謙所締結, 千百變化, 末乃有締結凶徒, 譸張凶論之擧. 云云. 設令庠也, 欽慕士論, 焉有士論爲名者, 容渠無倫悖行之流, 使之徘徊於士類之鄕黨州閭乎. 此予所以深惡庠也. 深誅庠也云. 罪人具庠, 絕島圍籬安置.

載興, 以名祖之孫,[艮齋孫也] 少而無行, 托於蕩流, 其儕以其內行多疵, 慮其難於行世, 籍以讀書之名, 薦之抄選之列, 久爲一世所嗤點, 方諸趙之謀上疏也. 使雲亨設計招來, 點竄文字, 爛漫相議, 蓋雲亨卽其壻也. 及其旣逮, 上問以叅見疏本, 則抗言不惟叅見而已. 冗處刪之, 略處衍之, 裁製布置, 多出臣手. 云云. 上問何敢乃爾, 則曰臣謂義理當爾. 云云. 人於是始難之.

且庠爲其甥姪, 與同義理, 主張殺洪之論, 上敎所謂欽慕士論, 卽此也. 久之見放, 又爲隄防之論所枳, 十數年後, 始見擢用.

---

12. 본서와 『현구설』은 '追'이나 『현구기문』의 '招'를 따랐다.

문성국이 참소한 본말을 전교하다: 19

19. 五月十三日[上每年自是日至二十二日而罷] 以聖國[文女之娚]讒構本末傳敎云.

噫, 彼聖國[13]以僕隸之賤, 有虺[14]螫之性, 內扶妖妹, 外結賊相, 凡所以日夜綢繆者, 苟非簒奪之計, 卽是弑逆之謀. 奧自癸酉以來, 其志愈肆, 其謀愈急, 後庭深處, 鑾輿幸臨, 則聖國與其妹, 讒間我兩宮, 爲言罔極, 或曰某日爲某事, 某時行某事, 無時不讒間, 無事不讒間.

嗚呼, 當時毓德春宮, 令問日彰, 聖國則乃謂, 問寢不以時, 視膳不以時, 甚至於殺越人命, 漁取女色等說, 白地粧撰, 欲試眩惑天聽之計. 此是搆誣之一端, 噂沓之初階也. 凡玆數事, 已是覆載之間所難容, 則况此樂善之禍, 祟於聖國, 禁井之變, 由於聖國, 痛矣, 痛矣. 此豈予所忍提道哉. 只開端倪, 不明聖國弑逆之謀, 今日臣庶安知, 我大行大王天地之仁, 日月之明哉. 倘非我大行大王, 逆折奸萌, 迸逐閭里, 使不得接跡於宮禁, 則宗社之危, 國本之絕, 可立而待也.

嗚呼, 皇天不吊我東土. 大行大王, 慈覆之德如彼, 其摯且切矣, 則先親前日之沈痾, 庶幾由是復常, 而醞釀之凶計旣久, 疑懼之積漸難醫. 嗚呼, 伊時則豈但問寢可得以時之時, 視膳可得以時之時哉. 大行大王, 亦嘗頻接左右, 問其起居之安否, 察其飮食之多少, 此乃慈孝兩宮之一大好機會, 而其奈患候之漸益沈痼, 而莫可平復何哉. 云云.

至若每當文女有脤之時, 潛求良人之子, 表裏交煽, 陰圖簒奪, 此正不韋圖秦之謀, 僧肫亡麗之術. 不但宮省之中有口皆傳, 抑亦市井之間有耳皆聞. 亦非我大行大王, 嚴宮禁杜亂源, 則惟彼聖國之凶謀, 豈不得試, 而敢售哉. 云.

嗚呼, 記昔予三歲時, 大行大王見和寧[文女所生]與予言曰, 敎予勿復語, 及予之長, 常不臨延齡[二王子]君家之事, 以訓予曰, 兄弟之情非不至矣, 所不忍者, 禖嬪祠板之同在一室也. 以此推之, 可以仰認大行大王指敎予小子之微意也. 嗚呼, 如禖嬪細微之故, 而以大行大王友于至德, 猶且不臨延齡之家, 况予之所以罪文女, 何可已乎. 罪聖國, 又何可已乎. 雖然文女之得貸一縷, 聖國之不施追戮, 裁酌之意, 亦有在焉. 云云.

세손의 대리청정을 반대한 홍인한 등의 죄를 논한 정조의 윤음: 20~22

20. 六月二十二日, 修撰尹若淵上疏, 明正厚謙母子之罪, 而以麟漢謂之國邊人, 擬以島配之律. 上初命入侍, 條問疏語, 對以麟漢不過妄發, 不必深誅. 且曰, 臣則不知洪麟漢之爲罪, 殿下必欲處

---

13. 본서에는 '國'이 누락되어, 『현구기문』에 의거하여 보충하였다.
14. 본서는 '愁'로 되어 있으나 『현구기문』의 '虺'를 따랐다.

分, 待因山後, 某般爲之無妨. 云云.

上卽命親鞫, 於是洪相簡, 李商輅, 洪趾海, 尹養厚, 閔恒烈, 李敬彬, 李善海等. 次第就拿, 或正刑, 或杖斃, 刑配. 相簡趾海之子啓禧之孫.

21. 七月初四日, 御製洞諭綸音.

若曰, 近日凶徒之獄事, 其端甚微, 其流甚大. 始也, 猜克於儕流之中, 中焉爭抗於貳極之尊, 末乃肆傳不道之說, 顯有不滿之心. 至于今御極之後, 謀愈急而計愈密. 云云.

向予在儲之日, 戚里近習, 未嘗假借. 云云. 以此之故, 異志不逞之徒, 左右潛伺一夕陰探者, 卽是剪除儲君之羽翼, [洪國榮] 眩惑儲君之心志之計也. 凡係近侍僕御, 以至掖庭賤隸, 布植渠輩之爪牙部曲, 儲君之一動靜一語默, 無不聞知, 把持牢籠, 不可以筆舌道也. 云云.

何幸天心止慈, 奸情照燭, 至月之初, 殿座還內之日, 尤有所下教於宮中者, 則渠輩於此無辭沮遏, 乃以御將[金漢耉]執手之說, 泥峴[金龜柱]竊柄之語, 又以余書金尙默之說, 包得無限罔測底意, 外內煽動, 恣意恐喝, 使予爲渠輩之所脅持, 而不得受先朝之明命, 又於二十日筵中, 麟漢以三不必知之說, 肆然仰對, 以至三十日筵中, 揮手止之之擧, 而無忌憚之心極矣云.

若重臣徐命善之疏, 辭理嚴正, 打破其凶謀, 則怨感次骨, 毒螫向人, 及當聽政之後, 窮鬼之計, 愈往愈急, 幻出妖雲[沈翔雲], 以爲飜覆之圖. 渠輩以爲春間患候小差之時, 密奏雲書, 則臨門之擧, 可以唾掌而待,. 又以爲雲書中, 溫樹査問, 則可以一網打盡矣. 又以爲宮寮剪除, 則徐命善輩, 如摧枯拉朽. 云云.

至于臘月二十一日, 內設盛饌以進之, 外以妖雲急書投之, 伊日卽取試之日也. 渠輩又以爲以今日試士觀之, 聖候之不勞於臨門, 可以知之. 只欲朝呈雲書, 暮售凶計. 幸賴天祐宗國, 聖監孔昭, 未試巧憯之術, 旋有討懲之論, 而囚人南間之說, 出於厚賊之口, 理外湛滅之語, 登諸麟漢之啓, 憤鬱之中, 怨懟彌心. 云云.

聽政之前, 初無政令事爲之聳動瞻聆, 則渠輩敢以浮言爲惑世之柄欛, 聽政之後, 旣有設施注指之昭布耳目, 則渠輩反以讒言, 爲害人之機關. 其計窮而其勢急, 則一轉而爲雲書, 再轉而爲淵奏, [若淵]云.

終古亂逆不一, 其跡雖有稱兵之賊, 跋扈之凶, 而未有如近日諸賊, 旁伺陰蓄, 始於在儲之日, 至于卽祚之後也. 若商輅以麟漢之切姻, 敢生怨猜之心, 貽書趾海, 以重臣之疏[徐命善疏]謂, 以機關陰秘, 又以爲景象危怕, 又日近以風色不佳, 脾胃不定. 云云.

又若善海, 亦以重臣之疏謂之, 下語陰慘, 則是與商輅腸肚相連者也. 若趾海, 纘海, 麟漢之血黨, 若淵, 敬彬, 相簡之死友. 趾海則商輅之書, 往復於聽政之時, 宗厦之說, 酬酌於登極之後, [以徐命善比之宗厦，有徐門復出宗厦之說] 纘海則帳前親問之下，肆然發惡，商輅叵測之說，不以爲凶言.

若淵則感麟漢館錄之恩，預相簡翻案之謀，泰淵爲忠赤，麟漢爲國邊之說，本情已綻，因山後，某般之對討逆爲迎合之說，眞贓畢露．至以用人專任謂之以擧國以聽．庚申獄事，引之爲自明之端，其排鋪設施之狀，渠旣自服．而受人指嗾，爲人嚆矢，則卽一渠黨中孤雛腐鼠.

敬彬則不叅聽政朝叅之事，已無臣節，少論殺老論之說，共濟父惡.[福海之子] 譸張書筵之說，輒矢口而傳人，剪除宮寮之計，奉攘臂而稱善，究厥罪狀，不可殫記.

然而凡此數賊之罪，非不貫盈，特不過虱附苟，究厥其本，相簡恆烈是已．惟彼相簡恆烈，俱以狐狸之性，濟以虺螫之心，聲勢固結於麟漢，奧援潛通於厚謙，轉相及引，暗自結納．門生之教，[麟漢欲以趾海卜相，先大王有門生座主之教.] 人蔘之饋，苟非情之至密，愛之至深者，固如此乎．以故相簡恒烈在宮僚之時，則渠輩莫不吹噓延譽，及其解宮僚，則渠輩又復薦引恐喝，不勝其紛紜．一或不得遂其意而副其望，則胥動浮言噂沓背憎.

乃曰，昨日書筵，論及某事，今日召對，酬酌某言，特以一二事言之，昨夏科試，曰以余將起獄，昨冬代點，以予有用意．朝言而暮已入，昨說而今已撤，是果孰說而孰傳之歟．當是時也，以余孤危，畏彼氣勢，旣不能嚴辭峻斥，則無寧溫言巽辭，以探其本．故其根因端倪，余已熟知之矣．似此等事，於渠薄物細故，其所包藏，其所奸犯，若止於此等事而已，則人命至重，豈不用寬大之典，王言宜簡，何如是播告之修耶.

噫嘻，往在戊己辛壬之間，世道屢變．渠輩當局之後，相簡與恒烈，於講筵敢曰，邸下不扶邸下之外家，而不除不利之徒，則戊己之徒，固當爲大北，而邸下亦將爲如何．重言復言，威之脅之.

噫嘻，痛矣．余以孤露之餘，所賴以生者，惟是慈宮也．且於奉朝賀，元無欲害之心，則渠輩初何敢以大北等說，擬議於其間，爲人臣亦何敢以此等說，肆然卽陳於儲君之前哉．此予所以至今駭痛，久而不忘者也.

渠輩初爲此擬亂恐動之言，欲爲嘗試之計，予旣嚴斥而不得售，則轉而爲迎合之計，乃於直中，盃酒之間，兩賊屛人，私議已巳之論，又從以流聞於予，將作他日容悅媒寵之資，是以相簡之招旣曰，果有謀議於恒烈，恒烈之招，又曰果有傳說於某處．云云．其陰慘巧惡之前後情節，卽前古所未有亂臣賊子也.

大北之說，旣不得行，已巳之論，又有敢售，則潛附養厚，陰結泰淵，今日做一訛言，明日做一訛言，集千古之人君，所無之失德．厚謙，恐喝於內，麟漢威脅於外，直使予晝宵煎熬，日夕危凜，漢之梁冀之惡，不足以比於麟漢．唐之士良之罪，不足以浮於厚謙.

此非特麟漢厚謙之所自辨者也．專由於諸賊之慫恿，煽惑巧密排鋪之致外面驟看，則相簡之於厚謙，似不從遊．恒烈之於泰淵，似不親密，而養厚出沒於中間，泰淵綢繆於左右，同一妖肚，同一凶言，千方百計，或誘或貧，欲使予墮渠輩圈子之內.

何幸天誘予衷予志，予守愈久愈固，則於是擧懷自危之心，又思自全之計，轉輾層激，窮凶極惡，幾使予不安於儲位. 及夫聽政之後，狼心益狼，梟腸愈肆，至以光明之義理，欲爲沮敗，則不可不除羽翼之宮寮也. 欲除羽翼之宮寮，則必欲進心腹之人，然後可以行凶臆之惡，而惜乎，麟漢之不得以趾海爲相也. 其所密圖於內，力薦於外者，若得售於聽政之前，則國家之事，其將奈何. 言之髮竪，思之眦裂. 以至今番若淵之招，而怨國不道之狀，尤爲昭著難掩，恒烈，相簡眞所謂一而二二而一者也. 摠而論之，專出於得失之患，而終歸於辛壬之逆. 此予所以謂之，始也猜克，中焉爭抗，末乃不道，不滿於御極之後也.

噫嘻，謂天可欺，天可欺乎. 謂神可誣，神可誣乎. 奸情自露，罪人斯得，國勢因是而賴安，予誣由此而夬卞，則此豈非上天之休，宗社之慶哉. 雖然辛壬之所以爲戊申乙亥者，特以當日凶徒，誑誘草莽，鄕曲無識之類，以爲亂階.

予於今日若不洞諭前後之奸狀，明示誅討之本意，使八域臣庶，咸知諸賊之所以爲凶逆，則安知無今日之爲辛壬之徒者，嘯聚餘黨，團結無賴，以復圖戊申乙亥之變哉. 且夫諸賊，多出於故家大族，則其姻婭親友之間，漸染其氣味，詿惑其議論者，必多其人，皆從罔治之意，俾底維新之化，咨爾中外臣庶，咸須知悉. [纂成明義錄，以示來世焉.]

22. 初五日，傳曰，洞諭綸音，昭布罪惡，公法不可屈，輿論不可遏. 古今島荐棘罪人麟漢，慶源府荐棘罪人厚謙，竝賜死.

세손을 음해하려 한 심상운의 죄상: 23

23. 二十日，荐棘罪人沈翔雲，拿鞫正法. 上以五條下問，一曰溫室樹也. 二曰寧得罪於儲君，不敢違其指使，全出於僥倖之心也. 三曰先爲上書以後，爲翻覆之計也. 四曰符同逆類，造出奇奇怪怪之訛言也. [謂微行，及奪駿帽[15]等說] 五曰謂宮官傳言，而重臣陳疏也. [謂使鄭民始傳言於徐命善，使之上疏也.] 箇箇承款.

且曰，此豈宮官與重臣相議爲之事乎. 此所以引溫室樹者也云. 而庭鞫結案，只以溫室樹承款，而上書後翻覆一款，一不載錄. 上頗下嚴敎，於是政院玉堂各進箚，請罪主獄委官，委官卽金陽澤也. 是冬又因臺啓，拿鞫尹養厚，以指囑妖雲，圖爲翻覆，做出聽政是姑試等說，遲晩徑斃.

---

15. 원문의 '冒'는 '帽'의 잘못이므로 수정하였다.

임오년의 일과 송시열을 거론한 이응원의 상소: 24

24. 八月初六日, 慶尙道安東幼學李應元上疏. 首陳莊獻世子之至冤, 繼論太祖大王之厚誣, 以爲爲世子而死, 爲聖朝而死, 不失忠義鬼. 云云.

上初命推鞫, 竟親鞫竝其父道顯, 以亘萬古通天地, 所無窮凶極惡, 大逆不道結案. 道顯鐵物橋凌遲, 應元西小門外正刑. 初道顯持疏上京, 欲呈而不得, 應元繼上而呈之. 道顯本嶺南之望士, 且有地閥, 是春李德師, 言某年事伏法, 李明徽論宋相事杖死, 而道顯竝論兩事. 其來時盡散貲産, 處置家事, 爲必死之計云.

其疏曰, 伏念殿下, 以先世子休恤之餘位, 承祖宗艱大之遺業, 所以報德於永祐之園, 盡孝於太廟之中者, 只是嚴討搆誣之凶徒, 快洗罔極之厚誣, 以慰陟降之先靈而已. 此非臣一人之私言, 而乃一國之公議也.

凶徒不見討, 則厚誣無以洗, 先靈無以慰, 而公議鬱於下, 國家隨而危, 則雖草野韋布, 亦安得獨安乎. 是故宋臣朱熹有言曰, 國家危亡判斷之事, 雖韋布不可不言. 況今臣宗姓也. 身雖在野, 義同休戚, 其情與他韋布不同, 其事與在廷諸臣無間. 國亡則家亦與之亡矣, 君辱則身亦與之辱矣. 其於關係危亡之事, 安得不流涕而一陳乎. 臣請沫血流涕, 先言壬午之至冤, 繼論國祖之被誣, 圖所以轉危扶亡之道, 惟殿下垂察焉.

嗚呼, 噫嘻. 壬午之事, 殿下之所不忍聞, 而臣子之所不忍言, 臣何必更爲提說, 以戚我殿下之心. 若以爲不忍而忍之, 則終歸於過忍而大不忍矣. 自有變事以來, 朝廷之間事, 臣未知之耳, 凡我八域黎庶之議於街談於巷者, 父子皆有憂懼之色, 男女皆有悲歎之聲, 晝夜祝天而望願者, 庶幾殿下之有今日, 以顯誅讒間之奸凶, 而拔出先世子於誣阱之中. 而殿下嗣位今幾日月矣. 側耳畝畝, 終未聞一夫之快誅. 民間前日之所望, 大歸虛套, 莫不心墜而手解, 無意於樂生而興事. 此非一身之切膚事也, 至於若此者, 何也. 誠以天下大義, 不可一日忘, 而倫常大綱, 不可一日無也.

噫, 殿下之位, 何位也. 如使國家無壬午之變, 殿下不過爲東宮之元良, 而先世子受寶位矣. 夫以我殿下之孝思, 踐先親當踐之位, 念先親未踐之由, 其痛迫之懷, 悲塞之情, 奚但愚夫愚婦, 抑鬱[16]之心而已哉. 尙未見有大處分者, 特以姑抑至痛之私情, 欲俟峻發之公議也. 然欲俟公議峻發之後, 則前日負罪之徒, 自懷疑懼, 交煽凶計, 而國家危亡之禍隨之矣, 不可不先其機, 而裁處之也. 臣草野人也, 請以草野之公議, 爲殿下誦之, 而先及公議之所以本者, 以作伸冤之一證案.

蓋臣之同里, 故說書臣權正忱, 壬午當變之宮寮也. 其家有當時書筵日記, 及先世子條問之手札,

---

16. 본서는 '菀'이나 『현구기문』의 '鬱'을 따랐다.

與其擬上疏下諷之草本，此可以知先世子之溫良謹愼，而亦足爲公議之所本者也．其日記所載，自四月十八日，至五月二十一日，逐日講易經綱目二書，若夫下詢諸條，則自堯舜禹湯相承之道，閩洛群賢論學之旨，以至漢高之誅丁封雍，扶蘇之受死爲孝，凡所疑難下論，無非縝密純正，苟非姿質之高，見識之明，何以有此．此皆遇變前一月內事，及至景彦事發，而遂無暇於設筵講學矣．今觀正忱[17]所錄，則世子之賢明英睿如此．

而伏覩先大王致祭世子之文，有日十三日[18]之後，諸臣衛士之所目覩，豈敢隱也．夫諸臣衛士目覩之事，固不知爲何事，而彼讒人者，巧詐百端，雖有手書如晋遹，衷甲如唐瑛，猶未可信，况外於此乎．當時國言之流傳，或以爲有讒搆之人作慝肆惡，以煽疑於[19]先大王者，或以爲有元惡輩之設詐弄凶，以成罪於先世子者．臣以草野之風聞，姑未的知其事之虛實，然萬口交傳，皆以爲非先世子之眞罪[20]過也．至若景彦之呈訟於刑曹，此天下萬古有國有民之後，所未有之大[21]變也．[22] 當日刑曹之臣，所當誅戮其人，焚滅其書之無暇，而以是登奏于天陛，竟作禍變之媒孽，其心所在，路人所知．

又伏念，先世子代理行王事十有四年，滿朝縉紳，無非北面於先世子之庭者，非但貳極之一儲宮，而便卽莅宁之眞君上也．無論其有罪無罪，自是爲[23]吾君吾父，而當日臨變之際，公卿臺臣，莫不袖手旁觀，有若秦瘠之越視，是亦可謂有一分臣子之義乎．假使萬有一天子誚責，或及於王庭，有如大朝之於小朝，則此輩亦將以事先世子者，事殿下矣．李兆年金倫之儔，不復見於今世，而畏縮承順，莫不爲陵幹漢功之歸矣．雖非眞有是事，思之至[24]此，寧不寒心．

自殿下三月之敎下，而國人始知尙魯之爲元凶，自殿下五月之敎下，而國人又知文女之爲大憝．然廢出儲貳，是國家何等大事，而又况有大於此之變，以我先大王之聖慈，處我先世子之賢明，而致此萬古所無之大變，豈但由於[25]一妖女一賊相之言，而斷然行之．是必有滿庭交煽之言，得以驚動先王之聽，而使不能自已，以至於此極也．若使廷臣有李泌家族保儲之泣奏，豈不回止慈之聖聰，又或有來濟得盡天年之懇請，豈至有一物之痛迫乎．盈廷百僚，無一臣碎首同死之擧，首尾九日，無泣血牽裾之諫，則究厥心腸，烏得免爲妖女賊相之同黨乎．

臣又嘗聞正忱所言，當景彦對卞之夜，世子於闕庭待罪之中，涕泣顧語於宮僚曰，謀陷儲貳，非

---

17. 본서에는 '正忱'이 누락되어 1776년(정조 즉위년) 8월 6일 자 실록기사에 의거하여 보충하였다.
18. 본서에는 '日'이 누락되어 위 실록에 의거하여 보충하였다.
19. 본서는 '於疑'이나 『현구설』과 『현구기문』의 '疑於'를 따랐다.
20. 본서의 '罪'는 위 실록에 '作'으로 되어 있다.
21. 본서와 『현구기문』에는 없으나 『현구설』을 따라서 '大' 자를 보충하였다.
22. 본서의 '所未有之大變者'가 실록에는 '所未聞者'로 되어 있다.
23. 본서와 『현구설』에는 '爲'가 누락되어 실록과 『현구기문』에 의거하여 보충하였다.
24. 본서에는 '至'가 누락되어 『현구설』과 『현구기문』에 의거하여 보충하였다.
25. 본서에는 '由於'가 누락되어 실록과 『현구기문』에 의거하여 보충하였다.

一市井所可爲者, 若請設鞫嚴問, 庶得指嗾之凶徒, 以雪我萬古難容之罪名, 而其奈無爲我奏達者, 何哉. 嗚呼, 痛矣. 盖無辜中憂迫危悶之所望, 不過市兒之一鞫, 而亦不可得矣. 天怒方嚴, 自下無路, 滿庭含默, 申[26]白無人, 駸駸至於徽寧之變.

至冤上徹, 幽憤鬱[27]結, 以至十五年之久, 則其間水旱凶荒之荐臻, 日月星辰之錯度, 莫非上天之爲世子而發者也. 鋤治逆黨, 暴白親冤, 卽殿下初政第一事, 而今日臣僚, 無一人之陳說者, 在廷者徒自汲汲於骨朽之宣拯,[美村明齋父子] 在野者, 厥或騷之於皇廟之失禮, 而置壬午於相忘之域. 噫嘻, 臣未知, 殿下之廷臣, 以爲殿下純忘壬午之至痛乎. 抑以爲先世子之受變當然, 而在今日不足論乎. 抑將以謂背師之拯惡, 甚於陷儲之凶醜乎. 又將以謂一邊人私憾之快雪, 急於我殿下之親讐之討復乎.

或者又謂, 欲卞世子之受誣, 有逼於先大王之處分, 此則有大不然者. 昔在中廟朝趙光祖諸臣,[28] 有受誣冤死之禍,[29] 而仁宗大王雪其罪復其官, 不以爲逼於先朝. 其在明廟朝李彦迪諸臣, 亦罹冤禍, 而宣祖大王, 快賜湔滌於道臣之一奏, 亦不以先朝事爲嫌. 在臣而[30]猶然, 况於在親乎. 爲今之道, 當論壬午之冤不冤, 不當論處分之逼不逼也.

誠爲至冤可雪, 則雖或有逼, 不容但已, 况快卞先誣, 誅鋤凶逆, 以示先大王處分之至此者, 實由於此輩之譸張, 而無損於慈母之投杼, 抑所以爲先大王之地也. 又以此昭告於先大王之靈前, 則庶察前日之冤狀, 深憐暴白之後時, 雖於冥冥之中, 能成父子之歡, 乃復如初, 則先大王亦必欣然於此擧, 而未必不恨於當時之無千秋矣.

至若鄭履煥所論奉朝賀洪鳳漢, 旣以變時首相, 無所爭執, 其罪固有大於諸臣之不言. 然旣爲慈宮之親父, 若非造謀之首惡, 則全恩慰親, 是或因勢, 裁處之一道也. 何可拘於此一人, 以緩族充焚文[31]不可已之大擧耶.

嗚呼, 百世在前, 千歲在後, 萬古之綱常不可泯, 後人之公議尤可畏. 正使今日正行誅討之典, 洗滌幽鬱之冤, 則搆成罪名之惡, 自有所歸, 無罪受誣之迹, 自能彰明, 而先大王處分, 庶不害於慈父, 先世子情事, 庶可白於後世, 我殿下所以致孝於兩世, 亦將永有辭於來後矣. 苟不能然, 縱能掩諱於一廷之啞臣, 能禁私議於八方之輿論乎. 縱能抑勒於今日之愚民, 寧免直筆於後世之良史乎. 是則因一[32]逆黨懲討之不嚴, 而將不免三世之并誣矣. 豈不痛心乎.

---

26. 실록과 『현구기문』은 '伸'이나 본서와 『현구설』의 '申'을 따랐다.
27. 본서는 '菀'이나 『현구기문』의 '鬱'을 따랐다.
28. 본서에는 '諸臣'이 누락되어 실록과 『현구기문』에 의거하여 보충하였다.
29. 본서는 '狀'이나 실록의 '禍'를 따랐다.
30. 본서에는 '而'가 누락되어 실록과 『현구기문』에 의거하여 보충하였다.
31. 본서는 '父'이나 실록의 '文'을 따랐다.
32. 본서는 '一因'이나 실록의 '因一'을 따랐다.

伏願殿下，俾順民心，赫發乾斷，嚴鞫文女，及尙魯景彦聖國等支屬，與其他情迹之可疑者，得其情而治其黨，以慰先世子窮天極地[33]之至痛，以答擧國嗚咽抑塞之輿情，不可時日緩也.

至於太祖大王受誣之事，載於俞棨所纂麗史提綱末段，故相臣宋時烈，所書名之爲別錄者也. 其[34]錄借朱子語曰，高麗歷年五十餘世，爲權臣所簒而易姓，而係之於恭讓遜位之下.

噫，代恭讓易姓而興者，是我太祖大王，則彼其特書於恭讓之後者，抑何心哉. 將以聖明開刱之事，歸之於權臣簒國，而自欲傳信於萬世者耶. 嗚呼，噫嘻. 是誠何心哉. 惟我太祖大王以湯武之聖，値麗運之訖，天與人歸，光有一國，則彼必借朱子之他語，蒙以權臣簒國之惡名者，豈不大悖於人，而[疑有闕誤][35]爲時烈黨者，必以朱語之如是爲言，朱子易簀在聖朝開國前百九十二年，朱子何能逆覩而言乎.

當高麗毅宗時，鄭仲夫李義方之輩，專權一國，放弑其君，而考其年世，正値朱子之中身，則語類云云，必指此賊之亂逆，而風聞爽實，必有錯語[36]之端，有如故儒臣金長生所言矣. 此何與於恭讓之遜位，聖明之開國耶. 且以臣子分義言之，設令朱子生於大明之初，[37] 聞高麗之亡，語有所云云，有如明祖訓中所 云云，凡爲我朝臣子者，亦將諱而不敢言，亦將陳奏而請改，必伸而後[38]乃已，將如祖宗之於明朝，[39] 况此朱子之語，初無干涉於麗亡之際者乎. 時烈每以春秋大義，便作自己擔當，是亦將假朱子誤聞之他語，自附於袞鉞之聖筆耶.

時烈所引朱子語爲別錄者，凡四條，而三條則皆考年類，附於朱子之前，獨以此條不書於朱子所指斥，仲夫義方之亂，而必係之二百年下，聖朝開國之際者，豈無所用心耶. 不特此也，本條之內，亦取其二十一字，以入於考年類，附之上條，而必截此語，移係於麗亡之後者，果可謂無所爲而偶書耶. 考之年條而截異，究之事實而敻殊，別錄標題既非作史之凡例. 身爲臣子，又遇不世之恩遇，則時烈書此而示貶於萬世，可乎不可乎. 無心乎有心乎. 抑亦不得已乎. 魯昭有吳孟之失，而孔子稱以知禮，宋祖有陳橋之變，而朱子不書綱目，此其諱君之大義也.

噫，聖賢之爲君也，諱有而掩過，時烈之爲君也，捏無而爲貶，是可謂知春秋之義，而學[40]朱子事者耶. 噫嘻，時烈既有是心，則何不高擧遠引，雲置霞遁，自作麗王之後臣，以示不臣於我朝，而乃

---

33. 본서는 '地極'이나 『현구설』의 '極地'를 따랐다. 실록에는 '抱冤'으로 되어 있다.
34. 본서는 '某'이나 실록과 『현구기문』의 '其'를 따랐다.
35. 본서의 이 부분은 착간이 있다고 세주로 밝히고 있다. 실록에 의하면 본문의 '豈不大悖於人，而爲時烈黨者'는 '不亦大悖於義乎. 人之爲時烈解者'로 되어 있어 번역은 이를 따랐다.
36. 본서의 '必有錯語'는 실록에 '不無錯誤'로 되어 있다.
37. 실록에는 이 다음에 '親' 자가 있다.
38. 실록에 의거하여 '後'를 보충하였다.
39. 본서는 '祖'이나 실록의 '朝'를 따랐다.
40. 본서는 '條'이나 실록과 『현구기문』의 '學'을 따랐다.

反冒榮供職於聖祖之神孫，北面陪祭於聖朝之廟庭乎．自有此書已過百年，朝臣儒襟擧皆見之．凡我東土含生之類，孰非我太祖之臣民，而彼其見而不以言者，是愛時烈愛於國家者也．其不敢言者，是畏時烈 畏於國家者也．今臣窮鄕晩生，始得見於今．旣繫太祖之遠裔，益切公私之義憤，不避煩猥於恭默之中，敢此沐浴而請討．

伏願殿下，上念祖宗時卞誣明朝之至情，近體先王之嚴討朱璘之聖孝，亟毁誣書，快施顯戮，上告宗廟，下諭臣庶，以解後人謬看之惑，以光聖朝得國之正，是殿下盡孝太廟之道也．

嗚呼，壬午之事，擧朝臣僚之所隱諱，而臣今論之，時烈之罪，[41] 半國縉紳之所掩覆，而臣今言之，觸犯時諱，冒進危言，誠可謂非愚則狂，然祖宗之神靈在上，景慕宮之廟貌於昭，臣何敢有懷而隱默，以自負正直之彝衷乎．設令言不見信，自就死地，一國公議，由臣陳達，亘宇倫綱，由臣扶植，而國家危亡之禍，由臣粗舒，則一身糜粉，分所甘心也．況爲世子而死，爲聖祖而死，亦有歸報之地，而不失爲忠義鬼矣．豈不榮哉．

臣於伏在鄕曲之日，有傳新誅凶逆之報，而處地僻遠，未得其詳，及到輦轂之下，始伏覩七月初五日綸音，謹悉陰凶所爲有窮天極地之惡，神祇昭森，奸慝彰露，鬼類梟種次第就戮．此誠宗祊之大慶，擧國臣民所以交賀者也．然除凶去惡之道，不可不拔其本而塞其源．

觀於辛壬凶徒之不能掃蕩，[42] 而至於馴致戊申之亂，釀成乙亥之變，則亦可以爲懲前毖後之昭鑑也．欲究今日亂逆之本源，果非壬午搆誣之餘孽乎．此輩雖甚凶頑，亦有心情．凡其家世簪纓，受國厚恩，蹤躋淸顯，坐致富貴，旣異失志之徒．有何怨懟於國，而愈肆陰凶之禍心，必欲向刃於殿下者，豈不以渠輩負犯甚重，罪惡難貰，自知其不容於天地之間，爲此吠月射天之計也．

蓋古之明王，刑一人而天下懼，賞一人而萬姓歡者，以其刑典之明正也．苟不明正其罪，今雖掃賊種而盡戮，何以禁遊鬼[43]餘孽之伺隙而闖發耶．爲今之計，莫如明正壬午之凶逆．昭揭誅討之嚴辭，曉諭八路，明告萬姓，使之洞知，賊黨之盡戮，而諸凡不染於彼時者，俾得釋慮於俱焚，方可以鎭一世之人，防未來之禍矣．

苟或但施今日之懲討，而不正曩時之罪惡，則殿下雖欲馴習龍蛇，竝爲赤子，變化梟獍，咸囿大度，而彼其有一毫負犯於壬午之間者，擧皆懷疑懼之心，將復圖自安之計，而戊申乙亥之變，未必不作於將來矣．此尤聖明之所宜深慮也．云云．

道顯正法之後，發權正忱追奪之啓．

---

41. 본서의 '罪'가 실록에는 '過'로 되어 있다.
42. 본서는 '蕩掃'이나 실록과 『현구기문』의 '掃蕩'을 따랐다.
43. 본서의 '遊鬼'는 『현구설』에 '遊魂', 『현구기문』에 '遺魂', 실록에는 '遺醜'로 모두 다르다.

역적을 토벌한 교서를 반포하고 문녀를 사사하다: 25~27

25. 二十四日, 親臨受賀, 討逆頒敎. 王若曰, 云云.

至若壬午之事, 嗚呼, 先大王當日處分, 如天地所作爲, 不可得而言語論也. 爲嗣王者, 惟當遵而守之, 置不忍言矣. 玆予聽政後陳章, 登極日傳敎, 蓋見予至心至情.

今日北面於予者, 有或復提此事, 欲售翻亂之計, 則此不但爲先朝之逆, 卽景慕宮之逆, 亦於予爲逆矣. 不意賊臣德師, 首投凶書, 而一和翰申接踵而起, 顚倒眩幻, 罔有紀極, 予甚驚痛, 亟加嚴鞫, 情節盡露, 逮連亦多. 載翰之造謀狼藉, 昭不可掩, 載興之知情和應, 無復可疑, 相老之向闕凶言, 思之痛心, 東讓之同席叅聽, 罪不可贖.

妖腰亂領, 旣皆就誅, 豺心狼腸, 宜各知戢, 而又有應元者, 本以凶醜之徒, 復進覬覦之章, 遣辭罔極, 百倍於德和, 而誣逼先朝, 指斥乘輿, 殆萬古之所無. 皆由予遭時之孔艱, 誰謂大行之仙寢未冷, 寡人之寶座未煖, 遽聞此絕悖無倫之言哉. 直使予中心怛怛, 無樂乎千乘也. 蓋其疏雖曰出其父道顯之手, 然首尾委折, 有非鄕曲傳聞所可得而知者, 今乃歷歷條陳, 有若目覩者然, 是豈一道顯所能辨哉. 云云. [提學鄭履煥製進]

26. 是月初十日, 夜賜文女死. 前是文女安置東門外楮子島, 是夜二鼓, 上忽急召禁郎面敎, 往賜文女死. 而自明日爲齋戒, 命以今日報死, 且令與二醫女二宦侍進去. 禁郎開城門, 而馳進文女, 侍女聞禁郎至皆哭, 而文女蒼黃號擗. 禁郎及宦侍迫至戶外, 侍女出日, 急欲大便, 請暫避賜隙, 禁郎慮或見逸不許. 進藥不過數飮而盡. 侍女出白已絕. 令宦入審然後, 留官守之. 禁郎先歸草記, 方四鼓矣. 是日卽大行卒哭云.

27. 中官姜德曄者, 因濫騎驛馹, 驅打驛吏. 聞傳曰云云. 本事猶是細故之細故, 聞來不覺體粟而膽掉. 此等妖宦之尙今偃處於內侍之間, 豈非意外之甚者乎. 以今事端之現發者, 猶可見昭昭之理. 聖國至於拏籍, 而此宦之無故者, 在朝廷刑政, 尤萬萬顚倒. 渠罪渠自知之, 予不忍索言. 云云. 旌義縣爲奴.

홍봉한에 대한 탄핵이 일어나고 김구주를 유배 보내다: 28~31

28. 九月某官鄭履煥, 疏請特下綸音, 昭布鳳漢罪惡, 付之纂輯廳, 以爲刊行於新纂册子, 云云. 某官宋煥億金觀柱等, 連爲疏論洪罪. 有日, 管蔡尙復行誅. 云云. 太學生等亦疏言, 一和道顯等疏，皆出洪所指教．云云．而至於捲堂，上慰諭勸入．

29．九月初六日，命竄金龜柱絕島，仍諭廷臣以龜柱罪犯，及洪鳳漢曲保之義，時討洪之論迭發．

30．惠慶宮有患候，上命三提調直宿，醫官亦令本院直宿．

傳曰，大臣二品以上，三司諸承旨竝入侍，諸臣以次[44]進伏訖．上曰，慈宮之不進水剌，不安寢．予曾已下敎於卿等，目今慈候日甚焦遑，予果無意與卿等共國事．此外予何多誥．又曰，今日問安諸臣誰某入來耶．承旨以次奏達，上命承旨書傳旨．

傳曰，人臣分義，豈可以戚里有間，亦豈可敢以濫猾之習，敢售於君父之前乎．以慈宮患候，俄者下敎又何如，而知而若不知，己極無狀．況於渠地處，又何敢如此．漢城右尹金龜柱，爲先絕島定配，配所以黑山島啓下．

上曰，予意無此戚里，彼戚里，毫無愛憎，扶抑其間．苟無罪也，與之同國休戚，共享富貴可也．如其有罪，大則重斷，小則輕勘．此予所秉執也．況洪氏金氏俱是慈殿慈宮之私親，則豈有扶洪而抑金，扶金而抑洪者乎．

予當洞諭於卿等，而先以處分中濫猾二字，諭於卿等矣．龜柱之罪，不特放恣無忌憚．大抵龜柱壬辰之疏，有萬萬驚懍處，卽其中追崇之說也．奉朝賀之說，非曰是也．龜柱之說，非曰非也．伊時酬酌不過私自酬酌，而予之因言端，仰奏於慈殿，特以無間之意，一時仰達者，而伏想慈殿之敎於渠者，意在於嘉余無間之意，而示予孝思之誠也．豈以慈殿恒日命令，不出閨門之盛德，而一毫有使渠呈疏之意乎．然則雖聞慈敎，此正[45]敢聞而不敢道之事．云云．

渠以私憾於奉朝賀之心，肆然陳章，至騰予仰達於慈殿之事，臣子分義，果安在哉．先大王於其日，語大妃殿曰，以我孫爲質而言之，此何事也．君以不敎戚里，有此罔測之擧爲敎，因駕詣文昭殿，有俯伏之擧．嗚呼，倘非先大王止慈之天，豈有此敎，而亦豈有此擧也．云云．

倘於其時，先大王覽龜柱疏中，追崇之酬酢，若敎余而爾在東宮，何敢酬酢於此等議論乎，則予將何事而仰對．此非龜柱罔赦之罪乎．云云．

又敎曰，今者下敎，特以處分中濫猾二字，分釋下敎者也．今日召見大臣以下二品以上三司諸臣，欲諭予意，使卿等知義之分於錙銖者也．卿等聽之．

近來奉朝賀之罪，臚列無餘，至請極律，予亦以爲奉朝賀非無罪也，亦非可貸而可恕也．特不可加以一殺字而已，奉朝賀若不貸，慈宮必將不安，則予以竊負之意，屢發於筵席，亦以下敎，於向日

---

44. 본서는 '次以'로 되어 있으나 『현구기문』의 '以次'를 따랐다.
45. 본서는 '政'으로 되어 있으나 『현구기문』의 '正'을 따랐다.

備忘記中，諸臣亦豈不知.

若奉朝賀，稱兵犯闕，宗社之亡，迫在朝夕，竊發之陰謀，在於終日之不竢，則此則以社稷爲重，君爲輕之義，究之古聖人義理，或可以竊負爲輕宗社爲重，其所處之之道，或不可不容議，至於下此一等，則予旣有竊負逃之敎，則人臣分義，豈可使君上，寧爲竊負，而又請殺之不已乎．云云．

又敎日，予之招致鄭履煥者，以其廢處多年，不入向時濁亂之徒，故欲一用之．豈意徘徊金家笆籬邊，掇拾金家之口氣乎．然則方圖淸明之治，而收聚戚里之私人，主張時論，以助戚里之勢乎．是麟漢旣殺，龜柱接踵，豈非去一戚里，生一戚里乎．云云．

且予[46]豈不言於向日麟[47]漢處分之傳敎乎．慈宮以大義勉予，予聞命而感泣矣．慈宮旣斷恩於麟[48]漢，慈殿亦豈不斷恩於龜柱乎．云云．大抵龜柱之罪，此外非日無也．亦不可忍說．只以上疏之小事言之，余不忍又殺戚里，旣以貽戚於慈宮，又不忍貽戚於慈殿．貽戚二字，予意深矣．卿等知悉．

鄭履煥放歸田里，大諫金鍾秀上疏救之．

十二日下備忘記，洞諭戚里相攻之禍，仍及龜柱，初與厚謙，結爲死友，合力攻洪之事．有日，辛卯二月初五日，駕詣舊邸之夜，金漢耈與厚謙，瞰予不隨駕，乘間私覿，眩惑天聽，無所不至，乃有宮城扈衛之擧．時値夜深，而惟聖德之或有虧損是懼，予詣大妃殿奏日，雖急於殺人，奉朝賀旣無推戴王孫之跡，則作此前古所無之變，不自覺其上累聖德，此何擧措．須急急下書於承候之人，緩此事機，以光聖德．再三仰奏，僅得回聽，至于十一月後，聖心乃解．

又日，辛卯之春，旣不得殺奉朝賀，則及其秋內外煽動，[有韓鍮沈儀之事] 不勝其紛紜．又以某年罔極不忍聞之說，恐動之事，予不忍索言．予於九月二十二日，召金漢耈於庭班而見之，累累面諭者有之，盖答鄭履煥之疏批中，上段辭意也．至此而兩計又未售，則又呈壬辰之疏，其疏一款，是豈陳於先大王者，而亦以予爲儲君，安敢筆之書之，若是肆然乎．

一猶不足，御極之後，鄭履煥之疏又出．彼奉朝賀欲加之罪，何患無事，而又提此不忍聞之說也．予之處分於德師一和輩者，果以何許義理也．今日北面於予者，復提一字半句，是先大王之逆臣，先親之逆臣，寡人之逆臣也．云云．

31. 戊己辛壬以來，洪金之黨，迭相進退，而皆因厚謙爲之輕重焉．及乙丙代理之時，龜柱之力爲多，故厚謙麟漢輩爲之不平，必欲沮戱而後已．養厚所謂惟恐金氏得志者，卽其實情也．登極之初，龜柱陞資，鄭履煥輩亦擢用，而麟謙諸賊皆伏其辜矣．及是龜黨竟復得罪，或謂聽政後陳章．德師

46. 본서의 '意'는 『현구설』과 『현구기문』에 의거하여 삭제하였다.
47. 본서와 『현구설』 모두 '獜'으로 표기되어 있으나 '麟'으로 고쳤다.
48. 본서와 『현구설』 모두 '獜'으로 표기되어 있으나 '麟'으로 고쳤다.

之被誅，皆出於龜柱之貟持，而龜柱所以得罪者，亦出於此云.

김구주와 정이환에 대한 정조의 조처를 비판하는 한후익의 상소: 32

32. 正言韓後翼上疏，極言袞闕，至及心術之微，而兼論金龜柱鄭履煥事. 上優批答之.

掌令尹在醇發啓請拿鞫. 上許以得體，而抉摘文字，非清朝美事，不允.

其疏曰，嗚呼，殿下御極以來，勵精圖治，早寤晨興，憂勤惕慮，凡所以立大綱，而擧萬目者，靡不用極，宜其新效漸著，宿弊頓去，而顧乃不然. 朝廷之上，舊習依然，諂諛成風，迎合爲能，勢道是尋，趨附爭先，亂賊雖誅，而義理尙不大明，貪墨雖懲，而四維猶患不張，紀綱日頹，風俗日靡，魚爛河決，非朝伊夕，無復有一事，可以酬殿下之志者，何也. 此由於殿下之操術不明，推行無實，不能有以端本，而出治耳.

嗚呼，天下之事，有本有末，有大有小，正其本則末自治，擧其大則小隨之，必然之理也. 殿下之爲治，有異於是，舍其本而治其末，後其大而先其小. 試以大者言之，治天下以正風俗，得人才爲本，則今日急務，寧有大於此者，而殿下未嘗奬一廉直，求一賢能，而日夜憧憧者，唯在於振起文風，防察奸情，臣未知月露風雲，何救於已頹之俗，刑名法術，豈革其積痼之習耶. 於是乎文華浮薄之徒進，承順苟容之風成，其弊將不如不振不防之爲愈也.

用人之道，才德爲大，而門閥爲小，保擧爲先，而歷試爲後. 殿下之用人，則不然. 但以其家勢，而不以其賢否，不詢之公議，而先試以爵位，前日一兩人之狼狽，良以此也. 躁競之風益長，賢能之進漸枳矣. 革科弊，當以正士習，選主試爲本，而殿下不此之爲，而惟以場屋之間，操切擧者爲務，彼擧子者，積習已痼，其計未售，而其心不悛. 一遇主試者，循私而相應，則物色選拔之患，將何術而防之耶. 且殿下每以萬乘之位，下行有司之事，舍置萬機，躬考試券，設令科弊，因此而永革，楊顒侵分之戒，獨不可不念乎.

懲貪贓，當以勵廉耻嚴保擧爲本，而殿下不此之爲，惟以嚴法深治爲務. 刑罰之威，只是以懲惡於一時，而不可以永防其弊源. 且刑不上於大夫，故朝士例杖之法，實本於皇朝舊制. 今以嚴杖加之，雖其所以自取者，無足可惜，而獨不有傷於清朝忠厚之風乎.

至於討逆一事，尤當以正名爲本，而殿下特以慈宮地，欲全某凶之生，此實天理人情之不得不然者. 但沮戲代理，非麟漢輩所獨辦，則某凶之爲巨魁，不問可知，而殿下終不正名聲罪，而但治其枝葉，使國人不能曉然知主謀之所在. 且其窮凶極惡，至於罪犯先朝，而尙今保其官爵，使其居住與恒人無異，此豈殿下所以恭承宗廟之意，而是非不明，民志不定，觀望尙多，禍機潛伏，此非可懼之甚者耶.

且殿下之竄金龜柱也. 以私憾討逆, 爲其罪之一端, 此亦臣所未曉者. 蓋龜柱之作隻於某凶, 實在庚寅以後. 其前別無釁隙之可言, 則私憾有無, 臣固不知, 而但其器小識淺, 喜事自用, 所以討之者, 多不以其道, 以惹上下之疑耳. 設令以私憾討之, 苟其所執者爲大義, 則殿下但許其義而已, 何以其心爲哉. 春秋之義, 亂臣賊子, 人人得以誅之, 人人之誅, 豈皆出於公正之憤, 無一毫出於挾私者哉. 而聖人許之者, 特以天下之心公者絕小, 心私者至多.

若許公者討之, 而私者不討, 亂賊大逆, 將無可討之時. 故但驅之以義, 不問其心之公私也. 若如殿下之敎, 凡有亂賊, 有私憾者不得以討之, 則自此以往, 非世所共知公正君子, 不可得以討賊矣. 況心之公私, 他人所難忖, 若有指公爲私, 以私爲公者, 人君將何以卞之. 而小人畏罪 君子避嫌, 天地間將無討逆一事, 此豈細故也哉.

鄭履煥, 雖是名相之孫, 爲人迂妄, 人或言之. 殿下未嘗歷試, 而一朝驟升, 已有欠於進賢如不得已[49]之義, 而其鯁直之性, 敢言於不諱, 不憚强聒, 其視世之逢迎承順者, 不啻賢矣. 雖所言未必盡合義理之當然, 而殿下既容而恕之, 又置之宰列矣. 今乃推提過事, 黜而斥之, 何其前後擧措, 若是其顚倒耶.[50] 履煥之與龜柱相親, 特以義理之同, 而氣味之近耳. 謂之辟於親愛, 則猶之可也. 而謂之私人, 則決是情外之目. 若以相親之相, 便謂私人, 則殿下之當初擢用, 不過名祖之孫.

而其祖故相臣澈與靑陽君沈義謙, 同攻元衡, 又其祖故相臣澔與故相臣閔鎭遠, 同攻五凶, 而澈與義謙, 澔與鎭遠, 俱是莫逆之交, 則澈可謂義謙之私人, 澔可謂鎭遠之私人. 而殿下於祖孫之間, 一取而一捨, 何也. 地處相逼者, 避私憾之嫌, 而不得討賊, 與之相親者, 避私人之嫌, 而不得討賊, 天下寧有是理哉.

臣愚死罪妄意, 殿下聰明有餘, 典[51]學失方, 衡石之程, 但在於該洽貫穿, 而不知帝王之學, 自有當務. 其在於大學格致之工, 未有實得. 故凡所作爲多任私智, 而不循天則, 所以每違於聖學之成法, 不合夫事理之當然, 此[52]臣所謂操術之不明者. 而星尺不精, 運用必舛, 臣恐以此權度量度, 事物無往, 而得其宜也.

嗚呼, 誠者成人之本, 而物之終始, 故有其誠, 則有其物, 無其誠, 則無其物. 人君之心, 一有不誠, 則雖有事爲, 亦如無爲, 此子思所以中庸之書, 反復言之, 而不已者也. 況人主以渺然之身, 處深宮之中, 所以建四方之極, 而爲萬化之源者, 全在於是誠, 則百廢俱擧, 萬目必張, 一有不誠, 文勝質亡, 訟而不從, 堂陛之間, 號令不行, 亦何望其作新風化之休哉.

---

49. 본서에는 '已'가 누락되어 1776년(정조 즉위년) 11월 21일 자 실록기사에 의거하여 보충하였다.
50. 본서는 '何其前後, 若是其擧措顚倒耶'이나 위 실록에 의거하여 '何其前後擧措, 若是其顚倒耶'로 고쳤다.
51. 본서는 '興'이나 『현구설』과 『현구기문』, 그리고 위 실록에 의거하여 '典'으로 고쳤다.
52. 본서는 '此然'이나 『현구설』과 『현구기문』의 '然此'를 따랐다.

殿下潛德春宮，十有五年，令聞夙彰，八域延頸．自聽政以後，臣民顒望，中外拭目，皆謂堯舜之化，指日可期．夫何臨御以來，未見薰蒸透徹之效，而御下則用顚倒之智，製事則行權宜之術，前後有異，表裡不同，與聖門誠正之學相反，雖如討逆大義，猶必以是術將之．始慮逆節之不著，則旣發其無君之惡，終欲屈法而全生，則旋許其遠慮之忠．沮戲之逆，終必誅之，則前何以曲恕也，懲討之請，始旣罪之，則後何以從之耶．至於逆黨之討，多以微罪行遣，而不以實犯，又於其間，有幸不幸之不同，此其可以定國是，而服人心耶．

營建之役，雖所不已，或有不急之務，而必爲竝擧，代穀之請，本出盆下之意，元非可罪之事，而乃至遞罷．殿下惜財愛民之意，累勤於綵綸之間，而始初之政，已不能相符如此，臣竊恐魏徵十漸之歎，不待貞觀十年之久矣．若夫漢明之耳目隱發，衛君之好察隱微，乃季世督責之術，非聖王推誠之道，而道路之言，或有以此疑殿下者，此豈臣民所以望於聖明者哉．疑則勿任，任則勿疑，臨下之道也．殿下或疑之，則胡爲任之，旣任之，則又何疑焉．夫不以大臣臺啣爲腹心，則近習便嬖爲耳目，士大夫讀書知義者，猶不足信，則賤隸之知利，而不知義者，又何信乎．臣恐其流之弊，不但止於上下相疑，國事泮渙而已．此臣所謂推行無實者，而一心不誠，萬事皆虛，其於治平之效，無異却步而求前也．豈不惜哉．

大抵殿下以英明之姿，當艱虞之會，慮患深遠，處分周審．所以防禍難，而保聖躬，鋤凶逆，而安宗社者，皆出於神機之獨運．此固非尋常世主之所可彷彿也．然此可以備一時之變，而不可爲久遠之術．可用於危疑之日，而不可用於平常[53]之時．今乃機事已過，機心尙存，欲因以馬上治天下，則恐非隨時變革制宜從政之義也．

殿下求助之意，非不勤也，而山林之士，却顧而不進，忠讜之論，側耳而未聞者，專由於上下之不相信，又由於殿下之不以實心．試以前後求言之旨言之，殿下始欲聞讜直之言，博詢朝野，而乃獨求之臺閣之臣，又不身自刻責，而責諸臣之不言，如此而欲上下之相信，豈不難哉．

嗚呼，今日國事，比如老羸之身，新[54]經大病，元氣未復，而調理失宜，百脈違廢，衆證竝作，雖有扁鵲之術，亦將不知着手處矣．萬一回生之道，惟在陽復其所審病下藥，豈可捨本而論末哉．此臣所以眷眷而不已者，獨在於殿下心術之不誠，而不可及[55]於他事．云云．

答曰，今爾此章，可謂御極後，初聞之讜言．以其及於心術之微也，良足嘉歎．但金龜柱之如靑陽文忠,[56] 鄭履煥之追文淸文敬，予未知信否．爾言無或過中乎．云云．其餘諸般陳勉，莫非予對證之

53. 본서는 '復'이나 『현구기문』과 실록의 '常'을 따랐다.
54. 본서의 '方'은 『현구설』과 『현구기문』에 의거하여 삭제하였다.
55. 본서의 '睽'는 『현구설』과 『현구기문』에 의거하여 '及'으로 고쳤다.
56. 본서의 '父'는 1776년(정조 즉위년) 11월 21일 자 실록기사에 의거하여 '文忠'으로 고쳤다.

劑, 急先之務, 當體念. 云云.

掌令尹在醇發啓請拿鞫. 上曰, 所啓可謂得體, 而初不罪韓後翼者, 以其言及衮闕而然也. 大抵九月辭教, 爲不可信, 則爾等雖亟停龜柱之罪可也. 苟以君父之言爲可信, 則當合啓方張之時, 隱然有角勝之意, 果非臣分之所當然, 而從古死黨之人, 以其良心陷溺, 不知義理之當否者, 亦何限也. 何必過責於彼臺臣耶. 機字云云見之, 不覺驚心, 而機字亦有許多般, 若商輅不道之言, 則雖卽日正法可也. 又若以機事之人, 必有機心等語, 亦可爲詬天罵日. 彼臺臣曾所謂湖中士類中一人云, 必多讀書矣. 無或以濂溪先生, 幾善惡之幾字, 通用於機字而言之者耶. 文字抉摘, 殊非淸朝美事. 所請不允.

자객을 동원하여 궁궐을 범한 홍상범 등의 옥사: 33

33. 洪述海之妻孝任,[姓李] 與其子相範姪相吉等, 募刺客龍暉興文等, 挾匕首越宮墻, 擬犯不敢言之地. 方越入時, 爲邏卒所捉, 與範吉趾海等伏法. 洪啓能卽啓禧之至親, 而以經行抄選, 一邊所稱儒賢者也. 亦爲相吉所引, 嘗與講太甲篇有凶言, 杖流濟州後, 又拿鞫, 方令結案也. 笑而不肯曰, 不少[57]之人, 豈可結案而死乎云.

其後洪量海韓後翼之獄, 相繼而起. 湖獄連仍, 無歲無之, 皆禧能之餘黨也.[事在明義錄中耳]

孝任獄後, 設宿衛所於御寢咫尺之地, 洪國榮以都承旨兼大將, 晝夜直宿, 造次不離, 寵傾內外, 權侔人主. 又托廣儲嗣, 選進其妹爲嬪, 生死判於一言, 黜陟由其意旨, 擧朝氶附, 四方輻輳, 自有權貴以來, 所未有者也. 以其叔樂純爲相, 純[58]三十日玉堂與具善復同事者, 而首相徐命善, 又命膺之弟也. 與國榮表裏同事, 於是某年義理, 隄防極嚴, 人莫敢語, 及隄防之禍, 自此起矣. 五年而敗, 方其當局也. 或稱都令或稱宿衛所, 而不敢名, 上或動駕則貼在駕後, 作方陣而行. 觀光者, 擧皆屬目於國榮, 而不暇瞻天顔, 其爲一世所歆動如此. 國榮敗後, 宿衛所亦罷, 而壯勇衛設焉.

은전군 찬이 김구주와 연루되어 죽다: 34

34. 丁酉月, 三王孫禶賜死. 初某年時, 禶在襁褓, 民間頗言, 禶爲中宮所養, 宮中呼爲阿只, 爲龜輩所擁. 辛卯裀禛之得罪也, 領相金致仁, 爲禶特奏, 復設師傅, 物議爲之睢睢. 及至龜柱敗, 而百僚庭籲, 遂致禶誅. 時禶年十六七, 臨出門時, 顧語將何往, 及受後命, 繞壁號咷曰, 我何罪云.

---

57. 본서는 '小'이나 『속명의록』의 '少'를 따랐다.
58. 본서는 '卽'이나 『현구기문』의 '純'을 따랐다.

역적의 토벌을 주장하는 이복원의 상소: 35~36

35. 某年刑曹判書李福源, 上疏盛論隄防之義.

其疏略曰, 嗚呼, 我聖上所處者, 天下之至變也. 所守者, 天下之至正也. 仁之至也. 義之盡也. 孝彌光而德彌高矣. 臣嘗伏讀, 丙申三月卽祚日, 首降綸音, 首尾百餘言, 明正痛切, 遵聖祖已定之遺訓, 而謹繼序之大統, 推昊天罔極之孝思, 而抵邦本之隆極. 末又惓惓聖意, 頒及於不逞之邪說, 開示敎戒, 丁寧嚴重. 云云.

噫, 一種凶邪之徒, 以梟獍之性, 有鬼蜮之態, 陰蓄希覬之圖, 肆行嘗試之計, 迭投凶章於率土如喪之日, 甚至逆腸悖口, 謂天可詬, 此實載籍所無之變, 擧國同讐之賊. 云云. 盖自五六年來, 國家不幸, 亂逆層生, 而如明義錄所引諸賊, 其罪易見, 其情易綻, 三尺童子, 一聞其事, 則知其爲逆. 至於此類, 內懷叵測, 外藉莫重, 黠者托於義, 愚者啗於利, 陷溺人心術, 誑惑人聽聞, 雖伏刑戮, 終不覺悟, 比之挾匕, 稱兵爲罪, 雖殊而其禍益遠. 況今歲月寢久, 隄防漸弛, 上不吝疏蕩之政, 下不思懲創之道. 云云. 誠恐亂萌未杜, 邪說復起, 我聖上大德盛節, 將無以昭示於天下後世, 而又不知幾箇怪鬼, 伏在冥冥之中. 云云. 上優批答之.

36. 大諫李得臣, 繼陳其義, 上反震怒, 大臣至請設鞫嚴問, 以爲重臣之疏, 出於哀慟迫不得已, 而得臣則全無至誠惻怛之意, 敢爲等閑塞責之計云. 李本恬雅, 有文優於館閣, 頗爲士論所歸. 或言此疏之出, 實爲徐相所哄. 盖其子晩秀爲徐命善壻故也[大臣卽徐相也].

1780년 홍국영이 갑자기 사직하다: 37

37. 庚子某月洪國榮, 以都承旨宿衛大將, 忽上疏乞骸. 上爲之酌酒以飮, 詡其高節. 遂令休致, 任便行止, 而所以禮遇者, 夐絕古今. 於是一世傾倒, 以爲高出五湖, 頫視若水, 朝廷爭上疏請留, 而某官金鍾厚, 亦以山林勸上留用, 至稱千古奇男子焉.

初洪嬪之選, 出於廣儲嗣之計, 己亥洪嬪夭後, 朝議宜更選, 而國榮不可, 所以得罪也. 或云, 國榮以洪嬪之喪, 謂出於中殿敢售逞凶之計. 進以藥物時, 中殿靜處別殿, 上微察其變, 卽隨而入問, 有何物入來, 中殿抵言無之, 上遍索房內, 乃於某器中[虎子]尋出. 盖因上急至蒼卒納于此也. 上爲之感歎, 勉以自愛, 時中殿所屬宮女, 私通其家, 急具素服. 而各司亦捉囚, 笠工將以造白笠, 城內外遑遑. 盖已有不諱之報, 故至於如此. 方國榮之進洪嬪也. 族父[59]校理在源, 疏論國榮, 大意以爲中殿之春秋鼎盛, 儲嗣顒望日久, 苟有疾恙, 宜盡醫藥之方. 國榮大怒, 使某官金持默,[卽中殿叔父]

疏卞其儲嗣之無望. 禍將不測, 仍終身轗軻, 而卒後贈副學. 國榮嘗上疏有日, 殿下之內治罔涯. 云云.

國榮雖退, 而一邊之人, 或當疑難之事, 則必遣人問計, 國榮輒大飲以臥, 以扇覆面, 小頃蹶然起而答, 無不鑿鑿中窾. 或問某年義理, 終將如何. 日從今十年, 僅可防塞, 以後有不可知云.

김하재와 이율의 옥사: 38~40

38. 甲辰某月某官金夏材, 以獻官入闕受香, 與傳香承旨李在學語次, 忽出示袖中疏艸, 滿紙所陳, 無非詬天罵日之語也. 在學覽畢愕眙, 事出不意, 遽還其艸, 旣而覺其失, 復以詭言取之, 急持而上之, 設鞫正法. 自言其心, 與一鏡同. 云云.

時文孝世子, 册封隔日, 其父陽澤, 卽三浦張帆中一人, 而其撰元陵誌, 直書某年事不諱, 至稱聖人之達權矣.

夏材凶書旣達, 而上不卽拿. 兵判李在協, 亟令拘置, 而夏材已徑歸矣. 群校追踵至其家, 則便服躡艸鞋, 從三淸洞後踰城, 群校遽至, 諭以不可亡命之意, 遂就執. 盖其貌極弱, 而勇力絕倫, 殆非數校所能執者, 其儕以爲本有心疾. 此擧亦出於狂易云.

乙巳, 夏材之姪斗恭, 又出凶書. 某官金鐘秀告之伏法, 而其言一如夏材.

丙午某官李魯春上疏, 襲用夏材凶書中句語. 魯春竄後, 大臣金致仁爲之伸救. 上遽下敎旨, 以夏材討逆之不嚴, 生出魯春, 遂施夏材逆适之律焉. 後丙辰, 上詢于大臣尹蓍東, 蕩滌魯春罪名. 魯春李瀞孫也

39. 乙巳春, 李瑮等謀逆伏誅. 自年前騷屑極盛, 內浦及近野之人, 捲入珍錦之間數邑, 彌滿峽中, 屋價猝踊, 士族往往有失其妻孥者云.

某官金履容與李瑮相熟, 微察其有異, 投入其中, 探其陰謀. 瑮本大家, 雖布衣素以豪名, 所與往來者, 無非權要. 又能延攬無賴之類, 乃與樂純子福榮等, 於頭流山中, 排鋪不軌之物. 履容受瑮書, 往來頭流凡幾次, 偵得其要領, 遂上變告之. 瑮等諸賊伏法, 而頭流之中搜剔, 殆遍盖多屋宇兼聚財貨云.

將封勳金履容收議, 大臣金熤, 獨謂履容旣入瑮黨, 則是預凶謀, 免死已幸, 遂不封勳, 而擢受慶州府尹. 瑮等之招, 有以具鳴謙爲內應大將, 鳴謙乃善復之姪也. 上不問, 及丙午始發之.

---

59. 본서의 '父' 자가 『현구설』에는 없고, 그 대신 '族' 자 옆에 '朴' 자가 있다.

40. 丙午某月，大諫李東馨慘論某官李秉鼎．其疏略日，夏賊本自勢家强族，平日腸肚言議與之相通者，豈無其人，而若其形迹昭著，萬口難掩者，卽李秉鼎是也．云云．

當聖上代理之初，夏賊以三司之長，投進一箚，滿紙營護，極口稱[60]詡，謂以向善衛道，至請言者之反坐，未知所謂向善者何事，衛道者何事，而其磨肌戛骨死生以之之狀，此可謂一大證案．云云．

代理初，秉鼎爲持平李鼎運所論，夏材以副學建白，李秉鼎父子持論，本自公平，而秉鼎向年連箚，實關衛道，近日章奏，亦出嚴防．云云．

一人被論，猶屬細故，而竊恐自此，向善者無所勸，而爲惡者無所懲．云云．所謂何事云云，卽指此也．

傳日云云．秉鼎乙未遭彈後事實，與諫長疏，萬不相似，前箚後章，畢竟心迹，自歸掩不得之科，昨冬卿宰入侍，已有筵敎．以此驅秉鼎，秉鼎能愧伏乎．其日向善 云云．諫長雖無難誦謄，何乃太不費思．大抵夏賊之爲夏賊，權輿於後章，今若於向衛二字，說去錯了，則豕突之漸，不可不慮．云云．李東馨亟施[61]削職之典，俾知予爲諸臣欲置生之至意．傳敎雖如此，而滿朝無一人知所謂向善等說之有所關涉也．

忽於七月筵席，有云云之敎，自大臣以下，始乃相率聲討．於是領相鄭存謙罷職，李東馨機張縣竄配．

傳日云云．大抵，丙申春獄，以事則不忍言，以言則不忍聞，前後禁令，不啻金石．不惟諸臣不敢提，余亦不欲詳論．歲月寢久，義理漸晦，大小臣工，終不分槪，於忠逆蹊逕，故往往有似此誤罹之患．若觀嗣服以後，錄孤隱卒之敎，可以知義理之自有昭揭，而予心之自有秉執．至於師翰之爲逆，別有交通者存，詬罵者存，何與義理與秉執乎．向於東馨之疏，余則驟看，猶覺其駭惋，略提剖析之敎，俾有領會之方．廷臣之默究而細繹者，亦豈無一人，而數朔之間，一味寂然．云云．

及當筵席發端，始乃相率聲討，而不遂．一番求對，徑加一層律名，節次推衍，終至何歸．始犯緩討之律，終歸遂非之科．云云．

領相洪樂性等，聯箚請鞫東馨，有日，隄防不嚴，變怪層生．又日，東馨卽翰賊之獄，被逮倖逭者也．李秉鼎卽不撓於翰賊之誘脅，終能角立，受其毒害者也．今以東馨而攻秉鼎，必欲搆捏而甘心焉．其心所在，豈但出於爲建德報仇而已哉．況其疏中何事等句，萬萬凶慘．云云．

60. 본서는 '護'이나 『현구설』과 『현구기문』의 '稱'을 따랐다.
61. 본서는 '旋'이나 『현구설』의 '施'를 따랐다.

문효세자와 구선복의 죽음: 41~44

41. 丙午五月, 文孝世子, 因患痘而卒.

九月, 淑儀成氏繼卒. 成氏卽世子私親, 而時有胎候矣.

十月, 王大妃殿下諺教於大臣. 時金相致仁, 起廢爲首揆矣. 諺教略日, 丙申以後, 倫綱斁絕, 變怪層生, 至於己亥凶逆, 如國榮之出, 敢懷叵測之心. 主上春秋鼎盛, 未滿三十, 而乃敢沮遏儲嗣之大計, 以常溪君爲完豊, 稱以假東宮, 肆發凶論, 不啻狼藉. 以聖上明斷洞燭其罪, 卽爲屏出禍危之急. 雖以少緩, 國榮之凶謀益急, 夜夜邀致常溪君於渠家, 廣席財貨, 締結無識鄙悖之類, 變在呼吸. 未亡人, 不獲已, 布示諺教, 以廣儲嗣之道, 曉諭朝廷, 從玆以後, 國榮凶謀, 遂不得售. 云云.

皇天篤祐, 陟降陰隲, 歲在壬寅, 元良誕降. 云云. 千萬夢寐之外, 遭五月之變. 云云. 惟有一分企待之地, 晝夜顒望, 意外又見九月之變喪. 云云. 兩次喪變, 證勢凡百, 自初乖怪,[62] 畢竟至於此境. 云云.

此際常溪君不意致死. 雖未知渠之有何所知, 而臥死牖下, 憂虞雖似少紓, 大義之未伸, 倫綱之蔑, 如固無間[63]於生死也. 云云. 前後凶計, 極其狼藉, 形跡畢露, 而主上至仁至慈, 卓越百王, 每事庇覆, 隨處藏匿, 使不得言云. 常溪君卽䄄之子湛也. 於是上自朝廷下至韋布, 請討䄄罪, 竝其妻孥, 安置江華.

初洪嬪之喪, 國榮建議封園, 以湛繼其後, 爵號完豊君, 義取國籍與洪氏之貫, 合而名之也. 且以不可重選嬪御之意, 累累申白, 其意欲以完豊君, 定爲國本也. 國榮既退, 罷其封園, 遂革完豊之號矣.

文孝喪後, 一邊之意, 更屬於湛, 辭說藉藉, 及是湛忽自斃, 而大妃殿諺教下矣. 某官宋樂休上變告, 具善復推戴湛事. 樂休卽湛之外祖, 而善復時任訓將也. 與其姪鳴謙, 皆以大逆伏法.

42. 時國本既虛, 人情憂懼. 大臣或有橐封, 欲請預建者. 善復爲笠骨之會於其隔墻某宰之家. 會者傾朝, [切肉爲數十鍮盆云. 卽此可知, 會者之多矣] 乃以是日招致湛, 湛之經斃, 蓋出於此云. 善復臨刑, 顧見百官序立, 嘻嘻而笑日, 大監輩使我獨死乎. 善復爲元戎十餘年, 放恣無忌, 權傾一世, 上自大臣下至宰執, 無不被其凌辱者, 爪牙耳目, 布滿內外. 方其見收也, 闕中爲之洶湧, 頃刻之間, 若將不測. 上忽下教, 凡善復所係任者, 下至軍校吏胥, 一竝勿問. 傳旨纔下, 一時帖然, 其時入直者, 云云.[64]

---

62. 본서는 '怪底'이나 『현구설』의 '乖怪'를 따랐다.
63. 본서는 '問'이나 『현구설』의 '間'을 따랐다.
64. 본서는 '直云者'로 되어 있으나 『현구설』의 '直者, 云云'을 따랐다.

43. 善復伏法後, 上語近習曰, 外間必以善復之十年寵遇爲疑, 然未誅之前, 豈可遽加疎, 外致自不安乎云.

44. 文孝之卒, 以早斷乳汁, 竄太醫李廷摸. 臺啓請鞫, 而亦請都提調之罪, 卽徐命善也. 又以某官趙時偉, 不滿於文孝誕降之初, 至有稠座云云之說, 金甲島安置. 某官金宇鎭, 以爲湛通婚, 庭鞫有顧瞻他日之供, 濟州安置. 宇鎭卽金相尙喆之子也. 尙喆之庶子, 爲善復之婿, 故干連其獄, 而尙喆不問. 後時偉移配濟州, 與宇鎭皆荐棘.

역적의 발본색원을 주장한 심낙수의 상소: 45~46

45. 丁未春, 修撰沈樂洙上疏, 極論諸賊雖誅, 窩窟尙在, 仍復痛陳魯禧以來群凶替相傳授者, 首尾數千言.

其略曰, 我聖上至仁盛德, 欲使匝域含生, 無一物不遂性, 龍蛇梟獍, 亦欲其革質而變音. 制治之要, 在於闡明義理, 鎭安朝象. 只此一念, 有可仰格天心, 俯洽人心. 而十年之間, 畢竟所就, 乃使上相元戎, 挾近宗, 而圖難言之變怪, 不測之凶謀, 又在一國臣民, 延頸願死之地, 苟非我聖母, 炳幾燭微, 誕宣一札, 揭日月於長夜, 樹宗社於將壞, 則危亡之禍, 直在於朝夕. 云云. 今夫極變凶禍, 王法之所宜必究, 人心之所宜深創, 而誅一二賊, 猶復晏然. 噫, 鞫案一出, 人無不搿膺而痛, 仰天而歎.

噫嘻, 復謙謟於附勢於重功, 甘作一腐儒賊璟之內應, 喆宇巧於觀勢, 盤據朝廷, 欲爲群不逞凶徒之後繼者. 是必有陰主凶謀, 潛挑禍祟, 漸一世之誑惑, 而鼓以凶論, 誘[65]群心之訛誤, 而煽以亂言, 左右旁伺, 前後交締, 遂使復謙喆宇唱嘯, 相率而入者, 豈無窩窟之主, 而忙忙撤鞫, 汲汲決囚, 惟恐眞贓之或出, 云云.

逆湛自斃之根, 竟絕陰謀查究之路, 逆裀安置之擧, 尙有禍本未除之憂. 大獄乍撤, 賀儀纔擧, 而又有匡運之凶變. [匡運卽某官金鍾正之戚屬, 客於鍾正, 將呈建儲之疏, 鍾正告之伏法, 而嚼舌不告指嗾.]

其情必非自爲, 久而濡染於亂言, 潛相轉襲於凶論, 遂爲換面迭出之計, 欲作玩弄唱起之階. 此豈無璟復窩窟, 竊自抵掌潛[66]笑於暗中者耶. 云云.

噫嘻, 痛矣. 窮天逆節, 自尙魯啓禧而始, 繼有翬晚凶謀, 至龜柱始成窩窟, 陽托於攻斥權臣之論, 暗售其危逼貳極之計. 或假說義理, 潛激愚痴之類, 貨賄陰結悖妄之徒, 訛言日興, 聲勢漸長.

---

65. 본서는 '諭'이나 『현구설』의 '誘'를 따랐다.
66. 본서는 '暗'이나 『현구설』의 '潛'을 따랐다.

厚謙之巧黠，常有籍於其母，而欲爲左右輕重之勢，麟漢凶譎，欲自貳於其兄，而暗作前後顧瞻之計，致讓述海潛附龜柱，而紹介締結之迹，昭不可掩.[67]

方斯時也，苟非先大王至仁盛德，我聖母慈教陰功，則宗社洪基，思之凜然. 及殿下誕膺寶位，麟謙爲先伏誅，尙魯嚴討之敎，如雷奮迅，則範吉遂肆挾匕首之計. 龜柱斷罪之案，若日昭揭，則量翼繼有稱兵之謀逆，禶是龜柱之推戴，則啓興乃主其謀. 若淵是麟漢所比附，則量海乃許其忠，此皆凶徒死中求生之計可見，其外若殊途眞成一圈也. 亂本略鋤，凶徒乍除，是宜義理漸明，朝象稍安，而國榮之凶謀又出矣.

噫嘻，賊湛之爵號出，而一世駭惑，德相之凶謀發，而人心波蕩. [德相卽時烈之孫，爲國榮所引至吏判，稱儒賢. 國榮敗後，瘦死獄中] 駸駸其勢，若將有朝夕之變怪，而惟殿下敎之生道，使榮純竝[68]出，則依附之徒，猶藉德相，而湖海之獄連年，如蛇糾蚓，遂致澤白詬罵之變，而因有京邦嘯聚之謀，只隨現發赫然誅討.

是宜義理漸明，朝象稍安，而夏賊窮天地亘古今之變，闖然又出於春宮册封之隔日. 情節未究，徒黨未覈，繼以揆明之獄，仍復漫漶，而是年冬，賊瑮之名，傳藉人口，果有明春之獄，根連夏賊之不究覈.

人皆疑排鋪和應，不但止於福洋之痴蠢賤卑，而果有將兵元戎之陰爲內應，則昨冬謀變，又豈止福謙喆宇而已哉. 噫嘻，痛矣. 數十年來，諸賊煽動亂言，漸圖國本者，纚然，如貫一繩. 而榮德以後亂逆之生，愈往愈甚，爲計轉急，其勢漸大，遠近之誑惑，如水浸下. 中外之詿誤，如火助薪. 朝廷之上，漢賊莫卞，縉紳之間，忠逆相混，義理無可明之時，朝象無可靖之日. 云云.

殿下於十餘年之間，治逆訊囚，殆無虛歲，非惟歲計，漸至式月斯生，非惟月計，亦且式日斯生，前日之如是足以闡明，如是足以鎭安者，今果訖無寸效矣.

噫，亂言假托義理，甚於稱兵之[69]賊，不必遠引. 戊申之逆，如徵晟麟亮，未嘗不誅，而餘禍愈烈，至乙亥耉輝追律雲鏵伏誅，而始得拔本. 今日復瑮，雖已伏誅，今日雲鏵，爲復瑮窩窟者，尙未覈得，尙魯以下誅賊，有浮耉輝者，亦不施大逆之律，則宜乎義理之愈晦，朝象之漸乖也. 云云.

46. 李判府事宗城之謚，初不甚美，戊申春，李相在協，筵奏改以文忠.

上親製文致祭，其文曰慮國忘家. 云云.

又曰，堂披[70]寸腔，臺瀝苦[71]血，中間一著，[72] 獨許神知. 三月郊居，爲誰遲遲，緘罔售情，袞有垂

67. 본서는 '言'이나 『현구설』의 '掩'을 따랐다.
68. 본서는 '屏'이나 『현구설』의 '竝'을 따랐다.
69. 본서는 '之兵'으로 되어 있으나 『현구설』의 '兵之'를 따랐다.

褒，公於奚[73]憾，使我心忉[74]，騎箕之辰，內家[75]飯素．云云．[三月郊居 云云，卽癸酉文女未産時事也.]

又親製文，祭靈城君朴文秀，日盡士生國，以需危疑[76] 古社稷臣，卿於似之，溢腔熱血，格于神明，迓續景命，緊[77]一介誠，先王日咨，無睡則思，矧予激感，曷禁淚滋，于酬于紀，期以世世，從征之勞，而節之細[78]星周舊躔，侑[79]以精禋，匪[80]直也勳，視彼貞珉．云云．[初靈城君以禱祀關廟之意，白于英廟，而莊獻仍以誕降，今上某年以莊獻關廟頌，立石於關廟，上爲步其韻鐫之．其背視彼貞珉卽此也.]

영남유생 조덕린, 황익재의 복관을 논의하다: 47~49

47. 戊申冬，嶺儒以趙德隣[81]黃翼再復官事上言．上取考政院日記，且令收議大臣，特命復官，招致嶺儒，慰諭而遣之．德隣嶺南之望人，曾於甲辰乙巳間上疏，得罪時論．庚辰春，其孫進道登第，臺章請削，莊獻答[82]以不可輕議，魯禧輩以將飜亂辛壬義理，訐奏於英廟，英廟震怒，立命亟許臺請．及是上以前後恩敎，特復其官，至以以先王之心爲心爲敎．

刑曹判書尹蓍東上疏，極論德隣疏語之凶悖，且引進道削科時敎語，因請亟收復官之命，有曰，先大王深燭其陰凶情節，爲戊申藁矢之實狀，雖含垢包荒之盛德洪量，旣鞫而竄之，又於德隣孫進道，庚辰科拔榜也．臺疏批旨，至許以義理之森嚴[四字，卽上責敎中句語也]，而依施焉式．至今丹書未泯，斷案昭垂．云云．

至若黃翼再之賊招，丁寧負犯深重，而比德隣猶屬薄細，臣不暇并論．云云．

答曰，趙德隣事，處分先朝下敎，昭載記注．余則只欲仰述而已．諸臣見記注，亦當釋然．云云．至於庚辰年趙進道削科事，實李判府福源，以承宣俱經入侍．入對必有所記，有况筵敎書批，俱在日記，余豈無商量而然哉．云云．以直驅右相蔡濟恭於黨惡之科，施以不敍之典．

又下備忘記慰諭右相，史官回啓，有曰，伏念我殿下，一政事，罔非出於繼述先大王之故，本事處

---

70. 본서는 '被'로 되어 있으나 『홍재전서』 21, 제문3의 「文忠公李宗城宣諡日致祭文」에 따라 바로잡았다.
71. 본서는 '熱'로 되어 있으나 위 『홍재전서』에 따라 바로잡았다.
72. 본서는 '着'으로 되어 있으나 위 『홍재전서』에 따라 바로잡았다.
73. 본서는 '何'로 되어 있으나 위 『홍재전서』에 따라 바로잡았다.
74. 본서는 '切'로 되어 있으나 위 『홍재전서』에 따라 바로잡았다.
75. 본서는 '祭'로 되어 있으나 위 『홍재전서』에 따라 바로잡았다.
76. 본서는 '危微'로 되어 있으나 『홍재전서』 21, 제문3의 「靈城君朴文秀致祭文」에 따라 바로잡았다.
77. 본서는 '兮'로 되어 있으나 위 『홍재전서』에 따라 바로잡았다.
78. 본서는 '而'로 되어 있으나 위 『홍재전서』에 따라 바로잡았다.
79. 본서는 '俯'로 되어 있으나 위 『홍재전서』에 따라 바로잡았다.
80. 본서는 '非'로 되어 있으나 위 『홍재전서』에 따라 바로잡았다.
81. 본서는 '麟'이고 『현구설』은 '獜'이나 실록의 '隣'을 따랐다. 이하 조덕린은 모두 趙德隣으로 표기하였다.
82. 본서의 '答答'은 문맥상 '答'으로 고쳤다.

分之際，亦以以先王之心爲心爲教，何嘗於辛壬大義理，隄防有所或忽也哉．今其疏語施及於不敢言之地，欲使殿下不得復有所教令，此其意指殿下計也．云云．

大憲金載順，某官金光岳，次第疏論．載順削職，光岳永刋仕籍．而奎章閣提學金鍾秀，又上疏有曰，德隣疏語，何莫非梟腸獍肚，而至於百世在前千載在後八字，卽應元凶疏中所襲用者，其源流傳付之叵測，直令人骨靑而膽掉．云云．

答曰，今日朝廷之如是紛紜，究竟其本，誰執其咎．云云．

鍾秀施以不敍之典．及十二月初二日大臣備堂入侍時，左相李性源所啓，尹蓍東疏中句語，臣與領相金致仁，全昧本事矣．今伏承下教，不勝萬萬驚痛，玆事至重，今日領相呈告，端揆引入，臣獨與兩原任登筵，有不敢倉卒仰對．

上令通于領右相，待其入來，同爲入侍．

領相金致仁曰，臣則全昧本事，今承聖教，不覺心骨俱寒．尹蓍東不可以已施薄勘而止，亟施重罪．臣之所箚，亦有是語，是以臣誠萬萬惶懍．法自貴近始，乞被同罪．左相曰．云云．

判府事金熤曰，本事至重，疏中句語，如曰有心，則其罪更無可論，雖或無情，難免不審之罪，不可不一番嚴問矣．

右相蔡濟恭曰，臣於庚辰年間，連在禁中，略知此事．故見尹蓍東疏語，不勝駭憤，欲於後日登對有所陳白，而聖教先及於此，臣之稽緩之罪，合被大荷．蓍東事大關臣分，決不可仍置．云云．

上曰，疏中句語，以書爲疏，以教爲批，則可知全昧本事．而自有此疏，人看之視，若尋常當用之語，引入已多日，屢回商量，今筵始有下教矣．爲今日臣子，不知庚辰正月有此事，無心之罪，亦不可不論，如是然後，諸臣庶可知之，尹蓍東施以竄配之典可也．

方時原任之命招也，判府事俞彦鎬，稱疾不進，至屢十招，而堅不起上震怒，命擔舁赴朝，及到闕下，猶稱疾篤，乃令挾輦卒擔入．及承上教，亦無一言仰對．於是直命，濟州圍籬安置，三司繼發按律之啓．某年放還，久而不付樞銜．乙卯春，重卜尹蓍東，亦拜吏判．

48. 右相上箚有曰，臣之昨日赴召入闕，人未必不以爲大傷廉隅，而臣之赤心，亶出於鷹鸇逐雀之義，此豈可已哉．尹蓍東疏出之後，其中四字句語，臣以舊臣之故，略知其爲不敢言者，擬待此後登筵，首先請討．而情勢病狀，斷無束帶之望，故忍置胸中，姑不發口．昨筵聖教，哽咽及此，而至有幾日不出殿戶之教，臣俯伏承聞，涕淚暗滋．於是乎，臣之稽緩之罪，實無所逃．蓍東凶腸悖肚，三司執法之地，必有所勘律者．云云．

答曰，云云．昨筵亦有申諭，今何架疊．本事處分，云云．卿之於此遭罹，豈足深嫌．況以無敢妄度，無或過慮，共貞同寅，誕成眞正大蕩平之功，面諭大臣從臣，衆疑群蒙，自可渙釋，在卿身計，賴亦便好. 云云.

49. 是冬, 族父錦城尉朴明源上疏, 請改毅烈宮號. 盖毅烈二字關係某年事之故也. 上下其章于廟堂, 館閣議改宮號, 易以宣禧. 閣臣金鍾秀, 獨違牌不叅, 左相李性源筵斥論罪.

속편(續編) 하(下)

현륭원으로의 이장: 1~5

1. 己酉八月, 族父錦城尉朴明源, 以永祐園風水不吉, 莎艸枯隕, 蛇虺盤結, 變喪疊出, 主鬯久虛. 上疏請遷園, 有曰, 我聖上, 躬周公之達孝, 繼文王之志事云云. 而繼之以宗廟饗之, 子孫保之, 卽命詢于大臣重臣.

遂定遷園於水原府內. 卽孝廟山陵時, 尹某官善道所點處也. 重卜領相金熤, 左相李在協, 領相兼摠護使. 新園改號顯隆. 再擇下玄室.

十月初二日, 遷府八達山下, 亦善道所嘗點處也.

2. 八月十二日卯時, 啓舊園. 百官行緦服三月, 祭服用練布熟麻, 腰首絰. 自上頒給時, 服白布團領, 烏紗帽, 烏角帶, 白皮鞋.

啓園時, 陪祭百官, 及隨駕諸臣, 自園所受服. 留都百官, 啓園時, 明政殿庭, 受服望哭. 前銜朝官及士庶人, 弘化門外望哭. 闕內入直軍兵, 各其直所望哭.

3. 緦服之定, 某官金鍾秀, 獨言其過禮. 泮儒李憲柱李晦保等至發疏論, 其後[1]掌議閔致福[卽判書鍾顯之子也], 施以墨名之罰. 自是解罰反罰, 便成偏論紛紜.

4. 至今遷園之費, 上自內帑出給, 而不用經費. 至於轝士軍, 亦雇軍爲之, 而不用戶丁. 獻納李永穆疏論, 以爲當此莫大莫重之擧, 計日糧料, 雇軍使役, 其在事面, 恐涉苟且云云.

---

1. 본서는 '浚'이나 『현구기문』의 '後'를 따랐다.

5. 靷行不由興仁崇禮兩正門, 而將定豆毛浦. 戶曹叅判李獻慶上疏, 以道路夷險, 津渡安危, 委曲爲說. 而繼以莫如直由, 興仁崇禮兩正門, 向西氷庫之爲最便安. 盖從興仁崇禮, 涉西氷庫爲正路故也.

答曰, 道路事, 向筵有下敎於大臣者. 非不欲權奉別殿, 由西湖渡涉, 少寓無窮靡逮之痛. 而若是則慈宮必欲躬臨, 急於仰寬, 擬自園所, 便道奉發云云.

현륭원 지문과 모년 의리의 재조명: 6~10

6. 上自撰誌文, 臨石自書. 使某官李昌會監刻. 而貼之以紙, 隨開隨刻, 隨刻隨掩. 秘之甚嚴, 一字不漏. 方誌文之撰, 擧世莫不竦企, 庶幾一讀, 及其刻石納壙, 竟無一人見者, 不識其中有何序述也.

誌文刻完盛之石函, 命曺某官允亨, 書函盖以莊獻世子顯隆園誌八字. 命閣臣李晩秀監書. 晩秀令承傳色奏曰, 莊獻上落思悼二字. 上敎曰, 然則添書云.

7. 時上與左相李在協, 語某年事, 而以金漢耇爲魁. 左相獨告其從弟在簡. 在簡泄之洪某官龜瑞. 洪又泄於金漢耇. 李與金皆洪之自出故也, 於是, 語遂大播. 是冬, 在簡因申驥顯疏事竄死. 或言在簡之得罪出於漏泄筵話. 而誌文之深秘, 亦以有漢耇事故云.

8. 丙申以後, 某年義理, 爲世大諱, 屬之馬肝之論. 繼又隄防之論起, 而其禍益烈, 擧皆嚼舌, 噤口莫敢語. 到首尾十四年之間, 尹判書塾, 一嘗略論翬晩之罪, 而前後寥寥焉. 及是遷園, 舊冤新痛, 億兆同情, 凡在縉[2]紳, 宜不容默, 而亦無一人敢言者. 盖其創之深也.

9. 賤臣愚妄略陳. 先大王, 尙魯汝讐之敎, 所以明示討復之意. 而繼論忠逆界限不明之禍. 恩批之下, 有大夫國人, 豈待爾言知之之敎. 於是, 毋論一邊之人, 隄防一隊, 爲之切齒, 幾不能免, 可謂愚且妄矣.

10. 初丙申間, 不肖侍先君子鄕廬間. 此箇義理, 先君子爲之深憂曰, 人於言義, 不可太深. 心之所存, 有時觸發, 切須戒之. 先君子盖已知之明也.

---

2. 본서는 '衿'이나 『현구기문』의 '縉'을 따랐다.

묘소를 옮기며 지은 만장들: 11~23

11. 挽章製述被抄者凡百四十餘人，而十許作外，無甚異焉．金洪二作，頗有微意之可見者，并錄于下．

12. 左議政李在協[本五首]

篤生承赫業，代照啓昌期．八域歸心日，千官泣血時．人情那盡說，天理杳難推．廞衛重今夕，遺黎痛昔悲．寧考無憂地，宮闈吉慶多．攝堯由濬哲，之啓驗謳歌．宗國鞏盤石，群陰讋太阿．仙遊中道遽，不祿奈民何．

13. 右議政蔡濟恭 [本六首]

德閤凌晨方講筵，大朝稱譽縉紳傳．仁聲不盡湯泉路，至敎常從自省篇．將奈奸凶謀暗地,[3] 非無聖主作慈天．縗麻日伏宮門外，誰識微臣涕血漣.[4] [其三]

泣憶當年聖諭長，小臣承命詣春坊．庭心引接知申事，石[5]上蒼凉坐夕陽．恭奉徽音皆遜抑，細將時議與商量．非無前日從容侍，到此眞知一有良．

14. 李勉兢 [本十首]

悠悠漢水祖道開，羽葆新排舊衛陪．八域臣民三月服，那能小洩徹天哀．[其一]

奉歡三殿一心專，師範文王世子篇．愛日箴成惟止孝，滕廬哀慽巷閭傳．[其三]

慟哭蒼天鶴馭賓，星霜二十八痛如新．至今想到腔先裂，當日誰非邸下臣．復見玄和萬事悲，追惟往事欲無知．寧王遺敎如星日，天討千秋永有辭．[其九]

15. 趙英鎭 [本四首]

宸誌彌徵睿德彰，顯隆新號又煌煌．當時錯莫疑天理，後事揄揚卜地祥．臣子幾年方一哭，聖心今日若初喪．前和現事重增感，揮淚題章未忍詳．

16. 李文源 [本十首]

臣從先父返東亭，時見孤燈血涕零．社稷安危時外旨，籲天無路但冥冥．[其五]

---

3. 본서는 '凶暗謀地'이나 『번암집(樊巖集)』의 '凶謀暗地'를 따랐다
4. 『번암집』에 의하면 이 연은 '其四'이고 아래 연이 '其三'이다.
5. 본서는 '席'이나 『번암집』의 '石'을 따랐다.

17. 趙曔

三殿承歡萬壽杯，祥雲重結尺衣陪. 那知天地無窮淚，寧考之思聖主哀.

18. 丁範祖 [本五首]

書筵光接袞衣垂，睿度宮臣不敢窺. 收斂神功淵默際，發宣天德照臨時. 彝倫日用皆無闕，擧國人期有大爲. 終始講明家學在，省篇昭揭帝王規. [其一]

昌德宮開瑞日明，分朝劍佩動新聲. 聖神心有單傳重，軍國機無獨斷成. 夜漏銅龍通御氣，春陰苑鶴繞和鳴. 至今遺黎相逢說，三十年前是太平. [其二]

山谷餘哀尙八垠，十年天道漭難分. 自從聖子臨丹極，如見神遊降白雲. 兩曜昭懸明義錄，百靈潛護誌園文. 城東廟貌隆新制，冕服千秋奉苾芬. [其三]

19. 李家煥

社稷紆謨遠，山川考卜靈. 序方遹白露，和復出玄扃. 邦禮雖依緬，天心似剪屏. 嗚呼涵覆育，萬一述瞻聆. 恭憶三宗脈，於昭一德馨. 誕彌仍定號，時敏早橫經. 神器徵悠遠，天人覩典刑. 愉惋常玉色，肅穆涵淵渟. 裁決分堯倦，靈長祝武齡. 一哀纏五月，中夜晦前星. 羽翼懷商嶺，謳歌憶夏廷. 瞻依惟象設，風水要淸寧. 隱度宵尙丙，明徵歲適丁. 崇岡元有待，達孝視無形. 承事[6]思誠愼，優民費稱停. 獻圖如食洛，移邑若遷邢. 蘊秀瞻龍勢，經臨想鶴翎. 舊僚餘齒髮，新寢宛丹靑. 忍淚非今日，徵文是可銘. 邦國綿祚胤，垂祐在冥冥.

20. 李益運 [本六首]

春坊僚屬盡霜顚，泣說分朝十四年. 睿度沈凝渾似海，神姿肅穆儼如天. 賓筵瑞旭雙瞻座，宮燭深更自省編. 湖路至今留厚澤，羽毛當日幸溫泉. [其二]

龍樓俄趨曉鷄鳴，緱鶴翩然忽上征. 羽翼山人今不至，謳歌野老欲無生. 重輪左海傷心色，哀漏中宸竟夜聲. 大寶終敎歸聖嗣，雲鄕垂騭正分明. [其三]

21. 南鶴聞 [本七首]

三宗丕緖一人良，震極端臨二紀强. 文子承謨基宥密，堯庭受命攝平章. 群陰自懾剛乾象，匝域皆瞻繼昭光. 啓祐神功於萬世，聖明今日御東方. 欲籲無階天九重，傷心萬事閉銅龍. 徒聞野老呑

6. 본서는 '承重'이나 『현구기문』의 '承事'를 따랐다.

聲哭，不見廷臣以死從．百世宗祧傳聖子，晩年悲憾動威容．於昭陟降垂冥祐，再奠洪基乙未冬．

22. 金鍾秀 [本六首]

以禮三言聖訓明，吾王精義早稱停．堅執經法寧逾節，崇飾儀章自盡情．廟接燕涓如昵侍，門成月觀不虛名．年來寤寐關心事，園寢山低體勢輕．

23. 洪秉纘 [本十首]

千乘振隆六佾庭，情無踰節合天經．試看隧道移玄仗，損益宮園陟降寧．

김상로의 무덤을 파내다: 24

24. 校理李埦[7]上疏言，尙魯之塚，在於水原境內，凶穢之骨，不可留置於園所同邑之地．請令其近族斯速掘去．蓋有指也．上雖不許而畿伯徐有防，卽令掘移．

은언군 이인 처벌을 둘러싼 갈등: 25~30

25. 九月，遷園之期且迫，上潛令人奉䄄入城，人無知者．江華留守尹承烈，亦以事至京矣．

二十六日，大妃殿忽下諺敎于藥院．若日，當丙午冬逆變，見國勢之急，不得已下諺敎，付其事於朝廷矣，只用法於復賊一人．其時宮女連愛捕廳[8]之招，非但𪐴湛之事，湛之家往來殊常之人，便是言根，而其年五九月之事，亦可以尋其階梯矣．主上以卓然之友愛，卽爲全恩，欲掩其事不問，連愛以致經𪐴云云．王法畢竟不嚴，䄄至今生存，千萬意外．使䄄上來如常，置之於家．萬古天下有國有法，今日豈聞此言乎云云．丙午年諺敎，雖無其效，見今日逆臣所爲不忍耐，下敎于卿等．卿等雖欲孤負，先大王在天之靈，庶幾傾廳，未亡人崩心痛哭之言云云．

又以口傳下敎于政院藥院及大臣處，切責以逆臣承烈，不爲用法，逆宗不爲還配．而懷貳心者，自大官以下，不見就法，則湯劑勿論．予亦有商量者云云．又敎無他計策，送中使于其家，使之押付，此事必力助．而先擧行後，仰請爲宜．時上先使中使持標信，守其家矣，同義禁李秉鼎親自曳出，卽令還配．上震怒，請對大臣以下，并削職，承旨及禁堂，并施竄配之典．

駕出敦化門，敦寧府前路，大妃殿下諺敎于駕前日，此乃爲國爲宗社之事也，如是爲之．予當退

---

7. 본서는 '琬'이나 실록의 '埦'을 따랐다.
8. 본서는 '將'이나 1789년(정조 13) 9월 26일 실록기사의 '廳'을 따랐다.

處私邸矣. 某官李集斗, 適入闕, 路次迎駕, 叱挾輦卒, 得以回鑾.

翌日賓廳卜相, 加卜金鍾秀.

26. 十月, 遷園事畢時, 原任大臣以祻事請對. 備忘記下, 視事不稟之敎. 某官金履成, 疏斥諸大臣緩討之罪. 時原任引入, 右相蔡濟恭, 因以免副. 正言申驥顯上疏. 其疏有曰, 政令刑法, 出自殿下, 臣子之道, 固當一邊奉承慈敎, 一邊泣請殿下, 以爲兩盡之方. 而伊日禁堂不此之爲, 敢行專輒之擧云云. 政院論啓聲討.

傳曰, 臺諫疏語, 卽向日傳敎餘意. 卿之深看而勒說, 萬萬駭然. 其時事果無專輒之嫌乎云云. 疏批, 首陳事, 處分之如許, 爲慮上逼云云. 於是, 三司合啓祻事. 中添入驥顯事, 請施當律. 而府院新啓, 皆請驥顯設鞫得情. 大臣請對, 三司伏閤, 搢紳疏, 賓廳啓, 次第俱發. 上又下前日之敎, 而以擧朝劻勷由於此人. 特命申驥顯竄逐, 留門出送, 令府隷領置黑山島. 而以驥顯事設禁, 使不得言.

前是, 某官李在簡, 亦以禁堂專輒之敎, 公座云云. 蔡相上箚聲討, 以爲指嗾驥顯. 遂竄道死.

27. 庚戌, 十一月十四日夜, 忽下申驥顯同副承旨除授之命. 時朝廷莫知驥顯所在. 上私令司謁領還其家.

十八日, 駕行挹淸樓, [卽龍山別營] 以木道奉祻以來, 與之經宿而還. 方幸龍山時, 輕騎獨行. 及臨挹淸樓, 百官軍兵着黃尋到. 而自大臣承史, 皆不許入挾侍, 僅得入衛.

28. 翌日始還宮. 傳曰, 天經地義之常, 則使不用權之一字. 臣下專輒, 於理逆, 於義悖, 其罪一罪, 其律一律, 一有干犯, 實涉罔赦. 昨秋禁堂事, 尙何言哉. 牽於籍重, 戒存忌器. 近島薄竄, 才發旋宥. 此固出於爲所重之嫌, 勝於爲方來之慮. 而其漸豈止霜將氷而已乎. 中夜無寐, 每一念至, 不覺蹶然而起者, 屢矣.

伊尹, 聖人也, 霍光, 忠臣也. 遇變處變, 寧或遺弊於後世. 莽操懿溫之徒, 逞凶於簒奪之謀, 輒以伊霍爲禦人之口實. 况我國素稱前例之國. 此路一開, 則後之效之者, 以某時有某例, 援而倣之恣其凶肚. 則今日諸臣, 雖萬被斧鉞, 將何以贖其罪乎. 此所以裁酌於義理輕重之際, 昨年釋禁堂, 歸重於目下所重, 而近日特擢言者, 慮患於不虞, 防禍於未然者也. 此而日不可而爭執, 則是豢養莽操醞成懿溫, 罪有浮於以賊遺君也. 苟有知覺, 孰敢容喙乎云云.

29. 辛亥, 申㠍 [卽驥顯出后子] 赴照訖講, 以講官尹永僖[9]之循例越往, 聲討極嚴. 其後蔡相於筵中救永禧, 他事至中道付處.

30. 壬子冬, 申驥顯, 忽呈原情於禁府, 以受李在簡指嗾自首. 上命削其加資, 刑一次, 濟州安置, 逾年死於配所.

乙卯, 李在簡因赦典, 抹去徒流案. 初驥顯弟龜顯, 出后於遠族, 而其所后從妹爲湛之妻. 卽宇鎭所坐爲湛通婚者. 蔡相所謂姻婭聲響, 直接於逆䄄者, 盖謂此也.

자신의 죄를 변명하는 김한기의 상소: 31

31. 庚戌七月, 都摠管金漢耆疏卞其前後罪名略日, 世之所以討罪臣家者, 卽四大案也. 辛卯事, [䄄禶竄配時事] 臣於其時忽聞有扈衛之命, 急於承候, 蒼黃馳進, 見阻作門. 標信出來, 然後始得入去, 則厚謙已先承候而退矣. 云云.

至於辛巳, 盖於其時, 臣兄方在草土, 適因內下御札, 略陳朝臣之弄權, 以冀聖明審察於用捨之際而已. 事實不過如此, 豈有他哉.

至於尹塾沈樂洙輩, 相繼聲討, 塾之疏日, 惟彼兩賊, 蚋結龜柱, 蛇蟠啓禧, 暗煽禍機, 譸張凶論, 謀逼我聖上, 幾乎不安於貳極. 噫噫, 何其言之閃倏陰秘, 使人莫測其端倪也. 然此有一言可破者矣. 我聖上正位貳極之前暈晩已死. 則其所謂蚋結臣侄, 而謀逼聖上, 不安貳極者, 果何說也. 云云.

又日, 與晦及龜柱, 潛議者何說, 所營者何事. 則其凶言逆節, 臣何敢一一枚擧. 此亦不足多卞. 果令臣侄, 眞有所事, 則其潛議之爲何說, 所營之爲何事. 何憚而不指的直陳, 而徒爲半吐半呑, 隱眩之說也云云. 至若樂洙之疏, 則特一尹塾之傳法沙門, 臣不欲掛諸齒牙. 云云.

至若㦠[趙㦠]事. 云云. 尹九淵之死, 出於㦠之毒手, 故擧世無不[10]痛惋. 而臣侄嫉之最甚云云. 假令臣侄, 眞有爲逆宗圖婚之事, 何必擇世所共棄已所深惡之人, 以爲彼之羽翼哉. 且臣侄雖欲圖婚, 其勢不能獨辦. 以慈聖盛德, 其肯掩覆而容貸乎.

噫, 此說之作, 盖有源委. 自來凶徒, 以塗抹鼓唱凶言, 播之一世, 繼而又唱圖婚之說. 以實其言. 甚至樂洙疏中, 以逆禶爲龜柱之所推戴, 而啓能主其謀云. 則語脈所歸,[11] 昭不可掩矣. 噫嘻, 此輩之誣悖凌犯, 無所顧忌, 一何至此之甚也. 云云.

至於量鋑[洪量海沈鋑]事, 渠本自處以讀書之人. 當時湖右士夫, 孰不過從臣家. 曩在湖中,[12] 臣姪[13]兒時, 亦數次相面而已. 後臣家捲在京師, 聲聞罕及, 不復相接. 及乎臣姪謫居海島, 則防禁至

9. 본서는 '禧'이나 1791년(정조 15) 8월 16일 실록기사에 의거하여 '僖'로 수정하였다.
10. 본서에 '不'이 누락되어 1790년(정조 14) 7월 11일 실록기사와 『현구기문』에 의거하여 보충하였다.
11. 본서의 '塗抹'은 위 실록과 『현구기문』에 의거하여 삭제하였다.
12. 본서의 '故'는 위 실록에 의거하여 삭제하였다.
13. 본서는 '侄'이나 『현구설』의 '姪'을 따랐다. 이하 '侄'은 모두 '姪'로 표기하였다.

嚴，家信亦不得相通，況湖海千餘里地．雖欲潛通凶謀，密勿相關，其勢末由云云．

上教，以本事中，亦有關於禁令處．此後以丙申以後事，更爲推提於章奏，不但勿捧．直於啓板前付丙云云．

정휘량과 신만의 죄를 재론하는 윤숙의 상소: 32

32. 尹塾疏有曰，至若鄭翬良申晚，通天之罪可勝誅哉．其千凶萬惡，不可一一毛擧．而以其衆所共知之罪言之，翬良則以妖邪虺毒之性，挾姪妻醞釀之勢，肆凶濟惡無所不至．晚則以奸巧蜮狐之心，藉其子薰灼之凶，潛伺秘發，必逞乃已．惟彼兩賊，蚓結龜柱，蛇盤啓禧，暗煽禍機，譸張凶論，謀逼我聖上，幾乎不安於貳極．至今追思，骨顫膽掉云．

翬晚，蚓結蛇盤之罪，本屬於某年事．而今不直陳，迂回其說，遷就乙未間事，時則翬晚已斃矣．所以金漢耆對卞之章，謂之專事構捏．不顧事實者此也．所謂道不直，則不行者，有如是矣．前後十數年之間，只有此一疏，而又不免有此失著，可勝惜哉．[尹疏在癸卯冬]

경연 복설을 주장하는 유성한의 상소와 이를 둘러싼 갈등: 33~39

33. 壬子四月，正言柳星漢，以上不開經筵，上疏勸行，而有曰，臣伏聞近日，殿下罕御經筵云云．此或若有微意而然耶．臣雖莫詳所以然，而亦恐有不必然者．因噎而癈食，以殿下之聖明，豈不知不可也云云．又臣伏聞街巷所傳，倡優褻近駕前，女樂雜入禁苑．此雖細節，或累大德云云．

答曰，上款事，謂有微意，則其所以然，似必默會，豈可曰不必然云云．可供一笑者，爾所謂巷傳中第二條．自夫丙申，有依俙彷彿於似此豪華，則上款所謂經筵所以然，何以登諸爾疏乎．憲臺族父瑞源，以因噎廢食四字發啓，太學繼起．

34. 前修撰權坪上疏有曰，殿下身居九五之尊，星漢輩之北面臣事者，今幾年也．猶此益事縱恣，專無嚴畏，以千謊萬虛無是事之女樂二字，上誣聖躬，欲以頒諸八方，示之來後．以是推之，前日之譸張，何所不至，前日之誣逼，何所不及．以目下之譸張，可以知當時之譸張也．以目下之誣逼，可以知當時之誣逼也云云.至若凶疏中，上款數句，即是同一脈絡．臣不欲重言復言，以慼聖心云云．

答曰，云云．卽大小之所不敢提，不忍言者．予豈敢下筆作批乎．

35. 刑曹判書李敏輔司直鄭景淳聯名上疏．[皆蔭宰] 其略曰，粤自戊寅以來，凶逆醞釀之謀，實由於此，聖明每臨講筵，怵然增慕，玉色悽愴．不待提敎，而群下亦莫不領會而飮泣．是以前後進言者，孰不願殿下之親行三講，式存古例．而未嘗一言仰請者，盖出於昔人廢蓼莪之義云云．

若使柳星漢者，不知聖心之所在，實以停講爲重，則平說敷陳，不患無辭．而今日有微意云爾，則是非不知也．旣知而故言之，有若迫詰者，抑又何心哉．至下四字所引，則語勢凶悖，而亦已狡慝，究其歸屬，則果犯何地．凡人於敵以下，語涉先古，尙兢兢然致愼，則況以人臣告君，而尙忍爲是乎云云．

聖上自臨御以來，恒抱至痛，無樂千乘，不邇聲色，不事遊衍．凡於悅耳娛目之物，在聖上莫非涕泣之具．滿廷臣僚孰不憾然．新恩前導之時，倡優之雜在輿衛之間，卽東方故事，國朝之盛規．臣等自在兒時，亦慣見矣．向者，文武放榜，適在駕幸，則許令倡優，各自跟隨．而初何嘗褻近輦前云云．燈夕馬園之遊，三營將臣，揀取名辰，私張女樂．地通大街，士女聚觀．毫無干涉於禁苑，則凡厥有耳目者，孰不聞知．而佯若不知，隱然歸之於殿下之闕失云云．

答曰，云云．予於義理，雖乏講明之工，情所至處，義理亦寓焉．自不待勉强，而天理與人情，大抵間不容髮．斯義也，粗聞於墳典．彼柳星漢者之屬衮鉞，可誅而不誅，則是悖於理也．官以諫名，不當恕曲恕，則是反於情也．予固否德，便不爲此云云．

曩在御極之初，次第大行誅討，除非凶醜之倖已臥斃，自餘未嘗假貸其腰領．不以近戚，倖免於八議之典．星漢於渠，有甚難疑顧吝，今日接公事之堆案酬應疲，一未斬俞者．揆之於義於理，果是乎不是乎，卿等須思之．曾所誅討者，言與跡俱綻，而不惟大夫國人之所必手磔口臠．抑又天地神明所共憤惋痛疾．仍借麟經之筆，乃試太阿之柄，垂天下之大防，立人紀於萬世者．非敢日忽於誅討之事．而知有錙銖之尺度，後日良史，許與不許，无以逆覩．惟予生平玩頤，積勞精神，自以爲盡在是．今於幺麽星漢，何所事而斷之云云．

36. 星漢之聲討方張，正言尹九宗托以發狂不叅．且曾爲崇陵別檢時，戞過惠陵不下馬．副修撰崔顯重，以用意營護,[14] 請施屛裔之典．上令攸司，詳覈以聞，而於先顯重處問啓．以人[15]之急霍疾瘖，自有其症，而至若佯狂，非一夕副急者．九宗於其時，遽以狂病爲辭，此已不可知之事也．且此人曾經崇陵別檢，歷惠陵時，後隷請下馬而不下，此尤可駭．云云．

於是，先令盤覈陵隷．陵隷供九宗，過惠陵時云，此陵豈可下馬．設鞫承款．有曰，臣以老論，故無臣節於景宗云云．[惠陵則景廟王妃沈氏陵也] 方九宗之承款也．問郎李明淵，改老論二字爲偏黨．左

14. 본서의 '用意營護'만으로는 무슨 뜻인지 알 수 없는데, 1792년(정조 16) 윤4월 10일 실록기사에는 '其用意之陰祕, 蹤跡之營護'라고 되어 있어 번역은 이를 따랐다.
15. 본서는 '入'이나 『현구설』의 '人'을 따랐다.

相蔡濟恭於帳前責曰，當書兒名，[俗有兒名冠名，以老論改偏黨,[16] 如人之以冠名變兒名]，何可變易云云．於是，憲長鄭好仁，以大關後獘．請問郎重勘．

九宗，不下馬也，惠陵祭奉洪徽河，欲報禮曹．隣陵衆僚，力挽而止．及是七陵官與九宗同時者，皆罷職，現告三十餘人．或言景廟逆臣，今無一人在丹書者．九宗事發於十年之後，遂成亘萬古，不可伸之極逆．而老論無臣節之供，爲渠輩千古斷案，此實天理云．

37. 左相蔡濟恭上箚曰，今日廷臣，何其晦盲義理之甚也．夫景廟四載，臨御之君父也，先世子十四年，代理之儲君也．東土含生之倫，乃祖乃父，孰不委質於景廟之廷，無大無小，孰不北面於先世子之前．不幸搢紳之間，門戶分割，利己急於衛國，護黨重於尊君．景廟則如九宗之極逆，敢以不臣之語，肆然發口．

在先世子，則如星漢之凶逆，以因噎等句語隱暎上逼．嗚呼，我國雖小以秉禮守義，見重於天下，已千有餘年．以今觀之，將不免夷狄禽獸之歸，忠臣志士，安得不痛骨腐心也．夫爲人臣者，忠於君，心也，逆於君亦心也，心一而已．一人之心，忠於彼而逆於此，天下無是事也．以是言之，不臣景廟者，寧有忠於先大王之理．譸張先世子者，寧有愛戴於殿下之心乎．九宗星漢其爲逆，條件雖殊，其爲心一串貫來．國家治逆之法，不可一嚴而一弛也，明矣．

我殿下天姿至仁，好生是先，凶徒之自抵天綱者，雖不得不按法行誅，而處置之間，終近姑息．雖以載籍以來所無之凶逆如夏材，尙不打破其窩窟根柢，以致九宗星漢輩，接迹以起．九宗星漢，雖是梟獍心腸，渠本卑微單寒之類．苟非習熟見聞於窩窟根柢之地，則安敢悍然有恃肆發，至凶之口，若是無忌憚也．向日，右相所奏，窩窟根柢，覈得之請，誠知急先務之語也．

夫何近日以來，廷臣同聲以討者，都在九宗之逆，而星漢則置之相忘之域者然．臣未知先世子之逆，不及於景廟之逆而然耶．九宗未及剮磔遽報經斃，天地神人之憤，千古鬱結．而所可鞫者，獨星漢在耳．若一日二日，弛縱如初，其王法從此掃地．設令用法，不覈得窩窟根柢，而姑息如前，則星漢雖誅，將不知幾星漢，揚眉肆氣於下．而義理無可明之日也，寧不痛心哉也云云．

38. 右議政朴宗岳上箚討九宗，而引九宗結案中不臣景廟之語．承嚴敎胥命，傳曰，聞尋常語言之悖理乖宜．念古人耳可得聞，口不可言之義，只可斥而絕之，未可誦而傳之．則九宗向莫重處肆發者，果何等．窮宇宙彌天極地之凶言，從古亂逆之所未敢爲者，九宗敢爲之．豈有[17]九宗螫肝蜮肺而然哉．

---

16. 본서는 '以偏改老論'이나 『현구설』의 '以老論改偏黨'을 따랐다.
17. 본서는 '眞'이나 『현구기문』의 '有'를 따랐다.

邇來人紀斁, 天常晦浸浸, 長夜昏衢, 魑魅魍魎之藪. 言念及此, 不覺繞壁發歎, 坐而待朝. 爲今日垂紳秉笏者, 苟有一分, 同得之不泯, 孰不欲各效秉燭隨之義以期乎. 不逢不若, 則無論大官小官, 此而一或冥擿其當, 何以盡臣職乎. 大抵九鼎, 且待人而重, 況重於九鼎之天常人紀, 安得不待人而皎曜乎. 所欲淬勵宜, 從大官而求備. 箚子, 可謂大妄發, 不須更說. 右議政朴宗岳, 亟施爲先罷職之典.

39. 前掌令李祉永上疏, 請先正戊己諸賊之罪. 而以聞於其父者, 爲言祉永. 則某官萬恢之子. 萬恢, 曾爲某年春坊故也. 其略日, 噫, 彼尙魯是何等劇逆. 合啓幾年, 尙靳俞音. 翬晚兩賊, 實爲巨魁, 而臥甦牖下, 官爵自如. 李顯重之故將人臣不忍提奏之書, 奏達於大朝之前. 論其負犯, 亦一魯禧. 朴致遠尹在謙之凶書, 實是禍階之嚆矢. 則姜必履之必請上告下布, 其心所在, 路人皆知.

景賊之構誣貳君, 投呈法堂, 自是窮天亘古所無之逆變. 而親鞫命下之後, 至使罪人衣襟中, 暗藏凶書, 則金吾郎趙德章, 綢繆和應, 明若觀火. 及其大臣待命入對之日, 臣父隨入, 而其譸張虛謊之說, 槪亦諦聽. 臣於今日豈忍仰提. 昌德宮動駕之時, 春桂坊之逃避不入, 尙可日, 不知其事者乎云云.

禍變之日, 三光掩曀, 百靈嚬呻, 則三司之臣, 噤無一言姑無論, 許多卿宰, 錦帆邀遊於三浦之上, 朝而往暮而歸, 其罪不亦上通於天乎云. 臣嘗記曾在甲申故判書臣洪重孝, 以知申來過臣家言於臣父日, 今日筵中聖上拍案飮泣, 而敎日, 吾之元良, 豈或有如何. 而實由於卿宰之罪也. 在筵諸臣莫不竦然. 此下敎, 宜聞於君, 故卽自筵中, 直到君家矣. 又伏聞先大王嘗敎于殿下日, 汝之讎, 尙魯是也. 以甲申之敎觀之, 凡先大王之恒篤追誨, 可以仰度. 以敎殿下者觀之, 先大王之洞燭凶謀, 又可以仰揣. 此是有辭於天下萬世云云.

盖自丙申以後至今十七年, 某年義理爲世大禁, 家人父子, 亦以爲諱. 歲月寢久知者無幾, 及是適會柳星漢事, 言端始發. 耆臣大臣, 次第論及, 而亦皆歸重於目下事. 李祉永之疏出, 而始專以某年爲說. 於是, 嶠南萬章之疏, 一邊兩重臣之章, 相繼而起, 聲討頗張, 不復以本事爲諱矣.

토역론을 주장하는 영남 남인의 만인소: 40~50

40. 慶尙道儒生李㙖[18]等一萬五十七人聯名上疏, 請明卞睿誣頒示八路而有日, 聖上御極之初, 次第大行誅討, 除非凶醜之倖已臥甦牖下, 自餘未嘗假貸其要領也. 猗歟盛哉. 如臣等之坐在井中

18. 본서는 '瑀'이나 1792년(정조 16) 윤4월 27일 실록기사의 '㙖'를 따랐다. 이하 '瑀'는 모두 '㙖'로 표기하였다.

者，安能知上天之大也．雖然臣等竊以爲殿下未盡美未盡善也．嗚呼，以殿下而治先世子之逆，天地之所與，神人之所鑑．正宜明示其罪顯加其戮，使一國之人，咸知某人之爲某年逆黨極律，某人之爲某年隨從當次律．然後義理可以爲法於後．今則不然，殿下之心，雖曰某年之逆，死者不知其死之由於某年之罪．況在廷之臣，何以知之．或言殿下以事在先朝之故，不敢顯言討先世子逆．臣等死罪竊以爲大不然．

伏聞先大王於某年之後，旋卽[19]追悔，每以其時無安金藏一人，泫然發歎．又於[20]故重臣趙重晦入侍之際，敎曰，卿則得見，李彛章何由復見．玉色愀然良久不語，盖李某已作故故也.[21] 又伏聞進殿下於前而敎曰，汝之讐尙魯是也．以是言之，先大王追悔伊日之諫臣，痛疾當時之讒賊者，有如是矣．殿下雖以某年義理，建諸天地，按法如故，實爲奉承先大王之本心．顧何嘗有損於先大王至慈之德乎．今有詆誣先世子者，則反謂之忠臣，有護先世子者，則直謂之逆臣．忠臣志士，口欲發而旋閉淚欲下而旋收，此無他義理不明之故也云云．

答曰，爾等一萬五十七人，千里踰嶺跋涉叫閽，其事則至敬至重莫大莫嚴，其言則聽不忍見不忍，不敢提不敢道也．予寧開口宣說於綵綸之間，有若循例賜批爲哉．此所以進爾等於筵前面諭本意者．哽咽呑塞，言雖不能盡意，大略似不外是．爾等無憂義理之不明，刑政之不擧．而惟予本意之愈晦愈隱，是懼而是恐，交相告戒，念念闡揮，則爾等嶺土搢紳章甫之功也．[嶺疏將上，太學不許謹悉．喉院以無太學謹悉不捧．疏因金翰東疏得以上徹矣.]

41. 閏四月二十七日酉時，上御熙政堂．坐直承旨與疏儒入侍．時左承旨林濟遠，記注官李海淸，假注書尹益烈等，以次進伏訖，上敎于兩注書曰，今日筵敎，不忍聞不敢書之外，無敢失實，詳細記注，可也．敎曰，疏頭誰也．濟遠曰，姓名則李㙖，而故玉堂李埦之四寸也，故敎官李光靖之子也．仍命濟遠下敎于疏頭曰，旣不敢文字形容，李祉永之疏不賜批，而爾等千里遠來欲面諭，故臨殿召見矣．疏頭升殿讀奏，可也．

疏頭李㙖進伏，敎曰，搢紳章甫中，知名者數三人，同爲升殿，可也．前校理金翰東等八人進伏．上命讀疏，㙖起伏．訖伏讀，上掩抑良久，敎曰，心神無以收拾 欲語而不能接續，欲諭而無以爲諭矣．又良久，上哽咽不成聲，欲言而不能言，如是者屢矣．敎曰，心旣抑塞，語無次第，欲言則恐有傷遠儒瞻聆矣．

又良久，敎曰，不忍以文字泚筆，故欲[22]面諭，而亦豈忍聞爾等之疏[23]乎．然而爾等千里裹足，萬

---

19. 본서는 '則'이나 위 실록의 '卽'을 따랐다.
20. 본서의 '嘆'은 불필요한 글자로서,『현구기문』에 의거하여 삭제하였다.
21. 본서에는 '也'가 누락되어『현구기문』에 의거하여 보충하였다.

人聯名. 且事係莫重, 予豈以一見爲難而不賜一言乎. 若無一言則不但爾等之抑鬱, 嶺以南幾萬人士, 將無以解其惑. 但精神迷錯難以盡論, 當言大略矣. 且予之含哀忍痛者, 已經三十星霜, 踐位行禮亦近二十年. 許多歲月何日非含恤之日, 而旣不敢以義理明言之, 又不能以刑政快施之. 平日讀書非日, 學力之有素, 至於此事, 自以謂有躬行心得之理. 數十年講明者, 卽此箇義理也, 苟使大舜周公易地, 則未知有何等透徹之見. 而以予識見, 亦不外乎素所講定矣. 誠如爾等疏中所云, 雖罪誅者, 不知其罪之爲何, 則一世之聽聞, 後人之傳聞, 將何以知予本心乎.

嶺南素稱詩禮, 列朝所以眷待者異於他道. 有國以來, 凡有大義理無不叅涉. 戊申事, 雖爲一路之羞, 而此亦出於誤看義理, 不自知其歸於亂逆. 其時亦有狂惑煽動之輩, 甚於今日, 故誤了一道矣. 爾等之疏出於義理, 雖不忍毫分縷析, 而旣借方寸之地, 何可無一語乎. 自有天地以來, 有君臣父子之倫, 以予情事, 豈或有一分掩覆周遮之心. 而其事則至難言, 其言則不敢道. 天下之事有經有權, 權之一字, 下聖人一等者, 不可遽議於達道, 而予於此事, 自有量度稱情者. 必欲盡言, 則亦有所不敢. 寧受天下後世之譏議, 豈敢盡其說乎.

尙魯則旣有先朝下敎, 文女則罪與尙魯一般, 故踐祚之初, 有一番處分, 盖出於大體義理. 而其後諸賊, 乙丙之間, 同干天誅, 幾皆伏法. 雖以麟漢處分言之, 旣在八議之科, 且其[24]不必知三字, 便同莫須有等言, 而竟至置辟者, 不但以其時罪犯而已. 麟漢之罪與復賊一般, 雖欲言之, 某年某日, 予豈忍言乎.

至於禧賊, 一門之父子兄弟男女老少, 至於奴婢之屬, 無一不伏誅者, 自有誅討以來所未有也. 無異於漢之三族法矣. 昔日离筵嘗有指禧賊江充之敎, 禧賊之罪, 卽此可知. 雖以丙申秋罪惡言之, 稱兵犯闕詬天罵日者, 或有之, 挾匕埋凶, 皆出禧賊之家, 此乃古所未聞也. 麟與禧特[25]其大者, 其餘可誅可殛者, 擧皆鋤治. 至於復賊, 則有浮麟漢, 手磔口臠, 猶爲歇後. 每一登筵, 心骨俱顫, 豈忍一日對其面. 而手握重兵, 其徒寔繁, 有不可遽然處置者, 故竟因事端而用焉. 前後凶逆終不得聲罪致討者, 誠以事在先朝難於爲說故也, 而竊恐義理因此晦塞矣.

丙申春獄, 人或疑之, 而載翰輩之爲極逆, 已在一疏之前. 公行貨賂, 締結宦侍, 况其締結者, 卽效忠國來等凶宦, 禧魯諸賊所常締結者也. 百端鑽刺, 多般慫惥. 或以甘言誘說之, 或以不道語恐動之. 予雖沖年,[26] 豈不知此輩之凶譎乎. 將欲仰奏先朝發渠奸情, 則又敢以廢立爲說, 公肆詬罵, 渠輩之腸肚不難知也.

---

22. 본서에 누락된 '欲'을 1792년(정조 16) 윤4월 27일 실록기사와 『현구기문』에 의거하여 보충하였다.
23. 본서는 '豈爾等之訴'이나 위 실록의 '豈忍聞爾等之疏'를 따랐다.
24. 본서는 '予'이나 위 실록의 '其'를 따랐다.
25. 본서는 '雖'이나 위 실록의 '特'을 따랐다.
26. 본서는 '聞來'이나 위 실록의 '沖年'을 따랐다.

大抵復之一字，先大王臣子之所不敢言．殺之一字，奉朝賀處地之非可擬提．設或大行誅討，明言不諱，先大王在天之靈，雖悅豫冥冥之中．而景慕宮於昭陟降，亦豈無怵惕不安之心乎．苟如此則予他日且無歸拜之顔．以親心爲己心，則有不得不然者矣．載翰，卽不但予之罪人，卽景慕宮之罪人．又不但景慕宮之罪人，卽先大王之罪人．丙申處分，烏可得已乎．南中出道顯者，盖亦起疑於處分之外面粗迹，全昧本事本意而然．

爾[27]疏中，亦言李彝章趙重晦等事，而此人豈可忘之．向時旌褒之典，不足酬其萬一矣．大凡情之所在，理亦寓焉．理無無情之理，情無無理之情．予之所執，自以爲不悖於情與理，而亦安知事事之合於情與理乎．

近日柳星漢事，亦有商量者，人君豈有讐．而古亦有君讐國賊之語．星漢疏上款，一如麟[28]復之爲予讐與否，終未的定．姑不用法者此也．李祉永疏中翬晚事，似不知本事矣．申光綏，則雖用追律，而晚則未必與其子同惡．若以時相[29]而不可貸，則此亦不然者．何異於益男之只論金領府事．翬良則請鞫羅賊之箚，言人之所不言，亦可見其心．而辛巳秋非此人，則事將不測矣．予之本意，除非讐賊，則不欲追論於身後矣．

羅賊設鞫前，已得書於掖庭，盤問之時，搜出一款，無關金吾郎矣．三浦張帆，如陽澤麟漢所爲，而皆已伏法．祉永亦何以盡知其時事乎．予亦不能盡詳，如四五十以下後[30]生少年輩，無怪其不知也．

人旣不敢言，人又不忍提，誠恐歲月寢遠，義理愈晦，百歲之下，不知予之本心，則近於諸臣章奏之提說，不忍聞不敢道處，不能使之勿爲者，此誠萬不獲已而然．或者以爲麟漢無不必知之說，善復若或先斃，則將無以正其罪．此說近而亦有不然者．麟漢雖無乙未負犯，豈無處分之道，而善復亦何待其自斃乎．

嶺南卽國家根本之地，緩急有所恃，予之望於嶺南者，非比他道矣．予之本意，大略如此，爾等須以予之本意歸傳於一路人士，可也．

堣起伏奏曰，臣等以遐土賤品，於此義理父兄師友之間，講磨者有素．忍痛含憤三十年如一日，老而死者，亦多矣．臣等今行，若伸義理，則將以歸告乃父兄之廟，而及承聖教，又不勝抑塞矣．太淸無損於陰翳，日月無關於螮蝀．殿下之快伸義理，顧何傷於先朝處分乎．里克之誅不以其罪，故春秋書其官．不以其罪罪之，則大抵與不罪等矣．

上曰，陰翳雖無損，螮蝀雖無關，語及太淸與日月，則已有不敢矣．仍命濟遠書疏批．命進在庭縉

---

27. 본서는 '況'이나 위 실록의 '爾'를 따랐다.
28. 본서는 '獜'이나 위 실록의 '麟'을 따랐다. 본문에서 '獜'으로 표기한 것은 홍인한의 비칭(卑稱)으로 보인다. 이하 '獜'은 모두 '麟'으로 표기하였다.
29. 본서는 '祖'이나 위 실록의 '相'을 따랐다.
30. 본서는 '以生'이나 위 실록의 '以下後生'을 따랐다.

紳章甫於殿陛, 宣批訖, 以次退出. 疏頭以下, 入侍數儒, 令銓曹調用.

42. 兵曹判書李秉模, 司直徐有隣相繼上疏, 盛言某年義理. 而徐疏尤切. 其略曰, 恭惟我莊獻世子, 以上聖生知之質, 承英考遇物之誨云云. 及奉舜禪之命, 益軫周艱之投, 夙夜兢畏, 率由成憲. 凡厥臣庶, 孰無延頸願死之心. 獨奈魯禧梟獍之腸, 敢蓄暗地鬼蜮之謀, 謂是時可乘, 謂是機可圖, 先從代理之擧, 把作燎原之階, 密占間隙之地, 仇視保護之人.

自玆以後, 傍伺益甚, 手段漸巧, 結幽陰之奧援, 布左右之凶黨, 指無爲有, 而亂言罔測, 將虛做實, 而危鋒轉急. 蓋自戊辰[31]己巳之間, 迄于戊寅己卯之際, 莫非醞釀之日. 而復講之請, 又爲一層關鍵, 使一二大臣重臣之丹心赤血, 竟莫遂其輔翼之功云.

嗚呼, 先世子至德純行, 雖以世家所睹記言之. 臣祖在時, 戚列相近. [有隣祖貞聖王后之娚也.] 貞聖聖母御札, 有時下臨,[32] 而輒以貳極出天之孝, 古今罕比, 亹亹十行, 動盈紙面. 臣祖每一擎讀, 喜溢於色, 出示家人, 相對慶賀. 臣父釋褐以後, 累叨宮銜. 歸自禁直, 輒語臣祖曰, 某日召對講某書, 而有如此悟契. 至於期三百之曆法, 老師宿儒, 亦所難解, 而融會貫通, 沛然無礙. 國家萬年之基, 其始自今. 臣雖弱齡, 從傍慣聽, 歷歷如昨日事.

丁丑國恤時, 臣家諸族, 多以執事入叅. 顔色之慼, 攀擗之哀, 左右之人, 不敢仰視. 先大王揮涕而敎曰, 號擗之聲不忍聞. 若是而將何以支乎. 爾等知此, 頻勸粥飮, 可也. 臣之諸族歸傳於臣, 臣尙今記有而莊誦云云.

噫, 明義錄, 我東春秋也. 乙丙之逆, 卽戊己之逆也, 治乙丙之逆, 乃所以治戊己之逆. 聖上微意, 寓在此書, 臣之稔知. 而在廷之臣, 亦豈不知臣之所知也. 蓋懲討之義一而已, 凶逆之本, 亦一而已. 自戊辰己巳而爲戊寅己卯, 自戊寅己卯而爲乙未丙申. 雖千變百怪換頭幻面, 而手勢也脈絡也, 如印一板, 如共一轍, 其所以治之也明之也, 固一義也. 此一義字, 所以包括許多, 而聖上微旨之所以寓也. 然則在今日急務, 莫過於撰書一事. 而撰書之要, 又莫過於明誅討之本意也.

伏願殿下, 洞劈群凶之所由來, 明示誅討之所以然, 亟允魯賊孥戮之請. 竝將翬晩以下諸賊, 夬施當律. 仍命撰出一部之書, 大書特書曰, 乙丙諸賊中, 某賊以其罪追奪, 而其實則某年之凶也. 傳之八域, 垂之萬世, 曉然知義理之源頭沐浴之大義, 則豈不盛哉云云.

43. 嶺儒再上疏復申前義. 而有曰, 殿下以親心爲己心, 則先世子, 亦以親心爲心. 以先王悅豫之事, 先世子以爲怵惕不安者, 臣等未見其義理之必然矣. 又曰, 先世子以英廟爲父, 以殿下爲子, 天

31. 본서는 '戊申'이나 『현구설』의 '戊辰'을 따랐다.
32. 본서는 '有下臨'이나 1792년(정조 16) 5월 5일 실록기사의 '有時下臨'를 따랐다.

下之無憂者，未必多讓於文王．今乃使臣等，不能不卞誣之是急，涕泣齊籲於殿下之前．殿下必先卞睿誣，次擧誅討，使[33]義理無所欠缺，然後先世子眞可以無憂於於昭陟降之所矣云云．

答曰，爾等今日之疏，又何忍忍抑賜批乎．然萬餘章甫之論，卽國人之公論也．公論所在，可見天理之大公．則豈可以一己之情私，無一語於爾等乎．所謂[34]頒示之請，余不能從之者，不惟不敢而不忍．予言卽余一人之言，近於私，豈比爾等萬之言．則予於此乃敢更容一辭乎．

前修撰李祉永疏中，諸賊孥籍，或追奪事，至今日有若靳持者然，揆以恒情常理，寧或無以然哉．輩晩事，外廷所聞，異於予之所知．外此者，亦有事實之不敢不然，不得不然者存焉．一則有故宮官柳脩[35]入對時下敎矣，一則揭示訓辭手澤煒煌．予果急於宣揚，守而莫敢違．其詳在起居注．尾陳近日事，或旣悉及於耆臣疏批．或因先朝[36]成憲而未施，爾等須知予自來本心斷然有所執，皆出於明先志而彰先休．嗚呼，血腔如沸，貫徹胸肺，皇天后土，昭載於上．陟降神明，質臨於傍，予何敢以予一人一時之言，言之於爾等萬餘章甫乎．

仍傳曰，今因嶺外多士申籲衷懇，不得不賜批，兼及欲言而未能言之數件事．大抵近日章奏，語到此事，一味受而見之者，卽向者筵敎之意也，今於嶺批之後，庶可知之．然且聒然則是誠諸臣事予之道理乎．記昔先王以圓顱方趾四字，用於章牘功令之文者，輒置重典．此豈追先之聖意，或有一毫未盡之酌量而有是也．此意先自政院知悉．

44. 同時又有副司直邊得讓，卽某年宮官也，論魯禧募黨之盛．有曰，造言誣逼，表裏交煽，投書詬罵，頭面互換．至於延英門前之僞咧，秋曹庭中之急書而極矣．

又引先大王處分李顯重之敎曰，趨時赴勢之謂小人也，投間抵隙之謂小人也，凶國害家之謂小人也．彼諸凶之迭投凶書，顯重之設計提奏，卽群小雄唱雌和，逞凶售禍之一串心腸．而我先王二字小人之敎，爲當時許多群凶斷案眞臟，非獨爲一顯重發也云云．

聖批，卿所陳誦者，先朝引論周易之敎．予之遵守者，冑筵因柳脩[37]事，顧敎予小子之訓辭，而書紳銘肺，罔敢墜失．與嶺批同意．盖先世子手書中有不敢殺諫臣之敎故也.[38]

方外儒生七百六十餘人上疏，三從叔父朴夏源爲疏頭，極陳懲討之義．其意以嶺儒疏出，而卞睿誣明義理之說，無以復加，亦以懲討大行，然後睿誣夬卞而義理益明故也．

---

33. 위 실록에 의거하여 '使'를 보충하였다.
34. 본서는 '欲'이나 위 실록의 '謂'를 따랐다.
35. 본서는 '修'이나 위 실록의 '脩'를 따랐다.
36. 본서는 '祖'이나 위 실록의 '朝'를 따랐다.
37. 본서는 '修'이나 위 실록의 '脩'를 따랐다.
38. 본서는 '也故'이나 『현구기문』의 '故也'를 따랐다.

於是, 元惡大憝魯禧翬晩之外, 如遠謙之迭投凶書,[39] 必履之敢請告布. 徐命膺之坐明倫堂之說, 沈履之事事遮諱之章. 安黃諸生之應募, 李頤祥之執鐙, 沈鏶之受嗾, 李瀞之僞刎, 李顯重之小人勿用, 趙德常之非任替奏. [上嘗流東宮所屬某隸, 該府以物故. 聞一日上語及某隸, 頗訝其遽死. 德常以五衛將在侍衛, 時出班, 奏曰, 臣新從某所而來, 某隸, 故不死矣. 上怒其非所問, 而敢奏斥罷云.] 李海重之與景賊符同, 宋載經之爲宮官逃避. 李昌壽任瑎之鼓舞歡欣. [昌壽箕伯時疏中, 有歡欣自語.] 金致仁尹蓍東之箚疏迭發之罪, 一一聲討, 殆無遺漏者. 而且曰, 三浦張帆, 豈止於麟漢[40]而已云云.

45. 五月十二日呈疏, 政院招入疏頭. 諸承旨輒取疏函, 入直房, 良久出給, 置之啓板前. 承旨出見疏頭, 乃傳昨日此等疏卽出給之傳旨. 俄有承旨入侍之命, 而以傳敎意, 使之出去, 疏儒奉函而退, 侵斥政院而已.[41]

院吏出傳下敎曰, 莫重事關先朝之事, 爾等胡爲先泄. 蓋李秉鼎追未封章, 以疏語之及於其父昌壽, 擊登聞鼓, 上直令逐去矣. 院吏又傳, 原疏割入, 洗草於政院疏錄, 還給疏儒, 使之退去, 疏儒依舊伏閤. 小頃院隸來傳, 更令疏頭入來. 疏頭進詣, 政院坐直承旨, 使之升廳聽傳敎. 而注書出傳, 若曰, 吾於此豈不若爾等之心, 而如是靳持乎. 爾須出諭令諸生退去云云.

46. 前此, 族叔父獻納瑞源, 以李顯重之子圭永, 方當懲討之時, 自同無故, 晏然偃處. 請先施絕島定配之典. 疏呈幾旬餘, 始於方外生呈疏後, 下批依允. 玉堂崔顯重, 以名字相同, 上疏改名. 其聲討之嚴, 至於如此, 而顯重官爵自如. 且顯重之所以罔赦者, 以進徐命膺等疏, 而命膺一無擧論者, 方外疏中, 其名始出, 所以臚列者, 爲諸賊之魁.

其子判書浩修, 某宰瀅修皆引遞, 而卽付軍職. 曾不逾時, 浩修子有榘閣銜, 亦依舊矣. [兩徐之遞職, 吏判金思穆, 卽日送西. 乙卯, 有榘付館職.]

47. 方外疏封章前一日, 司謁口傳下敎于政院曰, 今凡諸臣, 必知予近日貌樣, 疾病則猶屬餘事. 見嶺儒疏批之後, 若以不忍聞, 不敢道之事, 復有疏章之擧, 是豈道理之所敢出乎. 設令當此可言之會, 眞有一陳之心, 在京何去, 而觀望却顧, 見嶺儒假借之擧, 不顧苦心, 不念至慟, 看作茶飯說話, 互相紛然者. 尤豈成說乎.

近日三司章疏之酬應, 萬萬不獲已之擧也. 大抵柳星漢無知忘作之擧, 必因年來過加忌諱, 後生

39. 본서는 '言'이나 『현구기문』의 '書'를 따랐다.
40. 본서는 '麟澤'이나 『현구기문』의 '麟漢'을 따랐다.
41. 본서는 '已而'이나 『현구기문』의 '而已'를 따랐다.

少輩, 無以知本事之所重. 故以生道示人之意, 思而酬應之. 若於嶺疏後, 渠又曉然知予意所在, 一味如此, 則反有屑越而瀆褻者. 著帽者有李得臣, 儒士則已有先朝圓顱方趾處分. 以人情天理言之, 自上所以處之者, 豈不若群下而然哉. 此非付門將阻擋之事.

諸臣皆有族黨焉有故舊焉, 自當轉相告諭說, 或必欲爲之者, 涕泣而止之, 期於初無來呈者. 雖以政院言之, 以此事陳章者, 豈可開[42]見. 此非形諸絲綸之事, 又非分付各司之事也. 諸臣知悉云云.

48. 五月二十二日, 以承旨口傳下敎於大臣以下, 閤外待命處曰, 頑不死滅, 忍過昨日, 則此時豈或開口容喙於生世事. 而一日生於地上君臨卿等, 則其可忍爲無倫忘讐之人哉. 予雖不肖無狀, 其孝親尊先之心, 衆凡所同得. 則萬古天下, 豈有一毫歇后於天常人紀, 所當然之事, 而當爲不爲, 含恤茹冤, 三十年如一日乎.

卿等亦須思之. 自予御極以後, 於某年義理, 不敢一番明言洞論, 而其誅之也因他事, 其討之也托他条. 敢怒而不敢言, 欲言而不敢詳者. 予果眞箇匿讐而忘怨, 義理之可明而不明, 懲討之可施而不施乎. 此箇義理, 爲今日東土臣庶, 以鍮匙拘[43]飯者, 孰不知予隱忍之本心, 而爲之悲苦傷慟乎. 此無他. 先大王許多丁寧之諭, 嚴切之敎, 竝姑不敢提說.

最是甲申二月二十日, 召大臣諸臣於眞殿門外, 有御筆手書, 口奏萬言文字頒示之擧. 而其槪略, 卽某年事, 或有以某有何罪, 某犯何事. 提起於將來者, 則無論其[44]事之如此如彼, 以予謂如此如此也. 以不忍聞不忍提不忍見不忍道之句語結之曰, 以聖躬當之諄諄申申. 至以語到此事, 斷以耈輝鏡夢之律.

其下又有不忍承聞之敎, 而又若曰, 如是然後, 可以明汝未暴之先志, 而予之慟惜之心, 可以有辭.[45] 世臣又可次次知汝本志, 又知予之此意, 而汝亦爲孝於祖之孫, 孝於父之子爲敎. 又召大臣以下齋殿, 下宗統綸音, 其時事實, 皆入於丙申上疏, 洗草中云云.

余於伊時因下詢, 誓言於前席, 則若於先朝賓天之後, 謂可以惟意所欲爲, 一反甲申之對, 則是豈事死如事生之意乎. 且况聖敎中二字卽慟惜, 追悔之意也. 予奉以銘肺欲爲死且瞑目之端云云.

丙申以陳情之疏, 泣籲於代聽庶政之後, 獲蒙天地罔極之恩, 特命以不忍見之文字, 并付之洗草. 及其洗草之日, 聖敎若曰, 此擧勝於思子之臺望子之宮, 予有歸見地下之顔. 其下又有感頌飮泣之敎, 豈忍盡誦乎云云.

---

42. 본서는 '不聞'이나 1792년(정조 16) 5월 11일 실록기사의 '可開'를 따랐다.
43. 본서는 '拍'이나 『현구설』의 '拘'를 따랐다.
44. 본서는 '某'이나 1792년(정조 16) 5월 22일 실록기사의 '其'를 따랐다.
45. 본서에는 누락되어, 위 실록에 의거하여 '辭'를 보충하였다.

今雖百番編書，萬番揄揚，豈可過於先大王，甲申追悔之敎，丙申洗草之命乎．此其先朝本意之大略也．先朝盛恩，自先朝盛恩，予之至痛，自予之至痛．自丙申丁酉以後，屢起之逆獄，無非出於某年義理．雖知我者知之，不知我者不知．予之所執，政在於外，而形跡之不露，內而義理之自伸，外而甘受忘讎之譏，內而默運致討之方．上而不負聖恩，下而不泚吾顙，而要之歸趣，不越乎次第，酬雪而後已．

向筵嶺儒所奏中，誅討之不以其罪，取比於里克．里克之時獻公，若有遺戒里克之事，孔子豈有貶議云云．但近日廷臣之北面於予，而跡不疎外，識其裡面者．於此如有一毫謂予有未盡處分，殆若乙亥以前之誅討者，非亂賊乎，非逆臣乎．乙亥以前，則先大王以事屬聖躬，果加靳持．而在今時，則予果忽於不反兵之義，抛却不共戴之讎，故致此近日爻象乎．此所以九日齋居如不欲生，而不欲對卿等臣隣者也云云．

予之本來所執之上段縷縷云云者，若有未盡分處，則雖至尸諫，無所不可．或有所謂未及懲討之類，各自有委折．而細細斟酌料量者，予於此豈可無端恬然乎．設有未知予意者，但當細繹本意所在，期於自歸無疑而已．

爲今日臣子者，忍於此事，爲因此逞私之端，爲藉此挾雜之計，以匿讎忘怨，隱然歸之上．而乃敢托以懲討，不稱量無倫脊，不當入而入，當入而不入之類，茶飯說去於公私語頭，則惟今朝鮮世界，所謂君長者，果何許人也云云．

人而無人倫，不得爲人，國而無人倫，不得爲國．況君人而御國者，若於孝親尊賢之道，有一毫未盡分之歎，而爲朝廷之所抵掌容喙，則國非其國，卿等豈待筵敎而知之乎．有人倫然後，爲人爲國．卿等之半日免冠，只曰，竢命，果何益於大義，而何益於予．其所闡揚之道，卿等思之．

49. 領府事李福源，左議政蔡濟恭聯名上疏，申明口傳下敎之意．有曰，我殿下所以誅討之典，深得春秋微而顯之義云云．謹守恪奉之道，嚴討快[46]誅之義，竝行不悖云云．末又盛論，不靖不逞之徒，藉弄義理之罪，而繼之日，今番方外儒生之疏，旣未登徹．雖[47]不得明言顯斥，而若不昭示義理，嚴加防遏，則安知若此之類，不接蹤而起云云．至此而依舊前日提防之論也．疏出於李相子晩秀之手云．左叅贊金華鎭等，亦疏陳右義．

批旨有曰，卿等勿以一張疏陳爲塞責，交相以此曉告，使人人知此箇義理中眞箇義理，上以不貽惱，下以能堅守．則此疏豈但爲發揮本意之資乎．

46. 본서는 '夬'이나 위 실록의 '快'를 따랐다.
47. 본서는 '錐'이나 위 실록의 '雖'를 따랐다.

50. 某官李祖源嘗進曰，殿下切宜遵大路而行，盖因討逆之不以其罪之發也．上深怒竄之嶺東，放還後亦久不用．乙卯春，始擢正卿，教以予之擢用，正以言人所不能言也．

김종수를 성토하는 박종악의 상소: 51~53

51. 右議政朴宗岳重卜後，疏陳某年義理，而引其季父錦城尉明源之語．且引徐有隣撰書之意，請撰明義上篇．首尾累千言，其末以星九根柢屬之前右相金鍾秀．

有曰，金鍾秀之賦性凶險，行已㷀慝，撑腸拄腹，都是戾氣．發言行事，無非禍心，自稱士類，欺心而欺世．晩歸逆戚[龜柱]，患得而患失．國榮之當路也，奴顔婢膝，蠅營狗求，至勸其兄鍾厚，上章請留，稱以千古奇男子．此駔儈之不若，豈士夫所爲．睚眦之怨，必欲滅人家族，聲勢之張，必欲作己威福．市權賣寵，惟恐不及，黨同伐異，觸之必碎．此在渠猶屬薄物細故云云．

今之自作逋逃之藪驅雀之叢者，誰也．嘗以後翼爲腹心，而後翼作賊．今焉九宗不臣之節，卽鍾秀之倀鬼，星漢不道之言，亦鍾秀之嚆矢也云云．如星九者，愛之重之，卵之育之，綢繆焉謀議，爛漫焉關通．故此輩耳目濡染，聞見習孰，視其言動如蓍龜，效其事爲如山斗．如入鮑魚之肆久，而不聞其臭，仍與之俱化．故自不覺其詬天罵日之習，看作茶飯．然則二賊爲鍾秀之傀儡，鍾秀爲二賊之頭腦，惡極於二賊．

而且以年前宣禧宮改號言之，臣季父之陳章請改，亶出於苦心血忱．而我聖上油然而感，下其章於廟堂館閣，議改宮號．則鍾秀見疏本，而無端違牌不參，其在平日，角勝君父，背馳義理，已成一副當伎倆，掩藏不得．故凡係此等義理，一切抵死謀避．吁，亦凶且悖矣云云．

傳敎千餘言，昭釋無餘，至教以卿須恃予如龍門之砥柱．遣史官傳諭于前右相，而朴[48]相先施不敍之典．

金之孫東善撃申聞鼓，判辭有曰，觀原情內辭，則其祖大臣與後翼星漢輩，不但不識面目，族於姻於友，於出入於後翼星漢之人，素所昧昧云云．而九宗事段，大臣鄙之心絕，九宗之到處誇賣等事，實各項證左分明於原情，亦可謂益知其所不知云云．

及朴相付西樞後，復申前意，上疏留中．而大意論宣禧宮改號時事，目之以義理罪人．後翼，最親金觀柱，而渠亦切親觀柱．九宗則會葬於渠母喪，星漢則畏[49]人耳目云云．

52. 金東善之撃申聞鼓也．攔入金虎門，[申聞鼓在敦化門，故金虎爲攔入.] 無省記經宿闕中．上以門禁

48. 본서는 '金'이나 『현구기문』의 '朴'을 따랐다.
49. 본서는 '塗'이나 『현구기문』의 '畏'를 따랐다.

蕩然, 入直堂上遞罷, 郎官先汰後拿. 金虎門守門將卒, 令兵判嚴棍. 明義錄門禁大文, 及文獻備考申聞鼓条, 令該府送示兵判, 俄而明義錄送示兵判語抹去.

53. 某官尹永僖因申鏶越講事, 出補外邑, 與水使以體例間事相較, 蔡相濟恭, 筵席頗救永僖, 上大怒, 命中道付處. 而有予不負濟恭, 濟恭負予之敎. 於是, 吏議申耆, 復尹蓍東吏判之望.

某官韓致應上疏有曰, 尹蓍東之罪惡貫盈, 不以濟恭進退消息, 有所一毫增損. 則噫彼申耆, 復當濟恭被譴之日, 急急注擬於天官冢宰之望者, 抑何意哉. 魯酒薄而邯鄲圍, 於理無當, 山澤空而狐鮲作, 不幸近之. 竊爲之痛恨也.

噫, 蓍東戊申一疏, 是何等凶肚逆腸. 雖非濟恭, 三尺之童, 亦皆知討. 將謂濟恭一去, 則蓍東無累乎. 將謂八域含生三十年, 腐心痛骨之大義理, 能爲一濟恭所抱而進, 所捲而退者乎. 良可悲也云云.

금등의 문자를 공개하다: 54~58

54. 癸丑五月, 重卜領相蔡濟恭, 左相金鍾秀. 領相上疏, 其略曰, 臣爲國願死之人, 不忍於垂死之日, 呑不復宣, 終作千古不瞑之鬼. 玆敢忘其嚴畏, 願畢其說, 惟我殿下惕然俯覽. 嗚呼, 臣於己酉遷園之際, 奉覩我聖上所御衫袖, 流涕成血, 點點紅濕. 嘗於古書, 知有血淚二字, 而未知目擊, 忍於君父之袖,[50] 親見其事.[51] 嗚呼, 天曷故焉.

臣固知殿下, 以帝王之尊, 躬曾閔之行. 苟非至冤貫霄, 鬱結未伸, 從睫注下, 何至眞箇成血耶. 然而淵衷之內, 蟠而又蟠, 抑而又抑, 使義理不得大伸者, 亦由殿下以事屬先朝, 隱忍含茹之苦心至懷. 而我先大王, 旣以巨魁之爲讎者, 爲殿下擧名而諭之, 又以宮掖之譖間者, 微意而指敎. 嗚呼, 當時諸賊之爲譖爲誣, 若架鑿以聲色貨利, 構捏以馳騁弋獵, 則其罪固上通于天. 而殿下以事屬先朝, 隱忍不發, 猶可以爲說.

臣之幾十年腐心痛骨, 如不欲生者, 直以奸凶所誣者, [此下有非字卽字兩段,[52] 不敢言之句語.] 千古不忍言之事. 臣身不死, 尙不及泣血剖腹, 昭晣卞破, 以詔天下後世矣. 殿下[53]以不忍聞而遂不聞, 臣以不忍言而遂不言. 若以殿下之心與[54]臣之心爲心, 不敢提而不忍書. 使天下萬世, 亦識不敢提不

---

50. 본서에는 '之袖'가 누락되어 1793년(정조 17) 5월 28일 실록기사에 의거하여 보충하였다.
51. 본서는 '有是'이나 위 실록의 '其事'를 따랐다.
52. 본서에 누락된 '兩段'을 『현구기문』에 의거하여 보충하였다.
53. 본서의 '遂'는 위 실록과 『현구기문』에 의거하여 삭제하였다.
54. 본서는 '以'이나 위 실록의 '與'를 따랐다.

忍書之義, 則此固良史氏如董狐者之筆. 而臣愚死罪, 竊以爲奸凶之罪, 隱而不彰, 闡明之擧, 寂然無聞, 百代之後, 將何以憑信哉. 臣每念至此, 中夜失聲. 以殿下之孝思, 有慮不及此之理乎.

臣自叨水城留營, 漢寢之衣冠密邇, 緱嶺之笙鶴彷彿, 瞻依之餘, 每懷悽愴. 日前忌辰行祭之班, 臣亦趨班, 拜跪於燎光松籟之間, 僾然聲容, 肅然歎息, 如覩如聞. 臣乃飮涕, 自語于中日, 身沐睿德, 老而不死, 周旋寢園者, 微軀之外, 更有幾人. 親見當時之事, 明知罔極之誣, 而遂不得更暴肺血, 度日如常. 此負先大王五紀之恩造也, 負殿下再生之大德也, 又以負自己之一片丹心也. 朝暮入地, 以何辭奏我先大王, 以何語報我先世子乎. 如是思量, 牢有所定決矣. 殿下擢臣於上相者, 豈欲富貴臣哉. 必將有以使臣, 義理以持心, 義理以事君, 納一世於義理之軌也. 若然則臣所以事殿下者, 捨此大義理更於何藉云云.

上答云云. 而使史官齎還原疏於領相. 左相金鍾秀上箚, 極論蔡相之罪. 上兩罷之. 金相至發賓啓之議, 於是一世洶洶. 莫知蔡疏中有何等語, 而一邊遽謂之逆.

55. 八月初八日, 大臣卿宰三司入侍時, 上曰, 召見卿等, 欲諭予意者. 盖以近日天理湮晦, 民彝斁絶, 其在爲萬世闡明之道, 豈可不一諭乎. 又曰, 前領相疏語, 卿等果聞於何人, 而亦以何事爲罪耶. 樂性曰, 未見原疏矣. 宗岳履素曰, 臣等初未見, 而前左相箚則見之矣.

上曰, 此若所有犯, 何惜乎前領相. 如或反是, 又何惜乎前左相乎. 前領相疏中一句語, 卽某年大義理頭腦. 而以予闡揚兩朝德美之心, 猶不敢一番提起. 誠以事關某年, 不敢言而不忍提也. 前領相疏中, 以非字一句起端, 卽字一句結辭. 卽字以下, 事關某年至重至大. 假使前領相出於爲國[55]一死, 闡揚德美之苦心血誠. 予之所不敢言者, 前領相言之. 驟看外面, 其罪難赦. 予之批旨, 已示嚴於鈇鉞之意, 則今日在廷, 安得不驚痛. 而前左相之聲討, 其勢固然, 而前領相之敢言人之所不敢言之事者, 盖有委折.

前領相知申時, 先朝御徽寧殿, 屛去史官, 獨命知申進前, 授以御書一文字, 使知申藏于神位下褥席中. 前領相疏中, 卽字下一句, 乃金縢語也. 御極初丙申五月十三日, 文女罪惡之昭布也, 前領相豫聞綸音校正之事有所奏, 至遣承宣及翰林奉考之擧矣. 今於告退之疏, 有此將死之語, 獨知其事, 故獨言其事者, 謂之忠肝義膽, 可也. 而前左相不知本事, 只據外面, 以昨夏以後不敢言之義, 聲罪致討者, 亦出於忠肝義膽矣. 金縢中語, 則一則止慈之天, 一則止孝之天, 此何等德美. 而特以不敢言之故, 置之不忍提之地, 將不免掩翳而不章. 今於前領相之疏, 事端旣發, 不容泯默云云.

上遂命以金縢中二句謄出於小紙, 下示諸大臣. 上句八字, 血衫血衫, 桐兮桐兮. 下句十二字, 誰

55. '爲國'이 본서에는 누락되었으나, 1793년(정조 17) 8월 8일 실록기사에 의거하여 보충하였다.

是金藏千秋，予懷望思之枱．仍下敎曰，予於師翰[56]正法之日，亦有文女尙魯之處分而已，於其時金滕中先朝本意，微發其端．予雖不似，一端所執權，然後執之，豈可輕重出入乎．予之忍爲此言者，予意有在．要使一世之人，知前領相疏語如右所言，而前左相嚴討之，初出於不知裡面而已．又有一事不可不曉諭者．今日諸臣每因一番事端，輒有一番妄度，以典禮間事，致疑於不當疑之地，此孰敢萌於心乎．

御極之初，例有庭請勉從．而予則不止於三辭，以三條事件，爲固辭之端，欲使諸臣將順．其一，康王釋冕，不免先儒非禮之譏，故不忍臨門受賀．其二，永陵追崇，雖遵先朝治命，而更合[57]致愼之爲可也．其三，王大妃殿稱號，猶不敢加上一大字於王字之上．儀其[一作俗見]所拘，下[58]一条外，皆歸於不得擧論．此猶如此，何敢議到於典禮間事乎．

觀於丙申三月初十日下敎，可知予本意也．今日不忍言之事，一番賓對，可以言之，一張傳敎，可以諭之，而必也咸造其廷，洞諭本事者，盖以大誥之意，欲使人人而領會，事事而曉諭故也．繼自今更有憑籍紛紜之事，則人得以討之．日後闡明之責，專付卿等．遂命退．

翌日，判府事金鍾秀入侍．上又洞諭如上．鍾秀亦言，非字下卽字下，果有提起之委折．而有關於闡揚兩朝德美，則尤何敢以此聲討．至於董狐之筆四字，乃是明義錄中語矣．上又明其旨意不同焉．

其後鍾秀因韓宗纘疏，復上疏討蔡相．有曰，嶺洛諸賊之魁宗纘之疏，卽陳莊獻溫幸時，威德事而已，別無他語，而乃如此．又曰，金縢文字之出，曾不另煩殿下之一言一字云云，亦莫曉其所謂也．上封還其疏，故不甚傳播．

56. 嗚呼，某年之事，尙忍言哉．夫以先大王之止慈，先世子之止孝，乃有此亘萬古所無之擧．此實天地之大變，人神之至恫也．自夫三十年以來，草野之間，愚夫愚婦之賤，一旱一水之異，莫不以某年爲言．而又自丙申以後，上而搢紳，下而韋布，大者誅戮，小者廢棄，嚴提峻防，俾不敢發諸口．而謄諸章者，靡不用極，而猶鬱於中而形於外，隨處觸發，前後相望，終不使之湮塞而滅絕者，是誠何故也．開導之使言，勸賞之使爲，人或有不肯者矣．今也設禁而示之，歸刑而隨之，又何苦而冒之也．

嗚呼，金滕之書一出，而先世子之至冤，無一毫之不伸，先大王之至恨，將萬世而無窮．一則止慈之天，一則止孝之天，兩朝德美，昭揭日星．而上下三十年之間，環東土含生之倫，胸中之盤鬱，上徹者一朝豁然，何莫非我殿下苦心至懷．悶天理之將晦，懼民彝之遂斁，忍提不忍提之文字，一祛千萬世之蒙蔀，而相臣一疏與有力矣．若夫當時讒誣之徒，未盡懲討之典，皆朝廷政令之得失耳，

---

56. 본서는 '師漢'이나 『현구기문』의 '師翰'을 따랐다.
57. 본서는 '令'이나 실록의 '合'을 따랐다.
58. '下'가 본서에는 누락되어, 위 실록에 의거하여 보충하였다.

初無關於先世子之純行，先大王之大德. 而夫旣大綱之得其正，則從今以往，無論其言之不敢與不忍，固將無事於復提. 而上可無煩惱之端，下亦免觸冒之患矣，斯亦不幸之幸也.

57. 嘗於嶺南見一士語及金縢事. 其人曰，子知先大王之振古所無英傑之主乎. 曰，何謂也，曰，金縢之事，是爾. 盖先大王某年處分之後，旋卽覺悟，往往臨朝發歎，微見其端，而一邊人所爲先大王之所稔知者也. 時則先大王寶算已高，儲宮尺衣若干，而環顧朝端，無復一人可仗. 若使一朝赫然，大行族焚之擧，則其徒寔繁，不可盡誅，而聖躬有無窮之慮，儲宮無可保之道. 於是乎忍痛茹苦，求權於經，遂以處分，作義理. 諸賊爲忠勞，而輒以杜後弊，保世臣之說. 眷眷於綵綸之間，皆所以保儲宮之計也，猶慮諸賊之尙有後憂.

乃以世孫移宗於孝章，且加孝章以承統二字，明示他日之不系於思悼，其所以爲諸賊地者，靡不用極. 然後，儲宮得以保矣. 旣保儲宮而不示聖意之所在，則思悼之至冤，終無可白之日. 覺悟之聖心，又將默而不彰，乃有二句二十字之文，而必令異色之蔡濟恭，密藏至嚴之處，以爲他日憑信之地. 一以保儲嗣於目前，一以明義理於來後. 其爲心至苦，其爲計至深，此非漢武唐宗所敢庶幾處也云云.

余始也惝乎，終焉恍然，見識之明白，議論之高奇，殆非悠悠者所及，始知嶺南尙有人才也.

58. 追崇之議，自古爲清論所擯. 濮王之議. 只在稱考，而以歐陽之雅望，不免當時與後世之譏議. 况乎其下乎，况於追崇乎. 宣祖大王，嘗欲追崇大院君，私問於白沙李公，白沙對曰，在上而行之者，宣哀桓靈也. 在下而非之者，周程張朱也. 宣祖，不敢復言. 古人之嚴於追崇之說如此. 是宜朝廷之不可輕議，士論之所當深諱者也.

至若莊獻世子之事，先朝旣以正宗系於孝章，而又以承統二字加之所以提防日後者，不啻鄭重，則爲今日臣子者，孰敢容議於其間，而亦有大不然者. 甲申眞殿仰奏之文，有曰，思悼若無故，則孝章不過爲順懷昭顯云云. 聖意所在，若使無故，則日後追崇，自在言外. 而數年之後，旋卽覺悟，至有金縢文字，則先大王前雖疑其不能無故，而到此之時，乃覺其眞箇無故矣. 旣覺其無故，則莊獻之追崇，自是應行之事，而眞可以永有辭於萬世矣. 追崇之議，本非至論，而在莊獻則明其無故者，必在於追崇. 且况本朝已有德宗故事，則雖使古人當之，決知其無疑矣. 嘗與嶺儒語，及其人頗主清論，意殊不服.

予曰，追崇二字，苟能自好者，孰不羞道，而今時則異，因擧無故云云之說以告之，其人言下卽悟.

사도세자 추숭과 옥책문: 59~60

59. 甲寅正月, 上幸顯隆園展拜之時, 哀痛[59]過度, 幾乎昏窒, 諸臣蒼黃. 領府事蔡濟恭領議政洪樂性, 迭進請急還宮. 後又將展拜於景慕宮. 盖是年卽景慕宮曁惠慶宮, 洽滿六旬之年, 而景慕宮誕日, 又在是月故也. 朝臣皆憂閟宮行禮之時, 又將過哀, 庭籲於慈宮, 以挽展拜, 而擧向日園上之事, 以爲違辭矣. 判府事金鍾秀上疏, 詆斥庭請之擧, 有曰, 飾詐罔上. 又曰, 多少做錯, 盖謂園上無是事, 而庭請非其所也. 行司直鄭民始, 以違辭之出, 其手上章請譴.

傳曰, 此大臣曲保而全保者屢矣. 豈特爲大臣地而已. 日前上來登筵也, 以向來擧措, 大加咎悔, 說旣往之無咎, 矢方來之靡他. 予謂以卿之今日覺悟, 非徒自活可以活衆云爾. 忽見一夕別呈一疏. 其疏決非常理之可推, 彝性之所及. 爲今日臣子, 忍提伊日之事於事已之後. 蔽一言曰, 非義分之所敢出也.

又曰, 重臣則急於自引, 以下其飾詐罔上等事, 而予則有是無是, 都不須論. 不忍而忍, 是可忍也. 以此大臣處地, 忍爲此不敢爲之擧乎. 從前之全活自全活, 有國之國綱自國綱, 莫曰, 言之太宛委, 亦自有箇中斧鉞. 判府事金鍾秀爲先削奪官爵, 放歸田里.

連下嚴敎, 三司合啓, 自中道付處至按律焉. [配所, 自平海至南海, 是夏放還.]

60. 乙卯正月, 卽莊獻回甲之年月, 議上尊號. 初定以某字, 旣行告由矣. 因大臣奏引, 先朝 壬辰改字故事, 上章倫隆範基命彰休字. 最上二字, 卽用金縢事也.大提學徐有臣製進玉冊文, 殊沒本意. 某官韓光植上疏論之, 於是改命, 右議政李秉模製進. 李亦曾經文任故也.

其文曰, 朱絃薦疏越之音, 今歲何歲. 玉牒記於昭之德, 大書特書, 百代可徵, 八域莊誦. 恭惟皇叔父思悼綏德敦慶弘仁景祉莊獻世子邸下, 博厚高明之象天地, 仁智哲文之協勛華. 陋漢唐以來規模, 廓其廣大, 譬河海不見涯涘, 淵乎聖衷. 率士之謳歌皆歸, 凞庶績於萬幾代理. 聽言則芻蕘必達, 播令聞於一人以貞. 猗歟, 挽三之宏謨, 本之源百之懿行.

丁丑之孺慕靡[60]極, 旣致聖慈之俯監, 甲午之筵敎昭垂, 益知睿孝之上格. 嗟, 近年扙涕之語, 所以闡明於斯, 而邦人沒世之思,[61] 豈但樂利而已. 肆小子寤寐至願, 在一分形容盛徽. 前後琬琰之發揮, 縱陳顯號, 終始管蠡之測窺, 莫贊幽光. 屬玆斗杓之在寅, 正[62]値河淸之舊甲. 虹流華渚, 緬

---

59. 본서는 '慟'이나 『현구기문』의 '痛'을 따랐다.
60. 본서는 '罙'이나 1795년(정조 19) 1월 16일 실록기사의 '靡'를 따랐다.
61. 본서는 '恩'이나 『현구기문』의 '思'를 따랐다.
62. 본서는 '政'이나 『현구기문』의 '正'을 따랐다.

言是月是年. 星周堯蓂, 詎堪此時此慕.

慈宮望七旬之壽, 寔眷佑之攸承. 眇躬撫二紀之實治, 又昌熾之餘慶. 顧我家加隆之典, 伊丕責[63] 若待於今. 禮本緣情, 合於情者爲禮. 名以紀實, 有其實則斯名. 想七旒之潛輝, 愀如復見, 採一國之輿頌,[64] 仰之彌高. 敢日, 摸畵之能眞. 然後情文之極備. 誠愛篤至, 揭彝倫而式昭, 範圍隆深, 彌字宙而同廣. 命歷[65]命吉, 讃啓盤泰之洪基, 如升如恒, 用彰燕翼之休烈. 謹奉玉册, 進上尊號日, 章倫隆範基命彰休. 伏惟仰冀冲鑑, 俯諒微誠. 保我子孫黎民, 化被萬品, 在帝左右陟降, 功參兩儀.

議號之事, 文衡主之. 而時洪良浩赴燕, 原任卽金鍾秀也. 當主薦, 屢召赴命, 薦進徐有臣. 凡上尊號之儀, 大王王妃, 用金印玉册. 世子與嬪, 用銀印竹册. 邦禮然矣. 鍾秀建議, 請用金印玉册, 詢于諸大臣而從之. 因請鍾秀致仕. 徐有臣, 亦奉朝賀而年纔六十矣.

63. 본서는 '册'이나 위 실록의 '責'을 따랐다.
64. 본서는 '誦'이나 위 실록의 '頌'을 따랐다.
65. 본서는 '曆'이나 위 실록의 '歷'을 따랐다.

부 오회연설(附五晦筵說) 庚申 五月

61. 庚申. 上御誠正閣. 藥房入診, 諸承旨持公事入侍, 諸臣同爲入侍. 時都提調李時秀問候, 訖因奏日, 臣固萬萬惶悚, 而昨伏見傳敎下者, 有修撰金履載投界之命矣. 原疏雖未得見, 而不過論一卿宰也. 以玉堂論一卿宰而至於行譴, 豈不過乎. 臣非敢以弟之故, [時晩秀以吏判見彈於履載] 有此仰陳也. 區區愚忱, 實恐處分之過中. 伏望亟加三思, 還收成命焉.

上日, 今筵召見, 專爲此事之洞諭, 而次對進言, 則稍涉過矣. 且以予近來精力,酬應甚難, 故只令有司堂上入來矣. 卿之此言可謂意外還爲慨然矣. 卿之先卿, 曾救故副學金時燦卿之救. 金履載與先卿之事, 其言則似同, 其事則實異.

蓋在先朝時則辛壬義理事關聖躬. 其時秉執義理之人, 莫非爲先朝願忠效誠者, 而士大夫風稜氣節百倍於今日. 且於公憤之外, 亦有乃父以來, 不可忘之私讐, 故義理則不患其不伸. 而其流之過, 至于老臣世家, 不能保全之慮. 以我先大王盛德至仁, 必欲扶而保合之調劑於戈鋋之中, 奠安於衽席之上.

如金時燦之處分, 蓋出於過者椎之, 激者抑之之苦心, 而一時秉執之事, 無非如金時燦者. 故處分雖嚴, 而公議不可抑. 如是之際, 撐天地亘宇宙之義理, 則由是而益固, 平蕩之保合之聖德, 由是而益光. 卿之先卿, 雖非與金時燦, 自來相親之人, 而極力伸救者, 儘是當然底道理矣.

今之世道, 則與古有異, 所謂執淸議持峻論者, 萬萬不及於古人. 若非自上闡明, 則一部陽秋之義駸駸然, 將無可明之日. 今玆處分, 專爲講明義理之地, 則卿之以其事關卿弟, 反爲伸救之論者. 寧不慨然乎. 聖人所謂易地則皆然云者, 以其地之有異而所處之事隨而不同矣. 先卿救金時燦, 蓋爲扶植義理, 而今此金履載之言, 歸於右袒俗邊. 則卿之伸救, 豈可以先卿之事援而爲例乎.

若從外面觀之, 則其疏不過論一吏判, 而其所爲說, 亦不過日警責, 則所請只是推考薄勘而已. 顧今媕婀之時, 吏判固無論, 設或論及於卿, 又或論及於衮闕, 亦豈或以此加罪而處分之如是. 豈非以有關於義理邊乎. 古之大臣, 雖事關自己之被彈者, 苟係義理, 則不避小嫌, 挺身請討者, 亦或有之. 卿之此言, 殊非所望於卿矣.

李日, 臣未見原疏, 率爾仰奏, 而今承聖敎, 不勝惶悚矣. 上日, 予固否德, 御極以後近三十載間, 治法政謨, 雖無可觀. 而至於一副當規模, 自有移易不得者. 蓋自乙亥以後, 可謂治成制定. 而天道惡盈損益相因, 苟能使大小臣工, 無忘盈成之戒, 不失執秉之素, 常存乙亥以前之心, 其所以固守義理者, 皆如乃祖乃父之爲先朝願忠效誠, 則豈至有干犯某年[66]義理之事乎. 顧其燕安鴆毒, 駸駸胥溺, 一片精神之所揣摩經營者, 直在於患得患失之科臼, 雖推考遞差等薄勘, 還亦關心, 至於義理邊, 則殆無異越視秦瘠, 自不覺其歸於背馳之科. 於是乎一轉而關係於某年大義理, 再轉而爲乙未, 三轉而爲丙申, 四轉[67]而爲丁酉. 丁酉以後, 則所謂鄶[68]以後無譏, 而予亦有[69]不忍言者矣.

凡我臣子, 孰非爲先朝願忠效誠者之子若孫. 而轉輾詿誤, 率入於此箇圈套. 此非但仁人君子之所不忍坐視, 其爲世道國家之憂, 寧不凜然而寒心乎. 惟幸一種淸議, 尙有不泯者存. 不知者, 或謂其兩戚里之爭,[70] 殆同春秋之無義戰, 而某某人之扶義理者, 亦豈必是戚里所親者乎.

惟予一片苦心, 亶在於舊染汚俗, 咸與維新, 而畢竟使龍蛇, 盡化爲赤子. 故奧自臨御之初, 明示一副當規模, 以爲闡明義理, 偕至大道之本. 於是乎一部陽秋, 昭揭日星, 而種種陰邪之論, 莫敢容於其間. 比如禹鼎象物, 神奸鬼秘, 莫逃其狀, 而入山林川澤者, 不逢不若.[71] 盖規模大定之後, 入於此者, 國邊也, 忠也, 君子也.[72] 不入此者, 賊邊也,[73] 不忠也, 小人也. 關於義理, 固當斬釘截鐵, 而規模一立, 嚴於象魏之懸法. 而今日臣子者, 孰不知此箇規模之移易不得乎.

上又敎曰, 予之一副當規模, 才已言之. 不知者, 或以予用捨之際, 疑其有先後彼此之殊, 而此則有不然者. 觀於丙申以後所向用者, 可知予本意之所在矣. 己亥庚子之間, 方當彙征之時, 不幸有國榮事出焉, 則其時事勢, 不得不姑且休息而用之. 故果未免有一退一進之不同, 而一時之進退, 顧何關於義理之輕重乎. 自己亥以後八年, 始復稍稍反舊, 而如故[74]相蔡判府與金奉朝賀諸人, 其[75]被齮齕適在於同時. 故自辛丑至于戊申八年之間, 而又爲擢用. 其時朝著之間, 適多可用之人, 故尹右相, 亦因事端使之休息也, 自戊申至于乙卯, 又八年之後, 復加擢用. 盖其進退之際, 皆八年爲限, 亦自有造化積費者存. 所以必欲休息而用之者, 非但時宜之適然, 亦所以爲其人養望之道. 予之所以使之休息也, 亦嘗言及於自家, 而自家善爲休息者, 亦豈非難及處乎.

間八年用之, 特適然之擧, 而三相八年前後, 其間拜相而委任者, 亦多其人. 而皆必心與迹之自依據於秉執, 然後用之. 今玆之敎, 亦未必遍言而單擧, 自有深意存焉. 昔在先朝則以蕩平苦心, 或有用捨之混一. 而予之如是用捨, 則盖亦所謂時義之大矣者也. 惟其進退之有時或異, 而義理之至嚴者自如. 則比如飮食之際, 庶羞之醎酸甘苦之不一, 其品粥飯菽粟之本味, 未嘗不自在也. 顧今

---

66. 본서에 빠진 '某年'을 1800년(정조 24) 5월 30일 실록기사에 의거하여 보충하였다.
67. 본서에 빠진 '而爲乙未, 三轉而爲丙申, 四轉'을 위 실록에 의거하여 보충하였다.
68. 본서는 '檜'이나 위 실록의 '鄶'를 따랐다.
69. 본서는 '言'이나 위 실록의 '有'를 따랐다.
70. 본서에 빠진 '爭'을 위 실록에 의거하여 보충하였다.
71. 본서의 '於是乎一部陽秋 …… 不逢不若'은 위 실록에는 보이지 않는다.
72. 본서에 빠진 '忠也, 君子也'을 위 실록에 의거하여 보충하였다.
73. 본서에 빠진 '賊邊也'을 위 실록에 의거하여 보충하였다.
74. 본서는 '古'이나 위 실록의 '故'를 따랐다.
75. 본서는 '共'이나 위 실록의 '其'를 따랐다.

一二臣隣之主張義理者，亦[76]有存者無幾之歎．而無論尊卑大小，苟有慕善而向善之心者，便是吾黨之士也．惟予用捨之權度，亦豈有外此箇規模乎．

李曰，聖敎諄諄，剖析無餘．今之登筵之臣，孰不仰認聖意所在乎．

上曰，予旣以一副當規模爲敦世之大權度，當以率敎二字爲諸臣詳言矣．中庸不云乎天命之謂性，率性之謂道．人之秉彝，本乎天性，循環而無違，則所謂道也．居君師之位者，代天理物，而於是乎著禮樂刑政之敎焉，此所謂修道之敎也．惟其言莫予違，固聖人之深戒，而合於天則，當於天理者，豈敢不承順乎．大學有云，堯舜帥天下以仁而民從之．所令反其所好，而民不從．所好者，則合於人所同得之秉彝也．苟然所令不反其所好，而孰敢不咸囿於牖迷之化，偕底於大同之域乎．

夫義理者非別件也．凡事之至當處則是義理，無論古義理今義理，其爲至當則一也．惟其至當也，故前輩善類之比今人高一等者，亦莫不同歸於協極率敎之域．而一種外[77]馳之徒，乃反以覘窺迎合等目，加之於將順人者，豈非世道深憂乎．義理所在，至精至嚴，必須精以察之，然後可以守之．予之平生學力，自謂於此等處,[78] 看得不差．御極之初，曾有一二臣有以三代事相期之語．到今思之，固爲可笑，而予之所執則亦可知也．

乙卯以後，予以爲世道深憂長慮之意，拈出矯俗二字．而盖以務從渾厚，不欲索言之故，只以一俗字言之，而其實則干犯於某年義理者，卽此一俗字，關係乙未丙丁者，亦卽此一俗字．居今之世，爲今日臣子者，雖愚夫愚婦，孰不知矯俗二字之嚴於鈇鉞乎．以是之故，邇來絲綸之間，若以一俗字爲辭，則雖有鐵限之情勢，不敢不顚倒趨赴．惟恐或後，豈非一俗字，所關至嚴乎．

噫，雖以今番吏判事言之，辭疏批勉出之敎，一則曰矯俗，二則曰矯俗者，予意豈偶然哉．盖自往年以後，一種風習滔滔於利祿窠臼，苟其好官之可做，則他不暇恤,[79] 恒汲汲如狂，其流之甚,[80] 殆至於無父無君之境．及其旣得之後，又生厭避之計，不顧法典之所無，不知[81]分義之至嚴，同姓疎族之所拘礙，無異於大典之大文[82]相避．所謂近密之臣，初不肯一番行公於官職，而以疎逖之蹤，亦皆看作美事，競相慕效，其爲世道之弊，亦非細故．昨敎中處華膴而攬淸要者，纔[83]借其銜，便避其職云者，予亦十分商量，而只如是書之矣．

予非獨矯此一事，足以盡救俗弊也．程子有言孝悌爲仁中之一事，予亦謂此爲矯從中一事．矯得

76. 본서는 '各'이나 위 실록의 '亦'을 따랐다.
77. 본서는 '分'이나 위 실록의 '外'를 따랐다.
78. 본서에 빠진 '處'를 위 실록에 의거하여 보충하였다.
79. 본서는 '顧'이나 위 실록의 '恤'을 따랐다.
80. 본서는 '始'이나 위 실록의 '甚'을 따랐다.
81. 본서에 빠진 '不知'를 위 실록에 의거하여 보충하였다.
82. 본서는 '大北之大父'이나 위 실록의 '大典之大文'를 따랐다.
83. 본서는 '才'이나 위 실록의 '纔'를 따랐다.

一事, 有一事之效, 矯得二事, 有二事之效. 似此不已, 庶幾有丕變之效. 此實予苦心所在. 不然則中批之擧, 固所難愼, 而予何必以是時任右相之弟, 拔例特除乎. 揆地銓席, 兄弟之迭居, 雖曰已例, 而係是百年前事. 且況今人, 不如古人, 則余所以必爲此格外擧. 而吏判之承[84]勉出之敎, 便卽竭[85]蹶膺命者, 亦豈非深知予矯俗之本意者乎.

吏判辭疏, 初不詳見, 及其金履載疏入之後, 始復取看. 則先用王述之語, 次引李貴之事, 可謂迂闊不緊, 予亦以爲不無語疵矣. 然而本事跡關於矯俗, 則設有加於此之大妄發, 豈可不顧忌器之嫌. 設欲論之, 必從矯俗之本意, 先加闡明, 然後以其句語間矯枉過直爲語, 猶可也.

今此金履載之疏, 其名則論一吏判, 其意滿紙張皇, 專欲甘心背馳於近日綵綸中矯俗二字. 予方以渠之抉摘句語爲非, 故不欲更取渠疏中句語指的爲言. 而究厥旨意, 不在於吏判, 而專在擺脫矯俗二字. 予之本意, 如渠之自以爲瞭然於時俗物情而工於行世保身者, 似無不知之理, 則亦爲此者合置何辟.[86] 義理所在, 不容一毫之有差. 義理之反對, 卽俗習也. 事關俗習之矯正, 其所恪遵謹守, 只當如俗諺所謂着木屐渡鴨江者. 而乃敢爲相反之擧者, 獨何意思.

其疏既背馳矯俗二字, 而以此爲侵斥吏判之資斧, 則吏判之事, 自歸於與俗相反. 與俗相反者, 是君子邊人. 且況奮不顧身, 以對揚爲事, 而受其所斥之言, 則於吏判, 豈不與有榮焉乎. 渠不過新進少年, 本不足深責, 還給其疏, 則可謂都無事. 而顧其疏, 則又以言事爲名, 不可以不足責而置之.

嘗見履載於講製之列, 稔知其人也. 似昏不可辨,[87] 似慧不能辨矣.[88] 且或狼貪, 而苟非三頭六臂, 必不敢辦此. 且況近來朝廷無權奸之指目者, 又不可以受其頤指言, 則外面驟看, 雖謂之究不解而說不去. 亦可無乃復有不知不覺之中, 如陰腫之未卽形見於外, 而泊於幽陰而升耶. 凡事只當爲外面彰著者論之, 何必拖及其他乎. 然而任他有, 非王者之仁政. 此所以略示好惡, 而一諭於卿等者也.

昨日傳敎之以投畀爲言者, 盖取詩經所謂投畀有北. 卽亦退讒佞之意也. 孔子以四代禮樂告顔淵也, 其歸結之語, 不過曰放鄭聲遠佞人, 而虞舜所以眷眷於命龍堲讒者, 盖亦讒說之易感而難卞也. 以此等疏驟看, 則亦似成說, 而予則曰, 其爲隱憂, 不啻如天津之杜鵑聲. 杜鵑不過爲君子小人消長之機, 而此疏所關, 果何如也.

乙卯以後, 庶幾有拭目之望, 而一年二年漠然無一新之效. 雖以其秉執義理言之, 乙丙之間, 既無辛壬之殺伐, 故其所挺身擔當者, 不及於古人之以公憤兼私讐矣. 大抵在今日世道之責者, 亦豈無自

84. 본서는 '一疏'이나 위 실록의 '之承'을 따랐다.
85. 본서는 '蹋'이나 위 실록의 '竭'을 따랐다.
86. 본서의 이 문단이 위 실록에는 '予之本意, 渠必無不知之理, 則知而爲此者, 其罪合置於何辟'로 되어 있다.
87. 본서에 빠진 '辨'을 위 실록에 의거하여 보충하였다.
88. 본서는 '似慧不可不能辨矣'나 위 실록의 '似慧不能辨矣'을 따랐다.

侮人侮之歎. 而但當交修不逮, 協心同歸而已. 豈可以自侮之故, 并與義理所關而必欲毁劃之乎.

予雖衰矣, 於處分此輩, 豈不恢恢有餘. 而試以丙申處分視之, 予於乾剛邊, 亦自謂不[89]爲不足, 豈或專事煦濡. 而近年以來, 實有朝著無人之歎. 且欲一切以休養爲務, 無論大小事, 一味含忍, 徒費心上之許多思量. 精神筋力, 日漸衰憊, 亦未必非此由. 況今年異於他年, 金吾鵲巢, 意在導和. 故此等處, 皆欲不大聲色, 從容說去. 今玆之敎, 亦可謂忍之又忍.[90] 絲綸之間, 謹當一番敷示, 而先以此意, 爲卿等縷縷. 今日登筵之臣, 若能出而相告曉諭, 則鶴鳴在陰, 其子和之, 一理相感之妙, 有不可誣.

聞今日之敎者, 必有慷慨激昂, 思所以闡明之道者, 亦必有惕然悚懼, 思[91]所以自明之方者. 而不知之中, 亦豈無革面革心, 圖所以畏威遠罪者乎. 從今以往, 父詔子兄勖弟, 其未脫套者, 滌去舊習, 以爲跂及之道. 而間或有自來不溺於俗習之陋者, 又當溫故知新, 益復加勉, 以成我從容之治, 卽予之所期望. 而如是明諭之後, 予亦不復多言. 對揚之策, 專在於卿等. 卿等除却些少[92]曲嫌, 各圖所以擔當矯求之術也.

李曰, 聖敎之下, 孰不領會. 而自臣等出而遍告, 俾一世之人, 無不曉然知聖意之所在, 則亦豈有知而故犯之理.

上曰, 無論闡明與自明, 只在自家一身矣. 如是之後, 若又無效, 則予亦復奈何. 大抵金履載之疏, 其言可笑, 其人何責. 其事至微, 而越規[93]背敎, 臣冒手犯. 俯首甘心, 決知其無辜, 而乃敢爲先發而少[94]嘗之計者, 卽丙申以後二十五年間, 初見之事也. 豈可以其人之何足責, 泛視其言, 歇看其事乎. 御世制俗, 捨[95]一副當規模何爲. 而予則自少, 略聞大道於聖經, 而知之未嘗不行之, 行之之後[96] 而建立規模, 身自先之, 推而及之. 人有不措, 措之[97]必欲使域中率由. 於是, 何物履載, 欲爲螮蝀於今日朝廷乎. 誠亦[98]矜悶之甚. 彼固不足言, 獨非世家乎. 特念竄一, 懲萬之策, 乃有今日處分, 卿等當知此本意矣.

李曰, 其疏不爲頒布, 故臣未得見矣.

上曰, 何以不爲頒布也. 台爀曰, 原疏未蒙批旨, 故例不得頒布矣. 上曰, 今日筵敎, 先言古今之

89. 본서에 빠진 '謂不'를 위 실록에 의거하여 보충하였다.
90. 위 실록에는 이 아래 '平說之又平說矣'가 더 있다.
91. 위 실록에 의거하여 '思'를 보충하였다.
92. 본서는 '小'이나 위 실록의 '少'를 따랐다.
93. 본서는 '親'이나 위 실록의 '規'를 따랐다.
94. 본서는 '小'이나 위 실록의 '少'를 따랐다.
95. 위 실록에 의거하여 '捨'를 보충하였다.
96. 위 실록에 의거하여 '行之之後'를 보충하였다.
97. 본서는 '於人有不措之'이나 위 실록의 '人有不措, 措之'를 따랐다.
98. 본서는 '欲'이나 위 실록의 '亦'을 따랐다.

時措, 次言規模, 次言用捨, 次言敷教率教之方, 屢致意屢更端. 言言扶世教, 段段示苦心. 須令史官, 錄出一通筵說, 一示之廟堂, 依回公公事輪示, 一示之言責論思之官, 詳載於掌攷,[99] 以其原本, 付之史官藏之史庫.

99. 본서는 '故'이나 위 실록의 '攷'를 따랐다.

영남 유생 이휘병 등 만인상소(嶺南儒生李彙炳等萬人上疏)

62. 哲宗乙卯六年某月日，嶺南儒生李彙炳等萬餘人聯名上疏曰，伏以臣等嶺嶠疎逖，草茅愚賤. 薰沐聖朝之㢠化，則忠君愛國之忱，不以疎逖而有間. 服習先正之遺敎，則民彝物則之懿，不以愚賤而或泯. 肆昔壬子嶺疏之進御也. 正宗大王，不以疎逖而外之，不以[100]愚賤而棄之. 半夜前席，特命登對，十行筵敎，辭旨懇至.[101] 嘉賞之志,[102] 則有曰，國家大義理，嶺南未嘗不⽕涉. 推借之過，則有曰，萬餘章甫之論，可見天理之大公. 付畀之重，則有曰，交相告戒，念念闡揮，則嶺土搢紳章甫之功.

噫，當時縉紳章甫，卽臣等父若祖也. 臣等父若祖，奉此恩旨，感泣抱歸，父詔其子，曰，念念闡揮，子詔其孫，亦惟曰，念念闡揮，銘肝鏤肺，口誦心惟，亦罔不曰，念念闡揮. 惟其所以闡揮者，蓄之於心而不敢宣之於言，今過六十年，終未有以對揚闡揮. 此臣等之恨也，臣等之負聖敎大矣. 然臣等豈敢然也. 盖亦有待乎天也. 玆[103]値今年乙卯，景慕宮寶甲再回，惟我聖上畵焉追慕，加上尊號. 一遵正廟故事，縟儀再擧，八域欣[104]忭. 臣等因此慶會，追念先朝畀付[105]之義，迺[106]敢千里裹足萬人聯名，刳肝瀝血，仰叫閶闔. 伏願殿下垂察焉.

恭惟我莊獻世子，受英廟神聖之姿，承英廟孝友之德，睿學夙就，令譽日聞，英廟特命代理，凡十四年. 問安視膳，則誠孝格於神明，撫軍監國，則仁聲洽於中外. 書筵問難，所講者洙泗洛閩之學也，臨朝發政，所法者堯舜三代之治也. 三宗之景籙[107]未艾，億兆之頌祝無疆，而惟其未及踐阼[108]也. 故閟宮之位號，止於貳尊，園寢之儀節，尙未加隆.

窃伏念功德之存乎廟社，化澤之及於民物，則實無間於踐位行禮，尤有光於祖功宗德. 自有載籍以來，歷考中國與我東，以儲位而攝國政，歷年之久遠，功德之巍蕩，未有若是之盛. 而前後上號，猶未盡致隆之義，豈但臣民之痛鬱. 抑亦朝典之欠闕.

---

100. 본문에는 '不以'가 누락되어 『성재선생별집(省齋先生別集, 이하 성재별집)』 권2 「제왕승통고(帝王承統考)」 4, '부 사친숭봉(附 私親崇奉)에 의거하여 보충하였다.
101. 본서는 '摯'이나 『성재별집』의 '至'를 따랐다.
102. 본서는 '至'이나 『성재별집』의 '志'를 따랐다.
103. 본서는 '荐'이나 『성재별집』의 '玆'를 따랐다.
104. 본서는 '忻'이나 『성재별집』의 '欣'을 따랐다.
105. 본서는 '付界'이나 『성재별집』의 '畀付'를 따랐다.
106. 본서는 '乃'이나 『성재별집』의 '迺'를 따랐다.
107. 본서는 '祿'이나 『성재별집』의 '籙'을 따랐다.
108. 본서는 '祚'이나 『성재별집』의 '阼'를 따랐다.

帝王家追上之典，其來尙矣．我朝儲位尊號，又有成廟朝追崇德宗已例，揆之以天理人情，酌之以常經達權．當此飾慶之歲，特擧尊崇之典，允合聖人隨時制宜之道矣．禮本緣情，亦或義起，况有受之者哉．經曰，監于先王成憲，傳曰，孝者，善繼人之志，善述人之事．先儒又曰，欲法堯舜，當法祖宗．今我殿下監先王而所當述者，成廟之事也，法祖宗而所當繼者，正廟之志也．

臣等伏覩惠慶宮追上尊號時綸音，有曰，帝王之孝，異於衆兆，必以揚徽闡美，爲報本追遠之大節．又於癸卯加上尊號時聖敎，有曰，惟予報本揚先之誠，無地可展．昨冬筵席，微發言端，趑趄至今者，誠以典禮至重，有非予一人所可輕易臆斷．而抑情含忍，恐爲不瞑之恨．又於己酉親製顯隆園誌文，有曰，有待乎錫胤而托重，得遂誕報之大願至祝．天乎天乎．人欲天從，小子[109]敢於此取必焉，夫然後，小子之生，[110] 始可以永有辭於天下後世．前後辭旨，丁寧懇惻，臣等未嘗不三復流涕者矣．然則在今日繼志述事之道，豈有大於闡揮一事乎．

伏願殿下仰稟慈聖，亟擧盛典，上以慰陟降之先靈，下以昭孝思於無窮焉．臣等又伏覩孝懿王后誌文，有曰，上與廷臣議上徽號，后敎曰，先王不受號，以至痛在心也．未亡人受之，於先王精義何．觀於此則景慕宮未遑之典，實爲先王之至痛．而典禮之前，不欲獨受徽號，又先王之精義也．然則以殿下誠孝之至，其在乎今，必須先擧未遑之典然後，正廟徽號節次追上，此又今日一副當大義理．所謂建天地而不悖，質鬼神而無疑，俟百世而不惑者，其在斯歟．

臣等踈愚，何敢議到於朝家大典禮．而念念闡揮四字，旣有我先王之遺敎，則臣等斷斷血忱，只是有見乎此箇義理而已．惟殿下恕其狂僭，而留神採納焉．臣等父若祖，親承聖敎，不及見義理之大明，而邱隴已成行矣．臣等今日之言，如蒙採納，則他日泉下，歸見父祖，贊頌我殿下繼述之盛德，出尋常萬萬矣云云．

---

109. '小子'가 본서에는 누락되었으나 『홍재전서(弘齋全書)』 권16, 「현륭원지문(顯隆園誌文)」에 의거하여 보충하였다.

110. '小子之生'이 본서에는 누락되었으나 위의 『홍재전서(弘齋全書)』에 의거하여 보충하였다.

광무 연간 관련 기사(光武年間關聯記事)

장헌세자 등 추숭: 63~69

63. 光武三年己亥, 陰六月日, 特進官徐相祖, 疏請莊獻世子追崇事. 詔下掌禮院, 詢問于在外大臣儒臣, 令政府會議.

64. 因警務使李裕寅疏批旨, 宮園儀節, 乃正廟精義所在, 而嶺南人士, 執此義理, 閱世不已者, 實爲嘉尙. 見今縟儀將擧, 朝野同論, 卿其將此意布諭.

65. 詔曰, 首先建請之徐相祖, 特加一資, 追崇尊號都監堂上, 加差下.
同年七月日, 追崇莊獻世子爲莊宗大王, 陵號隆陵, 殿號景慕殿. 追尊惠嬪爲獻[111]敬王后.

66. 詔曰, 王后父母, 亦已封爵, 永豐府院君韓山府夫人祠版, 遣祕書丞致祭. 陰曆十一月, 行祔太廟.

67. 同月, 行圜丘壇祭. 上率群臣詣太室, 尊太祖大王爲太祖高皇帝, 高祖莊宗大王爲莊宗懿皇帝, 高祖妣爲莊敬懿皇后.

68. 隆陵表石, 以獻敬王后舊碑, 磨淨入用.

69. 暎嬪李氏, 上諡封園.

이천보 등에 대한 은전: 70~73

70. 辛巳三相文簡公李天輔, 貞翼公李𡐤, 正獻公閔百祥, 并施不祧之典.

---

111. 본서는 '莊'이나 실록 등에 의거하여 '獻'으로 바로잡았다.

71. 廟庭配享功臣，文忠公李宗城，正獻公閔百祥. 壬午諸臣復官致祭，賜諡各有差.

72. 特進官李僖魯等疏曰，故相金鍾秀侑典不可事. 以特旨流配鐵島. 翌年春，侑還.

73. 奉常[112]提調閔京鎬，復疏劾金鍾秀，不當侑典事，詔下平理院盤問，而流配古群山. 翌年夏，侑還.

112. 본서는 '尙'이나 실록의 '常'을 따랐다.

시벽본말(時辟[113]本末)

공홍파와 부홍파의 분기: 74~75

74. 英廟二十五年己巳, 金相在魯力勸于上, 而得遂世子代理之請, 嘗試之計也. 至金相卒, 金相姪壻洪啓禧, 金相之從弟尙魯相議, 而踵行金相未卒之志事. 啓禧曰, 吾輩此事, 不可不使翼汝[洪相鳳漢, 字也]知之, 使之協力. [此是懦弱之意] 尙魯曰, 翼汝決無肎意, 不必使知. [此是强剛之意] 及其請來, 未及數語, 洪相知幾而曰, 東宮無大端失德, [謂無事關宗社] 且世孫英明, 吾輩無憂, 不必過慮. 禧尙兩人, 以好語答之, 佯爲唯唯而罷.

洪相去後, 尙魯曰, 先殺翼汝, 事可濟矣. [功洪口氣] 啓禧曰, 處翼汝地, 容無恠矣. 但行吾事而已, 何必殺之. [扶洪口氣] 於是, 論議遂分, 啓禧邊, 以扶鳳漢, 目爲扶洪派, 尙魯邊, 以功鳳漢, 目爲功洪派.

75. 洪相歸家, 夜不成寐, 思得一計. 廣受苞苴, 而夤緣惠慶宮, 賄遺文女及鄭妻固結, 而探其事機, 隨卽消沮之. 當時卿宰, 以淸白相高, 而惟洪相受賄. 故諸宰逐日夜會於李公惟秀家, 而共討洪相受賄通禁之罪. 出於公正之論, 裏許, 惡其沮戲好行之事而然也. [夢梧金公, 洪相之從甥, 故密探而告之, 東園諸公隨聞而討之.] 世稱東園十三學士, 所謂攻洪派也. [尹近菴汲, 南雷洞有容, 趙竹石暾, 宋載經, 李惟秀, 金夢梧鍾秀, 兪彦鎬, 尹蓍東, 金竹下熤, 金光黙, 金尙黙, 李得培, 閔鍾顯, 沈履之, 合十四人, 兪則冒錄者也.]

十三學士之中, 近菴尹公, 持論過峻, 夢梧金公, 未免色厲. 惟趙公暾, 尹公蓍東, 頗近醇正, 云淸議自好之士. 隨風逐流之輩, 以攻洪爲要名之資, 所以攻洪派之日衆也. 素昧洪相之人, 若不攻洪, 則目爲扶洪派也

시파와 벽파의 분기: 76~78

76. 正廟八年甲辰, 鄭履煥疏出後, 始以扶洪爲時派, 攻洪爲辟派. 此爲時辟所由分也. 大抵時辟, 同是辛壬義理餘波, 然時派懦弱, 辟派强剛. 故論議隨之, 而轉生層激, 後成仇敵, 原非自初不同也.

---

113. 본문의 '辟'은 실록 등에는 '僻'으로 표기되어 있지만 '辟'으로 표기된 경우도 있으므로 그대로 두었다.

徐有隣上疏所謂, 魯便禧也, 禧便魯也者, 是也. 又有參酌兩邊, 而用其中者, 謂之間論, 目爲中立派. 中立派極少, 而攻洪派, 最多也. 又有外時內辟, 外辟內時等目矣.

77. 洪相之受賄通禁, 專爲貳極, 則不害爲忠矣, 而倘無憑公營私之事歟. 攻洪者, 專在洪相, 則不害爲正矣, 而倘無其意常在之處歟. 俱未可知也.

78. 東園諸公請兪公彦鎬, 而不入則錄其名而圖其像焉. 金公龜柱最後投入, 則諸公曰, 吾輩之攻洪者, 公正之論也. 何嘗攻一戚而扶一戚哉. 遂罷不復會議焉. 金公私自聚黨而攻洪, 與洪對壘, 此則追辟也. [己卯大婚洪相力贊也. 洪相子侄素驕傲, 視金如卵育, 待之如門客. 金公一忍再忍, 不勝憤怒, 乃交結未出身之鄭履煥金鍾秀沈煥之, 而粧出韓鍮沈儀之迭疏, 請斬洪相矣.]

後生輩, 不知當初東園之公辟, 扶洪之公時, 認以洪鳳漢爲時之主, 金龜柱爲辟之主. 洪之居安洞, 故謂之北村. 金之居泥峴, 故謂之南村. 其後金公祖淳居淸洞, 朴公宗慶居苧洞. 故北村南村, 奄成時辟之硬稱.

先是又有追時焉, 徐公有隣有防, 是也. 此則奉承正廟密旨, 而并斥禧尙及龜柱者也.

영조~순조대 시파와 벽파 평가: 79~80

79. 英廟朝, 攻洪派, 私而公也, 正廟朝, 攻洪派, 公而私也. 正廟朝時辟, 諸葛亮之六出祁山也. 純廟朝時辟, 姜維之九伐中原也. 自憲廟朝以後, 羊叔子之備吳也.

80. 若以流變論之, 老論中時, 英廟與先世子失德一并諱言, 而但討辟之罪. 老論中辟, 諱言英廟失德, 而專言先世子失德, 及討時之罪.

南少中時, 諱言先世子失德, 而專言英廟失德, 及討老論之罪. 南少中辟, 英廟與先世子失德, 一并不諱, 而及討老論之罪. 至於典禮, 老論中時, 行與不行, 俱不參涉. [懦弱之故] 老論中辟, 期於不行而後已. [强剛之故]

南少中時, 期於行之而後已. 南少中辟, 與老論略同矣. 末流則老論之時, 而懦弱之故, 駸駸然入於行之邊, 然猶不力主. 惟老論之辟, 以其强剛之故, 終始不撓焉.

참고문헌

1. 자료

1) 年代記 · 法典 · 類書 · 地誌 · 儀軌

『景宗修正實錄』『英祖實錄』『正祖實錄』『純祖實錄』『承政院日記』『日省錄』『大典會通』『續大典』『新補受教輯錄』『大明律』『增補文獻備考』『宮闕志』『春官通考』『萬機要覽』『武藝圖譜通志』『顯隆園園所都監儀軌』

2) 國王文書

『御製大訓』(奎2407) 『御製大訓乙亥添刊』(奎1875) 『御製大訓己丑改刊』(古5120－58)
『御製自省編』(奎1175) 『奉教嚴辨錄』(奎1078) 『表義錄』(奎3470)
『嚴堤防裕昆錄』(奎3989) 『御製常訓』(奎2430) 『御製祖訓』(奎5703)
『羹墻錄』(奎372) 『勘亂錄』(奎1786)
『闡義昭鑑』(朝鮮黨爭關係資料集9, 여강출판사, 1985)
『明義錄』(朝鮮黨爭關係資料集12, 여강출판사, 1985)
『續明義錄』(朝鮮黨爭關係資料集12, 여강출판사, 1985)
『英祖文集補遺』(한국정신문화연구원, 2000)
『弘齋全書』(민족문화추진회 국역본)
『凌虛關漫稿』(한국문집총간 영인본)

3) 政論書

姜斅錫, 『大東奇聞』(명문당, 1989)
權正忱, 『書筵日記』(국사편찬위원회, B6B－138)
權訪, 『闡揮錄』(古朝31－266)
金澤榮, 『韓史綮』
민진원, 『丹巖漫錄』(이희환 역, 민창문화사, 1993)

朴宗謙, 『玄皐記』(朝鮮黨爭關係資料集12, 여강출판사, 1985)
朴夏源, 『待闡錄』(朝鮮黨爭關係資料集12, 여강출판사, 1985)
徐俊輔, 『時僻源委』(국사편찬위원회, B6B-157)
李鼎九, 『續朝野輯要』(韓國史書叢刊7, 여강출판사, 1990)
李建昌, 『黨議通略』(이덕일 역, 자유문고, 1998)
惠慶宮, 『한중록』(이병기 · 김동욱 교주, 1961, 민중서관)
未詳, 『公車指南』(규장각, 규80952)
未詳, 『某年事實』(국사편찬위원회, KO전B5B-3)
未詳, 『某年雜記』(국사편찬위원회, 911.058 모214)
未詳, 『壬午日記』(장서각, M35-318)
未詳, 『紫橋小藏』(朝鮮黨爭關係資料集6, 여강출판사, 1984)

4) 개인 文集 및 기타 저술
金鍾厚, 『本庵集』
金龜柱, 『可菴遺稿』(대동문화연구원 영인본)
金元行, 『渼湖全集』(여강출판사 영인본)
金祖淳, 『楓皐集』
金鍾秀, 『夢梧集』
金漢祿, 『寒澗集』(학민문화사 영인본)
南有容, 『雷淵集』
朴胤源, 『近齋集』
徐命膺, 『保晩齋集』
徐有榘, 『楓石全集』
徐瀅修, 『明皐全集』
成海應, 『研經齋全集』
宋明欽, 『櫟泉集』
宋煥箕, 『性潭集』
沈樂洙, 『恩波散稿』(奎15680)
吳光運, 『藥山漫稿』
吳達運, 『海錦集』(경인문화사 영인본)
俞彦鎬, 『燕石』
俞拓基, 『知守齋集』
尹光紹, 『素谷遺稿』
尹鳳九, 『屛溪集』
尹行恁, 『碩齋稿』
李建昌, 『明美堂集』
李匡德, 『冠陽集』

李晩秀,『屐園遺稿』
李敏輔,『豊墅集』
李福源,『雙溪遺稿』
李時秀,『及健齋漫錄』(延李文庫 영인본)
李宗城,『梧川集』
李天輔,『晉菴集』
丁範祖,『海左集』
丁若鏞,『與猶堂全書』
鄭元容,『經山集』
趙翰逵,『角亭集』(奎15609)
蔡濟恭,『樊巖集』
洪良浩,『耳溪集』
黃景源,『江漢集』
黃胤錫,『頤齋亂藁』(한국정신문화연구원 한국학자료총서3)
*이상, 별도의 표기가 없는 것은 모두 韓國文集叢刊 影印本임.

朴宗采,『過庭錄』(김윤조 역주, 태학사, 1997)
沈魯崇,『積善世家』(국립중앙도서관, 古2511-43-3)
李書九,『惕齋屛居錄』(규장각, 奎14805)
李在璣,『訥菴記略』(부산교회사연구소,『釜山教會史報』 38-41집 所收)
洪樂進,『先府君遺事』(김영진 역, 선문대학교, 2005)
鄭允容,『東萊鄭氏家錄』(성균관대 존경각, B09c-0926)
徐俊輔·金履載,『潁湖先生行狀·諡狀』(국립중앙도서관, 한고조57-가914)
洪志燮,『臥雲翁聞見實記』(국립중앙도서관, 한고조93-153)
正祖,『正祖御札帖』(성균관대출판부, 2009)
『洪翼靖遺事』(규장각, 奎1511)
『青松沈氏 晩圃家 寄贈古文書』(경기도박물관, 2007)
「鄭民始墓碣」(『碑文으로 본 양주의 역사』 2, 양주문화원, 1998)
柳本藝,『漢京識略』(권태익 역, 탐구당, 1974)
李裕元,『林下筆記』(대동문화연구원 영인본)
李重煥,『擇里志』(이익성 역, 을유문고, 1971)
李羲平,『華城日記』(신구문화사, 1974)
朱熹,『朱熹集』(四川教育出版社 刊行本, 1996)
朴能緖,『韓國系行譜』(寶庫社, 1992)

2. 연구 논저

1) 저서

고성훈,『朝鮮後期 變亂研究』, 동국대 박사학위논문, 1993.

구수석,『正祖時代 訓練大將 具善復』, 민창사, 2007.

근대사연구회 편,『韓國中世社會 解體期의 諸問題(上): 정치 · 사상편』, 한울, 1987.

김 돈,『朝鮮前期 君臣權力關係 研究』, 서울대출판부, 1997.

김 돈,『조선중기 정치사 연구』, 국학자료원, 2009.

김문식,『정조의 제왕학』, 태학사, 2007.

김성윤,『朝鮮後期 蕩平政治 研究』, 지식산업사, 1997.

김용숙,『閑中錄研究』, 정음사, 1987.

김용흠,『朝鮮後期 政治史 研究 I: 仁祖代 政治論의 分化와 變通論』, 혜안, 2006.

김윤조,『薑山 李書九의 生涯와 文學』, 성균관대 박사학위논문, 1991.

김정신,『朝鮮前期 勳舊 · 士林의 政治思想 比較』, 연세대 박사학위논문, 2008.

김준형,『朝鮮 正祖代 壯勇營 研究』, 중앙대 박사학위논문, 2007.

노영구,『朝鮮後期 兵書와 戰法의 연구』, 서울대 박사학위논문, 2002.

도현철,『高麗末 士大夫의 政治思想 研究』, 일조각, 1999.

문용식,『朝鮮後期 賑政과 還穀運營』, 경인문화사, 2000.

문중양,『조선후기 水利學과 水利담론』, 집문당, 2000.

박광용,『朝鮮後期 蕩平 研究』, 서울대 박사학위논문, 1994.

박광용,『영조와 정조의 나라』, 푸른역사, 1998.

박현모,『정치가 정조』, 푸른역사, 2001.

변원림,『조선의 왕후』, 일지사, 2006.

설석규,『16~18세기의 儒疏와 公論政治』, 경북대 박사학위논문, 1994.

守本順一郎,『동양정치사상사 연구』, 동녘, 1985.

염정섭,『조선시대 農書 편찬과 농법의 발달』, 서울대 박사학위논문, 2000.

우경섭,『송시열의 世道政治思想 연구』, 서울대 박사학위논문, 2005.

유봉학,『개혁과 갈등의 시대』, 신구문화사, 2009.

유봉학,『燕巖一派 北學思想 研究』, 일조각, 1995.

유봉학,『꿈의 문화유산 화성』, 신구문화사, 1996.

유봉학,『조선후기 학계와 지식인』, 신구문화사, 1998.

유봉학,『정조대왕의 꿈』, 신구문화사, 2001.

윤 정,『18세기 국왕의 '文治'사상연구』, 서울대 박사학위논문, 2007.

이경구,『조선후기 安東 金門 연구』, 일지사, 2007.

이근호,『英祖代 蕩平派의 國政運營論 研究』, 국민대 박사학위논문, 2001.

이기명,『조선시대 官吏任用과 相避制』, 백산출판사, 2007.

이달호,『18세기 상품화폐경제의 발달과 화성 건설』, 혜안, 2008.

이상배, 『朝鮮後期 政治와 掛書』, 국학자료원, 1999.
이상식, 『朝鮮後期 肅宗의 政局運營과 王權 硏究』, 고려대 박사학위논문, 2005.
이상익, 『儒家 社會哲學 硏究』, 심산, 2001.
이상익, 『朱子學의 길』, 심산, 2007.
이수건, 『嶺南學派의 形成과 展開』, 일조각, 1995.
이승환, 『유가사상의 사회철학적 재조명』, 고려대출판부, 1998.
이성무·정만조 외, 『朝鮮後期 黨爭의 綜合的 檢討』, 한국정신문화연구원, 1992.
이성무, 『조선시대 당쟁사』, 아름다운 날, 2007.
이영춘, 『朝鮮後期 王位繼承 硏究』, 집문당, 1998.
이은순, 『朝鮮後期 黨爭史 硏究』, 일조각, 1988.
이태진, 『朝鮮後期의 政治와 軍營制 변천』, 한국연구원, 1985.
이태진 편, 『朝鮮時代 政治史의 再照明』, 범조사, 1985.
이현진, 『조선후기 종묘전례 연구』, 일지사, 2008.
이희환, 『朝鮮後期 黨爭 硏究』, 국학자료원, 1995.
임혜련, 『19세기 垂簾聽政 硏究』, 숙명여대 박사학위논문, 2008.
張立文, 『朱熹思想硏究』, 中國社會科學出版社, 1981.
장필기, 『朝鮮後期 武班家門의 閥閱化와 그 性格』, 영남대 박사학위논문, 1999.
徐遠和 저·손흥철 역, 『程·朱 철학의 뿌리를 찾아서: 洛學源流』, 동과서, 2000.
정연식, 『조선후기 役總의 운영과 良役 變通』, 서울대 박사학위논문, 1993.
정옥자, 『朝鮮後期 文化運動史』, 일조각, 1988.
정옥자, 『朝鮮後期 文學思想史』, 서울대출판부, 1990.
정옥자, 『조선후기 조선중화사상 연구』, 일지사, 1998.
정옥자, 『정조의 수상록 일득록 연구』, 일지사, 2000.
정해득, 『正祖時代 顯隆園 造成과 水原 移邑 硏究』, 경기대 박사학위논문, 2009.
정홍준, 『조선중기 정치권력 구조 연구』, 고려대학교민족문화연구원, 1996.
조성산, 『조선후기 낙론계 학풍의 형성과 전개』, 지식산업사, 2007.
조준호, 『朝鮮 肅宗~英祖代 近畿地域 老論學脈 연구』, 국민대 박사학위논문, 2003.
조지만, 『조선시대의 형사법: 대명률과 국전』, 경인문화사, 2007.
차기진, 『조선후기의 西學과 斥邪論 연구』, 한국교회사연구소, 2002.
최성환, 『정조대 탕평정국의 君臣義理 연구』, 서울대 박사학위논문, 2009.
최이돈, 『朝鮮中期 士林政治構造 硏究』, 일조각, 1994.
최홍규, 『정조의 화성경영연구』, 일지사, 2005.
한영우, 『鄭道傳 思想의 硏究』, 서울대출판부, 1983.
한영우, 『정조의 화성행차, 그 8일』, 효형출판, 1998.

2) 논문

고석규, 「19세기 전반 서울의 시전상업」, 『서울상업사』, 태학사, 2000.

권오영, 「金漢祿의 사상과 정치적 역정」, 『朝鮮時代史學報』 33, 2005.
김명숙, 「19세기 前半期 海石 金載瓚의 정치활동과 정치론」, 『한국사상과 문화』 25, 2004.
김문식, 「18세기 후반 영남남인의 동향과 정조의 조치」, 『朝鮮의 政治와 社會』, 집문당, 2002.
김문식, 「조선후기 京南과 嶺南의 교류 양상」, 『韓國思想과 文化』 15, 2002.
김선경, 「조선후기 정치체제론의 전개: 봉건제·군현제론을 중심으로」, 『조선후기 체제변동과 속대전』, 혜안, 2005.
김성윤, 「英祖代 中半의 政局과 壬午禍變」, 『역사와 경계』 43, 2002.
김영민, 「壬午禍變의 발생과 正祖代의 思悼世子 재평가」, 한신대 석사학위논문, 2004.
김영진, 「孝田 沈魯崇 文學 研究」, 고려대 석사학위논문, 1996.
김용덕, 「'朋黨政治論' 批判」, 『정신문화연구』 29, 한국정신문화연구원, 1986.
김이순, 「隆陵과 健陵의 석물조각」, 『미술사학보』 31, 2008.
김인걸, 「조선후기 여론과 정치」, 『조선의 정치와 사회』, 집문당, 2002.
김정자, 「英祖末~正祖初의 政局과 政治勢力의 動向」, 『朝鮮時代史學報』 44, 2008.
김준석, 「18세기 蕩平論의 전개와 王權」, 『東洋 三國의 王權과 官僚制』, 국학자료원, 1999.
김학수, 「葛庵 李玄逸 研究」, 『朝鮮時代史學報』 4, 1998.
남지대, 「조선중기 붕당정치의 성립기반」, 『朝鮮의 政治와 社會』, 집문당, 2002.
노영구, 「군사혁명론과 17~18세기 조선의 군사적 변화」, 『서양사연구』 36, 2007.
박광용, 「英·正祖代 蕩平策의 推移와 性格」, 서울대 석사학위논문, 1983.
박광용, 「蕩平論의 展開와 政局의 變化」, 『朝鮮時代 政治史의 再照明』, 1985.
박광용, 「정조년간 時僻 당쟁론에 대한 재검토」, 『韓國文化』 11, 1990.
박광용, 「영조대 탕평정국과 왕정체제의 정비」, 『한국사』 32, 국사편찬위원회, 1997.
박광용, 「18~19세기 조선사회의 봉건제와 군현제 논의」, 『韓國文化』 22, 1998.
박광용, 「朝鮮時代 政治史 研究의 成果와 課題」, 『朝鮮時代 政治史』, 한국정신문화연구원, 1999.
박성순, 「정조대 金夏材 사건의 전말과 성격」, 『朝鮮時代史學報』 47, 2008.
배우성, 「純祖 前半期의 政局과 軍營政策의 추이」, 『奎章閣』 14, 1991.
배우성, 「正祖의 留守府 경영과 華城 인식」, 『韓國史研究』 127, 2004.
배우성, 「숙종대 초반 臣强說과 그 정치적 파장」, 『조선시대 문화사(상)』, 일지사, 2007.
설석규, 「奎章閣研究(下)」, 『大邱史學』 31, 1988.
송찬섭, 「正祖代 壯勇營穀의 設置와 運營」, 『韓國文化』 24, 1998.
송찬식, 「朝鮮朝 士林政治의 權力構造」, 『經濟史學』 2, 1978.
양택관, 「朝鮮前期 王室農莊의 擴大와 財政運營」, 서울대 석사학위논문, 2004.
오수창, 「정국의 추이」, 『조선정치사(상)』, 청년사, 1990.
오수창, 「주요 정책의 실상」, 『조선정치사(하)』, 청년사, 1990.
오수창, 「國王과 臣僚의 역학관계」, 『조선중기 정치와 정책』, 아카넷, 2003.
오일주, 「조선후기 재정구조의 변동과 환곡의 부세화」, 『實學思想研究』 3, 1992.
오종록, 「중앙군영의 변동과 정치적 기능」, 『조선정치사(하)』, 청년사, 1990.
원재린, 「영조대 후반 소론·남인계 동향과 탕평론의 추이」, 『역사와 현실』 53, 2004.

유봉학, 「정조시대 정치론의 추이」, 『정조시대의 사상과 문화』, 돌베개, 1999.
이경구, 「영조~순조 연간 湖洛論爭의 전개」, 『韓國學報』 93, 1998.
이경구, 「1740년 이후 영조의 정치운영」, 『역사와 현실』 53, 2004.
이경식, 「조선전기 兩班封建論과 土地所有」, 『朝鮮前期 土地制度 연구II』, 지식산업사, 1998.
이성무, 「朝鮮後期 黨爭研究의 方向」, 『朝鮮後期 黨爭의 綜合的 檢討』, 한국정신문화연구원, 1992.
이정윤, 「顯隆園 石物 造成 研究」, 한신대 석사학위논문, 2009.
이종범, 「1728年 戊申亂의 性格」, 『朝鮮時代 政治史의 再照明』, 범조사, 1985.
이태진, 「朝鮮時代의 政治的 갈등과 그 해결」, 『朝鮮時代 政治史의 再照明』, 범조사, 1985.
이태진 · 홍순민, 「日省錄 刀削의 실상과 경위」, 『韓國文化』 10, 1989.
이태진, 「朝鮮王朝의 儒教政治와 王權」, 『韓國史論』 23, 1990.
이태진, 「정조: 儒學的 啓蒙 絕對君主」, 『한국사시민강좌』 13, 1993.
이희환, 「李光佐의 정치활동과 老 · 少론의 대립」, 『朝鮮時代史學報』 14, 2000.
전성호, 「18~19세기 조선의 기후 · 작황 · 가격의 변동에 관한 연구」, 『농촌경제』 25-2호, 2002.
전성호, 「합리주의에 기반한 경제성장 모델의 역사적 기원」, 『泰東古典研究』 21, 2005.
정경희, 「肅宗代 蕩平論과 '蕩平'의 시도」, 『韓國史論』 30, 1993.
정경희, 「肅宗 後半期 蕩平政局의 變化」, 『韓國學報』 79, 1995.
정경희, 「정조대 思悼世子 관련 宮 · 園의 변천과 의의」, 『분류별 의궤해설집』, 규장각, 2005.
정만조, 「英祖代 初半의 政局과 蕩平策의 推進」, 『朝鮮時代 政治史의 再照明』, 범조사, 1985.
정만조, 「英祖代 中半의 政局과 蕩平策의 再定立」, 『歷史學報』 111, 1986.
정만조, 「歸鹿 趙顯命 研究」, 『韓國學論叢』 8, 국민대학교, 1986.
정만조, 「朝鮮 顯宗朝의 公義 · 私義 論爭」, 『韓國學論叢』 14, 국민대학교, 1991.
정만조, 「朝鮮時代 朋黨論의 展開와 그 性格」, 『朝鮮後期 黨爭의 綜合的 檢討』, 한국정신문화연구원, 1992.
정만조, 「朝鮮時代의 士林政治」, 『韓國史上의 政治形態』, 집문당, 1993.
정만조, 「17세기 중반 漢黨의 정치활동과 國政運營論」, 『韓國文化』 23, 1999.
정만조, 「肅宗後半~英祖初의 政局과 密菴 李栽의 政治論」, 『密菴 李栽 研究』, 영남대출판부, 2001.
정만조, 「朝鮮中期 政治史 연구에 대한 재검토」, 『韓國學論叢』 25, 국민대학교, 2002.
정만조, 「澹窩 洪啓禧의 정치적 生涯」, 『仁荷史學』 10, 2003.
정만조, 「영조말 · 정조초의 정국동향」, 『이재난고로 보는 조선지식인의 생활상』, 한국학중앙연구원, 2007.
정연식, 「均役法 施行 이후의 지방재정의 변화」, 『震檀學報』 67, 1989.
정옥자, 「17세기 思想界의 再編과 禮論」, 『韓國文化』 10, 1989.
정옥자, 「정조시대 연구총론」, 『정조시대의 사상과 문화』, 돌베개, 1999.
정호훈, 「18세기 전반 蕩平政治의 추진과 續大典의 편찬」, 『조선후기 체제변동과 속대전』, 혜안, 2005.
주경철, 「영국의 재정혁명」, 『근대국가 형성의 비교사적 연구』, 서울대학교 역사연구소, 2005.
최봉영, 「壬午禍變과 英祖末 · 正祖初의 政治勢力」, 『朝鮮後期 黨爭의 綜合的 檢討』, 한국정신문화연

구원, 1994.
최성환, 「영조대 후반의 탕평정국과 노론 청론의 분화」, 『역사와 현실』 53, 2004.
최성환, 「영조대 탕평정치에서 辛壬義理와 國是 문제」, 『조선시대 문화사(상)』, 일지사, 2007.
홍순민, 「19세기 왕위의 승계과정과 정통성」, 『國史館論叢』 40, 1992.

찾아보기

ㅇ

Abstract

Sadoseja's Death and Later Memories:

The translation and annotation of *Hyungogi*

Translated and Annotated by Kim Yong Heum, Won Jae Rin,
Kim Jung Shin, Jeong Du Young, and Choe Seong Hwan

Hyungogi(玄皐記) is the record of whole story regarding Sadoseja(思悼世子)'s death (Imowhabyun, 壬午禍變) and the argument about granting him a crown after his death. This document consists of two parts, Wonpyun(原編, Original Chapter) and Sokpyun(續編, Sequel Chapter). While transcribing, more datas about his death and party strife between See(時, the support party for Jeongjo) and Byuk(僻, the opposition party of Jeongjo) are added as appendix.

Hyungogi is written by Park Jonggyum(朴宗謙), and his father Park Hamwon(朴涵源). Park Jonggyum passed the state examination and worked as Jeongun(正言) during the reign of King Jeongjo(正祖), and was member of hardliners of Soron(少論 峻論). The son and his father wrote Wonpyun and Sokpyun, and transcribers of later generations adjusted the story by referring to other historical records.

Wonpyun is the story begins from the death of Jinjong(眞宗) and proceeds chronologically to birth of Sadoseja, veiled enmity in the royal court and Sadoseja's whereabouts, conflict between Sadoseja's men and opponents, political state during the late period of King Youngjo(英祖), reign of Sadoseja by deputy, and the royal command mady by King Youngjo at his latter years. Sokpyun tells the story of King Jeongjo's periods, exile of Kim guiju(金龜柱), party strife between See and Byuk, the built of Hyunryungwon(顯隆園) and a journey of King Jeongjo to Hyunryungwon, and appeals about honoring Sadoseja as a late king made by 10,000 students of Confucianism from Yeongnam area.

As appendices, Ohoeyeonsul(五晦筵說) which demonstrates King Jeongjo's Imoeuiri(壬午義理, opinion that considers Sadoseja was innocent) at 1800 right before Jeongjo's death was contained. Furthermore, Maninso(萬人疏) was also included, which is appeals about honoring Sadoseja as a late king made by 10,000 students of Confucianism from Yeongnam area. Sibyukbonmal(時僻本末) is also added. This record is about the debates on Sadoseja after the death of King Jeongjo such as honoring Sadoseja as King Jangjo(莊祖) in 1899, and the division of Noron(老論) into See and Byuk parties.

Hyungogi contains high quality information sourced from private records stored in primary families of Noron and Soron, which are related deeply to Royal family. For example, *Hyungogi* shows precious records about the relationships between Sadoseja and royal characters such as King Youngjo, division of Noron, solidarity of hardliners of Soron, Noron, and Namin(南人), that help understanding of Imohwabyun much better.

Hyungogi clearly represents the idea of protecting Sadoseja supported by hardliners of Soron during the period of King Youngjo and Jeongjo. This idea consider that the cause of Imohwabyun is originated from the different view on Sinimeuiri(辛壬義理) between King Youngjo and Sadoseja and this different view made King Youngjo to persecute the hardliners of Soron who were loyal to King Kyungjong(景宗), and Sadoseja to dislike Noron party. This idea emphasize more on King Youngjo's fault than Sadoseja's fault, and highlighted the regret of King Youngjo after Imohwabyun.

In this respect, *Hyungogi* considered the Noron Namdang(老論 南黨) and moderate party of Soron(少論 緩論) opposition forces to Sadoseja. Especially Kim hangu(金漢耈) and Kim guiju were concluded that they were prime mover who caused Imohwabyun, pulling the wires from behind to achieve the goal to become the new heir's mother's side. In contrast, assessment toward Hong bonghan(洪鳳漢) was quite friendly, although he was ultimately failed to protect Sadoseja from killed. Also, *Hyungogi* was favourable to honoring Sadoseja as a late king, so introduced an opinion of Yeongnam person that demonstrates honoring Sadoseja as a late king is not against the King Youngjo's will.

Hyungogi is written by the person belong to hardliners of Soron, so this record might be leaning too much toward on author's idea and also a little bit different from King

Jeongjo's view, who was Sadoseja's son, and was the main agent of settling past affairs such as Imohwabyun, or Noron's view. There are such various view on Imohwabyun, so researchers should synthesize these opinions well to realize Imohwabyun objectively. *Hyungogi* is the first step to study these views, so I hope that this translation contributes to more deeper understanding on political history of late Joseon Dynasty.

발간사

'한국학'은 이제 학문의 한 분야로 자리잡았다. 한국학을 전공으로 하는 학과도 생겨나고 한국학 연구자들의 국제학술대회도 자주 접할 수 있다. 한국사회가 짧은 시기에 보여준 역동적인 변화에 대한 학문적 관심이 나라 안팎으로 증대된 결과일 것이다. 한국의 역사와 문화, 사회적 경험에 점점 더 많은 연구자들이 관심을 기울이는 것은 매우 반가운 일이다.

한국학이란 고정된 분과학문 체계 내의 한 부분영역이 아니라 다양한 분과학문들이 함께 참여하는 학제적 연구의 성격을 지닌다. 한국학은 과거의 전통에 깊은 관심을 갖지만 현재의 문제들에도 주목하며 미래의 전망을 모색하는 작업도 포함한다. 인문학적 논의와 사회과학적 관심은 물론이고 자연과학적 문제의식과 예술적 시각이 함께 어우러지는 곳이다. 당연히 한국학은 국내의 연구자들이 자신의 특수성만을 부각시키는 폐쇄적인 장이 아니라 전 세계의 학자들이 자유롭게 참여하는 지적 토론의 공간이 되어야 한다. 한국을 대상으로 한 다양한 연구를 지원하며 진지한 논의와 지적 실험을 뒷받침하는 것이야말로 한국학의 가장 중요한 역할이라 할 것이다.

이런 의미에서 한국학은 한국의 문화와 역사적 경험을 전 인류의 문화유산과 역사적 경험의 한 부분으로 바라보는, 전 지구적 시각을 요구받고 있다. 한국학은 한국사회의 경험을 연구하되, 그것을 21세기 세계사적 과제들과 더불어 사고함으로써 새로운 문명적 대안을 모색하는 세계 학계의 논의에 적극적으로 동참하는 작업이 되어야 한다. 이런 종합적이고 개방적인 연구의 집적이 이루어질 때 한국의 특수성만을 절대화하는 오류에서 벗어나면서 동시에 서구의 눈으로 한국을 대상화, 타자화하는 오리엔탈리즘적 지역학의 한계도 극복할 수 있는 길이 열릴 것이다.

한국의 학문 발전에 큰 책임을 지고 있는 서울대학교 규장각한국학연구원은 한국학의 바람직한 발전을 위해 적극적인 역할을 하고자 한다. 이를 위해 별도의 연구재원을 마련하여 '21세기 신규장각 자료구축사업' 을 추진하고, 이 사업의 결과물들을 모아 연구총서, 자료총서, 모노그래프를 출간하고 있다. 한국학 연구자들의 연구역량과 진지한 문제의식들이 결집됨으로써 한국학의 연구수준이 더욱 높아지고 내용이 보다 풍부해지리라 믿는다. 이 연구 사업이 해를 거듭할수록 한국사회에 대한 이해가 깊어짐은 물론이고 한국의 경험을 통해 세계 학계의 시각과 논의도 더욱 풍성해질 것을 기대해 마지않는다.

2015년 2월

서울대학교 규장각한국학연구원 한국학연구사업위원회

역주자 소개

김용흠

서울대학교 국사학과 학사. 연세대학교 사학과 석사, 박사
현재 연세대학교 국학연구원 연구교수
『朝鮮後期 政治史 硏究 I: 仁祖代 政治論의 分化와 變通論』(2006), 『목민고, 목민대방(역주)』(2012), 「조선후기 당론서의 객관적 연구는 가능한가?」(2012), 「'당론서(黨論書)'를 통해서 본 회니시비(懷尼是非): 『갑을록(甲乙錄)』과 『사백록(俟百錄)』 비교」(2012)

원재린

성균관대학교 사학과 학사. 연세대학교 사학과 석사, 박사
현재 연세대학교 국학연구원 연구교수
『조선후기 星湖學派의 학풍연구』(2003), 『임관정요(역주)』(2012)

김정신

덕성여자대학교 사학과 학사. 연세대학교 사학과 석사, 박사
현재 연세대학교 국학연구원 연구교수
『조선전기 훈구사림 정치사상 비교』(박사학위논문, 2008), 「癸未通信使行(1763)의 학술교류: 『南宮先生講餘獨覽』을 중심으로」(2011), 「임진왜란 조선인 포로에 대한 기억과 전승: '節義'에 대한 顯彰과 排除를 중심으로」(2012)

정두영

연세대학교 사학과 학사, 석사, 박사
현재 연세대학교 국학연구원 연구교수
「17세기 서인 내부의 양명학 이해와 현실주의 정치론」(2010), 『주자봉사』(2011, 공역)

최성환

서울대학교 역사교육과 학사, 석사. 서울대학교 국사학과 박사
한국고전번역원 전문위원 역임
현재 수원시정연구원 연구위원
『정조대 탕평정국의 君臣義理 연구』(박사학위논문, 2009), 「『한중록』의 정치사적 이해」(2010), 「'정조-심환지 어찰'과 조선후기 정치사 연구의 전망」(2011)

서울대학교 규장각한국학연구원 한국학자료총서

1 古代國語 語彙表記 漢字의 字別 用例 研究 | 송기중

2 한국철학자료집: 불교편 1 – 삼국과 통일신라의 불교사상 | 허남진 외 편역

3 한국철학자료집: 불교편 2 – 고려시대의 불교사상 | 심재룡 외 편역

5 서울대학교 중앙도서관 고문헌자료실 소장 『경제문고』 해제집 | 권태억 외

6 한글본 이언 연구 | 민현식

7상 원문 교주 구운몽 | 원작 김만중, 교주 김병국

7하 현대역 구운몽 | 원작 김만중, 옮김 김병국

8 해방 이후 한국기업의 진화 I : 1976 ~ 2005년간의 통계의 구축과 기초분석 | 이근 외

9 해방 이후 한국기업의 진화 II : 1956 ~ 1977년간의 통계의 구축과 기초분석 | 이근 외

10 서울대학교박물관소장 식민지시기 유리건판 | 이문웅 · 강정원 · 신일 편

11 풍자 우화 그리고 계몽담론 | 권영민

12 한국근현대문학의 프랑스문학수용 | 이건우 외

13 한국 근대도면의 원점: 서울대학교 규장각한국학연구원 소장 근대 측량도와 건축도 1861~1910 | 전봉희 · 이규철 · 서영희

14-1 유원총보역주 1 | 허성도 · 김창환 · 강성위 역주

14-2 유원총보역주 2 | 허성도 · 김창환 · 강성위 역주

14-4 유원총보역주 4 | 이영주 · 허성도 · 김창환 역주

15 식민권력과 근대지식: 경성제국대학 연구 | 정근식 · 정진성 · 박명규 · 정준영 · 조정우 · 김미정

16-1 근대한국 국제정치관 자료집: 제1권 개항 · 대한제국기 | 장인성 · 김현철 · 김종학 엮음

16-2 근대한국 국제정치관 자료집: 제2권 제국–식민지기 | 장인성 · 김태진 · 이경미 엮음

17 1980년대 조선–청 국경회담 관련 자료 선역 | 김형종 편역

20 韓國 書誌學의 先鞭: 마에마 교사쿠의 작업을 중심으로 | 한재영 · 이현희 · 가와사키 케이고 지음

서울대학교 규장각한국학연구원 한국학연구총서

1 지방문학사: 연구의 방향과 과제 | 조동일
2 한국 근대과학 형성과정 자료 | 문만용 · 김영식
3 목석의 울음: 손창섭 문학의 정신분석 | 조두영
4 통일한국의 농업 : 통일 이후 남 · 북한 농산물의 통합생산 방안 | 김완배 외
5 현대 한국사회의 철학적 문제: 사회운영원리 | 백종현
6 한국유교의 과제 | 금장태
7 韓國 古代 · 中世初期 土地制度史: 古朝鮮~新羅 · 渤海 | 이경식
8 『무과총요』 연구 | 나영일
9 북한 주요 산업지역의 토지이용 변화와 개방지역에 관한 연구 | 황만익 · 이기석
10 재벌체제와 다국적기업: 경제개발의 두 가지 유형 | 이승훈
11 붉은악마와 월드컵 | 이순형
12 『조선왕조실록』 보존을 위한 기초 조사연구(1) | 송기중 · 신병주 · 박지선 · 이인성
13 한국 근대의 사회복지 | 안상훈 · 조성은 · 길현종
14 한국어 체언의 음변화 연구 | 이상억
15 조선 중기 무예서 연구 | 나영일 · 노영구 · 양정호 · 최복규
16 1950년대 사회주의 건설기의 북한 보건의료 | 황상익
17 후발 산업화와 국가의 동학: 탈관료화와 강성국가의 공동화 | 하용출
18 조선 후기의 기술도: 서양 과학의 도입과 미술의 변화 | 정형민 · 김영식
19 韓國 中世 土地制度史: 朝鮮前期 | 이경식
20 남북 언어의 문법 표준화 | 권재일
21 50권본 『화엄경』 연구 | 이승재
22 한 · 중 소화의 비교 | 서대석
23 高麗前期의 田柴科 | 이경식
24 개항기 전후 경상도의 육상교통 | 허우긍 · 도도로키 히로시

25 한국어의 주제와 통사 분석: 주제 개념의 새로운 전개 | 임홍빈

26 한국적 패션 디자인의 제다움 찾기: 전통미와 현대적 활용을 중심으로 | 김민자

27 한국 근대문학교육사 연구 | 우한용

28 『조선왕조실록』의 여진족 족명과 인명 | 김주원

29 중앙아시아 고려말의 문법 | 권재일

30 삼국통일전쟁사 | 노태돈

31 한국의 사회운동과 진보정당 | 임현진

32 한국 행락문화의 변천과정 | 황기원

33 노래의 상상계: '수사'와 존재생태 기호학 | 신범순

34 한국의 언어 민속지: 전라남북도 편 | 왕한석

35 주시경의 언어이론과 표기법 | 송철의

36 일제강점기의 철도 수송 | 허우긍

37 인권으로 읽는 동아시아: 한국과 일본의 인권 개선조건 | 정진성 · 공석기 · 구정우

38 정조와 정조시대 | 김인걸 외

39 문화의 정치와 지역사회의 권력구조: 안동과 안동김씨 | 김광억

40 한국어 명사구의 의미론: 한정성/특정성, 총칭성, 복수성 | 전영철